HEYNE NON FICTION

Robert Payne

Die Griechen

Das unsterbliche Volk

WILHELM HEYNE VERLAG
MÜNCHEN

HEYNE-BUCH Nr. 7014
im Wilhelm Heyne Verlag, München

Titel der Originalausgabe
ANCIENT GREECE
The Triumph of a Culture
Übersetzung aus dem Englischen:
Dr. Ilse Winger und
Dipl.-Ing. Maria von Czedik, Wien

2. Auflage

Genehmigte, ungekürzte Taschenbuchausgabe

Printed in Germany 1976
Umschlagfoto: ZEFA
Umschlaggestaltung: Atelier Heinrichs, München
Druck: Presse-Druck Augsburg

ISBN 3-453-00563-5

INHALTSÜBERSICHT

Vorwort 7
1 Das karge Land 11
2 Die grüne Insel 19
3 Die Mykenäer 32
4 Die Götter nahen 45
5 Homer 72
6 Bittere Ernte 91
7 Die weitverstreuten Siedlungen 101
8 Die frühen Gesänge 116
9 Die herrlichen Spiele 133
10 Die Lobgesänge 145
11 Auf dem Wege zur Erkenntnis 163
12 Die Tyrannis 181
13 Das souveräne Volk 190
14 Die Perser kommen 202
15 Der tragische Triumph 221
16 Die Welt ist offen 242
17 Perikles 253
18 Das goldene Zeitalter 269
19 Sophokles 287
20 Euripides 309
21 Aristophanes 328
22 Der Aufstieg Spartas 344
23 Thukydides 354
24 Sokrates 365
25 Xenophon 391
26 Plato 401
27 Die Geburt der Naturwissenschaften 421
28 Aristoteles 429
29 Der Aufstieg Philipps 442
30 Die Eroberung der Welt 456
Namen- und Sachregister 479

Vorwort

Es ist meine Absicht, die Geburt und die erste Blüte des griechischen Geisteslebens zu schildern – jene Ideen, welche zum ersten Mal in Griechenland und in den von den Männern der athenischen Schule geistig beherrschten Gebieten Gestalt annahmen. Dieser Geist und diese Ideen waren so machtvoll, daß wir noch heute ihre willigen Gefangenen sind, daß wir noch heute die Auseinandersetzungen weiter verfolgen, welche die Griechen begannen. Ich habe versucht, diese Auseinandersetzungen in ihrer bunten Vielfalt zu schildern und die Griechen an der Arbeit zu zeigen, wie sie darangingen, eine Kultur aufzubauen, welche zur Grundlage der unseren wurde – gefährdet, unvollkommen und dennoch um so viel mehr von Verantwortung getragen, als irgendeine Kultur jemals zuvor. Ich wollte die lebendigen Menschen hinter den Worten sehen, die Gesichter hinter den Ideen. Ihre Menschlichkeit und ihr Gefühl für Verantwortung bilden ebenso einen Teil der Geschichte wie die Fülle der Ideen, die von ihnen ausgingen; es wäre falsch, bei der Erzählung ihrer Geschichte die sehr menschlichen Aspekte zu vergessen, die ihren intellektuellen Abenteuern den Stempel aufdrückten.

Sie waren erdnahe, erdgebunden, und so habe ich sie geschildert; aber sie waren auch die ersten Pioniere in das weite, unbekannte Land der menschlichen Seele. Diese klarblickenden, kühnen Menschen schienen sich manchmal, tollkühnen Seefahrern gleich, auf fremde Meere zu stürzen, aber wenn wir genauer hinsehen, bemerken wir, daß sie fortwährend ihren Standort zu bestimmen suchten, die Stärke der Winde und die Entfernung von dem Festland. Sie waren erfahrene Seeleute, die trotz aller scheinbaren Sorglosigkeit und des spontanen Mutes um ihre Verantwortung wußten. Nicht immer kannten sie das Ziel der Reise, aber sie spürten, daß es der Mühe wert war, sie zu unternehmen.

Die Griechen entdeckten sich selbst. Es war ihre größte Entdeckung und ihr wertvollstes Geschenk an die Menschheit, denn seitdem sie sich auf die Suche nach ihrem Selbst begaben, sehen sich die Menschen immer wieder gezwungen, die gleichen Fragen zu stellen und ihnen auf dem gleichen mühevollen Weg zu folgen. Sie stellten fest, daß die Landschaft der Seele ebenso leuchtend und vielfältig ist wie es die Landschaften der Welt sind. Sie erfanden das Wort »Idee«. Aus dieser Entdeckung, aus dieser Art, die Welt zu betrachten, erwuchs ihre Fähigkeit, Geschehnisse und Gedanken objektiv zu werten, ohne die Wertmaßstäbe zu verändern. Die überlegene Intelligenz beherrschte nicht ihr Leben, aber das Verständnis ihres Lebens. »O Solon, Solon«, sagte ein ägyptischer Priester, »ihr Griechen seid immer Kinder.« Dieser Ausspruch ist vielleicht wahrer, als der Priester selbst es wußte, denn sie behielten den Eifer des Kindes lange nachdem sie die Weisheit und die intellektuellen Fähigkeiten erworben hatten, die mit dem Alter kommen.

Unsere Kultur ist so eng mit ihren griechischen Wurzeln verschmolzen, daß es manchmal schwerfällt, zu sagen, wo die Griechen aufhören und wir beginnen. Sie leben in unserer Dichtung und in unseren Dramen; sie sind in unserer Naturwissenschaft gegenwärtig; und ihre Philosophen können sich immer noch mit den unsern messen. Wir denken gerne, daß wir in den letzten fünfzig Jahren mit nie dagewesener Schnelligkeit vorwärtsgekommen seien, aber die Griechen machten in der gleichen Zeitspanne eine solche Fülle von Entdeckungen auf den Gebieten der Kunst und Wissenschaften, wie sie nie mehr wieder erreicht wurde. Sie haben das Kind zur Welt gebracht, wir haben es nur gepflegt. Wir sind Erben der Tradition, die sie begründet haben.

Ich kann in der Geschichte Griechenlands kein einfaches Gesetz von Herausforderung und Entgegnung, von Aufstieg und Fall entdecken. Eine Nation ist nicht wie ein Mensch, der heranreift, alt wird und stirbt, denn ein Volk kann viele Geburten und viele Tode erleiden. Athen, das Herz und der Kern der griechischen Kultur, starb in dem Winter 405 v. Chr. Mehr als ein Vierteljahrhundert hatte die Stadt vergeblich Krieg geführt, den Verrätern in ihrer Mitte ausgeliefert. Sie besaß keine Kraft mehr, keinen Kampfgeist, kaum noch den Wunsch zu überleben. Sie hatte kein Heer, keine Schiffe, keine Lebensaufgabe. Auf Befehl ihrer Feinde wurde alles zerstört, was Athen Schutz gewähren konnte. Man schleifte die lange Mauer, während die Flötenspieler musizierten und das Volk weinte. Athen war machtlos, zerstört, erledigt. So starb die Stadt, um innerhalb von zehn Jahren wieder zum Leben zu erwachen und das geistige Klima ganz Griechenlands zu beherrschen.

Wir müssen wissen, warum Kulturkreise so viele tödliche Schläge erleiden und trotzdem überleben. Wir brauchen eine Geschichte der Wiederauferstehung von Zivilisationen.

Natürlich waren die Griechen gegenüber den nach ihnen kommenden Nationen im Vorteil. Sie besaßen die herrliche Kraft der Jugend. Wir erinnern uns ihrer vor allem wegen ihrer Liebe zum Leben, ihrer verblüffenden Energie, ihrer schnellen Auffassungsgabe und der Kraft ihres Geistes. Man sagt oft, sie hätten das Leben als Ganzheit gesehen, doch nichts ist weiter von der Wahrheit entfernt. Sie sahen das Leben in leuchtenden Teilstükken, wie es die Jugend sieht, in strahlenden Farben, scharf umrissen wie ihre Meere und Klippen, und dennoch in eine Vielzahl von Fragmenten geteilt, die sie erkennen und verstehen konnten. Wir sprechen von ihrer klassischen Ruhe, aber sie waren die am leichtesten erregbaren, feinnervigsten von allen Menschen, immer in Angst vor dem Tode, während sie beglückt das Leben umarmten. Sie waren orientalischer, als man gemeinhin annimmt, und wenn es Augenblicke der Ruhe gab, so waren diese zumeist furchtbar. Sie sprachen zu oft von dem »goldenen Mittelweg«, um damit ganz zu überzeugen, denn sie suchten immer wieder die Extreme. Heute sehen wir das weiße Skelett des Parthenons, welches die Akropolis krönt, und vergessen leicht, daß der ursprüngliche Parthenon in grellen Farben glänzte. Die engen Straßen des alten Athen waren nicht von in weiße Gewänder gehüllten Menschen erfüllt, sondern von Leuten in bunten Fetzen. Sie waren ein lärmendes, unbeherrschtes, streitlustiges Volk, das Prozesse und Rechtsstreite liebte — händelsüchtig und sehr geschäftstüchtig. Und dennoch erblühte aus ihren Streitereien auf dem Marktplatz die Freiheit unter der Herrschaft des Gesetzes.

Sie liebten alle glänzenden Dinge, den Frost und den Tau, die Gischt des Meeres und die Brunnen, die Blätter im Frühling, Samen, Blumen und Früchte, das Licht der Öllampen und die Sternennacht — ihre ewige in Sonnenlicht getauchte Küste. Sie waren so berauscht von den Formen der nackten menschlichen Körper, daß sie zum ersten Mal und für alle Zeiten zu den Schöpfern der Idealgestalt des Menschen wurden. Sie scheinen die Bühne der Welt in der Morgendämmerung betreten zu haben, und immer blieb etwas seltsam Jungfräuliches um sie. Nicht allein Sapphos Ruf erklingt durch die Jahrhunderte: *Aiparthenos essomai.* »Immer werde ich eine Jungfrau sein.«

Etwas jungfräulich Unberührtes war in ihnen allen, sogar in Sokrates, der tage- und nächtelang über ein Universum sprach, das erst einige Tage alt zu sein schien. In ihren Augen lag noch der Tau, und durch diesen Tau sahen sie alles etwas vergrößert, so daß es fremdartig und beglückend und unendlich herrlich erschien — so herrlich, daß wir, den atomaren Staub in den Augen, mit einem Gefühl des Neides über die Jahrhunderte zurückblicken, wünschend, wir wären unter ihnen.

Es gab nur einen Morgen in Griechenland, keinen Mittag, keinen Sonnenuntergang. Es gab keine Periode der Reife, gefolgt von dem unvermeidlichen Niedergang; niemals verblaßte das Licht am Himmel, und es gab keinen Tod. Noch heute leben wir in dem langen Morgen der griechischen Welt.

Während das Leben auf unserem Planeten immer gefährlicher wird, können wir vielleicht etwas Trost in der Erkenntnis finden, daß unsere Kultur im alten Griechenland begann, welches uns die Begriffe der Freiheit unter dem Schutz des Gesetzes und des Rechtes der Menschen, sich nach eigenem Gutdünken zu regieren, schenkte. Es war der einzigartige Triumph der Griechen, daß sie unserem Leben Würde verliehen.

1 Das karge Land

Griechenland ist ein karges Land. Seine Erde ist so unfruchtbar und dürr, daß ihr Anblick die Herzen derer bricht, die die engen Täler und die kleinen Flecken bebaubaren Landes am Fuße der steil abfallenden Kalkgebirge bestellen. Es gibt wenig Flüsse, wenig offenes Land und wenig Strand. Eine Unzahl kleiner felsiger Inseln – Reste längst im Meer versunkener Berge – sind ebenso öd wie das Mutterland. In diesem unwirtlichen Land, wo der Mensch nahe der Erde zu leben gezwungen ist, geht das Leben heute nicht viel anders vor sich, als im historischen Zeitalter. Einige Kilometer außerhalb Athens trifft der Reisende auf Pferde und Maultiere, die – wie in uralten Zeiten – in einer Ecke des Feldes das Korn stampfen, und auch gedroschen wird noch immer mit Hilfe von Wind und Dreschflegel. Die mageren schwarzen Ziegen geben immer noch Milch, Käse und Fleisch, und die gleichen Oliven träumen an den Hängen der Hügel. Immer noch werden die Vögel in Netzen gefangen, immer noch sammeln die Frauen auf dem Lande den wilden Honig. So war es, und so ist es immer gewesen – in einem Land, das einem Skelett gleicht, bestimmt für ein Geschlecht von Asketen, eine Wüste gebrochenen Gesteins.

Der Reisende, der sich Griechenland zum ersten Mal von Westen her nähert, ist von der bedrückenden Dürre erschüttert, von den nadelscharfen Konturen der Berge und Küsten, von dem Fehlen jeglicher Bäume und den seltenen Quellen. Die Winde haben die Berge glattgefegt und ihnen gleichsam eine polierte Oberfläche verliehen; hell schimmert das Licht auf ihren Kuppen. Einstmals waren die Berge wahrscheinlich von Bäumen bedeckt, deren Wurzeln den Boden festhielten. Plato vergleicht das Land mit dem Gerippe eines dahinsiechenden Menschen, dessen Fleisch weggebrannt ist, aber er erinnert daran, daß es fünfzig Jahre vor seiner Geburt noch große Wälder gegeben hat; er hatte mit eigenen Augen gesehen, wie das Holz für den Bau von Tempeln verwendet worden war. Ziegen und Köhler hatten das Land abgeholzt und Regengüsse den Humus hinweggeschwemmt. Die wenigen noch verbliebenen Wälder waren vermutlich von den eindringenden Persern verbrannt worden. Die Kargheit des Landes ist nicht jungen Datums, sie besteht seit langer Zeit.

Dieses unfruchtbare Land ist in ein Licht getaucht, das nicht seinesgleichen auf der Welt hat, ein Licht, das geradezu spürbar ist, voll Reife und Kraft; ein Licht, das allen Dingen klare Konturen verleiht und ein Eigenleben zu besitzen scheint. Ja, das Licht Griechenlands ist fühlbar. Es läßt den Himmel überströmen, es jubiliert und jauchzt. Es zieht über den Himmel, allgegenwärtig in seiner Göttlichkeit, und aus diesem Grunde gaben ihm die Griechen die Gestalt eines jünglinghaften Gottes mit leuchtendem Goldhaar, den sie Phoebos Apollo nannten, den Gott des überirdischen Lichtes, und sie erkoren die kleine, weißschimmernde Insel von Delos inmitten der purpurnen Aegaeis zu seinem Geburtsort.

Die Griechen sprachen von der »rosa gefingerten Morgendämmerung«, aber außer diesen Fingern gab es Hände, Arme, Schultern und ein Antlitz. Der ganze Körper Apollos ergoß sich über den Himmel, mit einer Million von Lichtpunkten leuchtend; er heilte, was er berührte, er brachte den Samen zum Keimen und bekämpfte die Mächte der Dunkelheit. Er war nicht nur die Sonne, sondern verkörperte in sich alle Helligkeit der Welt. Er war der Mond, die Planeten, die Milchstraße und der schwächste kleine Stern; er war das Gleißen der Wellen, der Glanz in den Augen, das Schimmern gebleichten Leinens, das Leuchten im Antlitz eines Mädchens, das Funkeln des Weines. Er war das geheimnisvolle Glühen der Felder in den dunklen Nächten; und wann immer eine Quelle dem Berg entsprang, war er in dem Augenblick, da sie das Licht erblickte, gegenwärtig.

Er war nicht der Mächtigste der Götter, wohl aber derjenige, der den größten Segen brachte — das göttliche Licht, das aus dem göttlichen Himmel kam. So wurde er nach und nach zu dem Gott der Erkenntnis, der klaren und scharfen Umrisse der Dinge, der Feind der Verschleierung und der legendären Drachen, die einst — wie man glaubte — die Erde beherrscht hatten. Von ihm kam die Ordnung und die Definition der Begriffe. Zu Beginn der *Homerischen Hymne an Apollo von Delos* sehen wir Apollo, der, die Halle des Zeus betretend, seinen Bogen spannt, während alle Götter zitternd aufspringen.

Die Griechen glorifizierten das Licht, besonders aber jenes Licht, welches auf dem Meer liegt, auf den Flüssen, den aus den Ufern getretenen Gewässern, den Quellen — das Licht, welches auf dem gesunden Körper junger Badender glitzert und den Wassertropfen auf der Haut. Dunkelheit war für sie ein Alptraum, etwas, das man ertragen mußte, wie alte Männer Schmerz und Krankheit ertragen. Sie scheinen die Dunkelheit als einen Feind empfunden zu haben, den man nur mit Helligkeit besänftigen konnte, und gleich den modernen Griechen ließen sie noch in später Nacht das Licht ihrer Lampen erstrahlen.

Für Homer war alles Leuchtende heilig. Wollte er die Göttin Athene beschreiben, so nannte er sie die »Helläugige«, und wenn er Helena bei ihrem Spaziergang über die Wälle Trojas darstellte, so sprach er weder von ihrem Gesicht noch von ihrem Gang, sondern er begnügte sich damit, zu sagen, sie trüge einen schimmernden Schleier. Licht war das Mark des Lebens, und mußte jemand sterben, so war es das beste für ihn, in der Sonne zu sterben:

Mache den Himmel klar und gib, daß wir mit unseren Augen sehen können.
Licht soll sein, auch wenn du mich töten mußt!

So betet in der Ilias Ajax zu Zeus, ein Gebet, das aus der tiefsten Seele der Griechen kommt. Die Griechen ließen Homer blind sein, denn dies war für sie das tragischste aller Schicksale, welches einem Mann widerfahren konnte, und aus dem gleichen Grund ließen sie König Ödipus sich seine Augen mit goldenen Nadeln ausstechen: Das Schauspiel eines blinden Helden, auf den Arm seiner Tochter gestützt, war dazu bestimmt, ihr Schaudern zu erwecken, ganz gleich, wie oft sie es schon vorher gesehen hatten. Die Griechen wußten um die Vollkommenheit ihres Lichtes und sprachen darüber fast ein wenig befangen, gleichsam, als könnten sie es nicht fassen, daß so viel Schönheit ihnen allein gegeben war. Das Wunder des Lichtes machte sie die Kargheit des Landes vergessen.

Durch ihre ganze Geschichte hindurch blieben die Griechen arm, denn ihr Land bot wenig Schätze. Kein fruchtbarmachender Nil ergoß sich durch ihre engen Täler; kein großes, dem syrischen vergleichbares Flußsystem bewässerte ihr Land. Ohne ausgedehnte Weidegründe, ohne Fischreichtum in ihren Meeren, ohne ergiebige Funde an Edelsteinen oder Metallen, waren die Griechen gezwungen, ihre Blicke nach Asien oder Ägypten zu wenden. Mehr als alles andere war es die fehlende Fruchtbarkeit des Landes, die sie zu Eroberern machte.

Denn Eroberer waren sie. Lange bevor Alexander der Große mit seiner beängstigend kleinen Streitmacht auszog, um Persien und Nordindien zu besiegen, war es griechische Tradition, an fremden Gestaden zu kämpfen. Alle Küstenstädte Kleinasiens waren durch das Recht des Eroberers in ihren Besitz gelangt. Sie sandten Heere gegen Ägypten und kleinere Kampfgruppen gegen Frankreich, Spanien und Nordafrika: rings um das Mittelmeer besaßen sie Kolonien und Siedlungen und machten es damit zu einer griechischen See, bewacht von kämpferischen Kaufleuten und Freibeutern. Die Kolonien, die sie in Ägypten und Italien gründeten, konnten sich, was den Glanz der Tempel und die Pracht der öffentlichen Gebäude betraf, mit ihren heimatlichen Städten wohl messen. Kyrene, Sybaris und Marseille waren alle reicher als Athen. Unglückseligerweise lagen die Kolonien untereinander in ständigem Streit, und manchmal kam es vor, daß eine einzelne Kolonie der bewaffneten Macht des Mutterlandes die Stirne bot. Troja scheint eine aufständische Kolonie gewesen zu sein, die für ihre Rebellion mit einem zehnjährigen Krieg bezahlen mußte. Die Geschichte der griechischen Kolonisation im Mittelmeerraum ist die Geschichte eines nicht endenwollenden Bürgerkrieges.

Es war das tragische Verhängnis der Griechen, daß sie immer untereinander Streit führten, selbst dann, wenn sie am Rande des Abgrundes standen, selbst dann, wenn sie sich der Übermacht eines gemeinsamen Feindes gegenübersahen. In der Schlacht von Platää irrten drei verschiedene griechische Armeen planlos durch die Ausläufer des Kithärongebirges, während sich die Anführer, unfähig einen gemeinsamen Schlachtplan zu entwerfen, gegenseitig befehdeten. Die Perser waren sowohl an Zahl wie an Waffen weit überlegen; sie besaßen eine gut ausgebildete Kavallerie, während die Griechen überhaupt keine berittenen Truppen hatten. Alle Vorteile lagen auf seiten der Perser, die auf einem Schlachtfeld ihrer eigenen Wahl kämpften. Trotzdem gewannen die Griechen diese Schlacht, welche das Schicksal Europas entschied. Sie gewannen nicht etwa, weil ihre Strategie oder ihre Taktik jener der Perser überlegen war, sie siegten, weil irgendein Spartaner mit einem einfachen Stein den Kopf des persischen Oberbefehlshabers Mardonios zerschmetterte und die Perser, als sie von dem Tode ihres Heerführers erfuhren, von Panik ergriffen wurden. Dieser glückbringende Stein ebnete den Weg für die Demokratie und das perikleische Zeitalter in

Athen, und zu Recht schrieben die Griechen den Sieg nicht sich selbst, sondern Zeus zu, dessen Eingreifen gerade im richtigen Augenblick gekommen war.

Man sollte meinen, die erbitterten Kämpfe auf dem Schlachtfeld von Platää wären den Griechen eine Lehre gewesen, aber die Zwistigkeiten hielten an. Sie waren ein kühnes, streitlustiges Volk mit einem verbissenen Unabhängigkeitsdrang, und jeder Grieche fühlte sich dem andern zumindest gleichberechtigt. Sie waren — und sind es heute noch — Virtuosen in der Kunst der Verleumdung und der Strategie der Intrige. Sie konnten glühend hassen, und das Konspirieren lag in ihrer Natur; sie liebten das Argument um des Argumentes willen. Die Landschaft, die sie arm bleiben ließ, schenkte ihnen einen kraftvollen Unabhängigkeitsdrang und ein unbeugsames Selbstbewußtsein, denn Menschen, die gewöhnt sind, in engen, gut geschützten Tälern zu leben, sind jeder Obrigkeit gegenüber intolerant und verteidigen sich um so leidenschaftlicher, je ärmer ihr Land ist.

Man pflegt für gewöhnlich die griechischen Stadtstaaten als jene letzten Elemente zu bezeichnen, welche die nationale Einheit bildeten, aber in Wahrheit gab es gar keine nationale Einheit, und die letzten Elemente waren die Täler mit ihren befestigten Hügeln und den Ketten von Ansiedlungen, die sich in der Ebene entlang den Bergen hinzogen. Die Griechen waren Talbewohner, deren bester Schutz die Berge darstellten. Da sie in schützenden Tälern lebten, waren sie imstande, ihre Individualität und ihre Tradition zu erhalten, was zur Folge hatte, daß eine Vielzahl von Dialekten noch heute weiterlebt. Daher auch die Vielfalt ihrer Götter und Göttinnen sowie die gleichbleibende Rolle des lokalen Kriegshelden, dessen Befehlsgewalt über ihr Leben derjenigen der Götter nahezu gleichzusetzen war. Alle Tugenden und Untugenden von Talbewohnern waren ihnen zu eigen. Sie lebten in engen Gemeinschaften und betrachteten die Bewohner des Nachbartales als ihre eingeschworenen Feinde. Blutbande hielten sie zusammen.

So war Griechenland damals von einer Unzahl kleiner Tal-Staaten übersät, von denen jeder in einem unausgesprochenen Krieg mit dem andern lebte, die niemals Frieden kannten, außer während der großen nationalen Feste, die ins Leben gerufen worden waren, um sie ihren gemeinsamen Ursprung nicht vergessen zu lassen; denn obwohl das Volk streitlustig war, gestatteten die Götter keinen Hader, und das Gesetz des Zeus war ihnen heilig. Er war die allweise, allmächtige Gottheit, Herrscher über Himmel und Berge, der in den unzugänglichen, zerklüfteten Gipfeln des Olymp lebte, selbst einem nebelumhüllten Berg gleichend. Er war der Donner, und die Adler waren seine Sendboten. Für ihn und nur für ihn allein waren die Talbewohner bereit, Frieden zu halten, um sich vor seinen Altären zu versammeln und zu Ehren ihrer gemeinsamen Abkunft Opfer darzubringen.

Die Griechen fragten selten danach, was diese gemeinsame Abstammung wohl bedeute. Denn was hatte ein Spartaner mit einem Athener, was ein Böotier mit einem Arkadier gemein? Von einem Tal zum andern gab es die erstaunlichsten Unterschiede, und ein Reisender, der in der klassischen Zeit durch Griechenland wanderte, mag am Ende eines Tagmarsches das Gefühl gehabt haben, sich in einem andern Land zu befinden; er mag jeden Tag neuen Bräuchen, neuen Riten und neuem Gedankengut begegnet sein. Welche Einigkeit auch immer die Griechen besessen hatten, ihre Wurzeln lagen in der Vielfalt, und was ihnen gemeinsam war, entzieht sich der Definition.

Laut Herodot waren es vier Kriterien, welche den Griechen kennzeichneten: gemeinsame Abkunft, gemeinsame Religion, gemeinsame Sprache und gemeinsame Kultur. Doch es gab keine gemeinsame Abkunft, denn sie waren Kinder vieler Stämme und vieler Einwanderer. Blickte Thukydides über die Jahrhunderte zurück, so sah er nichts als dunkle Wellen von Eindringlingen, die sich über das Land ergossen und die Ureinwohner in die Berge trieben; Woge auf Woge von Fremdlingen. Eine gemeinsame Religion gab es insofern, als in ganz Griechenland Götter unter dem gleichen Namen verehrt wurden, wenn auch die nackte Aphrodite von Athen mit der wehrhaften Aphrodite, wie sie in Sparta verehrt wurde, kaum eine Ähnlichkeit besaß. Die Religion der Griechen war in dauernder Umwandlung begriffen, neue Götter tauchten auf, alte versanken. Was die griechische Sprache betrifft, so war auch sie in den einzelnen Gegenden verschieden, und dies führte dazu, daß ein Athener Schwierigkeiten hatte, einen Arkadier zu verstehen, und fast unmöglich war es für ihn, sich mit einem Bewohner der Inseln zu verständigen. Verstreut über ganz Griechenland gab es kleine Enklaven, in denen nur das Pelasgische, die alte Sprache der Ureinwohner, gesprochen wurde.

Die griechische Einheit — soweit man überhaupt von einer

solchen sprechen konnte — hatte kaum etwas mit gemeinsamer Abstammung, Religion oder der gesprochenen Sprache zu tun. Es gab ausschließlich eine kulturelle Einheit, ein Geschenk, das den Griechen von Homer gemacht worden war. Ohne die legendengleichen Dichtungen, welche die Heldentaten der Griechen vor den Mauern Trojas beschreiben, hätte sich dieses Volk niemals als zusammengehörig gefühlt. Homer gab ihren Göttern und ihren heldischen Vorfahren einen Namen. Er gab ihnen den Stolz auf eine gemeinsame Leistung und den Glauben an ihre Mission. Vielleicht hat er niemals das griechische Festland betreten, und doch war er es mehr als irgendein anderer, der die griechische Nation geschaffen hat; sollte Homer wirklich niemals gelebt haben und die Epen — wie einige Leute tatsächlich immer noch glauben — nur Volkslieder sein, die von einer Dichtergruppe gesammelt wurden, um sie zu einer fortlaufenden Geschichte zu formen, so bleibt es dennoch wahr, daß die Einheit der Griechen aus der Poesie geboren wurde. Mit der Schaffung der Epen erblickte Griechenland das Licht der Welt.

Daher führen für die Griechen auch alle Straßen zurück zu Homer. Sie ahnten dunkel, daß es auch andere Wege in diese ferne Vergangenheit geben müsse, aber sie verspürten wenig Sehnsucht, sie zu erforschen. Homer war der Engel mit dem flammenden Schwert, der, bekleidet mit dem goldenen Sängergewand, vor den Toren des Paradieses stand; und sie waren von seiner Persönlichkeit so beglückt, so berauscht von seinen Leistungen, daß es ihnen genug war, seine Kinder zu sein.

Es gibt Leute, die der Ansicht sind, Homer wäre der Erfinder der griechischen Sprache gewesen, eine Ansicht, die nicht vollkommen abzulehnen ist. In seinen klaren, reichen Versen, die dazu bestimmt waren, gesungen, niemals gesprochen zu werden, ist nichts Primitives. In der Zeit vor Homer muß es eine langsame, aber stetige Entwicklung gegeben haben — Jahrhunderte des Suchens und Irrens —, ein vorsätzliches Bemühen, aus dem Vorhandenen eine Grammatik aufzubauen. Viele Dialekte und vergessene Mundarten haben diese Sprache geformt, und das ungeheuer große Vokabular setzt sich aus einer Vielfalt verschiedener Quellen zusammen, so daß das Griechische, ebenso wie das Englische, eine Sprache ist, in der die gleiche Feststellung auf verschiedenste Art und Weise und mit unterschiedlichen Bedeutungen gemacht werden kann. Es ist eine klar umrissene Sprache, die schnell gesprochen wird und einen außerordentlich weichen Klang besitzt, mit einer Grammatik, die so schwierig ist, daß Schulkinder sieben bis acht Jahre brauchen, um nur die Grundbegriffe zu beherrschen. Wenn notwendig, kann sie scharf und bestimmt sein, doch zeigt sie nicht die metallene Härte des Lateinischen, wo jedes Wort in Bronze gegossen zu sein scheint. Gesprochenes Griechisch läßt an einen Bergfluß denken – zwischen steilen Klippen hervorsprudelnd, kleine Schaumkronen bildend, einmal über blank gescheuerte Felsen gleitend, so daß das Wasser die Farbe des Gesteins annimmt, ein ander Mal sich mit dunkler Gewalt in den Schatten ergießend. Selbst geschrieben macht das Griechische noch immer den Eindruck einer Sprache voll Sonne und Licht.

Homer beschenkte die Griechen mit einer zweifachen Gabe: Er machte sie zu einer Nation und gab ihnen eine Sprache, die jeder erlernen konnte, wenn es auch nicht eine Sprache war, die im Alltag verwendet wurde. Durch die Schaffung eines heroischen Ideals ließ er sie an sich selbst glauben. Er stand nicht nur an der Wiege der griechischen Kultur, sondern sein Gedankengut und seine Lebensbetrachtung erfüllten die griechische Ethik bis zum Beginn des Christentums und darüber hinaus. Zu behaupten, daß er der erste und größte aller griechischen Dichter gewesen sei, hieße ihm nur einen kleinen Teil seiner wahren Bedeutung zubilligen. Manchmal macht es den Eindruck, als habe er der gesamten griechischen Kulturentwicklung mit seiner feurigen Vorstellungskraft den Weg gewiesen, als gäbe es keine Gedanken und Taten, die nicht seinem Geist entsprungen wären. Er war das Samenkorn, welches in das karge Land fiel und Früchte trug.

Gibt es einerseits keine Griechen ohne Homer, so gibt es andererseits auch keine Griechen ohne die wilde verzauberte Landschaft. Der Himmel mit seiner einzigartigen Klarheit, die Erde, die so ungeheuere Mühe fordert, um ein paar kärgliche Früchte zu tragen, die wild zerklüfteten Küsten, die kahlen Hügel und die sturmgepeitschten, messerscharfen Bergrücken – das waren die Urelemente, aus denen die griechische Kultur geboren wurde. Auch heute noch sind drei Viertel von Griechenland unfruchtbar, aber dieses unfruchtbare Land brachte ein fruchtbares Volk hervor. Eine Handvoll Männer, die sich von Maisbrei, Wein und etwas Käse nährten, schuf eine Kultur, die die größte ihrer Zeit war; und es gibt Leute, die der Ansicht sind, es wäre die größte, die es jemals gegeben hat.

2 Die grüne Insel

Der Reisende, der sich Kreta vom Meer her nähert, sieht Kette um Kette dunkler, zerklüfteter Hügel vor sich, die sich gegen den Horizont abzeichnen. Diese Hügel sind von einer strengen, unnahbaren Schönheit, als wären sie ein Hort der Götter. Die kahlen Felsen glänzen blau, weiß und silbern in der Sonne unter einem Himmel, der schwer ist von südlicher Reife. Griechenland ist weit; wir sind auf dem Wege nach Syrien und Ägypten.

Sobald wir die Insel betreten, ändert sich das Bild; die schroffen Berge und die rauhen Klippen sind nicht mehr allgegenwärtig. Das Land, das nur aus Felsen zu bestehen schien, verwandelt sich in weite, fruchtbare Ebenen und Täler. Ebereschen und Zypressen säumen die Ufer der Flüsse, die Reben wachsen mannshoch, und meilenweit erstreckt sich das Dickicht der Olivenbäume. Eine fünf Meter tiefe Humusschicht und darunter unerschöpfliche Wasseradern machen Kreta – verglichen mit den kargen Tälern Griechenlands – zu einem Paradies.

Kein Wunder, daß die alten Griechen mit Sehnsucht nach Kreta blickten und der Insel eine Gloriole des Geheimnisses und der Verzauberung verliehen. Nach griechischer Überlieferung lebte einst hinter diesen abweisenden Klippen König Minos, Herr über hundert Städte und viele Inseln, in einem großartigen Palast inmitten unnachahmlicher Prachtentfaltung. Zu seinem Hof kam Dädalos, der Baumeister aus Athen, dessen Namen »listenreicher Handwerker« bedeutet; er baute eine hölzerne Kuh für Königin Pasiphaë und ein Labyrinth, um darin das Ungeheuer – ein Doppelwesen halb Stier, halb Mensch – zu verbergen, dem sie das Leben geschenkt hatte. Für ihre Tochter Prinzessin Ariadne baute er einen Tanzplatz. König Minos ließ Dädalos aus uns nicht bekannten Gründen ins Gefängnis werfen, doch gelang es ihm, zu entkommen, als Ariadne ihm die Geheimtüren zeigte. Kaum hörte der König davon, als er allen Schiffen verbot, auszulaufen oder Passagiere an Bord zu nehmen, so daß Dädalos Flügel erfinden mußte, um auf diese Weise nach Sizilien zu entkommen. Ungefähr um die gleiche Zeit kam Theseus, Prinz von Athen, anläßlich der jährlichen Tributlieferungen an den menschenköpfigen Stier, mit sieben Jungfrauen und sechs Jünglingen nach Kreta. Mit einem Schwert, welches ihm die Prinzessin geschenkt hatte, erschlug er das Ungeheuer, und mit Hilfe eines Fadens, den er ebenfalls von ihr erhalten, floh er aus dem Labyrinth. Minos regierte drei Generationen vor dem Trojanischen Krieg, so sagt uns Herodot, und es liegt kein besonderer Grund vor, warum wir ihm nicht glauben sollten.

Wer war Minos? Wer war Dädalos? Wer war Minotauros, der menschenköpfige Stier?

Die Wahrheit ist, daß wir keine dieser Fragen beantworten können, und bis vor kurzem wäre es ganz unmöglich gewesen, auch nur Vermutungen anzustellen. Unser Wissen um die Vergangenheit Kretas beginnt im 20. Jahrhundert, mit den Ausgrabungen von Sir Arthur Evans in Knossos, und sogar heute, nach sechzig Jahren intensiver Grabungsarbeiten, sind wir dem Geheimnis nur um ein Geringes nähergekommen. Die Funde in Knossos lösen einige Probleme, werfen aber ebensoviele neu auf; und Minos, Dädalos und der Minotauros sind kaum mehr als vage Schatten im Nebel der Vorgeschichte. Sir Arthur Evans dachte, der Minotauros ließe sich durch das stiergebrüllähnliche Dröhnen der Erde während der periodischen Beben, von denen die Insel heimgesucht wird, erklären, doch wird diese Erklärung einen Historiker kaum befriedigen. Eine geheimnisvolle Macht strahlte einst von dieser Insel aus. Gewaltige Schiffe segelten von ihren Küsten. Große Befestigungen beherrschten die Straßen zu den Städten dieses kleinen Königreiches, das seine Macht weit über die Grenzen und weit über alle sichtbaren Möglichkeiten ausdehnte. Aber die Schiffe sind verschwunden, und keine Spur einer Festung läßt sich mehr finden. Wir sind noch weit von dem Tage entfernt, an welchem wir eine zusammenhängende Geschichte des minoischen Kreta auf dem Höhepunkt seines Ruhmes schreiben können.

Denn Ruhm besaß Kreta damals in reichem Maße, aber nicht den Ruhm, den man gemeinhin mit einer großen Seemacht verbindet. Als Sir Arthur Evans Knossos entdeckte, fand er zu seiner Überraschung eine Art Märchenpalast vor, raffiniert geschmückt, eine Fundgrube von Schätzen, Fresken und Reliefmalereien. Die Kunst von Knossos ist geschlossen und vollkommen. Keinerlei Unsicherheit ist zu spüren. Es ist die Kunst eines Volkes, welches das Leben genießt, die Erde liebt, sich an leuchtenden Farben erfreut und einen erlesenen Geschmack besitzt — eines Volkes von stiller, beeindruckender Heiterkeit. Es gab keine großen Götterbilder, ja es gab überhaupt kaum Darstellungen von Göttern, und die wenigen, die man fand, waren in der Form kleiner Keramikfigürchen. Der überwältigende Eindruck, den die Funde hervorriefen, war der eines heiteren, sinnenfrohen Volkes, dem die Freude am Krieg nicht bekannt war. Sie liebten Stierkämpfe ohne Blutvergießen; der Kampf bestand aus einem Kräftemessen mit dem Stier, gekrönt von einem unglaublich eleganten Sprung über den Kopf des Tieres. Sie verehrten die Große Mutter, deren Heiligtum der Schatten eines kleinen Baumes in einem umfriedeten Gärtlein war. Nach ihrer Kunst zu schließen, scheinen sie niemals unter Schuldgefühlen, niemals unter der schrecklichen Angst vor den Geheimnissen des Lebens gelitten zu haben, die wir bei fast allen alten Kulturen, die genügend zurückgelassen haben, um uns eine Vorstellung von ihrer Gedankenwelt zu erlauben, antreffen.

Eine merkwürdige Modernität zeichnet die Kultur von Knossos aus. Die Häuser waren gut gebaut, manchmal fünf Stockwerke hoch, die Fensteröffnungen waren mit ölgetränktem Pergament bespannt. Das Kanalisationssystem der Paläste war allem weit überlegen, was die westliche Welt bis zur Zeit Königin Viktorias kannte. Die Belichtung der Innenräume erfolgte aus einer Reihe von Lichtschächten. Manchmal bauten sie die Häuser mit Erkern und bepflanzten die Dächer mit Bäumen. Die Wänder der Häuser bemalten sie mit bunten Farbstreifen. Sie scheinen auch alle Gebrauchsgegenstände bemalt zu haben, und die fröhliche verschlungene S-Linie ist überall zu finden, wird einmal zu einer Blume, ein anderes Mal zu einer Welle oder einem Stern, je nach der Laune des Malers. Das gleiche Ornament schmückt die neolithischen Töpferwaren, die man außerhalb des Palastes gefunden hat, und es erscheint immer wieder auf dessen Wänden.

Wo immer Evans Grabungen anstellte, stieß er auf Beweise ihrer natürlichen Grazie, ihres Frohsinns, ihres entzückten Erstaunens ob der Schönheit des Lebens. Sie malten keine Dämonen, keine düsteren Göttergestalten, keine Kobolde. Ihre Schmuckstücke waren schwerelos, zart und feminin. Ihre Frauen bevorzugten lange weite Röcke in leuchtenden Farben; Brust und Arme blieben unbedeckt. Das Haar wurde zu prächtigen Locken aufgesteckt. Manchmal trugen sie Puffärmel, die einfach über die Arme gezogen wurden. Weit schwangen die Röcke bei jedem Schritt in der beliebten S-Kurve aus. Sie trugen Bänder und Halsketten, und gelegentlich tauchen auf den Fresken bestickte Mieder auf. Das berühmte Fresko eines jungen Mädchens mit übergroßen Augen, hellroten Lippen und hochmütig geschwungener Nase, das die Arbeiter, als sie es 1903 freilegten, *La Parisienne* nannten, vermittelt den Eindruck reiner, überschäumender Lebensfreude. Wie wir aus dem heiligen Knoten auf der Schulter des Mädchens schließen können, war sie eine Priesterin, eine von den vielen Priestern und Priesterinnen, die paarweise in einer langen Reihe saßen, während sie in einer unserer heiligen Kommunion nicht unähnlichen Zeremonie einen sakralen Kelch weiterreichten. Auf einem anderen Fresko sehen wir junge Hofdamen im Gespräch, alle mit exotischen Frisuren und edelsteingeschmückten Kämmen im Haar, die schönste unter ihnen spielt gedankenverloren mit ihrem Halsband.

Die Männer trugen anscheinend nichts anderes als buntgefärbte Lendentücher in der Art der Lederschurze aus der Ära Elisabeths von England, die mit einem verzierten Gürtel zusammengehalten wurden; ähnlich schmale Lendenschurze sind von in Libyen gefundenen primitiven Statuetten bekannt. Sie trugen ihr Haar in langen Locken, die seitlich über die Schulter herabhingen. Auf einem der Wandgemälde finden wir einen vornehmen Jüngling mit roten Handschuhen. Hüften und Taillen der Männer sind von erstaunlicher Schmalheit. Sir Arthur Evans war von ihrer Schlankheit so beeindruckt, daß er eine Theorie entwickelte, wonach sie von Jugend an enge Metallgürtel tragen mußten. Wahrscheinlicher ist es, daß der Grund für ihre extreme Schlankheit in den ständigen athletischen Übungen zu suchen ist. Die Nacktheit der Männer muß die prächtige Aufmachung der Frauen besonders hervorgehoben haben. Letztere sind auf allen Fresken im Profil dargestellt und scheinen an uns vorbei in eine ferne, nur ihnen schaubare Welt zu blicken.

Ohne Zweifel stellen die Fresken die Schönheiten des Hofes, die jungen Prinzen und Prinzessinnen dar. Sie sind die Aristokraten eines goldenen Zeitalters, die in glücklicher Unbeschwertheit, nur auf ihr eigenes Vergnügen bedacht, durch das Leben gehen, und daher nicht charakteristisch für die übrigen Inselbewohner. Eine derartige Verfeinerung ist zu allen Zeiten selten, und um ihresgleichen zu finden, müssen wir in die Gandhara-Epoche Indiens oder nach dem Japan der Fujiwara-Kaiser gehen. Nicht einmal im Athen Peisistratos', wo man eine diskrete

Eleganz pflegte, werden wir etwas finden, was sich mit der hochgezüchteten Kultur des minoischen Kreta vergleichen ließe.

Der Palast von Knossos verrät uns sehr wenig über das Leben der einfachen Leute; um darüber mehr zu erfahren, müssen wir zu den über die Inseln verstreuten Gräbern gehen, mit ihrem Spielzeug aus Ton und den bemalten Gefäßen, deren Ornamente die kunstvollen Zeichnungen des Hofes nachzuahmen versuchten. Die in Hagia Triada gefundene »Erntevase« gibt uns eine erstaunlich lebhafte Darstellung einer Anzahl von Bauern, die anläßlich eines Erntefestes einer Prozession folgen, welche von dem Landbesitzer mit langem Haupthaar angeführt wird; er hat für diesen Anlaß einen mit einem wellenartigen Muster geschmückten Mantel mit breitem Saum angelegt. Wahrscheinlich wird die Olivenernte gefeiert, denn die Bauern tragen lange Faßdauben mit Sichelklingen über der Schulter. Bis auf ihre runden, flachen Kappen und die langen Schürzen sind die Bauern nackt. So ziehen sie, eng bedrängt, auf der Vase einher, aus Leibeskräften singend, während ein Priester das Sistrum schwingt; einer von ihnen fällt mit einem glücklich trunkenen Ausdruck auf die Knie und umschlingt im Fallen die Beine seines Vordermannes, der sich mit fröhlichem Gelächter nach seinen Freunden umdreht, wie um sicher zu sein, daß sein Mißgeschick von allen bemerkt würde. Humor und Anmut sprechen aus jedem Detail. Die Gesichter sind als bäuerliche Gesichter erkenntlich, aber mit ihrer steilen Stirne, der geraden Nase und dem spitzen Kinn gehören sie eindeutig dem gleichen Typus an wie die Prinzen von Knossos.

Das Sistrum des Priesters deutet auf ägyptischen Einfluß, sonst aber läßt sich im minoischen Kreta ein solcher kaum feststellen. Der Handel mit Ägypten war intensiv, und es mag Zeiten gegeben haben, in denen die Ägypter eine Art von Oberlehensherrschaft über Kreta besaßen oder zu besitzen glaubten. Kretische »Tributbringer«, die in typisch minoischer Art dekorierte Vasen und Gefäße auf den Schultern tragen, sind in den Grabkammern von Senmut, dem Baumeister der Königin Hatschepsut, abgebildet. Diese Gaben mögen nichts anderes gewesen sein, als die Geschenke einer kretischen Gesandtschaft, denn es läßt sich nirgends die Andeutung einer ägyptischen Herrschaft feststellen. Es gibt keine Pyramiden in Kreta, keine riesenhaften Steinfiguren von Göttern und Königen, keine gewaltigen

Tempel. Nur ganz selten treffen wir auf Anlagen, die ein fernes Echo von Ägypten aufklingen lassen.

Unter den Schätzen von Hagia Triada befindet sich ein auf allen vier Seiten bemalter Steinsarkophag, in frischem Rot, Rosa, Orange, Gelb und Blau. Inmitten von blauen und weißen Sonnen, die über das Firmament ziehen, sehen wir die Opferga-

Abb. 1 Der Hagia Triada-Sarkophag

ben, welche für einen toten Prinzen hergerichtet werden. Er selbst entsteigt im Leichenhemd seinem palastähnlichen Grab, um im Schatten eines heiligen Baumes neben dem Altar zu verweilen. Mit undurchdringlicher Miene sieht er zu, während drei mit Schaffellen bekleidete Priester Geschenke darbieten — zwei scheckige Kälber und ein Boot, letzteres anscheinend aus einem Elefantenzahn geschnitzt. Die Priester erinnern an Ägypten; derartige Tributbringer finden sich häufig in ägyptischen Gräbern. Aber dies hier sind keine gewöhnlichen Priester, denn sie kommen aus der Dunkelheit, aus einem blau gemalten Rechteck, das sie von dem hellen Schein trennt, der auf den toten Prinzen und die große kultische Vase zwischen den hohen Säulen hinter ihnen fällt. Diesem Kultgefäß nähert sich eine Priesterin mit einem Weinkrug und eine andere Frau, die eine Krone trägt, sowie eine dritte, welche Leier spielt. Die Frauen kehren den ägyptischen Priestern den Rücken zu und bringen ihr Trankopfer nach einem ganz anderen Ritual dar. Auf den hohen Säulen zu beiden Seiten des Kultgefäßes glänzen die goldenen Doppeläxte — das Wahrzeichen göttlicher Macht.

Auch auf der anderen Seite des Sarkophages finden wir Riten dargestellt, die unterschiedlich oder sogar einander entgegengesetzt sind, denn in der Mitte liegt ein mit roten Stricken an den Altar gebundener riesiger Stier, aus dessen Hals das Blut in ein Gefäß tropft, während daneben eine Priesterin im Schatten des heiligen Baumes ein unblutiges Opfer, bestehend aus Früchten und Wein, darbringt. Auch finden wir die goldene Doppelaxt und einen kleinen Schrein mit den geweihten Hörnern. Ein dunkler Vogel hat sich soeben auf der Doppelaxt niedergelassen; er ist kein Bote des Todes, sondern zeigt vielmehr die Anwesenheit der Großen Mutter an, die mit gütiger Hand über Tote und Lebende herrscht.

Diese prächtigen Darstellungen auf dem Kalksteinsarkophag sind fast alles, was wir über die Bestattungsriten des minoischen Kreta wissen. Die Malereien sind fröhlich, zart und gleichzeitig sehr feierlich. Die Akteure in dem Drama bewegen sich mit einer beneidenswerten Würde und Eleganz; obwohl man die Trauer fühlt, spürt man auch die Freude in der Erwartung der Erlösung nach dem Tode. Wenn sich in den Priestern mit ihren Geschenken von Kälbern und dem Boot, dazu bestimmt, den Toten über die dunklen Flüsse zu führen, die er auf seiner Reise überqueren muß, eine Andeutung ägyptischen Einflusses feststellen läßt, so gehören die an den Riten teilnehmenden Frauen und die Leierspielerin ganz und gar dem minoischen Kreta an. Die Frauen sind robust, mit quellenden Brüsten, erfüllt vom Leben. Die Sonne Europas beleuchtet die Szene, und der Osten ist weit.

Das Auffallendste an der minoischen Kunst ist die Tatsache, daß sie so wenig Orientalisches aufgenommen hat. Immer ist das Gefühl der Spontaneität vorhanden, die leichte, frei fließende Linie, nirgends Beschränkung oder Schwere. Der Künstler schmückt eine Vase mit einem Oktopus und genießt jede Kurve seiner langen, sich windenden Arme, so daß die Krake wie lebendig erscheint. Ebenso verhält es sich mit den Darstellungen der Vögel und Delphine, der fliegenden Fische, Schmetterlinge und Blumen. Kunsthistoriker sprechen gerne von der minoischen Kunst als »Zeichnungen im freien Feld«. Das ist ein unzulänglicher Ausdruck, um anzudeuten, daß sie mit engelsgleicher Freiheit und göttlicher Gnade malten. Bis in unsere Zeiten haben nur wenige Menschen mit einer so freudvollen Hingebung gemalt.

Das minoische Kreta ist in Geheimnisse gehüllt, die wir vielleicht niemals entschleiern werden, aber seine Künstler sind bar der Geheimnisse. Ihre Malereien sprechen eine so klare Sprache, daß wir jedes Wort vernehmen können; und sie scheinen sich an dem Gedanken erfreut zu haben, daß sie durch Jahrhunderte gehört werden würden. Es gibt minoische Vasen aus dem Jahre 1500 v. Chr., die uns näherstehen, als vor fünfzig Jahren hergestellte. Es gibt minoische Fresken, die den Eindruck erwecken, sie seien gestern gemalt worden.

Die Künstler geben uns auch den Schlüssel zu der seltsamen Einrichtung des »Stierspringens«, welches die hauptsächlichste Zerstreuung der Prinzen und Prinzessinnen am minoischen Hofe gewesen zu sein scheint. Um einen Oktopus so auf einer Vase darzustellen, daß sein Wesen in einigen kühnen Strichen festgehalten ist, muß sich der Künstler mit einem imaginären Sprung in die Seele des Oktopus versetzen. Durch viele Jahre muß er ihn sorgfältig studiert, all seine sich verändernden Formen und Transmutationen, all seine Stimmungen beobachtet haben, um sich endlich – in einem Augenblick der Erleuchtung –, nachdem er alles gelernt hat, was zu lernen war, der Inspiration hinzugeben und mit wenigen Strichen auf der gerundeten Oberfläche der Vase die reine Form hinzuwerfen, welche alle Oktopusse in sich vereint, die er jemals gesehen und beobachtet hat. In ähnlicher Art scheinen die chinesischen Maler manchmal durch zwanzig Jahre Bambusbäume studiert zu haben, bevor sie den Pinsel zur Hand nahmen und in glücklicher Überraschung wußten, daß sie endlich die Essenz des Bambus gemeistert hatten. Die Freude liegt in dem plötzlichen Sprung, der das Wesen der Seele offenbart.

Etwas Ähnliches muß sich in den Stierspringern vollzogen haben. Sie sprangen um der reinen Freude willen, um das Gefühl der Stärke zu spüren, das es ihnen gab. Sie sprangen wie Tänzer, und auf ihren Gesichtern lag ein Ausdruck seliger Unbekümmertheit. Es gab kein Blutvergießen und auch kein Gefühl, daß Blut notwendig oder wünschenswert wäre. Auf Gemmen und Fresken sehen wir sie, nackt, oder nur mit einem Lendentuch bedeckt, dem Stier entgegentreten, das Haar sorgfältig gekämmt, die Mädchen mit Halsketten und Armbändern geschmückt, manchmal mit roten und blauen Miedern bekleidet. Sie tragen keine Waffen und haben nicht die Absicht, den Stier zu verletzen. Sie kommen als Freunde und vergessen jegliche Gefahr, wenn sie dem Stier entgegeneilen, ihn bei den Hörnern packen und den Großen Sprung vollführen, den *Salto mortale* über seinen Rücken, um nach dem Flug wieder sicher auf den Füßen zu landen. In diesem einzigen Sprung werden viele Dinge vollbracht, viele Welten besiegt — aber friedlich besiegt. In der geheimnisvollen Weise der Künstler haben sie den Sprung vollführt, der sie in den Besitz des Stieres bringt. Nur die Kühnsten durften die Tat wagen, und nur jene, die sie vollbracht hatten, durften von sich sagen, sie besäßen die Stärke des Stieres, weil sie ihn bezwungen hatten. Mit ihren schlanken, stählernen Körpern maßen sich die Springer um der reinen Freude willen mit dem Tier.

Alles, was wir über die minoische Kultur wissen, weist auf eine so große Ehrfurcht vor dem Leben hin, daß die öffentliche Darbringung von Menschenopfern undenkbar scheint. Vielleicht wurde hin und wieder beim Tode eines großen Prinzen ein Stier geopfert, wie wir es auf dem Sarkophag in Hagia Triada sehen, aber derartige Anlässe dürften selten gewesen sein. Der Stier war heilig — war Zeus nicht in der Gestalt eines Stieres zu Pasiphaë gekommen? Immer wieder treffen wir in der Mythologie des minoischen Kreta auf Stiere mit göttlicher oder königlicher Macht, und zahllos sind die Legenden, die Minos mit dem Stier verbinden. Aus Minos wird der Minotauros. Auf den königlichen Schalen und Vasen ist der Kopf des Stieres abgebildet. Der Stier war das Symbol königlicher Macht, wie Löwe und Einhorn Symbole der britischen Krone sind.

Ebenso sicher war die Doppelaxt oder *labrys* das Symbol der geistigen Macht der Großen Mutter, deren Reich den Himmel, die Erde und alles, was unter der Erde liegt, umfaßte. Sie war die *Diva triformis,* welche die drei Welten regierte, von Tauben begleitet, wenn sie durch die Lüfte ritt, von Löwen und Stier, wenn sie auf Erden ging, und von Schlangen, wenn sie die Unterwelt besuchte. In einer ihrer Manifestationen war sie die Göttin der wilden Wälder und der wilden Tiere – den Griechen in dieser Gestalt als Artemis bekannt. Einige ihrer Symbole – die Säule, die Schlange und die Eule – wurden von Athene übernommen; alle Ströme der griechischen Mythologie wurden von ihr gespeist.

Niemand, der durch Kreta reist, darf sich über die Allgegenwart der Göttin wundern. Merkwürdige Dinge geschehen unter diesem unglaublich blauen Himmel. Manchmal scheint das Meer in die Luft zu verströmen, manchmal kann man die Olivenhaine hoch über den Bergen schweben sehen. Heute noch werden in den abgelegenen Tälern die alten, prähistorischen Worte gesprochen und die Göttin aus frühen Tagen verehrt.

Aber während das Gefühl des Göttlichen überall spürbar ist, fällt es uns schwer, die Quellen der minoischen Machtentfaltung zu verstehen. Der einem Edelstein gleiche Palast in Knossos gibt uns nur über den erlesenen Geschmack einer überaus kultivierten Elite Auskunft, und wir müssen uns nach Phaistos nahe der Südküste wenden, um die gewaltige Macht zu erfassen, welche die minoischen Könige in ihrer Herrlichkeit ausgeübt haben. Hier wurde von den Italienern ein enormer Palast freigelegt, der die Ebene von Messara beherrscht. Sir Arthur Evans fand in Knossos eine kleine Stiege – ungefär zwei Meter breit – und nannte sie die »große Stiege«. In Phaistos gibt es eine Treppe von dreizehn Meter Breite, und die umliegenden Ruinen lassen auf die entsprechenden Proportionen schließen. In der griechischen Literatur wird Phaistos nur selten erwähnt. Homer spricht von den Schiffen, die den Hafen verlassen – »ihr blauer Bug von der Kraft des Windes und den Wellen nach Ägypten getragen«. Er hat wahrscheinlich den Hafen selbst gesehen, denn er beschreibt ihn genau: »Zur Zeit der südwestlichen Stürme branden die Wogen gegen das Phaistos vorgelagerte Festland, wo sie nur von einem kleinen Riff aufgehalten werden.« Idomeneus, König von Kreta, kehrte nach dem Trojanischen Krieg nach Phaistos zurück, doch bleibt seine Gestalt so schattenhaft wie die des Minos.

Es gibt keine Geschichte der Stadt Phaistos, keine Sammlung der Lieder, die ihre Dichter gesungen, keine Aufzeichnungen, außer den in Linear B geschriebenen Tafeln. Die berühmte Phaistosscheibe mit sorgfältig geprägten Ideogrammen ist das früheste Beispiel eines Druckes, der allerdings noch nicht entziffert wurde. Doch aus dem Ersetzen der Silbenwerte nach dem Ventris-Schlüssel[1] darf man schließen, daß es sich um eine Hymne an Hera handelt, welche die Priesterinnen ihres Tempels auf dem Berg Ida sangen.

Phaistos, auf den Felsen über einem hellen Tal gelegen, erweckt den Eindruck einer gewaltigen königlichen Macht. Diese Macht stammte offenbar aus der Beherrschung der Meere, denn Kreta ist eine an Bodenschätzen arme Insel und ist es immer gewesen. Ihre Berge bargen keine Silberminen, wie die von Laurion in Attika, die den Reichtum von Athen begründeten. Es gab kleine Kupferminen und einen beachtlichen Export an Olivenöl und purpurnem Farbstoff, der aus dem Schleim der Purpurschnecke (Murex trunculus) gewonnen wurde. Gold führte man von Ägypten ein und Silber von den Kykladen. Der Reichtum Kretas lag in seiner strategischen Handelsposition und seinen Schiffen, welche die Seewege offenhielten.

Es gab auch Piraten. Wie beachtlich sie waren und weiterhin blieben, wissen wir aus den Berichten der Römer, die 1500 Jahre nach dem Verfall des Minoischen Reiches noch kretische Piraten bekämpfen mußten. Odysseus wird, als er am Ende seiner langen Fahrt Ithaka erreicht, nach seiner Vergangenheit gefragt und gibt einen langen, glückvollen Bericht seines Lebens in Kreta als Besitzer einer Flotte von Piratenschiffen. »Ich habe die Arbeit nicht geschätzt«, sagt er. »Bevor wir gegen Troja zogen, führte ich meine gut ausgerüstete Flotte neunmal zu feindlichen Küsten und erwarb reiche Beute. So wurde mein Haus groß, und meine kretischen Mitbürger respektierten und fürchteten mich.« Hierauf fährt er fort zu erzählen, wie er gemeinsam mit Idomeneus die Kreter gegen Troja führte und es noch mehr Beute gab. Ein anderer Zug gegen Ägypten war weniger erfolgreich, denn sie wurden beim Plündern der Gehöfte am Ufer des Nils von ägyptischen Soldaten überrascht, und Odysseus entkam nur, weil er zu des Königs Streitwagen lief, des Königs Knie umschlang und an seine Gnade appellierte. Natürlich log Odysseus mit jedem Wort, aber seine Schilderung des Lebens eines kretischen Piraten ist sicher authentisch.

Die Macht Kretas liegt in seinen Schiffen, und von diesen blieben keine Spuren. Keine Hafenanlagen, keine Hafenbefestigungen — nichts. Wir wissen nicht, wie die minoische Flotte ver-

[1] Michael Ventris, britischer Archäologe † (Anm. des Übersetzers)

waltet wurde oder wo ihre wichtigen Häfen lagen, nicht einmal, welcher Art die Schiffe waren, die sie benutzten. Einige wenige Gemmen, welche die Archäologen fanden, zeigen uns schmale Dreimaster mit hohem Bug, aber aus den Darstellungen kann man weder auf die Bestückung noch auf die Manövrierfähigkeit der Schiffe schließen. Man weiß, daß Umschlagplätze in Ägypten, Sizilien, auf Rhodos, Zypern und entlang der ganzen levantinischen Küste existierten, wo die Kreter ihre eigenen Produkte verkauften und fremde Waren aufnahmen, aber davon abgesehen liegt das Wesen der minoischen Seeherrschaft noch im dunkeln. Thukydides, der sehr vorsichtig war, wenn es darum ging, Beweismaterial zu prüfen, ist der festen Überzeugung, daß Minos das östliche Mittelmeer befriedete. »Sobald Minos seine Flotte aufgebaut hatte, wurden die Seewege sicher«, schreibt er. »Es gelang ihm, die Piraten, welche die meisten Inseln in Händen hatten, zu vertreiben, und damit begannen die Küstenbewohner reich zu werden und ein seßhaftes Leben zu führen.«

Das Geheimnis der minoischen Seemacht bleibt bestehen. Es gibt Andeutungen, Hinweise, vage Vermutungen und Augenblicke, in denen wir klar zu sehen meinen, doch dann liegt alles wieder im ungewissen. Herodot – und später Diodorus – sprechen von einer großen Armada, welche Minos gegen Sizilien rüstete. Wie der Trojanische Krieg angeblich durch die Entführung von Helena ausgelöst wurde, so dieses Ereignis durch die Entführung von Dädalos, dem Ingenieur. Minos wurde im Kampf gegen den sizilianischen König Kokalos getötet, worauf die gesamte Einwohnerschaft Kretas, mit Ausnahme der Städte Polichne und Praisos, in Befolgung eines himmlischen Zeichens nach Sizilien segelte, um die Belagerung fortzusetzen. Schließlich wurden die Kreter gezwungen, die Belagerung aufzugeben und nach Hause zu fahren, aber vor der Küste Kalabriens erlitten sie Schiffbruch, und die wenigen Überlebenden ließen sich in Italien nieder. Herodet erzählt, daß die Griechen, als sie von der Entvölkerung Kretas hörten, die Insel besiedelten; all diese Vorgänge sollen sich drei Generationen vor dem Trojanischen Krieg abgespielt haben.

Es ist eine merkwürdige Geschichte, und wir haben nicht mehr Grund, an ihr zu zweifeln, als wir Anlaß haben, an der Tatsache des Trojanischen Krieges zu zweifeln. Von Theron, dem Tyrannen von Akragas, welcher im 5. Jahrh. v. Chr. die Knochen des Minos gefunden zu haben behauptete und sie feierlich nach

Kreta überführen ließ, kommt eine gewisse Bestätigung der Geschichte. Diodorus erzählt uns, daß das Grab als Tempel der Aphrodite ausgeführt wurde, mit einer Krypta, in welcher die Knochen des Minos ruhten. Ein derartiger Grabtempel wurde von Sir Arthur Evans in der Nachbarschaft des Palastes von Knossos gefunden.

Herodot berichtet, die Kreter seien bei ihrer Rückkehr aus dem Trojanischen Krieg von Hungersnot und Pest heimgesucht worden, »und zum zweiten Mal wurde das Land entvölkert«. Die fruchtbare Insel wurde zu einem Friedhof.

Wenn es uns nicht gelingt, eine alte Geschichte Kretas zu entdecken, werden wir niemals wissen, wie oft es zerstört wurde. Wieder und wieder erlagen die Inselbewohner der Gewalt von Naturkatastrophen. Überschwemmungen und Seuchen, Erdbeben und Springfluten suchten die Insel heim; und wenn das von einem vulkanischen Ausbruch nahe der Insel Santorin (ungefähr 1450 v. Chr.) ausgelöste Erdbeben und die darauffolgenden Überflutungen die furchtbarsten Katastrophen waren, so gab es andere fast ebenso schlimme. Die Göttin der Wilden Tiere regierte die Insel, aber es war Poseidon, der Erderschütterer, mit dem Dröhnen des rasenden Stieres, der sie in seiner Macht hielt.

Kreta steht am Beginn der westlichen Kultur. Lange vor dem Aufkommen von Mykene schufen die Minoer einen Lebensstil, der in seiner Freiheit von Aberglauben und Konventionen beweist, daß die Bewohner der Insel den schreckerregenden Göttern nicht mehr hilflos ausgeliefert waren. Sie lebten mit offenen Augen, und sie kannten keine Angst. Jene der Erde entrissenen Fresken und Schmuckstücke sprechen zu uns über Jahrhunderte hinweg, und wir erkennen unsere Verwandtschaft mit diesem Volk, das an der Wiege der westlichen Kultur steht. Manchmal erscheint es uns näher als die Athener zur Zeit von Perikles, näher bei weitem als die Römer. Sie besaßen eine Unschuld, die wir verloren haben, und ein beglückendes Wissen um die Quellen des Lebens, fast jenseits unseres Verständnisses.

Am Schnittpunkt der Verbindungswege zwischen Ägypten, Palästina, Kleinasien und Griechenland gelegen, scheint Kreta einer jener seltenen Plätze gewesen zu sein, wo sich Ideen, Sitten und Überlieferungen von vielen verschiedenen Kulturkreisen kristallisieren, um zu etwas vollkommen Neuem zu verschmelzen. In diesem Schmelztiegel alter Kulturen, auf dieser Insel nahm Europa seinen Anfang.

3 Die Mykenäer

Ungefähr 2000 vor Christus ergoß sich von der Balkanhalbinsel die erste Welle jener Eroberer, die sich ihren Weg in das Herz Griechenlands erzwangen. Sie waren bewaffnete Hirten, die eine Form des Griechischen sprachen und Ausläufer der Jahrhunderte vorher aus dem südlichen Asien kommenden Eindringlinge waren. Ihre Waffen, kurze Schwerter und Speere, waren aus Bronze, und sie lebten in einfachen hufeisenförmigen Häusern, ohne Zweifel, weil diese Hausform es ihnen erlaubte, in Zeiten der Gefahr ihre Schafe im Hof zu halten. Sie waren zu engen Klans, die von den Kriegsführern beherrscht wurden, zusammengeschlossen; über ihre Götter hören wir wenig, um so mehr aber über ihre Göttinnen. Ihre Sprache war dem Sanskrit verwandt, gehörte also der indogermanischen Sprachgruppe an; die Schrift jedoch kannten sie nicht. Sie unterjochten die Ureinwohner Griechenlands, die Pelasger, und machten sie vermutlich zu ihren Sklaven. Sie scheinen rothaarig und blauäugig, groß und kräftig gewesen zu sein, begabt mit dem Talent, uneinnehmbare Festungen aus großen Blöcken behauenen Steins zu erbauen. Für nahezu ein Jahrtausend waren sie die anerkannten Herrscher auf dem griechischen Festland. Dann wurden sie von den Dorern besiegt, und niemals hörte man wieder von ihnen.

Von den Pelasgern wissen wir nur das, was griechische Tradition überliefert hat. Nach Herodot verehrte dieses unbekannte Volk den Gott des aufgerichteten Phallus, ein Ritus, der auf der Insel Samothrake bis in die klassische Zeit weiterlebte, und sie suchten bei dem Orakel von Dodona Rat, wo die Priester das Rauschen der Blätter der heiligen Eiche auslegten und in Versen weitergaben, ähnlich wie in späteren Zeiten die phantastischen Aussprüche der Pythia in Delphi von den Priestern in konventionelle Hexameter gebracht wurden. Ihre Sprache war nicht das Griechische, aber viele ihrer Worte wurden in die Sprache der Eroberer eingebaut: Worte, die auf *inthos*, *assos* und *essos* enden, glaubt man den Pelasgern zuschreiben zu können. »Ich kann nicht mit Sicherheit sagen, welches die Sprache der Pelasger war«, schreibt Herodot, »aber wenn ich nach den Pelasgern, die noch unter uns leben, eine Behauptung aufstellen darf, so muß es sich um eine barbarische Sprache gehandelt haben.« In ganz Griechenland, besonders aber in Arkadien, gab es kleine Sprengel mit Menschen dieser Sprache.

Niemand weiß, welche Elemente der pelasgischen Religion weiterlebten und in die Religion des Eroberervolkes aufgenommen wurden, sicher ist einzig, daß Zeus seine Krone aus Eichenlaub von ihnen erbte. Pausanias, der im 2. Jahrhundert n. Chr. nach Dodona kam, zeichnete einen Vers auf, der von den Tauben-Priesterinnen gesungen wurde und dem heiligen Baum galt; der Vers klingt, als wäre er Tausende von Jahren vorher gedichtet worden:

Zeus war, Zeus ist, Zeus wird sein! Oh, großer Zeus!
Die Erde trägt Früchte: Darum bete zu der Mutter Erde!

Die Eroberer hatten den indogermanischen Gott des Donners Diaus oder Zeus mitgebracht, und der Ruf der Priesterinnen mag ein Wehklagen darüber sein, daß die Erdmutter aus ihrer Vorrangstellung verdrängt wurde.

Bereits im 16. Jahrhundert v. Chr. hatten sich die Eindringlinge in ihren befestigten Palästen in Mykene, Tiryns, Theben und Pylos festgesetzt, und sie bauten Schiffe und trieben Handel zwischen den Inseln. Vermutlich dienten sie als Söldner in Ägypten, sicher aber ist, daß sie in den ägyptischen Hafenstädten ihre Waren tauschten, denn in ihren Gräbern fanden sich Skarabäen und Töpfe mit Inschriften in ägyptischen Hieroglyphen, und ihre juwelengeschmückten Schwerter zeigen manchmal Szenen mit Enten und Reihern, die sich in einem Fluß tummeln, der nur der Nil sein kann. Sie wurden aber auch von der Kunst des minoischen Kreta beeinflußt, und ebenso dürfte es Kreta gewesen sein, dem sie ihre Verzeichnisse verdankten, in die sie ihre Abrechnungen eintrugen, jene endlosen Listen von Eigentum, die von Carl Blegen und Alan Wace in Pylos und Mykene gefunden wurden.

In Ermangelung eines besseren Wortes wollen wir die Eroberer Mykenäer nennen. In Mykene erbauten sie einen Palast von unvergleichlicher Pracht; das zu dem Palast gehörende Löwentor hat die Jahrhunderte überlebt, und das Mauerwerk der Wände, die das Tor von beiden Seiten schützend umgeben, zeugt von ihrem Talent als Ingenieure. Die mit Steinen eingewölbten Kuppelgräber in der Form von Bienenstöcken stellen eine ebenso großartige technische Leistung dar; bei einem dieser Gräber hat der über dem Eingang liegende Sturz ein Gewicht von mehr als hundertdreißig Tonnen. Niemand weiß, wie eine solche Arbeit ausgeführt werden konnte. Verwendeten sie einerseits grobe Steinblöcke, so bewiesen sie andererseits ihre Fähigkeit, Bauten höchster Grazie auszuführen. Der große Rundbau, der als das »Schatzhaus des Atreus« bekannt ist, war zu beiden Seiten des Einganges mit wunderbaren grünen Säulen geschmückt; die Säulen waren mit einem Mosaik aus weißen Steinen in einem Zick-Zack-Muster und vereinzelten zarten Goldrippen verziert.

In der *Ilias* wird Mykene als eine Stadt »reich an Gold« bezeichnet, doch blühte und verging diese Stadt längst vor Homers Ruhmgesang. Pausanias wanderte durch die Ruinen und schrieb, er hätte das Grab des Agamemnon und der beiden Kinder der Kassandra gesehen, und bis zu dem Augenblick, da Heinrich Schliemann im Jahre 1876 an König Georg von Griechenland sein dramatisches Telegramm sandte, er habe die Gräber von Agamemnon, Kassandra und ihrer Kinder »zusammen mit einem immensen Schatz ältester Gegenstände aus purem Gold« gefunden, hörte man kaum etwas über Mykene. Schliemann schrieb, man könne ein Museum allein mit diesen Funden füllen, und es würde damit zum herrlichsten Museum der Welt werden. Dieser ungeheure Schatz wurde innerhalb des Terrains der königlichen Grabschächte auf der Innenseite des Löwentors gefunden, aber selbst in Schliemanns Tagen bestand berechtigter Zweifel, ob die goldenen Masken und juwelengeschmückten Schwerter überhaupt der Zeit des Agamemnon zegeschrieben werden können. Heute wissen wir, daß sie den mykenäischen Königen gehörten, die dreieinhalb Jahrhunderte vor dem Trojanischen Krieg gelebt haben. Der Schatz beweist, daß es eine bisher unbekannte Kultur gegeben hat, die so geringe Spuren in der griechischen Geschiche hinterließ, daß weder Herodot noch Thukydides ihrer gewahr wurden. Bis zu seiner Todesstunde war Schliemann überzeugt, auf das Antlitz des Agamemnon geblickt zu haben, welches unter seinen Augen in Stücke zerfallen war.

Heute ist Schliemanns Name unlösbar mit Mykene verbunden, aber es waren umsichtigere Archäologen, die seine Spuren weiterverfolgten und denen wir die genaue Kenntnis dieses Ortes verdanken. Chrestos Tsountas grub mit viel Geduld weiter an dem königlichen Palast, den Grabstätten und den nahe gelegenen Ruinen. Alan Wace bewies endgültig, daß der Palast einem König gehört haben mußte, der lange vor dem Trojanischen Krieg regiert hatte. Die Ausgrabungen zeigen, daß Mykene ungefähr 1600 v. Chr. die mächtigste Stadt der Argolis gewesen ist, die ihre Handelsbeziehungen über die gesamte mediterrane Welt ausgedehnt hat. Mit dem Untergang des minoischen Kreta um ungefähr 1450 v. Chr. übernahm Mykene die Vorrangstellung der minoischen Könige und wurde zum Herrscher über die griechische Welt.

Die Mykenäer bauten wie Menschen, die den Ablauf der Zeit nicht zur Kenntnis nehmen, wie Eroberer, die für alle Zeiten zu bleiben gedenken. Nach griechischer Überlieferung konnten es nur die Kyklopen, jene einäugigen Riesen der Sage, gewesen sein, die diese ungeheuren Mauern errichtet hatten. Doch dürften die Arbeiten eher von Sklaven, die sich aus der pelasgischen Urbevölkerung rekrutierten, ausgeführt worden sein. Alles, was wir über die Mykenäer wissen, deutet darauf hin, daß sie ihre Macht auf Sklavenarbeit aufbauten. Die Inschriftentafeln aus Mykene und Pylos zeigen, daß sie pedantische Bürokraten waren, die fleißig die Anzahl der Sklaven, Pferde, zeremoniellen Dreifüße und der Streitwagen, die in ihre Hände gefallen waren, verzeichneten.

Sie waren ein prunkliebendes Volk, aber sie hatten Geschmack. Die goldenen Masken, die die Gesichter ihrer toten Könige bedeckten, waren mit höchster Kunst so gestaltet, daß sie das Gefühl einer gottähnlichen Macht seltsam verknüpft mit menschlicher Schwäche vermitteln. Sie schmückten die Wände ihrer Paläste mit herrlichen Fresken, und nicht einmal die Minoer übertrafen sie in der Kunst des Gemmenschneidens.

Mittelpunkt der mykenäischen Religion scheint die Große Mutter gewesen zu sein, die auf vielen Siegeln und gravierten Ringen erscheint. Diese sorgfältig ausgeführten Gravuren zeigen sie in einer äußerst lebendigen Darstellung, entweder in segnender Haltung oder in einer Stellung ruhiger Gelassenheit. Ihre Brüste sind immer unbedeckt, sie trägt einen langen, mit Besatz geschmückten Rock und ist für gewöhnlich von ihren Dienerinnen begleitet.

Das prächtigste Siegel, das bis heute gefunden wurde, zeigt die Große Mutter neben dem heiligen Baum sitzend, mit Blumen im Haar, drei Mohnkelche in der Hand, während zwei Priesterinnen und eine Dienerin nahen, um ihr zu huldigen. Die eine

Priesterin, die einen langen Zopf trägt, tritt mit leeren Händen vor, der eine Arm ist vorgestreckt, um den heiligen Mohn zu berühren; ihre Geste zeigt, daß ihr erst mit der Berührung die Kraft der Göttin zuteil wird. Neben der Göttin sind heilige Steine aufgehäuft, auf einem von ihnen steht eine zarte kleine Dienerin, um eine Frucht von dem Baum zu pflücken.

Über dem vorgestreckten Arm der Priesterin sind zwei Doppeläxte zu sehen, die kleinere liegt auf der größeren; sie stellen

Abb. 2 Goldener Siegelring aus Mykene, die Große Mutter und ihre Dienerinnen darstellend

das Symbol der Göttin, das Sinnbild ihrer geistigen Macht, dar. Über den Doppeläxten, hoch in den Lüften, hält ein behelmter Genius Wacht, in einer Hand einen Speer, die andere Hand ist frei und soll vielleicht einen Segen erteilen. Er schützt sich durch einen Schild, der wie eine 8 geformt ist. Diese Schilde finden sich oft, und wie die Doppelaxt ist der Doppelschild ein Zeichen göttlicher Macht. Die verderbenbringende Axt wird durch den schutzbringenden Schild ausgeglichen. Über dem heiligen Hain strahlt die Sonne in ihrer ganzen Pracht, neben ihr der abnehmende Mond; es ist gleichzeitig Mittag und tiefste Nacht.

Das Bemerkenswerteste aber an diesem Siegel ist die ruhige Gelassenheit und die heitere Ruhe der Gestalten, die der Göttin huldigen. Das Siegel ist außerordentlich klein, kaum mehr als zweieinhalb Zentimeter im Durchmesser, aber der Künstler hat all seine Verehrung für die Göttin hineingelegt und deutlich die Beziehung der einzelnen Figuren dieser Szene zueinander aufgezeigt. Die Göttin hat genau erkennbare Gesichtszüge: eine lange gerade Nase, eine breite Stirn, ein hübsches Kinn, das Haupt wird von einem langen schlanken Hals getragen. Wie sie hier die drei Mohnkelche an den Stielen hält, vermittelt sie den Eindruck königlicher Macht. Macht strömt von der Göttin aus, während sich die Kraft des Himmels in Lichtkreisen herabsenkt. In den Gesten der Priesterinnen liegt keine Unterwürfigkeit, sie kommen, als wäre dies ihr Recht; würdevoll bringen sie ihr Opfer dar, ohne eine Gemütsbewegung zu zeigen, stehen sie, die Göttin überragend, da; es fehlt jede Servilität, die auf ägyptischen Darstellungen von der Huldigung der Götter zu sehen ist. Sie sind von einer sehr menschlichen Würde erfüllt. Gebadet in Licht von Sonne und Mond, zeigen sie, daß all ihr Tun nur ihrem eigenen freien Willen gehorcht.

Wir können nicht hoffen, den vollen Sinn dieses Siegels zu verstehen. So kennen wir zum Beispiel die Bedeutung des Mohnes nicht, der in den Kronen kretischer Gottheiten erscheint und in der klassischen Zeit der Demeter beigegeben wird. Uns ist bekannt, daß aus den Kelchen Opium gewonnen und den Kranken und Verwundeten verabreicht wurde, aber die drei Mohnkelche auf dem Siegel dürften sakrale Bedeutung haben. Die Mohnkelche sind ebenso geheimnisvoll wie die seltsamen Darstellungen auf der dem Baum gegenüberliegenden Seite. Vielleicht sind es Blumen, Helme oder Ochsenschädel, wahrscheinlicher aber Löwenköpfe. Niemand weiß, um was für einen Baum es sich hier handelt. Schliemann bezeichnete die Früchte als Ananas oder möglicherweise Brotfrüchte, derart, wie er sie in Zentralamerika gesehen hatte. Er glaubte zu erkennen, daß die Frauen Helme trügen, und war von ihrer männlichen Erscheinung verwirrt; er bemerkte auch, daß die bogenförmigen Bänder an ihren Gewändern den überall auf dem Siegel erkennbaren halbmondförmigen Formen entsprachen. Aus irgendeinem Grunde war er der Ansicht, die wogenden Linien unter Sonne und Mond seien das Meer, doch ist es wahrscheinlicher, daß sie Wellen des göttlichen Lichtes oder die Milchstraße darstellen.

Das Siegel der Großen Mutter deutet auf eine unerwartete Empfindsamkeit in der Religion der mykenäischen Griechen. Das Siegel ist nicht das einzige uns bekannte; viele andere wurden entdeckt, auf welchen die Göttin vor einem ihrer Altäre oder auf dem Gipfel einer ihrer Berge zu sehen ist. Bis heute aber wurde nur eine Darstellung der Großen Mutter in Elfenbein gefunden. Diese kleine, 1939 entdeckte Schnitzerei ist 75 Millimeter hoch; sie zeigt die Göttin sitzend zusammen mit ihrer Tochter, während ein göttliches Kind zu ihren Füßen spielt. Wieder sehen wir den dicht besetzten Rock, die kurzen Ärmel und das enge Jäckchen, das die Brüste freiläßt; außerdem gibt es noch einen seltsam gewobenen Schal, der sich um die Rücken der Großen Mutter und der Tochter schlingt und so beide zusammenhält. Die Große Mutter hat einen Arm um die Schulter der Tochter gelegt, während diese ihrerseits eine schützende Hand auf der Schulter des göttlichen Kindes hält; das Kind trägt ein langes Kleid mit einem strickartigen Gürtel. Zärtlichkeit umgibt die Szene. Sie gehören zueinander und bilden einen geschlossenen Kreis, doch die Kraft ihrer Liebe strömt nach außen, gleich den Ringen, die sich in einem stillen Wasser bilden, wirft man einen Stein hinein.

Die Große Mutter ist selbstverständlich die gleiche Gottheit, die über dem minoischen Kreta herrschte, und zweifellos wurde sie von den Mykenäern übernommen, doch ließen diese sie sanfter, freundlicher und liebenswerter werden. Wir kennen die Namen einiger mykenäischer Gottheiten, denn sie sind, meist im Zusammenhang mit Opfergaben, auf den Linear-B-Tafeln verzeichnet. Zeus (*Diwo*), Hera (*Era*), Athena (*Atana*) und Poseidon (*Posedao*) sind eindeutig festgelegt, während *Diwa* und *Posedaeia* die weiblichen Partner der Götter oder Namen von Priesterinnen bezeichnen dürften. Iphimedeia, die bei Homer kurz und geheimnisvoll als Halbgöttin auftaucht, erscheint auch auf den Schrifttafeln. Aber es gibt keine Aphrodite, keinen Apollo, keinen Dionysos; der auf einer Schrifttafel gefundene Name *Diwonusoyo* hat sichtlich nichts mit dem Gott zu tun. Die Götter erhielten reiche Opfergaben. Auf einer Schrifttafel sind die Opfergaben, die Poseidon empfing, vermerkt: ein Stier, vier Widder, viele Maß Weizen, Wein und Honig, aber auch zwanzig Käse und zwei Schaffelle. Wir finden unter den Geschenken Öl, dazu bestimmt, »über die Lagerstatt gesprüht zu werden«, womit zweifelsohne die Vermählungszeremonie der Götterbilder, wohlbekannt aus späteren griechischen und römischen Riten, zu verstehen ist.

Mit Hilfe Homers und der Archäologen ist es möglich, aus einer Menge von kleinen und kleinsten Einzelheiten ein Bild von dem Alltagsleben der Mykenäer zusammenzusetzen. Wir wissen, wie sie gekleidet und geschmückt waren und was sie aßen. Wir wissen vieles, wenn auch nicht alles, über die Götter, die sie verehrt, die Sprache, die sie gesprochen, wie sie ihre Häuser gebaut und ihre Toten verbrannt haben. Langsam kennen wir sie so gut, daß wir, ginge einer von ihnen an uns vorbei, ihn sofort erkennen könnten.

Die Männer trugen ihre Haare lang und mit einem Band gehalten, die Reichen banden ihre Haare mit Gold- und Silberstreifen. Im Sommer hatten sie langärmelige, bis zum Knie reichende Mäntel, die sie im Winter mit Wollumhängen vertauschten. Sie besaßen Tisch und Sessel, aber keine Teller; das Essen wurde direkt vom Tisch genommen und dieser nachher mit nassen Schwämmen gereinigt. Zu ihrer Nahrung gehörte Fleisch: Schaf, Ziege, Schwein und seltener Rind. All diese Tiere waren domestiziert. Das Huhn wurde in den Höfen der Bauernhäuser gehalten, und die Gänse spazierten in den Häusern ein und aus. Sie jagten Wölfe, Rotwild, Wildschweine, Steinböcke und wilde Kaninchen. Sie aßen Fische und hatten eine besondere Vorliebe für Austern. Ihre Felder bebauten sie mit Weizen, Gerste, Hirse, Bohnen und Linsen, sie kultivierten den Wein und die Olivenbäume. Sie süßten ihren Wein mit Honig und freuten sich der Früchte ihrer Gärten. Im Garten von *Alkinoos* wuchsen Birnen, Äpfel, Feigen und Granatäpfel. Die Nahrung der Kinder bestand aus Fleisch, Mark, pikanten Beilagen und Wein, doch scheint es keine Milch gegeben zu haben. Das gebräuchlichste der Gerichte aber war der Käse; sie lebten nahezu von Käse. Sie hatten keine Katzen, diese tauchen in Griechenland erst um das sechste Jahrhundert v. Chr. auf, doch kannten sie Wach- und Jagdhunde.

Die Soldaten waren mit runden Schilden, Schwertern und Speeren ausgerüstet, während die Befehlshaber riesige Schutzschilde trugen, die sie vom Hals bis zu den Füßen deckten; an die Innenseite der Schilde hingen sie ihre Streitäxte oder andere Waffen, die sie als notwendig erachteten. Schliemann entdeckte die berühmte Vase mit den Kriegern, auf der die in den Kampf ziehenden mykenäischen Kämpfer zu sehen sind, denen ihre Frauen traurig Lebewohl winken. Die Soldaten trugen fransenbesetzte kurze Röcke, Kniestrümpfe, ein Lederwams und verzierte Helme mit Kopfstücken. Über der Stirne ragte ein Stierhorn aus dem Helm. Diese Hörner werden von Homer erwähnt, der auch einen seltsamen, aus Fell gefertigten und mit Ringen von Eberfangzähnen geschmückten Helm beschreibt. Wace konnte anhand einer in Mykene gefundenen Sammlung von Eberzähnen beweisen, daß es durchaus möglich war, Helme in der Art der von Homer beschriebenen herzustellen.

Die Gesellschaftsordnung des mykenäischen Zeitalters scheint der des Mittelalters ähnlich gewesen zu sein; die Könige übten eine unumschränkte Macht über den Adel, dieser hingegen wiederum eine ebensolche auf den Rest der Bevölkerung aus. Das Herz der mykenäischen Gemeinschaft bildete die üblicherweise aus bodenständigem Gestein erbaute Festung, die das ganze Tal beherrschte; manchmal wurde beim Festungsbau an der alten Form des Hufes festgehalten, das Material aber waren riesenhafte Felsblöcke. Umschlossen von den Mauern der Burg waren die Gemächer des Königs, seiner Gemahlin und seiner Diener. Hier befanden sich auch Schatz- und Waffenkammer, die Getreidespeicher und der königliche Marstall. Nahe der Burg lagen die Grabstätten der Vorfahren des Königs, deren segensreicher Einfluß das Herrscherhaus schützen sollte. An einigen dieser Gräber entdeckte Schliemann seltsame, schachtartige Öffnungen, durch welche, wie er annahm, den erlauchten Toten Wein als Opfergabe dargebracht wurde; sie mögen vielleicht der Weg gewesen sein, auf welchem die Lebenden mit ihren Vorfahren Zwiesprache hielten.

Abb. 3 Kriegervase, von Schliemann ausgegraben

Wie später im klassischen Griechenland wurden die Toten entweder begraben oder verbrannt. Die Leichen der Könige dürfte man einbalsamiert haben, denn Schliemann fand untrügliche Zeichen des Einbalsamierens und war sogar imstande, die Gesichtszüge der Könige, die fünfunddreißig Jahrhunderte vor der Öffnung ihrer Gräber gestorben waren, zu erkennen. Die goldenen Masken, die bei den Ohren Löcher zur Befestigung auf dem toten Antlitz aufweisen, scheinen das mykenäische Äquivalent der unendlich viel prunkvolleren Masken der Pharaonen darzustellen.

In dieser einfachen und primitiven Gesellschaft, deren Tun und Treiben sich rund um die geheiligte Person des Königs abspielte, genoß der Adel ein Leben sorglosen Wohlstandes. Wir sehen die Edlen träge in den Fenstern ihrer Häuser lehnen oder sich an Wagenrennen belustigen. Ihre Frauen besaßen Spiegel aus polierter Bronze, deren Rücken mit Elfenbein bedeckt waren. Sie trugen reich bestickte Gewänder und bei Festlichkeiten Krone oder Tiara aus gehämmertem Blattgold. Minoische Sitten wurden sklavisch nachgeahmt, und die minoische Lebensweise scheint gewissenhaft beobachtet worden zu sein. Dennoch aber bestand ein grundlegender Unterschied. Während Kreta unter dem Schutz seiner Flotte nahezu keine Spuren eines Militarismus zeigt, war Mykene jederzeit bereit, Krieg zu führen, hart, militant und voll des Piratengeistes.

In jüngster Vergangenheit ist es uns gelungen, die Sprache der Mykenäer kennenzulernen. Hauptsächlich durch die Bemühungen von Alice Kober und Michael Ventris, einem englischen Architekten und Kryptographen, war es möglich, die Inschriften, deren Sprache man als Linear B bezeichnet, zu entziffern. Unglücklicherweise berichten die meisten der Tafeln von Steuertarifen, Grundeigentum, Vorräten für das Militär und Opfergaben in den Tempeln, so daß wir wohl eine ziemlich eingehende Kenntnis der mykenäischen Bürokratie, hingegen kaum eine von der Staatsordnung und dem Leben des Volkes besitzen. Die großartigen, ununterbrochenen Anstrengungen, die zur Entzifferung der uneleganten, in den Schlamm gekratzten Zeichen führten, wurden mit Offenbarungen folgender Art belohnt:

Ein Paar Räder, mit Silber beschlagen,
ein Paar Räder, mit Bronze beschlagen, untauglich für den Betrieb.

Bei der Sprache handelt es sich zweifellos um eine sehr alte und primitive Form des Griechischen, die unverkennbare Züge des in der klassischen Zeit gesprochenen Griechisch aufweist. Der Klang der Sprache könnte ungefähr der eines heutigen griechischen Bauern entsprechen, wenn dieser ruckartig, den Mund voll Steinen, im Sturm spricht. Es hat den Anschein, als habe es keine Diphthonge gegeben und hätten alle Wörter auf Vokale geendet. Die Schrift war eine Silbenschrift, die eingeritzten Zeichen stellen immer einen Vokal oder einen Vokal mit einem Konsonanten dar, so daß der griechische Name Eteokles als *E-te-wo-ke-re-we-i-jo* dargestellt wurde, was dem 2. Fall des Namens Etewoklewes entspricht. Ventris war in der Lage, eine große Anzahl von Personennamen wie Antenor, Eumenes, Idomeneos, Hektor, Pirithoos und Thesus zu entziffern. Der Beweis, daß Ventris hinter das Geheimnis der Schrift gekommen ist, liegt in der jeden Zufall ausschließenden statistischen Wahrscheinlichkeit — zu viele seiner Sätze ergeben einen Sinn. Die Sprache war damals schon nuancenreich und gebrauchsfertig; vielleicht werden die Gesänge, die am Hof vorgetragen und die Chroniken, die für die Könige zusammengestellt wurden, noch gefunden werden.

Das Linear B dürfte ungefähr 1500 v. Chr. entstanden und drei Jahrhunderte in Gebrauch gewesen sein. Die Mykenäer verwendeten diese Schrift, als sie sich in den Ruinen des minoischen Kreta ansiedelten, wo sie die gleichen säuberlichen Berichte zusammenstellten, wie sie es in ihrer Heimat getan hatten. In Kreta blieben sie bis ungefähr 1200 v. Chr., einem Zeitpunkt, zu welchem die mykenäische Kultur vom Angesicht der Erde verschwand. Die großen Paläste wurden zerstört, die Könige getötet oder vertrieben, die Kunst des Schreibens ging verloren, und Kunst wie Handwerk des mykenäischen Zeitalters hinterließen bei den Griechen keinerlei Spuren. Es war, als hätte es diese Zeit niemals gegeben.

Bis zum heutigen Tag weiß niemand, wer die mykenäische Kultur zerstört hat, aber wo die historischen Tatsachen fehlen, mag die Poesie die notwendigen Hinweise geben. In der *Ilias* wird ein Angriff der vereinigten griechischen Stämme auf eine Stadt in Kleinasien geschildert. Homer erzählt uns, daß unter den Eindringlingen die Pest ausbrach und daß es während der Abwesenheit der Könige zu Palastrevolutionen kam. Seuchen, Revolutionen und das große Blutvergießen an der kleinasiatischen Küste, all dies zusammen dürfte für das Dahinschwinden der mykenäischen Macht verantwortlich sein. Die Ilias und die Legenden von der Ermordung des Agamemnon und dem unheilvollen Geschick des Hauses Atreus sind wohl die dramatische Darstellung der letzten Jahre der mykenäischen Kultur, bevor diese für immer ins Dunkel versank. Thukydides glaubt, Mykene wäre achtzig Jahre nach dem Trojanischen Krieg selbst erobert worden, aber er sagt nicht, von wem es erobert worden wäre, und es steht außer Zweifel, daß er es auch nicht weiß.

Vielleicht waren diese Eroberer die Dorer, die ungefähr um 1100 v. Chr. im nördlichen Griechenland erschienen und sich ihren Weg nach dem Süden erzwangen. Sie zogen durch das Tal des Vardar und teilten sich in zwei große Ströme, von denen einer die Ost-, der andere die Westküste entlang wanderte, um schließlich in der Peloponnes, in einer Gegend, die später als Sparta bekannt wurde, zusammenzutreffen. Auf ihrem Weg nach dem Süden ließen sie kleine Siedlungen und Kolonien zurück. Der Staat Doris im zentralen Griechenland und die Insel Leukas an der Westküste blieben bis in das klassische Zeitalter dorisch, doch ihr Hauptbollwerk war die Peloponnes. Allerdings fiel nicht die ganze peloponnesische Halbinsel in ihre Hand; Elis, Arkadien und Achaia wurden nicht erobert. Der dorische Einfluß drang bis vor die Tore von Athen, und es war eine der stolzesten Taten der Athener, daß sie die Dorer niemals in ihre Stadt ließen.

Von den großen mykenäischen Festungen kapitulierte eine nach der anderen vor den Eroberern. Tiryns, Pylos und Mykene fielen. Wo immer sie konnten, zerstörten die Dorer alle Zeugen der mykenäischen Kultur. Sie hatten einen Hang zum Puritanismus; unnachgiebig, diszipliniert und leidenschaftslos, sahen sie es gleichsam als ihre Pflicht an, der Welt eine Maske zu zeigen. Ihre Könige behaupteten, von Herakles abzustammen, und beanspruchten die Wiedergabe der verlorenen Besitzungen. Barbarisch autoritär, bauten sie ihre Kultur auf der Sklavenwirtschaft auf, die einer großen Anzahl von Adeligen ein betriebsames Leben in den häßlichen kleinen Dörfern an den finsteren Hängen des Taygetos erlaubte. Manche von ihnen, unzufrieden mit dem Leben in den freudlosen Tälern, bauten Schiffe und segelten zu freundlicheren Küsten. Sie stürmten Knossos und zerstörten die letzten Reste einer über zweitausendjährigen Kultur. Sie eroberten das noch fruchtbarere Rhodos und das benachbarte

Kos, das zu einem Heiligtum des Asklepios, dem Gott der Ärzte, wurde. Auch Halikarnassos fiel in ihre Hände, so daß sie die Enge zwischen Rhodos und dem Festland beherrschten und es damit in der Hand gehabt hätten, die vorherrschende Seemacht zu werden, hätten sie jene wache Intelligenz und Beweglichkeit der Griechen des Mutterlandes besessen, die damals gerade die Inseln der Ägäis kolonisierten und entlang der Westküste Kleinasiens neue Städte bauten.

Die dorische Wanderung war nicht ein einmaliges Ereignis. Durch Hunderte von Jahren erkämpften sich die Eindringlinge in immer neuen Wogen ihren Weg durch Griechenland. Es war eine Zeit voll Aufruhr, Verwirrung und Gewalt, denn die Macht Mykenes war zerstört, und noch niemand war an ihre Stelle getreten. Die Dorer hatten Waffen aus Eisen und setzten diese erbarmungslos gegen die weicheren Bronzewaffen ein, aber sie wurden im Herzen Griechenlands schwer geschlagen, und außer in der Peloponnes gelang es ihnen nirgends, die einheimische Bevölkerung zu unterjochen. Es war eine Zeit, da niemand es mehr wagte, in offenen Dörfern zu leben und jedermann in die vergleichsweise größere Sicherheit der schwach befestigten Städte eilte, in der Hoffnung, den Sturm zu überleben. Die dorische Wanderung erschütterte Griechenland in seinen Grundfesten. Für Jahrhunderte blieben die Verheerungen in Erinnerung, blieben die Wunden unverheilt.

Langsam breitete sich über das Mutterland eine Art von Frieden — der Friede der Erschöpfung. Der Handel begann zu blühen, das Geld wurde eingeführt, und die Schätze Asiens flossen von den Kolonien in die Mutterstädte, die ihre jungen Männer ausgesandt hatten, neues Land zu besiedeln. Am Fuß der Akropolis von Athen, in dem Sumpfland südlich der die Ebene beherrschenden Felsgipfel, wuchs eine kleine Stadt. Mit der Zeit sollte diese Stadt die Schule Griechenlands werden, doch damals war es nur eine Ansammlung weniger Hütten.

Athen war es bestimmt, groß zu werden und nahezu alles Feuer griechischen Geistes in sich zu versammeln, aber der Anfang war langsam und ohne besondere Ereignisse. Später sagte man, Athen habe seine geistigen Quellen aus den eigenen kleinasiatischen Kolonien bezogen, was sicher seine Richtigkeit hat, aber auch das Volk Kleinasiens war, indem es sich durch Heirat mit den Athenern vermischte, an diesem Prozeß beteiligt. Aus diesem Zusammenspiel entstand die westliche Kultur.

4 Die Götter nahen

Als Homer ungefähr zwei- oder dreihundert Jahre vor der Invasion der Dorer seine *Ilias* und *Odyssee* schrieb, waren die Götter noch jung. Aus allen Himmelsrichtungen strömten sie nach Griechenland und Jonien. Einige, wie Zeus, kamen mit den großen Wanderungen, während Dionysos von Thrakien und Athene über Askalon von den alten Sumerern kamen. Manche erschienen aus Ägypten, während andere noch erkennbare Hethitervorfahren besitzen. Alle wurden nach der bildnerischen Phantasie der Grichen umgestaltet und nahmen die Formen an, welche die Zeiten verlangten. Ungefähr 800 v. Chr. war das griechische Pantheon vollständig: Zwölf Götter herrschten über das Universum, und ihre Wohnstätte war der Olymp. Himmel, Erde und die Regionen der Unterwelt unterstanden ihrer Macht.

Herodot sagt uns in einem aufschlußreichen Absatz, die ältesten Gottheiten von Griechenland wären Hera, Hestia, Themis, die Grazien und die Nereiden gewesen – alle weiblichen Geschlechts. Nur eine von ihnen überdauerte und fand Aufnahme in den Olymp; ihre Stellung blieb immer unsicher und vage. Zeus, Hera, Demeter, Athene, Apollo, Poseidon, Aphrodite, Dionysos, Artemis, Ares, Hephaistos und Hermes waren die zwölf kanonischen Olympier. Von diesen besaßen die ersten fünf weitaus die größte Macht, während die letzten vier praktisch bedeutungslos waren. Sieben Götter und fünf Göttinnen gehörten dem olympischen Kanon an, aber tatsächlich waren es nur vier Götter und vier Göttinnen, die sich in die Macht teilten.

Nach der Arithmetik der Götter bestand in der homerischen Zeit ein ungefähres Gleichgewicht der Kräfte zwischen männlichen und weiblichen Repräsentanten. Die alten Göttinnen der Pelasger waren durch eine Familie von Göttern und Göttinnen unterschiedlichster Herkunft ersetzt worden.

Wir kennen diese Götter und Göttinnen so genau, daß wir geneigt sind, sie als gegeben hinzunehmen. Wir sagen, Zeus sei der Vater der Götter, Demeter die Erdmutter, Athene die Beschützerin der Städte, Apollo der Herr der Vernunft gewesen, doch bei näherer Betrachtung wird alles, was einfach, klar und verständlich erschien, verwirrend und dunkel. Die Gestalten durchdringen einander in ständig neuen Formen und mit ständig neuen Machtbereichen. Sie leben ihr eigenes unabhängiges Leben nach einem göttlichen Plan; unaufhörlich nehmen sie Kleidung, Symbole und Attribute anderer Götter an. Sie bilden kleine enge Gruppen, nur um wieder auseinanderzugehen und sich zu neuen Gruppen zu vereinen. Dionysos, der letzte Gott, welcher im Olymp Aufnahme fand, war ursprünglich der Gott des aufgerichteten Phallus gewesen, der Gott der barbarischen Orgien und Riten, aber auch er erscheint letztlich gezähmt, und Apollos Tempel in Delphi wird zu seiner Heimstatt.

Nicht nur Proteus nahm ununterbrochen andere Formen an. Sogar Zeus, ursprünglich ein Himmelsgott, dessen Stimme im Grollen des Donners erscholl, dessen Antlitz in den Wolken sichtbar wurde, sobald die Blitze zuckten, erhielt Eigenschaften, die ihn fast völlig von dem Wüten der Elemente entfernten. Er erwarb Weisheit, Güte, den Sinn für Gerechtigkeit, und aus einem stürmischen Jüngling wurde ein abgeklärter Alter. So stellte ihn Phidias in Olympia dar, in Gold und Elfenbein; nicht streng, sondern milde im Bewußtsein seiner Macht; so sanft und so mächtig, daß aus dem Bildnis des olympischen Zeus im Laufe der Zeiten das Bildnis des byzantinischen Christus wurde.

Bei Homer ist Zeus noch jugendlich und impulsiv, sogar — so scheint es — seiner selbst nicht ganz sicher, denn er prahlt gerne:

»Höret mich, alle Götter, und hört mich, ihr Göttinnen alle,
Daß ich sage, wie mir mein Herz im Busen gebietet,
Keine Göttin wolle nun und keiner der Götter
Meine Rede vereiteln, ihr müsset Beifall mir geben;
Daß ich desto eher, was ich beschlossen, vollende,
Welchen ich von den unsterblichen Göttern gesondert bemerke,
Daß er gehet, zu helfen den Danaern oder den Troern,
Sehet, ein solcher kehret verwundet zurück zum Olympos
Oder ich hasch' ihn und schleudr' ihn hinab in des Tartaros Dunkel,
Fern in den tiefsten Schlund des unterirdischen Abgrunds,
Hinter eisernen Toren und einer ehernen Schwelle,
Tiefer als Aïdes, so weit vom Himmel die Erde,
Daß er kenne, wie viel ich stärker als alle Götter.
Auf, wohlan! versucht es, ihr Götter, damit ihr es wisset,

Eine goldene Kette hinab vom Himmel zu senken;
Hängt euch alle daran, ihr Götter und Göttinnen,
Dennoch zöget ihr nicht vom Himmel herunter zur Erde
Zeus, den waltenden Gott, mit eurer mühsamen Arbeit.
Aber, wenn dann ich ergriffe die goldene Kette,
Zög' ich in die Höhe mit euch das Meer und die Erde,
Wickelte um den Gipfel des hohen Olympos die Kette
Dann und sähe schweben das Meer und die Erd' und die Götter.
So viel mächtiger bin ich, als alle Götter und Menschen.«[1]

So prahlt er wie Herodes in den Passionsspielen, und wie jener scheint er seinem Verderben entgegenzueilen. Das ist nicht die Stimme des Donners, sondern die eines Gottes, der mit seiner widerspenstigen Familie nicht recht fertig zu werden scheint.

Langsam wird aus dem Gott des Donners der Gott der friedlichen Himmelsgefilde. Die Wildheit ist dahin, das Herz voll Dunkelheit verwandelt sich in ein ruhiges, alles durchdringendes Licht. Homer hält den Wandel von lauter Prahlerei zu ruhiger Heiterkeit fest, wenn er die Wohnstätte der Götter auf dem Olymp beschreibt:

Hier ist die Wohnstatt der ewigen Götter,
Stätte der Ruhe.
Niemals vom Winde umbraust,
Noch genäßt von dem Regen,
Schnee fällt dort nicht
Und die Luft ist von ewiger Reinheit, wolkenlos
Strahlend im Licht der gleißenden Helle.

In einer solchen Welt ist kein Platz mehr für den Donner, kein Platz für die scharfen Adlerkrallen. Hier haben wir schon die ideale Welt erreicht, welche von Plato verherrlicht wurde; die Welt, in der alle Bilder in die Stille der Betrachtung miteinbezogen werden.

Ähnliches vollzieht sich in der Frühgeschichte aller Göttergestalten, Apollo, der schreckliche Rächer, wird zum heilenden Gott. Athene, die Göttin der Wildnis, wird zur Beschützerin der Arbeit und der Städte. Aus Aphrodite, der Göttin der Lust, wird

[1] Homer, *»Ilias«*, nach der Übertragung von Christian und Friedrich Stolberg

das Symbol unsterblicher Schönheit. Der Donnergott herrscht letztlich an einem Ort, wo niemals ein Donner grollt.

Manchmal können wir beobachten, wie sich diese Veränderungen vollziehen, aber meist müssen wir uns damit begnügen, sie aus großer Entfernung zu betrachten, so daß wir nur vermuten können, was geschah. Gegen Ende des achten Jahrhunderts v. Chr. ist der Prozeß der Veränderungen abgeschlossen. Ganz plötzlich erscheinen die Götter in ihrer fertigen Gestalt, im vollen Bewußtsein ihrer Sendung, der Erde die Kultur zu schenken.

Athene

Die Göttin, deren Name dem Rauschen des Windes in den Blättern der Olivenhaine gleicht, ist vielleicht die älteste aller griechischen Göttinnen. Sie ist älter als Athen und vermutlich älter als alle Niederlassungen der hellhaarigen Achäer in Griechenland; sie gehörte den Pelasgern, den ursprünglichen Einwohnern des Landes, die sie wahrscheinlich in der Gestalt einer Eule verehrten. Wie die Eule war sie verstohlen und weise, ein Geschöpf der Dämmerung und der Nacht, mit leuchtenden Augen, die ihre Beute mit unfaßlicher Schnelligkeit entdeckte, mit scharfen Krallen, die in einem kurzen Augenblick töten konnten. Bis in die Tage, in denen sie sich in eine Kriegergöttin mit glänzendem Schild und Speer verwandelt hatte, blieb ein Hauch der wilden Wälder um sie.

In einer sehr frühen Periode wurde Athene als jungfräuliche Göttin verehrt, ferne und unnahbar, von dem täglichen Leben der Menschen und Götter abgeschieden, herrschend in einsamer Herrlichkeit. Die Mykenäer kannten sie als *Potnia Atana,* die Dame Athene, wie wir aus den in Pylos gefundenen Inschriften wissen. Auf den Gemmen in Mykene sehen wir sie bereits mit ihrem Helm, fast unsichtbar hinter ihrem schützenden, wie die Zahl ›Acht‹ geformten Schild. Sie ist nicht erdgebunden, denn wir sehen sie über den Priesterinnen schweben, welche der Großen Mutter Opfer darbringen. Sie erhebt ihr Schwert und erteilt damit der fruchtbaren Erde den Segen der göttlichen Mächte. Sie ist die Jungfrau und der unberührte Geist des Himmels, der geheimnisvoll über ein Fest der Fruchtbarkeit wacht. Vielleicht war sie die Königin des Himmels, während die Große Mutter die Königin der Erde war.

Wie groß und schrecklich ihre Macht gewesen sein muß, wissen wir aus Hesiods *Theogonie,* wo er von ihr spricht als der »Eulenäugigen, der Fremden und Schrecklichen, der Zwietracht Säenden, der unermüdlichen Anführerin der Armeen, deren Freude der Aufruhr, die Kriege und Schlachten sind.« Hesiod erzählt von der Zeit vor der Erschaffung des Menschen, und die Kriege sind himmlische Kriege. Er beschreibt, wie Athene in voller Rüstung dem Haupte des Zeus entsprang, aber eine so seltsame Geburt läßt vermuten, daß sie niemals geboren wurde. Zeus besiegte die Himmel, um feststellen zu müssen, daß es noch weite Regionen gab, wo sie die absolute Herrscherin war, und sogar dann, als sie in den Kreis der olympischen Götter trat, blieb sie immer geheimnisvoll und von den übrigen getrennt. Die *Homerische Hymne an Athene* beschreibt ihr Hervortreten aus dem erhabenen Haupt des Zeus, »zum Kampfe gewaffnet, golden und ganz voll Glanz«.

»Die Unsterblichen alle erstaunten
ehrfurchtsvoll beim Anblick. Sie aber stürmte herunter,
Zeus hinter ihr mit der Aigis, vom Gipfel des ewigen Berges,
schwingend die schneidende Lanze. Da bebte der große
Olympos,
furchtbar erschütterte ihn der Eulenäugigen Sturmschritt;
rundum brüllte grausig die Erde, die Wellen des Meeres
wogten dunkel und wühlten; es stockte plötzlich die Salzflut.
Halten ließ da der strahlende Sohn Hyperions die schnellen
Rosse lange Zeit, bis die Jungfrau Pallas Athene
ihre unsterblichen Schultern der götterwürdigen Rüstung
endlich entkleidet. Da jubelt Zeus, der weise Berater.[2]

Aber es fällt schwer, sich Athene ohne Rüstung, nackt und bloß vor den Göttern stehend, vorzustellen, auch wenn es die Götter belustigt haben mag, sich Derartiges auszumalen.

Die Griechen hatten keine Schwierigkeiten, Athene sowohl in der Gestalt einer Eule als in der Gestalt einer Jungfrau zu verehren. Wer des Nachts oder bei Tagesanbruch in Attika durch einen Olivenhain streift, kann die Verwandlung sehen. Auch in dunkelster Nacht schimmert der Olivenbaum in einem geisterhaften Silberlicht, und die Augen einer in den höchsten Zweigen verborgenen Eule scheinen den ganzen Baum in eine Frau zu

[2] Homerische Hymnen. Herausgegeben von Anton Weiher

verwandeln, die auf den einsamen Wanderer zuschreitet. Plötzlich verschwinden die Augen, ein geheimnisvolles Flügelrauschen wird laut, und der schrille Schrei einer Feldmaus, die von den scharfen Krallen der Eule erfaßt wurde, ertönt.

Schon lange bevor sie dem Haupte Zeus entsprang, war Athene die Eule mit den schrecklichen Augen, die Göttin der Dunkelheit, mit plötzlichen Schreien, mit geheimnisvoll schwirrenden Tönen in Verbindung gebracht, und sehr weise in ihrem Verhalten. So wurde sie zur göttlichen Schwester, zur klugen Beraterin, zur unermüdlichen Rächerin im Krieg, zur Siegesbotin und zu der Jungfrau, deren Körper noch kein Auge erblickt hatte. Sie besaß die Weisheit der Eule, die nachdenklich im Gezweige des Olivenbaumes hockt, und die wilde Heftigkeit der Eule, die sich auf ihre Beute stürzt; zwischen Weisheit und Raserei lag kein Widerspruch.

Für die Athener blieb sie immer die Eule und immer mit dem Olivenbaum verbunden. Sie prägten das Bild der Eule auf ihre Münzen, und als eine Eule bei Salamis über die zerstörte persische Flotte flatterte, da wußten sie, daß sie als Botin des Sieges kam. Auf ihren Vasen gaben sie der Göttin die Flügel einer Eule, aber sie verliehen ihr auch den schlanken Körper einer jungen Frau mit dem Ausdruck trotziger Herausforderung auf ihren ernsten Zügen, und sie bedeckten ihr Haupt mit einem Helm.

Athene gehörte nicht allein den Athenern; ihre Tempel und Heiligtümer waren über die ganze griechische Welt verstreut. Im Laufe der Zeit wurde sie zu der mächtigsten Göttin, wie Apollo zum mächtigsten der Götter wurde, während Zeus immer weiter zurück in den Nebel des Olymp versank, und zwar gelegentlich ein Donnergrollen hören ließ, aber keine tatsächliche Herrschaft über die Menschen mehr ausübte. Zeus war sehr weit weg, aber Athene war immer nahe. Wie Zeus trug sie den Schild mit dem Haupt der Gorgone auf der Brust, wie er befahl sie dem Donnerschlag und schleuderte plötzlich Tod und alle Arten des Unheils herab, sobald ihr etwas mißfiel; obwohl sie von Zeus die schreckliche, rächende Macht annahm, behielt sie ihre alte Rolle als gütige Königin des Himmels, die Licht und Wärme und den fruchtbringenden Tau sandte, um Feldern und Pflanzen gutes Gedeihen zu schenken.

Als Phidias im Parthenon ihr Abbild in Gold und Elfenbein schuf, hatte sie bereits so viele Machtbereiche aus so vielen verschiedenen Quellen in sich vereinigt, daß sich alle möglichen

Gegensätzlichkeiten in ihr vermengten. Sie war die Göttin des Krieges und des Friedens, die Göttin der Liebenden und des Gebärens, die Göttin des Handwerkes und der fruchtbaren Felder. Sie war die Göttin, welche die Kinder behütete, aber sie beschützte auch die Stadtväter. Fast war sie, was immer man in ihr

Abb. 4 Athene mit den Flügeln der Eule

sehen wollte, solange sie als Jungfrau von strenger Schönheit und hehren Vorsätzen dargestellt werden konnte.

Vielleicht war sie die gewaltigste Schöpfung der Griechen, denn ohne blutleer zu sein, ohne prophetische Gaben, seltsam unabhängig von der Welt der Götter, bedachtsam und heiter der menschlichen Vernunft dienend, stand sie für all das, was rein war. Das Herz ihres Geheimnisses – unter welcher Form immer man sie erblickte – war die Verkörperung der Reinheit.

Demeter

Lange nachdem Athene unter den Griechen festen Fuß gefaßt hatte, erschien Demeter als Wandernde entlang der Küste Attikas – vielleicht von Sizilien her, obwohl niemand mit Sicherheit anzugeben wußte, von wo sie kam. Sie war die Erdmutter, doch in einem während des achten oder zu Beginn des siebenten Jahrhunderts v. Chr. verfaßten Gedicht erscheint sie als eine sehr menschliche Gestalt, welche das Gewand der Mythologie abgestreift hat. Hier ist sie nicht mehr die alte primitive Göttin der Fruchtbarkeit, die Spenderin der Fülle — falls sie dies jemals war —, sondern eine von Gram gebeugte Frau auf der verzweifelten Suche nach ihrer verlorenen Tochter.

Am Anfang waren nur die Schritte der weinenden Mutter entlang den das Echo zurückwerfenden Gestaden. Als sie endlich Eleusis erreichte, machte sie am Fuße der Zitadelle von König Keleos halt, und der Stein, auf dem sie Rast hielt, trug für immer den Namen »Stein ohne Lächeln«.

Niemand wußte, daß sie die Schwester des Zeus, die Königin der Unterwelt und aller wachsenden Dinge war, »die Dame mit dem goldenen Schwert«, denn ihre Schwerter waren die Halme des Weizens und die Triebe der Blumen. Voll Mitleid brachte sie des Königs Tochter in den Palast, doch sie verschmähte jeden Trost; nur einmal, als die alte Kinderfrau Jambe einen lästerlichen Fluch ausstieß, erwachte sie aus ihrer Erstarrung. Als König Keleos einmal die alte Frau tatenlos beim Fenster sitzen sah, vertraute er ihr seinen kränklichen Sohn an. Sie badete den Kleinen, machte ein tiefes Loch in die Glut des Feuers und legte ihn hinein. Die Mutter des Knaben, die sich im Zimmer versteckt hatte, riß ihren Sohn aus den Flammen. Demeter sprang vor, um den Knaben wieder an sich zu nehmen, doch das Gezeter der Königin von Eleusis machte sie ärgerlich: »Unglückselige Frau, du hast den Zauber gebrochen«, sprach die Göttin; mit diesen Worten legte sie die Haube ab, und ihr weizenfarbenes Haar fiel bis auf den Boden. Sie hatte die brennenden Augen einer Göttin, und Macht strömte von ihr aus.

All das klingt wie ein Märchen: die alte Hexe, der gebrochene Zauber, das Kind im Feuer. Aber Demeter ist in ihrem Schmerz eine vollkommen überzeugende Figur und die menschlichste aller Gottheiten. Sie verkörpert alle Frauen, die jemals um ihre Kinder weinten. So wie sie in der *Homerischen Hymne an Demeter* beschrieben wird, weiß sie nicht, was mit ihrer Tochter Persephone geschehen ist, aber der Dichter gibt Auskunft:

Fern von Demeter, der golden Behängten, mit Früchten Geschmückten,

Trieb sie ihr Spiel mit Okeanos' üppigen Töchtern und pflückte
Blumen, Rosen, Narzissen, Krokos, Iris und schöne
Veilchen und Hyazinthen im weichen Polster der Wiese.
Gaia stellte die Falle dem Mädchen mit blumigem Antlitz;
Gunst doch erwies sie dem Wirt der Vielen, weil Zeus es beschlossen.
Wunderbar prunkte die Falle, daß alle unsterblichen Götter,
Alle sterblichen Menschen betroffen staunten beim Anblick.
Sproßten doch dort gleich hundert Blütenköpfchen aus einer
Wurzel; lieblichste Düfte erfüllten das lachende Weltall,
Droben den breiten Himmel, die Erde, die schwellende Salzflut.
Zauberumsponnen will sie mit beiden Händen die Schönheit
Raffen: Da barst die von breiten Straßen durchzogene Erde
Plötzlich in Nysas Gefild; hochauf mit unsterblichen Rossen
Stürmte der Herrscher, der Wirt der Vielen, der vielfach Benannte,
Sohn des Kronos, raubte das Mädchen trotz Jammers und Sträubens,
Führte sie weg auf goldnem Gespann. Ihr schrilles Gekreische
Rief den Kroniden, den Höchsten, den Besten, den Vater. Vergeblich!
Sterbliche hörten es nicht und nicht die unsterblichen Götter,
Auch kein Ölbaum prangend von Früchten.[3]

Persephone verschwindet, um vier Monate später wieder aus ihrem Gefängnis unter der Erde zu erscheinen. Sie war zu Korê, der Kornjungfrau geworden. Von diesem Augenblick an wurde das Mysterium der Mutter und der Jungfrau jahrhundertelang in Eleusis gefeiert, und die Riten so geheimgehalten, daß wir auch heute nur Vermutungen anstellen können, was in dem gewaltigen Tempel, der über Salamis und das Meer blickte, geschah.

Es gab fröhliche Prozessionen, die in Athen ihren Anfang nahmen und bei den Heiligtümern am Wege haltmachten, um Opfer darzubringen und zeremonielle Tänze aufzuführen, aber auch um zu scherzen und zu feiern. Aristophanes hörte Bruchstücke eines Gespräches auf dem Heiligen Weg und berichtet sie uns in seinem Stück *Die Frösche:* »Gerade jetzt sah ich aus dem Augenwinkel ein hinreißendes Mädchen, deren Brustspitzen aus

[3] Homerische Hymnen, Anton Weiher

einem Spalt ihres Gewandes hervorlugten; oh, Dionysos, König der Tänze, lenke meine Schritte!«

So zogen sie in fröhlicher Stimmung nach Eleusis, wo sie spät abends ankamen. Lichter wurden entzündet, und die Pilger liefen, ihre Fackeln schwingend, in wildem Lauf am Ufer umher, die Suche Demeters nach ihrer verlorenen Tochter wiederholend. Am nächsten Morgen wurden die ernsteren Riten von einem Herold mit dem Rufe eingeleitet: »Ihr, die ihr sterben werdet, kommet herbei!« Denn das Mysterium von Demeter nahm die Form des Todes an — eines Todes, der in das Leben führt.

»Die getanen Dinge, die gesagten Dinge, die gezeigten Dinge«, dies lag den Zeremonien zugrunde, welche man in der Form von Rezitationen sowie der Zurschaustellung einer Weizenähre und des goldenen Schwertes feierte, und in der heiligen Hochzeit, die von dem Priester und der Priesterin Demeters unter Rufen von »Regen! Empfange!« vollzogen wurde.

In einem Teil der Zeremonie wurde der Initiant in vollkommener Dunkelheit durch verschlungene Wege und Korridore geführt, während der Donner von den Wänden widerhallte, so daß er sich in einem Zustand tiefsten Entsetzens befand, als er plötzlich in blendendem Licht mit den enthüllten Mysterien konfrontiert wurde — vielleicht mit der heiligen Hochzeit, vielleicht auch nur mit einer Priesterin, die schweigend eine Ähre in die Höhe hielt. Am Ende waren Persephone und ihre Mutter wieder vereint.

Niemand weiß genau, was während des Mysteriums geschah, aber es vollzog sich ein Triumph über den Tod. »Gesegnet sei der«, schreibt Pindar, »der unter die Erde geht, nachdem er all das geschaut; er kennt das Ende des Lebens, und er weiß um seinen gottgesandten Anfang.«

Von einer alten Frau, die einst hilflos weinend auf der Suche nach ihrer verlorenen Tochter an der Küste des Meeres umherirrte, kam die Verheißung des ewigen Lebens. Demeter war die Göttin, welche die Herzen der Menschen am tiefsten berührte. In ihrer Person hatten aller Gram und aller Schmerz Gestalt angenommen. Gleichzeitig symbolisierte sie aber auch den Wechsel der Jahreszeiten und segnete das Reifen des Kornes. Zeus, Apollo und Athene waren taub für den Kummer der Menschen. Sie verfügten über eine gewaltige Machtfülle, unsterblich, dem Tode trotzend; aber diejenigen, welche den Tod kannten und nicht unsterblich waren, fanden in ihren Worten wenig Trost.

Die anderen Götter wurden bewundert und verehrt, Demeter aber wurde geliebt. Sie war die Erdmutter, die sanfte Beschützerin der Schöpfung, den verlorenen Samenkörnern nachtrauernd, wenn sie in der Erde versanken, strahlend vor Glück, wenn sie wieder aus der Erde hervorkamen. Zeus und Athene schwangen den Donnerkeil und Apollo den silbernen Bogen; Demeter trug die Kornähre.

Apollo

Man erzählt die Geschichte, daß, als Apollo die heilige Insel von Delos verließ, um Griechenland zu besiegen, ein Delphin sein Schiff zu der kleinen Stadt Crisa in Phokis lenkte, die unterhalb der Schimmernden Klippen lag. In der Gestalt eines Sternes am hellen Mittag sprang der junge Gott von seinem Schiff; der Stern verschwand, und nur mehr ein junger Gott war da, der, mit Pfeil und Bogen bewaffnet, die steile Straße zu dem Drachennest erklomm. Als er das Ungeheuer getötet hatte, verkündete er mit klarer, weithin schallender Stimme, er fordere Besitzrecht für alles Land, das er von seinem Standort aus erblicken könne. Er hatte sich den schönsten Ort Griechenlands zu seiner Wohnstatt auserkoren, und von diesem Augenblick an wurden die Hügel unterhalb der Schimmernden Klippen immer mit ihm in Verbindung gebracht.

Als Apollo den Python in Delphi tötete, war er schon alt, obwohl er noch im Gewand der Jugend dargestellt wurde. Viele Plätze hatte er besucht, und viele Legenden waren um ihn entstanden. In manchen weit verstreuten Ländern hatte er Kinder gezeugt, und so viele seltsame und einander widersprechende Machtbereiche erworben, daß ihn immer ein Element des Geheimnisses umgab. Er war der Gott der Heilung und der Gott des plötzlichen Todes. Er war der Gott, der Schafherden und Vieh beschützte und daher bei den Bauern in hohem Ansehen, aber er war auch der Gott, der über den Städtegründungen wachte, und der Errichtung bürgerlicher Verfassungen. Er war der Gott der Prophezeiungen und geheimnisvollen Vorahnungen, aber er war auch der Gott des Gesanges und der Musik. Er war der Gott der Mysterien und Wunder, und er war der Gott der reinen Vernunft. Kein anderer Gott vereinte so viele Gegensätze in sich, und keiner setzte sich so triumphierend über alle Gegensätze hinweg.

Zu Beginn der *Ilias* steigt Apollo, der Leuchtende, »zürnend herab von den Gipfeln des hohen Olympos, furchtbar und düster wie Schrecken der Nächte«. In flammendem Zorn zerschmettert er die Belagerer von Troja. Er hat Grund, sie zu hassen, da sie seinen Priester geschmäht haben, und so streckt er sie erbarmungslos mit seinen unsichtbaren Pfeilen nieder, die in ihrem Lager die Pest verbreiten. Zu Beginn der *Ilias* ist die Ebene von Troja von den lodernden Scheiterhaufen der toten Achäer erhellt, welche die Seuche hinweggerafft hatte. Von dem Zorn des Achilles hören wir noch sehr wenig; er wird später kommen. Im Augenblick ist es nur der viel gewaltigere Grimm des Apollo, von dem uns berichtet wird — »neun Tage flogen durchs Lager die Pfeile des Gottes«, die Hunde, Maulesel und Menschen ohne Unterschied zerstörten. Das ist nicht der Gott, der in Delphi »Erkenne dich selbst« und »Das Maß steht am höchsten« sprach; das ist der Gott des reinen, erbarmungslosen Zornes.

Am Ende der Ilias ist Apollo vollkommen verändert. Er wird zum weisen Berater, zum Gott des Mitleides und des Gewissens, der jede Zurschaustellung von Überheblichkeit haßt. Achilles hatte Hektors Leiche um das Grab des Patroklos geschleift, er hatte dem hilflosen Toten Schmach angetan. »Er mag groß sein«, sagt Apollo, »aber er soll sich hüten vor unserem Zorn. In seiner Wut hat er die schuldlose Erde entehrt.« Den Göttern gefallen diese Worte, und der verstümmelte Leichnam Hektors wird durch ihre göttliche Kraft geheilt, so daß die Wunden verschwinden und kein Staub mehr auf ihm ist. Aus dem Gott des Schreckens und der Seuche ist nun ein segnender Gott geworden.

Homer scheint sein Epos geschrieben zu haben, als die Wesenszüge Apollos noch nicht vollkommen geformt und die gegensätzlichen Kräfte noch keine Verbindung eingegangen waren. Als Beschützer von Troja war er ein Gott der Jonier, vielleicht der größte ihrer Götter. Vitruvius erzählt uns, daß die jonischen Städte dem Panionischen Apollo einen dorischen Tempel erbauten, und in diesem Tempel seien die Proportionen des dorischen Stils zum erstenmal ausgearbeitet worden. Er fügt hinzu, daß die Proportionen das Wesen des männlichen Körpers in seiner ganzen Schönheit wiedergeben sollten. Der dorische Tempel ist also als ein abstraktes Abbild von Apollo selbst gedacht, das triumphierend und herrlich in seiner Virilität gen

Himmel wächst, dessen mächtige Säulen die Kraft symbolisieren, die in ihm aufsteigt, seine Glieder, seinen Torso, sein edles Haupt. Das Abbild mag den Charakter des Gottes beeinflußt haben. Die Architektur machte ihn zum Gott der Ordnung, der reinen Vernunft, zum Beschützer und Förderer der Künste.

Etwas Derartiges muß geschehen sein, denn seine tiefsten Wurzeln ruhen bei den dunklen Göttern der Erde. Alles, was todesschwanger, prophetisch und geheimnisvoll um ihn war, scheint aus dieser früheren Existenz zu stammen, bevor sich die Architektur seiner bemächtigt und ihn verwandelt hatte.

Wir sprechen von Apollo als dem Gott der Sonne, aber nicht als Sonnengott begann er seine Herrschaft über die Menschen. Für Homer war Helios der Sonnengott, und Apollo war nahe der Erde. Er behütete die Reinheit der Erde und haßte den Schmutz; so war er der Feind der Achäer, die allein durch ihre Gegenwart die heilige Erde von Troja besudelten. Die Jonier, welche an der Küste Kleinasiens ihre neuen glänzenden Städte zu bauen begannen und vorsichtig tastend nach einer künstlerischen Ausdrucksform suchten, scheinen den Gott allmählich für sich beansprucht zu haben; und aus dem Gott, der die Reinheit der Erde bewachte, wurde der Gott, der die Städte und ihre Küsten segnete, der sie mit dem Licht seiner Reinheit, seiner beglückenden Schönheit und gewaltigen Macht umhüllte.

Apollo war also ein jonischer Gott, der seine Reise nach Griechenland über die heilige Insel Delos antrat. Nach der homerischen *Hymne an den Delischen Apollo* zweifelte die Insel zu Beginn, ob sie die Gegenwart des Gottes ertragen könne:

Freilich ein Wort macht mich zittern, ich will dir's, Leto, nicht hehlen:
Geht doch die Kunde, Apollon werde, ein ruchloser Frevler,
Werde als Herr der Unsterblichen mächtig gebieten, nicht minder
Hier auf der nahrungsspendenden Erde den sterblichen Menschen.
Darum fürcht ich im Herzen schrecklich wie im Gemüte,
Daß er die Insel mißachtet beim ersten Blick auf die Sonne.
Bin ich doch felsiger Boden; da wird mit den Füßen er stampfen,
Bringt mich ins Schaukeln und stößt mich hinein in die Wasser der Salzsee.

Mir umspült dann reichlich das Haupt die ewige Brandung,
Er aber geht in ein anderes Land, wo nach seinem Gefallen
Tempel er findet und Haine voll Bäumen. Doch ich darf Polypen
Schlafgemächer bereiten und Wohnung für schwärzliche Robben;[4]

Nach der Legende kam Apollo nicht nur auf die Insel, sondern er wählte sie auch zu seiner Geburtsstätte, und die Griechen wurden nicht müde, diese wundersame Geburt zu feiern. Im sechsten Jahrhundert v. Chr. berichtet Theognis, wie die Mutter des Gottes, die Göttin Leto, »mit ihren zarten Armen den Palmbaum umschlang und am Ufer des Sees, dessen Form einem Rade gleicht, den Schönsten aller Unsterblichen zur Welt brachte — und auf der ganzen Erde erhob sich ein großer Jubel«. Drei Jahrhunderte später beschreibt Kallimachos, wie die Insel in goldener Herrlichkeit erstrahlte, als sich die Geburt vollzog:

Zu Gold wurde die Erde der Insel,
Zu Gold wurden die Wellen des radgleichen Sees.
Zu Gold ward der schutzspendende Palmbaum,
Zu Gold wurden die Wogen des Flusses Inopos,
Und zu Gold wurde der Boden, von dem die Mutter hochhob ihren Sohn.

Man erzählt, daß sich die Cykladen, um seine Geburt zu feiern, in heiliger Freude im Kreise drehten und weiße Schwäne auf dem See erschienen, während ein geheimnisvoller Duft die Insel einhüllte. Leto gab ihrem Sohn nicht die Milch ihrer Brüste; sie gab ihm Ambrosia und Nektar, und in wenigen Sekunden war er schlank und groß. Durch Jahrhunderte kennzeichnete eine Palme die Stelle, an der er geboren wurde, und Odysseus erinnerte sich der frischen Schönheit des Baumes am Seeufer, als er nackt aus dem Schilf auftauchte und die mit ihren Mädchen ballspielende Nausikaa erblickte:

Denn ich sah noch nie solch einen sterblichen Menschen,
Weder Mann noch Weib! Mit Staunen erfüllt mich der Anblick!
Ehmals sah ich in Delos, am Altar Phoibos Apollons,

[4] Homerische Hymnen, Anton Weiher

Einen Sprößling der Palme von so erhabenem Wuchse,
Denn auch dorthin kam ich, von vielem Volke begleitet,
Jenes Weges, der mir so vielen Jammer gebracht hat!
Und ich stand auch also vor ihm und betrachtet ihn lange
Staunend, denn solch ein Stamm war nie dem Boden entwachsen.[5]

Jung und siegreich herrschte Apollo von Delphi über die Welt. Äschylos nennt ihn »den jungen Gott, der altersgraue Mächte übertrumpft hat«. Sein Tempel in Delphi ist Zeuge seines Triumphes, denn, obwohl Zeus ihn als seinen Sohn beanspruchte, hatte er doch keinen wirklichen Vater und war – was die Verehrung der Menschen betraf – in Wahrheit Zeus' Rivale. Und ebenso wie Athene mit einer Art intellektuellen Reife verbunden wurde, die von der Reinheit des Geistes kam, so wurde Apollo zum Sinnbild einer kühnen, männlichen Klarheit. Er war der Beschützer des beflügelten Geistes, der sich in die unendlichen Weiten unerforschter Räume erhebt.

Dennoch, etwas seltsam Fremdländisches blieb um ihn bis zum Ende, und niemals war er vollkommen zu Hause in Griechenland. Im Trojanischen Krieg war er mit Entschiedenheit auf seiten der Troer. Er vernichtete den griechischen Gast, den gefeierten Hektor, und war für den Tod des Achilles verantwortlich. Er war an vielen Orten zu Hause, an einem Platz im fernen Norden zum Beispiel, im Lande der Hyperboräer, und jedes Jahr ritt er in die unbekannten Regionen jenseits der Grenzen Griechenlands. Er war »der Gott, der verschwand«, *deus absconditus,* und mit den ersten Schwalben zurückkehrte.

Am Tische der Götter war er der Anführer der Musen bei Tanz und Gesang, der sie auf seiner Leier begleitete. Er war der Beschützer der Dichter und sprach in wohlgesetzten Versen sein Orakel in Delphi: Seine letzten uns überlieferten Worte waren an Julianus Apostata gerichtet, der am Vorabend seines unglückseligen Feldzuges gegen Persien (362 n. Chr.) das Heiligtum besuchte. Der römische Kaiser fragte, was er zu Ehren des Gottes tun könne, und dieser antwortete:

Sage dem König, gefallen ist das mächtige Haus,
Keinen Schutz, keinen heiligen Lorbeer besitzt Apollo mehr.
Still sind die Brunnen jetzt; es schweigt die Stimme.

[5] »Odyssee«, übersetzt von Johann Heinrich Voss

Die Stimme verstummte, aber Apollo blieb, um die Ideenwelt des Westens mit seiner leuchtenden Herrlichkeit zu erfüllen. Er behielt sein Reich als der Gott der Jungen, Stürmischen, Schnellen und Furchtlosen, und niemals wurde er vollkommen vergessen.

Wenn die Griechen ihn darstellten, vereinigten sie in seinem Abbild all ihre Verehrung für die Kraft des Geistes. Immer stellten sie ihn mit dem Bogen in der einen und der Opferschale in der anderen Hand dar, mit einem Körper von vollkommener Männlichkeit und Zügen von fast weiblicher Empfindsamkeit – erleuchtet vom Licht des aufdämmernden Gedankens. Stolz und nachdenklich, verrät er seine göttliche Macht sowohl durch seine durchgeistigte Schönheit wie durch eine gewisse stille Heiterkeit. Die griechischen Künstler formten ihn in vielen Gestalten, aber auch dann, wenn sie seine Weisheit darstellten, wie in dem knabenhaften, gelockten Apollon von Piombino, spüren wir immer seine Göttlichkeit, und die Schönheit des Apollon von Leontini mit der zarten Efeuranke – wie wir sie auf den von Phrygillos geschlagenen Münzen sehen – ist offensichtlich dem früheren Porträt verwandt, obwohl Apollo hier älter, reifer und unvergleichlich subtiler dargestellt wird. Noch älter, in der Blüte seiner Manneskraft, tritt er uns als »Chatworth«-Apollo im Britischen Museum entgegen, in einer Maske furchterregender Macht und erhabener Göttlichkeit, und ebenso sehen wir ihn auf der schönen, von Herakleidos in Catana verfertigten Münze, mit seiner Fülle von Lorbeerblättern und dem strömenden Goldhaar. Noch gereifter, noch ernster, das edle Antlitz hager und durchgeistigt, erscheint er in herrlicher Nacktheit in der kürzlich bei Piräus gefundenen Bronzestatue. Er wäre zu Zeus geworden, hätte die Welt der Götter noch länger bestanden.

Aphrodite

Athene gehört vollkommen zur griechischen Vorstellungswelt, und ihre Wurzeln liegen so weit zurück, daß wir sie wahrscheinlich niemals freilegen werden. Aphrodite tauchte später auf und schloß niemals ganz Frieden mit der griechischen Götterwelt. Diese schöne, aufrührerische Göttin wurde, laut Hesiod, erst geboren, als Uranos, der Gott des Himmels, sich in der Dämmerung liebend über die Erde beugte, und Kronos ihm im Augenblick der Umarmung mit einer Sichel aus grauem Feuerstein die Geschlechtsteile abtrennte und ins Meer warf; aus dem verschütteten Samen, der sich in die Wellen ergoß, oder aus dem weißen Schaum, der hinter dem Glied aufspritzte, wurde Aphrodite geboren. So segelte sie über die Meere, vorbei an der Insel Kythera, und stieg in Zypern an Land, wo die Erde unter ihren Füßen zu sprießen begann. Hesiod erzählt die Geschichte mit wenig Überzeugung, als glaubte er sie nur zum Teil, und offensichtlich sah er in Aphrodite ein Geschöpf, aus der Nacht geboren, halb den Titanen, halb den Giganten verwandt. Er fügt hinzu, sie habe von Anbeginn die Ehre gehabt, der Versammlung der Götter beizuwohnen und habe »das Flüstern der Jungfrauen, das Lächeln und Lügen, die süßen Umarmungen und Zärtlichkeiten« mit sich gebracht. Es ist eine lange Aufzählung, die er anscheinend nachträglich hinzufügte.

Hesiod ist nicht überzeugender als Homer, der uns erzählt, Aphrodite sei das Kind von Zeus und Dione, welch letztere nur den weiblichen Aspekt von Zeus verkörpert. In der *Homerischen Hymne an Aphrodite* ist sie halb Göttin der wilden Tiere, halb Vision unsterblicher Schönheit. Der Schöpfer der Hymne scheint zwei Göttinnen in einem einzigen Körper vereint zu beschreiben:

Eiligst geht sie hinein, verschließt die glänzende Pforte,
ließ die Charitinnen gleich darauf sie baden und salben
mit unsterblichem Öl, wie an ewigen Göttern es schimmert,
so ambrosisch und köstlich, daß ganz in Duft sie gehüllt war.
Herrlich bekleidet sie sich mit ihren schönsten Gewändern.
Prangend in Goldschmuck, die lieblich lächelnde Aphrodite,
stürmte dann eilig nach Troja hinweg vom duftenden Kypros,
hoch in Wolken gehüllt vollendet' sie schnell ihre Reise.
Und sie gelangte zur Mutter der Schafe, wo reichliche Quellen
rieseln, zur Ida, gradaus durchs Gebirg ans Gehöft im Geleite
wedelnder Wölfe, in fleckigem Fell, blitzäugiger Löwen;
Bären und schnelle, auf Rehe lüstern versessene Panther
folgten; beim Anblick schwoll ihr das Herz vor
Freudengefühlen,
daß sie den Tieren Verlangen erregte und alle zusammen
kosend zu zweit zum Schlummer sich legten im Schatten des
Hofes.
Doch sie selber betrat nun die wohlgezimmerte Hütte.

Fand ihn allein im ganzen Gehöft, das die andern verlassen,
ihren Anchises, den Helden von göttlicher Schönheit. Die Hirten
waren den Rindern gefolgt hinaus auf die grasigen Weiden.
Einsam im ganzen Gehöft, das die andern verlassen, durchschritt er
hin und her das Gemach und spielte mächtig die Leier.
Jetzt trat Aphrodite, die Tochter des Zeus, ihm entgegen,
groß an Gestalt, als ein Mädchen von frisch jungfräulichem Aussehn,
daß nicht Furcht ihn befalle, wenn nun er sie leibhaft erschaue.
Aber Anchises macht sich beim Anblick Gedanken, bewundert
dieses Aussehn, diese Größe, die prangenden Kleider.
Hatte sie doch einen Leibrock an, dessen Funkeln das Feuer
überstrahlte, blinkenden Brustschmuck, gleißende Ringe;
Ketten hingen am zarten Hals in bezaubernder Schöne,
goldenes Geschmeid; doch über den zarten Brüsten, da blinkt es
wie der leuchtende Mond, ein Wunder war es zu schauen.[6]

Ein Wunder zu schauen war sie, aber diese Aphrodite unter den Löwen ist ebenso unglaubhaft wie die schaumgeborene Aphrodite. Sie sagt Anchises, sie sei in Phrygien geboren, und vielleicht war es so – wir wissen zu wenig von den phrygischen Gottheiten, um diese Feststellung widerlegen zu können. Sie legt sich zu Anchises, dem sie Äneas gebiert, den trojanischen Helden, der später zum Stammvater der Römer wurde. Als Anchises eingeschlafen, erscheint sie ihm nicht mehr als schönes Weib, sondern als wahrhaftige Göttin von so außerordentlicher Größe, daß er sie nur voll ungläubigem Staunen betrachten kann.

Homer, Hesiod und die Homerische Hymne erwecken alle den Eindruck, als entsprächen ihre Berichte über Aphrodite nicht ganz der Wahrheit: Entweder wußten sie nicht, woher sie kam, oder sie zogen es vor, ihre Herkunft zu verbergen. Aus der Äußerung Herodots, der Tempel der Himmlischen Aphrodite in Askalon »sei der älteste ihrer Tempel«, geht klar hervor, daß sie in Wahrheit mit der Philister-Göttin Aschtoreth identisch war. Aschtoreth leitet sich von der syrischen Astarte und der

[6] Homerische Hymnen, Anton Weiher

babylonischen Ischtar ab. Sie war immer eine Göttin der Fruchtbarkeit, obwohl sie auch die Macht besaß, Männer steril zu machen. Herodot erzählt, daß die Göttin die Skythen, welche ihren großen Tempel in Askalon plünderten, mit Impotenz bestrafte; andere Historiker haben für die sprichwörtliche Impotenz der Skythen plausiblere Erklärungen gefunden. Herodot berichtet, daß man auch in Zypern bereitwillig zugab, Aphrodite käme aus Askalon, während ihr Tempel auf der Insel Kythera ursprünglich von den Phöniziern errichtet worden sei.

So lassen sich die Spuren Aphrodites bis in älteste babylonische Zeiten und den Beginn der Mythologie zurückverfolgen. Bis sie die Küste Palästinas erreicht hatte, blieb sie die Göttin des fruchtbaren Bodens und der Fruchtbarkeit schlechthin; sie wurde als schöne Frau mit einem Fischschwanz dargestellt. Nach Zypern, wo die Arkadier eine Kolonie errichtet hatten, schien sie zuerst gekommen zu sein; Homer kennt sie als Cypris, Hesiod nimmt an, sie sei dort geboren, denn er nennt sie Cyprogeneia. Hier hatte sie in dem Städtchen Paphos ihr Heiligtum und ihre Tempelhuren, weshalb sie von den Seeleuten besonders geschätzt wurde. Auch im dorischen Korinth besaß sie einen Tempel auf der Akropolis, auch hier standen Tempeldirnen in ihrem Dienst. In Athen wurde sie als Pandemos verehrt, in deren Obhut die Sorge für die sexuelle Potenz »aller Leute« lag. Außerhalb Athens, an den Ufern des Ilissos, gab es einen Tempel der »Aphrodite der Gärten«. In Athen wurde sie zahm; sie zeigte ihre Nacktheit, ihr einladendes Lächeln, ihre scheinbare Sittsamkeit, sie schleuderte keine Blitze mehr.

Im Himmel und auf Erden,
kennt man mich und meiner
Gottheit Wirken, Aphrodites.
In allem Volke, das vom Kaukasus
bis zu dem Ozean des Atlas wohnt,
erheb ich den, der meinem Szepter huldigt,
und bringe den zu Falle, der mir trotzt.[7]

So spricht sie in dem Prolog zu *Hippolytos* von Euripides. Für die Athener verkörpert sie die Demut der vollkommenen Schönheit, erstaunlich bescheiden für ein mit so reichen Gaben ausge-

[7] Griechische Tragödien. »Hippolytos«. Übersetzt von Ulrich von Wilamowitz-Möllendorf

stattetes Wesen. Sophokles nannte sie die »Unbesiegbare«, und das war sie auch, doch schien sie mehr ein Geschöpf der Zärtlichkeit als der wilden Leidenschaft. Sie war die Göttin der zarten Blumen, der Myrten und Rosen, und sie half den Jungfrauen, die heiraten wollten, wenn sie sich im Gebet an sie wandten.

Wie Dionysos schien sie im Kreise der großen Götter keine Ruhe zu finden; ihrer seltsamen Abstammung bewußt, trug sie ihre Unsterblichkeit, als wäre sie sterblich.

Dionysos

Hätte Herodot nicht den Marsch von Xerxes' Heerscharen nach Griechenland studiert und über die wilden Stämme von Thrakien berichtet, wir wüßten sehr wenig über den Ursprung des Dionysos-Kultes. Unter den Stämmen befanden sich die Satrer, »die — soweit wir wissen — niemals besiegt wurden und ihre Unabhängigkeit bis zum heutigen Tage bewahrt haben. Die Erklärung hierfür liegt in der Beschaffenheit des Landes, eines Landes mit dicht bewaldeten Bergzügen und schneebedeckten Gipfeln. Sie sind hervorragende Kämpfer. Ihr Heiligtum des Dionysos ist in luftigsten Bergeshöhen gelegen; seine Betreuung wird von den Bessi, einem Zweig der Satrer, besorgt, und es gibt, wie in Delphi, eine Priesterin, welche die Orakelsprüche verkündet, die nicht schwieriger sind als jene von Delphi«.

Im Laufe der Zeit wurde Dionysos zu einem der zwölf kanonischen Götter der olympischen Hierarchie; er regierte ebenso über die Tragödie wie über den Weinbau, und wurde immer als ein Jüngling von leicht orientalisch angehauchter Grazie dargestellt, um den die verschiedensten Legenden über geheimnisvolle Reisen nach Indien entstanden. Bei Homer ist er nicht eine der großen Gottheiten, sondern einfach ein Gott, der etwas von der Bereitung des Weines versteht. Hesiod behauptet, er sei der Sohn von Semele, Tochter des Kadmos, und Zeus. Die fragmentarische *Homerische Hymne an Dionysos* erwähnt, daß er in irgendeiner fernen Gegend der Erde geboren sei, ». . . es gibt ein höchstes Gebirge und blühend von Wäldern, Nysa, weit von Phönizien, nah beim Ägyptischen Strome«. Trotzdem scheint kein Zweifel darüber zu bestehen, daß er während der Periode der Verwirrung und Erschöpfung, welche der dorischen Einwanderung folgte, von Norden her nach Griechenland kam, und daß er ursprünglich ein machtvoller Gott war, der seinen Einfluß in Prophezeiungen und seltsamen orgiastischen Zeremonien, durch welche das Wachstum von Pflanzen und Tieren gewährleistet werden sollte, geltend machte. Bevor ihn der Wein trunken und müde gemacht hatte, muß er ein zäher, wilder Gott der Thrakier mit einem unheimlichen Funkeln in den Augen gewesen sein.

Anfangs war nichts Mildes oder Vornehmes an ihm; er mußte gezähmt werden, bevor er seinen Platz inmitten der ruhigen Pracht der olympischen Götterwelt einnehmen konnte. Ursprünglich scheint er die Gestalt eines Stieres gehabt zu haben – eines wilden, tobenden Stieres, der in toller sexueller Erregung mit donnergleichem Gebrüll über die Weidegründe raste, bis er endlich gefangengenommen und getötet wurde; die Leute rissen ihn in Stücke, während sein Fleisch noch warm war, hoffend, daß damit seine Kraft und Virilität auf sie überginge. Sein Kult war mit ungezügelter Erregung und wilder Ekstase verbunden, so daß Frauen und Männer in diesem tranceartigen Zustand Kraftproben ablegten, die weit über ihr normales Vermögen hinausgingen. Nachdem sie das rohe Fleisch gegessen hatten, glaubten seine Anhänger, sie seien in Verbindung mit dem Gott getreten und selbst zu Göttern geworden:

O Dionysos, erscheine uns!
Als Stier erscheine, als züngelnde Schlange
Mit vielen Köpfen,
Als feuerschnaubender Leu![8]

sagt der Chor in Euripides' *Die Bakchen;* wie weit sind wir hier von dem müßigen Jüngling mit dem Rebenkranz entfernt, der so oft auf den Vasen abgebildet wurde.

Euripides, der seine letzten Lebensjahre im mazedonischen Exil verbrachte, unterzog die dionysischen Mysterien einem sorgfältigen Studium. Die Bessi- und Satrer-Stämme lebten damals noch immer in den Bergen, unweit von seinem Wohnort, so daß er der Versuchung nicht widerstehen konnte, sie aus nächster Nähe zu beobachten. Was er dabei sah und über den orgiastischen Kult des Dionysos erfuhr, legt er in den Mund eines Hirten, der in den Hügeln einigen Frauen begegnet. Der Hirte und sein Begleiter halten die Weiber für leichte Beute und fallen

[8] Euripides, »Die Bakchen«. Übersetzt von Hans von Arnim

über sie her, doch müssen sie nur allzu bald erfahren, daß diese Frauen nicht für ihr Vergnügen zu haben sind. Die Frauen stürzen sich auf das Vieh, welches an den Abhängen grast:

Auf unser friedlich Weidevieh
Stürzten sie sich mit eisenlosen Händen.
Da sah man manch milchreiche Kuh verenden
Mit Klagegebrüll durch wucht'ge Weiberhand,
Und junge Färsen andere zerstückeln.
Manch Rippenstück und manch gespaltner Huf
Flog durch die Lüfte hoch und blieb im Grün
Der Tannen hangen, träufelnd blut'gen Tau.
Der Stier selbst, der gereizt die Hörner senkte
Zum Stoße, strauchelte zu Boden stürzend,
Von tausend Weiberhänden fortgezerrt,
Und schneller war zerstückt des Fleisches Hülle,
Als deines Königsauges Wimper zuckt.
Wie wohl ein Vogelschwarm aufflattert, flogen
Zur Niedrung sie, da längst Asopos' Flut
Dem Volke Thebens fette Ähren reift.
Die Dörfer Hysiä, Erythrä, zu Füßen
Des Bergs Kithäron, überfielen sie
Mit kriegerischer Hand und plünderten
Sie aus. Die Kinder schleppten aus den Häusern
Sie fort. Was sie auf ihre Schultern luden,
Das haftete, von keinem Band gehalten,
Und fiel nicht nieder auf die schwarze Erde,
Selbst Erz und Eisen. Auf dem Haupthaar trugen
Sie Feuer, das nicht sengte. Zornig griffen
Die Bauern, die sie plündern sahn, zur Wehr.
Da zeigte sich ein unerhörtes Schauspiel:
Vom Lanzenstich der Männer floß kein Blut,
Die Frauen, schleudernd ihre Thyrsosspeere,
Verwundeten und schlugen in die Flucht
Der Männer Schar, nicht ohne Götterhilfe!
Zurückgekehrt zum Berg, von dem sie kamen,
Zu den durch Götterhuld entsprungnen Quellen,
Wuschen sie sich. Die Schlangen leckten züngelnd
Manch Tröpfchen Blut von ihrer Wangen Haut. –
So nimm den Gott, wer er auch sei, o Herr,
In Theben auf. Wie er in allem groß,

So hat er auch, wie mir berichtet ward,
Den Sorgenbrecher Wein der Welt geschenkt.
Gäb's nun den Wein nicht mehr, wo bliebe Kypris,
Wo jeder andre Hochgenuß des Lebens?[9]

Wie Euripides die Geschichte erzählt, befinden sich die Frauen mit den Thyrsosstäben in einem hochgradig erregten, tranceartigen Zustand; ein Gott hat von ihnen Besitz ergriffen und ihnen die unerklärliche Kraft verliehen, dem Schwerthieb zu widerstehen und den Stier mit bloßen Händen in Stücke zu reißen. Sie werfen die Kinder auf ihre Schultern, und die Kinder verharren dort, gleichsam gebannt. Eine Quelle tut sich auf, wenn sie das Blut des Stieres von den Gesichtern waschen müssen, und Schlangen kriechen über ihre Wangen, um die letzten Blutstropfen zu lecken.

Die Szene scheint etwas verzerrt wiedergegeben: Ähnliches hatte sicher stattgefunden, aber die Reihenfolge der Ereignisse wurde etwas verändert, einige Einzelheiten entweder verschwiegen oder nicht untersucht. Der Gott, der den Wein spendet, ist nicht der gleiche Gott, der die Frauen zur Raserei brachte.

Dionysos, der Gott des Weines und der Tragödie, des aufgerichteten Phallus und der Bacchanalien, der geheimnisvolle Wanderer aus dem Osten, der in glanzvoller Pracht auf einem Panther einherreitet, vereint in sich so viele Göttergestalten, daß sie nicht zählbar sind. Sein letzter Ursprung liegt wahrscheinlich in Thrakien, wo er als Gott der Fruchtbarkeit mit orgiastischen Riten gefeiert wurde. Thrakier, die sich später in Phrygien niederließen, verbanden ihn mit dem lokalen Gott *Diounsis,* dem Gott der Weinberge und der Gräber, von dem man glaubte, er sei, auf einem Panther reitend, aus dem Osten nach Phrygien gekommen. Von hier aus gelangte der neue Gott nach Griechenland, um sich selbst unterwegs zu begegnen! Nach der Überlieferung machte er auf dem Weg nach Attika in dem Dorfe Eleutherae an den Hängen des Kithaerongebirges halt. Daher wurde der Gott in Athen immer »Eleutherus« genannt, und dieser Titel ist bis zum heutigen Tage auf dem Thron seines Priesters im Theater zu lesen. »Eleutherus« kann entweder von Eleutherae kommend oder der Freie heißen, und beide Bedeutungen hefteten sich an seinen Namen. Jedes Jahr machte sein *xoanon,* das uralte hölzerne Kultbildnis, einen Versuch, nach Eleutherae zu entflie-

[9] Euripides, »Die Bakchen« (735–775)

hen und wurde immer kurz hinter dem Dipylon wieder eingefangen. Die Athener feierten seine Gefangennahme mit Dankesgesängen, in denen der Ursprung der dichterischen Tragödie zu suchen sein mag.

Die Anfänge der dichterischen Tragödie liegen noch immer im dunkeln, und wir können nur mit Sicherheit behaupten, daß sie von Dionysos und seinem Kult nicht zu trennen sind, da die ersten Aufführungen von Dramen innerhalb des Bereiches seines Tempels in den Sumpfgebieten südlich der Akropolis stattfanden. Die Überlieferung berichtet, daß das Thema der ersten Stücke Erzählungen aus dem Leben des Gottes waren — seine Wanderungen durch Asien und die Wälder Thrakiens. Peisistratos führte die alljährlichen »Großen Dionysien« ein, in denen die Wiederauferstehung des Weingottes nach seinem langen Winterschlaf gefeiert wurde. Vielleicht entstand die *Homerische Hymne an Dionysos* mit ihrem bezaubernden Bild des Gottes in der Gestalt eines Löwen und eines Bären während seiner Herrschaft über Athen:

Semeles ruhmvollen Sohns, Dionysos' will ich gedenken
Wie er erschien am Strande des Meeres auf felsiger Klippe —
Rastlos wogte die Flut — ein Jüngling in frühesten Jahren.
Flatternd umflogen sein Antlitz dunkle, prächtige Locken,
doch seine wuchtigen Schultern umhüllte der Purpur. Da stürmten
Räuber — Tyrrhener — flugs aus festgezimmertem Schiffe —
weinrot blinkte das Meer — ihr Schicksal trieb sie ins Unheil.
Jetzt erblickten sie ihn: Sie nickten sich zu, und in Eile
sprangen sie, packten sie, setzten sie ihn auf ihr Schiff voller Freude,
meinten ein Sohn von Königen sei er, göttlicher Herkunft,
wollten ihn binden mit schmerzenden Fesseln, doch hemmten die Fesseln
nicht seine Freiheit. Die weidenen Ruten fielen ins Weite,
kaum daß sie Hände und Füße berührten. Und wie er nun dasaß,
lächelnd aus dunklen Augen, da kam ein Gedanke dem Steurer,
daß er sofort die Gefährten heranrief, um ihnen zu sagen:
Wahnbesessene! Welchen Gott habt ihr da gefangen?
Welchen Starken gefesselt? Das festgezimmerte Fahrzeug,

nicht einmal das kann ihn tragen. Fürwahr! Dieser Bursche da—
Zeus ist's,
oder Apollon ist's, der Gott mit dem silbernen Bogen,
oder Poseidon ist's; er gleicht nicht den sterblichen Menschen,
vielmehr gleicht er den Göttern, den Herrn im Palast des
Olympos.
Lassen wir eiligst ihn los hinaus aufs Festland, das schwarze,
und das sofort! Packt ja ihn nicht an, damit er nicht grollend
widrige Winde errege und vielfach wirbelnde Stürme!
Also sprach er. Da schalt ihn mit häßlichen Worten der
Schiffsherr:
Wahnbesessener! Schau auf den Fahrwind! Segel gezogen!
Alle Taue gepackt! Für den Burschen da sorgen die Männer!
Hoffnung hab' ich, er wird nach Ägypten, nach Kypros
gelangen,
oder vielleicht zu den Hyperboräern, vielleicht gar noch weiter.
Schließlich wird er uns auch seine Freunde und Brüder
verraten, auch seinen ganzen Besitz; denn ein Gott hat ihn
uns geliefert.
Sprach's und zog den Mastbaum hoch und das Segel des
Schiffes. Brausend bauschte der Wind das Segel, man
straffte die Taue
allseits; aber gar bald geschahen seltsame Taten.
Süßer Wein rann erst übers Schiff, das hurtige, schwarze,
herrlich roch er, es quollen ambrosische Düfte. Das Schiffsvolk
packte bei diesem Schauspiel Staunen; es breitet ein
Weinstock
gleich nach allen Seiten sich aus an der Spitze des Segels,
Trauben hingen in Fülle daran, es umrankte den Mastbaum
Efeu in dunkler Grüne, er strotzte von Blüten, und lieblich
drängte sich Frucht an Frucht, alle Ruderpflöcke behingen
Kränze. Nun endlich bei diesem Schauspiel schrien die
Leute:
Steurer, das Schiff ans Land! Da wurde drinnen im Schiffe
er — der Gott — vor ihnen zum Löwen, mit mächtigem
Brüllen,
stellte sich schrecklich hoch über sie. Doch mitten im Schiffe
ließ eine zottige Bärin er wandeln; so macht er sich kenntlich.
Gierig erhob sich die Bärin; der Löwe doch blickte von oben
schrecklich drohend herab. Da flohen die Leute nach
hinten,

drängten voll Angst an den Steurer sich an, der noch bei
Verstand war.
Plötzlich reckte der Löwe sich auf, er packte den Schiffsherrn,
alle anderen aber — sie sahen's — sprangen zusammen
fliehend das böse Geschick hinab in das göttliche Meer und
wurden Delphine. Dem Steurer aber ward Gnade und
Rettung.
Volle Beglückung gab ihm der Gott mit folgenden Worten:
Mut, ehrwürdiger Vater! Du bist mir herzlich willkommen!
Dionysos bin ich . . .[10]

Von solchen Legenden begleitet, trat Dionysos sein Erbe an. Er war die geheiligte, begehrenswerte Fleischlichkeit, und von Anbeginn lag ein Hauch von Sterblichkeit über ihm. Apollos Reich waren die lyrischen Lieder, eine Stimme, die allein sang. Diony-

Abb. 5 Die Geburt der Tragödie mit Opferaltar, von Satyren gehütete Ziege, Schauspieler in Eselkarren

[10] Homerische Hymnen, Anton Weiher

sos' Reich waren die dichterischen Tragödien, in denen die Stimmen miteinander sprachen. Der eine war der Geist, der andere das Fleisch, und in Delphi teilten sie den gleichen Tempel, wo – laut Plutarch – »der Anteil Dionysos' dem Apollos entsprach«.

Daß die Griechen Körper und Geist in dem gleichen Tempel verehren konnten, gehört zu ihren bedeutungsvollsten Errungenschaften. Sie verehrten den Phallus und trugen ihn mit Blumen bekränzt durch die Straßen, aber zur gleichen Zeit verehrten sie den erleuchteten Geist; sie sahen keinen Grund, den einen mehr zu preisen als den andern, denn beide umgab das große Mysterium. Wenn sie nach Delphi pilgerten, trugen sie den silbernen Pfeil zu Ehren Apollos in der einen, den phallusförmigen Kuchen zu Ehren des Dionysos' in der anderen Hand – und fanden keinen Widerspruch darin.

Die griechischen Götter sind niemals gestorben. Sie sind heute noch lebendig und werden wahrscheinlich noch viele Generationen überdauern. Zeus, Athene, Apollo, Aphrodite und Demeter beeinflussen unser Leben. Homer schildert sie als göttliche Gestalten im Besitz einer Machtfülle, die kein Mitleid kennt. Für uns verkörpern sie die beiden ewig gültigen Aspekte der menschlichen Seele: unsterblich und voll des Erbarmens.

5 Homer

Als das Gesicht Homers in Vergessenheit geraten war, schickten sich die Menschen an, ein Idealbild jenes Dichters zu entwerfen, der am frühesten Beginn der griechischen Kultur steht. Sie verliehen ihm dunkle, volle Brauen, eine kräftige Nase, einen dichten, gekrausten Bart und Haare, die in ungebändigten Locken sein Haupt umrahmten, Lippen, die sich gerade zum Sprechen öffneten; ein Gesicht von großer Ausdruckskraft und fast königlicher Majestät. Sie stellten ihn mit halb geschlossenen Augen dar, um seine Blindheit zu betonen, obwohl er auf den Münzen der Insel Ios mit weit geöffneten Augen gezeigt wird, um anzudeuten, daß er unter ihnen lebte und nicht immer blind war. Alle Porträts stellen ihn als einen alten Mann dar, noch im Vollbesitz seiner Kräfte, willensstark und imstande, seine Zuhörerschaft zu beherrschen, doch von Träumen beunruhigt. Wären seine Brauen geglättet, er hätte große Ähnlichkeit mit dem goldenen Zeus von Olympia aufgewiesen. Die Ähnlichkeit kommt nicht von ungefähr; Homer war, wie Zeus, der Schöpfer von Welten.

Von den Einzelheiten seines Lebens ist uns nichts Sicheres bekannt. Herodot sagt, Homer habe vierhundert Jahre vor seiner Zeit gelebt, aber Herodot verfährt oft großzügig mit den Jahren, und wir können nur vermuten, daß Homer um das Ende des neunten Jahrhunderts v. Chr. geboren wurde, vielleicht in Smyrna (das nicht weit von Troja entfernt ist), und in Ios starb. Zum Unterschied von den Gelehrten des 19. Jahrhunderts, die geneigt waren, seine Werke einer Gruppe von Dichtern zuzuschreiben, zweifelten die Griechen niemals an seiner tatsächlichen Existenz. Für sie war er immer gegenwärtig, eine Quelle der Kraft und Stärke, ein Mann von fast gottgleicher Einsicht und gottgleichem Mitleid; sie hätten ihn erkannt, wäre er in ihr Haus getreten. Er war den Griechen ebenso vertraut, wie uns Shakespeare vertraut ist, denn er war ein Mensch, der sich in seinen Dichtungen zu erkennen gab. Was sie an ihm verehrten, war etwas, das nur selten mit ihm in Zusammenhang gebracht wird – nämlich sein außerordentlicher Zauber. Wie ein Magier konnte er, was immer er sagte, glaubhaft machen, und er besaß eines Zauberers Erstaunen über seine eigenen Schöpfungen. Er konnte die verblüffendsten Dinge behaupten, ohne mit der Wimper zu zucken, und er tat dies auch. Er sprach von vollkommen alltäglichen Dingen, um im nächsten Augenblick von einem ganz und gar unglaubhaften Ereignis auf einer geheimnisvollen Insel im Besitz der Götter zu berichten, und er wechselte von einer Welt in die andere mit der gleichen Leichtigkeit, mit der ein Mensch durch eine Türe geht. Kein Wunder, daß es Griechen gab, die meinten, er sei ein Ägypter und der Sohn von Hermes!

Homer war kein Bücherwurm, kein Stubenhocker, sondern einer, der in der freien Natur lebte, der Begleiter von Soldaten und Seeleuten, gelegentlich ein Bauer, ein großer Vielfraß mit einer unbezähmbaren Lust zum Wandern. Er litt an Schlaflosigkeit, glaubte an Wahrsagungen und an das wunderbare Eingreifen der Götter in die Geschicke der Menschen; er kannte bittere Not und vielleicht auch Sklaverei. Er hatte Kriege mitangesehen, obwohl er niemals selbst an einer Schlacht teilgenommen zu haben scheint, denn seine Beschreibungen von Kampfhandlungen klingen weniger überzeugend als seine Schilderungen von Schlachtfeldern, wenn die Kämpfe vorüber sind – er hatte Tote und Sterbende gesehen, er wußte um die Schrecken einer Niederlage, und er hatte viele Nächte am Lagerfeuer verbracht, in Erwartung des Gemetzels am kommenden Morgen. Kummer und Sehnsucht waren ihm nicht fremd, und er mag mitangesehen haben, wie seine Heimatstadt von Piraten in Flammen gesetzt wurde, in jener Zeit, als, laut Thukydides, die Meere von Freibeutern und Halunken unsicher gemacht wurden. Obwohl er von Troja erzählt, das Hunderte von Jahren vor seiner Zeit zugrunde gegangen war, scheint er die trojanische Ebene niemals betreten zu haben. Er hatte erlebt, wie Städte in Schutt und Asche gelegt und die Bewohner als Sklaven verkauft wurden, er hatte alte Männer neben den Leichen ihrer Söhne beten gesehen. Er kannte den Schiffbruch, denn er hatte selbst einen erlitten, und wie alle Menschen, die an der Küste oder auf den griechischen Inseln lebten, war er mit den Geheimnissen des Schiffbaues vertraut. Die *Ilias* und die *Odyssee* sind zu persönlich, zu lebensnah, um uns glauben zu lassen, es handle sich um eine uralte Geschichte; genau wie Shakespeare erzählt uns auch Homer ebensoviel über sich selbst wie über seine Helden. In die Niederlage der Trojaner und die Wanderungen des Odysseus sind Niederlagen und Wanderungen eingeflochten, die sich an seinen heimatlichen Gestaden abgespielt haben mögen.

Immer wieder sehen wir im Verlauf der gewaltigen Epen deutlich die Gestalt Homers vor uns. Odysseus ist nicht immer Odysseus; manchmal ist er Homer, der sich einer halb vergessenen Reise zu den griechischen Inseln erinnert, einer Felsenklippe, eines zerklüfteten Ufers, eines seltsamen Berges oder eines wilden Sees. Auch er war durch das wüste Gestrüpp verlassener Küstenstriche gewandert und hatte die ballspielende Nausikaa erspäht, und niemand kann den Bericht über den Wanderer, der nach langer, verzweiflungsvoller Fahrt nach Hause zurückkehrt, lesen, ohne zu spüren, daß auch Homer viele derartige Irrfahrten unternommen und sich nach dem Trost und der Sicherheit des eigenen Herdfeuers gesehnt haben muß. Dann ist da der alte Hund Argos, der todkrank, vom Haushalt vergessen und verlassen, auf einem Misthaufen liegt; als er die Schritte seines Herrn hört, schleppt er sich mit letzter Kraft schweifwedelnd Odysseues entgegen, nur um zu sterben, bevor ihn sein Herr gesehen hat. Solche Episoden sind zu persönlich, um dichterische Erfindung zu sein. Es sind dies Dinge, die ein Mensch erlebt hat, die ihn im Innersten berührt haben und zur Dichtung geworden sind, weil sein Herz es verlangt.

Wir sehen Homer deutlich vor uns, wenn er von Speisen spricht, und er spricht sehr oft davon. Er kannte die Armut und das Leid, Krankheit, Verzweiflung und Demütigung; er wußte um die Schattenseiten des Lebens. Weil er so oft gehungert hatte, besaß er die Lust des ausgehungerten Mannes an der Beschreibung von Tafelfreuden. Es gibt eine schreckerfüllte nächtliche Szene, in der sich Priamos und Achilles gegenüberstehen, der leidgebeugte König und der Mörder seines Sohnes, und beide geben ihrem Schmerz Ausdruck. Der Leidvolle steht neben dem Verdammten, der König ergreift die Hand des Mörders, noch dunkel von seines Sohnes Blut. Es ist eine Szene gräßlichen Entsetzens, in der die Luft von Blut geschwängert scheint. Von diesem Grauen gibt es keine Erlösung, bevor das Verbrechen nicht gesühnt ist. Der junge Prinz und der trauernde König wechseln ernste Worte und als ihr Gespräch beendet ist, empfinden beide Männer Hunger und setzen sich zum Mahle. Ein andermal sagt Achilles: »Auch die schöngelockte Niobe aß nach dem Kummer, die zwölf Kinder hatt' in ihrem Palast verloren ... Und es aß nun wieder die tränenermattete Mutter.«

Homers Träume von reichlichen Tafelfreuden gehören zu seinen glücklichsten Wunschvorstellungen. Es gelang ihm, Geschmack und Duft der Speisen heraufzubeschwören. Nahe dem Ende der Geschichte des Odysseus, wenn unsere Erwartungen auf das Äußerste gespannt sind und die Auseinandersetzung mit den Freiern droht, verbringt Odysseus, überlegend, was zu tun sei, eine schlaflose Nacht. Homer versucht ihn, der sich ruhelos auf seinem Lager wälzt, zu beschreiben. Wie macht er dies? Er benutzt den ersten Vergleich, der ihm in den Sinn kommt, und dieser hat unweigerlich mit Nahrung zu tun. »Allein er wandte sich hierhin und dorthin. Also wendet der Pflüger am großen brennenden Feuer einen Ziegenmagen, mit Fett und Blut gefüllt.« Nahrung, Kleidung, Schutz – all dies stand immer im Vordergrund seiner Gedanken. Nur ein Mann, der die Armut kennt und zerschlissene Fetzen getragen hat, kann an der Beschreibung der reich geschmückten Gewänder seiner Helden und der prächtigen Gemächer der Könige solche Freude haben. Er sah die Welt gegen den Hintergrund seiner eigenen Leiden und Schmerzen. Er versteckt sich nicht: Fast zu lebendig, fast beklemmend gibt er sich in seinen Werken preis.

Es kann keinen Zweifel geben; Homer war ein Mann, der lebte und atmete – »ungefähr vierhundert Jahre vor meiner Zeit«, wie Herodot sagte. Die Griechen glaubten, er wäre in einer der Küstenstädte Kleinasiens geboren und habe seine Epen auf der Insel Chios geschaffen, wo noch Jahrhunderte später eine Familie von Rhapsoden lebte, die sich Homeridae nannten und behaupteten, seine Nachkommen zu sein. Chios war ein künstlerisches Zentrum, berühmt für seine Feigen und seinen Wein, seine steilen Berge und seinen gefährlichen Hafen; zehn Meilen von der Küste Kleinasiens entfernt, im Herzen der Ägäis, war es wie geschaffen für die Residenz eines Dichters. Vielleicht wird man eines Tages in Chios die Tafeln entdecken, auf denen Homer seine Dichtungen niederschrieb.

Daß Homer wirklich und wahrhaftig existierte, ist natürlich nicht die Ansicht der Gelehrten, die seit mehr als hundertfünfzig Jahren unter der Annahme, die *Ilias* und *Odyssee* seien Produkte einer ganzen Dichtergruppe, langatmige Abhandlungen über seine Werke verfassen. Homer, so behaupten sie, sei nur die Markenbezeichnung einer mit der Massenproduktion epischer Dichtungen beschäftigten Werkstatt gewesen. All das könnte möglich sein, wäre es nicht so offensichtlich, daß durch die Epen ein einziger Atem weht — der Atem eines Dichters von überragender Monumentalität. Kein Zweifel, daß er borgte und stahl, wie es ihm gefiel, ja daß er ganze Fragmente traditioneller Lieder in seine Werke einbaute, wie Shakespeare bei Plutarch und Holinshed Anleihen machte, und sich nicht die Mühe nahm, auch nur ein Wort zu ändern. Doch, was bleibt, ist so eindeutig *einem* Geist entsprungen, daß wir die Idee einer Homerfabrik eindeutig zurückweisen können. Was er stahl, berührte er mit seinem Genie, und es wurde sein eigen.

So sehen wir Homer in jener schattenhaften Periode leben, welche den Erschütterungen der dorischen Invasion folgte, als über dem östlichen Mittelmeer eine relativ ruhige Zeit anbrach. Die großen Kriege waren vorüber, und die Griechen an den Küstenstrichen Kleinasiens begannen jene Lebensformen anzunehmen, die sie beibehielten, bis Alexander der Große seine Armeen gegen Asien warf, und auch noch darüber hinaus. In den von Tyrannen regierten kleinen Fürstentümern blühte der Handel, und das Wort ›Tyrann‹ hatte in jenen Tagen noch keinen üblen Beigeschmack, es bedeutete kaum etwas anderes als ›Fürst‹. Mit dem Handel kamen Reichtum und Wohlleben, Sicherheit und die Muße, die Wunder der Welt zu erforschen. An den Höfen der Tyrannen versammelten sich die Dichter, um eine heroische Überlieferung zu besingen, die angesichts der merkantilen Zivilisation zu verschwinden drohte.

Es war eine Zeit der intellektuellen Gärung, der fortwährenden gewaltigen Ausbrüche geistiger Energie, während Kulturen von vielen Küsten in den jonischen Schmelztopf strömten. Das Zentrum der griechischen Handelsmacht lag nicht auf dem Festland, sondern in Jonien, wo große Städte entstanden, als Mykene und Athen noch kleine Ortschaften waren. Mit der merkantilen Macht begann auch der Austausch von Ideen. Händler segelten durch unerforschte Meere und kehrten mit Beute, Schätzen und den Produkten endloser Tauschgeschäfte zurück — Glas von Phönizien, Juwelen und Stoff aus Ägypten, seltene Steine von Lybien und Marmor von den Cykladen. Neue Techniken und neue Metalle, neue Methoden, Schiffe, Häuser und Paläste zu bauen und Wagen und Waffen herzustellen, kamen mit den hochmastigen Schiffen, um die Herzen der Handwerker zu erfreuen. Und mit den neuen Ideen kamen die neuen Götter; ungefähr um diese Zeit muß sich die philisterische Ashtoreth — halb Frau und halb Fisch — in Aphrodite verwandelt haben.

Auch Apollo trat jetzt in das Licht des jonischen Tages. Das von den phönizischen Händlern gebrachte semitische Alphabet erwies sich als das nützlichste Instrument, das nach Jonien eingeführt wurde. Die aus dem alten Kreta und Mykene übernommenen, schwerfälligen Schriftzeichen machten den einfachen, eleganten Buchstaben der Viehhüter und Schafhirten Platz. Das Alphabet tauchte zwischen 1000 und 800 v. Chr. in Jonien auf. Homer, dessen Leben in diese Periode gefallen sein muß, schrieb also zu einem Zeitpunkt, in dem das Alphabet noch im Vordergrund des Interesses stand. Seine Schriften atmen Stubenluft, und wir dürfen uns nicht vorstellen, daß er seine Verse einfach extemporierte; er arbeitete auf Tafeln und Papyrus und die Rhapsoden, die seine Epen deklamierten, konnten jederzeit die Originalmanuskripte zu Rate ziehen.

Es ist ein Charakteristikum der Tyrannen, daß sie – einmal zur Macht gekommen – den Ruhm ihrer tatsächlichen oder erfundenen Vorfahren zu glorifizieren wünschen. Die halb orientalischen Tyrannen von Jonien wurden von den Poeten, die sich an ihren Höfen einfanden, in dem Glauben an ihre heroischen Vorfahren unterstützt. Wir werden die *Ilias* und *Odyssee* besser verstehen, wenn wir sie als Werke ansehen, welche zu Ehren regierender Fürsten, die ihre Abstammung von Achilles und Odysseus herleiteten, geschaffen wurden.

Wir sprechen von *der* Welt Homers, aber in Wahrheit gab es deren viele; da war die mythologische Welt, in der sich die längst verstorbenen Helden bewegten, eine Welt der schattenhaften Gestalten, die darauf wartete, von einem Dichter wieder zum Leben erweckt zu werden. Da war die Welt der Tyrannen und ihrer Höfe, deren Chroniken und Überlieferungen weit in die Vergangenheit – bis nach Troja und noch weiter zurückreichten. Vielleicht waren die überlieferten Erzählungen nicht wahrheitsgetreu, vielleicht waren die Legenden erfunden, aber es besteht kein Zweifel, daß sowohl Überlieferungen wie Legenden aus grauer Vorzeit stammten und zu der Tyrannen Ruhm ausgewertet werden konnten. Da gab es die Welt der Kaufleute, deren Reichtümer die Einkünfte der Tyrannen darstellten: Das war die reale Welt, Häfen, in denen sich Schiffe drängten, Handelshäuser, Werften und Werkstätten. Und da war die Welt der Priester und der religiösen Feste, eine Welt, die so eng zum Hof gehörte, daß die Dichter, nachdem sie vor dem Thron der Tyrannen gesungen hatten, oft die gleichen Lieder während der religiösen Prozessionen sangen. Da war auch die Welt der Armen, der Ausgestoßenen und Vertriebenen, und die Welt der Bauern, die ihr kärgliches Dasein fristeten. Da war die ureigene, private Welt des Dichters, dessen Erinnerungen und Leiden unauslöschlich in seinen Werken eingefangen sind.

Die Dichtungen Homers umspannen einen weiten Bereich, denn sie umfassen die Welt der Götter und die Welt seines eigenen Herzens und alles, was dazwischen liegt. Die Kritiker, die daran Anstoß nehmen, daß er Bronze- und Eisenzeitalter vermischte, daß er Streitwagen und Waffen beschrieb, die es zur Zeit des Trojanischen Krieges nicht gegeben haben kann, sehen am Wesentlichen vorbei. Das Erstaunliche ist vielmehr, daß wir in seinen Dichtungen so wenig Ungereimtheiten begegnen, obwohl der Dichter zu einer Zeit schrieb, in der sich die griechische Kultur auf sehr unterschiedlichen Ebenen entwickelte. Ideen nahmen Gestalt an; Worte wurden verschmolzen und zu neuen Formen geprägt; längst totgeglaubte Traditionen wurden zu neuem Leben erweckt. Die neu glänzenden Münzen konnten nicht schnell genug in Umlauf gesetzt werden. Mit atemberaubender Geschwindigkeit entdeckten die Jonier ihr eigenes Wesen.

So wurde Homer zur rechten Zeit und am rechten Ort geboren. Alle jene Umstände, die dem Entstehen einer großen Dichtung förderlich sind, waren vorhanden. Es herrschte Frieden oder zumindest scheinbarer Frieden, ein Gefühl für die Neuheit der Welt, ein freier Austausch der Ideen. Große Unternehmungen wurden geplant, und die Horizonte weiteten sich. Die Leute verlangten nach dem Wort des Dichters, und es gab Gönner, die wohlhabend genug waren, dafür zu zahlen. In dieser seltsamen, erregenden Welt erfüllte der Sänger eine Funktion, die von der Gesellschaft anerkannt und gebilligt wurde. Plato gibt uns ein Bild von den Barden, wie sie in ihrer prunkvollen Kleidung auf dem Marktplatz inmitten der andächtigen Menge stehen.

In dieser ihrem Wesen nach unheroischen, materialistischen Gesellschaft entstand das Idealbild des Helden, das sich aus längst vergangenen Schlachten, Feldzügen und den Abenteuern des Helden formte.

Diese Gesellschaft war der englischen zur Zeit Elisabeths I. nicht unähnlich, doch mit dem Unterschied, daß sich Dutzende Fürsten um die Dienste der Dichter bewarben. Manchmal wurde das heldische Ideal mit dem Tyrannen selbst verbunden, manchmal mit seiner Stadt. In Wahrheit kämpfte Achilles ausschließlich zu seinem eigenen Ruhm, und das Los der ihn begleitenden Achäer kümmerte ihn wenig, ja nicht einmal das Schicksal seines Anführers, des gewaltigen Agamemnon. Sein zerstörerisches Temperament drängte ihn zu kriegerischen Leistungen, die ihn selbst erstaunten, und es gab keine Gesetze des Krieges oder der Loyalität, an die er sich gebunden fühlte. Seine Aufgabe war es, so viel Ruhm zu sammeln, daß er kaum noch unterscheidbar von den Göttern war. Er verkörperte den tyrannischen Fürsten, der den höchstmöglichen Grad der Macht und des Ruhmes erlangt hatte. In Hektor hingegen wird das Ideal des Helden unter einem völlig anderen Gesichtswinkel gezeigt, denn dieser junge Held hegt keinen Groll gegen den Feind, und sein einziges Anliegen ist es, seine Heimatstadt zu schützen und zu verteidigen. Er will nichts anderes, als daß seine Stadt mit all ihren Bewohnern überleben möge. Achilles und Hektor stehen sich also auf vollkommen verschiedenen Ebenen gegenüber, fast auf verschiedenen Planeten, so daß wir uns manchmal verwundert fragen, wie das Schwert des einen das des anderen berühren konnte. Achilles ist erfüllt von Tatendurst, von einem unwiderstehlichen Drang zur Aktion; er behandelt seine Frauen als Sklavinnen und all seine Freunde außer Patroklos, als stünden sie seinem Ruhm im Wege. Hektor aber ist vorsichtig, langsam, fast gehemmt von der tiefen, innigen Liebe zu Frau und Sohn, die ihn erfüllt; er spricht zu allen Menschen mit Ehrfurcht. Trotzdem haben sie viel Gemeinsames, und worin sie sich vor allem gleichen, ist ihr Heldentum. Beide haben nur ein kurzes Leben vor sich, und beide sind sich dessen bewußt. Ihr Leben gehört der Ehre, wenn auch ihre Ehrbegriffe verschiedener Art sind. Die Helden wußten um ihr Verhängnis und gingen ihm entgegen – furchtlos, aber nicht mit Freuden. Das Schicksal war der gemeinsame Feind, und sie lehnten sich dagegen auf und wehrten sich mit allen Kräften. Lange bevor sie der Tod tatsächlich ereilte, waren sie ihm begegnet, hatten ihm ins Auge gesehen, sich mit ihm gemessen.

Auf die Charakterisierung dieser beiden gegensätzlichen Helden verwandte Homer viel von seiner einzigartigen Kunst. Das Porträt des harten, stählernen Achilles ist dreidimensional: Wir lernen seinen selbstbewußten Gang kennen, die trotzige Art, in der er sein schönes Haupt schüttelt, das goldene Haar, das unter seinem hohen Helm hervorquillt. Ihn umgibt kein Geheimnis; er besitzt die Seele einer Streitaxt. Leid und Liebe sind ihm fremd, er würde sie nicht erkennen, kämen sie seines Weges. Auch in seiner Trauer um Patroklos ist weder Leid noch Liebe, nur eine plötzliche, wilde Verzweiflung. Hektor kennt die Liebe, und er kennt das Leid. Fast wie Hamlet versinkt er in ein Meer von Gram. Er ist der Mensch, der sich in einem Netz verfangen sieht – auf einen Ausweg hoffend, sich seinen Träumen hingebend und wieder erwachend, an seine Kindheit denkend, wenn er die Waffen schärfen sollte; bewußter als irgendein anderer der Vergänglichkeit des Lebens und der schweren Bürden, die er zu tragen hat. Am Vorabend der Schlacht nimmt er Abschied von seiner Frau Andromache:

Weib, das alles ist meine Sorge; aber ich scheue
Sehr die Troer und Troerinnen im langen Gewande
Wenn ich wie ein Feiger von fern das Treffen vermeide.
Auch gebeut mir solches mein Herz! Ich habe gelernet,
Immer tapfer zu kämpfen im Vordertreffen der Troer,
Meines Vaters Ruhm und den meinigen immer behauptend.
Zwar ich weiß es gewiß in meinem Herzen, es kommet
Einst ein Tag, da wird die heilige Ilion sinken,
Sinken Priam, mit ihm das Volk des Lanzenberühmten;
Aber es kümmert mich nicht so sehr das Schicksal der Troer,
Selbst nicht Hekabes und des Königes Priamos Schicksal,
Und der Brüder, welche doch viel an der Zahl und tapfer
Fallen werden im Staub, von feindlichen Händen bezwungen,
Als du, Weib, wenn nur der erzbewehrten Achaier
Einer dich, du Weinende, führt, der Freiheit beraubet!
Daß du webest in Argos bei einer herrschenden Griechin,
Oder der Hypereiischen Quelle Wasser entschöpfest,
Wider Willen, gedrückt vom harten Joche des Schicksals.
Sagen wird dann einer, wenn er dich weinend erblicket:
Siehe Hektors Weib! Er war der tapferste aller
Roßbezähmenden Troer, da wir um Ilion kämpften!
So wird einer sagen und deine Schmerzen verdoppeln,
Wenn du dich sehnest nach mir, daß ich vom Joche dich freite!
O, dann müsse mich des Grabes Hügel bedecken
Eh' ich deines Geschreis vernehme, deiner Entführung!
Also sprach Hektor, der edle, und wollte das Knäblein umarmen;

Aber das Knäblein beugte zur schöngegürteten Amme
Busen sich, schreiend, erschrocken beim Anblick des liebenden Vaters;
Ihn erschreckte das Erz und der niederwallende Roßschweif,
Welcher fürchterlich wehte vom Gipfel des Helmes herunter.
Hektor lächelt, der edle, es lächelt die liebende Mutter;
Und er nimmt den strahlenden Helm vom Haupte herunter,
Setzet ihn nieder zur Erden und küsset das Knäblein und wiegt es
In den Armen . . .[1]

Kein Dichter kann eine Szene von so bewegender Eindringlichkeit schreiben, wenn er nicht von Liebe zu der von ihm geschaffenen Gestalt überwältigt wird. Alles fällt allmählich von Hektor ab, außer dem Einen, dem Wesentlichen — seiner Menschlichkeit. Die Kräfte, die ihn zerstören werden, sind nahe; nur ein kurzer Alptraum trennt ihn von dem Tod, während er den Sohn in den Armen hält und mit Andromache lacht, weil sein Helm das Kind erschreckt. Schmerz und Leid haben ihn gezeichnet, und schon gehört er mehr den Toten an als den Lebenden, aber er fährt fort, sein Erdendasein bis zur Neige zu erfüllen. Sogar im Tode noch gehört er der Menschheit und den Lebenden.

Wir fühlen uns Hektor verwandt, denn er trägt ein merkwürdig modernes Gesicht. Er ist der Mensch ohne Illusionen, für den sich kein Zauberstab rührt. Er lehnt sich gegen die Prophezeiungen auf und wird alles in seinen Kräften Stehende tun, um seinem Schicksal zu entgehen, obwohl er spürt, daß es kein Entrinnen gibt. Er wird sich immer edelmütig und großzügig zeigen, auch wenn er weiß, daß Edelmut keine Kriege gewinnt. Homer sagt, er trage die Dämmerung der Nacht auf seinen Zügen. Verzweiflung erfüllt ihn, aber mit der Verzweiflung wächst sein gewaltiger Mut, sein unerschütterlicher Entschluß, die ihm zugewiesene Rolle bis zum Ende zu spielen. So wird er erstochen, seiner Rüstung und Waffen beraubt und durch den Staub geschleift, weil die Götter seinem Feind geholfen und ihn verlassen haben; all dies wußte er von Anfang an.

Auch Achilles gehört schon im Leben seinem Tod. In grellen Farben ist das Bild dieses unversöhnlichen, herrischen Kriegers gemalt; die Gefahr verachtend, tötet er aus reiner Lust am Töten und schwelgt in der Vernichtung. Ihn als erbarmungslos und

[1] Homer, »*Ilias*«. Übersetzt von Christian und Friedrich Stolberg

rachsüchtig zu bezeichnen, hieße seine erschreckende Gefühllosigkeit verkennen. Er tötet ziellos, wie Jäger es tun. Wenn Odysseus in der *Odyssee* zu Emaeus sagt: »Ich hatte meine Freude an Schiffen und Kämpfen, an Speeren und Pfeilen – Dinge, welche die Menschen erzittern machen«, erkennen wir die Stimme Achilles' wieder. Er ist ein Nihilist, der die Schuld nicht kennt und keine Vergebung will. Er verachtet die Welt und ist bereit, alle seine Rechte aufzugeben, um des Vergnügens willen, diese Welt zu zerstören. Nicht um Helena zu befreien, nimmt er am Trojanischen Krieg teil, sondern weil er töten, weil er ganz Troja in Schutt und Asche sehen will.

In seiner Gewalttätigkeit ist nichts Kleinliches – er tötet die Jungen und Hilflosen mit der gleichen Begeisterung wie die gut bewaffneten Soldaten. Lykaon, einer von König Priamos' Söhnen und kaum mehr als ein Kind, fällt im Nebel in den Skamanderfluß, während er von seinen Feinden verfolgt wird. Erschöpft klettert er ans Ufer und ruht eine Weile aus – Speer, Helm und Schild legt er ab. Als sich der Nebel lichtet, trifft ihn Achilles. Es ist ein Augenblick höchsten Triumphes; der stolze Krieger steht dem vor Kälte zitternden Jüngling gegenüber. Achilles trägt Speer und Schwert, der junge Prinz ist waffenlos. Einen Augenblick sehen sie einander an, dann schleudert Achilles seinen Speer. Der Junge macht eine Wendung und bleibt unverletzt. Nun kommt das Schwert an die Reihe, und als Lykaon um sein Leben bittet, treibt Achilles seinen Scherz mit ihm. Er erinnert sich, daß der Prinz vor einigen Monaten sein Gefangener gewesen und in Lemnos als Sklave verkauft worden war; nur ein enormes Lösegeld hatte seine Rückkehr nach Troja bewirkt.

»Damals bist du entkommen«, sagt Achilles, »aber ich möchte wissen, wie du dem Orte entfliehen wirst, zu dem ich jetzt dich sende. Viele tapfere Männer birgt die Erde in ihrem Schoß und die meisten behält sie!«

Lykaon bietet ein hohes Lösegeld. Darauf Achilles:

Törichter, nicht von Lösung erzähl und schwatze mir länger!
Denn bevor Patroklos den Tag des Geschickes erreichte,
War ich im Herzen geneigt, zu schonen der Troer;
Viel' auch führt ich gefangen hinweg und verkaufte sie lebend.
Doch nun fliehe den Tod nicht einer auch, welchen ein Dämon

Hier vor Ilios' Mauern in meine Hand mir gesendet,
Aller Troer gesamt, und am wenigsten Priamos' Söhne!
Stirb denn, Lieber, auch du! Warum wehklagst du vergebens?
Starb doch auch Patroklos, der weit an Kraft dir voranging!
Siehest du nicht, wie ich selber so schön und groß an Gestalt bin?
Denn dem edelsten Vater gebar mich die göttliche Mutter!
Doch wird mir nicht minder der Tod und das harte Verhängnis
Nahn, entweder am Morgen, am Mittag oder am Abend,
Wann ein Mann auch mir in der Schlacht das Leben entreißet,
Ob er die Lanze mir schnellt, ob auch ein Geschoß von der Sehne.

Mit diesen Worten zieht Achilles sein Schwert und tötet den jungen Prinzen, indem er ihn zwischen die Schulterblätter ins Herz sticht.

Noch ist seine Mordlust nicht erschöpft. Noch gilt es, die Riten der Rache zu erfüllen. Es gibt Steigerungsstufen der Zerstörung, und dem toten Jüngling ist die tiefste Erniedrigung zugedacht, die vollkommene Vernichtung. Achilles beugt sich nieder, packt den Jungen am Fuß und schleudert ihn in den Fluß.

Dort nun streck im Gewimmel der Fische dich, die von der Wunde
Sorglos dir ablecken das Blut! Nie bettet die Mutter
Dich auf Leichengewand und wehklagt; sondern Skamandros
Trägt dich strudelnd hinab in des Meers weitoffenen Abgrund.[2]

Damit bewirkt Achilles den *fortdauernden* Tod des Jünglings, den Tod, der nicht aufhört, bevor jede Spur des Menschlichen von der Leiche getilgt ist. Töten allein befriedigt Achilles nicht, auch entehrt muß der Körper werden. Er tötet zuerst die Seele, hierauf den Körper und dann muß dieser noch geschändet werden. Aus den gleichen Motiven wird er Hektor zerstören und seinen Körper besudeln, indem er ihn, hinter seinen Wagen gebunden, durch den Staub schleift, und er wird dies nicht nur einmal tun, sondern jeden Tag von neuem, bis sogar die Götter Barmherzigkeit fordern und Apollo, dem Heiler, gebieten, dem Körper des jungen Helden seine Schönheit wiederzugeben.

[2] Homer, »Ilias«. Übersetzt von Johann Heinrich Voss

Achilles und Apollo stehen an entgegengesetzten Polen. Achilles verkörpert die Dunkelheit und die Kräfte des Chaos, Apollo ist der Bote des Lichtes, der Vernunft und des menschlichen Mitgefühls. Am Ende lenkt Apollo den Pfeil, der Achilles tötet.

Aber Apollo ist nicht der einzige Gott, der ob Achilles' Wüten verzweifelt. Der Fluß, in den Achilles so viele Leichen geworfen, lehnt sich gegen die Beschmutzung auf, gegen die sinnlose Schmach, die er tragen muß. In den ganzen Schriften Homers begegnen wir kaum etwas so Unheimlichem wie dem plötzlich erwachenden Zorn des Flußgottes; da er als Sohn des Zeus der Vater aller »vom Himmel gespeisten« Ströme ist, wird der Kampf zum Drama:

Also sprach er; Achilles sprang in die Mitte des Stromes
Von dem hohen Ufer herab. Da flutete wütend,
Seine getrübten Wasser versammelnd, Skamandros; er wälzte
Häufige Krieger dahin, die Achilles hatte getötet,
Warf sie brüllend, wie ein Stier, hinan ans Gestade,
Und verbarg in den tiefen Strudeln die lebenden Troer.
Schrecklich umrauschte die trübe Woge den Peleïonen,
Stieß an den Schild und stieß an die Füße. Nun konnt' er nicht länger
Stehen; da umfaßt' er eine mächtige, hohe
Ulme, zog sie heraus mit den Wurzeln; das ganze Gestade
Riß sie auseinander und hemmte die schönen Gewässer
Mit dem dichten Gezweig' und ward dem Strome zur Brücke.
Aber erschrocken entsprang Achilles der Tiefe, mit schnellen
Füßen flog er übers Gefilde: noch ruhte der große
Xanthos nicht; er machte sich auf in schwärzlicher Wallung
Seiner Wasser, damit er den edlen Achilles im Kampfe
Möchte hemmen und von den Troern den Untergang fernen.
Eines Speerwurfes weit entlief ihm der Peleïone,
Mit dem Ungestüm des schwarzen raubenden Adlers,
Welcher der stärkste zugleich von allen Vögeln und schnellste:
Also eilte Achill; ihm rasselte schrecklich der Panzer
Auf der Brust. Nun lief er zur Seiten und bückte sich; aber
Ihn verfolgte Skamandros mit lauten rauschenden Wassern.
Wie wenn ein wasserleitender Mann aus dem schwärzlichen Borne

Eine Rinne führt durch seine Saaten und Gärten,
Und mit der Schaufel die hemmenden Stein' aus dem Graben herauswirft;
Siehe, nun fleußt das Wasser hervor, es löset die Kiesel
Weil es von der Höhe mit rieselnder Welle herabrollt;
Bald ereilt es, nun läuft es zuvor dem leitenden Manne:
So erreichte, wie schnell er auch war, den Peleïonen
Doch des Stromes Flut; denn Götter sind stärker als Menschen.
Und wie oft der göttliche starke Achill es versuchte,
Stille zu stehn und um sich zu schauen, ob ihn die Götter
Alle, des weiten Himmels Bewohner, hätten verlassen,
So oft überspülte die Flut des mächtigen Stromes
Seine Schultern. Es sprang Achilles wieder von dannen,
Herzlich bekümmert; der Strom ermattete seine Knie,
Reißend fließend, den Sand ihm unter den Füßen entziehend;
Endlich seufzte Peleus' Sohn und schaute gen Himmel:
Vater Zeus, ach, keiner der Götter übernimmt es,
Mich vom Flusse zu retten; sonst will ich alles erdulden.[3]

So geschieht es, daß Zeus mit ihm Erbarmen hat und Poseidon und Athene zu seiner Rettung ausschickt; noch eine Weile darf Achilles sein der Zerstörung geweihtes Leben weiterführen. Nur ein Mensch, der den Naturkräften gleicht, konnte es wagen, sich dem erzürnten Fluß entgegenzustellen und allein der Gewalt der Elemente zu trotzen, weil auch er selbst ihnen angehört; Achilles besitzt die Kraft des Sturmes und der Flut, des Blitzes und der Vulkane. Eine schreckliche, überirdische Macht hat von ihm Besitz ergriffen. »Der Mord entspringt dem Göttlichen«, schreibt Friedrich Hölderlin und fügt hinzu, »man mag die höchsten Höhen erreichen und die tiefsten Tiefen«. Beide Feststellungen treffen auf Achilles zu.

Das Thema der *Ilias* ist – wie schon in den ersten Zeilen angedeutet wird – der Groll von Achilles, aber sie beinhaltet weit mehr als menschlichen Zorn; Achilles' Zorn ist göttlichen Ursprungs. Einmal vergleicht Homer den ausziehenden Helden mit einem Schneegebirge. Es ist ein hinreißendes Bild, absichtlich gewählt, um die unbezähmbare, elementare Gewalt des jungen Kämpfers zu symbolisieren, aber man darf nicht übersehen, daß es Achilles darstellt, wie er von seinen Feinden gesehen wird

[3] Ilias, Johann Heinrich Voss

oder wie er in ihren angsterfüllten Vorstellungen erscheint: eine erbarmungslose, unpersönliche Gewalt, die sie vernichten wird ohne auch nur eine Spur zu hinterlassen.

Homer ist ein absoluter Meister im Entwerfen derartiger faszinierender Bilder. Zwei einander unbeweglich gegenüberstehende Armeen vergleicht er mit Grabsteinen: »Wie die Säule auf dem Grab eines Toten, so standen sie einander unbeweglich in ihren prächtigen Streitwagen gegenüber, den Kopf zur Erde gebeugt.« Der merkwürdige Vergleich bleibt im Gedächtnis haften. Künftiger Schmerz ist angedeutet und vorweggenommen in der seltsamen Verwandlung wartender Armeen zu einem einzigen Stein und den gebeugten Häuptern der Trauernden. Er spricht von Zikaden, »die wie Lilien singen«, von Schiffen »mit zinnoberroten Wangen«, von Odysseus' Mantel »wie die Schale einer Zwiebel, glatt und glänzend in der Sonne«. Krieg ist »der Schlaf des Eisens«. Mit diesen unerwarteten Bildern erreicht er sein dichterisches Ziel – den Leser in die unmittelbare Gegenwart der Götter und Helden zu versetzen. Zwischen der Dichtung und dem Leser gibt es keinen Schleier; wir sehen, was der Dichter uns zeigen will, mit fast schmerzlicher Klarheit.

Nicht daß diese Klarheit in allen Teilen der Geschichte vorhanden wäre: es gibt Intervalle der Dunkelheit, kurze Stücke, die aus keinem ersichtlichen Grund eingefügt sind, und die bewußte Zerrissenheit des Entwurfes entspricht der Zerrissenheit jedes Krieges. Manche Augenblicke der Schlacht sieht der Dichter mit unglaublicher Deutlichkeit vor sich, als wäre die Szene mit einem grellen, die Konturen hervorhebenden Scheinwerfer beleuchtet. Aber einen Augenblick später können Ebene, Fluß, Gräben und Schiffe wieder im Nebel versinken. Verzweifelt versucht er zu sehen, was geschieht; Gerüchte und der Lärm vereinzelter Kämpfe dringen an sein Ohr; Dunkelheit senkt sich herab, und nur der Schein des Lagerfeuers ist sichtbar; dann plötzlich – als ob inmitten der Nacht der Morgen dämmere – sehen wir die Helden wieder, einander in klarem Licht bekämpfend. Manchmal ist es uns, betäubt von dem Waffengeklirr, geblendet von dem Glanz der Rüstungen, fast gleichgültig, wer siegt und wer besiegt wird, denn die Götter haben ihr Gewicht in die Waagschale geworfen und der Schrecken ist ohne Ende.

Ein Jahrhundert der Kriege wird in der *Ilias* beschrieben, ein Jahrhundert der Wanderungen in der *Odyssee.* Die Handlung der Ilias vollzieht sich zum Großteil auf dem schmalen Landstrich zwischen Troja und dem Meer. Die Odyssee spielt in fast allen damals bekannten Plätzen der Welt und in den mythologischen Ländern der Phantasie.

Homers Odysseus ist ein Mann von unendlicher Weisheit, aber er bleibt immer ein Mensch mit den Listen und Lüsten eines Menschen. Er kann so mordlustig sein wie Achilles, aber er mordet niemals aus Stolz, und niemals besitzt er die Anmaßung eines göttlichen Wesens. Achilles verhöhnt den unglückseligen Knaben, den er nackt und hilflos am Flußufer findet, bevor er ihn tötet. Odysseus entdeckt den jugendlichen Dolon, der des Nachts, mit einem Otterhelm auf dem Haupt und einem grauen Wolfspelz um die Schultern, durch die Linien der Achäer schleicht, und als man den Spion gefangennimmt, wird er von Odysseus verhört. Er will wissen, wo Hektor ist, wo die Wachen aufgestellt sind und was für Pläne geschmiedet werden. Bevor er über das Schicksal des Jünglings entscheidet, muß er möglichst viel erfahren, und es ist nicht Odysseus, sondern Diomedes, der Dolon schließlich enthauptet, »daß des Redenden Haupt mit dem Staub hinrollend vermischt ward«.

Wenn wir Odysseus in der *Odyssee* wiedertreffen, ist er nicht mehr der große Heerführer, sondern ein Mann, der auf seinem Weg nach Ithaka von den Elementen gequält und gepeinigt wird. In der *Ilias* nahmen seine Wege eine gerade Richtung, in der *Odyssee* wandert er im Kreis, verstrickt in die Netze des Schicksals. Hier gibt es keinen Frieden für ihn, keine Sicherheit, kein Gefühl, Herr seines Schicksals zu sein. Zeus macht ihn zu seinem Spielzeug, zerstört sein Schiff, schleudert ihn gegen Felsküsten, an denen fremde Götter wohnen, läßt ihn Visionen des Paradieses sehen, um sie ihm im nächsten Augenblick wieder zu rauben. Die *Odyssee* ist eine Geschichte nicht endenwollender Niederlagen, die durch die leeren Versprechungen der Götter und das Wissen, daß am Ende jedes Weges Unheil wartet, nicht leichter zu ertragen sind.

Odysseus ist einer von jenen, »die davongekommen sind«, und in diesem Sinne ist er den Menschen unserer Zeit sehr nahe. Seine Geschichte vollzieht sich auf verschiedenen Ebenen und wird von verschiedenen Gesichtswinkeln beleuchtet, aber immer mit einer Art von fast wilder Wollust. Homer ist entschlossen, so viel Unterhaltung einzuflechten, als möglich ist, aber er weiß, daß er mehr von Kümmernissen als von Freuden erzählen muß. Wie die Wanderungen dunkel und verschlungen sind, so ist auch die Erzählung dunkel und verschlungen. Viermal berichtet Odysseus seine Geschichte: einmal in aller Ausführlichkeit Alkinoos, einmal Eumäos und zweimal Penelope. Niemals erzählt er die ganze Wahrheit. Mit der *Odyssee* ist der erste moderne psychologische Roman geboren; endlose Zweifel, fortwährendes Zögern, seltsame Verflechtungen. Der Held sieht sich ununterbrochen im Spiegel und kämpft mit sich, ob er es wagen darf, alle oder auch nur einen der Wege weiterzugehen, die er eingeschlagen hat. Er wandert allein und trägt seine Einsamkeit wie einen Mantel.

Homer stellt ihn als den ewigen Wanderer dar, fast zu erschöpft, um sich darum zu kümmern, wo er die nächste Nacht verbringen wird. Dennoch trägt er seinen zerschlissenen Mantel und seinen geheimnisvollen durchlöcherten Sack mit gleichgültiger Verachtung. »Nichts ist ärger für die Sterblichen als dies Wandern«, so sagt er, »aber um ihrer elenden Bäuche willen müssen die Menschen jede Erniedrigung ertragen.« So baut Homer seinen psychologischen Roman auf, der darüber hinaus Allgemeingültigkeit erhält: Wir alle sind Wanderer.

Natürlich gibt es manchmal auch Kompensationen, kurze Intervalle, in denen sich der Vorhang hebt, um eine Welt geruhsamen Wohlergehens sehen zu lassen, in welcher der Wanderer seine Hände am Feuer der Reichen wärmen und seinen Durst an ihrem Wein stillen kann, in der er ihre Speisen genießt, die für den Magen eines Bettlers fast zu üppig sind. Bei seiner Beschreibung des Palastes von Alkinoos erfindet Homer eine Fülle des Luxus, die auch die reichsten ionischen Fürsten nicht besessen haben können, denn in dem Garten herrscht ewiger Frühling:

Gleich dem Strahle der Sonn' und gleich dem Schimmer des Mondes
Blinkte des edelgesinnten Alkinoos prächtige Wohnung.
Eherne Wände liefen an jeglicher Seite des Hauses
Tief hinein von der Schwelle, gekrönt mit blauem Gesimse.
Eine goldene Pforte verschloß die innere Wohnung;
Silberne Pfosten, gepflanzt auf ihrer ehernen Schwelle,
Trugen den silbernen Kranz; der Ring der Pforte war golden.
Jegliche Seit' umstanden die goldenen und silbernen Hunde,
Welche Hephaistos selbst mit hohem Verstande gebildet,
Um des edelgesinnten Alkinoos Wohnung zu hüten:
Drohend standen sie dort, unsterblich und nimmer veralternd.

Innerhalb reihten sich Sessel um alle Wände des Saales
Tief hinein von der Schwell'; und Teppiche deckten die Sessel,
Fein und zierlich gestickt, der Weiber künstliche Arbeit.
Allda saßen stets der Phaiaken hohe Beherrscher
Festlich bei Speis und Trank, und schmausten von Tage zu Tage.
Goldene Jünglinge standen auf schöngebauten Altären
Ringsumher und hielten in Händen brennende Fackeln,
Um den Gästen im Saale bei nächtlichem Schmause zu leuchten.
Fünfzig Weiber dienten im weiten Palaste des Königs.
Diese bei rasselnden Mühlen zermalmten gelbes Getreide;
»Jene saßen und webten und dreheten emsig die Spindel,
Anzuschaun, wie die Blätter der hohen wehenden Pappel:
Und es glänzte wie Öl die schöngewebete Leinwand.
Denn gleich wie die Phaiaken vor allen übrigen Männern
Hurtige Schiffe zu lenken verstehn, so siegen die Weiber
In der Kunst des Gewebes: sie lehrete selber Athene,
Wundervolle Gewande mit klugem Geiste zu wirken.
Außer dem Hofe liegt ein Garten, nahe der Pforte,
Eine Huf' ins Gevierte, mit ringsumzogener Mauer.
Allda streben die Bäume mit laubichtem Wipfel gen Himmel,
Voll balsamischer Birnen, Granaten und grüner Oliven,
Oder voll süßer Feigen und rötlichgesprenkelter Äpfel.
Diese tragen beständig und mangeln des lieblichen Obstes
Weder im Sommer noch Winter; vom linden Weste gefächelt,
Blühen die Knospen dort, hier zeitigen schwellende Früchte:
Birnen reifen auf Birnen, auf Äpfel röten sich Äpfel,
Trauben auf Trauben erdunkeln, und Feigen schrumpfen auf Feigen. [4]

So schreibt ein Mann, der manchen Wintertag durchwandert, der manche Nacht auf kaltem Steinboden verbracht hat, der weiß, was es heißt, seinen Hunger mit Beeren und Wurzeln zu stillen. Der *Hunger* Homers ist überhaupt erstaunlich; ihn hungert nach allem – nach Speisen und hohen Stellungen, nach Palästen, nach Göttern und Gewißheiten. Eine erschreckende Ruhelosigkeit klingt durch seine Verse, die so vollkommen aus-

[4] »Odyssee«, Johann Heinrich Voss

gefeilt sind, als müßten sie den Hunger seines Körpers und seiner Seele verbergen.

Auch Odysseus sieht die Welt mit hungrigen Augen. Sein Name bedeutet »der Ärgerliche«, und wie Achilles, so ist auch er voll des Zornes. Aber sein Zorn richtet sich gegen sich selbst und gegen seine Umwelt. Er kann über das Unglück, in das die Götter ihn gestürzt haben, Tränen vergießen, und er tut es. Als Hermes, der Götterbote, ausgesandt wird, ihn auf Kalypsos Insel zu suchen, ist er nirgends zu finden. Endlich entdeckt ihn Hermes auf einem verlassenen Küstenstreifen zwischen den Felsen kauernd. »Voll tiefen Kummers starrte er auf das Meer, während Tränen seine Wangen herabliefen.«

Später werden die Griechen zwei Inschriften an die Wände des Apollotempels in Delphi schreiben: »Erkenne dich selbst« und »Nichts im Übermaß«. Odysseus ist der Mensch, der sich selbst nur zu gut kennt und vieles im Übermaß schätzt. Er ist der Mann »der vielen Listen«, weder um Worte verlegen noch um geschickten Schwindel. Er ist vielfältig, denn er verkörpert das allen Menschen Gemeinsame. Achilles ist *ein* Mann, der triumphierende, harte Nihilist, den das Chaos, welches er verursacht, nicht kümmert. Auch Odysseus kann rasen, wenn die Wut ihn packt: er wird die Freier an die Balken des Hauses knüpfen und alle Dienerinnen mit ihnen, aber die für ihn kennzeichnende Humanität bleibt vorhanden und zeugt für die Stärke und Großzügigkeit seines Charakters. Im Erzählen von Lügen ist er ein Meister; unmöglich, sich vorzustellen, daß Achilles sich die Mühe nehmen würde, eine Lüge zu erfinden.

Odysseus wird in seiner ganzen Komplexität und Vielschichtigkeit dargestellt. Er weiß – wer wüßte es besser – daß die Welt mit sich selbst im Streit liegt. Er ist kein Ritter in glänzender Rüstung, dessen einzige Absicht es ist, die Jungfrau aus dem Turmverließ zu erretten, noch ist Penelope ein Mädchen, das nach ihrem Liebsten seufzt. Sie sind beide in mittleren Jahren und auf ihre Art sehr weise. Für sie bedeutet bloßes Überleben Triumph, und ihr größtes Glück ist es, von ihren Kindern umgeben, ruhig am häuslichen Herd zu sitzen.

In der Gestalt von Odysseus erreicht Homer den höchsten Gipfel seiner Kunst: Er schuf einen Helden, der gleichzeitig ein Mensch war.

6 Bittere Ernte

Ungefähr ein Jahrhundert nach Homer schrieb ein unscheinbarer Bauer aus Böotien seine sehr eigenwillige Geschichte der Helden und Götter. Er war der Sohn eines ionischen Kaufmanns, der für sein Leben den Wohlstand eines ionischen Edelmannes erhofft, sich aber durch unkluge Spekulationen ruiniert hatte, nach Griechenland segelte und in Askra an den Hängen des Helikon auf einem Bauernhof dahinlebte. »Eine triste Höhle, hoffnungslos im Winter und verdrießlich im Sommer; niemals gab es eine gute Zeit.«

Niemals gab es für seinen Sohn Hesiod eine gute Zeit; er verbrachte sein Leben in einem ewigen Kampf mit dem Wetter, seinem streitsüchtigen Bruder Perses und dem ansässigen Adel. Als der Vater starb, bestach Perses die lokalen Behörden, ihm den Löwenanteil des Besitzes zu übergeben, aber er war ein so schlechter Landwirt, daß er bald in tiefste Armut geriet. Er war ein Lügner und ein Aufschneider, der ehrliche Arbeit verabscheute und es vorzog, zu stehlen. Konnte er nicht stehlen, so borgte er, bis Hesiod es müde war, seinen Bruder, der kam, um sich einen Wagen oder ein Paar Ochsen zu leihen, an seiner Türe zu sehen. Es herrschte keine Liebe zwischen ihnen.

Hesiod war so sehr aus Erde, daß man in seiner Rede den Staub riecht und den Wind am Gesicht fühlt. Er besitzt alle Instinkte des Bauern: er hütet seine kleinen Besitztümer und ist nur zufrieden, wenn es ihm möglich ist, einen Vorrat an Korn anzusammeln. Er hat die Heldenepen gehört, und er weiß, was daran falsch ist. Das sind nicht die wahren Helden! Wahre Helden sind die geduldigen Bauern, die zum Wohle der Menschheit in mühevoller Arbeit dem kargen Boden Leben abgewinnen.

Für die Fürsten dieser Welt und jene, die in der Sonne ihrer Gunst leben, hat er nur tiefe Verachtung. Für ihn sind sie kaum mehr als in schimmernde Gewänder gekleidete Diebe und Mörder. Ihnen zum Nutzen, sollten sie sie jemals lesen, erzählt er seine berühmte Parabel vom Habicht und der Nachtigall:

Einsichtsvollen Herrschern erzählte ich nun eine Fabel:
So zur Nachtigall sprach, der bunten, einstens der Habicht,

Wie er hoch in den Wolken sie fest in den Krallen dahintrug.
Jämmerlich, weil so arg geplagt von gebogenen Krallen,
Klagte sie, und da rief der Habicht mit herrischem Tone:
»Törin, was schreist du denn so? Ein Stärkerer hält dich gefangen.
Gehen mußt du, wohin ich will, trotz deinem Gesange.
Fressen tu ich dich, wenn es mir paßt, oder laß dich entwischen,
Sinnlos, wer sich vermißt, mit stärkerem Feinde zu kämpfen.
Sieg ist ihm versagt, er leidet noch neben der Schande.«
Also sprach der schnelle, der flügelspreizende Habicht.

(Werke und Tage 202)

Mit dem Habicht kann Achilles, »der schnelle Läufer«, einer der örtlichen Fürsten oder auch Perses gemeint sein. Hesiod fährt fort, seinen Bruder vor der *Hybris* zu warnen, dem Stolz, der die Menschen vernichtet, wenn sie sich zu hoch erheben und der *Dike,* der Gerechtigkeit, nicht gehorchen. Gerechtigkeit regiert! Sie mäßigt den Stolz! Die Menschen in all ihrer Torheit müssen zuletzt der Gerechtigkeit ins Auge blicken. Fragt man, wer diese Gerechtigkeit sei, so teilt einem Hesiod mit, sie wäre die jungfräuliche Tochter des Zeus, die zu seiner Rechten sitzt und ihm alle von den Menschen begangenen Ungerechtigkeiten, die ihr von ihren dreißigtausend Engeln, die unsichtbar über die Erde schweifen, mitgeteilt werden, ins Ohr flüstert. »O ihr Herrscher, wollt ihr nicht selber im Herzen bedenken solches Gericht!« Es ist dies die Zeit, in der wir Hesiod seine eigene Moral aufstellen und eine Mythologie erfinden sehen, die aus dem Dunkel einer längst vergessenen Vergangenheit gespeist wird.

Für Hesiod gehen Arbeit und Gerechtigkeit Hand in Hand. »Arbeit macht ja reich die Männer an Herden und Habe, Fleißige Arbeit macht dich auch den Ewigen werter.« Ein Mann hat das Recht, Ochsen und Sklaven sein eigen zu nennen und für seine Mühe gebührt ihm Lohn: die Herrschenden haben nicht das Recht, ihm sein Besitztum streitig zu machen. Perses mit seinen Diebereien und seinem Drohnendasein ist nichts als ein Abbild des Achilles: die gesamten *Werke und Tage* können als ein einziger Angriff auf das heroische Ideal angesehen werden. Hesiod sagt:

Nicht erraffte Habe gedeiht, nein, göttergegebene.
Wer mit der Hände Gewalt sich große Güter erraffte,

Oder sie auch mit der Zunge erbeutet, wie es zuweilen
Leider geschieht, wenn einer von schnöder Gewinnsucht verblendet,
Und nun seine Scham durch Unverschämtheit verdrängt wird:
Leicht einen solchen verdunkeln die Götter, es mindert dem Manne
Sich das Haus, nur kurz bleibt ihm sein Segen erhalten.

(*Werke und Tage* 320)

Er entwirft ein anschauliches Bild von dem Frieden und dem Glück, welche dem fleißigen Arbeiter zuteil werden:

Denen gedeiht die Stadt und blühen in ihr die Bürger,
Friede ernährt die Jugend im Lande und nimmer bedroht sie
Zeus, der Allüberschauer, mit Kampf und der Drangsal des Krieges.
Auch kein Hunger findet den Weg zu rechtlichen Richtern,
Auch kein Unglück, sie sind nur tätig für Felder und Feste.
Nahrung bringt ihnen die Erde genug, und Eichen am Berge
Tragen in ihren Wipfeln die Früchte inmitten der Bienen.
Schafe schreiten viele, belastet von flockiger Wolle,
Und es gebären die Weiber den Vätern gleichende Kinder.
Blühend gedeihen sie dauernd im Glück, auch brauchen sie Schiffe
Nicht zu steuern, es bietet ja Frucht der spendende Acker.

(*Werke und Tage* 227)

Es ist dies der ewige Traum des Landmannes, und wir hören das gleiche Lied von den römischen Dichtern und in einer noch eindringlicheren Form im Mittelalter. Aber selbst wenn er träumt, hat Hesiod doch immer noch ein Auge auf die räuberischen Adeligen und Fürsten, die den Bauern mit allen ihnen zur Verfügung stehenden Mitteln ausplündern, um ihn schließlich zum Bettler zu machen. Aber im Himmel herrscht immer noch Zeus, der alles sieht und der gewiß den Bauersmann schützen wird, wenn nicht gleich, so doch in einer ferneren Zukunft. »Ich weiß, daß dies geschehen wird«, sagt er hoffnungsvoll. »Es ist nicht Gottes Wille, daß der Böse recht behält.«

Die Helden des Homer sprechen niemals auf diese Weise. Wenn Thersites seine Rechte beansprucht, bekommt er die Peitsche und wird als anmaßend bezeichnet. Nun hat sich das Blatt gewendet, jetzt sind die Herrschenden die Anmaßenden, und jene, die sich auflehnen, stehen unter dem Schutz des Zeus. Nach Hesiod muß die Nachtigall frei sein, während dem Habicht Krallen und Flügel zu stutzen sind, damit er lernt, den Pfad des Rechtes zu gehen.

Hesiod träumt seinen Traum von der Macht, und plötzlich sehen wir, daß er das Ende eines Zeitalters und den Beginn eines neuen verkündet. In dieser neuen Ära ist Zeus nicht mehr länger der Herrscher, der auf dem Olymp thront und die Waagschale zu Gunsten seiner Lieblinge schwanken läßt. Das neue Ziel, die neue Sehnsucht der Menschen, geht nach einem erhabeneren, gerechteren Zeus, der alle Menschen ohne Günstlingswirtschaft gleich behandelt. Weit entfernt ein Freund der Fürsten und Helden zu sein, zeigt sich Zeus eher als deren Feind. Und so kommt es, daß im Glauben der Griechen letzten Endes der Zeus des Hesiod den Sieg über den Zeus Homers davonträgt.

Mittlerweile geht die Arbeit weiter, und Hesiod ist bemüht, das Leben des Bauern zu beschreiben: wie er arbeitet, was und zu welcher Zeit er anbaut. Er läßt den gesamten Kreis des bäuerlichen Jahres ablaufen: das Fällen der Bäume im Herbst für neue Wagen und Pflüge, das Bauen der Scheunen, das Pflanzen, Säen und Ernten. Der Pflüger soll ein rühriger Arbeiter von ungefähr vierzig Jahren sein, der mit der Seele bei der Arbeit und über das Alter hinaus ist, sich mit seinen Freunden abzugeben. Um gutes Korn zu bekommen, müssen Gebete an Mutter Erde gerichtet werden, und bei dieser Gelegenheit fügt er im gleichen Atemzug hinzu, daß es vorteilhaft sei, einen Sklaven zu besitzen, der die Vögel von der Saat abhält. Mit dem Februar kommen die bedrückendsten Tage, der Sturm heult, die Bäume im Wald ächzen, und den Tieren, die mit eingezogenem Schwanz umherschweifen, schaudert:

Ja, den Stieren durchdringt er die Haut; sie kann ihm nicht wehren.
Auch die bezottelten Ziegen durchweht er; nicht so die Schafe,
Weil sie das ganze Jahr vom Vlies umgeben, das kann nicht
Boreas' Wut durchdringen; er macht selbst Greise zu Läufern.
Niemals auch durchbläst er die Haut der blühenden Jungfrau,
Die da im Haus verweilt zur Seite der liebenden Mutter,
Unerfahren noch ganz in den Werken der goldenen Kypris:

Nach dem erfrischenden Bade den zarten Leib mit dem Öle
Wohlgesalbt, verbringt sie die Nacht im Inneren des Hauses
Während des Winters . . . (*Werke und Tage* 515)

Es ist zu vermuten, daß Hesiod hier von seiner kleinen Tochter spricht, doch hören wir weder ihren Namen noch sonstige Einzelheiten über sie. Der Februar mit seinen Stürmen und den peitschenden Regenfällen ist der schlechteste Monat des Jahres, aber mit dem Bild, das er von seiner Tochter zeichnet, setzt er der trüben Stimmung doch einige Glanzlichter auf.

Er hat das Auge des Bauern für die Sterne, er sieht die Tiere, die um sein Besitztum streichen, und die Farben des Himmels, und gleich allen Bauern der Welt ist sein Tun und Denken voller Tabus. »Überquere niemals einen Fluß, bevor du nicht die lieblichen Wellen betrachtet, zu ihnen gebetet und deine Hände ihrem Zauber preisgegeben hast.« Um teuflische Dämonen abzuhalten, liebt er Euphemismen und so belehrt er uns: »Schneide niemals an einem Tag des heiteren Götterfestes mit schimmerndem Eisen das Verdorrte vom Sprießenden der fünffingrigen Blume«, womit er meint, daß es unpassend ist, während der Ehrung der Götter die Nägel zu schneiden. Für die Manneskraft gelten für ihn die absurden Lächerlichkeiten des Landbewohners: »Laß niemals einen zwölfjährigen Knaben auf etwas sitzen, was unbeweglich ist; nein, tue es nicht, es läßt dich die Manneskraft verlieren.« Zeige nicht zu viel Interesse an den Frauen, sie sind nur hinter deiner Habe her. Stehe früh am Morgen auf, arbeite lang, ehre die Götter, hüte deine Hunde und halte deine Zunge rein. Der fünfte Tag des Monats ist der schlechteste, doch der neunte ist niemals ganz schlecht. So fährt er in seiner freundlich rechthaberischen Weise fort, Ratschläge und alte Weisheiten von sich zu geben und von Zeit zu Zeit Perses, dem es fast geglückt wäre, ihn um sein gesamtes Erbe zu bringen, zu verfluchen. Wir sind unvorstellbar weit von den fröhlichen Festen Ioniens, und manchmal scheint es, als wäre all der Glanz der Götter und Helden ein Traum gewesen und wir wären in einer graukalten Dämmerung erwacht.

Manchmal, aber nicht immer. Es gibt Momente, da schenkt er der Erde das heldische Ideal, und wir sehen die gewöhnlichen Sterblichen in einem Zustand glücklichster Zufriedenheit, um den die Götter sie beneiden könnten; nach der harten Arbeit des Frühjahrs kommt der Segen des Sommers:

Wenn dann die Schnecke hinaufsteigt an den Gewächsen
Und die Pleiaden flieht, dann grabe nicht länger im Weinberg;
Nein, dann sei die Sichel gewetzt, und man wecke die Knechte.
Flieh dann die schattigen Sitze und meide den Schlummer am Morgen;
Ist es doch Erntezeit, es dörrt die Haut an der Sonne.
Nun beeile dich wohl und schaffe die Früchte nach Hause.
Früh am Morgen steh auf, daß Brot du habest die Fülle.
Morgenstunde umfaßt ja ein Drittel sämtlicher Arbeit,
Morgenstunde fördert den Weg und fördert die Arbeit,
Morgenstunde führt bei ihrem Erscheinen gar viele
Wanderer auf den Weg, viel Stieren legt sie das Joch auf.
Wenn die Distel erblüht und wenn die laute Zikade,
Sitzend im Laub der Bäume, ihr schmetternd Singen entsendet
Unter den Flügen hervor in des Sommers ermüdenden Tagen,
Dann sind im fettesten Stand die Ziegen, der Wein ist der beste
Und die Weiber am geilsten, enthaltsam aber die Männer,
Da ihnen Haupt und Knie der sengende Sirius ausdörrt,
Und es schrumpft die Haut von der Hitze zusammen, dann sei dir
Schattiger Platz am Felsen bereit und biblinischer Weintrank,
Grobes Gerstenbrot und Milch nicht säugender Ziegen,
Waldlaubgenährter Kühe Fleisch, die noch nicht geboren,
Auch von Erstlingsböcken, dann schlürfe des Weines Gefunkel,
Sitzend im Schatten, das Herz mit reichlicher Speise gesättigt.
Wende dein Angesicht dann dem kühlen Zephyr entgegen
Und dem klaren Quell mit ständig sprudelndem Wasser.

(Werke und Tage 571)

So schreibt er, und manchmal, wenn wir seine Verse lesen, sind wir geneigt zu glauben, daß es wirklich die Musen waren, die ihn eines schönen Tages, als er an den Hängen des Helikon die Schafe weidete, in der Dichtkunst unterwiesen. Wenn auch sein Licht nicht so strahlend ist wie das Homers, es scheint über einer vertrauten Erde. Er erzählt uns, was er weiß, und hebt einen Zipfel des Vorhanges, um uns einen Blick auf das Leben jener fernen Zeiten werfen zu lassen; und was das Seltsame und

1 *Der Olymp*

2 *Inneres des Erechtheion mit Blick nach Osten*

3 *Die Löwen von Delos*

4 *Hadriantempel des Zeus in Athen*

5 *Das Erechtheion*

6 *Der Parthenon*

7 *Ägina, Aphaiatempel*

8 *Tempel der Athene auf Lindos*

9 *Kopf eines Greifs. In Kladeos bei Olympia gefunden*

10 *Das Löwentor in Mykene*

11 *Gräberrund in Mykene*

12 *Hofdamen, Fresko, Palast von Knossos*

13 *Elfenbeingruppe – Die zwei Göttinnen mit dem Kind. Bezeichnung nach Malraux »Universum der Kunst«*

← 14 *Statuette der Schlangengöttin in Elfenbein und Gold*

15 *Bronze-Statuette des Apollo von Theben*

16 *Goldmaske von Mykene*

Tröstliche daran ist, es gleicht so vollkommen dem griechischen Leben von heute. Helden mögen kommen und gehen, doch immer noch bahnt sich der Bauer mühsam seinen Weg durch das staubige Feld und sucht im Sommer Schutz unter schattigen Felsen, einen Krug Wein in Reichweite. Sind auch die Götter vor langer Zeit gestorben, die Erde ist die gleiche geblieben.

Die Götter starben zu Hesiods Zeit, und er schrieb wahrhaftig über tausend Zeilen eines seltsamen Werkes, das er »Theogonie« oder die »Entstehung der Götter« nannte, um sie in ihren Todeszuckungen zu zeigen. Zweifellos beschrieb er die Götter, die in Böotien noch im Gedächtnis der Menschen lebten: Tethys, Themis, Mnemosyne und Phöbe, die Glänzende. Im antiken Pantheon wimmelt es von einer solchen Anzahl von Göttern und Göttinnen, daß er fast die Hoffnung aufgibt, sie alle aufzählen zu können. Manchmal gibt er sich mit einem sinnlosen Katalogisieren zufrieden, und wenn er sagt, er wolle die fünfzigste Tochter des Nereus nennen, so tut er es und gibt noch zwei als Draufgabe dazu. Die Hälfte der Zeit verbringt er damit, primitive Gespenster zu malen: Geister, die durch das Dunkel huschen, manchmal Gestalt annehmend, um sich gleich wieder im Nichts aufzulösen. Er zeigt uns die Giganten in schimmernder Rüstung mit langen Speeren in den Händen, aber bald weichen sie den Nymphen des Eschenbaumes, »die überall auf Erden bekannt sind«. Wir treffen Echidna mit dem Kopf einer Nymphe und dem Leib einer riesigen Schlange, die am Grund einer tiefen Höhle lebt und ihre Zeit damit verbringt, rohes Fleisch zu verzehren. Sie wurde die Mutter von Ungeheuern: die scheußliche Chimäre mit ihren drei Köpfen, Löwe, Ziege und Drache, war eines davon, der Hund des Hades, der fünfzigköpfige Kerberos ein anderes. Die schrecklichsten aber sind die fünfzigköpfigen Götter Kottus, Briareus und Gyes mit ihren dreihundert Armen. Er scheint, als erzähle er Geschichten, die er von einer alten Dorfhexe, murmelnd über einem Zaubergebräu, gehört hatte.

Hesiods *»Theogonie«* ist der Bericht eines ununterbrochenen Krieges, in dem es keine Gnade gibt. Die Götter trachten einander nach dem Leben, Kinder werden von ihren Eltern verschlungen, Ungeheuer sterben und werden wiedergeboren, und Feuer schießt aus den Schwertern der Götter, wenn sie sich herabstürzen und die Erde in Flammen setzen. Aber es gibt auch kurze Zwischenspiele der Ruhe und des Friedens, so wenn Leto mit der Blauen Robe auf unerklärliche Weise erscheint, um von Zeus, dem Sieger in den Kriegen, geehrt zu werden. Sie ist die Beschützerin der Jugend, die Hüterin der Herden, und sie verleiht den Sieg im athletischen Wettkampf. Sie präsidiert bei den Beratungen der Herrscher, und sie ist gegenwärtig, wenn das Volk am Marktplatz die politischen Ereignisse bespricht. Sie wird zur Mutter von Apollo und Artemis, und Hesiod weist ihr eine besondere Bedeutung in der göttlichen Hierarchie zu. Aber kaum hat er die Kühle und Majestät ihrer Person beschrieben, wendet er sich schon wieder gierig dem Blutvergießen und dem geheimnisvollen Dunkel zu. Kronos hat mit Rhea sechs Kinder gezeugt; es sind Hestia, Hera, Demeter, Hades, Poseidon und Zeus. Mit der Zeit werden diese Götter zu höchster Macht gelangen, doch im Augenblick, in dem sie den Mutterleib verlassen, werden sie von Kronos verschlungen. So verwebt Hesiod alte und neue Mythen zu einem Wechselspiel von Licht und Schatten. Es ist eine seltsame, doch befriedigende Art, das Göttergeschlecht zu beschreiben.

Hesiod wußte, was er tat, nirgends in seinen Werken zeigt sich die Andeutung eines bäuerlichen Dichters. Er ist Bauer, aber er besitzt eine Bibliothek, um an langen Sommerabenden lesen zu können, er hat den Märchen der alten Frauen gelauscht und lange über die Götter nachgedacht. In seinem weltabgeschiedenen Dorf an den Hängen des Helikon werden die alten Götter noch verehrt, doch die neuen nahen bereits. Seine unzusammenhängende Schreibweise spiegelt mit einer leidenschaftlichen Genauigkeit die Machtansprüche der rivalisierenden Götter.

Eine in Böotien gefundene kleine Bronzestatue, die sich heute im ›Museum of Fine Arts‹ in Boston befindet, zeigt diesen Entwicklungsprozeß. Die Statue stellt Apollo dar und stammt aus der ersten Hälfte des siebenten vorchristlichen Jahrhunderts. Riesenhafte Augen blicken aus einem abgehärmten Gesicht, das eine erstaunliche Kraft und Würde ausströmt; das dichtgeflochtene Haar betont den kräftigen, langen Hals, die Glieder haben keine Muskeln, der Leib ist nur angedeutet und das Geschlechtsorgan so klein, daß es kaum zu erkennen ist. Ihrer Ausführung nach könnte die Figur der Griff eines Dolches gewesen sein. Was aber diese kleine Statue so bemerkenswert macht, ist die Verbindung der schweren, wurstartigen Glieder mit einem Antlitz von höchster Intelligenz, und dieses intellektuelle Gesicht ist durch einen überlangen Hals so weit als möglich vom Leib getrennt, so daß die Figur ein vogelähnliches Aussehen bekommt. Dieser Apollo ist wachsam wie ein Habicht; bald wird er sich mit dem Fleisch eines kräftigen Athleten bekleiden, aber sein habichtgleicher Blick wird ihm immer bleiben.

Die *Theogonie«* ist die einzige Quelle, die uns über die Götter, die vor Zeus regiert haben, Auskunft gibt. Unglücklicherweise scheint Hesiod selbst nicht sicher, ob seine Berichte alle zuverlässig sind; manchmal spürt man die Improvisation, und wir wissen niemals, wieviel seine eigene Erfindung ist. So zögert er von Zeit zu Zeit in seiner langatmigen Erzählung und erleichtert sich mit einem kleinen Sermon oder einer Schmähung gegen die Frauen, die er seinen pedantischen Beschreibungen des Himmels einfügt. Er berichtet uns, daß zur Zeit, als Prometheus das Feuer stahl, die Erde nur von Männern bevölkert war. Zeus befahl, die Erde für diesen Frevel zu bestrafen, und die Strafe kam in Form einer Frau, von Athene mit einem silbernen Gewand bekleidet, einen Blumenkranz im Haar und darüber eine goldene Krone. Sie wurde aus gewöhnlichem Lehm geschaffen und unter die Männer geschickt:

Ihr entstammte das schlimme Geschlecht und die Stämme der Frauen.
Unheilbringend wohnen sie unter den sterblichen Männern,
Ohne die schlimme Not zu teilen, aber das Wohlsein.
Wie wenn in dem Bau gewölbter Körbe die Bienen
Drohnen züchten und füttern, Genossen schimpflicher Werke,
— Während tagsüber die Bienen sich bis zum Sinken der Sonne
Ständig mühen mit Fleiß, die Weiße des Wachses zu stapeln,
Bleiben diese im Inneren des Baus der wölbigen Körbe,
Weil sie den fremden Erwerb im eigenen Bauche sich sammeln —
Also hat auch die Weiber den sterblichen Männern zum Unheil
Zeus, der donnernde Gott, bestellt als schimpflicher Werke
Böse Genossen . . .

(Theogonie 591–602)

Es liegt klar auf der Hand, daß es sich hier nicht mehr um himmlische Darstellungen handelt, sondern Hesiod sich mit seinen eigenen Kümmernissen auseinandersetzt. Eigene Bitterkeit vermengt sich mit überirdischem Geschehen; das verdammungswürdige Geschlecht der Weiber durchkreuzt seine Träume. Nur für die Musen empfindet er Sympathie; was diese anbetrifft, spricht er voll Sachkenntnis und Überzeugung. Er hat diese ätherischen Frauengestalten, die nicht nur niemals etwas von den Männern fordern, sondern ihnen noch ihren Segen geben, in den Hügeln tanzen gesehen:

Musen am Helikon, ihr, von euch beginn ich zu singen,
Die des Helikon Höhe, die heilige, große, bewohnen
Und um die bläuliche Quelle mit zart-geschmeidigen Füßen
Tanzen und um den Altar des kampferprobten Kronion . . .
»Jene nun lehrten auch den Hesiodos edle Gesänge,
Wie er Lämmer betreut an des heiligen Helikon Hängen.
So begannen zu mir zuerst die olympischen, hehren
Musen zu reden, die Töchter des aigisschwingenden Gottes.
»Hirten vom Lande, ihr Lumpengesindel und lediglich Bäuche,
Seht, wir reden viel Trug, auch wenn es wie Wirklichkeit klänge,
Sehr aber, wenn wir gewillt, verkünden wir lautere Wahrheit.«
Also sprachen beredsam die Töchter des großen Kronion,
Ließen mich dann zum Stabe den Zweig eines blühenden Lorbeers
Schneiden, ein Wunder zu schauen, auch hauchten göttliche Stimme
Sie mir ein, zu künden von Künftigem und von Gewesenem,
Hießen mich preisen die Sippe der ewigen, seligen Götter,
Und sie selber immer zuerst und zuletzt zu besingen.

(Theogonie 1–4, 22–34)

Hesiod – Sämtliche Werke – Theogonie, Werke und Tage, Der Schild des Herakles. Deutsch von Thassilo von Scheffer.

Wem solches zuteil wird, der kann die mühevollen Jahre vergessen und den Satan im Herzen der Weiber, aber auch die blutrünstigen Kämpfe der Götter. Was letzten Endes bleibt, sind die Musen, die dunkel wie Veilchen um die Quelle tanzen und ihn lehren, »die Wahrheit wahr zu verkünden«.

7 Die weitverstreuten Siedlungen

Schon vor der dorischen Wanderung hatten die Griechen auf den Inseln Kolonien gegründet und in der Levante Handel getrieben. Die Mykenäer haben, wie wir gesehen haben, das sterbende minoische Reich erobert und sich auf Kreta niedergelassen, um so zu den vielen bereits existierenden Einflüssen einen weiteren hinzuzufügen. Das gleiche spielte sich überall im östlichen Mittelmeerraum ab. Die Männer verließen die kargen Täler Griechenlands und siedelten sich dort an, wo sie fruchtbareren Boden fanden. Die meisten von ihnen zogen an die kleinasiatische Küste, die, laut Herodot, »das wunderbarste Klima der Welt besitzt und wie kein anderes Land gesegnet ist«.

Als Alexander der Große auf seinem Zug zur Besiegung des Perserreiches durch Kleinasien kam, war er von Geographen und Historikern begleitet, die sorgsam alles Wissenswerte über die Städte, durch die sie kamen, aufzeichneten und sich von den örtlichen Geschichtsschreibern und Landeskundigen beraten ließen. In der Stadt Side an der Südküste Kleinasiens erfuhren sie, daß die Überlieferung erzählt, die ersten Siedler wären aus Äolien im nördlichen Griechenland gekommen, »und sie verga-

Abb. 6 Die griechische Eroberung des Westens nahm ihren Ausgang von den Küsten Asiens

ßen sofort ihre Muttersprache und begannen in fremder Zunge zu reden; es war nicht die Sprache der ansässigen Bevölkerung, sondern eine vollkommen neue eigene Sprache«. Das berichtet Arrian in seinem *Leben Alexander des Großen* und wirft damit ein seltsames Licht auf diese ersten Siedler, die in ihrer Engstirnigkeit einen eigenen Dialekt ersannen, um sich von der übrigen Bevölkerung zu unterscheiden. Jede der Siedlungen war eine Welt für sich. Griechenland sprengte seine Grenzen, aber von einer griechischen Einheit war noch keine Spur.

Die Bewohner des nördlichen Griechenlands kolonisierten jenen kleinasiatischen Küstenteil, der später als Äolis bekannt wurde. Aus dem südlichen Griechenland kam die große Welle ionischer Einwanderer, die zur Gründung von zwölf Städten entlang der südlicher gelegenen Küste Kleinasiens führte. Diese Ionier waren stolz auf ihre Abstammung und betrachteten sich als die Zierde Griechenlands. Herodot, der aus der dorischen Stadt Halikarnassos stammte, war der Ansicht, über die Abstammung der Ionier wäre zuviel gesprochen worden. »Sie haben kein Recht, sich ihres reinen Blutes zu brüsten«, erklärte er, »denn einige von ihnen sind Abanten aus Euböa, die alles andere als Ionier sind und nicht einmal den gleichen Namen haben, ganz zu schweigen von den Myniern aus Orchomenos, den Kadmeanern, Dryopiern und Phokiern, die sich von ihrer Heimat lossagten, den Molossern und Pelasgern aus Arkadien, den Dorern aus Epidauros und von all den andern Rassen, mit denen sie sich vermischt haben. Und diejenigen, die am lautesten schreien, sie kämen aus Athen und nur sie allein besäßen das reinste ionische Blut, von denen kann ich euch versichern, sie haben keine Frauen mitgebracht, sondern karische Mädchen, deren Eltern sie erschlugen, zum Weibe genommen.«

Herodot erhebt selten seine Stimme, um zu tadeln, aber hier verbirgt er sein Mißfallen nicht. Wie er genau wußte, waren die Ionier, die begabtesten und klügsten unter den Griechen, kein einheitliches Volk, sondern das Resultat einer Ehe zwischen Griechenland und dem Orient. Viele Stämme hatten zu ihrem Entstehen beigetragen, viele Dialekte ihre Sprache geprägt. Aus diesem Reichtum erwuchsen ein Homer, der Beginn des Forschergeistes und der Ursprung der griechischen Philosophie. Aus der Vermischung verschiedenen Blutes entwickelten sich die ersten Früchte westlicher Kultur. Ionien war das Sprungbrett. Von Ionien aus sollte die heilige Flamme nach Athen getragen werden, um später über Rom, Frankreich, England und über der gesamten bekannten Welt zu leuchten.

Von Ionien zogen die Expeditionen aus, um die Küsten des Schwarzen Meeres zu erobern. Sie segelten in die Adria, erreichten Frankreich und Spanien und errichteten an wilden unbekannten Plätzen ihre Kolonien. Die Eroberung des Westens durch die Griechen erfolgte von Kleinasien aus.

PHOKÄA

Die nördlichste Stadt der ionischen Konföderation wurde auf einer einsamen Landzunge in der Bucht von Smyrna errichtet; sie war von Klippen umgeben und von vorgelagerten Inseln geschützt. Nach Herodot waren die Phokäer die ersten unter den Griechen, die weite Reisen unternahmen und ihren Landsleuten den Weg ins adriatische und tyrrhenische Meer sowie nach Spanien bis Tartassos zeigten. Tatsächlich waren sie die ersten Griechen, die es wagten, das Mittelmeer von einem Ende bis zum anderen zu durchsegeln, und Herodot betont, um ihren Mut hervorzuheben, daß sie ihre Reisen nicht in großen schwerfälligen Handelsschiffen unternahmen, sondern in schmalen Galeeren, bemannt mit fünfzig Ruderern.

Nach den Karthagern besaßen die Phokäer die mächtigste Flotte des Mittelmeers. Ihre weit verstreuten Siedlungen finden sich überall an den südlichen Küsten Europas. Alle Inseln des westlichen Mittelmeers waren in ihrer Hand. Ischia, Sardinien, Korsika, Elba, Mallorca, Minorca und Ibizza waren phokäische Vorposten. Sie segelten durch die Tore des Herkules und gelangten bis in den Atlantik. Nichts konnte ihren Mut brechen. Über ihre Stadt auf dem Festland sagt Diogenes Laertius: »Diese Stadt war nicht groß und prächtig, aber eines gelang ihr, sie brachte tapfere Männer hervor!«

Die Phokäer gründeten Marseille (Massilia). Strabo berichtet eine nette Geschichte über ihren Zug nach Frankreich. Aristarche, eine Priesterin des Artemision von Ephesos, träumte, Artemis wäre ihr erschienen und hätte ihr befohlen, sich einer Reise nach dem Westen anzuschließen und das Kultbild der Göttin mitzunehmen. So tat sich die Priesterin mit zwei Kaufleuten, Simos und seinem Sohn Protis, zusammen, die beabsichtigten, ihre Waren durch die Straße von Messina zu führen. Nach einer langen Reise kamen sie nach Frankreich und warfen in einer weiten Bucht, die bei Sturm Hunderten von Schiffen Schutz gewähren konnte, ihre Anker aus. In der Bucht gab es Inseln, die sie an ihre sicheren Ankerplätze in Phokäa erinnerten. Nichts war zu sehen, keine Schiffe, keine Städte, keine Befestigungen. Sie landeten und betraten die kahlen Hügel; hier erfuhren sie, daß die ganze Küste im Besitz von König Namos war, der gerade im Begriff stand, ein Fest zu Ehren seiner Tochter Gyptis zu geben. Der Sitte gemäß waren alle jungen Fürsten des Landes geladen und in einem bestimmten Moment wurde Gyptis hereingetragen; sie hielt einen Becher reinen Wassers in Händen, welchen sie demjenigen darreichen sollte, der Gnade vor ihren Augen fand. Die Phokäer waren als Gäste bei diesem Fest und der Becher wurde Protis überreicht; er trank das klare Wasser und die Bucht von Massilia wurde ihm als Hochzeitsgeschenk gegeben. Protis, der glückliche Bräutigam, änderte seinen Namen auf Euxinos, »der geehrte Gast«, Gyptis den ihren auf Aristoxena, »die beste der Gäste«. Da Gyptis aus königlichem Geblüt war, beherrschte sie gemeinsam mit ihrem griechischen Gemahl die Küste und die schroffen Ufer, und weil Artemis die Griechen auf ihrer gefährlichen Fahrt geleitet hatte und es mit ihrer Hilfe zu einer Heirat gekommen war, wurde sie die Schutzpatronin des Landes und man errichtete ihr einen Tempel. All dies trug sich ungefähr 600 v. Chr. zu, doch ihr Standbild ist noch heute im Museum von Avignon zu sehen.

Die Phokäer gründeten auch Antipolis (Antibes) und Nikäa (Nizza), aber Massilia blieb ihre Hauptstadt im westlichen Mittelmeer. Sie handelten mit Holz, Vieh, Honig, Häuten und Fischen, bis die Karthager sie aus dem Feld schlugen; dann flüchteten sie für einige Jahre, um erst zurückzukehren, als die Gefahr gebannt war. Aber ihre Spuren sind in Südfrankreich deutlich zu sehen; sie prägten das Gesicht der Landschaft, denn sie brachten den Wein, den Feigen- und Kirschbaum, die Kastanie und die Olive ins Land. Massilia blieb für nahezu sechshundert Jahre der mächtigste griechische Vorposten des westlichen Mittelmeeres und auch nach der Eroberung durch die Römer behielt die Bevölkerung die griechische Sprache und die Verehrung der Artemis, der Schwester Apolls, bei.

Als die Perser in Kleinasien eindrangen, boten sie den Phokäern gute Bedingungen. Harpagos, der Heerführer der Perser, erklärte sich bereit, die Belagerung aufzuheben, wenn die Phokäer einen Turm der Befestigung schleiften und dem König ein Haus ihrer Stadt bestimmten. Die Phokäer versprachen ihre Antwort für den folgenden Tag unter der Bedingung, daß Harpagos seine Truppen zurückzöge und Harpagos scheint über ihre Absichten genau unterrichtet gewesen zu sein. Als er endlich die Stadt betrat, war diese leer. Die Phokäer waren geflüchtet, hatten ihre Frauen und Kinder, die Götterbilder aus den Tempeln, die Schätze und allen Hausrat auf ihre Fünfzig-Mann-Galeeren verfrachtet und segelten gegen die Insel Chios. Sie wollten die benachbarten, der Stadt Erythräa vorgelagerten Inseln erwerben, doch klugerweise lehnten die Einwohner von Chios, die um ihren Handel bangten, dieses Angebot ab. Zu dieser Zeit befand sich in Phokäa eine persische Garnison und die Phokäer sandten bewaffnete Galeeren aus, vernichteten die Perser in einem Einbruchsangriff, versenkten einen eisernen Anker ins Meer und schworen, sie würden niemals zurückkehren, es sei denn, der Anker käme an die Oberfläche. Doch sie hatten nicht an die Phokäer gedacht, die auf der Insel Oenussae warteten. Diese liebten ihre Stadt so sehr, daß fast die Hälfte von ihnen beschloß, zurückzukehren, während die übrigen nach Korsika segelten.

Von Korsika aus entwickelten sie sich mit solchem Erfolg zu Piraten, daß die Karthager und Tyrrhenier eine Flotte von sechzig Schiffen gegen sie sandten. Die Seeschlacht, die vor Sardinien ausgefochten wurde, brachte den Phokäern zwar einen Sieg, doch waren vierzig ihrer Schiffe zerstört und der Rest so schwer beschädigt, daß sie nahezu seeuntüchtig waren. Die Karthager und Tyrrhenier machten einige Gefangene, die sie steinigten. Herodot berichtet, daß dort, wo die toten Phokäer ihre letzte Ruhe gefunden hätten, jedes vorbeikommende lebende Wesen, sei es ein Mensch oder ein Tier, plötzlich von einer Lähmung befallen werde. Zu guter Letzt verließen die Phokäer Korsika und ließen sich in Süditalien nieder. »Phokäa und Teos waren die einzigen beiden Städte, welche die Freiheit ihrer Heimat vorzogen«, schreibt Herodot; eine größere Ehre hätte er ihnen nicht erweisen können.

MILET

Von allen Städten, welche die Griechen an der kleinasiatischen Küste gegründet hatten, war Milet die reichste und kultivierteste; ihre Einwohner waren stolz auf die Kraft ihres Geistes.

Nahe der Mündung des Mäander gelegen, besaß die Stadt eine prachtvolle Lage; sie war von vier schützenden Buchten umgeben, und das fruchtbare Hinterland wurde von rebenbewachsenen Hügeln abgeschirmt. Die Täler waren grün, Schafe weideten auf den Kämmen der Hügel, und kleine Wälder säumten das Land. Erde und Himmel hatten sich vereint, um Milet die beste Lage für einen Handelshafen zu geben, der zu einer Schlüsselposition für den Handel zwischen der griechischen Welt und den asiatischen Königreichen wurde.

Die Mileter schwelgten im Handel. Sie waren äußerst geschickte Handwerker, berühmt für ihre Möbel, besonders Betten, für ihr feines Purpurtuch und die leuchtenden Teppiche. Phrygische Wolle und Eisen aus Kolchis gingen durch ihre Hände. Der Hauptexport bestand aus Hanf, Holz, Eisenwaren, Tuch aller Art und Wein aus den inneren Provinzen; man sagte von ihnen, »es gäbe nichts, was sie nicht bereit wären zu verkaufen«. Der Handel lag ihnen im Blut, und der Erfolg war, daß Milet zur größten, bevölkertsten und reichsten aller griechischen Städte wurde; sechzig ihrer Kolonien waren über den Küsten des östlichen Mittelmeeres und des Schwarzen Meeres verstreut.

Der Handel gab ihnen Macht, aber auch die Möglichkeit, ihr Leben zu genießen. Der Handel war es auch, der einen Strom von Einwanderern nach sich zog, die sich in Milet ansiedelten. In den Straßen der Stadt konnte man Ägypter, Skythen, Phönizier, Babylonier, ja, sogar Inder sehen. Durch Vermischung so verschiedener Rassen entwickelte sich eine kulturelle Oberschicht, wie sie die Welt selten gekannt hat. In dieser strahlenden Stadt Kleinasiens stand die Wiege der Wissenschaft.

Der Überlieferung gemäß war Thales, der anscheinend aus einer bereits lange in Milet ansässigen phönizischen Familie stammte, der erste Mann der Wissenschaft. Er wurde ungefähr 640 v. Chr. geboren und reiste, noch ganz jung, nach Ägypten, wo er die Höhen der Pyramiden ausmaß, indem er ihren Schatten mit dem eines Menschen verglich. Diogenes Laertius sagt von ihm, er wäre der erste gewesen, der die Astronomie studiert habe, womit gemeint ist, er wäre der erste gewesen, der ohne sich der Mythologie zu bedienen, eine Theorie über die Bewegung der Sterne ausgearbeitet habe. Laut Herodot sagte er die Eklipse der Sonne voraus, und man nimmt an, er habe den ersten Sextanten gebaut. Er lehrte die Seeleute nach dem Kleinen Bären zu navigieren. Einmal lenkte er, um einem lydischen

König bei seinem Vormarsch gegen die Perser zu helfen, den Lauf eines Flusses in eine andere Richtung. Nach ihm war Wasser der Ursprung aller Dinge. Aristoteles meint, er habe das Wasser gewählt, weil »Feuchtigkeit der Nährstoff alles Lebendigen ist und alle Samen ihrer Natur nach aus Feuchtigkeit bestehen«, doch hieße dies, ihm eine Einfalt des Denkens nachzusagen, die nicht sein Fall war. Thales glaubte, daß das Universum lebte, »daß es lebendig sei durch die Götter«, und diese Auffassung eines lebendigen, atmenden Universums verfolgten die griechischen Philosophen bis zum Ende.

Er war Mathematiker, Astronom, Ingenieur und Philosoph, aber seine eigene Zeit sah in ihm vor allem den Staatsmann. Thrasybulos, der Tyrann von Milet, zog ihn häufig zu Rate, und er dürfte der erste gewesen sein, der die Idee eines konföderierten Ioniens ins Leben rief. Außer einigen ganz vereinzelten Fragmenten sind alle seine Arbeiten verlorengegangen. Als man ihn einmal fragte, warum er keine Kinder gezeugt habe, antwortete er: »Weil ich sie zu sehr liebe.« Als man in seiner Jugend die Frage an ihn richtete, warum er nicht heirate, gab er zur Antwort: »Die Zeit ist noch nicht reif dafür«, und als er in die mittleren Mannesjahre kam und das gleiche gefragt wurde, meinte er: »Es ist zu spät.« Er war der erste, der den Grundsatz aufstellte, die höchste Pflicht des Philosophen sei, »sich selbst zu erkennen«. Er schrieb: »Gott ist das älteste aller Dinge, denn er wurde niemals geboren; die Erde ist das schönste aller Dinge, denn sie ist ein Werk Gottes; das All ist das größte aller Dinge, denn alles ist in ihm enthalten; der Geist ist das schnellste aller Dinge, denn er durcheilt alles; die Notwendigkeit ist das härteste aller Dinge, denn sie beherrscht alles; die Zeit ist das weiseste aller Dinge, denn sie löst alles.« Auf diese freundliche Weise faßte er sein Wissen um das Universum zusammen, und uns wird hier das ganze Ausmaß unseres Verlustes vor Augen geführt, denn dies ist der einzige vollständige Satz, der von ihm erhalten blieb.

In seine Fußtapfen traten seine Schüler Anaximander und Anaximenes, beide aus Milet, welche die Tradition wissenschaftlicher Forschung weiterführten. Anaximander konstruierte eine Sonnenuhr, einen Himmelsglobus, und für seinen Freund Hekataios, den Geschichtsschreiber, arbeitete er eine Karte der bekannten Welt aus. Anaximander glaubte, die Erde wäre, wie ein Baum von seiner Rinde, von einem Flammenkreis umgeben.

Er war der Ansicht, der Mensch stamme vom Fisch ab und er war verwirrt über die Hilflosigkeit des Kleinstkindes, da doch junge Tiere gleich nach der Geburt imstande sind, für ihre Nahrung zu sorgen. Er stellte das Prinzip des »Unbegrenzten« (*to apeiron*) auf, welches vermutlich eine Abart vom Wasser des Thales darstellt. Für ihn gab es nicht eine Welt, sondern eine Unzahl von Welten, die in einem dauernden Kommen und Gehen waren.

Anaximenes studierte das Phänomen des Regenbogens und der Meeres-Phosphoreszenz. Er stellte als Prinzip die »unendliche Luft« auf, worunter er vermutlich unseren Begriff des »Äthers« verstand. Die Verdünnung der Luft läßt das Feuer entstehen, ihre Kondensationen die Winde, Wolken, Wasser, Erde und Steine. »Unsere Seelen sind Luft«, schreibt er, »Luft hält uns zusammen, so wie Wind und Luft die ganze Erde umgeben.« Diese Gedankensplitter sind alles, was uns überliefert ist, und wir können nur ahnen, wie er auf jenem Pfad, den Thales und Anaximander geebnet hatten, weitergeschritten ist.

Als Kyros Ionien eroberte und seine Satrapen einsetzte, brachten es die meisten griechischen Städte Kleinasiens zustande, mit den Eindringlingen in Frieden zu leben. Die Mileter galten als die loyalsten Vasallen des persischen Königs. Ihr Handel stand unter dem Schutz der Perser und ihre Steuern füllten die persischen Staatskassen. Doch Stolz, Freiheitsliebe und Auflehnung gegen die Steuern führten zum ionischen Aufstand, der im Jahre 499 v. Chr. ausbrach. Die Revolte wurde von Aristagoras, dem Tyrannen von Milet, geführt, der nach Sparta und Athen segelte, um Verbündete zu gewinnen. Die Spartaner, seit jeher Freunde der Perserkönige, lehnten eine Hilfe ab. In Athen versammelten sich dreißigtausend Einwohner in der Agora, um die Bitten des Aristagoras zu hören; daraufhin wurde beschlossen, zwanzig Kriegsschiffe nach Ionien zu senden. »Mit dem In-die-See-Stechen dieser Flotte«, sagt Herodot, »fing für die Griechen und die Barbaren alles Übel an.«

Im Frühjahr 498 v. Chr. erreichte die Expedition Ionien. Die zwanzig athenischen Kriegsschiffe, verstärkt durch fünf aus Eriträa, segelten nach Ephesos, von dort marschierten die Krieger nach Sardes, das sie in Brand steckten, wobei sie den berühmten Tempel der Kybele am Paktolos zerstörten. Damit hatten die Perser eine Entschuldigung, jeden in ihre Hände fallenden griechischen Tempel dem Erdboden gleichzumachen. Die Griechen, die glaubten, ihren Zweck erreicht zu haben, zogen sich zurück, während Ionien zitternd darauf wartete, daß sich der persische Riese erhöbe, um nun seinerseits die Rebellen zu vernichten. Der persische König hatte einem Sklaven befohlen, sobald er sich zu Tisch setzte, dreimal zu sagen: »Herr, vergiß die Athener nicht!«

Im Jahre 494 v. Chr. endlich stellten die Perser eine riesige Flotte, besetzt mit Phönikern, Kilikern, Ägyptern und loyalen Zyprioten, zusammen und schlugen die kleinere ionische Flotte entscheidend bei der Insel Lade. Jetzt war die Reihe an Milet. Die Perser gruben Stollen unter die Befestigungsmauern, stellten Katapulte auf, blockierten den Zugang zum Meer und zerstörten die Stadt. Sie töteten die meisten Männer, führten Frauen und Kinder in die Sklaverei und schleiften die Stadt. Für viele Jahre war die größte der griechischen Städte in Asien nur ein Trümmerhaufen, besetzt von einer kleinen persischen Garnison.

SYRAKUS

Die Korinther rühmten sich, die Kolonie Syrakus 734 v. Chr. gegründet zu haben; dies würde bedeuten, daß Syrakus die erste griechische Kolonie in Sizilien gewesen wäre. Zuerst ließen sie sich auf der Insel Ortygia nieder, aber allmählich wuchs ihre Macht, bis sie schließlich den Großteil des östlichen Siziliens in Händen hatten. Sie sprachen den in Korinth üblichen dorischen Dialekt, bezeichneten sich als reinste Abkömmlinge von Korinth und hielten die engsten Beziehungen zu ihrer Mutterstadt aufrecht. »Wir sind so korinthisch wie Bellerophon selbst«, sagt Praxinoa in der fünfzehnten Idylle des Theokrit.

»Es ist kein Fehler, dorisch zu sprechen, nicht wahr?«

Nein, gewiß nicht, nur den Athenern, die selbst enge Beziehungen zu Sizilien hatten, gefiel diese Blüte von Korinth ganz und gar nicht. In der klassischen Zeit war Syrakus größer und blühender als Korinth, aber auch anmaßender. Cicero besuchte diese Stadt nahezu siebenhundert Jahre nach ihrer Gründung und beschreibt sie selbst da noch als die »größte der griechischen Städte und die strahlendste unter den Hauptstädten«, womit er sie über Rom und Athen stellt. »Die Stadt hat eine günstige Lage«, fährt er fort, »und der Blick auf sie ist wunderbar. Gleichgültig, ob man sich vom Land oder von der See her nähert, Syrakus ist so groß, daß man sagen möchte, es bestehe aus vier großen Städten.« Dann beschreibt er über vier bis fünf Seiten den Glanz und Reichtum der Stadt, die, selbst nachdem sie von einem römischen Statthalter ihrer größten Kunstschätze beraubt war, nicht ihresgleichen auf dieser Welt hatte.

Der syrakusanischen Legende zufolge war die Insel Ortygia der in Delos geborenen Artemis geweiht. Delos war einstmals Ortygia genannt worden, und diese Insel, vor der Küste von Sizilien, galt als nahezu ebenso heilig wie Delos. Eine Quelle mit frischem Wasser entsprang an der Süd-Ost-Seite der Insel, nahe dem Meer, und ihre Existenz erklärte man mit der Anwesenheit der Nymphe Arethusa, einer der Dienerinnen der Artemis; diese jagte einstmals in den Ebenen von Elis in der Peloponnes, dabei wurde sie von dem Flußgott Alpheos verfolgt und, um ihm zu entkommen, schwamm sie ins Meer hinaus. Als sie Ortygia erreichte, tauchte sie wieder an die Oberfläche und verwandelte sich in eine Quelle. Über die Schönheit der Nymphe sind wir durch die von Euainetos, dem größten aller Münzpräger, geschaffenen Münzen hinreichend informiert; er stellte sie mit einer riesigen Lockenpracht und Delphinen, die sich in Wellen rund um ihren Kopf tummelten, dar. Er war auf die silbernen Zehndrachmenstücke so stolz, daß er sie dort, wo man den Namen der Stadt erwarten würde, mit den ins Auge fallenden Lettern seines eigenen Namens schmückte.

Die Schönheit der syrakusanischen Münzen zeugt von der Macht und der Herrlichkeit dieser Stadt, die vom Moment ihrer Gründung an nur eine ununterbrochene Prosperität gekannt hatte. Die Flotte von Syrakus hielt die Karthager in Schach. Über der weiten, geschützten Bucht erhoben sich niedrige Klippen, und fruchtbare Ebenen reichten zehn Meilen weit bis zu den Ausläufern der ibleanischen Berge. Weiße Villen säumten die Klippen und verteilten sich über die Ebene. Auf Ortygia, neben der Quelle der Arethusa, stand der Tempel der Artemis, und außerdem gab es noch einen der Athene geweihten Tempel mit Türen aus Elfenbein und Gold, und der goldene Schild am Dach des Tempels war ein schimmerndes Wahrzeichen für die Seeleute.

Ungefähr 485 v. Chr. brach die Demokratie in Syrakus zusammen und ihr folgte eine lange Periode der fürstlichen Tyrannis. Ortygia wurde zu einer Festung, besetzt von einem Regiment Sikelern und Kampaniern, das die Leibwache des Tyrannen bildete; manchmal entmachteten die Soldaten den Tyrannen und setzten einen anderen an seine Stelle. Der Reichtum von Syrakus konnte auch seine unbändigen Beschützer überleben.

Mit der Zeit wurde Syrakus zur mächtigsten und reichsten Stadt der griechischen Welt, so daß es schien, als wäre sie in Gefahr, durch den eigenen Reichtum zugrunde zu gehen. Dennoch überlebte Syrakus die Römer ebenso wie sie ihre Tyrannen überlebt hatte, und diese griechische Stadt ging erst 878 n. Chr. zugrunde, als sie von den Sarazenen erobert, die Bevölkerung getötet und die Stadt selbst dem Erdboden gleichgemacht wurde. Einige Säulen der Tempel blieben übrig, und heute können wir noch die dorischen Säulen des Apollotempels und die Ruinen der Festung von Euryalos, dem Sitz der Tyrannen sehen. Aber viel wichtiger für das Verständnis von Syrakus sind die lebendig wirkenden Münzen, die mit größter Klarheit und voll genauest beobachteter Einzelheiten in einer Größe von 50 mm mit unvergleichlicher Anmut Charme und Schönheit eines Volkes übermitteln.

SYBARIS

Allen Berichten zufolge war die reichste und glänzendste aller Kolonien Sybaris; in einer weiten, fruchtbaren Ebene gelegen, war die Stadt halbkreisförmig von bewaldeten Hügeln, die die Bucht von Tarent überblickten, umgeben. Im Jahre 720 v. Chr. von den Achäern gegründet, wurde Sybaris bald zu der blühendsten griechischen Kolonie; ihr Reichtum stammte von dem Recht, Waren über die Berge vom ionischen zum tyrrhenischen Meer zu transportieren, wodurch der gefährliche Weg durch die Straße von Messina vermieden wurde. Sybaris trieb ausgedehnten Handel mit Kleinasien, besonders mit Milet, und von Milet dürfte auch das leidenschaftliche Luxusbedürfnis übernommen worden sein.

Unser Hauptgewährsmann für die Sitten und Gebräuche von Sybaris ist der Grammatiker Athenäus. Er berichtet von der Leidenschaft der Bevölkerung für gutes Essen und heiße Bäder, ihrem Hang für prächtige Kleidung, ihrem Stolz auf den herrlichen Schmuck. Sie waren die ersten, die ihre Straßen zum Schutz gegen die sengende mediterrane Sonne mit Segeln überspannten und die ersten, die den Nachttopf kannten. Sie erfanden die Rohrleitung, die so gebaut war, daß der Wein direkt vom Weingarten zum Hafen geleitet werden konnte, wo er in Krüge abgefüllt und für den Transport versiegelt wurde. Aus ihrer Küche stammt das Menü; sie saßen bei komplizierten sechsgängigen Mahlzeiten und benutzten Löffel für die Suppe – für die Griechen ein unerhörter Luxus. Sie liebten es, lange zu schlafen, und Lärm war ihnen so verhaßt, daß Schmiede und Schreiner sich außerhalb der Wohngebiete ansiedeln mußten; Hähne durften nicht krähen. Verließ ein Bürger von Sybaris die Stadt, so geschah dies mit einem Streitwagen, niemals aber zu Fuß; er ließ sich für seine Reise Zeit, und wenn es ihm gefiel, verbrachte er auch zwei oder drei Tage auf der Straße, während ein gewöhnlicher Grieche für die gleiche Strecke höchstens einen Tag benötigt hätte. Sie trugen Roben, gefärbt mit tyrianischem Purpur und banden ihr Haar mit goldenen Bändern. Sie zeigten große Vorliebe für Fisch-Mayonnaise, Fruchtsirup und Kohl, Speisen, die sie vor den Trinkgelagen zu sich zu nehmen pflegten. Für Aal hatten sie eine besondere Neigung, und Aalverkäufer waren von den Steuern befreit, ein Vorrecht, das sie mit jenen Händlern teilten, welche die Purpurfarben einführten.

Die Sybariten brachten einmal ein Gesetz heraus, demzufolge Frauen, die an Feierlichkeiten teilnahmen, ein ganzes Jahr zur Vorbereitung der Kleider und des Schmuckes zuzugestehen war. Dies wurde als Beweis ihrer Genußsucht und ihrer besonderen Großzügigkeit gegenüber den Frauen genommen.

Athenäus erzählt die Geschichte eines Sybariten, der eingeladen war, eine öffentliche Gaststätte in Sparta zu besuchen. Statt weicher Liegestätten gab es dort Bänke aus Holz, und die Nahrung war kärglich. »Es gab eine Zeit«, sagte der Sybarit, »da war ich voll Bewunderung für die Tapferkeit der Spartaner im Kampf. Jetzt, da ich hier bin, kann ich daran nichts Bewundernswertes mehr finden. Selbst der größte Feigling nähme lieber den Tod auf sich, denn so zu leben wie ihr.« Athenäus erzählt diese Geschichte zweimal und war offenbar der Ansicht, dies wäre die richtige Beurteilung von Sparta.

Die Reichen von Sybaris ließen sich von Zwergen begleiten und liebten es, von maltesischen Schoßhunden umgeben zu sein. War ein Gastmahl ein Erfolg, so verlangte der Anstand, daß der Gastgeber sagte: »Willst du, bitte, heute in einem Jahr wieder mit mir speisen?« Sie waren zu bequem, sich während des Essens Wasser über die Hände zu gießen, dies wurde von neben ihnen stehenden Sklaven besorgt.

Sybaris wurde zur mächtigsten und einflußreichsten Stadt von Großgriechenland und gründete selbst fünfundzwanzig Tochter-Kolonien im Mittelmeerraum. Poseidonia (Paestum), der westlichste Handelsstützpunkt, gegründet 524 v. Chr., war die von ihnen bevorzugte Kolonie. Den Sybariten waren nur wenige Jahre vergönnt, um diese Kolonie zur Blüte zu bringen, denn bereits vierzehn Jahre nach der Gründung von Paestum wurde ihre eigene Stadt von den bewaffneten Scharen des benachbarten Kroton erobert und dem Erdboden gleichgemacht. Es war ein langer und tödlicher Kampf, der um die Handelsmacht ausgetragen wurde. Einmal ermordeten die Sybariten dreißig Abgesandte von Kroton und ließen die Körper außerhalb der Stadtmauern verwesen. Einer Geschichte von Athenäus zufolge überlisteten die Anführer der krotonischen Streitkräfte die Sybariten damit, daß sie Flötenspieler herbeischafften, die angesichts der sybaritischen Soldaten jene Melodie spielten, nach der die Pferde von Sybaris während der Paraden zu tänzeln gewöhnt waren. Auf diese Weise tanzten die Pferde zu den Flötenspielern hinüber. Die Geschichte weist allerdings einen Schönheitsfehler auf, das gleiche wurde nämlich von anderen Streitmächten auch erzählt. Sybaris fiel nicht, weil seine Pferde zum Gegner überliefen. Der Todeskampf dauerte siebzig Tage und fand erst dann ein Ende, als Kroton Verstärkung von Sparta erhielt.

Kroton nahm furchtbare Rache an Sybaris. Die Befestigungen wurden geschleift und ein Fluß so umgeleitet, daß seine Wellen die Ruinen bedeckten. Nichts durfte bleiben. Die Überlebenden wurden als Sklaven verkauft, und die Stadt verschwand vom Angesicht der Erde. Viele Jahre später gründete Perikles, in dem Bestreben, die alte Stadt zu neuem Leben zu erwecken, in der Nähe der Ruinen die Kolonie Thurii; Herodot wurde einer ihrer Gründer. Doch die neue Stadt erreichte weder die Berühmtheit noch die Macht von Sybaris, das in die Legende einging und für alle Zeiten zum Symbol des äußersten Luxus wurde.

KYRENE

Dürfen wir Herodot glauben, so verdankt die größte der griechischen Kolonien in Afrika ihre Gründung einem Mann von der Insel Thera, der an einem Sprachfehler litt und sich zum Orakel nach Delphi begab, in der Hoffnung, einen Rat für seine Heilung zu bekommen. Als Antwort auf seine Frage befahl ihm Apollo, nach Libyen zu segeln und dort eine Kolonie zu gründen. Tief enttäuscht kehrte er, immer noch an seinem Sprachfehler leidend, nach Thera heim; er wußte mit dem Spruch des Orakels nichts anzufangen. In seiner Heimat gelang ihm auch nichts nach Wunsch und er sandte neuerlich nach Delphi, nur um wieder die gleiche Antwort zu erhalten. Schließlich segelte er gemeinsam mit seinen Freunden auf zwei Fünfzig-Mann-Galeeren nach Libyen, doch als er die Küste erreichte, war er überzeugt, daß sich das Orakel geirrt haben müßte und so gab er das gesamte Unternehmen auf und wandte sich wieder nach Thera. Doch die Bewohner der Insel verwehrten ihm, das Land zu betreten. Wieder segelte er nach Libyen, und auf einer kleinen, der Küste vorgelagerten Insel gründete er eine Kolonie, doch war dieser kein Glück beschieden. Zwei Jahre vergingen. Die Siedler hungerten, fühlten sich elend und kamen endlich zu dem Schluß, daß durch längeres Verbleiben nichts zu gewinnen sei. Sie verließen die Insel, doch als sie Delphi erreichten, wurde ihnen befohlen, wieder zurückzukehren. Sie wurden belehrt, daß sie sich ja nicht in Libyen, sondern nur auf einer Insel vor der Küste des Landes niedergelassen hatten. So nahmen sie ihren Weg zum dritten Mal, landeten und fanden Führer, die ihnen einen Platz wiesen, an dem eine Quelle entsprang.

»Hier«, sagten die Führer, »ist der Platz für euch, hier hat der Himmel ein Loch.«

Der Überlieferung zufolge ließ sich Aristoteles von Thera mit seinen zweihundert Begleitern im Jahre 631 v. Chr. in Libyen nieder. Unter dem »Loch im Himmel« verstanden die Führer reichhaltige Regenfälle und die Fruchtbarkeit des Landes zog bald weitere Siedler an. Hier gab es einen gut bestellbaren Boden und weite Schafweiden. Mit der Zeit wurde Aristoteles zum *battus* oder König von Libyen und seine Nachkommen bewiesen mit dem Sieg über die Ägypter ihre Kraft. Libyen wurde griechisch und entlang der Küste erstreckten sich griechische Städte. »Du bist Herr über die mächtigsten Städte und dieses große Privileg ist das schimmernde Erbe deines Hauses«, schreibt Pindar in einer Ode an König Arkesilaus IV. von Kyrene im Jahre 462 v. Chr. Ein anderer König, Magas, war immerhin so berühmt, daß König Asoka von Indien seinen Namen auf ein Denkmal setzen ließ. Er regierte fünfzig Jahre, führte seine Streiter gegen Ägypten und starb, »indem er an seiner Leibesfülle erstickte«. Bis zur Zeit der Eroberung durch die Römer blieb Kyrene eine Macht, die nicht übersehen werden konnte; der Reichtum der Stadt stammte hauptsächlich von der Ausfuhr ihrer Wolle und einer seltsamen Pflanze namens Silphion, die in den trockenen Steppen wuchs und der man eine heilende Wirkung nachsagte. Es ist möglich, daß Silphion Stink-Asant (Asa fötida) ist, doch niemand weiß das genau.

Die Könige und Fürsten von Kyrene teilten die Prunkliebe mit den sizilianischen Tyrannen. Sie bauten dem Apollo weitläufige Tempel, pflegten die Kunst, förderten die Dichter und führten Schauspiele im Theater auf. Hier blühte griechische Kultur unter afrikanischer Sonne. In den Ruinen der großen Stadt wurden mehr als sechshundert Skulpturen gefunden; die mächtigen Säulen des Apollo-Tempels und Reste von zwanzig anderen Tempeln ragen dort gegen den Himmel.

Kyrenäische Kunst entwickelte einen eigenen Stil, wärmer und lebendiger als die Kunst des griechischen Mutterlandes. Kyrenäische Philosophen glaubten an das Streben nach Glück und viele Geschichten berichten von ihrem Hang zu maßvollem Wohlleben. Als Aristippos, der Schüler des Sokrates, für seine Lust am Luxus getadelt wurde, antwortete er: »Wäre Verschwendungssucht eine Sünde, wie sollten die Feste der Götter gefeiert werden?« Als man ihn dafür tadelte, daß er sich die berühmte Kurtisane Laïs als Geliebte hielt, sagte er: »Ich besitze sie, aber ich bin nicht von ihr besessen. Das beste im Leben ist, Vergnügungen zu genießen, ohne ihr Sklave zu sein, und sich niemals einen Genuß entgehen zu lassen.« Kyrene gleicht Sybaris, doch ohne so verweichlicht zu sein: heiter, vergnügungssüchtig, feinfühlig, voll der Liebe zum Leben unter einer strahlenden Sonne.

Heute kann man Kilometer um Kilometer durch die zerstörte Stadt wandern, die immer noch einen Eindruck griechischer Phantasie zu vermitteln vermag. Wenn überhaupt, so kann man hier eine Stadt sehen, bestimmt für ein Volk, das daran glaubte, dem menschlichen Geist gebühre ein Gewand friedlichen Wohllebens.

8 Die frühen Gesänge

Homer und Hesiod sprachen mit der ruhigen Weisheit des Alters; sie waren alte Männer oder doch zumindest in der Lebensmitte, die ihre Verse aus tiefer Lebenserfahrung heraus schrieben. Ihre Themen waren hehr und ernst, von Krieg und Bestimmung, vom Geschlecht der Götter und der Abhängigkeit der Menschen. Sie schrieben mit gesammeltem Ernst, immer den moralischen Zweck vor Augen, und es ist nahezu unvorstellbar, daß sie jemals jung gewesen sein sollten. Als hagere, bärtige Gestalten stehen sie, wie Engel, die mit flammendem Schwert die Pforten des Paradieses bewachen, am Beginn der griechischen Dichtkunst.

Ist auch Homer der unvergleichlich größere Dichter, so haben die beiden doch vieles gemeinsam. Beide waren sie Dichter des Marktplatzes, die ihre für den Vortrag im Freien bestimmten Verse dem Volk vorsangen, immer in dem Bewußtsein, daß Götter und Helden zu ihren Zuhörern zählten. Sie hielten sich für auserwählte Vermittler der Mythologie, Schöpfer der Legende, Hüter der Mysterien; ihre Aufgabe glich mehr der von Priestern denn von Dichtern. Ihre Sendung sahen sie darin, tapferen Männern von den Göttern zu berichten und die besondere Natur ihrer Verse schloß es von vorneherein aus, einfache Lieder von der Liebe, von der Ehe, von Ernte und Festen, von Dingen des täglichen Lebens zu singen. Sie waren weit entfernt von den Sorgen der einfältigen Masse.

Wir wissen, daß in der homerischen Zeit Tanzlieder gesungen wurden und ebenso muß es Liebes- und Trinklieder gegeben haben, uns sind jedoch keine überliefert. Wenn Homer den mit Szenen aus dem Leben der Götter und Helden verzierten Schild des Achilles beschreibt, so weist er auf eine Ecke, in der blumenbekränzte Knaben und Mädchen auf einem Tanzboden des lahmen Gottes Hephaistos tanzen. Hier handelt es sich eindeutig nicht um einen Dorftanz, denn die Umgebung stellt einen Palast dar. Die Jünglinge tragen »fein gewobene Wämse und schimmern von Öl; an den silbernen Gürteln hängen Dolche von Gold«. Sie halten einander an den Händen und tanzen im Kreis, während die Musikanten aufspielen und Akrobaten ihre Kunststücke zeigen. Man hört sie direkt zu den Klängen der Musik fröhlich singen. Der früheste, uns überlieferte Gesang ist eine Anrufung des Dionysos, gesungen von den Frauen von Elis.

Steig herab, Heros Dionysos,
Herab zu Deinem Tempel in Elis,
Zum heiligen Tempel, wo die Grazien wohnen
Die neckend haschen des Stieres Huf, den Du trägst.
Ein edler Stier, fürwahr, ein edler Stier.

Plutarch, durch den dieses Fragment erhalten ist, beschäftigte sich mit der Frage, warum die Frauen Dionysos in Gestalt eines Stieres anrufen. Wir, die wir heute mehr über die Stierkulte des alten Griechenlands wissen, sind weniger erstaunt. Der Rhythmus des Gesanges zeigt, daß es sich um einen Chor handelt, dessen Takt durch das Stampfen der Füße betont wurde.

Zu Beginn dieses Jahrhunderts wurde in Palaikastro auf Kreta ein anderes Spring-Lied, eingraviert auf beiden Seiten einiger zerbrochener Tontafeln, gefunden. Der Hymnus ruft zur Verehrung des jugendlichen Zeus, »dem Herrn des strahlenden Glanzes«. Bewaffnete Jünglinge umgeben den Altar des jungen Gottes, sie tanzen und singen zum Klang von Flöten und Harfen.

Zeigen die ersten uns bekannten Gesänge in ihrer Form auch den rituellen Hymnus, so lassen sie doch persönliche Tatkraft spürbar werden. Dort, wo der Dichter der homerischen Zeit oft rätselhaft unpersönlich ist, beginnt der Anbetende, da er sich auf die überschäumenden Krüge und die wolligen Tiere stürzt, die Poesie seinen eigenen Zwecken dienlich zu machen und bald genug wird es Gedichte voll Sehnsucht, Liebe und Trauer geben. Die griechische Überlieferung bewahrt eine Reihe von Namen vorhomerischer Dichter: Wir hören von Linos, Orpheus, Musaios, Eumolpos, Thamyris und Amphion. Die meisten von ihnen waren Lyriker und als im siebenten und sechsten Jahrhundert eine Gruppe von Dichtern, die im Rausch ihrer Freiheit alle ihnen wert erscheinenden Themen besangen, in Erscheinung trat, muß dem bereits eine lange lyrische Tradition vorangegangen sein.

Diese frühen Gesänge zeigen eine Frische und Unbefangenheit, die ahnen lassen, daß sich der Vorhang vor einer neuen Art der Poesie gehoben hatte. Verschwunden sind die schweren, rollenden Hexameter mit ihrer Strenge und Endgültigkeit, an ihre

Stelle sind leichtfüßige Verse getreten, fröhlich und plätschernd wie ein sommerlicher Bach. Da finden sich keine legendären Helden und fast keine Götter, wenn auch Aphrodite in der Nacht angerufen wird. Die Gewitterwolken haben sich verzogen, die letzten schweren Regenfälle sind niedergegangen. Feucht und schimmernd gleißt die Erde, strahlender denn je zuvor.

ARCHILOCHOS

Der erste bedeutendere Lyriker, der uns bekannt ist, war ein Gauner, der laut Pindar »sich an den Schmähungen seiner Feinde mästete«. Sein wirklicher Name war Telesiklides, aber er nannte sich Archilochos, was etwa »der große Gebieter« heißt – einer seiner der Nachwelt bescherten Scherze, welche sich ihrerseits damit revanchierte, ihn einfach »den Skorpion« zu nennen. Bastard eines aristokratischen Vaters und einer Sklavin, findet sich in ihm gleichermaßen ein Aristokrat wie ein Sklave.

Nach der Überlieferung verliebte er sich in ein Mädchen namens Neobule, Tochter des Lykambes. Sie waren bereits verlobt, als das Mädchen aus einem uns unbekannten Grund die Verbindung löste. Archilochos nahm seine Rache, indem er beide, Vater und Tochter, in seinen Versen mit geiferndem Gift überschüttete; er beschimpfte den guten Namen des einen und verhöhnte die Treue der anderen. Will man der Legende Glauben schenken, so erhängten sich die beiden schließlich.

Uns ist ein geradezu lächerlich kleiner Rest seiner Werke erhalten, doch auch dieser reicht, um von seiner wilden Kraft, gemischt mit einer Neigung zu Zärtlichkeit, zu zeugen. Viele seiner Gedichte zählen seine Abenteuer auf, die er auf der Insel Thasos und in der nördlichen Ägäis bestand. Er berichtet, wie er Paros, seine heimatliche Insel, in Armut und Verzweiflung verließ.

Ein freudig Lebwohl
Wünsch Paros ich dir, und bleib zurück du, mit jämmerlichen
Feigen und Fischen,

. . . und begab sich nach Thasos, um neue Feinde zu gewinnen. Er fand diese Insel nicht besser als die alte. Dazu kam als weiterer mißlicher Umstand, daß er auf Thasos gezwungen wurde, sich an einem Krieg zu beteiligen, der ihm nur geringen Vorteil brachte. Sein besonderer Haß galt dem Krieg, alten Weibern und dem Tod seiner Freunde; vor allem aber haßte er die Insel Thasos, »ein erbärmlicher Ort, kahl und rauh, wie der Rücken eines Schweins im Wasser«. Es scheint, als sei er ein guter Soldat gewesen, doch machte es ihm wenig aus, auf dem Schlachtfeld seinen Schild wegzuwerfen und um sein Leben zu rennen.

Mit dem Schild, den ich ungern bei einem Besuch zurückließ
Einem trefflichen Stück, prahlt nun ein saischer Mann;
Aber mein Leben trug ich davon. Was liegt mir an diesem
Schild? Demnächst kauf ich den gleichen mir nach.[1]

(*Griechische Lyrik, Seite 34*)

Die alte Ordnung war gewiß tot oder dem Untergang geweiht, wenn ein Mann von seinem Schild in den gleichen Worten wie von einer Hure sprach. Für Huren hatte er etwas übrig, waren sie doch die einzigen Frauen, die er für Geld haben konnte, doch fand er ihre Preise zu hoch und ihre Beine zu fett. Er liebte die Gesellschaft seiner Gaunerfreunde und zog kämpfend und hurend durch Thrakien und Euböa. Immer unglücklich in seinen Liebschaften und streitend mit seinen Freunden, fand er sein größtes Vergnügen in der Bosheit. Er war der erste Dichter des Hasses, aber er war auch, und das ist von viel größerer Bedeutung, der erste Dichter lyrischer Zartheit.

Sie freute sich an der erblühten Rose und
Dem Myrtenzweig in ihrer Hand. Das Haar
Beschattete die Schultern und den Hals.

(*Griechische Lyrik, Seite 35*)

Und wenn er sagt:

Auf Haupt und Brüsten duftete das Myrrhenöl.
Da hätte auch ein Greis die Sehnsucht noch gespürt,

so wird er uns, wie durch ein Wunder, über Jahrhunderte hinweg plötzlich gegenwärtig. Er schrieb einmal, daß einem Mann nach seinem Tod von seinen Landsleuten niemals Ehre zuteil

[1] Griechische Lyrik. Zusammengestellt von Gerhard Wirth

werde. Das ist nicht wahr. Die Griechen behielten ihn in Erinnerung, sie haßten den Mann und liebten den Dichter um so mehr, denn von ihm nimmt man an, er wäre der erste gewesen, der jemals in Jamben geschrieben hat. Er verfaßte sein eigenes, vollendetes Epitaph:

Ich bin beides: dem Gott des Krieges bin ich Gefolgsmann
Und verstehe die Kunst, welche die Musen verleihen.

ALKMAN

In der Mitte des siebten Jahrhunderts v. Chr. wirkte in Sparta der Dichter Alkman. Im Gegensatz zu Archilochos war er Berufsdichter, dessen wichtigstes Geschäft es war, Gesänge für jeden Tempel und jede zahlungskräftige Gruppe zu schreiben. Klement von Alexandria nennt ihn den ersten Dichter des Chorgesanges, Suidas den ersten der Liebesdichtung. Der Kritiker Antipater von Thessalonike sagt, er wäre »der Beherrscher der neun Musen« und irgendwie fühlen wir, daß Alkman genau das gewesen ist.

Dort, wo Archilochos nichts als Feuer und Gift ist, ist Alkman nur lyrische Zartheit. Niemals hebt er seine Stimme, nie geht er über die Schranken seiner Erfahrung hinaus; er verbirgt seine Kunst, die um so mehr zu Tage tritt, weil sie so sorgfältig verborgen wird. Er dürfte aus Sardes, der Hauptstadt Lydiens, gekommen sein und sich in Lakonia niedergelassen haben. Alles, was wir über ihn wissen — und das durch die dubiose Autorität eines Athenäos — ist, daß er sich in eine junge Frau mit dem äußerst sonderbaren Namen Megalostrata verliebte und wahrscheinlich war sie es, der das folgende Gedicht bestimmt war:

Nicht mehr, ihr Mädchen, die ihr so erregend und süß euer
Lied singt,
Wollen die Füße mich tragen. O daß ich ein Eisvogel wäre,
Der überm Schaum der sich wälzenden See auf den
Schwingen der Weibchen
Furchtlosen Herzens sich wiegt, der geheiligte, meerdunkle
Vogel.

(Griechische Lyrik, Seite 43)

Ein Mann, der solche Dinge schreiben kann, muß unvermeidlich in die Legende eingehen. Einige sagen, er wäre ein Sklave des Spartaners Agesilaos gewesen, andere, er wäre aus Sardes von den Kimmeriern geraubt und vielleicht nach Sparta verkauft worden, wo ihm seine Lieder die Freiheit brachten. Doch gelingt es der Legende nicht, Licht auf seine Persönlichkeit zu werfen. Archilochos nennt sich einen Diener des Kriegsgottes, Alkman bezeichnet sich als einen Diener der Göttin Artemis, der Schwester des Apoll.

Er scheint der erste gewesen zu sein, der von der rührenden Schwäche, menschliche Gefühle und Emotionen vorsätzlich in die Natur zu projizieren, Gebrauch machte. Das empfindsamste der erhaltenen Gedichte beschreibt das Herannahen des Schlafes:

Nun ruhen der Berge Gipfel und Schluchten,
Die Matten und Täler der Flüsse,
Alles Gewürm, das die dunkle Erde gebiert,
Das Wild im Wald am Gebirg
Und die schwärmenden Völker der Bienen,
Die Ungetüme am Grunde des purpurnen Meeres;
Nun ruhen die vielen schmalgefiederten Vögel.[2]

(Griechische Lyrik, Seite 43)

Abgesehen von diesen und einigen anderen Fragmenten wäre uns von Alkman nahezu nichts bekannt, hätte man nicht dank einer glücklichen Entdeckung einen seiner langen Choräle in der ägyptischen Wüste gefunden. Auguste Mariette, der französische Archäologe, der das Serapeum in Memphis aufdeckte, fand 1855 nahe der zweiten Pyramide von Sakkara einen Papyros, mit dem Fragment eines *partheneion*, eines Hymnus, bestimmt von einem Mädchenchor zu Ehren der spartanischen Göttin Orthia gesungen zu werden. Geheimnisvoll ist dieses Bruchstück, denn wir ahnen nicht, zu welchem Anlaß es gesungen wurde, noch warum die Mädchen, Priesterinnen vielleicht, von rivalisierenden Schönheiten sprechen. Ebenso geheimnisvoll sind die Namen, von denen einige gebräuchliche Namen sind, während andere Priestertitel zu sein scheinen. Insgesamt waren elf Mädchen an diesem Gesang beteiligt, geführt von Hagesichora, was

[2] Griechische Gedichte. Herausgeber Horst Rüdiger

soviel wie »Leiter des Chores« bedeutet. Nirgends findet sich ein eindeutiger Hinweis, wann eine Sängerin aufhört und eine andere fortfährt.

Es gibt eine Strafe der Götter.
Glücklich, wer wohlgemut
Den Tag zu Ende flicht
Ohne Tränen.
Ich aber singe
Das Lied Agidos, ich sehe
Auf sie wie die Sonne, die uns
Agido anruft
Zu scheinen.
Aber die glanzvolle Reigenführerin
Läßt mich nicht sie im geringsten loben
Oder tadeln.
Denn sie selber glaubt
So hervorzustechen, wie wenn einer
Unter Weidetiere ein Pferd stellte,
Ein schönes preisholendes fußstampfendes
Von den Träumen, die unter den Felsen hausen.
Siehst du nicht? Der Renner
Ist enetisch. Und die Mähne
Meiner Base
Hagesichora strahlt
Wie lauteres Gold.
Und ihr silbernes Antlitz –
Was rede ich lange?
Hagesichora ist hier:
Als zweite nach Agido an Schönheit
Wettrennt sie gegen den Ibener als Kolaxaier.
Die Pleiaden kämpfen für uns,
Die wir der Orthia ein Pharos bringen,
In der göttlichen Nacht aufgehend
Wie das Siriusgestirn.
Denn weder Purpurs ist
Ebensolche Fülle, um sich damit zu wehren,
Noch gewundener Schlangenring
Ganz aus Gold, noch ein lydisches
Kopftuch, der Schmuck
Schmelzäugiger Mädchen,

Noch haben sie die Haare der Nanno
Noch die göttergleiche Areta
Noch Thylakis noch Kleisithera.
Und du wirst nicht ins Haus Ainesimbrotas gehen müssen
und sagen:
Hätte ich doch Astaphis
Und blickte mich Philylla an
Und Damareta und die liebliche Ianthemis –
Denn ist nicht
Hagesichora mit den schönen Fesseln hier daneben?
Dicht bei Agido bleibt sie
Und verherrlicht meine Speisung.
Nehmt ihre Gebete, Göttinnen,
Gnädig an. Denn bei den Göttinnen steht Vollendung
Und Ende. Chorleiterin,
Möchte ich sagen, ich Mädchen
Allein, eitel würde ich krächzen vom Dach
Wie die Eule. Ich möchte aber der Aotis am besten
Gefallen. Denn von Mühsalen
War sie uns Heilerin.
Dank Hagesichora kamen die Mädchen schon früher
Zu lieblichem Friedensende.

(Griechische Lyrik, Seite 41)

SAPPHO

Sprachen die Griechen von Sappho, so nannten sie sie einfach »die Dichterin«, wie Homer für sie »der Dichter« war. Es war nicht nur, daß es keine gab, die ihr vergleichbar gewesen wäre, sie vereinigte in sich vielmehr alles, was die Griechen von einem Dichter weiblichen Geschlechtes erwarteten; den wahren Klang glühender Leidenschaft, gefaßt in Verse von makelloser Reinheit. Es gab eine Reihe anderer Dichterinnen, doch ging die allgemeine Ansicht dahin, daß, was die perfekte Beherrschung der Sprache anbetrifft, ihr niemals jemand gleichkam. Sie war eine souveräne Meisterin der Sprache und in der gesamten griechischen Literatur sind es vielleicht nur drei andere, die eine solche Perfektion erreichten.

Sie wurde ungefähr um die Mitte des siebenten Jahrhunderts in Eressos auf der Insel Lesbos geboren; als sie noch ein Kind war, übersiedelte ihre Familie nach Mytilene. Der Überlieferung zufolge soll sie klein, zart und nicht besonders schön gewesen sein, denn Haar, Augen und Haut waren dunkler als dies unter den Griechen üblich war. Ein früher Geschichtsschreiber nennt sie eine Nachtigall mit häßlichen Flügeln, eingeschlossen in einen lächerlich kleinen Körper. Einer ihrer Brüder war Mundschenk, ein anderer Weinhändler, der zwischen Mytilene und Naukratis segelte, und die Legende sagt von ihm, er hätte so viel Geld gescheffelt, daß er die bekannte Kurtisane Doriche »zu einem hohen Preis« kaufen konnte. Alles, was wir mit einiger Sicherheit von ihr wissen, ist, daß sie von dem Tyrannen Pittakos verbannt wurde, als die Adeligen einen Aufstand versuchten, daß sie Syrakus besuchte und später an ihren Geburtsort zurückkehrte. Eine Geschichte erzählt, sie habe sich aus unglücklicher Liebe zu dem Fährmann Phaon von dem leukadischen Felsen gestürzt, doch gibt es keinen Beweis für die Wahrheit dieses Berichtes. Viele ihrer Gedichte gelten jungen Mädchen und man nimmt an, sie habe eine Schule junger Dichterinnen geleitet, die sie dazu ermunterte, Liebesgedichte zu schreiben, doch weist nichts in ihren Gedichten auf die Richtigkeit dieser Annahme. Es ist auch nicht bewiesen, daß sie Lesbierin war, eine Bezeichnung, die für ihre angeblichen Liebesaffären erfunden wurde. Sie war mit einem Mann von der Insel Andros verheiratet, hatte Kinder und lebte lange.

Von ihren Werken blieben uns ungefähr hundert Fragmente und einige vollständige Gedichte erhalten. Das Gesamtwerk dürfte bis ins 16. Jahrhundert bestanden haben, denn Peter von Alkhona erinnert sich, Demetrios Chalkondyles habe ihm erzählt, die Bischöfe der griechischen Kirche hätten erst vor kurzem die Gedichte der Sappho verbrannt, gemeinsam mit denen des Anakreon, Bion, Alkman und Alkäus. Dieser Verlust ist durch das Bewußtsein, daß die Werke mehr als zweitausend Jahre überlebt hatten, noch schwerer zu ertragen.

Sapphos größter Anspruch auf die Unsterblichkeit beruhte darauf, daß sie es war, die in die Dichtung eine rührende, bisher unbekannte Innigkeit brachte. »Mein Herz gleicht dem eines Kindes«, sagt sie einmal, und sie besitzt die Direktheit, die Launenhaftigkeit und die Großzügigkeit eines Kindes. Sie hält nichts zurück. In einfachen, sprechenden Worten strömt »nicht eine, nein, eine Versammlung von Leidenschaften« aus ihr. Das war die Ansicht von Longinus, der eines ihrer Gedichte vor dem Vergessenwerden bewahrte.

Gleich den Göttern scheint mir der Mann zu sein, der
deiner Schönheit Pracht gegenübersitzet,
und zu dem du beugest den Nacken, der dein süßes Geflüster
höret, und das Lächeln voll Lustbegierde.
Ha, mir hat's das Herz in der Brust erschrecket!
denn sobald ich dich nur erblickte: kam auch nichts mir von Laut mehr,
sondern war gebrochen die Zung; ein feines
Feuer unterlief mir die Haut urplötzlich;
vor den Augen wird es mir dunkel; und mir braust's in den Ohren;
kalte Schweiße rinnen herab auf einmal;
ganz ergreift ein Zittern mich; blasser bin ich
wie Heu, und als stürb ich ein wenig, bleibet aus mir der Atem.
Alles muß gewagt sein.

(Griechische Gedichte, Seite 45)

So schreibt sie mit einer Art ruhiger Unabänderlichkeit, jedes Wort fällt genau auf seinen Platz, gleichsam als wäre es ihr gerade in diesem Augenblick in den Sinn gekommen. Hinter aller Klage um verlorene Liebe, ferne Geliebte und um die Vergänglichkeit der Leidenschaft steht die Heiterkeit. Das gebrochene Herz wird heilen, das versengte Gras des Herbstes wird grünen. Sie ist die Dichterin der hoffnungslosen Liebe, aber aus ihren Gedichten spricht die niemals vergehende Hoffnung der Liebenden.

Uns ist überliefert, sie habe neun Bücher mit Gedichten geschrieben, die wahrscheinlich rund vierhundert Seiten umfaßten, doch kennen wir sie am besten durch die lebensvollen Fragmente, die von den alten Scholastikern zitiert oder von dem ägyptischen Sand befreit wurden. Diese Bruchstücke haben den Klang eines vollendeten Gedichtes und manchmal fragen wir uns, wie hier noch etwas hinzugefügt werden könnte.

Eine schöne Tochter hab ich.
Über ihrem Körper
Liegt ein Goldhauch wie von Blumen:
Kleis, die ich liebe.
Und ich ließe sie nicht, sollt ich
Auch ganz Lydien haben
Und das holde Lesbos.

(Griechische Lyrik, Seite 80)

Mit simplen Dingen wie Äpfel und Blumen baut sie mit schwereloser Leichtigkeit eine Welt; eine Welt, so strahlend und so voll Freude, wie sie die minoischen Künstler dargestellt haben. Und wirklich scheint sie weniger Griechin als Minoerin und die von Sir Arthur Evans entdeckten Fresken sind die besten Illustrationen zu ihren Gedichten. Sie besingt die Last der Liebe, doch hat diese Last nicht Zeit niederzusinken; von allen frühen Dichtern ist sie die lebendigste. Die Morgenröte schimmert auf Lippen und Augen ihrer jugendlichen Liebenden.

Ihre längeren Gedichte gleichen Stücken, die augenscheinlich für besondere Gelegenheiten geschrieben wurden. Eine Ode an die »strahlend thronende, unsterbliche Aphrodite« zählt die Ängste der Liebe in ruhiger Offenheit auf und endet mit einem Anruf der Göttin mit der Bitte um Hilfe. Diese Gedichte sind wahrscheinlich geschrieben, um sie bei einem der Feste zu Ehren der Göttin zu rezitieren. Sie zeigen stilisierte Vornehmheit und getragene Erregung, aber wir fühlen uns der Dichterin nicht mehr nahe. Die Bruchstücke verraten uns mehr, so wenn sie sagt:

Ich kann nicht, süße Mutter,
Nicht mein Gewebe weben,
Mich quält ein schöner Knabe,
Die böse Liebe quält mich.

(*Griechische Gedichte*, Seite 53)

ALKÄUS

Während Sappho ihr Entzücken an der Weiblichkeit verkündet, preist ihr Freund Alkäus die Männlichkeit. Auch er kam aus Lesbos und wie Sappho war er während der Tyrannenherrschaft gezwungen, von der Insel zu flüchten. Er war ein Schaumschläger, der sein Leben viel zu sehr liebte, um es in einem Krieg aufs Spiel zu setzen. Wir hören, daß er gegen die Athener um den Besitz von Sigeum gekämpft und seinen Schild, als er rennend das Schlachtfeld verließ, weggeworfen habe; seine Feinde fanden den Schild und hingen ihn, als Denkmal seiner Feigheit, an einen Baum. Man sagt von ihm, er habe, bevor er 580 nach Lesbos zurückkehrte, Thrakien und Ägypten bereist.

Quintilian glaubt, er hätte an Homer heranreichen können, hätte er sich nicht durch Possen und Zoten erniedrigt. Nicht, daß es Homer auf diesem Gebiet gemangelt hätte, doch Alkäus war viel zu sehr ein Blender, um sich auf einem hohen Niveau behaupten zu können. Die noch erhaltenen Bruchstücke zeigen ihn als einen Mann, der wippende Federn und glitzernde Helmzier liebt, doch zog er vor, diese friedlich an der Wand hängen zu sehen:

Erzen funkelt das große Haus;
In der Halle glänzt Helm an Helm zum Ruhme des
Kriegsgottes. Roßschweife nicken weiß
Von den Bügen herab, ein ehrenvoller Schmuck
Für das Haupt eines jeden Mannes.
Viele Beinschienen runden ihr erhelltes Erz
Um die Pflöcke, an denen sie
Hangen rings, die Erwehrer eines starken Wurfs.
Neue Panzer aus Linnen sind
und daneben gehöhlte Schilde aufgehäuft.
Schwerter liegen aus Chalkis da,
Gürtel ferner und Waffenröcke sonder Zahl.
Ihrer dürfen wir aber nicht
In der Stunde vergessen, da das Werk beginnt.

(Griechische Lyrik, Seite 64)

Sie sollten nicht vergessen werden, sicher! aber sie sollten auch nicht zu sehr im Gedächtnis bleiben, denn da gab es noch andere und wichtigere Dinge, die zu beachten waren. Trinken und Huren. »Wasch deinen Schlund mit Wein«, singt er und findet einen wohldurchdachten Vorwand für das Zechen an heißen Sommertagen.

Schütte kühlenden Wein
Über das Herz!
Siehe der Hundsstern steigt!
Dieser Sommer ist schwer.
Glutüberhaucht.
Dürstet die ganze Welt
Und die Baumgrille singt
Süß aus dem Laub.
— — —
Auch die Golddistel blüht.
Wild und verrucht

Träumen die Frauen jetzt.
Doch die Männer sind matt,
Da ihren Kopf,
Da ihre schnellen Knie
Jetzt der Sirius dörrt . . .

(*Griechische Lyrik, Seite 62*)

Alkäus findet ausgezeichnete Entschuldigungen für sommerliche Trinkgelage und ebensogute für ein Gelage im Winter.

Zeus kommt im Regen, mächtig vom Himmel braust
Der Wintersturm, schon stockt der Gewässer Lauf
Im scharfen Frost, und kaum im Wetter
Hält der bewipfelte Forst sich aufrecht.

Beut Trotz dem Eiswind! Schür auf dem Herd empor
Die Lohe, schenk süßpurpurnen Traubensaft,
Schenk reichlich und zum Trunk gelagert
Lehne das Haupt in die weichen Kissen.

(*Griechische Gedichte, Seite 55*)

Alkäus ist ein Archilochos, doch ohne dessen Gift, was erklärt, warum Horaz ihn liebte. Umgänglich, freundlich, tolerant gegenüber allem außer der Tyrannei, scheint er sein Leben ruhig im stillen Wasser verbracht zu haben. Seine strotzende Männlichkeit und seine unverhüllte Freude an der Sinnenlust bewahren seine Verse davon, vulgär zu sein; unter der mühelosen Leichtigkeit liegt Stärke und Kraft. Wenn er im Fluß badende Mädchen beschreibt, so verwandelt er sie in die unvermeidlichen Göttinnen, doch läßt er uns an ihrer Gesellschaft teilhaben:

Hebros, allerschönster von allen Flüssen
Hier bei Ainos gleitest du breiten Laufes
Durch der Thraker roßreiches Land dich brechend
Purpurnem Meer zu.
Viele Mädchen suchen dich auf, mit weichen
Armen schöpfen sie von dem klaren Wasser,
Das wie Salböl rinnt, ihrer weichen Hüften
Haut zu benetzen.

(*Griechische Lyrik, Seite 65*)

Es entbehrt nicht einer gewissen Ironie, daß Anakreon, der ein Leben in Wollust und Trunkenheit verbracht hatte, im Alter von fünfundachtzig Jahren an einem in der Kehle steckengebliebenen Traubenkern sterben mußte. Doch liegt die Annahme nahe, daß er weder besonders wollüstig noch dem Weine ergeben war und vermutlich ist er infolge hohen Alters gestorben. Seine erotischen Werke riechen zu sehr nach Theorie, um wirklich zu überzeugen. Er zeigt sich uns als ein Mann haltlosen Liebesgenusses und er möchte uns glauben lassen, er wäre ein phantasievoller Liebhaber gewesen, aber er ist damit nicht sehr erfolgreich – doch auf seinem ureigenen Gebiet, der Anbetung der Liebe, blieb er unerreicht.

Er wurde ungefähr 570 v. Chr. in Teos geboren und fünfundzwanzig Jahre später infolge der Eroberung Ionies durch die Perser aus der Stadt vertrieben. Er ließ sich in Abdera in Thrakien nieder und war einer der Gründer der teianischen Kolonie; er war Zeuge einiger Kämpfe, doch erklärt er vorsichtig, er habe gleich Archilochos und Alkäus seinen Schild fortgeworfen. Eine Weile lebte er am Hofe des Polykrates, des Tyrannen von Samos, bis er aufgefordert wurde, nach Athen zu kommen, wo er sich bei den Athenern so beliebt machte, daß sie Jahre später seine Statue auf die Akropolis stellten; Plutarch berichtet uns, die Statue habe ihn »singend im Rausche« gezeigt. Auf der Akropolis war außer ihm kein Standbild eines Dichters zu finden und es ist unwahrscheinlich, daß ihm von den Athenern solche Ehre zuteil geworden wäre, hätte er sich nicht als ein Dichter von erstaunlicher Kraft erwiesen.

Nur unzulängliche Überreste seines Werkes haben die Zeiten überdauert; seine wirkliche Größe kann eine Handvoll uns erhaltener Gedichte höchstens ahnen lassen. Wenn er wollte, konnte er so boshaft wie Archilochos sein, wie sein Gedicht vom Glück des jungen Artemon zeigt, der von tiefster Armut zu höchstem Reichtum gelangt war.

Während er sonst
Lumpen als Hemd
Sich umtat, die er eingeschnürt,
Holzwürfel im
Ohrläppchen, trug

Und seine Rippen deckte mit
Der Kahlheit eines Ochsenfelles,

Das einen Schild
Schäbig umgab,
Bevor er's wusch, der Hurenknecht,
Der von Betrug
Lebte und Lug,
Der widerliche Artemon,
Der Brotverkäuferinnenfreund;

Während er sonst
Oft auf dem Block
Und oft aufs Rad den Nacken bog,
Oftmals den Hieb
Klatschenden Tons
Der Geißel auf dem Nacken spürt'
Und schimpflich Bart und Haar verlor,

Fährt er jetzt im
Wagen einher,
Hat goldne Ringe um den Hals
Und hebt voll Stolz
Über sein Haupt
Den Sonnenschirm aus Elfenbein,
Der Sohn der Kyke, wie ein Weib . . .

(*Griechische Lyrik, Seite 140*)

Das Bild des Anakreon, des glücklichen Sklaven seiner Lust, wurde von seinen Nachahmern gefördert. Er schrieb über Rosengirlanden und Myrrhenduft, doch waren dies nur Dekorationen seiner Gelegenheitsgedichte. Wenn er über das Herannahen des Alters spricht, so klingt er viel glaubhafter:

Auf mich werfend den Purpurball
Winkt mir Eros im Goldgelock,
Mit dem farbig beschuhten Kind
Spielend mich zu ergötzen
Doch sie ist aus dem herrlichen
Lesbos, und es mißfällt ihr mein
Graues Haar, denn ein anderes gibt's,
Dem sie brünstiglich nachschaut.

(*Griechische Gedichte, Seite 75*)

Als er einmal gefragt wurde, warum er keine Hymnen an die Götter schreibe, antwortete er: »Unsere Lieben sind unsere Götter.« Nicht die abstrakte Liebe, sondern heiße Sehnsucht ist das Thema seines größten Gedichtes; die sanften Anakreontiker erblassen vor dem glühenden Leben, das sich hier verströmt.

Trink ich ihn, den Saft der Reben,
Gleich erwarmet meine Seele
Und beginnt in hellen Tönen
Einen Preisgesang der Musen.

Trink ich ihn, den Saft der Reben,
Alsbald streu ich meinen Kummer,
All mein Zweifeln, all mein Sorgen
In den Braus der Meereswinde.

Trink ich ihn, den Saft der Reben,
Läßt mich Bakchos, der des Schmerzes
Bande löset, Blumen atmend
Süßberauscht im Tanze schwanken.

Trink ich ihn, den Saft der Reben,
Wind ich Blumen mir zu Kränzen,
Schmücke meine Stirne, singe
Von des Lebens stillem Glücke.

Trink ich ihn, den Saft der Reben,
Mag ich, schön von Salben duftend
Und im Arm das Mädchen haltend,
Gerne von Kythere singen.

Trink ich ihn, den Saft der Reben,
Wie entzückt ein Kreis von Mädchen
Mich, wo volle tiefe Becher
Erst mir Geist und Sinn erweitern!

Trink ich ihn, den Saft der Reben,
Mir vor Tausenden gewinn ich,
Was ich scheidend mit mir nehme;
Doch den Tod teil ich mit allen.

(Griechische Lyrik, Seite 151)

Der griechische Genius der lyrischen Poesie erblühte in Asien und auf den Inseln. Archilochos von Paros, Alkman von Sardes, Sappho und Alkäus von Lesbos und Anakreon von Teos legten den Grundstein für die Dichtkunst des klassischen Zeitalters, aber es ist wichtig, nicht zu vergessen, daß sie aus dem Osten kamen und mit sich eine Größe und einen Überfluß brachten, die den Griechen des Mutterlandes fremd waren. Nach ihnen sang niemand mehr so lebensvoll. Pindar schwingt sich in unermeßliche Höhen, Aischylos komponiert mit vollem Orchester und Sophokles schreibt Verse von so ziselierter Klarheit, als forderten sie, in Marmor gehauen zu werden, doch die Griechen selbst blickten immer mit einem Gefühl der Sehnsucht auf die Zeit der frühesten Dichter zurück.

Traurig stehen wir heute vor den Trümmern, die uns aus den grandiosen Anfängen des westlichen Gedichtes erhalten geblieben sind.

9 Die herrlichen Spiele

Doch wenn dich's, mein trautes Herz
Drängt, ein Kampfspiel zu preisen,
Dann zur Sonne nur den Blick!
Denn es schwebt durch den leeren Äther
kein Gestirn bei Tage, das mehr
leuchtet und erwärmt;
So auch glänzt Olympia, nichts
Schöneres blüht deinem Sang.

(Pindar, Die erste olympische Ode)

Im heroischen Zeitalter war das Leben im allgemeinen seßhaft und eng verbunden mit der heimatlichen Erde. Die Bauern wurden Soldaten und wieder Bauern, wie es die Herrscher befahlen; aber allmählich wuchs eine neue Generation von Griechen heran — ungebunden, abenteuerlustig und nicht mehr erzitternd vor der Macht der Tyrannen. In einem friedlichen Zeitalter brauchten die Menschen weder Prinzen noch Tyrannen.

Rivalität lag in der Luft. Hesiod hatte von zwei Möglichkeiten des Wetteiferns gesprochen: die eine führte zum Krieg, die andere zu gesunder Konkurrenz und Wohlstand. »Der Nachbar«, schreibt er, »beneidet den Nachbarn, der reich wird.« Die Kolonien wetteiferten miteinander ebenso wie die Individuen, und allmählich setzte sich die Erkenntnis durch, daß es eine friedliche Rivalität zwischen den Städten und den Stadtstaaten geben könne. Damit war das Klima für die großen Spiele auf dem Festland geschaffen, bei welchen ein friedliches Kräftemessen stattfinden sollte.

Die Leute von Elis nahe der Westküste der Peloponnes behaupteten, die Olympischen Spiele wären von Herakles gegründet und später von König Iphitos 776 v. Chr. neu organisiert worden oder — denn niemand war sich seiner Sache ganz sicher — sie wurden ursprünglich von König Önomaos ins Leben gerufen, der in den Tagen nach der deukalischen Flut in Elis herrschte. Nach der Legende wurde dem König von einem Orakel befohlen, seine Tochter Hippodamia demjenigen zur Frau zu geben, der ihn im Wagenrennen besiegen konnte, während jeden der Tod erwarten sollte, der unterlag. Es war eine gewaltige Strecke für ein Wagenrennen, denn sie begann nahe Elis und endete nach guten fünfzig Meilen in Korinth. Dem Kandidaten wurde ein kleiner Vorsprung gewährt, denn König Önomaos hatte von Poseidon Zauberpferde erhalten, mit denen er jeden einholte, bis es schließlich Pelops, dem Ahnherrn des Hauses der Atriden, gelang, den königlichen Wagenlenker Myrtilos zu bestechen, daß er die metallenen Lünsen am Wagen seines Herrn durch wächserne ersetzte, so daß der König stürzte und sich das Genick brach. Pelops heiratete Hippodamia und als er starb, wurden bei seinem Begräbnis ihm zu Ehren Spiele abgehalten. Noch Jahrhunderte später, bis zur Zeit des Pausanias, wurde der Sarg mit den Gebeinen von Pelops und sein goldgeschmücktes Schwert in Olympia gezeigt, ebenso wie das Grab von König Önomaos und die Gräber aller Freier von Hippodamia.

Alles, was wir mit Sicherheit sagen können, ist, daß um das Jahr 776 v. Chr. in Elis ein kleines, lokales Festspiel zu Ehren von Herakles, Pelops oder zu beider Ehren abgehalten wurde. Der Ruhm dieser Spiele verbreitete sich schnell und bald spannen sich mehr und mehr Legenden um den Ort. Hera wurde zur Schutzgöttin der Zeremonien, Zeus scheint seinem Weibe gefolgt zu sein, und ihm folgte Kronos. Ungefähr hundert Jahre lang mischten und verflochten sich die Legenden, bis schließlich Zeus die Oberhand gewann. Aus einem bescheidenen, lokalen Festspiel wurde das große, nationale Fest aller Griechen, und sämtliche Ereignisse wurden von seiner Gründung an datiert, die 776 v. Chr. stattgefunden haben mag oder auch nicht.

Zu Ehren von Zeus wurde der Schutthaufen der Stadt Pisa, die in einem Krieg zerstört worden war, Olympia genannt. Hier wurden Tempel errichtet und Kampfbahnen ausgesteckt. Vorerst begnügte man sich mit einfachen Wettläufen, doch bald wurde eine Vielzahl von Wettkämpfen und Rennen miteingeschlossen. Da gab es Konkurrenzen im Speerwerfen, im Ringen und im Faustkampf, im Wagenrennen, ja sogar im Maultierrennen, obwohl letzteres später wieder fallengelassen wurde. Die Spiele nahmen eine solche Bedeutung an, daß für ihre Abhaltung ein hellenischer Waffenstillstand proklamiert wurde, und Boten in der Kleidung und mit den Insignien eines Hohen Priesters von Olympia unter sicherem Geleit in alle Richtungen auszogen, um den Beginn der Spiele in der ganzen griechisch sprechenden Welt zu verkünden. Einen dieser Boten zu verletzen, hätte bedeutet, den Zorn des Zeus heraufzubeschwören, und schwere Strafen wurden für ein derartiges Vergehen festgesetzt. Jedes vierte Jahr herrschte während des achten auf die Wintersonnenwende folgenden Monats Frieden. Es war Sommer und die Bauern ruhten von der Arbeit aus.

Die Spiele stellten ein Ventil für den Überschuß an Energie dar, der sich sonst wahrscheinlich in Beutezügen ausgelebt hätte. Jetzt war es nicht mehr nötig, in das Nachbarland einzufallen, um Reichtum und Beute zu erlangen, bei den Spielen waren viel größere Schätze zu gewinnen. Äußerlich bestand der Schatz in nichts anderem als in einem Kranz aus den Blättern des heiligen Lorbeerbaumes, den Herakles der Sage nach gepflanzt haben soll; die Blätter wurden von einem edlen Jüngling, dessen beide Eltern noch am Leben sein mußten, mit einem goldenen Messer geschnitten. Der Lorbeerkranz zerfiel bald zu Staub; aber er war nur ein Symbol der ewigen Ehren. Die Sieger blieben unvergessen.

Im fünften Jahrhundert v. Chr. verfaßte ein Gelehrter aus Eleusis, namens Hippias, eine Liste aller Gewinner der Wettläufe seit dem Jahre 776 v. Chr. Plutarch bezweifelte die Richtigkeit der Liste mit der Behauptung, »sie beruhe nicht auf glaubwürdigen Quellen«, und es ist durchaus möglich, daß Hippias von Mitleid mit seiner eigenen Stadt beeinflußt wurde. Aber die Liste ist fast sicher von 600 v. Chr. an korrekt, und da sie bis 394 n. Chr., der Regierungszeit von Theodosius, fortgesetzt wurde, sind wir im Besitz eines eine Periode von tausend Jahren umfassenden Berichtes über die Olympischen Spiele, welcher uns die Männer, die an ihnen teilnahmen, in einem erstaunlich klaren Licht sehen läßt.

Die Prachtentfaltung bei den Festspielen in Olympia übertraf bei weitem alle anderen ähnlichen Anlässe. Die *hellenodikai*, die Richter der Hellenen, überwachten in ihren purpurnen Gewändern die Organisation der Spiele. Trompeter verkündeten den Beginn jedes einzelnen Wettkampfes. Zeus wurden feierliche Opfer dargebracht, und auf seinem Altar verbrannte man das Fleisch weißer Ochsen. Die Wettläufe kamen immer zuerst, aber es waren die Wagenrennen, die am meisten Begeisterung hervorriefen, denn sie waren am gefährlichsten. Das Rennen begann, wenn »sich der Adler emporhob und der Delphin untertauchte« – wahrscheinlich handelte es sich dabei um einen unterstützten Balken mit einem sehr schweren Delphin an einem und einem viel leichteren Adler am anderen Ende. Die Rennbahn erstreckte sich über neun Meilen. Manchmal nahmen bis zu vierzig vierspännige Wagen am Wettkampf teil. Wagenrennen waren für die Wohlhabenden, und die reichen Sizilianer gehörten stets zu den Anwärtern für den ersten Preis; allerdings nicht immer mit Erfolg, denn als Dionysos von Syrakus an einem Rennen teilnahm, wurde sein Wagen von den Feinden der Tyrannei umgeworfen.

Die Wagenrennen wurden am Morgen abgehalten. Am Nachmittag folgte der *Pentathlon* (Fünfkampf), ein kombinierter Wettbewerb, bestehend aus Laufen, Springen, Ringen, Speer- und Diskuswerfen. Wenn abends der goldene Mond aufging, nahmen die Sieger an den Prozessionen teil und stimmten in die Hymnen ein.

Am dritten Tag wurden Zeus weitere Opfer dargebracht und am Nachmittag folgten die Wettkämpfe der Knaben. Sie liefen um die Wette, rangen und boxten, und man sagte, daß nicht einmal die Hunde der Faustkämpfer ihre Herren nach diesen Kämpfen wiedererkannten. Aber wenn die Boxkämpfe schlimm waren, so war der *Pankration* am vierten Tag noch ärger. Es war dies ein unbewaffneter Kampf brutalster Art, in welchem Ausrenken der Arme, Eindrücken der Augen und Fußtritte erlaubt waren. Manchmal war sein Ausgang tödlich, und als ein gewisser Arrhakion von Phygalia im Augenblick des Sieges starb, erhielt er die Krone.

Das Fest endete am fünften Tag, wenn die Sieger, geschmückt mit ihren Kronen, auf einen nahe gelegenen Hügel zu dem Altar des Gottes Kronos zogen, um ihre Opfer darzubringen. Ein großes Bankett wurde abgehalten und die ganze Nacht hindurch konnte man die Lieder des Sieges und Triumphes hören. Am sechsten Tag kehrten die Athleten zurück in ihre Heimatorte.

Die siegreichen Athleten genossen eine Verehrung, wie sie sonst nur großen Feldherren zuteil wurde. Man sah in ihnen etwas Übermenschliches, fast Gottähnliches, denn indem sie sich bei den Spielen auszeichneten, erhoben sie sich über das gewöhnliche Volk. Ihre Namen wurden in die heiligen Bücher eingetragen, welche die Priester hüteten, und sie selbst wurden zu den priesterlichen Dienern der Ehre ihres Landes. Wenn sie zu ihren Heimatorten zurückkehrten, wurden sie in purpurne Gewänder gehüllt, und weiße Pferde zogen sie durch die jubelnde Menge, ja manchmal wurde ein Teil der Stadtmauer für ihren Einzug niedergerissen, als ob sie siegreiche Krieger wären. Auf dem Marktplatz wurden bronzene Statuen von ihnen errichtet, die sie in den Augenblicken ihres höchsten Triumphes verewigten. Da sie ihrer Stadt zu Ruhm und Ehre verholfen hatten, genossen sie Privilegien, wie sie niemandem sonst gewährt wurden. Es war ein Teil der göttlichen Herrlichkeit, den sie ihrer Stadt geschenkt hatten, ein Teil der Macht und auch des Wohlwollens der Götter. Sie genossen Verehrung, so lange sie lebten, und nach ihrem Tod fanden besondere Zeremonien statt, um ihrem Heldentum Tribut zu zollen, nicht weil sie erfolgreiche Athleten, sondern weil sie einmal den Göttern gleich gewesen waren.

Mit einem erstaunlichen Reichtum an Phantasie kreisten die Gedanken der Griechen um diese siegreichen Athleten, in denen sie die wahre Ursache für den Fortbestand des griechischen Volkes sahen. Sie brachten alle Ehren, sie brachten den Segen der Götter, sie waren die Vermittler zwischen Himmel und Erde. In ihnen ruhte die Stärke der Nation, die Gewißheit des Sieges in allen Kämpfen, in die sich ihre Heimatstädte einließen. So ist es erklärlich, daß eine Stadt gelegentlich einen Athleten zu bestechen versuchte, ihn von seinem Heimatort weglockte und dann als ihren Vertreter zu den Spielen schickte. Bald hören wir von der Kommerzialisierung der sportlichen Helden. Manchmal wurden auch ungeheuer hohe Preise ausgesetzt, und den siegreichen Athleten erwartete so viel Reichtum, daß er für den Rest seines Lebens unabhängig und wohlhabend war. Laut Plutarch setzte Solon, der große Gesetzgeber Athens, fünfhundert Drachmen als Preis bei den Olympischen Spielen aus. Mit diesem Betrag konnte sich ein Mann fünfhundert Schafe oder hundert Ochsen kaufen und wie ein großer Herr leben.

Aber nicht nur in religiöser und sportlicher Beziehung beeinflußten die Großen Spiele die Vorstellungswelt der Griechen. Vielmehr sahen sie in den Spielen die Verkörperung einer Idee — das Gefühl einer panhellenischen Einheit, den Begriff eines nationalen Ethos, der jede Orts- und Stammeszugehörigkeit überschattete und übertraf. Indem die Spiele den Heimatstädten der Sieger Ruhm und Ehre brachten, trugen sie auch — nach der eigenartigen Mathematik des Sieges — zu Ruhm und Ehre der gesamten griechischen Nation bei. Die Spiele erinnerten ständig daran, daß die Griechen in Wahrheit alle Angehörige einer einzigen Nation waren; als makedonische Prinzen das Recht für sich beanspruchten, an den Spielen teilzunehmen, wurde ihnen dieses nur gewährt, nachdem sie ihre hellenische Abstammung nachgewiesen hatten. Fremde durften als Zuschauer, niemals aber als Teilnehmer zu den Spielen kommen.

Die Wettkämpfe stellten eine Stärkung des nationalen Bewußtseins dar; ihr Hauptzweck war es, durch die von den Athleten erworbenen Ehrungen dem gesamten Volk zur Ehre zu gereichen und unter den vielen Stämmen der griechischen Gemeinschaft Frieden und Freundschaft zu verbreiten. Sie gaben das Gefühl, gemeinsam an einem feierlichen Mysterium teilzunehmen, bei dem die Götter vom Olymp herabkamen, um sich unter die Menschen zu mischen, doch war für die Griechen die Anwesenheit der Götter kaum bedeutungsvoller als das Vorhandensein eines gemeinsamen Zieles und einer gemeinsamen Tradition. In der Vorstellungswelt der Griechen war schon das Zusammentreffen der jugendlichen Athleten aus allen Teilen des Landes so etwas wie eine heilige Zeremonie.

Wie diese Ideen entstanden und Fuß faßten, ist nicht bekannt, und wahrscheinlich werden wir nie die Namen jener Männer erfahren, die als erste die Möglichkeit der Entwicklung eines Nationalbewußtseins in dem Augenblick erkannten, in dem Kriege durch friedliche Wettkämpfe ersetzt wurden. Wir können eine vorsätzliche Planung annehmen, die zu einem vorsätzlichen Ziel führte, aber die Namen der Schöpfer gingen unter im Nebel der Zeit.

Die Olympischen Spiele dienten als Vorbild für alle anderen Wettkämpfe. Im Jahre 581 v. Chr. wurden die Pythischen Spiele in Delphi zu Ehren Apollos eingeführt, und im gleichen Jahre hielt man die ersten Isthmischen Spiele nahe dem Isthmus von Korinth zu Ehren Poseidons ab; sechs Jahre später begannen die Nemeischen Spiele in Nemea in Argolis zu Ehren von Zeus. Aber das war nur der Anfang. Fast alle Tyrannen von Ionien und Sizilien wetteiferten miteinander, Spiele zu Ehren der heimatlichen Götter abzuhalten, und sogar im weit entfernten Kyrene ehrte man Apollo durch die Veranstaltung von Wettkämpfen. Obwohl der Tag kam, an dem fast jede Stadt ihre eigenen Spiele abhielt, bestand doch niemals ein Zweifel an der unvergleichlichen Bedeutung und Überlegenheit der Olympischen Spiele. Zeus' Herrschaft war ohnegleichen.

Als Pausanias nach Olympia kam, beschrieb er mit der sorgfältigen Geduld eines Archivars alle Statuen und Gebäude, entschlossen, auch das kleinste Detail festzuhalten. Im allgemeinen neigte er nicht zur Poesie, aber in Olympia erinnerte er sich an einen berühmten Chor von Sophokles und stimmte plötzlich einen selbst erdichteten Lobgesang an: »Viel Wundersames gibt es auf unserer Welt zu erblicken«, rief er aus, »und zahlreich sind die seltsamen Geschichten, die man in Griechenland hört, aber eines weiß ich mit Sicherheit – der Segen der Götter wird in größtem Maße den Mysterien von Eleusis und den Olympischen Spielen zuteil.« Eleusis war das höchste individuelle Mysterium, welches Leben und Seele des einzelnen erfaßte, Olympia war das höchste allgemeine Mysterium, welches das Leben der griechischen Gemeinschaften erfaßte. Zwischen ihnen konnte man nicht wählen, denn zusammen schlossen sie die ganze Welt ein.

Um das Jahr 468 v. Chr. entwarf der Architekt Libon von Elis in nächster Nähe der Rennbahnen, auf denen die Wettkämpfe stattfanden, einen neuen prächtigeren Tempel für den olympischen Zeus. Der Tempel als solcher – etwas kleiner als der Parthenon und nicht weithin sichtbar – wirkte kaum imposant; die großen Tempel der Athene in Athen, Lindos und Ägina waren herrlich auf Felsklippen gelegen, während der Zeustempel in Olympia sich in die Talsohle schmiegte und von zahllosen anderen Tempeln und Gebäuden, die für das Training der Athleten und die Organisation der Spiele benutzt wurden, umgeben war. Was aber den Tempel in Olympia vor allen anderen auszeichnete, waren die wunderbaren Skulpturen von Phidias, Alkamenes und Päonios, die ihn schmückten.

Die Alten waren sich darin einig, daß die im Tempel stehende Statue von Zeus eine Arbeit von unglaublicher Schönheit und Majestät war. Quintilian schreibt, die Majestät der Statue käme der Majestät des Gottes gleich, und Dion Chrysostom nennt sie »die schönste Statue der Welt und die von den Göttern am meisten geliebte«. In seiner berühmten Rede, die sich wie ein Gebet liest, sagt er: »Haltet niemanden, der den Kelch des Leidens geleert, der schlaflose Nächte durchlitten, davon ab, diese Statue zu schauen, denn dort stehend wird er all seinen Kummer und sein Leid vergessen.«

Nach diesen Beschreibungen würde man eine Statue von größter Einfachheit vermuten, in Wahrheit aber war sie von äußerster Differenziertheit. Pausanias benötigte drei Seiten, um ihre exquisiten Einzelheiten zu beschreiben und die Pracht des juwelengleichen Entwurfes. Der Gott saß in goldene Roben gehüllt, sein Leib aus Elfenbein, auf einem Thron; in seiner Rechten hielt er eine Siegesstatue, in seiner Linken ein von einem Adler gekröntes Zepter. Sein goldenes Gewand war mit Tieren und Lilien bestickt, sein Thron mit Elfenbein, Gold, Ebenholz und Edelsteinen geschmückt. Aber das war nur der Anfang, denn der Thron selbst, seine Füße, die ihn tragenden Säulen und der goldene Schemel waren alle mit kunstvoll geschnitzten Figuren übersät; der gefesselte Prometheus, Penthesilea in den Armen des Achilles sterbend, Theseus im Krieg gegen die Amazonen, die Stunden, die Jahreszeiten, die Grazien – alle waren vorhanden, so daß Thron und Piedestal eine Art Miniaturausgabe der griechischen Sagenwelt darstellten, die zu Füßen der vierzig Fuß hohen Statue ruhte, deren goldenes Haar fast die Dachbalken berührte.

Zahllose Ornamente schlangen sich um Körper und Beine des Gottes, aber seine Brust war, abgesehen von den Falten des Gewandes, das über seine linke Schulter fiel, unbedeckt. Sowohl die Brust als auch das edle Antlitz waren bemalt, um warm und voller Leben zu wirken. Pausanias sagt uns nichts über die Gesichtszüge, aber in Elis geprägte Münzen geben uns eine ungefähre Vorstellung. Er hatte tiefliegende Augen, eine niedere Stirne, einen dichten Schnurrbart, dessen Locken die Mundwinkel verdeckten, und einen schweren, verschlungenen Bart, der mit größter Ausdruckskraft und Schönheit geschnitzt war. Etwas von einem Löwen war in diesem Gesicht, das herrliche Manneskraft und warme Güte ausstrahlte. Die Lippen waren leicht geöffnet, als wolle er zu sprechen beginnen, und er trug den Kranz aus heiligen Lorbeerblättern, den Preis des Siegers.

Wenn man den Münzen glauben darf, wirkte die obere Gesichtspartie merkwürdig jung. Entfernt man den Bart, so bleibt ein Mann von ungefähr dreißig Jahren, sehr ernst, nachdenklich, schwer an seiner Verantwortung tragend. In den langen, gelockten Haarsträhnen liegt sogar eine Andeutung von Femininität – sieben oder acht Kaskaden von Haar, die über seine Schulter fallen. Er hatte kleine Ohren und einen kräftigen Hals, die Augen aus Halbedelsteinen leuchteten unter den buschigen Brauen. Manche Münzen zeigen ihn auf seinem Thron sitzend, und nach diesen zu schließen, blickte er vor sich hin, wie in Träumen verloren, ohne die Gläubigen zu beachten. Auf eine Frage, wie er Zeus darzustellen gedenke, soll Phidias mit drei Zeilen Homers geantwortet haben:

Also sprach und winkte mit schwärzlichen Brauen Kronion;
Und die ambrosischen Locken des Königs wallten ihm
vorwärts
Von dem unsterblichen Haupt; es erbebten die Höhn des
Olympos.

Alle Münzen und Augenzeugenberichte über die Statue stimmen darin überein, daß sie eine ungeheuere, erhabene Ruhe ausstrahlte, ein Gefühl verhaltener Kraft und selbstverständlicher Majestät. Bei der Beschreibung des Donnergottes, des Herrn der vom Blitz erhellten Himmel, sagt Dion Chrysostom: »Er ist der Gott des Friedens, unendlich milde, Spender des Lebens und aller guten Dinge, Vater, Erretter und Beschützer der Menschheit zugleich.«

Die deutschen Archäologen, die seit 1875 ohne Unterbrechung in Olympia arbeiteten, hatten außerordentliches Glück. Sie fanden nicht die Figur des Zeus, denn diese war nach Konstantinopel gebracht worden, wo sie einem Feuer zum Opfer fiel, aber schon sehr bald nach Beginn der Grabungen stießen sie auf die Figuren des Giebels. Obwohl einige durch ein Erdbeben stark beschädigt worden waren, erwiesen sich andere als fast vollkommen intakt, ja sie ließen sogar Reste der Farben erkennen, und eine Rekonstruktion der ursprünglichen Gruppierung der Figuren gelang ohne große Schwierigkeiten.

Die Entdeckung der Figuren des Westgiebels war besonders begrüßenswert, da sie zeigen, welche Vollendung die griechische Plastik erreichen konnte. Nichts Großartigeres als der junge Gott in der Mitte des Giebelfeldes ist bis heute bekannt. Nackt steht er da, ein rotes Tuch fällt über seine rechte Schulter und die rechte Hand ist in einer befehlenden Gebärde erhoben. Über seinem Gesicht liegt ein Ausdruck vollkommener Ruhe und unerschütterlicher Sicherheit. Die Kentauren haben frech das Hochzeitsfest von Peirithoos und Hippodameia gestört, und rund um sie entspinnt sich ein wildes Kampfgetümmel. Inmitten der ringenden Gestalten steht der junge Gott, entschlossen, dem Tumult ein Ende zu bereiten. Er hat seinen Arm zu einem Befehl erhoben, und augenblicklich erstarren die Kämpfenden zur Unbeweglichkeit. Zum erstenmal in der darstellenden Kunst sehen wir einen Gott im Augenblick, da er seine überirdische Macht ausübt.

Der junge Gott ist als Mensch dargestellt, und in der Art seines Stehens liegt eine sehr menschliche Anmut; um seine vollen Lippen und gerundeten Wangen liegt eine Andeutung asiatischer Herkunft. Verstand und Sinnlichkeit sind zu einer Einheit verschmolzen; er hat alles gesehen und gekostet, was es zu sehen und zu kosten gibt; er weiß um seine Bestimmung. Seine Züge drücken die Fülle der Macht ebenso aus wie die Fülle der Erfahrung.

Wer ist es? Als Pausanias die bemalte, leuchtende Figur fünfzig Fuß über dem Erdboden auf dem Giebel sah, war er ganz sicher, es sei Peirithoos, einer der vielen Söhne von Zeus. Moderne Forscher neigen dazu, in ihm Apollo zu sehen, und sie weisen darauf hin, daß Zeus auf dem Ostgiebel einen entsprechenden Platz einnehme. Es ist nicht so wichtig. Diese hoheitsvolle Figur, die so unnachahmlich über dem Kampf steht, die mit einer Geste königlicher Autorität die Wogen glättet, so ruhig, so unberührt, so herrlich sicher ihrer Macht, ist unvergleichlich in ihrer Anmut und Erhabenheit, und niemand kann an ihrer Göttlichkeit zweifeln. Ein Bein wurde am Knie abgebrochen, eine Hand fehlt, die goldene Krone ist schon lange eingeschmolzen, aber diese Verstümmelungen bedeuten nichts. Es gibt in der griechischen Geschichte und in der griechischen Skulptur Augenblicke, in denen wir spüren, daß ein Höhepunkt erreicht wurde, über den die Kunst nicht mehr hinaus kann. In diesem jungen Gott wurde ein solcher Höhepunkt erreicht.

Der Künstler war Alkamenes, Schüler und Rivale von Phidias, besonders berühmt durch seine ›Aphrodite der Gärten‹, in der man lange Zeit die vollkommenste Darstellung der Göttin sah. Die Statue ist verlorengegangen, aber als Lukian versuchte, sich *die* vollendete Statue vorzustellen, meinte er, Stirne und Augen müßten von Praxiteles sein, Nase und Form des Antlitzes von Phidias, »die runden Wangen und der Gesichtsausdruck, das Spiel der schönen Hände und Arme, die fein geformten Finger« von der ›Aphrodite der Gärten‹ von Alkamenes. Lukian hat sich sehr eingehend mit den Skulpturen befaßt, und er sah in Alkamenes den Meister der fließenden Linie und der vollkommenen Rundung. Zu Lebzeiten wurde Alkamenes mehr für die Zartheit seiner Schöpfungen gepriesen als für ihre Kraft. Aber es ist gerade die einzigartige Mischung von Zartheit und Kraft, die uns im Westgiebel so beeindruckt.

Es war der Triumph Alkamenes', daß es ihm als erstem gelang, den europäischen Geist zu versinnbildlichen, und er tat dies in einer Figur von ernster Erhabenheit. Die befehlende Gestalt ist menschlich und bleibt gleichzeitig ein Gott. Er ist nicht der himmelstürmende Prometheus, denn er gehört ja selbst dem Himmel an. Die befehlende Gebärde kommt ihm selbstverständlich, und hinter seiner Stirne leuchtet die Kraft seiner Vorstellungswelt. Er steht an jenem Punkt, an dem die Griechen, für eine kurze Weile, die sie umgebende Welt mit schärfster Klarheit erkennen konnten und alles unter der milden Sonne gut und geordnet erschien. Diesem Schoß entsprang die Wissenschaft, dieser Gebärde folgte die Beherrschung aller Dinge auf Erden.

In dem kleinen Museum in Olympia gibt es viele andere Skulpturen; da ist der Hermes von Praxiteles, so verwirrend anmutig und feminin, daß es schwerfällt, sich vorzustellen, er wäre einst der schnelle Götterbote gewesen. Da sind die herrlichen Metopen, welche die Arbeiten des Herkules zeigen. Da ist der »Sieg« von Paionios, der auf einem Piedestal nahe dem Zeustempel stand – eine Gabe der Messenier und Naupaktier anläßlich ihres Sieges über die Spartaner; eine Figur, die, in wehende Schleier gehüllt, mit überirdischer Anmut zur Erde schwebt. Gerade in diesem Augenblick hat sie die Erde berührt, und die Berührung läßt ihr Gewand erzittern. Sie steigt mit der gleichen Sicherheit vom Himmel herab, wie Apollo-Peirithoos den Kampf schlichtet, und obwohl ihr Kopf fehlt und ihre Hände abgebrochen sind, ist sie so erfüllt von göttlicher Macht und Stärke, daß keine Beschädigung dieser Ganzheit etwas anhaben kann. Es gibt nicht mehr als ein Dutzend griechischer Statuen, denen man Vollkommenheit zusprechen muß, und diese »Nike« ist eine davon.

Das waren die Statuen, welche die jungen Athleten sahen, wenn sie in den Tagen, als Olympia das Zentrum der Wallfahrten und der Mittelpunkt aller Herrlichkeiten war, an den Spielen teilnahmen. Hier erwarben sie sich Ruhm und Ehre und waren den Göttern näher als irgendwo sonst. Nach Hause zurückkehrend, brachten sie den Glanz ihres Ruhmes mit, und ganz Griechenland erstrahlte in diesem Licht.

Pindar glaubte, ihr Ruhm ertöne in den Himmelsgewölben und das Echo dringe bis in die Unterwelt. Die Schönheit der

Athleten war ein Beweis für die Gottähnlichkeit des Menschen, ebenso wie die Statuen der Götter deren Menschlichkeit bewiesen. In der letzten und ruhigsten seiner olympischen Oden ruft Pindar die Musen an, sie mögen Apollo von dem Sieg eines jungen Läufers von Orchomenos berichten, um dann zu bitten, man möge auch Persephone, die Göttin der Unterwelt, davon unterrichten:

Geh' zu Persephones
Dunkelummauertem
Haus, Echo, die Botschaft bring' Kleodamos,
Dem Vater! Wie du ihn
Siehest, gleich melde ihm laut, dem Sohn
In Pisas vielgenanntem Tal
Hab' sie das blüh'nde Haar bekränzt
Mit des Kampfspiels Ruhmesfittich.[1]

[1] Pindar »Dichtung und Fragmente«, von Ludwig Wolde

10 Die Lobgesänge

Unter den Schätzen des Nationalmuseums in Athen befindet sich das Standbild eines stehenden Jünglings, welches im Jahre 1936 in Anavysos in Attika gefunden wurde. Die Statue ist 1,80 m hoch, wirkt jedoch überlebensgroß. Ein Bein ist einige Zentimeter vor das andere gesetzt, aber man gewinnt den Eindruck eines Mannes, der kühn und kraftvoll über ein Land schreitet, dessen Herr er ist. Er trägt das Haar in eng geknüpften Flechten, die Hände sind in die Seiten gestemmt, und ein archaisches Lächeln umspielt seine Lippen. Wir kennen seinen Namen und wissen, wie er gestorben ist. Am Sockel ist eine Inschrift eingraviert:

Steht still und trauert neben dem Grab des Kroisos,
Den der Zorn des Ares den Heerführern entriß.

Nach der Art des Meißelns wissen wir, daß er ungefähr 510 v. Chr. starb, als die Tyrannis in Athen der Demokratie weichen mußte.

Das Bemerkenswerteste an dieser Statue aber ist die Kraft, die sie auszuströmen vermag. Dieser Jüngling, der vor mehr als zweieinhalbtausend Jahren gestorben ist, wirkt lebendiger als die sich um ihn scharenden Menschen. Sein Körper ist kraftstrotzend, und er hat den Blick eines jugendlichen Eroberers. Solche Kraft konnte nur in einer Zeit geboren werden, als der griechische Geist sich tatkräftig und fordernd erhob, bereit, die Welt zu erobern.

Zeiten des Glanzes fordern einen Dichter des Glanzes. Der Glanz war Pindars natürliches Element, die Welt, in der er lebte. Niemals scheint ihm in den Sinn gekommen zu sein, es könne noch eine andere Welt geben. Großartigkeit war sein Thema, und er gestattete sich kein anderes.

Alle noch erhaltenen Gedichte Pindars befassen sich mit jungen, in strenger Manneszucht erzogenen Athleten, die sich an den Spielen bei den vier großen Festen der Griechen beteiligten: den Pythischen Spielen in Delphi, den Isthmischen in Korinth, den Nemeischen in der Argolis und den Olympischen in Olympia. Pindar preist die Sieger, und zu gleicher Zeit preist er die Götter; er verbindet und verwebt die Taten beider, so daß sie schließlich eins werden. Die Aufgabe, die er sich stellte, war nicht weniger, als eine Gleichung zwischen den Siegen dieser Jünglinge und den Siegen der unsterblichen Götter zu finden. Und weil er die Verachtung des Aristokraten für alles nicht Vollkommene besitzt, so spricht er von den Jünglingen in dem Augenblick, in dem ihre höchsten Anstrengungen von Erfolg gekrönt sind, und von den Göttern, wenn sie ihre höchsten Ziele erreichen. Nie vorher hat jemand mit so heiligem Ernst über den göttlichen Glanz, dessen Licht über der Menschheit erstrahlt, gesprochen.

Pindar wurde ungefähr 522 als Bürger Thebens geboren; er war ein Abkömmling der vornehmen Familie der Aegeidai. Er lernte die Dichtkunst in den Schulen von Theben und Athen, und einmal war er Schüler der Dichterin Korinna, die ihm den Rat gab, »mit der Hand, nicht aber mit dem vollen Sack zu säen«, sichtlich in dem Bestreben, seine phänomenale Sprachfertigkeit in Grenzen zu halten. Seine Gedichte zeigen ihn »mit dem vollen Sack säend«, aber lange Passagen schreibt er mit bewußter Meisterschaft, sorgsam jeden der Edelsteine so lange schleifend, bis er in einem fast unerträglichen Glanz erstrahlt. Manchmal schreibt er wie ein Mann, der die Götter mit eigenen Augen geschaut hat und sich ihnen im vollen Flug entgegenschwingt. Doch immer bleibt er der bewußte Künstler, eingedenk der Verantwortung, die er trägt.

Um seine letzten Tage häuften sich eine Reihe von Legenden. Er verbrachte sein Alter am Hof des Tyrannen Hieron von Syrakus; seine Kameraden im Exil waren Aischylos, Bakchylides und Simonides. Pausanias erzählt, zehn Tage vor seinem Tod wäre die Göttin Persephone zu ihm gekommen und hätte eine Hymne verlangt; er sei gestorben, als die Hymne fertig war. Eine andere Geschichte berichtet, er habe in Argos in den Armen des Knaben Theoxonos, den er in seiner Dichtung verherrlicht hat, seine Seele ausgehaucht. Er starb im Alter von achtzig Jahren; er hatte insgesamt siebzehn Bücher geschrieben, von denen vier und einige wenige Bruchstücke erhalten sind. Noch sechshundert Jahre nach seinem Tod konnte man in Delphi den eisernen Stuhl sehen, den er beim Vortrag seiner Verse benützte.

Pindars Dichtung ist schwierig. Seine kühnen Gedankensprünge und der plötzliche Wechsel von einem Thema auf ein anderes wirken seltsam verwirrend, bis uns klar wird, daß seine gott-trunkenen Visionen diese Eigenheit erfordern: Das plötzliche Aufleuchten, die schnelle Bewegung und das unvermutete Emporschwingen spiegeln genau seine Jagd nach den Göttern über den Himmel. Er sieht sie für flüchtige Augenblicke; sie schwinden dahin, und wenn er sie wieder in seinem Blickfeld hat, so sind sie plötzlich in einem anderen Teil des Himmels mit völlig neuen Abenteuern beschäftigt, doch das gleiche heilige Licht umspielt sie. Seine größten und für ihn bezeichnendsten Verse sind einfache Beschreibungen von Visionen, die er im stillen Entzücken geschaut hat. Hier beschreibt er eine Taufhandlung in den Wassern des Alpheos in Olympia:

... der schon fünf Tage geboren war. Aber
Drin war
Er ja verborgen unter Kletten und unendlichem Dorngebüsch,
Von der Veilchen hellem und tiefrotem Schimmern betauet
Den zarten
Leib. Daher gelobte auch ihn zu rufen für alle Zeit seine
Mutter
Mit diesem unsterblichen Namen. Und als er der frohen
Goldbekränzten
Hebe Frucht empfangen, da ging er mitten in den Alpheios
Und rief Poseidon, den vielgewaltigen,
Seinen Ahnen, und den bogenführenden Hüter des
gottgegründeten Delos
Und bat um ein dem Volk wohltätiges Amt für sein Haupt,
Nachts unter freiem Himmel. Da erwiderte deutlich
Des Vaters Stimme und sprach zu ihm: »Komm her, Kind,
Und geh in das allen gemeinsame Land hinter meiner
Stimme drein!«
So gelangten sie zum schroffen Felsen des Kronios.
Dort verlieh er ihm einen doppelten Schatz
Des Sehertums: für jetzt die Stimme zu vernehmen,
Die keine Täuschung kennt ...

(Griechische Lyrik, Seite 194)

Die ganze Geschichte von Jamus, dem Begründer der fürstlichen Familie der erblichen Hellseher in Olympia, wird in zwanzig visionären Versen, die scheinbar den Sieg eines jungen Syrakusaners im Wagenrennen preisen, erzählt. Da der Sieger auf seine

Abstammung von Jamus pocht, so ist Pindar vollkommen im Recht, wenn er die Geburt und das Heranwachsen des geheimnisvollen Gottes beschreibt. Die Ode zu Ehren des Siegers wird zur Ausrede für einen plötzlichen Sprung in die Welt der Götter.

Das Erstaunliche an Pindar ist seine Intimität mit den Göttern, selbst mit Zeus, dem Höchsten von ihnen. Zeus, »der Herr über den roten Blitz«, ist ihm vertraut, und er spricht mit Zeus ebenso streng wie mit den Menschen. Es ist daher nicht weiter verwunderlich, daß Pindar glaubt, Menschen und Götter stammen von der gleichen Mutter. »Es gibt ein Menschengeschlecht und es gibt ein Göttergeschlecht, beide haben ihr Leben von der gleichen Mutter bekommen«, schreibt er in einem Gedicht, das einem jungen Ringer aus Ägina gewidmet ist, und dann fügt er traurig hinzu, wenn auch beide den gleichen Eltern entstammen, so haben die Götter ein ewiges Leben, während das Dasein der Menschen vergänglich ist. »Doch in unserem Geist und in unserer Kraft besitzen wir eine Ähnlichkeit mit den unsterblichen Göttern.« Es ist diese Ähnlichkeit, die ihn erstaunt, ihn erfreut und von der er besessen ist. So wendet er sich pausenlos von den Menschen zu den Göttern und wieder zurück: Rastlos vergleicht er sie miteinander und bringt sie zusammen.

Wenn uns Homer die Götter vorstellt, sehen wir sie in einer gewissen Entfernung, ihre Gegenwart ist gewaltig und majestätisch, doch sind sie für uns unerreichbar. Wenn Pindar von ihnen spricht, so stehen sie im Vordergrund, fast fühlbar und fast menschlich. In wenigen flüchtigen Zeilen wird die ganze Gestalt eines Gottes gezeigt. Pindar besitzt einen erstaunlichen Stolz, und so beschreibt er, wie einmal ein Sänger den Adler des Zeus einschläferte:

Und es schläft auf dem Szepter des Zeus
Der Adler, den raschen Flügel auf beiden Seiten locker lassend,
Der Herrscher der Vögel, und Wolke dunklen Blickes,
Der Augenlider süße Verschließung, hast du ihm über das krummgeschnäbelte Haupt ergossen; und schlummernd
Wölbt er den geschmeidigen Rücken hoch, von deinen
Schwüngen gebannt. Auch der wilde Ares ja, die harte
Schärfe der Lanzen fortlassend, sänftigt sein Herz
In Ruhe, und das Treffen deines Zaubers beschwichtigt auch die Seele

der Götter, bei der Kunst des Sohnes Letos und der tiefgegürteten Musen.

(Griechische Lyrik, Seite 184)

Zweifellos ist mit dem außergewöhnlichen Dichter, der durch den Zauber seiner Lieder den Adler des Zeus einschläfert, Pindar selbst gemeint. Das Bild ist ein verwegenes, um so verwegener deshalb, weil Pindar eindeutig wünscht, in dem Adler eine Metapher für Zeus selbst zu sehen. Es ist die größte Prahlerei, die jemals ein griechischer Dichter hervorgebracht hat, und es ist erstaunlich, wie schnell wir bereit sind, seine eigene Wertschätzung zu akzeptieren.

Man warf Pindar leidenschaftslose Strenge vor, aber nichts ist von der Wahrheit weiter entfernt. Im Schwung und in der Brillanz seiner Verse ist Glut, und wenn er streng ist, so ist es die kraftvolle Strenge eines Mannes, der bei den Spielen mit jungen Fürsten verkehrt. Er gehört so vollkommen der aristokratischen Tradition an, daß er sich niemals, nicht einmal für einen Augenblick erlauben würde, in eine volkstümliche Sprache zu verfallen. Er ist von der Vorstellung des kraftvollen Athleten so erfüllt, daß wir uns fragen, ob er jemals im Leben zu einem Bauern gesprochen hat. Frauen, Kinder, Diener, ja sogar Krieger haben in der von ihm erwählten und besungenen Welt keinen Platz. Die Humanität eines Homer ist ihm unbekannt.

Wenn sich auch zeitweise zwischen uns und Pindar ein Schleier herabsenkt, so bleibt doch immer die geistige Schönheit seiner Kunst, und niemand kann die Kraft seiner Vorstellung mißverstehen. Er schwingt sich hoch empor, mit vielen Sprüngen und plötzlichen Wendungen breitet er die schimmernden Schwingen in die Weite und gönnt sich niemals Ruhe. Kurze Absätze sind nicht genug, um den Eindruck eines Mannes zu vermitteln, der von einer sonnenbeschienenen Wolke zur anderen eilt. Er hat eine ungewöhnliche Erzählergabe, aber im Gegensatz zu Homer sind seine Pausen nie lange genug, um uns zu gestatten, in die Einzelheiten einer Szene einzudringen. Von einem schillernden, flüchtigen Moment treibt es ihn zum nächsten, und vom Leser wird erwartet, die Lücken zu füllen. Hier ist der Teil einer Ode an Telesikrates von Kyrene, der im Jahre 474 bei den Pythischen Spielen in voller Rüstung einen Wettlauf gewann. Über Telesikrates wird in der Ode wenig gesprochen, sie befaßt sich hauptsächlich mit der Sehnsucht Apollos, die weißarmige Kyrene, die Göttin der Heimatstadt des jungen Athleten, zu besitzen:

Den schildbewaffneten Sieger im Pythischen Kampf,
Telesikrates, will ich singen,
verkünden mit der tiefgegürteten Charitinnen Gunst,
ihn, den dreimalbeglückten Mann, der rossetummelnden
Kyrene Schmuck;
die aus des Pelios
winddurchbrausten Tiefen
einst der lockenumwallte Latoide
raubte, die Freundin der Jagd,
und, sie auf goldenem Wagen entführend,
zu des herdenreichen,
fruchtbaren Landes
Herrscherin machte,
daß sie glücklich des Erdkreises dritte,
liebliche Wurzel bewohne.

Da empfing den Delischen Fremdling
die silberfüßige Aphrodite, und enthub
mit leichtberührenden Händen beide dem Götterwagen.
Über das süße Lager
goß sie ihnen errötende Scheu,
und gesellte in heiliger Vermählung
dem Gotte das Mädchen bei,
Hypseus, des weitwaltenden, Tochter.
Der übermütigen Lapithen König,
herrschte damals der Held,
der zweite von Okeanos Abkunft.
Ihn gebar einst in des Pindos
herrlichen Tälern,
sich des Peneus Umarmung erfreuend,
die Najade Kreusa,

der Erde Tochter. Er aber erzeugte
die schönarmige Jungfrau Kyrene.
Nimmer liebte sie des Gewebes
ewig wiederkehrende Wege,
nicht, an der Gespielinnen Seite,
des häuslichen Mahles Ergötzung.

Aber mit ehernem Wurfspieß
und mit dem Schwerte kämpfend,
verscheuchte sie die Tiere des Waldes,
sichere, friedliche Ruhe
den väterlichen Herden bereitend.
Wenig kostet sie des süßen Schlafes,
des Lagergenossen, wenn er entgegen der dämmernden
Frühe die Augenwimpern ihr senkte.

Und es fand sie mit dem furchtbaren Leuen
einsam und unbewaffnet ringen
einst — auf der Schulter den mächtigen Köcher —
der Fernhintreffer Apollon.
Plötzlich rief er den Chiron
aus dem Gemach, und sprach:
»Bewundere des Weibes Mut,
und ihre mächtige Kraft,
wie sie mit furchtlos schauendem Haupte
den Kampf vollbringt. Wahrlich ein Herz,
über die Arbeit erhaben,
trägt die Jungfrau. Keine Furcht
umstürmt ihren Busen.
Wer der Menschen gebar sie?
Von welchem Stamm entsprossen,

bewohnt sie des Waldgebirgs schattige Tiefen?
Unendlicher Kraft genießt sie.
Erlaubt es die Sitte,
die Götterhand ihr zu nahen,
die honigsüße Frucht
ihrer Umarmung zu pflücken?«
Da erwiderte, sanftlächelnd
unter den milden Augenbrauen, ihm,
nach seines Ratschlusses Tiefe, der ernste Kentaure:
»Heimliche Schlüssel gibt es
weiser Überredung zur heiligen Liebe,
o Phoebos, und unter der Menschen
und der Götter Geschlechte zugleich
verbeut die Scham, ohne verhüllenden Schleier,
zuerst das süße Lager zu kosten.

Denn auch Dich, den die Lüge nimmer berühret,
trieb die verführende Sehnsucht,
diese Rede zu wagen.
Aber der Jungfrau Abkunft,
warum erkundest du sie, o Herrscher?
der Du aller Dinge schicksalbestimmtes Ende
wissest, und jegliche Pfade;
wieviele Blätter des Frühlings
die Erde hervorsproßt,
wieviel Körner des Sands im Meer und den Strömen
der Wogen Sturz und der Winde wälzt,
der Du, was zu werden bestimmt ist,
und, wann es geschehen wird, kennst. –
Aber ziemt es sich dennoch, sich mit dem Weisen zu messen,

so will ich es sagen. Der Gatte dieser
kamst Du in dieses Tal,
sie jenseits des Meeres
in Zeus auserwählten Garten zu führen.
Dort wirst Du zur Königin von Städten sie machen,
auf den ringsumschauenden Hügel
versammelnd das Inselvolk.
Im goldnen Gemache
wird die triftenreiche erhabne Libya
die herrliche Braut Dir
gütig empfangen, und alsbald
– daß sie gesetzlich mit ihr ihn beherrsche –
einen Teil des Landes ihr schenken,
der nicht arm an früchtereichen Gewächsen,
noch fremd den Tieren des Feldes sei.
Dort wird einen Sohn sie gebären,
den der erhabene Hermes,
von der geliebten Mutter ihn nehmend,
den goldenthronenden Horen und der Erde bringt.
Sie, den Knaben auf die Knie sich setzend,

werden Nektar ihm in die Lippen,
und Ambrosia träufeln,
und zum unsterblichen Zeus
ihn erheben, und zum reinen Apollon,
daß er die Freude der Menschen,

der treuste Begleiter der Herden,
der Jagd und der Triften Beschützer,
aber Aristäos bei anderen heiße.«
Also redend trieb er den Gott,
der Vermählung liebliches Band zu knüpfen.

(Griechische Gedichte, Seite 115)

Pindar erzählt die Geschichte mit ungewohnter Nachsicht und Weichheit; er ist ein wenig belustigt und verharrt lange genug bei Apollo und Chiron, um ihnen Gelegenheit zu geben, ihre Meinung zu äußern. Er kennt die Stadt Kyrene genau, und er hat Sympathie für sie. Eine Sage erzählt, Telesikrates habe seinen Sieg damit gefeiert, eine Braut von Delphi heimzuführen, und die Buntheit der Ode läßt diese Sage wahrscheinlich erscheinen. Dieses eine Mal bleibt der Dichter auf der Erde. Beide, Apollo und Kyrene, erstrahlen in göttlichem Licht. Durch die Unterhaltung zwischen dem Gott und dem Kentauren erblicken wir die lichte Gestalt des Mädchens, das mit einer Hand einen Löwen erwürgt.

Die Macht, das Licht immer dorthin zu lenken, wo er es haben will, gehört zu Pindars höchsten Leistungen, und er dürfte dies auch genau gewußt haben. Er gießt strahlendes Licht über einen sehr jungen Helden, beleuchtet ein Gesicht, eine Schulter, einen Leib, manchmal den ganzen Körper, wie ein Mann, der von der fernsten Ecke einer dunklen Galerie den Scheinwerfer auf die Bühne richtet. Die Wirkung ist oft nur bruchstückhaft, doch über die Intensität der Beleuchtung besteht kein Zweifel. Mit der Kenntnis der Helle geht eine Kenntnis der umgebenden Dunkelheit Hand in Hand:

Doch wer den frischesten Kranz gepflückt,
Bebt im Jubel, und Hoffen beschwingt
Ihn, daß zum Gipfel er strebt
Des Mannestums; Höheres denket er
Als nur Gewinn. Doch uns wurde nur eine schmale Frist,
Da sich der Segen vermehrt;
balde sinkt er niederwärts,
Durch Wahn erschüttert und ein widrig Los.

Wir Flüchtigen! Was wir sind,
schon sind wir's nicht mehr. Ein Traum

Des Schattens, das ist der Mensch.
Aber kommt nur ein Strahl von
Gott her, gleich ist es hell, und das
Leben dünket uns freundlich.
O Aigina du, Mutter, vertraute, führ' den Pfad
Der Freiheit deine Stadt mit Zeus,
mit dem mächtigen Aiakos,
Peleus, dem wackren Telamon auch und mit Achilleus!

(Pindar, Leipzig, Seite 106)

So beendet er sein Gebet mit einer kindlichen Litanei der Heiligen, einen Gruß an das göttliche Licht und einem kurzen Weheklagen. Aber es ist die Litanei der heiligen Helden, die uns im Gedächtnis haften bleibt, das stammelnde Gebet.

Der Tod erschreckt ihn, wie er alle Griechen erschreckte. Tief religiös, genoß er den heiligen Glanz von Delphi und Olympia, aber selbst die Mysterien und die großen Prozessionen der Athleten waren kein Schutz gegen die Verzweiflung. Den Kräften seines Geistes war es nicht gegeben, sich im Ringkampf mit dem Tod zu messen. Er konnte sich dazu zwingen zu glauben, daß die Kämpfer und Auserwählten ein ewiges Leben im Paradies erwarte, in einem Paradies, wo Kampfspiele so häufig stattfinden wie auf Erden, aber wieder entdecken wir, wenn er den Aufenthaltsort der Seligen beschreibt, ein Zittern, die erschrekkende Erkenntnis eines dunklen Flusses, der endlos in die Nacht fließt:

Drunten bei ihnen
leuchtet der Sonne Kraft,
indessen hier Nacht ist. Es dehnt sich
voll purpurner Rosen ein Anger
vor ihrer Stadt;
Da schattet der Weihrauchbaum, und
schwer von goldenen Früchten . . .
— — —
Die freun sich an Rossen und an dem
Ringkampf, jene am Brettspiel,
Andere an klingenden Harfen; und
jedwedes Glück blüht ihnen in
segnender Fülle.
Wohlgeruch breitet sich über die lieblichen Fluren,

Dieweil sie mit mancherlei Rauchwerk
auf den Altären der Götter
würzen weitscheinende Feuer . . .

– – –

Dort speien unendliche Finsternis aus
Die langsamen Ströme, die aus dem
nächtlichen Dunkel . . .

– – –

(Pindar, Leipzig, Seite 232)

Er glaubt und glaubt wieder nicht: Es kann kaum anders sein. In ihm ist Dunkelheit, und seine Selbstsicherheit überdeckt viele Ängste. Er wurde in der aristokratischen Tradition erzogen, die auf ein strenges Einhalten religiöser Pflichten hielt, und er lebte lange genug, um diese Tradition in Frage gestellt zu sehen. In seinen Gedichten betont er ein wenig zu eifrig Ehre und Ruhm, und es muß Zeiten gegeben haben, in welchen diese endlosen Prozessionen sonnenbeschienener Kämpfer und Halbgötter vor seinen Augen unwiderruflich ihrem Untergang entgegengingen. Wenn er sich auch unter den großen Herrscherfamilien von Rhodos, Korinth und Athen bewegte, in den Palästen der Mächtigsten von Makedonien, Kyrene und Syrakus zu Gast war und wenn er auch immer die heroische Tradition besang, er selbst war nicht heroisch. Als es zu einer Krise kam und die Perser vor den Toren standen, wurde er aufgefordert, ein Gedicht zu schreiben, um die Begeisterung der Griechen anzufachen. Polybios berichtet, seine Antwort sei »eine äußerst beschämende und beleidigende« gewesen. Er wählte den leichteren und weniger gefahrvollen Weg, und schrieb eine pompöse Ode an »die schimmernde Helle des tapferen Friedens«; vier schreckliche Strophen dieser Ode sind erhalten geblieben.

Im Jahre 475 war ein Ausbruch des Ätna, und fünf Jahre später gewann Hieron, der Tyrann von Syrakus, das Wagenrennen bei den Pythischen Spielen. Hieron hatte an den Hängen des Ätna eine Kolonie gegründet, und Pindar sollte die Kolonie mit einigen passenden Hinweisen auf den Vulkanausbruch besingen. Was er wirklich tat, klang allerdings ganz anders. Plötzlich finden wir, daß er sich mit dem Vulkan identifiziert. In einem Absatz von geradezu unglaublicher Leidenschaft beschreibt er die Grauen des Ausbruches, indem er alle Mittel eines vollen Orchesters in Anspruch nimmt, doch läßt er uns nicht daran zweifeln, daß es sich hier um seinen eigenen Zorn handelt:

Aber sie alle, die Zeus nicht
Liebte, bang auffahren sie,
Hörend pierischen Jubel,
Rings wo Erd' hinreicht und Öden des Meers.
So der Gott-feindsel'ge, der dort
Grausam Tartaros im Schlund
Liegt, hundertgehauptet, der Typhos; welchen einst,
Vielbenannt, aufzog die
kilikische Waldgruft; aber nun
Drückt die Brust voll Zotten Sikelien ihm, und
Jenes Gestad' auch, oberhalb nächst
Kumä, meerabdämmend; Ätna's
Himmlische Säule zugleich,
Die der Schneelast Pflegerin ist,
Wie sie beschneit steht all das Jahr durch.

Deren Abgrund stets unnahbar'n
Feuers geheiligten Quell
Tief herauf aussprudelt: am Tag
Gießt der Strom schwarzglimmende Flüsse des Rauchdampfs weit
Hin; dann Nachts erhebt steinwälzend bald
Purpurn ihr Gewirbel die Lohflamme, stürzt
Bald in Meers Grund prasselnd die Felsen hinab.
Jenes Untier hegt den Brunnquell, schrecklich wie
Keins, von Hephaästos Gewalt.
Wunder ist's, Anstaunen erregend, zu schaun,
Denkwürdig dem Nahenden auch,
Dessen Ohr hört,

Wie ihm schwer aufliegt des Bergs
schwarzlaubiger Gipfel und Fuß,
Fesselnd; sein rauhklippiges Bett
Stets den weithinstarrenden Rücken ihm wund aufreißt.
Gieb, Zeus! gieb du huldreich gut Gedeihn!
— — —

(Griechische Gedichte, Seite 111)

In dem düsteren Glanz der Ode für Hieron scheint Pindar sich mehr zu enthüllen als jemals zuvor. Hier sind, nur ganz kurz, die Schleusentore geöffnet, und niemals wieder hören wir eine solche

Flut von Leidenschaft seinen Lippen entströmen. Von da an zeigt er der Welt eine kühle Maske.

Wir hätten von Anfang an wissen können, daß Pindars Ruhe nur eine vorgetäuschte ist, denn sind die Griechen einmal ruhig, so springen Gespenster aus dieser Stille.

Pindars Wurzeln liegen in der Vergangenheit. Er blickt zu dem früheren und gefestigteren Zeitalter des Peisistratos zurück, und niemals scheint ihm der Gedanke gekommen zu sein, daß sich ein Dichter mit seiner Zeit zu ändern habe. Niemals bezweifelt er die Schönheit und Ordnung der anerkannten Tradition. Alles, was ihn beschäftigt, ist, »dem Glanze Worte zu geben« und die Taten der Tyrannen und Kämpfer zu rechtfertigen. Einer Legende zufolge soll er zehn Tage vor seinem Tod zu dem Orakel von Ammon gesandt und gefragt haben, was für den Menschen das Beste sei. »Tod«, sei die Antwort des Orakels gewesen. Doch ist es sehr unwahrscheinlich, daß er jemals einem Orakel die Frage gestellt hat, was dem Menschen am meisten fromme. Er hat von allem Anfang an gewußt, daß das Beste die Sonne ist, die ihr strahlendes Licht über jugendliche Kämpfer ergießt, alles andere ist nur Schwäche des Fleisches.

SIMONIDES VON KEOS

Als die Griechen den Krieg gegen die Perser gewannen und sich nach einem Dichter umsahen, der ihren Triumph besingen könne, wandten sie sich nicht an Pindar. Statt dessen gingen sie zu seinem großen Rivalen Simonides, der aus einer rein ionischen Familie von der Insel Keos stammte und bereits zu Beginn des Krieges ein alter Mann gewesen war. Wie Pindar war er weit gereist und verkehrte mit Fürsten und Tyrannen, doch im Gegensatz zu Pindar konnte er auch mit der Demokratie von Athen in Frieden leben.

Simonides ist vor allem für die zwei Zeilen bekannt, die er für die bei den Thermopylen gefallenen Spartaner schrieb:

Wanderer, kommst Du nach Sparta, verkündige dorten, Du habest
Uns hier liegen gesehn, wie das Gesetz es befahl.

Es sind nur diese zwei Zeilen, doch liegt darin hauchzarte Liebkosung, gefaßter Schmerz und verzweifelte Bitte. Die Worte, im Griechischen noch mehr wie im Deutschen, rascheln wie tote Blätter und murmeln wie Wasser. Simonides sagt einmal: »Malerei ist stumme Poesie; Poesie ist gesprochene Malerei.« Aber was er hier in zwei Zeilen malt, ist das Land der Seele.

Er war ein Dichter, der viel geschrieben hat, doch nur ein Bruchteil seiner Werke blieb erhalten. Er war achtzig Jahre, als ihm die Athener für einen dithyrambischen Chor die Krone anboten; er hatte bisher nahezu sechzig Preise errungen. Für ihn war das Schreiben Beruf, und er bestand darauf, für seine Verse bezahlt zu werden, was ihm den unverdienten Ruf der Kleinlichkeit eintrug. Aristophanes sagt von ihm, »er spränge im Meer über Hürden, brächte es ihm einen Pfennig ein«. Er war wahrscheinlich der erste Grieche, der durch seine Feder reich wurde, und er scheint seinen Reichtum einzig deshalb geliebt zu haben, weil er eine Wertschätzung der Dichtkunst darstellte.

Nach den persischen Kriegen wurde er immer wieder ausgewählt, Epitaphe für Marmorinschriften auf Schlachtfeldern zu schreiben. Er entwickelte dafür einen so lapidaren, so kurzen und so gefühlsgeladenen Stil, daß er künftigen Schreibern von Grabinschriften als Vorbild diente, doch wurde er niemals erreicht. Er war sowohl ein Mann der Tat wie der Poesie. Er verließ Athen und begab sich an den Hof von Hieron, dem Tyrannen von Syrakus, wo er mit den höchsten Ehren empfangen wurde. Sein Ansehen war so groß, daß es ihm gelang, Hieron und Syrakus und Theron von Akragas (Agrigentum) zu überreden, im Jahre 475 auf dem Schlachtfeld, im Angesicht der anstürmenden Truppen, Frieden zu schließen; eines der wenigen bekannten Beispiele eines Dichters als Friedensstifter. Er starb sechs Jahre später und wurde mit königlichen Ehren begraben.

Noch zu Lebzeiten gab man ihm den Beinamen *Melikertes,* was soviel wie der »Honigzüngige« bedeutet. Seine Verse sind süß, doch liegt Kraft in ihnen. Hier ist ein Teil einer Ode auf die Tapferkeit, die seine Macht zeigt, einen lapidaren Stil in ein weiches Gewand zu zwingen.

Er sagt ein Wort des Dichters,
Die Tugend sei behaust auf schwer zugänglichem Geklüft,
Und eine selige Schar von flinken Nymphen bilde ihr Gefolge.
Nicht zeigt sie sich dem Auge jedes Sterblichen,

Wenn nagender Schweiß ihm nicht vom Herzen dringt
Und er durch Mannestum den Gipfel nicht erreicht.

(*Griechische Lyrik, Seite 133*)

So schreibt er mit einer Art beiläufiger Größe, doch näher der Erde als Pindar, und wahrscheinlich erlaubt er sich niemals ein Emporschwingen ins Unendliche, in der Angst, sich zu verlieren. Die gleiche schwere Musik klingt aus einem längeren Epitaph für die Toten an den Thermopylen:

Die ihr erlagt an den Thermopylen,
Im Tode gewannt ihr das herrlichste Lob!
Ein Altar ist das Grab euch, Gedächtnis die Trauer
Und die Klage Triumphlied.
Dies Heldenmal deckt nimmer das Moos
Mit Vergessenheit zu
Noch tilgt es die Allverderberin Zeit,
Denn es wohnt ja mit euch im dunklen Gewölbe
Der Ehrenhort des Hellenengeschlechts,
Mit euch auch Leonidas, Spartas König,
Der das leuchtende Vorbild männlicher Tat
Und unsterblichen Ruhm uns nachließ.

(*Griechische Lyrik, Seite 133*)

Wie bedeutend er wirklich war, werden wir niemals wissen, denn nur einige schmerzliche Reste seines riesigen Werkes sind erhalten. Wir besitzen wohl einen Überfluß an Grabinschriften für ertrunkene Seeleute und gefallene Krieger, aber nur sehr lükkenhafte Fragmente seiner Gedichte. Unter diesen befindet sich ein atemberaubendes Bruchstück, bekannt als *Danae*, in welchem von der Prinzessin von Argos erzählt wird, die von Zeus in Gestalt eines Goldregens besucht wurde und danach Perseus gebar. Als ihr Vater, König Akrisios, von der Existenz des Kindes erfuhr, ließ er beide, Danae und Perseus, in eine Kiste sperren und ins Meer werfen. Hier klagt sie und bittet Zeus um Hilfe:

... doch dann
Als sausender Wind und bäumende Welle
Sich über sie stürzten im künstlichen Sarg,
Da kam ihr die Furcht, da rannen die Tränen,
Und Danae schlug um den Sohn,
Um Perseus, den zärtlichen Arm:
»Kind – so tief ist mein Leid, und du

Liegst in friedlichem Schlafe und träumst,
Sorgloser Säugling, im Kasten voll Düsters,
Mitten in eisengegürteter Nacht.
Hingegossen ins schwarzblaue Dunkel
Leuchtest du schimmernd heraus,
Unbekümmert, ob salzige Wogen
Nässen dein Haar im Vorüberjagen,
Unbekümmert ums Heulen des Sturmes,
Ruhst du, holdes Gesichtchen,
Auf deiner purpurnen Windel.
Wäre mein Grauen auch dir ein Grauen,
Ja, dann könnte dein Ohr, so fein,
Lauschen nach meinem Wort; doch ach . . .
Schlafe nur, schlafe mein Sohn! Und schlafe,
See du! Schlafe auch, Not ohne Grenzen!
Du aber, Vater im Himmel, o selber
Wend es zum Heil; doch klingt dir mein Beten
Maßlos und wider die Zucht: so verzeih!«

(Griechische Lyrik, Seite 131)

In der gesamten noch erhaltenen griechischen Lyrik ist nirgends ein solches Maß an Zartheit zu finden, wie in diesem Gedicht. Einzelne Stellen des Sophokles und des Euripides kommen dem vielleicht nahe, doch niemals wieder gibt es einen so reinen Ausbruch des Gefühls. Shakespeare hätte diese Zeilen schreiben können, sonst wohl niemand. Manchmal nennen jene, die von einer Wiedergeburt der verlorenen griechischen Poesie träumen, den Namen Simonides an erster Stelle.

BAKCHYLIDES VON KEOS

Bis vor kurzem wußte man von Bakchylides, dem Neffen von Simonides, sehr wenig. Dann wurde 1896 im ägyptischen Sand ein Papyrus entdeckt und dem Britischen Museum übergeben. Bei der Entzifferung stellte sich heraus, daß es sich um einen Teil der verlorengegangenen Werke des Bakchylides handelte; der Papyrus enthielt drei vollständige an Hieron gerichtete Oden und Fragmente einer Dichtung über den jungen König Theseus.

Stellten die Alexandriner eine Liste der neun größten griechischen Lyriker auf, so führten sie Bakchylides an letzter Stelle an.

Sie waren bereit, ihm Talent, nicht aber Genie zuzubilligen. Longinus sagt: »Bakchylides und Ion sind beide Dichter von untadeliger Eleganz, während Pindar und Sophokles, die in ungestümer Hast dahineilen, ihren Genius so über Gebühr beanspruchen, daß sie manchmal stolpern und die schrecklichsten Fehler begehen.« Daraus folgt, daß es viel besser ist, ein Genie zu sein, das manchmal auf einen falschen Weg gerät, als ein Dichter, der in seinem begrenzten Bereich fehlerlos ist. Doch teilen nicht alle Kritiker diese Meinung, Horaz und Tibull zählen Bakchylides zu den größten griechischen Dichtern.

Über sein Leben wissen wir sehr wenig. Wie Pindar und Simonides bekam er große Aufträge, Gedichte zum Ruhm siegreicher Athleten zu schreiben. Pindar nannte sich mit einiger Berechtigung »einen Adler«; Bakchylides bezeichnete sich als »die Nachtigall von Keos«. Er singt nicht aus voller Kehle, und er kann sich nicht für lange Zeit in die Lüfte erheben, aber dort, wo er sein Bestes gibt, ist er unvergeßlich. Eine seiner schönsten Oden dichtete er zu Ehren von Hierons Sieg bei den Olympischen Spielen im Jahre 470, dem gleichen Sieg, den auch Pindar besingt. Die Verse zeugen von einer erstaunlichen Kraft, die unter strengster Kontrolle steht. Pindar schleudert Blitze, springt vom Thema ab, schlägt plötzlich unbarmherzig zu und ist immer voll Eigenwillen und Starrsinn. Wie Shakespeare scheint auch er niemals eine Zeile gestrichen zu haben. Bakchylides bewegt sich schwerfälliger, ernster, der Starrheit der Worte bewußt. »Die Tore des Gesanges zu stürmen ist keine leichte Aufgabe«, schreibt er und gibt damit zu verstehen, daß er gleichermaßen mit dem Verstand wie mit poetischem Gefühl dichtet. Aber niemals hat ein anderer über die Ankunft des Theseus in Athen und das Unheil, das mit ihm kam, so kraftvoll und überzeugend geschrieben. Der nur teilweise erhaltene *Theseus* stellt einen lyrischen Dialog dar, der sich wie ein langsamer Marsch des Grauens bewegt.

Theseus liest sich wie ein Jugendwerk, der kaum erwachsene Dichter breitet seine Schwingen aus, ohne zu ahnen, welche Schwierigkeiten und Gefahren die Dichtkunst in sich birgt. Theseus war fast der Schutzheilige von Athen, und das Gedicht wurde wahrscheinlich für ein ihm zu Ehren abgehaltenes Fest geschrieben. Das Bild des Helden ist vollkommen. Homer sagt von Achilles, »er schreitet wie ein Berg«, und in diesem Augenblick sehen wir Achilles klar vor uns. Bakchylides gibt dem

Bilde Farbe und zeigt uns den Helden in menschlichen Begriffen. Manchmal gelingen ihm Dinge, die Pindar nicht konnte.

Bei Pindar haben wir niemals das Gefühl, er könne die Freuden der einfachen Sterblichen teilen. Bakchylides, geformt aus Erde, preist den Frieden eifriger als den Krieg. Im folgenden Gedicht besingt er den Frieden mit einer Wärme, die zeigt, daß er zu viele Kriege gesehen hat:

Die Große Göttin Irene gebiert
Den Sterblichen Reichtum und Blumen süßen Gesangs.
Auf künstlich schönen Altären flammt
Den Göttern die gelbe Flamme voll Opferduft
Von Stieresschenkeln und Wollenherden empor.
Die Jünglinge denken auf Spiel und Flötengesang
Und Lustbarkeiten; indes den eisenbeschlagenen Schild
Der schwarzen Spinne Geweb umhüllt
Und den spitzigen Speer und das zweischneidige Schwert
Der Rost benagt. Es tönt nicht mehr
Der ehernen Tube Klang; er scheucht nicht mehr
Uns von der Augenwimper den süßen Schlaf,
Der unser Herz erquickt.
Flecken und Dörfer sind voll fröhlicher Gasterein
Und Gesänge der Liebe glänzen auf ihnen umher.

(Griechische Lyrik, Seite 131)

Wenn Bakchylides diese Verse auch lang nach dem Einfall der Perser geschrieben haben mag, so gehört er doch wie Pindar einer früheren Zeit an. In seinen Gedichten ist eine Üppigkeit, die mehr die weiß und goldenen Städte Ioniens und Siziliens als die staubigen Straßen von Athen widerspiegelt. Er ist groß, größer als wir vielleicht ahnen, doch irgend etwas fehlt.

Weder Bakchylides noch Pindar sind typisch für ihre Zeit. Niemals scheint ihnen der Verdacht gekommen zu sein, die Werte der fürstlichen Tyrannis oder der heroischen Athleten könnten fraglich sein. Mit der Zeit klingt eine andere Melodie auf, die Muskeln werden härter, und die Hymnen zum Preis der Knaben werden von kraftvollen Chören abgelöst. Mit Aischylos, Sophokles und Euripides betreten wir eine Welt, in welcher der menschliche Geist mehr als nur die Verherrlichung äußeren Glanzes fordert. Der Mensch verlangt Antwort auf schwierige Fragen, und kampfbereit zieht er in die Schlacht.

11 Auf dem Wege zur Erkenntnis

Aus Milet kamen die ersten Philosophen, deren Gedankengänge uns zwar überliefert sind, deren Erkenntnisse aber merkwürdig vage scheinen. Thales, Anaximander und Anaximenes sind wie Gestalten in der aufgehenden Sonne, wenn der Nebel noch über der Erde ruht. Sie sprechen, gestikulieren, zeigen auf Sonne und Mond und verschwinden wieder im Nebel, bevor wir begriffen haben, was es war, das sie uns mitteilen wollten. Alles, was wir mit Sicherheit wissen, ist, daß sie die Mythologie beiseite gelassen und versucht haben, das Universum mit dem Verstand und nur mit dem Verstand allein zu ergründen.

Wenn Thales sagt, daß alle Dinge aus Wasser bestünden, meint er damit nicht, daß Wasser in Ziegel verwandelt werden könne. Er spricht von einem unaufhörlich fließenden Element der Natur, amorph, transparent, unsichtbar für das Auge des Menschen oder nur sichtbar in der Form des Wassers. Er stellt ein erstes Prinzip auf und beschreibt es so kurz und klar, wie ein Mensch es nur tun kann. Und wenn Anaximander das erste Prinzip als »das Unbegrenzte« definiert, so bestätigt auch er die Existenz einer dem menschlichen Auge nicht erkennbaren Realität, einer machtvollen und schopferischen Kraft, die sich durch das Universum bewegt. »Das Unbegrenzte«, schreibt er, »beinhaltet alles Seiende und lenkt alle Dinge.« Diese ersten Philosophen waren bemüht, das Wesen des Universums, seine Energie und Richtung zu entdecken. Woraus wird ein Schiff gemacht? Welcher Wind bläht seine Segel, und wer lenkt es? Noch heute sind wir weit davon entfernt, die Antworten auf diese Fragen zu kennen.

Bezeichnenderweise gebraucht Anaximander das Wort »lenken«, im Griechischen *kybernan,* wovon sich das römische *gubernare* und das englische *govern* ableiten. Sie waren entschlossen, das leitende Prinzip des Alls zu ergründen, ihm seine Geheimnisse zu entreißen. Tief religiös, wandten sie sich von der Mythologie ab, weil sie fanden, die Mythologie werfe nur wenig Licht auf den göttlichen Mechanismus der Welt. Viele Jahre später erklärt Aristophanes in einem Stück, dessen Ziel es war, Sokrates aus seiner einflußreichen Stellung unter den

Philosophen Athens zu verdrängen: »Sie haben Zeus entthront, und *Vortex* (der Wirbel) ist König.« Aber philosophische Spekulationen über Wasser, Luft, Feuer, Erde und Wirbelstürme waren nicht dazu bestimmt, die Götter zu entthronen; sie dienten einem ungleich schwierigeren Unternehmen – dem Verständnis des Universums. Wasser war nicht Wasser, Luft war nicht Luft. Das Unbegrenzte war nicht grenzenlos oder vielleicht nur in dem Sinn, in dem eine Kugel grenzenlos ist. Auch die Wirbel hatten eine durchaus gültige philosophische Bedeutung. Die Philosophen von Milet sahen sich den gleichen Schwierigkeiten gegenüber wie die Philosophen von heute: Worte sind ein unzulängliches Werkzeug, um der Natur ihre Geheimnisse zu entreißen.

Die Philosophen von Milet haben den Anfang gemacht; sie brachten die Dinge ins Rollen. Die überlieferten Werke von Thales, Anaximander und Anaximenes umfassen nicht mehr als vier oder fünf Seiten, aber diese Seiten stehen am Beginn unserer gesamten Wissenschaft. Zum ersten Mal fordert der forschende Geist, unbeschwert von religiösen Vorurteilen, Antwort auf klar definierte Fragen. Weder durch Prophezeiungen noch durch die Offenbarungen der Religion oder durch Mythologie wird der Mensch das All zu enträtseln versuchen. Er wird trachten, das Mysterium ohne Hilfe, allein mit seinem Verstand zu entschleiern.

PYTHAGORAS

Von Pythagoras heißt es, er habe sich, als er die Olympischen Spiele besuchte, nackt ausgezogen, um dem Volk zu beweisen, daß er eine goldene Hüfte habe. Sowohl Aristoteles wie Diogenes Laertius erzählen die Geschichte, und es bleibt uns überlassen, wie weit wir ihr Glauben schenken wollen und was ihre eigentliche Bedeutung ist. Alles, was wir über Pythagoras wissen, läßt ihn uns gottähnlich erscheinen; er bedarf keiner goldenen Hüfte.

Er wurde um 560 v. Chr. geboren – ein Ionier von der Insel Samos. Sein Vater Mnesarchos war Siegelgraveur, mehr ist über seine Herkunft nicht bekannt. In früher Jugend schon ging er auf Entdeckungsreisen und besuchte Ägypten, ausgerüstet mit einem Empfehlungsschreiben von Polykrates, dem Tyrannen von Samos, an König Amasis. Das war zu einer Zeit, als zwischen Griechenland und Ägypten freundschaftliche Beziehungen bestanden. Er scheint einige Jahre in Ägypten geblieben zu sein, die Sprache gelernt und unter der Leitung ägyptischer Priester studiert zu haben. Schließlich kehrte er nach Samos zurück, um feststellen zu müssen, daß Polykrates sich von dem gütigen Herrscher vergangener Tage zu einem Menschen mit allen Merkmalen des Tyrannen entwickelt hatte. Er floh nach Kroton in Italien, um dort eine philosophische Schule zu gründen, die sich auf dreihundert Studenten beschränkte, und für einige Zeit scheint er der eigentliche Herrscher der Stadt gewesen zu sein. Es wird berichtet, er habe an dem Krieg zwischen Kroton und Sybaris teilgenommen und sei bei einer Palastrevolution entmachtet worden. Als die Rebellen das Haus, in dem er sich verbarg, in Flammen aufgehen ließen, wäre er verbrannt.

So wenig wir über sein Leben wissen, so viel ist uns über seinen Charakter bekannt: abweisend, selbstherrlich, aristokratisch und unglaublich diszipliniert. Wie einen Mantel trug er seine kalte Strenge und ließ seine Göttlichkeit durchblicken. Er pflegte zu sagen, er könne sich all seiner früheren Leben und seiner vergangenen Tode entsinnen; er wisse ganz genau, wie er in der Hölle gelitten habe. Laut Xenophon sah er einmal jemanden einen Hund schlagen und hielt ihn mit den Worten zurück: »Du darfst ihn nicht schlagen, soeben vernahm ich in dem Heulen des Hundes die Stimme eines lieben, längst verstorbenen Freundes.« Er verbot seinen Schülern Fleisch, Eier oder Bohnen zu essen, und für ihn war der Tempel Apollos in Delos deshalb der heiligste, weil dort keine Gefangenen geopfert wurden; in diesem Tempel bestanden die Opfergaben aus Weizen, Hafer und Käse. Er war Mystiker, Pazifist und glaubte an die Seelenwanderung, doch sind das nicht die wesentlichen Dinge, die über ihn zu sagen sind. Sein Ruhm beruht auf seinen Leistungen als Geometer und Mathematiker sowie auf der von ihm erfundenen Verschmelzung von Philosophie und Zahl.

Für Pythagoras waren die Zahlen heilig. Jede Zahl hatte für ihn einen eigenen Charakter, und jede strahlte Macht aus. Da gab es reine Zahlen, unreine Zahlen, vollkommene Zahlen wie die 10, welche die Summe der ersten vier Zahlen und den Vater aller darauffolgenden Zahlen darstellt. Er entdeckte – oder waren es vielleicht seine Schüler –, daß die Addition von eins plus einer ungeraden Zahl Quadrate ergibt: $1 + 3 = 4$ oder 2^2,

$1+3+5=9$ oder 3^2. Auf die gleiche Weise ergeben ungerade Zahlen addiert mit einem Quadrat andere Quadrate: $1^2+3=2^2$, $2^2+5=3^2$, $3^2+7=4^2$. Die erstaunlichen Eigenschaften der Zahlen, die Art, in welcher sie miteinander in Beziehung stehen und Gruppen formen, alle sich auf geheimnisvolle Weise rund um die Zahl 10 drehend, schienen auf ein Universum, beherrscht von der Zahl, hinzuweisen. Er sah in dem Universum einen mathematischen Entwurf von wunderbarer Klarheit und Einfachheit und glaubte, der Mensch könne mit entsprechender Geduld und ausreichendem Verstand die Probleme des Alls auf mathematischem Wege lösen. Die Zahlen seien die göttlichen Bausteine, aus denen das Universum bestehe.

Fasziniert von der Zahl, entdeckten die Pythagoreer, daß auch die Musik einem komplizierten mathematischen System folge. So schreibt Philolaos über Saiten mit gleicher Spannung:

Der Harmonie (Oktave 1:2) Größe umfaßt die Quarte (3:4) und Quinte (2:3). Die Quinte ist aber um einen Ganzton (8:9) größer als die Quarte. Die Quarte aber hat das Verhältnis 3:4, die Quinte 2:3, die Oktave 1:2.[1]

Nachdem sie die Musik solchermaßen auf die Einfachheit eines Zahlensystems gebracht hatten, war es nur mehr ein Schritt, die Planeten musikalischen Instrumenten gleichzusetzen; und die Pythagoreer trösteten sich manchmal damit, der Sphärenmusik zu lauschen.

Wie sehr sie die Zahlen verehrten, wissen wir aus einer außergewöhnlichen Schrift, die Philolaos ungefähr fünfzig Jahre nach dem Tod von Pythagoras verfaßte, als die pythagoreische Tradition noch sehr lebendig war:

Man muß die Werke und das Wesen der Zahl nach der Kraft beurteilen. die in der Zehnzahl liegt. Denn sie ist groß, allvollendend, allwirkend und göttlichen und himmlischen sowie menschlichen Lebens Anfang und Führerin. Sie nimmt teil . . . Kraft auch der Zehnzahl. Ohne diese aber ist alles grenzenlos und undeutlich und unklar.

Denn erkenntnissprechend ist die Natur der Zahl und führend und lehrend für jeglichen in jeglichem, das ihm zweifelhaft

[1] Die Fragmente der Vorsokratiker, Hermann Diels

oder unbekannt ist. Denn nichts von den Dingen wäre irgendwann klar, weder in ihrem Verhältnis zu sich noch zu einander, wenn die Zahl nicht wäre und ihr Wesen. Nun aber bringt diese innerhalb der Seele alle Dinge mit der Wahrnehmung in Einklang und macht sie dadurch erkennbar und einander entsprechend nach des (Zeigers) Natur, indem sie ihnen Leiblichkeit verleiht und die Verhältnisse der Dinge jegliches für sich scheidet, der grenzenlosen ebenso wie der grenzebildenden.

Du kannst aber nicht nur in den dämonischen und göttlichen Dingen die Natur der Zahl und ihre Kraft wirksam sehen, sondern auch überall in allen menschlichen Werken und Worten und auf dem Gebiet aller technischer Verrichtungen und auf dem der Musik.[2]

Solche Betrachtungen gehörten dem Zeitgeist an, als neue Methoden auftauchten, die sämtlich der Wissenschaft der Zahl dienten. Als Pythagoras entdeckte, daß das Quadrat über der Hypotenuse eines rechtwinkeligen Dreiecks gleich ist dem Quadrat über den anderen beiden Seiten, opferte er eine Hekatombe zu Ehren der vollkommenen Harmonie dieses Theorems. In demselben Geiste erforschten Euklid und alle folgenden griechischen Mathematiker das weite Land der Zahl und gaben dem Universum eine abstrakte, reine, eindeutige und seltsam elegante Form.

Pythagoras war ebenso elegant und streng wie sein Zahlensystem. »Sein Gewand war weiß und von unvergleichlicher Reinheit«, sagt Diogenes Laertius. »Niemals hörte man von ihm, daß er zuviel gegessen, getrunken oder sich dem Liebesgenuß hingegeben habe. Niemals lachte er, und war er zornig, so beleidigte er trotzdem niemanden, weder Sklaven noch Freie.« Seine unvergleichliche Strenge und Reinheit wurden zur Legende. Sein Einfluß währte fort, denn in seine Fußstapfen traten alle griechischen Mathematiker und sogar Plato.

Zahlen allein konnten die Geheimnisse des Universums nicht enträtseln; ein großer Philosoph folgte dem andern, sie alle bemüht, den Urgrund des Wissens und den Ursprung der Kräfte zu ergründen.

[2] Die Fragmente der Vorsokratiker, Hermann Diels

Herakleitos wurde ungefähr 544 v. Chr. in Ephesos als Sohn des dortigen Tyrannen geboren. Er erbte den Titel »basileos«, verzichtete auf ihn aber zugunsten seines Bruders, offenbar, weil er die durch Luxus verweichlichten Einwohner der Stadt verachtete. Man könnte Ephesos mit Wien vergleichen – reich, weltlich und beschaulich dahinlebend.

Wie Pythagoras, so war auch er seinem Wissen nach Aristokrat, von Natur einsam, der Welt abgewandt, wie in einem Grab lebend, glücklich nur dann, wenn er allein durch die Berge wandern konnte. Doch im Gegensatz zu Pythagoras, der stolz auf seine Beherrschung war, hatte Heraklit ein jähzorniges Temperament. Als die Bewohner von Ephesos einmal einen seiner Freunde durch das Scherbengericht verbannten, schrie er, sie sollten sich wegscheren und sich aufhängen. »Die Bewohner von Ephesos«, erklärte er, »und zwar alle erwachsenen Männer, täten gut daran, sich aufzuhängen und die Stadt den bartlosen Jünglingen zu überlassen, denn sie haben Hermodoros, den besten aller Männer, mit der Begründung vertrieben: ›Wir wollen keine Besten unter uns haben. Gibt es einen solchen, so möge er weggehen und an einem anderen Ort leben!‹« Ein andermal begab er sich mit seinen Kindern zum Tempel der Artemis und vergnügte sich mit einem Würfelspiel. Die Einwohner der Stadt versammelten sich um ihn, entrüstet, einen ehemaligen Staatsmann und Fürsten bei einem Glücksspiel zu finden. »Ihr armen Narren«, schrie er sie an. »Weshalb beobachtet ihr mich? Wißt ihr denn nicht, daß es klüger ist, die Würfel zu rollen, als sich in eure Politik zu mischen?«

Er war ein Mann mit ausgeprägten Ansichten, die er trotzig und feurig zu vertreten pflegte. Er teilte nicht die allgemeine Meinung über Homer und erklärte, der große Dichter »solle aus den Listen gestrichen und gepeitscht werden«. Homer hätte niemals sagen dürfen: »Die Zwietracht unter Göttern und Menschen möge ein Ende finden!« Nach Heraklit war der Streit das Salz der Welt, die Motivierung für alle Handlungen, der Stachel im menschlichen Fleisch; es gefiel ihm, Gegensätze aneinanderprallen zu lassen, um zu zeigen, daß der Streit einen erfreulichen Klang habe. Er schätzte Ärzte ebensowenig wie Homer. »Ärzte«, schreibt er, »schneiden, brennen, stechen und quälen die Kranken und dann fordern sie noch ihren unverdienten Lohn.« Vor der Masse hatte er den typisch aristokratischen Abscheu und meinte: »Die Besten suchen vor allen andern Dingen unsterblichen Ruhm unter den Sterblichen, während der Pöbel frißt wie das Vieh.«

Er war weder ein angenehmer noch ein bequemer Philosoph. Glühend in seinem Haß und tödlich in seiner Verachtung, dürfte er zur Melancholie geneigt haben. Die Werke der Menschen gefielen ihm ebensowenig wie die Werke der Götter. Inkonsequent und sinnlos schienen ihm die feierlichen Riten der Sterblichen; für ihn waren die Mysterien nicht heilig, die phallischen Hymnen hielt er für besonders beschämend, und die Sühnehandlungen erinnerten ihn an einen Mann, der seine Füße wäscht, nachdem er durch den Kot gewatet ist. Seine trostlosen Bemerkungen über die Mysterien dürften ihren Grund darin haben, daß er als Fürst und erblicher Priester der eleusischen Demeter die Hintergründe der Mysterien besser kannte als die meisten Menschen.

Heraklit hinterließ einen nachhaltigen Eindruck auf das Gedankengut der Menschheit, obwohl seine uns überlieferten Werke aus wenig mehr als ungefähr hundert Aussprüchen, leicht auf fünf Seiten niederzuschreiben, bestehen. Diese Fragmente werden mit Hilfe einer kurzen, von Diogenes Laertius stammenden Zusammenfassung seines Buches »Über die Natur«, das jener im Tempel der Artemis gefunden hatte, verständlich. »Über die Natur« bestand aus drei Teilen: einer über das Universum, einer über Politik und einer über Theologie; die erhaltenen Bruchstücke passen gut in den Zusammenhang. Diogenes Laertius behauptet, das Buch sei absichtlich so geheimnisvoll gehalten, *pour épater le bourgeois,* und er zitiert einen reizenden Vers des Dichters Timon, um seine These zu beweisen:

Unter sie trat der Kuckuck Herakleitos,
Der rätselhaft dunkle Schmäher
Allen niedrigen Volkes.

Aber das Geheimnisvolle des Herakleitos war nicht immer, ja nicht einmal sehr oft in Dunkelheit gehüllt. Er ist dunkel, weil das Licht seines Geistes zu heftig, zu hart, zu blendend ist. Seine Aussprüche geben ein klares Bild seines intransigenten, eigenwilligen Geistes. Wie Leonardo da Vinci hatte er die Gabe, Dinge so beißend und brillant zu formulieren, daß sie für immer im Gedächtnis haften bleiben:

Die Sonne ist neu an jedem Tag.

Die Seelen atmen Geruch ein im Hades.

Des Bogens Name also ist Leben, sein Werk aber Tod.

Man kann nicht zweimal in den gleichen Fluß steigen
und nicht zweimal eine ihrer Beschaffenheit nach identische
vergängliche Substanz berühren, sondern durch das Ungestüm
und die Schnelligkeit ihrer Umwandlung zerstreut sie
sich und sammelt sich wiederum und naht sich und entfernt sich.

Helios wird seine Grenzen nicht überschreiten; sonst werden
ihn die Erinnyen, der Dike Schergen, ausfindig machen.

Die Wachenden haben eine einzige gemeinsame Welt, doch im
Schlummer wendet sich jeder von dieser ab in seine eigene.

Der weiseste Mensch wird gegen Gott gehalten wie ein Affe
erscheinen in Weisheit, Schönheit und allem andern.

Der Herr, dem das Orakel in Delphi gehört, sagt nichts und
birgt nichts, sondern er bedeutet.

Die Sibylle, die mit rasendem Munde Ungelachtes und Ungeschminktes
und Ungesalbtes redet, reicht mit ihrer Stimme durch tausend Jahre.
Denn der Gott treibt sie.[3]

Diese Feststellungen zeigen wohl den Charakter des Mannes, aber sie sagen uns wenig über seine Philosophie; sie sind nicht mehr als Funken, die von dem Amboß seines Geistes sprühen. Die Worte sind »feierlich und schmucklos, ohne einen Hauch zarten Duftes«, und er trägt den Schleier seiner Weissagungen, als wäre er damit geboren – und er war es auch. Dennoch war er ein Kind seiner Zeit: Seine fein geschliffenen, elegischen Aus-

[3] Die Fragmente der Vorsokratiker, Hermann Diels

sprüche sind charakteristisch für die Periode vor dem Einbruch der Perser in Griechenland.

Seine Philosophie scheint sich von dem mystischen Feuer, in welches er das ganze Universum taucht, abzuleiten. Alle Dinge haben ihren Ursprung in den Feuerströmen und sind dauernden Veränderungen unterworfen. Diese Ströme von Energie oder Feuer folgen den unabänderlichen Gesetzen des Schicksals; das auf- und niederwogende Feuer bewirkt das seltsame Phänomen eines Universums im Zustand des dauernden Werdens. Heraklit scheint geglaubt zu haben, das ganze Universum des Entstehens werde von diesen mystischen Flammen in langen Intervallen verzehrt, aber der Flammentod wäre nur der Beginn eines neuen Zyklus der Wandlung. Hinter der Welt, hinter dem gesamten Universum steht das unsterbliche Feuer.

Mit diesen Ansichten ist Heraklit weit von dem Glauben entfernt, der Mensch sei das Maß aller Dinge. Den ewigen Flammen gegenüber ist der Mensch nichts und sein Streben nach Tugend vergeblich. Tugend hat wenig Bedeutung für einen Menschen, der behauptet: »Gut und Böse ist das gleiche« und »Es ist gleichgültig, ob der Mensch lebendig oder tot, wach oder schlafend, jung oder alt ist, denn der erste Zustand wird zu letzterem und der letztere zu ersterem.« Der Mensch ist nicht mehr als ein schwacher Funke in dem wilden Flammenmeer, und kein Hauch von Göttlichkeit ist in ihm; wenn er stirbt, »sollte sein Leib beiseite geschafft werden wie Mist«.

Heraklit verkündete seinen Nihilismus mit außerordentlicher Überzeugungskraft in erzernen Sentenzen. Er steht im Sonnenuntergang, und es kümmert ihn nicht, ob ein Morgen kommen wird; eine stolze, trotzige Gestalt, bestrahlt von den glühenden Farben seiner Vorstellungskraft. Dennoch war laut Diogenes Laertius ein Funke Bescheidenheit in ihm. Er sagte einmal, daß niemand, welchen Weg er auch immer nehmen möge, die Grenzen der menschlichen Seele entdecken könne. Doch ist dies der einzige bescheidene Ausspruch, der ihm zugeschrieben wird. Kennzeichnender für seinen Charakter ist, daß man von ihm erzählt, er wäre einmal gefragt worden, warum er so schweigsam sei, und seine Antwort habe gelautet: »Damit du reden kannst.«

Steht Heraklit im Sonnenuntergang, so steht Parmenides im kühlen Licht der Morgendämmerung. Auch er war ein Patrizier, reich und vornehm, sich seiner Würde als Philosoph wohl bewußt, doch in jeder anderen Hinsicht war er das Gegenteil von Heraklit. Er schrieb nicht in erzernen Sentenzen, sondern in Versen. Für ihn war das Universum nicht in ein mystisches Feuer getaucht. Er sah die Welt als Sein und nicht als Werden. Hinter der sich immer verändernden, flüchtigen Welt der Sinne liegt das Reich der Unveränderlichkeit. Was ist, das ist. Was war, das war. Was sein wird, wird sein. Was nicht ist, kann nicht gedacht werden. Das Eine ist Gott. Auf diese Weise legt Parmenides die unabänderliche und unveränderbare Realität des Seins fest, die weite, allumfassende Substanz der uns bekannten Welt, in welcher der Fluß fließt und doch der gleiche ist, in der es kein auf- und abwogendes Feuer und keinen Sonnenuntergang gibt. Parmenides sah die Welt, als wäre sie aus Kristall.

Er beginnt sein Epos mit einer visionären Anrufung der Töchter der Sonne, die den Denker aus der Finsternis in das strahlende Licht führen. Die Tore der Gerechtigkeit öffnen sich, und die Göttin spricht:

> *Notwendig ist es, daß du alles erfährst: sowohl das nicht zu erschütternde Herz der Wahrheit, als auch die Meinungen der Menschen. Es gibt nur zwei Wege des Suchens: Der erste ist Sein: und das ist nicht Nicht-Sein. Das ist der Weg des Glaubens, den Wahrheit begleitet. Der andere Weg ist Nicht-Sein: unmöglich, daß es sein kann. Und jenseits des Verständnisses, nicht zu erfassen. Denn weder erkennen könntest du das Nichtseiende noch aussprechen. Denn dasselbe ist Denken und Sein.*[4]‹

Von hier aus greift Parmenides nach dem Wesen des Seins, worunter er die Gesamtheit des Universums versteht, die niemals geschaffen wurde und niemals zerstört werden kann; ohne Anfang und ohne Ende ist sie eine Ganzheit, »da sie jetzt ist, alles gleichzeitig, einmal und immer«. Von diesem fundamentalen Dogma ausgehend, baut er seine Vorstellung des Universums auf, bewegungslos und unveränderlich, überall sich selbst gleichend, in seiner vollendeten Form einer Kugel ähnlich.

[4] Die Fragmente der Vorsokratiker, Hermann Diels

Unsere Sinne sind sich der endlosen Bewegung bewußt — Schöpfung gefolgt von Vernichtung, Vernichtung gefolgt von Schöpfung — aber diese Eindrücke sind nicht mehr als eine Fiktion. Das Sein, gesehen mit den Augen der Wahrheit, hat keinen Ursprung, ist ewig und unveränderlich »unbeweglich in den Fesseln mächtiger Ketten«. Diese Fesseln, nämlich die Gesetze des Seienden, scheinen von jenen gewaltigen Ketten zu stammen, mit denen Zeus — wie Homer sagt — die Welt zusammenhält. Die Helden im Epos des Parmenides sind nicht Achilles, Ajax oder Agamemnon, nicht der vom Verhängnis gejagte Hektor noch die von ihrer eigenen Schönheit beglückte Helena. Hier sind die Helden das Seiende, das Nicht-Seiende, das Eine, die Sphäre, die göttliche Notwendigkeit. Ihr Schlachtfeld ist die Festung des Geistes, und ihre Kriege sind unblutig, obwohl sie das ganze Universum umspannen.

Der Ausgangspunkt für die Beschreibung des Universums ist bei Parmenides die Einheit aller Dinge. Das Eine ist alles, unteilbar, durchwegs von gleicher Dichte. Er fügt hinzu, »daß nichts fehlt, denn fehlte etwas, würde alles fehlen«, das heißt, es würde in das Reich des Nicht-Seienden eindringen, das nicht gedacht werden kann. Wieder und wieder betont Parmenides, das Seiende sei unvergleichlich und ohne Widersprüchlichkeit. Nicht nur gibt es keine auf- und abwärtswogenden Ströme des Seiens, sondern es gibt auch nichts Gegensätzliches, und jede Veränderung ist nichts als Illusion. Wir sprechen von Dingen, die geboren werden und sterben, von Veränderungen in Farbe und Lage, aber wir gebrauchen nur konventionelle Worte, um Erscheinungen zu beschreiben. Anstelle der sich immer verändernden Welt von Heraklit setzt er eine bereits vollkommene, und daraus folgt, daß auch keine Notwendigkeit für eine Veränderung gegeben ist.

Die Welten von Parmenides und Heraklit sind unvereinbar; hier haben zwei Männer von grundsätzlich verschiedener Geisteshaltung zwei grundsätzlich verschiedene Welten erschaffen. Über der Welt des Heraklit lastet das Verhängnis, und sie gefällt sich in einem fortwährenden Chaos; die Welt des Parmenides ist sich ihrer eigenen Vollkommenheit und ewigen Schönheit bewußt. Sie ist es zufrieden, bewegungslos zu bleiben.

Daß Bewegung, jede Bewegung, eine Täuschung der Sinne ist, gehört zu den unumstößlichen Axiomen des parmenidischen Weltbildes. Seinem Schüler Zenon von Elea blieb es überlassen, eine Reihe von Paradoxa aufzustellen, dazu bestimmt, die Unmöglichkeit der Bewegung nachzuweisen. Das langsamste Wesen (die Schildkröte) kann von dem schnellsten (Achilles) nie eingeholt werden. Denn notwendig muß das verfolgende Wesen immer, bevor es einholt, zu dem Punkt kommen, von dem das verfolgte schon aufgebrochen ist, so daß das langsamere Wesen immer einen Vorsprung behalten muß. Und sollte dies mathematische Spitzfindigkeit sein, so zeigt Zenon auf einen durch die Luft fliegenden Pfeil und beweist, daß sich der Pfeil in jedem gegebenen Moment in dem einen und gleichen Raum befinden müsse; daher befindet sich der Pfeil in jedem Augenblick seines Fluges im Ruhestadium. Zenon beweist damit, daß die Sprache die paradoxe Natur der Bewegung nicht deutlich machen kann. Nach der Überlieferung war er sowohl der Liebhaber als auch der Schüler von Parmenides. Er beteiligte sich an einer Rebellion gegen den Tyrannen Nearches, den Machthaber von Elea. Zenon wurde festgenommen, vor den Tyrannen gebracht und aufgefordert, die Namen der übrigen Verschwörer zu nennen. Statt dessen nannte er die Namen aller jener, die dem Tyrannen zur Macht verholfen hatten. »Nenne mir mehr Namen«, sagte Nearches. »Dann nenne ich den deinen, denn du hast Unheil über die Stadt gebracht«, antwortete Zenon, biß sich die Zunge ab und spie sie dem Tyrannen ins Gesicht. Er wurde zum Tode verurteilt und starb heroisch unter fürchterlichen Qualen.

Plato erzählt in dem Dialog *»Parmenides«* die merkwürdige Geschichte eines Treffens zwischen Parmenides, Zenon und Sokrates, das in Athen stattfand. Sokrates war damals ein junger Mann, vermutlich zweiundzwanzig oder auch dreiundzwanzig Jahre, aber er hatte bereits seine Lehre von den Ideen, von der göttlichen Form aller bestehenden Dinge, entwickelt, ein Konzept, das sich direkt von dem unveränderlichen und vollkommenen Einem des Parmenides ableitet. Parmenides war ungefähr fünfundsechzig Jahre, weißhaarig, aber noch in seiner vollen Manneskraft. Zenon, hochgewachsen und schlank, war ein kräftiger Mann von ungefähr vierzig, der seine Aufgabe einzig darin sah, die Thesen seines Meisters zu verteidigen. Bald sind Parmenides und Sokrates in eine Diskussion über das Eine und das Wesen der Begriffe vertieft. Sokrates gibt zu, die Ideen mögen außerhalb unseres Denkens nicht vorhanden sein, und Parmenides besteht darauf, daß sich ein absoluter Begriff nicht auf die Welt der Erscheinungen beziehen könne: Der absolute

Tisch schließt den Tisch, an dem wir unsere Mahlzeiten einnehmen, aus und steht in keiner Beziehung zu ihm, er existiert in einer eigenen Welt. So diskutieren sie, Sokrates die Begriffe und Parmenides das Eine verteidigend. Sie kommen zu keiner Lösung, bis Parmenides plötzlich eine Lücke in Sokrates' Beweisführung findet und das Gedankengebäude zum Einsturz bringt:

Unerkennbar – sagt Parmenides – also ist uns das Schöne an sich, was es ist, so auch das Gute und alles, was wir uns als Ideen für sich vorstellen. – So scheint es leider. – Sieh aber nun hiervon auf jenes noch Ärgere. – Auf welches? – Wirst du zugeben oder nicht, daß, wenn es an sich als Gattung eine Erkenntnis gibt, diese weit genauer sein müsse als die Erkenntnis bei uns und so auch die Schönheit und alles andere auf gleiche Weise? – Ja. – Besitzt also irgend etwas anderes diese Erkenntnis an sich, so wirst du nicht wollen, daß irgend jemand anders als Gott die ganz vollständige Erkenntnis habe? – Natürlich. – Wird nun etwa Gott, die Erkenntnis selbst besitzend, wiederum vermögend sein, das, was bei uns ist, zu erkennen? – Warum das nicht? – Weil, sagte Parmenides, unter uns ausgemacht ist, o Sokrates, daß weder jene Begriffe in Beziehung auf das bei uns Befindliche dasjenige Vermögen haben, welches sie haben, noch auch das bei uns Befindliche in Beziehung auf jene; sondern abgesondert jedes von beiden für sich. – Das ist freilich ausgemacht. – Wenn sich also jene genaueste Herrschaft bei Gott befindet und jene genaueste Erkenntnis, so wird diese Herrschaft jenes niemals uns beherrschen noch auch diese Erkenntnis uns erkennen oder irgend etwas bei uns. Sondern ganz auf gleiche Weise herrschen wir nicht über jene mit unserer Herrschaft, noch erkennen wir irgend etwas von dem Göttlichen mit unserer Erkenntnis; und auch sie sind aus demselben Grunde nicht unsere Herren, noch erkennen sie die menschlichen Dinge als Götter. –
Aber, sagte er, daß das nur nicht eine allzu wunderliche Rede ist, wenn einer die Gottheit des Wissens beraubt! – Dennoch aber, o Sokrates, habe Parmenides gesagt, muß dies und noch gar vieles andere von den Begriffen gelten, wenn diese Ideen der Dinge sein sollen und jemand jedes an sich als Begriff setzen will.[5]

[5] Platon, »Parmenides«. Übersetzt von Friedrich Schleiermacher

Parmenides hatte eine erschreckende Darstellung der Gefahr des übergroßen Gebrauches des Absoluten gegeben, und da nahezu alles, was über das Eine gesagt werden kann, ebenso gültig ist, wenn es über die Begriffe gesagt wird, so zerstört er damit seine eigene These, wie auch die des Sokrates. Das Eine ist wie Quecksilber, das durch die Finger gleitet. Es ist, aber sobald man es zu berühren versucht, verschwindet es. Worte können es nicht erfassen; es scheint sich allen Erklärungen zu entziehen. Es verkörpert einen Aspekt der Wahrheit und wird eines Tages zum Grundgedanken der griechischen Philosophie und später des Christentums werden. Doch ist dies nicht die ganze Wahrheit. In dem Einen ist keine Bewegung, keine Erklärung für das Sein: es ist kein Platz da für die Götter und keiner für die Farben des Lebens.

The One remains, the many change and pass;
Heaven's light forever shines, Earth's shadows fly;
Life, like a dome of many-colored glass,
Stains the white radiance of Eternity,
Until Death tramples it in fragments —

So schreibt Shelley und billigt den Farben des Lebens im göttlichen Plan der Dinge einen kleinen Platz zu, indem er Parmenides mit seinem Vergleich, das Leben sei wie ein Dom aus vielfarbigem Glas, herausfordert. Aber selbst bei Shelley bietet das Eine der Menschheit nur sehr geringe Hoffnung. Man kann seinen Geist nicht lange, kaum für einige Stunden mit dem kalten Glanz der Ewigkeit speisen. Denn Leben, Wachstum, Schönheit und die Existenz der Götter haben in der reinen, bewegungslosen Welt des Parmenides keine Daseinsberechtigung. Die Philosophen, die sich mit dem Problem auseinandersetzten, kamen zu dem Schluß, es möge vielleicht einen Weg geben, das Eine mit dem Feuer des Heraklit zu vermählen.

EMPEDOKLES VON AKRAGAS

Empedokles ist einer jener Philosophen, die unter dem Gewicht der vielen Legenden nahezu verschwinden. Man sagt von ihm, er wäre wie ein König geschritten, habe eine purpurne Robe getragen, sein Haupt sei mit einem Lorbeerkranz gekrönt und seine

Sandalen seien mit Bronze beschlagen gewesen. Sie nannten ihn einen Zauberer, der Tote zum Leben erwecken, einen Arzt, der Kranke durch magische Sprüche heilen, einen Ingenieur, der die Richtung von Wind und Sturm mit Hilfe von Eselshäuten verändern könne. Man sagte auch, er widersetzte sich – wenngleich er sich selbst wie ein König benahm – der Tyrannis und lehnte die Herrschaft über seine Heimatstadt ab, doch gefiel es ihm durchaus, sich als Gott verehren zu lassen, als Unsterblicher unter den Sterblichen. Er besaß unendlichen Stolz und hielt sich für ein Wesen höherer Ordnung, welches die üblichen Beschäftigungen der Sterblichen weit hinter sich gelassen und eine Welt betreten hatte, in der alles hell und klar, alle Probleme gelöst waren. Diogenes Laertius sagt, er sei ebenso geheimnisvoll gestorben, wie er gelebt habe. Er hatte eben einen Toten zum Leben erweckt, und seine Freunde waren in einem Hain zusammengekommen, um seine Göttlichkeit zu feiern:

Nach dem Opferschmause entfernten sich die anderen, um der Ruhe zu pflegen, die einen unter den Bäumen, die neben dem Landgut standen, die anderen wo es ihnen gerade behagte; er selbst aber blieb an der Stelle, wo er bei Tisch gelegen. Als man nun bei Anbruch des Tages sich wieder erhob, war er der einzige, den man nicht fand. Als man denn nach ihm suchte und auch die Sklaven, wenn auch im übrigen vergeblich, befragte, erklärte einer, um Mitternacht habe er eine mächtige Stimme vernommen, die nach Empedokles rief; da sei er aufgestanden und habe ein himmlisches Licht und Fackelschein gesehen, sonst aber nichts. Noch waren alle voll Schrecken über das Geschehene, als Pausanias herunterkam und einige Leute zur Aufsuchung entsandte. Bald darauf aber ließ er alle weiteren Veranstaltungen einstellen, indem er erklärte, sein (des Empedokles) Gebet sei erhört worden und man müsse ihm opfern als einem zu göttlicher Würde Erhobenen.[6]

Nach einer anderen Legende wanderte Empedokles zum damals feuerspeienden Ätna und warf sich in die Flammen, aber ein paar Tage später fand man eine seiner Sandalen am Berghang. Man erkannte sie an ihrem Bronzebeschlag. Es gibt noch eine

[6] Diogenes Laertius, »Leben und Meinungen berühmter Philosophen«. Übersetzt von Otto Apelt (VIII. Buch)

dritte Version, nach der er auf geheimnisvolle Weise in der Peloponnes gestorben wäre. »Sein Grab ist unbekannt«, schreibt Timäos, »doch sollten wir dem nicht zuviel Wert beimessen; viele Menschen besitzen kein Grab.«

Sicher ist, daß Empedokles bereits zu Lebzeiten eine Legende war und daß er als Arzt und Philosoph eine seltsame Macht über seine Patienten und Schüler besaß. Er war auch ein brillanter Redner, und Aristoteles behauptet von ihm, er habe die Rhetorik erfunden und sie Gorgias gelehrt, welcher sie seinerseits nach Athen gebracht habe. Er war so etwas wie ein Ingenieur, denn während einer Pestepedemie legte er die Sümpfe von Selinos trocken und veränderte den Lauf von Flüssen. Die größte Bedeutung für uns aber haben seine beiden Gedichte »Über die Natur« und »Über die Reinigung«, von denen ungefähr fünfhundert fragmentarische Zeilen erhalten sind.

In seinen strengen und stolzen Gedichten — denn niemand konnte in seiner Dichtung hochmütiger sein — verkündet Empedokles die Vermählung von dem Einen mit dem heraklitischen Feuer und erreicht dies einfach damit, daß er Liebe und Haß einführt; Liebe bringt die Dinge zusammen, Haß trennt sie; jene erschafft und dieser zerstört. Beide haben ihr Dasein in der bewegungslosen Kugel des Einen. Das Universum und alles von ihm Eingeschlossene werden von diesen gegensätzlichen Polen im Gleichgewicht gehalten. Innerhalb der geschlossenen Kugel findet eine stete Bewegung der Abstoßung und Anziehung statt, doch die Kugel bleibt davon unberührt. Empedokles löst das Problem, indem er das heraklitische Feuer in das Eine einschließt.

Natürlich ist es nicht ganz so einfach, denn er fährt fort, den ewigen Fluß in dem Einen in Begriffen von Feuer, Luft, Erde und Wasser, den Urstoffen der Schöpfung, zu beschreiben. Alle Dinge entstehen durch eine Wechselwirkung. Liebe vereint sie, Haß trennt sie. So werden sie geboren, und so sterben sie dahin, nur um wieder in neuen und noch herrlicheren Kombinationen geboren zu werden. »Aus diesen Elementen«, sagt er, »entsteht alles, was ist und alles, was jemals sein wird; Bäume und Männer und Frauen, wilde Tiere und Vögel und Fische, die im Wasser hausen und selbst die Götter mit ihrem langen Leben und ewigen Ehren.«

Wenn Empedokles ein verständliches Bild des Universums zu entwerfen versucht, sieht er einen ununterbrochenen Wechsel in der Schöpfung vor sich gehen, der Reptilien und Götter aus den gleichen Elementen entstehen läßt. Es ist nicht nur, daß alles lebendig und in Bewegung ist und fortwährend verändert wird, sondern alles wird getrieben von dem Wunsch nach Leben, nach Bewegung und Veränderung. Alle Elemente streben nach Transformation. Es gibt keine Momente der Ruhe, keine geschützten Plätze, die es ermöglichen, dem Strom zu entkommen. Im Laufe der Zeit durchlebt ein Mensch endlose Transformationen: »Ich bin ein Jüngling und ein Mädchen gewesen, ein Busch und ein Vogel, ein sich im Meer tummelnder Fisch.« Dann erinnert er sich, ein Gott gewesen zu sein und auch die Götter unterliegen der Veränderung:

Es ist der Notwendigkeit Spruch, ein Götterbeschluß, alt, urewig, mit breiten Schwüren versiegelt: wenn einer in Schuldverstrickung mit Mordblut seine eigenen Glieder befleckte, wer ferner im Gefolge des Streites (?) einen Meineid schwor aus der Zahl der Dämonen, die ein sehr langes Leben erlost haben, die müssen dreimal zehntausend Horen fernab von den Seligen umherschweifen, wobei sie im Laufe der Zeit als alle möglichen Gestalten sterblicher Geschöpfe entstehen, die des Lebens mühselige Pfade wechseln. Denn der Luft Macht jagt sie zum Meere, das Meer speit sie auf den Erdboden aus, die Erde zu den Strahlen der leuchtenden (unermüdlichen) Sonne, und diese wirft sie in den Wirbel der Luft. Einer nimmt sie vom andern auf, es hassen sie aber alle. Zu diesen gehöre jetzt auch ich, ein von Gott Gebannter und Irrender, da ich rasendem Streite vertraute.[7]

Es ist eine erhebende Auffassung vom Leben und war sicher für viele beglückend. Nach dieser Ansicht ist die ganze Schöpfung in sich verwandt. Und indem Empedokles die Schöpfung auf diese Weise sieht, erkennt er Ähnlichkeiten, die niemals vorher wahrgenommen wurden. »Haare, Blätter und die dichten Federn der Vögel haben alle den gleichen Ursprung, und das gilt auch für die Schuppen der Reptilien.« Bevor die Menschen in ihrer heutigen Gestalt geschaffen waren, muß es vielarmige Ungeheuer — den Menschen entfernt ähnlich — gegeben haben. Er spricht von Menschen mit Gesichtern und Brüsten, merkwürdig ausgerichtet, Kinder des Ochsen mit dem Gesicht eines Menschen und Kinder des Menschen mit dem Gesicht eines Ochsen.

[7] Die Fragmente der Vorsokratiker, Hermann Diels

Es gab eine Zeit, »da wuchsen die Köpfe ohne Hals, den Armen waren keine Schultern und den Augen keine Stirne gegeben«. Diese seltsamen Ungeheuer sind nicht so sehr die Ausgeburt seiner poetischen Vision, als vielmehr die unausweichliche Konsequenz seiner Theorie der Schöpfung, die fordert, daß Feuer, Luft, Erde und Wasser sich in allen erdenklichen Verhältnissen mischen und alle erdenklichen Formen anzunehmen haben.

Sein Glaube an die Verwandtschaft der Schöpfung zieht noch andere Folgerungen nach sich. Man dürfe das Fleisch der Tiere nicht essen, und Pflanzen sollen liebevoll behandelt werden, denn auch sie fühlen Freude und Schmerz und kennen die Sehnsucht. Empedokles verbietet, Lorbeerblätter zu essen, und liebt die Bäume so sehr, daß er ihnen in der Schöpfung den ersten Platz zuweist, indem er sagt, sie seien längst vor dem Menschen dagewesen.

Parmenides und Herakleitos waren ohne Erbarmen, denn sie räumten der Menschheit nur einen kleinen Platz in der Schöpfung ein. Empedokles schwelgt in dem Menschsein und in allem Lebendigen, sei auch die Erscheinungsform noch so ungeheuerlich oder gefährlich. Über allen Wesen steht das alles umschließende, alles enthaltende Eine – ohne Kopf, ohne den Schultern entspringende Arme, ohne Füße, ohne Knie, ohne Haare. Das Eine ist reiner Geist, der das Universum mit seinen eigenen Gedanken erfüllt, niemals geboren und unsterblich.

Die griechischen Philosophen liebten das Eine über alles, das Band, das die unendliche Vielfalt zusammenhält. Einmal war es das Feuer, ein ander Mal Luft, Erde oder Wasser und manchmal alle vier zusammen. Das Eine vervielfachte sich ohne Unterlaß, mit dem Erfolg, daß es manchmal in seinen Vervielfältigungen zu verschwinden schien. Doch am Ende jedes Weges fanden sie es immer wieder – sie erwartend.

12 Die Tyrannis

Mit der Zeit wurde Athen zum Mittelpunkt von Wissenschaft und Forschung, doch deutet nichts im Beginn dieser Stadt darauf hin, daß sie einmal die mächtigste Griechenlands und der Treffpunkt von Philosophen und Dichtern werden sollte. In Athen wurde eine Kultur geboren, in eine Form gegossen und mit so viel geistiger Kraft geladen, daß sie wie kaum eine andere in der Welt Ewigkeitswert bekam. Doch im Anfang waren nur die schemenhaften Umrisse eines unbedeutenden Königreiches, das sich über die attische Ebene erstreckte, und die Schattengestalten von Bauern, die dem Boden ein karges Leben abrangen. Niemand konnte ahnen, daß das Schicksal gerade Attika erwählt hatte.

Zu irgendeiner unbekannten Zeit, vielleicht im 9. Jahrhundert vor Christus, taucht ein legendärer Held namens Theseus auf, der dieses winzige Königreich mit Waffengewalt einigte. Er ist in der athenischen Tradition so fest verankert, daß er eine historische Figur gewesen sein muß. Es wird erzählt, er wäre als Jüngling aus Troezen gekommen, hätte den Stier von Marathon besiegt und die Athener gegen einen Einfall der Amazonen angeführt; später vereinte er sich mit seinem Freund Peirithoos, um Krieg gegen die Kentauren zu führen. Zweifellos beziehen sich die Legenden auf wirkliche Kämpfe, die im Dunkel ferner Zeiten ausgefochten wurden. Thukydides sagt, er habe das Volk von Attika geeint und »sie gezwungen, Athen zu ihrer Burg zu machen und ihre Namen in die athenische Stammrolle einzutragen«. Unter Theseus gelangte Athen zum ersten Mal zu einer Machtstellung in Griechenland. Es gab die Akropolis, zu ihren Füßen eine kleine Stadt und eine Handvoll Dörfer, die dem König lehenspflichtig waren. Aber es mußten noch viele Jahre vergehen, ehe Athen einen eigenen Hafen besaß.

Über die frühe Geschichte Athens können wir nahezu nichts mit Sicherheit sagen. Die Könige verschwanden, die Adeligen übernahmen die Herrschaft; es gab die unvermeidlichen Revolten der Bauern und Handwerker, die sich durch den von den Adeligen erhobenen Tribut zur Sklaverei verurteilt sahen. Gesellschaftsklassen bildeten sich und obskure Kriege wurden geführt. Plötzlich fiel Eleusis in die Hände der Athener, die sich nun im Besitz eines Hafens fanden. Während der Adel untereinander jahrhundertelang stritt, Blutfehden austrug und Gesetze ersann, die das Volk in dauernder Unterdrückung halten sollten, hören wir, daß gleichzeitig Schiffe ausgerüstet wurden und Handelsbeziehungen mit den Nachbarländern begannen. Die Gesetze waren streng, für den Diebstahl eines Kohlhauptes oder eines Apfels konnte ein Bauer zu Tode verurteilt werden. Je strenger die Gesetze wurden, desto blutiger waren die Revolten. Ungefähr 600 v. Chr., als die Athener auf dem besten Wege waren, sich gegenseitig auszurotten, erschien ein junger Adeliger namens Solon auf dem Marktplatz und beruhigte die beiden feindlichen Lager, indem er ein Gedicht rezitierte, in welchem er den Reichen riet, die Hoffnung aufzugeben, das Volk in alle Ewigkeit unterdrücken zu können:

Ich erkenne, was kummervoll mir mein Herz belastet:
Allen ionischen Landes altehrwürdigster Teil
Sinkt nun dahin . . .
Aus der Begierde nach Gold, aus überheblichem Sinn.

(Griechische Lyrik, S. 98)

Und obwohl selbst reich und von königlicher Abstammung, wetterte er gegen jene, die durch ihre Liebe zum Geld und ihre Anmaßung die Stadt an den Rand des Abgrundes gebracht hatten.

Die Männer hörten auf Solon, vielleicht, weil er eine neue Art des Atheners darstellte. Er war Dichter, Kaufmann, Träumer, Abenteurer, ein Mann, der seine Hände in vielen Dingen hatte, bei Gelegenheit ein skrupelloser Opportunist und Aufwiegler, der bereit war, bis zu jedem Extrem zu gehen, wenn es seiner Politik von Nutzen sein konnte. Athen hatte mit Megara um den Besitz der Insel Salamis gekämpft, doch war so viel Blut geflossen, daß die Athener den Kampf abbrachen und ein Gesetz erließen, daß, wer immer über die Eroberung von Salamis schriebe oder spräche, zum Tode verurteilt werden sollte. Plutarch erzählt, wie Solon sorgfältig einige Verse dichtete und seine Familie veranlaßte, zu verbreiten, er sei verrückt. Eines Tages betrat er den Marktplatz und begann seine Verse in einer Weise zu deklamieren, als stände er unter einer göttlichen Eingebung; er forderte die Athener auf, die Schande ihrer Niederlage zu tilgen und die Insel mit Gewalt zu erobern. Aber das war nur die erste List. Er sandte den Megarern einen Überläufer auf die Insel, um sie zu einem Fest einzuladen, an welchem nur die athenischen Frauen teilnehmen würden. Die Megarer schluckten den Köder, um sich der Gnade der als Mädchen verkleideten Jünglinge von Athen ausgeliefert zu finden. »Keiner der Megarer entkam«, sagt Plutarch. »Die Athener bestiegen ihre Schiffe und nahmen die Insel in Besitz.«

Solon besaß die Verschlagenheit des Odysseus; und es gab Leute, die behaupteten, er wäre nie so verschlagen gewesen, wie wenn er den Marktplatz betrat und die Reichen für ihre Sünden der Habsucht und Begierde schmähte:

Weder das heilige Gut noch auch des Volkes Besitz
Achten sie, rauben und plündern, wo immer Beute sich bietet,
Und es kümmert sie nicht Dikes erhabnes Gebot,
Die aber schweigt, doch Geschehendes sieht und Vergangenes anmerkt.

(Griechische Lyrik, S. 97)

Die Wildheit seiner Anwürfe scheint die Adeligen verblüfft zu haben, denn sie gaben alle Macht in seine Hände. Er wurde sowohl *archon* wie *nomothet:* Er war Staatsoberhaupt und oberster Gesetzgeber. In einer Reihe durchgreifender Gesetze tilgte er alle Schulden, hob die meisten Vorrechte des Adels auf, engte die Größe ihres Besitzes ein und verbot die Schuldsklaverei. Die Reichen bezogen ihre Einkünfte vor allem dadurch, daß sie ihr Korn außerhalb Attikas verkauften: Er verbot jede Ausfuhr von Korn, erlaubte aber den Verkauf von Olivenöl, an dem Überfluß herrschte. Er befreite die verschwundenen Sklaven und gestattete die Heirat mit nicht aus Attika stammenden Frauen. Er führte das Münzsystem ein. Er erließ eine Amnestie für die Verbannten. Er verfügte, daß ein Mann, der ohne Kinder starb, seinen Besitz nach persönlichem Gutdünken vererben konnte: Bisher hatte die Familie des Mannes geerbt. Dieses Gesetz war besonders bedeutsam, denn es war dazu bestimmt, die Macht der Sippe zu brechen. Nach Solons Ansicht galt die Untertanenpflicht nicht der Sippe, sondern der *polis,* der Stadt Athen.

Aber das alles war nur ein Beginn. Er schuf eine Verfassung und veranlaßte, daß die Gesetze auf Holztafeln geschrieben wurden, damit jedermann sie lesen konnte. Er gab den Menschen das Recht auf Schadenersatz für angetanes Unrecht. Er verbot die Mitgift und schuf damit Gleichheit unter den Frauen. Er erließ auch ein Gesetz, nach welchem böse Nachrede auf Lebende oder Tote verboten war.

Solon brachte in einer so erstaunlich kurzen Zeit eine solche Fülle ausgezeichneter Änderungen, daß man den Eindruck hat, als wäre Athen in die Hände eines wilden Revolutionärs gefallen; doch seine Gesetze waren einsichtig, und sie wurden als Alternative für einen Bürgerkrieg friedlich angenommen.

Aber sogar diese Gesetze waren weniger wichtig im Vergleich zu dem neuen Ansehen, das Solon der Arbeit verlieh. Er verhalf dem Handwerk zu Ehren, und aus einer Stadt, in der einige Adelige über verschuldete Bauern geherrscht hatten, wurde Athen, die Stadt des Handwerkers. Er erließ ein Gesetz, nach welchem ein Sohn nicht verpflichtet war, seinen Vater im Alter zu erhalten, wenn dieser ihn nicht ein Handwerk gelehrt hatte. Mit all dem war er einfach bestrebt, Athen auf das Niveau von Ionien zu bringen, wo in wenigen Jahren erstaunliche technische Erfindungen gemacht worden waren. Wir hören, daß Anacharsis, der Skyther, den Anker vervollkommnete, sowie Blasbalg und Töpferscheibe erfand. In dieser Zeit soll Glaukus von Kios den Lötkolben und Theodoros von Samos das Winkelmaß, die Drehbank, den Zollstock und eine neue Methode des Bronzegusses gefunden haben. Das Schlagwort war jetzt *technê,* welches man als »Geschicklichkeit, methodisch angewendet« übersetzen könnte. Anstelle feudaler Fürsten, Relikte des halbvergessenen mykenäischen Zeitalters, gab es jetzt geschickte Mechaniker. Die *seisachtheia,* »das Lösen von Problemen«, war aufgetaucht und leitete das neue industrielle Zeitalter ein.

Wir kennen Solon hauptsächlich aus seinen Versen, Plutarchs Essay über ihn und aus Aristoteles' *Verfassung von Athen.* Es tritt uns ein Mann entgegen, kräftig, energisch und von hoher Intelligenz, ein Mann, der seine Entscheidungen schnell trifft und sie auch durchführt, und für den ein Tag nur gut ist, wenn er eine althergebrachte Dummheit zu Fall gebracht und eine moderne Verbesserung eingeführt hat. An einem Tag normt er Maße und Gewichte, am nächsten reformiert er den Kalender. Er war eine Art von Mann, der in seiner Sucht nach Neuem nicht zu bändigen war, einer jener seltenen Diktatoren, der nie der Liebe zur Macht erlag. Als ihm die Leute, die ihn baten, ihnen die Gesetze zu erläutern oder ihnen besondere Privilegien zu geben, lästig wurden, verließ er kurz entschlossen Athen und ging nach Ägypten, wobei er ankündigte, er ginge für zehn Jahre. Er hatte einfach genug von den Adeligen, die von ihm ihre verlorengegangene Machtstellung zurückverlangten, und er besaß keine Sympathie für das Volk, das gehofft hatte, er würde den gesamten Adel vernichten und entmachten. »Er hätte sich zum Tyrannen einsetzen können«, schreibt Aristoteles, »aber er zog es vor, auf Kosten der Feindschaft beider Klassen der Retter seines Landes und der ideale Gesetzgeber zu bleiben.«

Ein solches Lob hatte Aristoteles für kein anderes Staatsoberhaupt. Mit der Zeit wurde die Gestalt Solons mit einer legendären Aura umgeben, aber er war keine Legende: Er war die erste vollkommen geschlossene Gestalt in der Geschichte Athens und eine ihrer anziehendsten. Er besaß einen rauhen, grimmigen Humor. Plutarch erzählt, wie Anacharsis zu ihm kam, in der Hoffnung, sein Freund zu werden. »Die Heimat ist der Ort, wo man Freundschaften schließt«, sagte Solon barsch und glaubte, ihn damit in sein heimatliches Skythien zurückzuschicken. »Ja«, stimmte Anacharsis zu, *»deine* Heimat ist ein Platz, um Freundschaften zu schließen«. Daraufhin nahm Solon ihn freundlich auf und scheint es nicht übelgenommen zu haben, als Anacharsis ihm erklärte, Gesetze für das Volk zu schaffen wäre der Höhepunkt des Unsinns, Gesetze seien Spinnweben, in denen sich die Armen verfingen, die die Reichen aber zerrissen. Solon antwortete, daß die Menschen ihr Wort hielten, wenn sie durch das Brechen des Wortes nichts gewinnen könnten, und er mache Gesetze so, daß die Leute keinen Vorteil darin fänden, sie nicht einzuhalten. Gesetze, so scheint es, waren Schuldscheine für die Staatsbank.

Anacharsis erwies sich letzten Endes als der bessere Prophet. Wenn auch Solon die Macht des Gesetzes nach Athen brachte, einen dauernden Frieden konnte er der Stadt nicht geben. Der Waffenstillstand hielt noch vier Jahre, nachdem er Athen verlassen hatte, an. Dann fielen die Fischer der Küste, die Schäfer der Berge, die Bauern und die Landbesitzer der Ebene übereinander her.

Als Solon nach Ablauf seines zehnjährigen Exils nach Athen zurückkehrte, hatte er den Kontakt mit seiner Zeit verloren. Er hatte den Athenern Friedensversprechungen abgerungen und dem Volk eingeschärft, um seiner selbst willen die Gesetze einzuhalten, aber das Volk wollte weder Frieden noch Sicherheit.

Sein Einfluß schwand, und er scheint sich aus dem politischen Leben vollkommen zurückgezogen zu haben, zufrieden damit, den Szenenwechsel zu beobachten. Zwanzig Jahre lang hatte er Athen regiert oder die graue Eminenz gespielt, indem er den regierenden *archon* beriet; jetzt zeigte er keinerlei Interesse mehr an den öffentlichen Angelegenheiten.

In seiner Abwesenheit war sein junger Vetter Peisistratos unter den Bergbewohnern und Hirten hervorgetreten. Gleich Solon besaß er Geist und Verschlagenheit, außerdem war er von bemerkenswerter Schönheit. Eines Tages, kurz nach Solons Rückkehr, erschien er wundenbedeckt auf dem Marktplatz und gab eine Geschichte zum besten, derzufolge er und seine Maultiere von Halsabschneidern überfallen worden wären, und er bat um eine Leibwache. Auch Solon hatte das Talent zur Selbstdramatisierung besessen und erkannte das Familienmerkmal. Er warnte die Athener davor, Peisistratos eine Leibwache zuzubilligen. »Ich bin klüger als die Hälfte von euch, und tapferer als der Rest«, sagte Solon. »Ich bin klüger als jene, die nicht begreifen, daß er sich zum Tyrannen erheben will, und ich bin tapferer als jene, die es begreifen und schweigen.« Niemand hörte auf ihn. Voll Verzweiflung nahm er seine Waffen und legte sie vor sein Haus, indem er erklärte, er habe seinem Land geholfen, soweit er gekonnt habe, nun bliebe ihm nichts mehr zu tun übrig. Er war jetzt ein alter Mann, nahezu achtzig, aber sein Geist war klar und sein Gefühl für Selbstdramatisierung immer noch so gut entwickelt wie das seines Vetters. Peisistratos bekam eine Leibwache von fünfzig knüppeltragenden Raufbolden. Mit ihrer Hilfe und einigen zusätzlichen Streitern, die sich aus seinen Anhängern rekrutierten, besetzte er die Akropolis und ernannte sich zum Tyrannen.

Glücklicherweise hatte er die Gabe seiner Familie, die Güte, geerbt. In ganz Griechenland war die Tyrannis zur Macht gelangt, aber Peisistratos regierte wie ein konstitutioneller Herrscher. Er war reich, populär und besaß etwas von Solons Menschenliebe. Sein Landsitz lag in Brauron, nahe der Küste, einen Fünf-Stunden-Marsch von Athen entfernt, den Wohnsitz aber schlug er in seinem Palast auf der Akropolis auf. Während seiner Herrschaft begannen Gelehrte jene langwierigen Forschungen, die wahrscheinlich dazu geführt haben, die Werke Homers in eine endgültige Fassung zu bringen. Liebenswürdig, elegant und mit einem Hang zum Luxus, war es größtenteils sein Werk, den Dionysoskult eingeführt und die Entwicklung des Theaters gefördert zu haben. Er führte den Vorsitz bei der seltsamen Hochzeit der keuschen Athene mit dem phallischen Dionysos.

Er war fünf oder sechs Jahre an der Macht, als sich die Bewohner der Küste und Ebene gegen ihn erhoben; er flüchtete nach Brauron und zog sich für eine Weile aus dem politischen Leben zurück. Als er wieder zurückkehrte, führte er eine Komödie auf, die, wäre uns nicht der Hang der Familie für das Dramatische bekannt, vollkommen unglaubwürdig erschiene. Herodot wurde durch die Absurdität der Geschichte sogar zu Tränen gerührt. »Es ist der billigste Trick, der jemals in der Geschichte bekannt wurde«, stellt er fest. »Die Griechen sind keine Narren, jahrhundertelang haben sie sich durch ihren überlegenen Verstand von den anderen unterschieden und von allen Griechen haben die Athener den schärfsten Verstand und gerade diese sind auf dieses billige Spiel hereingefallen.« Es war anscheinend die vollkommene Absurdität der List, die den Athenern gefiel. In dem Dorf Paeonia, auf dem halben Weg zwischen Brauron und dem Berg Hymettos, fand er ein Mädchen, einen Meter achtzig groß, mit blondem Haar, mit Namen Phyé, die sich bereit erklärte, die Göttin Athene darzustellen. Peisistratos lenkte sie auf seinem Streitwagen nach Athen, angeführt von Herolden, die verkündeten, die Göttin selbst ehre den König damit, daß sie seine Wagenlenkerin sei. Herodot zweifelt nicht an der Wahrheit dieser Geschichte. Er ist überzeugt, daß sie sich wirklich zugetragen hat, aber er ist außerstande zu verstehen, wie sie sich zutragen und wie die Athener sie akzeptieren konnten.

Dreiunddreißig Jahre hindurch war Peisistratos einmal an der Macht und einmal wieder nicht an der Macht. Wann immer die Gefühle der Parteien feindlich waren, verließ er still die Stadt und zog sich entweder nach Brauron zurück oder ging auf Reisen; war er der Ansicht, es wäre Zeit zurückzukehren, so fand er jedes Mal einen dramatischen Weg, um seine Ankunft anzukündigen. Er ließ prächtige Bauwerke errichten, und ihm war es zu verdanken, daß sich Athen nicht mehr von den großen ionischen Städten unterschied. Er liebte es, sich mit den Bauern zu unterhalten, und eine Geschichte erzählt, wie er einen Bauern traf und ihn fragte, was er eigentlich aus seinem harten Boden gewönne. »Lasten und Mühen«, antwortete der Bauer, »und das ist es, wovon Peisistratos seinen Zehent bekommen soll!« Der war von dieser Antwort so entzückt, daß er ihm die Steuern erließ.

Er ließ auf der Akropolis einen großen Athene-Tempel errichten, der später von den Persern zerstört wurde. Im Akropolis-Museum kann man heute einige Giebelfiguren bewundern, die Herakles und die schlangenschwänzigen Helden darstellen. Sie haben volle Lippen, blaue Bärte und kunstvoll frisiertes Haar, die gewundenen Schwänze gleichen gesponnenem Zucker. Aus dieser Zeit stammen auch viele der mit schwarzen Figuren geschmückten Vasen, bei denen sich archaische Steifheit zu zartester Bewegung gewandelt hatte. Am schönsten sind die Marmor-Jungfrauen, die er auf der Akropolis aufstellen ließ, damit sie den Schrein der Göttin bewachten. Als die Archäologen im Jahre 1886 nordwestlich des Erechtheion Grabungen durchführten, fanden sie vierzehn dieser Jungfrauen. Sie sind in zartestem Smaragdgrün, Scharlachrot, Gelb und Bronze bemalt. Spiralen und Mäander laufen die Falten ihrer Gewänder herab; früher waren sie noch mit Ohrringen und Bronzekronen geziert, und sie tragen allen ihren Schmuck, als wären sie gewohnt, so gekleidet zu sein. Wenn sie auch das den Priesterinnen eigene archaische Lächeln zeigen, so strotzen ihre Körper doch von Lebendigkeit und sinnlichem Reiz.

Während der Zeiten seines Exils ließ sich Peisistratos in Thrakien nieder, erwarb Land am Hellespont und ging daran, eine Flotte aufzustellen, die den Weg der Getreideschiffe vom Schwarzen Meer nach Athen schützen sollte. Er setzte einen seiner Söhne als Despoten über Sigeum ein, die bedeutende griechische Stadt in Kleinasien, und er ermutigte Miltiades, einen athenischen Adeligen, sich nördlich der Meeresenge anzusiedeln. Dies dürfte die wahrscheinlich nützlichste Tat seines Lebens gewesen sein, denn Miltiades wurde mit den Sitten der Perser vertraut, begleitete Xerxes bei seinen Überfällen auf die Skythen und schlug schließlich die Perser bei Marathon. Peisistratos schloß immer neue Bündnisse mit den ionischen Tyrannen. Er entwarf den ersten Plan für das athenische Reich und gab Athen die Vorrangstellung in Ionien.

Er war ein Tyrann, aber ein guter Tyrann: Ein Mann voll Energie und Mitgefühl, Großzügigkeit und Verschlagenheit, schätzte er die Genüsse des Lebens, haßte das Dunkle und liebte die Farben des Regenbogens. Er förderte die Kunst, wie Solon das Handwerk gefördert hatte, und für den geringsten Anlaß führte er Feste ein. Er eroberte Salamis zurück und bestand darauf, daß am Jahrestag des Sieges blumenbedeckte Boote zur Insel zu ziehen hatten. Er wohnte der Geburt des Dramas bei, als 534 Thespis den Preis für die Tragödie gewann, in dem er sich als erster Schauspieler vom Chor löste, seine Rollen und Masken wechselte und sämtliche Personen des Spiels selbst verkörperte. Peisistratos wird aber auch in Erinnerung bleiben, weil er die Straßen Athens mit skythischer Polizei sicherte und dafür sorgte, daß die Stadt genug Brunnen bekam.

Das Zeitalter des Peisistratos war ein Zeitalter des Wohlstandes und des guten Geschmacks. Auf seine seltsam dramatische Weise bewegte sich Peisistratos durch die Stadt, als wäre es sein einziges Bestreben, sie zu verschönern und das Volk glücklich zu machen. Zwei Jahrhunderte später schreibt Aristoteles: »Wir sprechen von der Tyrannis des Peisistratos oft als einer goldenen Zeit.«

13 Das souveräne Volk

Nach dem Tod des Peisistratos gelangte die Macht in die Hände seiner Söhne Hippias und Hipparchos. Beide waren zum Herrschen erzogen und folgten in ihres Vaters Fußstapfen. Beide waren gewissenhafte und tief religiöse Herrscher. Man weiß von Hippias, daß er dauernd den Rat der Orakel einholte, und von Hipparchos, daß er ein Schutzherr der Dichter und Gelehrten war. Hippias übernahm den Großteil der Regierungsgeschäfte, während sich Hipparchos mehr mit den Zeremonien und der Förderung der Dichtkunst beschäftigt haben dürfte. Sie waren kluge Herrscher, kultiviert, populär und entschlossen, Athen eine größere Machtposition und stärkeren Einfluß in der Welt zu verschaffen.

Thukydides zufolge erreichte Athen unter ihrer Regierung eine Pracht, von der man früher nicht einmal geträumt hatte. Es war eine Zeit höchster Eleganz. Neue Paläste und Monumente sprangen gleichsam aus dem Boden, die Künstler wurden gefördert, neue Kolonien gegründet, und niemand litt Hunger, denn pünktlich kamen die Getreideschiffe vom Schwarzen Meer. Hipparchos lud große Dichter, unter ihnen Simonides und Anakreon, ein, an seinem Hof zu leben, und er belohnte sie großzügig. Die Steuern waren niedrig, sie beliefen sich auf ungefähr fünf Prozent des Einkommens, die Hauptausgaben der Regierung wurden von den Tyrannen selbst getragen. Die Opfer in den Tempeln und die notwendigen Kriege bestritten sie aus ihrer Tasche. Immer noch regierte der Geist des Peisistratos. Seine feste, aber sanfte Hand lag noch spürbar über Athen.

Zu den Leistungen der Tyrannen für die Stadt gehörte auch der Altar der Zwölf Götter, den sie in der Agora errichten ließen; seither wurden alle Entfernungen von diesem Heiligtum aus gemessen. Sie bauten Straßen, die von der Agora in alle Richtungen führten, und besaßen die Leidenschaft der Tyrannen für die Stadtplanung; ein Teil ihrer späteren Unbeliebtheit mag auf die unvermeidliche Zerstörung der Wohnhäuser der Armen zurückzuführen sein. Da sie sich unter dem besonderen Schutz Apollos glaubten, machten sie seinem Tempel in Delphi ein großes Geldgeschenk, damit ein neuer Altar errichtet werde. Diese

Geschenke aber wurden vom Volk mit Mißgunst betrachtet, da man der Ansicht war, es gäbe für solche Summen eine bessere Verwendung. Von außen gesehen war Athen ruhig und sonnte sich in seinem Glanz, unter der Oberfläche aber brodelte es.

Es ist selten, daß eine dynastische Tyrannis sich länger als zwei Generationen hält, und die Tyrannis der Peisistratiden bildete keine Ausnahme. Selten stürzen Tyrannen durch einen offenen Angriff ihrer Feinde. Für gewöhnlich ist ihr Untergang die Folge geringfügiger Mißgriffe und kleiner Intrigen, die sich in das System einschleichen, bis es in seiner Gesamtheit korrumpiert ist. Ein ungekannter Aristokrat mittleren Alters, namens Aristogeiton, war der unmittelbare Anlaß, der schließlich zum Sturz der Peisistratiden führte.

Es geschah, daß sich Aristogeiton in einen hübschen Knaben namens Harmodios verliebt hatte. Auch Hipparchos sah den Knaben, fand Gefallen an ihm und war entschlossen, ihn zu gewinnen, ungeachtet der früheren Rechte des Aristogeiton. Der Knabe aber beharrte auf seiner Liebe zu Aristogeiton. So standen die Dinge, als der Knabe und der alte Lebemann die nächsten Schritte in dem Spiel zu erraten suchten, wissend, daß, was immer käme, nur katastrophal sein konnte, da die Macht des Tyrannen unbeschränkt war. Es würde sehr einfach sein, den Knaben mit Gewalt zu entführen, und noch einfacher, den Tod des Aristogeiton zu befehlen. Aristogeiton kam zu dem Schluß, daß die einzig mögliche Losung der Sturz des Tyrannen sei. Thukydides meint, Aristogeiton habe die Gefahr bei weitem überschätzt und Hipparchos habe niemals beabsichtigt, den Knaben mit Gewalt zu holen, doch hat Thukydides seine persönlichen Gründe, die Handlungen der Tyrannen zu verteidigen, und es kann sein, daß Aristogeiton nur seinem Feind zuvorkam.

Hipparchos war ein launenhafter Mann, der unter der Ablehnung des Knaben, sein Bett zu teilen, litt, und er beschloß, den Knaben auf eine solche Weise zu beleidigen, daß sowohl er selbst wie seine Familie das ganze Gewicht der Obrigkeit zu fühlen bekämen und gleichzeitig unter der Schmach zu leiden hätten. Diesen Plan führte er aus, indem er die Schwester des Knaben rufen ließ und ihr mitteilte, sie wäre als Korbträgerin bei der Prozession der großen Panathenäen ausgewählt worden. Das war eine hohe Ehre, die den Jungfrauen aus bester Familie vorbehalten blieb. Hipparchos als Höchster des Rates für das Weihefest konnte nach Gutdünken wählen. Einige Tage später gab er bekannt, daß die ehrenvolle Aufforderung widerrufen sei. Dieser Eingriff konnte für jene, die nichts von seiner Liebe zu Harmodios wußten, nur bedeuten, daß die Schwester des Knaben keine Jungfrau sei. Harmodios, in der Absicht, die Ehre seiner Schwester zu rächen, trat nun dem Komplott des Aristogeiton zum Sturz der Tyrannis bei. Es dürfte niemals eine große Gruppe von Verschwörern gegeben haben, vermutlich waren nur acht oder neun Männer, Freunde von Harmodios und Aristogeiton, darin verwickelt. Sie beschlossen, am Tag der großen Panathenäen sowohl Hippias wie Hipparchos zu töten.

Dieses von Peisistratos gegründete Fest war das prächtigste und mit größter Sorgfalt vorbereitete der Feste, die in Athen stattfanden, und die Tyrannen hatten hierbei wichtige Funktionen. Sie waren Anführer und Leiter der Prozession, die am Äußeren Kerameikos begann, sich durch den Inneren Kerameikos über die Agora bis zu den Felsen der Akropolis zog, um sich dann den gewundenen Weg hinauf zum Tempel der Athene zu begeben. Es war früh am Morgen. Hippias befand sich im Äußeren Kerameikos und Hipparchos nicht weit vom Tempel des Apollo Patroüs innerhalb der Tore, wahrscheinlich um den Weg der Prozession noch einmal zu besichtigen und die Zeremonienmeister, die ihre Stellungen entlang des Prozessionsweges hatten, zu inspizieren. Die Verschwörer mischten sich unter die Menge außerhalb der Tore; die Tore waren geöffnet, denn die Prozession sollte gleich beginnen.

Mit Dolchen bewaffnet waren Aristogeiton und Harmodios gerade im Begriff, sich an Hippias heranzumachen, als sie den Bruder des Tyrannen erblickten, der unbewacht innerhalb der Mauer stand; im selben Augenblick aber sahen sie einen der Verschwörer im freundschaftlichen Gespräch mit Hippias, dem bereitwilligen Zuhörer für jedermann, der ihn sprechen wollte. Beim Anblick von Hippias, der sich so ruhig mit dem Verschwörer unterhielt, wurden Aristogeiton und Harmodios von Angst ergriffen. Sie waren überzeugt, die Verschwörung sei aufgedeckt und sie beide würden im nächsten Moment verhaftet. So beschlossen sie, auf jeden Fall Hipparchos zu töten, rannten durch die Tore, warfen sich auf Hipparchos und stachen ihn nieder. Später wurde erzählt, Hipparchos hätte in der vorangegangenen Nacht eine Vision gehabt; er hätte geträumt, ein großer, schöner Mann murmle ihm geheimnisvolle Worte zu:

17 *Demeter von Knidos*

19 *Nike von Samothrake*

20 *Aphrodite dem Meer entsteigend*

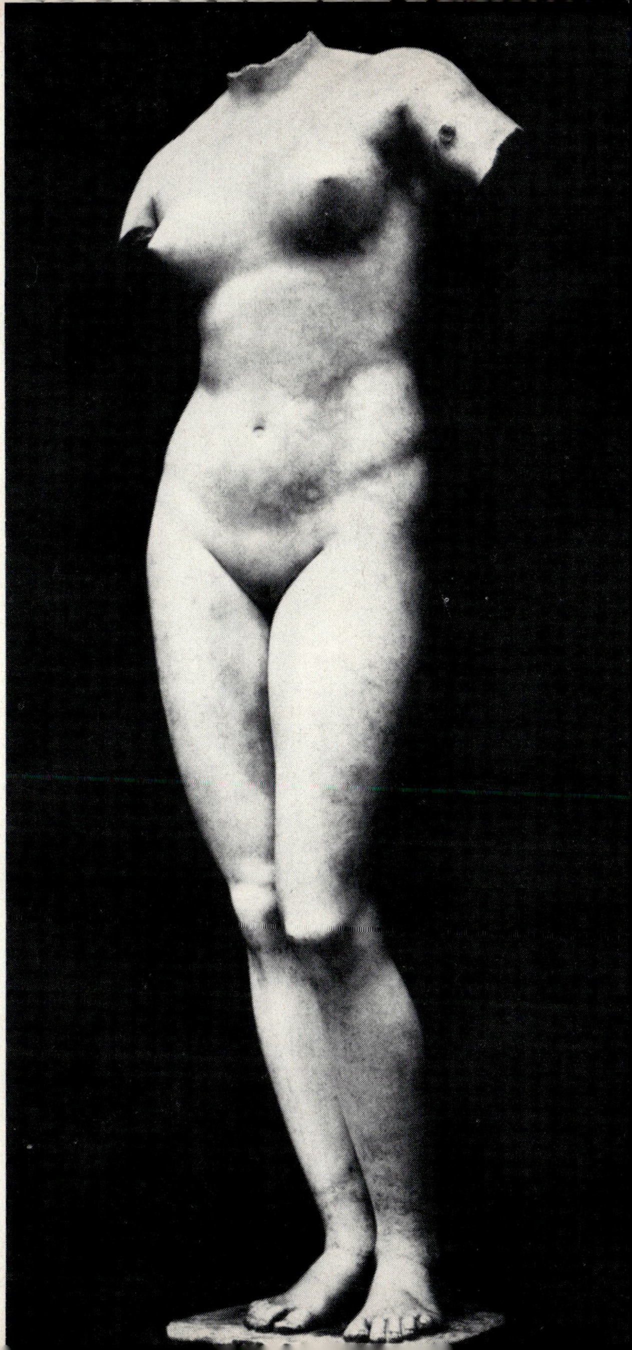

21
Aphrodite von Kyrene

22
Athene aus dem Aphaiatempel, Ägina

23
Athene von Piräus

24 *Athene Parthenos*

25 *»Chatworth« Apollo, von Tamassos auf Cypern*

26 Poseidon, im Meer nahe Artemision gefunden

27 *Apollo vom Westgiebel des Zeustempels in Olympia*

28 *Zeus und Ganymedes, Olympia*

29 *Herakles vom Ostgiebel des Tempels von Aphaia, Ägina*

30 *Apollo von Piombino*

31 *Ares von Alkamenes, Römische Kopie*

32 *Apollo von Piräus*

O Löwe, ertrage das Unerträgliche mit tapferem Herzen.
Wisse, daß der, der es dir antut, die Strafe bezahlt.

So berichtet Herodot, und da er sorgfältige Untersuchungen über den Mord angestellt hat, ist es durchaus möglich, daß der Tyrann wirklich diesen Traum hatte.

Schon beim ersten Schlag begann die Menge durch die Tore zu drängen, und Zeremonienmeister wie Soldaten eilten herbei. Der Knabe Harmodios wurde auf der Stelle getötet; Aristogeiton entkam in der Menge.

Als Hippias einige Minuten später vom Tod seines Bruders erfuhr, befahl er den Hopliten, aus der Reihe zu treten und ihre Waffen niederzulegen. Dann ließ er sie und viele andere, deren er habhaft werden konnte, durchsuchen. Diejenigen, bei denen ein Dolch gefunden wurde, verhaftete man sofort. Auch Aristogeiton wurde festgenommen, und unter der Folter gab er eine Reihe von Namen preis, deren Träger mit der Verschwörung zu tun gehabt hatten, darunter Würdenträger aus der unmittelbaren Umgebung des Hippias, und er scheint dies mit der Überlegung getan zu haben, ein möglichst großes Chaos anzurichten. Schuldige und Unschuldige wurden in den Kerker geworfen und der Folter unterzogen. In Athen herrschte ein Regiment des Schreckens. Hippias vermutete sich einer weitverzweigten Verschwörung gegenüber; er konnte einfach nicht glauben, daß es sich um einen kleinen, schlecht organisierten Anschlag gehandelt hatte, der dem Hirn eines Mannes in mittleren Jahren und dem eines Knaben entsprungen war.

Thukydides sagt, Aristogeiton habe sich im Gefängnis schmählich benommen, denn er habe eine Reihe von Leuten beschuldigt, die nichts mit der Verschwörung zu tun gehabt hatten. Er meint, Aristogeiton habe damit die Schutzgötter der Stadt beleidigt, an den göttlichen Fundamenten der Polis gerüttelt und das Vertrauen zerstört, das bisher zwischen den von Gott eingesetzten Tyrannen und dem Volk geherrscht hatte. Aristogeiton hatte also genau das erreicht, was er wollte.

In der Gefangenschaft wurde er pausenlosen Kreuzverhören unterzogen und gefoltert. Gebrochen an Leib und Seele, ließ man ihn nur in der Hoffnung, er werde noch mehr Namen preisgeben, am Leben. Hippias besuchte den Gefangenen und bot ihm die Gnade des Todes an, wenn er eine vollkommene und endgültige Liste aller Verschwörer zusammenstellte; Aristogeiton gab vor, mit diesem Vorschlag einverstanden zu sein, verlangte aber, Hippias müsse ihm zur Besiegelung des Versprechens die Hand geben. Hippias tat dies. Sogleich schmähte ihn Aristogeiton, daß er dem Mörder seines Bruders die Hand gereicht und eine Tat der Pietätlosigkeit vollbracht habe. Hippias konnte sich nicht länger beherrschen, riß seinen Dolch heraus und erstach Aristogeiton.

Aber noch lange nach dem Tod des Aristogeiton dauerte das Blutbad fort. Hippias' Charakter änderte sich; aus einem freundlichen Gönner der Stadt war ein mitleidloser Gefängnisaufseher und blutrünstiger Despot geworden. Hunderte Unschuldige wurden getötet, Tausende in die Verbannung geschickt. Er hatte gehofft, das Feuer zu löschen, aber er fachte es an.

Drei weitere Jahre hielt Hippias Athen unter Terror; als er zu der Erkenntnis kam, er könne seine Stellung nur mehr kurze Zeit halten, ließ er in Munychia, auf einem Hügel, der Piräus überblickt, ein Fort in der Absicht errichten, sich mit seiner bewaffneten Garde und seinem Hof dorthin zurückzuziehen; von Munychia konnte er, falls notwendig, Attika verlassen und nach Ionien flüchten. Eine weitere Tat, die ihm den Haß der Bevölkerung zuzog, war, daß er seine Tochter mit dem Sohn des Tyrannen von Lampsakos verheiratete, von dem bekannt war, daß er Einfluß auf den König von Persien hatte. Sollte er Athen verlieren, so plante Hippias, die Stadt mit Hilfe der Perser zurückzugewinnen.

In der Zwischenzeit wurde das Werk, die Tyrannis zu zerstören, mit Hilfe der Geheimgesellschaften fortgesetzt. Kleisthenes aus der wohlhabenden Familie der Alkmäoniden war in Delphi. Er hatte beachtlichen Einfluß auf die Priesterin der Pythia, die nun alle Spartaner, die zu Besuch des Heiligtums kamen, aufforderte, wenn sie auf die Erfüllung ihrer Wünsche hofften, sollten sie die Athener von der Tyrannis befreien. Durch pausenloses Wiederholen dieses Auftrages gelang es ihr, Geist und Vorstellungskraft der Spartaner so zu beeinflussen, daß diese trotz eines Freundschaftsabkommens mit den Peisistratiden allen Ernstes den Plan faßten, in Attika einzufallen. Eine kleine Truppe landete in Phaleron, aber Hippias besaß Spione in Sparta und war über die Absicht der Spartaner, an einem bewaldeten Küstenstrich zu landen, unterrichtet; er ließ Bäume fällen und bereitete mit der Hilfe von tausend thessalischen Reitern einen Hinterhalt vor. Die Eindringlinge wurden ins Meer gejagt.

Später, als die Rufe und Warnungen der pythischen Priesterin immer dringlicher wurden, zog eine neue Streitmacht von Sparta aus, diesmal unter der Führung von Kleomenes, dem König von Sparta. Wieder kämpften die thessalischen Reiter gegen die Eindringlinge, aber sie wurden geschlagen und Kleomenes marschierte gegen Athen, während Hippias auf der Akropolis Schutz suchte. Er war mit Wasser und Nahrung gut versorgt und hätte lange Widerstand leisten können, doch als seine Söhne heimlich aus der Festung flohen und auf ihrem Weg zur Küste gefangengenommen wurden, war er gezwungen, sich zu ergeben. Die Spartaner, eingedenk der langen Freundschaft mit den Peisistratiden, gewährten ihnen eine Gnadenfrist von fünf Tagen, binnen welcher sie mit ihren Besitztümern Athen verlassen durften; ihre schwer beladenen Schiffe segelten von Piräus nach Ionien. Die Peisistratiden waren nahezu fünfzig Jahre die unumschränkten Herren Athens gewesen; sie kamen niemals wieder an die Macht.

Nachdem Hippias die Akropolis geräumt hatte, nahmen die Spartaner die Festung in Besitz, besetzten sie mit Militär und betrachteten sich als die Eroberer Athens. Sie waren die ersten Fremden, die sich auf der Festung festsetzten, und die Athener hatten nicht den Wunsch, die Tyrannei des Hippias gegen die des Kleomenes einzutauschen. Kleisthenes rief das Volk zu den Waffen und zwei Tage und zwei Nächte bewachte die bewaffnete Bevölkerung die Tore, bereit, die Spartaner durch Hunger zur Übergabe zu zwingen. Schließlich ergab sich Kleomenes. Er wurde gezwungen, Waffen und Ausrüstung in den Händen der Athener zurückzulassen und die Stadt nur mit seinen Kleidern am Leib zu verlassen. Ein Jahrhundert später rief der Chor der alten Männer in Aristophanes' Spiel *Lysistrata* die Erniedrigung des Königs, der mit zerrauftem Bart, zerfetzt und schmutzbedeckt von der Akropolis herabsteigt, in äußerst übertriebener Form wieder ins Gedächtnis. Während sie den Triumph seines Abzuges genossen, hatten die Athener vollkommen vergessen, daß es Kleomenes war, dessen Hilfe sie den Sieg über die Tyrannis verdankten.

Kleisthenes war der Held des Tages. Er, der zum Fall der Tyrannis beigetragen hatte, stellte den Reichtum der Alkmäoniden in den Dienst des Volkes. Er hatte bereits früher den Versuch eines bewaffneten Aufstandes gemacht, indem er in Lipsydrion auf dem Berg Parnes an der Grenze von Attika einen bewaffneten Stützpunkt errichtet, eine kleine Streitmacht organisiert und Partisanen aus Athen gesammelt hatte. Lipsydrion bedeutet »trockene Quelle« und war als Hinterhalt gedacht. Hippias konnte die Festung ohne große Schwierigkeit zerschlagen. Bald sangen die Männer ein Trinklied:

Die treulos alte Quelle ist versiegt.
Dort, wo tapfre Helden mußten fallen,
Die — wer zweifelt wohl daran —
Der Freiheit Söhne waren.

In dieser Zeit gab es viele politische Lieder und die besten unter ihnen waren die Trinklieder zu Ehren von Harmodios und Aristogeiton, den Liebenden, die die Revolution ausgelöst hatten:

Schmücken will ich das Schwert!
Mit der Myrte Ranken!
Wie Harmodios einst und Aristogeiton,
Da sie den Tyrannen
Schlugen, da der Athener
Gleicher Rechte Genosse ward.

Liebster Harmodios, du starbest nicht.
Denn sie sagen, du seist auf der Selgen Inseln,
Wo der Renner Achilles,
Wo mit ihm Diomedes,
Tydeus trefflicher Sprosse, wohnt.

Schmücken will ich das Schwert! Mit der Myrte Ranken!
Wie Harmodios und Aristogeiton,
Da sie bei Athenes
Opferfest den Tyrannen
Hipparch, den Tyrannen ermordeten.

(*Griechische Lyrik, S. 123*)

Es wurden ihnen aber auch noch größere posthume Ehren zuteil; ihr Abbild wurde in das Wappenschild der Göttin auf den panathenäischen Vasen und auf den *lekythoi,* den Grabbeigaben, gemalt. Es scheint eine Reihe von Statuen der Helden gegeben zu haben, am berühmtesten aber war ein Bronzestandbild in der Agora, das sie nackt mit gezücktem Dolch zeigte, den einen jung und bartlos, den anderen mit dichtem Spitzbart. Viele Jahre hindurch bestand ein Erlaß, daß kein anderes Standbild neben sie gestellt werden dürfe. Dreißig Jahre später brachte Xerxes, nach Plünderung der Stadt, das Bronzebild in seinen Palast in Susa, wo es viele Jahre später von Alexander dem Großen entdeckt wurde. Alexander ließ es nach Athen zurückschaffen.

Nach dem Sieg über Hippias und Kleomenes durfte sich Athen seiner neu gewonnenen Freiheit erfreuen. Aber wenn auch Kleisthenes der Held des Tages war, so konnte er doch nicht unumschränkt regieren, da sich noch eine Reihe von Anhängern der Partei des Hippias in einflußreichen Stellungen befanden. Unter ihnen war der erfinderische Isagoras, Sohn des Tisander, der die alte Anschuldigung gegen die Alkmäoniden wieder ins Gedächtnis rief, daß sie nämlich die »verfluchten« Verderber der geheiligten Erde von Athen seien. Seine Intrige hatte zur Folge, daß Kleisthenes gezwungen war, die Stadt zu verlassen. Um die daraufhin aufflammenden Unruhen niederzuschlagen, wurde Kleomenes nochmals gebeten, mit militärischer Hilfe nach Attika zu kommen. Gemeinsam mit Kleomenes löste Isagoras die Beratende Versammlung auf und ging daran, sich zum absoluten Herrscher einzusetzen. Aber er hatte nicht mit dem Volk von Athen gerechnet, das der dauernden Tyrannei und der Anwesenheit der Spartaner überdrüssig war. Sie strömten auf die Straßen, zwangen Isagoras und Kleomenes, auf der Akropolis Schutz zu suchen, und besetzten, zum zweiten Mal innerhalb eines Jahres, die Tore der Stadt. Für Kleomenes war sein abermaliges Eingreifen in die Geschicke Athens nicht erfolgreicher als das erste und seine Rückkehr nach Sparta erfolgte mit einer Schutzwache, hinter ihm der tobende Mob von Athen. Isagoras wurde festgenommen und hingerichtet. Das Volk sandte nach Kleisthenes und übertrug ihm die gesamte Gewalt. Er ging sofort daran, die politischen Verhältnisse umzugestalten und eine demokratische Staatsform einzuführen.

Nach einer ein halbes Jahrhundert währenden Tyrannis, nach drei Invasionen der Spartaner und nach einer Schreckensherrschaft, brach in Athen endlich die Freiheit an.

Demokratie, wie wir sie heute kennen, wurde an einem Wintertag des Jahres 507 v. Chr. auf der Akropolis in Athen geboren, als Kleisthenes jene Dekrete erließ, die eine Revolution der Regierungsformen bedeuteten. Er verkündete hier zum ersten Mal die Idee eines souveränen Volkes und gab diesem durch entsprechende Reformen die Möglichkeit, selbständig Entscheidungen zu treffen.

Hätte in diesem Winter ein Beobachter Athen besucht, wäre er wahrscheinlich zu der Überzeugung gelangt, daß der Sieg des Kleisthenes zu einer neuen Diktatur führen werde. Kleisthenes war ein Mann von raschem, elastischem Geist, er besaß große Reichtümer und genoß es, die Herrschaft auszuüben. Das Volk hatte ihm alle Vollmachten übertragen und nichts in seinem Charakter sprach dafür, daß er diese Machtbefugnisse dem Volk zurückgeben würde. Aber genau das war es, was er tat. Der »verfluchte« Kleisthenes wurde der erste Demokrat.

Er sprengte die traditionellen Machtgruppen und wählte die Neueinteilung so, daß keine Gruppe genügend Kraft hatte, eine andere zu unterdrücken; auf diese Weise wurden allzu persönliche Interessen ausgeschaltet. Die Machtinteressen von Attika waren auf drei Gruppen konzentriert, die der Ebene, die der Küste und die der Berge. In der Ebene lebten die Athener und die Bewohner der umliegenden Bauerngehöfte; ihrer aller Sorge galt dem Reichtum und dem Ansehen der Stadt. Die Küstengruppe umfaßte die Dorfbewohner des südöstlichen Attika vom Berg Hymettos bis Sunion sowie die Seeleute und Fischer, die traditionellen Feinde Athens. Zu der Berggruppe gehörten die Dorfbewohner des Hügellandes, die Bauern, Hirten, Holzfäller und Köhler des nördlichen Attika. Jeder dieser Bezirke hatte besondere Privilegien, besondere Loyalitäten und jeder pflegte nur für seine eigenen Interessen zu stimmen. Kleisthenes bereitete dieser egoistischen Einstellung ein Ende, indem er eine Neueinteilung der politischen Distrikte in *trittyes* traf; jeder bestand aus dreißig Gemeinden, zehn aus der Ebene, zehn von der Küste und zehn aus den Bergen. Auf diese Weise gelang es ihm, politische Einheiten zu schaffen, die das Gesamtinteresse des Landes im Auge hatten. Athen wurde gezwungen, seine Macht mit den Bergbewohnern und Fischern zu teilen.

Die *trittyes* waren eine rein künstliche Schöpfung, bestimmt für einen sehr realen Zweck: die Ausdehnung der Macht über ein größtmögliches Gebiet. Jeder Wahlbezirk bestand aus drei Landkreisen, die selten aneinandergrenzten. Ungefähr als bestünde ein Wahlkreis im Staate New York aus einem kleinen Teil von Manhattan, einigen kleinen Orten im nördlichen Teil des Staates New York zusammen mit ein oder zwei Städten am Erie-See.

Die *trittyes* waren nur eine aus der Reihe der kühnen Neuerungen. Kleisthenes reorganisierte auch die lokale Verwaltung der Gemeinden, die bisher *naukrariai* geheißen hatten, da jede ihren entsprechenden Anteil zur Flotte beitragen mußte. Nun wurden sie *demes* genannt, was »das Volk« bedeutet. Die *demes* waren selbständige Körperschaften, mit eigenen Bürgermeistern, Priestern und Priesterinnen im Dienst der lokalen Götter, und sie konnten Gesetze erlassen, die so lange anerkannt wurden, als sie nicht den Staatsgesetzen widersprachen. Sie formten die politischen Grundeinheiten, und um sie wirkungsvoller zu gestalten, ordnete Kleisthenes an, jeder, der zur Zeit der Einführung der neuen Verordnung seinen Wohnsitz innerhalb der *deme* hatte, habe das Wahlrecht zu erhalten. Auch Nichtortsansässige und befreite Sklaven wurden davon betroffen. Einmal aufgenommen, blieb eine Familie Mitglied der *deme* und auch wenn Familienangehörige in andere Gegenden reisten, führten sie den Namen der *deme* weiter. So war Sokrates bekannt als Sokrates der *deme* Alopeke, wodurch man ihn von allen jenen gleichen Namens unterscheiden konnte. Die *deme* wurde fast zu einer Art Familiennamen; so wurde man vorgestellt und dieser Name erschien auf dem Grabstein.

Kleisthenes hatte die politischen Einheiten erneuert und umgestaltet und nun ging er daran, die seit Menschengedenken bestehenden Geschlechterphylen oder Sippeneinheiten zu reorganisieren. In Attika gab es vier Phylen, sie trugen archaische Namen, Hopletes, Geleontes, Argadeis und Aigikoreis, und niemand wußte mehr, ob sich mit diesen Namen ein Sinn verband. Er erweiterte die Geschlechterzahl auf zehn und benannte sie nach lokalen Helden. Kleisthenes scheint überhaupt eine Leidenschaft für die Zahl zehn besessen zu haben, denn ungefähr zur gleichen Zeit führte er einen Sonnenkalender ein, der auf zehn Monaten zu sechsunddreißig beziehungsweise siebenunddreißig Tagen basierte, anstelle des bisher verwendeten Mondkalenders mit zwölf Monaten. Der Rat der Vierhundert wurde zu einem Rat der Fünfhundert, fünfzig Mann aus jedem der zehn örtlichen Phylen; sie wurden durch das Los bestimmt. Einige Jahre später wurde das gleiche Vorgehen für die höchsten Offiziere des Staates, die *Archonten*, angewendet.

Sinn aller dieser Neuerungen war die *isonomia*, gleiches Recht für alle vor dem Gesetz. Durch ein System festgelegter Sicherheitsklauseln, durch die Berufung der hohen Beamten mittels des Loses, die monatliche Wahl von fünfzig Männern für den Rat der Fünfhundert zur Ausführung der Regierungsgeschäfte und Zuweisung aller Gesetzesbeschlüsse an die Volksversammlung, an der das gesamte Volk teilnehmen konnte, hatte Kleisthenes eine wirksame Demokratie geschaffen. In einer solchen Staatsform hatte der arme Mann nahezu die gleichen Chancen, ein hohes Amt zu erreichen, wie der reiche. Aristokratische Verbindungen waren natürlich immer noch bedeutsam, Reichtum ebenso, aber die Regierung mußte sich dem Willen des Volkes unterwerfen.

Unter den vielen von Kleisthenes eingeführten Neuerungen war auch, als zusätzliche Sicherheitsklausel, das Scherbengericht. Einmal im Jahr, anläßlich der Einberufung einer Volksversammlung, stimmten die Bürger gegen jene, die in ihren Augen dem Staat gefährlich werden konnten. Jeder Wähler schrieb den Namen dieser Person, von der er der Meinung war, sie müßte verbannt werden, auf einen Tonscherben (*ostrakon*). In der Theorie und möglicherweise auch in der Praxis konnte jemand erst verbannt werden, wenn ein Minimum von sechstausend Stimmen gegen ihn vorlag. So war das Scherbengericht ein Mittel, den Staat von gefährlichen und brillanten Männern zu säubern, die durch ihre persönliche Popularität schlagkräftige Gruppen um sich gesammelt hatten und von denen ein Staatsstreich zu erwarten war. Auf diese Weise konnte der Starke lahmgelegt, dem Grausamen die Macht genommen werden, Grausamkeiten zu begehen, und der Stolze gedemütigt werden. Durch das Scherbengericht bremste Kleisthenes Ruhestörung und Aufwiegelung. Viele der Verbannten schöpften Trost aus der Tatsache, daß die Verbannung ein Tribut an ihre Stärke war.

Auf diese mathematische Weise reformierte Kleisthenes den Staat. Alle bisherigen politischen Grenzen wurden auf sein Geheiß geändert, alle bisherigen Vergünstigungen gestrichen, alles, was bisher Geltung gehabt hatte, wurde niedergerissen und durch neue Totems ersetzt. Bei der Einführung der Demokratie hatte er dafür gesorgt, daß ein Wiederaufleben der Tyrannis vollkommen unmöglich war. Er hatte die Demokratie so gut gebaut, daß die von ihm eingeführten demokratischen Formen mit nur geringen Änderungen mehr als hundert Jahre bestehen konnten. Ohne die Demokratie hätte es keinen erfolgreichen Krieg gegen die Perser und sicher kein Goldenes Zeitalter gegeben.

Die Demokratie glich einem schweren Wein und das Volk berauschte sich an diesem Wein. Es war das erste Mal in der Geschichte der Menschheit, daß die Macht in den Händen des Volkes lag. In anderen Ländern kamen und gingen Priesterkönige, Tyrannen und Diktatoren, die ihre Macht, so wie noch heute, dazu gebrauchten, das Volk zu unterdrücken, doch die Reformen des Kleisthenes bewiesen überzeugend, daß ein Volk, das gemeinsam handelt, sehr wohl imstande ist, seine Probleme zu lösen und viel größere Leistungen zu vollbringen, als eine Horde unwilliger Sklaven, welche man zu diesen Leistungen zwingt. Das Denken der Menschen war schärfer und sie kämpften besessener, wenn sie sich die zu tragende Last selbst aufgebürdet hatten. »Solange sie durch eine Obrigkeit niedergehalten wurden«, schreibt Herodot, »drückten sie sich auf dem Schlachtfeld um ihre Pflicht, wie Sklaven sich um ihre Pflicht drücken, aber mit dem Bewußtsein der eigenen Freiheit hatte jeder von ihnen das Bestreben, sich auszuzeichnen.«

Unter Kleisthenes wurde die Versammlung aller stimmberechtigten Bürger das souveräne Organ des Staates und kein Gesetz konnte ohne ihre Zustimmung beschlossen werden. Die Kontrolleinrichtungen und die Ausgewogenheit der Demokratie führten zu einem Staat, der die menschlichen Bedürfnisse weitestgehend befriedigte; nur das ständige Auftreten von Demagogen erschwerte den Weg der Demokratie und ließ das Ende, stellte man sie der Tyrannis entgegen, unsicher erscheinen. Nun hatte das Volk die Macht in Händen. Nun konnten die Athener als freie Männer der bewaffneten Macht Persiens entgegenblikken.

14 Die Perser kommen

Unter der Herrschaft der Achämeniden war Persien zu der größten Macht der bekannten Welt geworden und sein Einfluß erstreckte sich bis weit nach Zentralasien und über die Wüsten Nordafrikas hinaus. Ägypten und ganz Palästina waren in persischem Besitz und wurden von Satrapen verwaltet, die den Befehlen des Herrschers in Susa gehorchten. Kyros, der Begründer des Reiches, hatte sich »König des Universums, großer König, mächtiger König, König von Babylon, Sumer und Akkad, König der vier Himmelsrichtungen« genannt, und kaum jemand hätte gewagt, diesen Anspruch anzuzweifeln. Seine Nachkommen stellten den gleichen Anspruch, allerdings mit weniger Erfolg.

Der plötzliche Aufstieg Persiens zu einer Weltmacht beeinflußte Ereignisse, die weit jenseits der Grenzen des Reiches stattfanden. Die Auswirkungen waren in Karthago und Rom spürbar, und insbesondere in Griechenland, wo die Gefahr einer persischen Invasion immer drohender wurde, als Kyros während seines Vorstoßes nach Westen die griechischen Städte Ioniens besetzte, ihre Einwohner versklavte und manchmal alle wehrfähigen Männer töten ließ. Nur Milet entging dem Wüten des persischen Königs, da es noch vor Beginn des Feldzuges gegen die asiatischen Griechen Loyalität und die Zahlung eines Tributes angeboten hatte.

Die Phönikier entgingen der Unterwerfung, indem sie ihre Städte verließen und nach Korsika segelten, um dort – nicht weit von der Tochterstadt Massilia – eine Kolonie zu gründen. Ebenso verließ die Bevölkerung von Teos ihre Stadt und errichtete eine neue in Abdera in Thrakien. Ganz Ionien wurde zu einer persischen Kolonie unter der Herrschaft von Satrapen, welche auf die Münzen, die bisher Bildnisse der Göttinnen gezeigt hatten, ihr eigenes Porträt prägen ließen.

In späteren Jahren behauptete der Historiker Xenophon, Kyros sei der edelste, großzügigste und kultivierteste König gewesen, der jemals geherrscht hatte, aber dies war nicht die Ansicht der besiegten Ionier, die zusehen mußten, wie ihre Städte dem Erdboden gleichgemacht und ihre Tempel entweiht wurden. Für die Griechen stellten die Perser einen besonders gefährlichen

Feind dar, weil ihre tyrannische Herrschaft manchmal unter einem Mantel der Milde verborgen wurde. Ein ausgedehntes Beamtentum, nur dem Herrscher verantwortlich, verwaltete das Reich. Ein ausgezeichnetes Straßennetz mit in kurzen Abständen stationierten Postpferden ermöglichte es den königlichen Kurieren, Nachrichten in wenigen Tagen von einem Ende des Reiches zum anderen zu befördern. Die persische Kunst kannte, was Verfeinerung und Subtilität betraf, nichts ihresgleichen: Jede gravierte Gemme, jeder Goldbecher, jeder Schwertgriff war mit unnachahmlich gutem Geschmack ausgeführt. Aber sogar die Spartaner, die ihre Heloten mit eiserner Faust regierten, beklagten sich bitter über das harte Regime des Perserkönigs, des absoluten Machthabers, der in Persern und Nichtpersern gleichermaßen nur Marionetten sah, die nach seinem Willen zu tanzen hatten.

Herodot erzählt die Geschichte zweier Spartaner, Sperchias und Bulis, Männer aus guter Familie und von großer Wohlhabenheit, welche nach Persien zogen, um sich im Austausch für zwei von den Spartanern ermordete Gesandte als Opfer anzubieten. Auf ihrem Weg nach Susa besuchten sie Hydarnes, den persischen Kommandanten der gesamten asiatischen Küste, der ihnen einen freundlichen Empfang bereitete und sie zu einem Mahl einlud. Während des Essens erkundigte sich Hydarnes, warum sie die Freundschaft eines großen Königs, der wußte, wie man tapfere Männer ehrt, zurückwiesen. »Glaubt mir«, sagte Hydarnes, »der große König belohnt alle, die sich seiner Großzügigkeit würdig erweisen. Könnt ihr es über euch bringen, ihm zu dienen, so wird er euch Ländereien in Griechenland zuweisen, die ihr selbständig verwalten dürft.«

»Hydarnes«, war die Antwort, »du verstehst das Problem nicht richtig. Du kennst *eine* Art des Lebens, doch nicht die andere. Du weißt, was es heißt, ein Sklave zu sein, aber da du die Freiheit nicht kennst, weißt du nicht, ob das Los bitter oder süß ist. Kenntest du die Freiheit, du drängtest uns, um sie zu kämpfen, nicht nur von der Ferne mit Speeren, sondern im Nahkampf mit der Axt!«

Die beiden Spartaner reisten weiter nach Susa, wo sie vom König empfangen wurden. Jede Demutsbezeugung ablehnend, erklärten sie stolz, sie wären freiwillig gekommen, um für den Tod der persischen Gesandten Sühne zu leisten. Diese Haltung beeindruckte den Herrscher und er ließ sie wissen, daß er beabsichtige, sie zu schonen. Die Spartaner hätten ein Gesetz gebrochen, das für alle Menschen Gültigkeit habe, und er beabsichtige nicht, den gleichen Frevel zu begehen. »Außerdem«, fügte er hinzu, »würde ich die Spartaner von der Last ihrer Schuld befreien, tötete ich euch.«

Herodot bewunderte den Edelmut und die Großzügigkeit der Perser, aber er machte sich keine Illusionen über den tyrannischen Charakter ihrer Herrschaft. Nach seiner Schilderung waren sie den Griechen würdige Gegner; in vieler Beziehung kultivierter, gebildeter und kunstsinniger als jene. Ja sie waren sogar moralischer; Herodot hebt besonders ihre Abneigung gegen die Lüge und das Fehlen jeglicher Statuen oder Idole in ihren Tempeln hervor; ihre Gebete sprachen sie auf Anhöhen in freier Natur. Trotzdem war ihre Kriegsführung grausam, rachsüchtig, erbarmungslos und so machtvoll, daß noch niemand mit Ausnahme der Skythen ihnen erfolgreich Widerstand geleistet hatte, und auch diese waren ihnen nicht auf dem Schlachtfeld begegnet.

Im Spätsommer des Jahres 490 v. Chr. waren die Perser bereit, die lang angekündigte Besetzung Griechenlands durchzuführen, um die Athener für ihre Unterstützung der ionischen Revolte zu bestrafen. Eine Flotte von sechshundert Galeeren versammelte sich nahe der Insel Samos, um vorerst die Kykladen zu besetzen und zu unterwerfen. Die ganze Bevölkerung flüchtete in das Hügelland, als den Persern eine Landung auf der Insel Naxos gelang. Die Stadt wurde eingeäschert, die Tempel zerstört; es war dies nur ein Vorgeschmack des Kommenden.

Anstatt sich direkt nach Athen zu wenden, segelten die Perser die Meeresenge zwischen Attika und Euboea hinauf und besetzten die wichtige Stadt Eretria, die mit Athen verbündet war. Mit dem Mut der Verzweiflung kämpften die Eretreer sechs Tage lang, bis die Stadt durch Verrat an den Feind fiel; die gesamte Bevölkerung wurde vertrieben und nahe der persischen Hauptstadt Susa gefangengehalten. Die Athener erkannten, daß, was der Bevölkerung von Eretria zugestoßen war, ebensogut ihnen zustoßen konnte, und eine 9000 Mann starke Armee wurde eiligst abkommandiert, um eine persische Landung in Attika zu verhindern. Ein nach Sparta gesandter Läufer brachte die Nachricht, daß Hilfe erst nach dem Vollmond zu erwarten sei. Als die Spartaner endlich auf dem Schlachtfeld erschienen, war es zu spät.

Der verbannte Peisistratide Hippias begleitete die persischen Kräfte als Berater. Er besaß Spione in Athen und das Versprechen persischer Unterstützung bei der Errichtung einer Regierung. Aber die Athener verlangte es keineswegs nach einer neuen Tyrannenherrschaft. Ihre kleine Armee stand dem Namen nach unter dem Kommando des *Polemarchos* Kallimachos, der Miltiades zu seinen Beratern zählte. Miltiades hatte allen Grund, gegen die Perser zu kämpfen und jede Hoffnung zu zerstören, daß Hippias je wieder an die Macht kommen könnte. Sein Vater war auf Befehl von Hippias ermordet worden, und nachdem Miltiades als Freiwilliger die persische Expedition gegen die Skythen begleitet hatte, war er es gewesen, der die Brücken über die Donau verbrannt hatte, um Dareios den Rückzug abzuschneiden. Während Kallimachos zögerte, ob er den Persern, die nahe der Ebene von Marathon gelandet waren, entgegentreten sollte, bestand Miltiades darauf, sie zurückzuschlagen und ins Meer zu drängen. Die Griechen warteten auf den die Ebene halbmondförmig umgebenden Höhenzügen; die Ebene selbst war eine sumpfige, von unterirdischen Quellen gespeiste Moorlandschaft. Es galt, die Perser zu bekämpfen, solange sie noch durch das versumpfte Gelände behindert waren. Athen war nur einen Tagesmarsch entfernt!

Die Streitkräfte der Athener waren erbarmungswürdig schwach und schlecht ausgerüstet; es gab keine Kavallerie, keine Bogenschützen, keinen Train. Von Platää kamen tausend Mann zu Hilfe, aber noch immer waren sie dem an der Küste lagernden Feind zahlenmäßig hoffnungslos unterlegen. Vier oder fünf Tage vergingen. Die Perser wußten, daß sie nicht nach Athen vorrücken konnten, bevor sie die Griechen in den Hügeln erledigt hatten, aber sie waren nicht in Eile; sie warteten auf eine Volkserhebung in Athen. Das Kommando über die griechische Armee lag abwechselnd in den Händen von zehn *strategoi* und sie alle erklärten sich bereit, ihre Autorität an Miltiades abzutreten, der mehr Erfahrung mit den Persern hatte als irgendein anderer. Er aber lehnte das Angebot ab, wartete geduldig auf den Tag seines Kommandobeginns, und dann griff er an. Die Griechen rückten im Laufschritt vor und ergossen sich in einer langen Kampflinie über die Ebene. »Überall entlang der Linie«, sagt Herodot, »attackierten sie den Feind und kämpften in unvergleichlicher Weise. Sie waren, soweit ich weiß, die ersten Griechen, die im Laufschritt angriffen und die ersten, die es ohne zu zittern wagten, die persische Kleidung anzusehen und die Männer, die sie trugen. Bis zu dieser Zeit vermochte kein Grieche das Wort ›Perser‹ zu hören, ohne zu erblassen.«

Die griechischen Linien wurden im Zentrum durchbrochen, aber die Flügel hielten stand. Die Mitte war schwach – nur vier Mann tief – während die Flügel eine Tiefe von acht Reihen hatten, so daß man annehmen muß, die Griechen hatten von Anfang an beabsichtigt, die Perser durch eine Zangenbewegung einzukreisen und ihre Mitte preiszugeben. Während die Perser sich eifrig damit beschäfigten, die Reste des Mitteltreffens zu verfolgen, die jetzt in die Hügel flohen, schlossen sich die beiden Flanken in einem tödlichen Griff. Es folgte ein blutiges Gemetzel, denn im Nahkampf waren die schwer gepanzerten Griechen den nur leicht geschützten Persern überlegen, deren Kavallerie in der Sumpflandschaft hilflos war und deren Bogenschützen den Nahkampf nicht beherrschten. Die Griechen sprachen von 6400 getöteten Persern gegenüber 192 Mann eigenen Verlusten.

Die persische Flotte segelte gegen Athen, aber die erwartete Nachricht von einem Aufstand traf niemals ein und der Angriff wurde abgeblasen, vielleicht, weil eine zweitausend Mann starke Armee der Spartaner sich bereits der Stadt näherte.

Marathon machte die Griechen siegestrunken. Sie hatten eine ungeheuer überlegene Streitmacht in die Sümpfe und das Meer gejagt und dabei kaum Verluste erlitten. Niemand aber gab sich der Illusion hin, daß dies der endgültige Sieg sei.

Dareios, der persische Herrscher, starb fünf Jahre später, und die Unterwerfung der Griechen blieb seinem Sohn Xerxes überlassen, der eine so gewaltige Streitmacht aufzustellen begann, daß kein ernstlicher Widerstand möglich schien. »Welche asiatische Nation führte Xerxes nicht gegen Hellas?« fragt Herodot und er fährt fort, ungefähr sechsundvierzig Völker aufzuzählen. Die gesamte persische Flotte – Phönikier, Ägypter und ionische Griechen – nahmen an dem Abenteuer teil. Herodot behauptet, die persischen Streitkräfte hätten insgesamt 2 641 610 Mann umfaßt, und obwohl diese Ziffer angezweifelt und von einigen Historikern auf ein weniger gigantisches Maß beschnitten wird, besteht kein Zweifel, daß die Perser aus allen Teilen ihres gewaltigen Reiches Kräfte zusammenzogen. Nur eine vollkommene Niederwerfung der Griechen konnte die Niederlage von Marathon wiedergutmachen.

Im Winter 481 v. Chr. waren alle Vorbereitungen für eine Invasion getroffen. Xerxes errichtete in Sardes sein Hauptquartier und sandte an alle griechischen Staaten mit Ausnahme von Athen und Sparta Herolde, die Wasser und Brot verlangten – das Symbol der Unterwerfung. Im Frühling zog das Heer nach Abydos, wo 1207 Kriegsschiffe und 3000 Transportschiffe bereit lagen. Zwei Brücken – bestehend aus Vordersteven zum Heck verankerten Schiffen, die durch riesige Taue zusammengehalten wurden – überspannten den Hellespont. Sieben Tage und sieben Nächte lang setzten die Soldaten über und begannen den langen Marsch entlang der griechischen Küste.

Gegen einen Landangriff hatten die Griechen drei Verteidigungslinien. Die erste war in dem Tempetal unterhalb des Olymp, wo sich ein schmaler Paß nach Thessalien öffnet. Die zweite war bei den Thermopylen, wo die Berge Nordgriechenland von Zentralgriechenland trennen und nur ein Engpaß von einigen Metern freigeben. Die dritte war der Isthmus von Korinth, wo die Spartaner die alte Mauer verstärkten, die wahrscheinlich schon in der mykenäischen Zeit dort gestanden war.

Ein kleiner Aufklärungstrupp wurde in das Tempetal geschickt; er floh, bevor er die Perser zu Gesicht bekam. Thessalien ergab sich und die thessalische Kavallerie ging zu den Persern über. Die Spartaner und Athener beschlossen, die Thermopylen zu halten, und man schickte daher ungefähr 8000 Hopliten und leicht bewaffnete Truppen unter dem Spartanerkönig Leonidas zu dem Paß, während eine griechische Flotte von 333 Schiffen die Meeresenge zwischen Euboea und dem Festland hinaufsegelte und nahe den Thermopylen vor Anker ging, um eine Landung persischer Truppen im Rücken ihrer Stellungen zu verhindern.

Die Schlacht dauerte drei Tage. Welle um Welle von Persern rannte gegen den Paß an und wurde zurückgeschlagen. Ein Verräter führte die Perser in der dritten Nacht über einen Bergpfad, um der Armee Leonidas' in den Rücken zu fallen. Leonidas erkannte, daß damit seine Stellungen unhaltbar geworden waren. Nur dreihundert seiner Leute waren Spartaner, Angehörige der königlichen Garde. Die übrigen Verbündeten sandte er nach Hause und warf seine Getreuen gegen den persischen Feind. Alle starben. Viele Jahre später wurde über ihren Gräbern ein Gedenkstein errichtet, auf welchem die berühmten Worte zu lesen sind:

Wanderer, kommst du nach Sparta, so sage, du habest uns hier liegen gesehen, wie das Gesetz es befahl.

Aber während die Spartaner bei den Thermopylen starben, starben die Perser zur See. Ein Sturm zog über dem Kap Artemision auf und rund 400 Schiffe wurden gegen die Küste getrieben, an der sie zerschellten. Die griechischen Schiffe überdauerten den Sturm und zogen sich nach Salamis zurück, um Athen zu schützen; vorher aber hatten sie die persische Flotte attackiert und dreißig Schiffe erobert, die sie nun ihrer eigenen Flotte hinzufügen konnten. Die Anzahl der griechischen und der persischen Schiffe näherte sich immer mehr.

Die Thermopylen waren ein Massaker, die Seeschlacht blieb unentschieden; nichts hinderte Xerxes daran, seinen Marsch nach Athen und weiter über den Isthmus fortzusetzen. Themistokles, der Befehlshaber Athens, erkannte klar, daß zwischen den Griechen und der Niederlage nur Glück und außerordentlicher Wagemut stand. Kühnheit besaß er in hohem Maße. Ein Halbthrakier mit einem schnellen, beweglichen Verstand, imstande sich korrekte Urteile über Dinge zu bilden, von denen er wenig oder gar nichts verstand, faßte er den Plan, mit einem einzigen kühnen Schlag die gesamte, noch verbliebene persische Flotte zu vernichten.

Vorher hatte eine athenische Abordnung das Orakel von Delphi befragt und eine niederschmetternde Antwort erhalten — eine eindeutige Prophezeiung der Niederlage. Nach dem Orakel tropfte das Blut bereits von den Dachbalken und die Heiligtümer der Götter schwitzten in der Erwartung des Feuers.

»Rettet euch!« sagte das Orakel, »und beugt euer Haupt im Schmerze!«

Die Abordnung erhob sich von der Befragung wie eine Gruppe zu Tode verurteilter Männer. Ein Zuschauer meinte, das Orakel würde es sich manchmal anders überlegen, wenn man als Bittsteller mit Olivenzweigen in der Hand wieder erschiene. Sie fanden zwar Olivenzweige, weigerten sich aber in ihrer Verzweiflung, als Bittsteller zu erscheinen. Statt dessen drohten sie dem Orakel, so lange zu bleiben, bis sie eine günstige Antwort erhielten. Zwar hatte die Priesterin gesagt, die Perser würden alles in ihrem Weg Liegende zerstören, jetzt aber sprach sie geheimnisvoll von Sicherheit hinter hölzernen Wänden und von einer Schlacht, die voraussichtlich nahe Salamis stattfinden würde. »Wartet nicht die Ankunft der mächtigen Armee von Kriegern ab«, erklärte das Orakel. »Dreht euch um und lauft. Zu einer anderen Zeit werdet ihr ihnen von Angesicht zu Angesicht begegnen. Das Heilige Salamis wird die Söhne von Frauen zerstören, entweder, wenn Demeter verstreut wird oder wenn die Ernte hereinkommt.«

Die Sendboten gaben nicht vor, den Sinn dieser Botschaft zu verstehen, aber sie erkannten, daß es sich um eine weniger unheilvolle Botschaft handelte als das erste Mal. Wie immer, wenn ein Orakelspruch verkündet wurde, gab es in Athen lebhafte Debatten über dessen Auslegung; die einen glaubten, die »hölzernen Wände« bezögen sich auf den Holzzaun um die Akropolis, die anderen, daß Schiffe gemeint sein müßten. Aber wenn das Orakel eine Rettung zur See ankündigte, warum sagte es, Salamis würde die Söhne von Frauen zerstören? Themistokles stellte sich auf den Standpunkt, alles hänge von der Beifügung zu Salamis ab: »Unglückseliges Salamis« hätte für die Griechen Vernichtung bedeutet, aber »Heiliges Salamis« beinhalte eine Drohung gegen die Feinde Athens und deren Verbündete. Er riet seinen Landsleuten, dem Feind zur See zu begegnen. Sein Ratschlag ging dahin, Athen preiszugeben, und zwar sollten Frauen und Kinder in Ägina, Salamis und Troezen Schutz suchen, während sich alle gesunden Männer auf die Schiffe begeben müßten. Er verkündete der Versammlung (Areopag) seinen Vorschlag und alle erklärten sich einverstanden. Ein Athener, der zur Übergabe riet, wurde auf der Stelle getötet und nicht genug, ein Haufen Frauen zog zu seinem Haus und steinigte seine Frau und Kinder. Die Stimmung der Bevölkerung war bitter, entschlossen und zum Äußersten bereit. Nur auf dem Meer konnten die Perser aufgehalten werden, nur indem sie Athen räumten, konnten die Athener hoffen, jemals zurückzukehren.

Durch einen merkwürdigen Zufall kennen wir den Befehl zur Evakuierung Athens. Im Jahre 1932 beschloß ein griechischer Bauer – Anagyras Titires aus Troezen –, daß er für seinen Garten eine Steinstufe brauche, und suchte unter den Steinen eines verlassenen Friedhofes. Auf einem Kindergrab fand er einen Stein, der seinen Zwecken entsprach. Dieser Stein verblieb bis 1958 in seinem Garten, in welchem Jahr ein an Altertümern interessierter Gymnasialprofessor des Ortes alle Bewohner aufforderte, Steine mit Inschriften zu sammeln. Titires erinnerte sich des beschrifteten Steines und trug ihn in das aus einem Raum bestehende Ortsmuseum, wo im nächsten Jahr Professor Michael Jameson von der *University of Pennsylvania* auf ihn aufmerksam wurde, und nach Abdrücken und Fotos im Laufe der folgenden Monate eine sorgfältige Übersetzung vornahm:

Die Götter.
Beschluß der Versammlung über den Vorschlag des Themistokles, Sohn des Neokles vom deme Phrearrhoi: Die Stadt der Herrin von Athen und allen anderen Göttern anzuvertrauen, auf daß sie Athen verteidigen und die Barbaren vertreiben mögen. Die Athener selbst und die in der Stadt lebenden Fremden haben ihre Frauen und Kinder nach Troezen zu schaffen ... Die alten Männer und alle bewegliche Habe sind nach Salamis zu verbringen. Die Schätze und die Priesterinnen verbleiben auf der Akropolis, um das Eigentum der Götter zu schützen.

Alle anderen Athener und Fremde im wehrtüchtigen Alter haben sich auf eines der 200 wartenden Schiffe zu begeben, um gegen die Barbaren zu kämpfen — um ihrer eigenen und der Freiheit aller Griechen willen, gemeinsam mit den Lakedämoniern, Korinthern, Äginetern und allen denjenigen, welche die Gefahr teilen wollen.

Ab morgen haben die Generäle 200 Trierarchen auszuwählen, für jedes Schiff einen, und zwar unter jenen, die ererbtes Land in Athen sowie legitime Kinder besitzen und nicht älter als 50 Jahre sind; diesen Männern sind die Schiffe durch Verlosung zuzuweisen. Sie haben auch je Schiff zehn Seeleute anzuwerben, Männer zwischen zwanzig und dreißig Jahren, und für jedes Schiff vier Bogenschützen. Gleichzeitig mit der Ernennung der Trierarchen sind auch Schiffsmaate zu bestimmen. Die Generäle haben die Namen der Besatzung auf weiße Tafeln zu schreiben, und zwar indem sie die Namen der Athener den lexiarchischen Registern entnehmen, diejenigen der Fremdlinge aus der Registrierung beim Polemachos. Sie haben die Namen in der Weise niederzuschreiben, daß ihre Zahl in 200 gleich starke Divisionen aufgeteilt wird; oberhalb jeder Division der Name der Triere, des Trierarchen und der Maate, so daß jede Division weiß, auf welcher Triere sie sich einzuschiffen hat. Wenn alle Divisionen zusammengestellt und ihren Trieren zugewiesen sind, haben Ratsversammlung und Generäle die Bemannung der Schiffe zu vervollständigen, nachdem dem allmächtigen Zeus und Athene, sowie Nike und dem Beschützer Poseidon Opfer zu ihrer Besänftigung dargebracht wurden.

Sobald die Bemannung der Schiffe vollendet ist, haben sich ihrer hundert bei Artemision in Euboea dem Feind zu stellen, während die anderen hundert nahe von Salamis und dem übrigen Attika vor Anker zu gehen und das Land zu bewachen haben.

Auf daß alle Athener in der Verteidigung gegen die Barbaren vereint seien, haben diejenigen, welche für zehn Jahre ins Exil geschickt wurden, nach Salamis zu gehen und dort zu verbleiben, bis die Versammlung über sie beschlossen hat, während diejenigen, welchen die Bürgerrechte aberkannt wurden . . .[1]

Dieses nach so vielen Jahrhunderten und auf so seltsame Weise ans Tageslicht geförderte Dokument verdient es, im Wortlaut zitiert zu werden, denn es bedeutet viel mehr als nur einen Evakuierungsbefehl für Athen. Es ist der Befehl, alle menschlichen Hilfsquellen Athens und seiner Verbündeten zu mobilisieren und er ist ebenso bemerkenswert für das, was er erwähnt, wie für das, was er zu erwähnen unterläßt. Die genaue Anzahl der Männer für jedes Schiff, die Art, in der die Musterungslisten vorzubereiten sind, welchen Göttern geopfert werden soll und welche Positionen einzunehmen sind — all dies ist mit sachlichen, präzisen Worten angegeben, die auf den scharfen Verstand von Themistokles schließen lassen, von welchem Thukydides sagte, er besäße »eine flinke, angeborene Intelligenz, die ihn zu dem besten Beurteiler jener Krisen machte, die nur wenig oder gar keine Überlegung erlauben, und zum besten Propheten der Zukunft, sogar der sehr fernen Zukunft.« Da niemand sonst die Macht oder die Fähigkeit besaß, ein derartiges Dokument zu verfassen, können wir mit Bestimmtheit folgern, daß es die Worte sind, welche Themistokles ungefähr am 15. September 480 v. Chr. in seinem Hauptquartier auf der Agora niedergeschrieben hat. Innerhalb einer Woche war die Angelegenheit entschieden.

[1] Die fehlenden letzten Worte finden wir bei Plutarchs Themistokles: »Themistokles schlug einen Erlaß vor, wonach diejenigen, die für eine gewisse Zeit verbannt waren, zurückkehren durften, um die Sache der Griechen mit Wort und Tat zu unterstützen.«

Den Anordnungen von Themistokles wurde Folge geleistet; die Bürger von Athen überließen ihre Stadt dem Feind. Frauen, Kinder und die Alten, welche nach Troezen zogen, wurden laut Plutarch gut versorgt, der uns erzählt, daß jeder von ihnen eine tägliche Zahlung von zwei Obolen erhielt. Man richtete es ein, daß die Kinder weiter Unterricht erhielten, und erlaubte ihnen, wo immer sie Lust hatten, in den Obstgärten Früchte zu sammeln. Die Statue der Athene wurde aus ihrem Tempel auf der Akropolis entfernt und in ein sicheres Versteck gebracht, während Themistokles vorgab, die Göttin habe die Stadt verlassen und sei zum Meer geflüchtet. Auf der Fahrt nach Piräus entdeckte man, daß ihr großer Schild mit dem schrecklichen Gorgonenhaupt fehlte. Dieses Gorgonenhaupt symbolisierte die unbezwingbare Kraft der Göttin und der Verlust war ernst, aber Themistokles nützte auch diesen Vorfall in der für ihn charakteristischen Art. Mit der Entschuldigung, er müsse Athen nach dem Schild durchsuchen lassen, schickte er seine Leute in die Häuser der Reichen, um sie nach verborgenen Schätzen zu durchstöbern; man fand viele versteckte Wertgegenstände und diese wurden verwendet, um Soldaten und Matrosen zu bezahlen. Inzwischen berichteten die Priester auf der Akropolis, daß die heiligen Schlangen die für sie ausgesetzten Speisen nicht berührt hatten und man daher annehmen müsse, auch sie seien der Athena zum Meer gefolgt. Ein paar alte, zum Auszug nicht mehr fähige Männer wurden in Athen zurückgelassen, davon abgesehen gehörte die Stadt den Eseln und streunenden Hunden, die verloren durch die einsamen Straßen wanderten. Xerxes war nur mehr wenige Meilen entfernt.

Nachdem die allgemeine Strategie bis in die letzten Einzelheiten ausgearbeitet worden war, mußte Themistokles jetzt darauf achten, daß der Plan ebenso genau ausgeführt wurde. Die Strategie war gefährlich und nicht für Menschen mit schwachen Nerven gedacht; als Xerxes gegen Athen vorrückte, durch die Mauern einbrach, die Stadt in Flammen setzte und alle massakrierte, die zurückgeblieben waren, einschließlich der Priester, welche die Tempel auf der Akropolis behüteten, packte einige Kapitäne der in der Bucht von Salamis gelegenen Schiffe das Entsetzen; sie hißten die Segel und drohten, zu den Häfen der Peloponnes zu fahren, wo sie mit etwas Glück hinter den starken Verteidigungsmauern des Isthmus für eine Weile in Sicherheit wären, oder zu den griechischen Kolonien in Italien oder Nordafrika zu segeln.

Der kommandierende General der verbündeten Flotte war der Spartaner Eurybiades. Seine Nerven versagten und er war im Begriff, einen allgemeinen Rückzug anzuordnen, als Themistokles darauf hinwies, die 200 Schiffe Athens seien eine schwimmende Stadt, die überall verankert werden konnte, an der Küste Italiens oder wo immer, sie seien aber übereingekommen, dort zu kämpfen, wo es für sie am vorteilhaftesten wäre, nämlich hier in der schmalen Meeresenge und nicht auf offener See; der Verstand fordere es, den vernünftigsten Weg einzuhalten, »denn wenn die Menschen ihren Verstand vernachlässigen, gefällt es den Göttern nicht, den blinden Wanderungen der Menschen zu folgen.« Der Kommandant der korinthischen Flotte erklärte verbittert, einem Mann ohne Stadt hinter sich gebühre überhaupt keine Stimme und man solle ihm nicht erlauben, an den Besprechungen teilzunehmen. Scharfe Worte wurden gewechselt. Themistokles aber sandte in aller Stille durch einen seiner Sklaven, einen im Krieg gefangenen Perser, die Nachricht an Xerxes, die griechische Flotte sei im Begriff, aus der Bucht von Salamis zu segeln. Er schlug vor, persische Schiffe sollten die Ausfahrt aus der Bucht blockieren. Xerxes ging in die Falle, und die Nachricht, die Perser würden versuchen, die griechische Flotte einzukreisen, verbreitete sich schnell unter den Kapitänen der in der Bucht wartenden Schiffe.

Alles geschah, wie Themistokles es vorausgesehen hatte. Zweihundert ägyptische Schiffe umkreisten des Nachts die Insel und blockierten die westliche Ausfahrt aus der Bucht, während der Rest der persischen Flotte – von Persern, Phöniziern und ionischen Griechen bemannte Schiffe – östlich der Zufahrt vor Anker ging. Auch Xerxes ließ in der Nacht sein Lager aufschlagen, und zwar an einem Punkt, von dem aus er die Bucht unterhalb des Berges Ägaleos übersehen konnte, und dort verbrachte er den größten Teil des nächsten Tages, auf einem goldenen Sessel sitzend, von einem goldenen Schirm beschattet.

Als der Morgen kam, waren die meisten griechischen Schiffe hinter der langgestreckten Landzunge namens Kynosura, welche sich quer über die Bucht erstreckt, verankert und daher vor den Augen der Perser verborgen. Bald wälzte sich die gesamte persische Flotte zu den Ausgängen der Meeresenge, in der Hoffnung, die Griechen wie mit einem Schmiedehammer zu zermalmen.

Aber in diesem engen Sund konnten die Perser ihre Übermacht nicht entfalten, außerdem waren die griechischen Schiffe mit wenig Tiefgang leichter zu manövrieren als die schweren persischen Galeeren mit dem hohen Heck und den unzähligen Ruderreihen. Zu spät erkannten die Perser, daß sie in eine Falle geraten waren. Es gab kein Entkommen aus diesem Sund; alles, was sie tun konnten, war, verzweifelt von einem Ufer zum andern zu segeln. Die schnellen, leichten Schiffe der Griechen umschwärmten sie wie Hornissen. Bis zur Weißglut gereizt von der Zielsicherheit der äginetischen Bogenschützen und dem Talent der Athener, Ruderbänke abzureißen, indem sie mit höchster Geschwindigkeit zwischen den feindlichen Schiffen hindurchfuhren, wobei die bronzenen Schiffsschnäbel als Äste fungierten, verkeilten sich die persischen Schiffe ineinander und gerieten in hoffnungslose Verwirrung. 1200 persische Trieren waren auf engstem Raum zusammengedrängt und boten den Griechen, die diese Schlachtorgie genossen, eine ideale Zielscheibe.

Der Dichter Aischylos, der in dieser Schlacht mitkämpfte, beschreibt sie einige Jahre später in seinem Stück »Die Perser«:

... nicht zu sehn mehr war die See,
Mit Wrack und Scheitern und mit Leichen überdeckt,
Bedeckt mit Leichen, Klippen und Gestad' umher.
In wilder Flucht fortrudernd eilte jedes Schiff,
Soviel noch übrig waren vom Barbarenheer.
Doch wie beim Thunfischjagen oder Treibefang
Von ziehenden Fischen, schlugen, stießen, warfen sie
Mit Ruderwrack, Schiffstrümmern uns; dazu erfüllte
Die weite See Wehklage rings und Angstgeschrei,
Bis daß dahin sie nahm der dunkle Blick der Nacht. –[2]

In derselben Nacht zogen sich die Reste der persischen Flotte, zu geschwächt, um den Kampf fortzusetzen, zurück, obwohl die Griechen fürchteten, sie würden sich wieder sammeln, um ein zweites und drittes Mal anzugreifen, denn auch die Reste der Flotte waren ihnen zahlenmäßig noch weit überlegen. Die Perser hatten zweihundert Schiffe verloren, die Griechen vierzig, und niemand konnte die persischen Toten zählen. Der Sieg war vollkommen und durch viele Tage wurden persische Seeleute an die Küsten von Salamis gespült.

[2] Aischylos, »Die Tragödien und Fragmente«. Von Johann Gustav Droysen

Stolz auf seine Leistung, doch ohne sich mit ihr zu brüsten, erklärte Themistokles, der Krieg könne sofort beendet werden, wenn man eine kleine Flottille nach dem Hellespont schickte, um die persischen Versorgungslinien abzuschneiden. Der Rat war vernünftig, aber die Verbündeten verspürten keine Lust mehr auf weitere Abenteuer; sie wollten Ruhe, um ihre geringfügigen Wunden zu pflegen. In Sparta gab es Feiern, bei denen Themistokles für seine Weisheit, den Feldzug angeordnet zu haben, die Lorbeerkrone überreicht wurde und Eurybiades für seine Tapferkeit die Siegespalme erhielt. Themistokles bekam auch einen herrlichen Streitwagen und dreihundert junge Männer gaben ihm das Geleit bis an die Grenze, als er nach Athen zurückkehrte. Dort begann er unverzüglich mit dem Wiederaufbau, obwohl unter den Verbündeten allgemein die Ansicht herrschte, alle von den Persern zerstörten Städte sollten als Denkmal an die Tyrannenherrschaft des Feindes so belassen werden.

Die Schlacht bei Salamis war ein vernichtender Schlag für Xerxes' Stolz, der für die Katastrophe unmittelbar verantwortlich war, da die Flotte unter seinem alleinigen Oberbefehl gestanden und er die Operationen in dem schmalen Sund selbst geleitet hatte. Mit einer Blockade, und hätte sie auch nur wenige Tage gedauert, hätte er die griechischen Schiffe aushungern können und so viele Streitigkeiten unter den Kapitänen heraufbeschworen, daß jede geplante Aktion der Griechen unmöglich geworden wäre. Er hatte unüberlegt, impulsiv und wie ein Hitzkopf gehandelt, während Themistokles immer mit Logik und unvergleichlicher Vernunft agiert hatte. Die Athener belohnten Themistokles, indem sie ihn der Macht enthoben.

Zu geschwächt, um einen neuerlichen Kampf zu wagen, zog sich die persische Flotte nach Asien zurück, während der größte Teil der Armee die lange Reise entlang der Küstenebenen zum Hellespont unternahm. Die Meerenge zwischen Europa und Asien war noch in persischen Händen, obwohl Themistokles immer wieder erklärte, nichts könne die Griechen daran hindern, sie wieder zu erobern, und den ganzen Winter hindurch mahnte, die griechische Flotte solle nach Norden segeln und den Feind entscheidend schlagen. In Athen gab es noch keine Freudenfeste. Die besten unter den persischen Soldaten, einschließlich den Unsterblichen der königlichen Garde, sowie ausgesuchte Einheiten von Medern, Saken und Baktriern, hatten jetzt in Thessalien unter dem Kommando von Mardonios, dem Schwager von Xerxes, ihr Lager aufgeschlagen. Nachdem der Versuch, Griechenland mit einem gewaltigen Heer nach Art einer Dampfwalze zu überrollen, fehlgeschlagen war, hatte er beschlossen, den zweiten Akt des Dramas von einem Elitekorps besonders geschulter Soldaten, deren absolute Loyalität erprobt war, ausführen zu lassen. Jetzt hatten Griechen und Perser zum ersten Mal die Möglichkeit, sich Auge in Auge entgegenzutreten.

Da Themistokles seines Kommandos enthoben war, beschloß Mardonios den Krieg durch Intrigen zu gewinnen; er überlegte richtig, daß Aristides ein Übereinkommen mit Persien einem erzwungenen Bund mit Sparta vorziehen würde. Im Frühsommer 479 v. Chr. sandte er Alexander, den König von Makedonien, nach Athen, mit dem Angebot einer Allianz auf Basis der Gleichberechtigung und der Versicherung, alle geschehenen Verbrechen zu vergeben. Die Athener wiesen das Angebot zurück, aber allein der Versuch, sie zu isolieren, alarmierte die Spartaner. Auch sie boten Athen ein Bündnis auf Basis der Gleichberechtigung an, erklärten sich bereit, die Vorratskammern von Athen aufzufüllen und auch sonst den durch die Perser angerichteten Schaden wiedergutzumachen. So schlugen die Intrigen des Mardonios fehl und er sah sich gezwungen, bis zum bitteren Ende zu kämpfen. Nur ein Vorteil blieb ihm: Er konnte das Schlachtfeld wählen.

Den ganzen Sommer hindurch überlegten Athener und Spartaner, welcher Weg einzuschlagen sei, jeder dem andern mißtrauend, auch wenn die Umstände verlangten, dem Feind eine geeinte Front zu zeigen. Ununterbrochen tauschte man Botschaften aus. Die Stimmung wurde immer gereizter. Fast bis zum letzten Augenblick zeigte sich der Hang zur Intrige stärker als das Gebot der Einigkeit. Endlich, im Juli, zog Pausanias, der Regent von Sparta, mit einer Feldarmee von 5000 spartanischen Hopliten und 35 000 bewaffneten Heloten nach Eleusis, um sich hier mit den 8000 Hopliten Athens unter Aristides zu vereinen. Aus nicht geklärten Gründen besaßen die Griechen keine Kavallerie und wurden daher unaufhörlich von feindlichen Reiterüberfällen geplagt und viele ihrer Versorgungszüge erbeutet. Ihre Lage war verzweifelt; Lebensmittel gab es kaum, Brunnen und Quellen auf ihrem Weg waren angefüllt mit Unrat und sie litten an Durst. Alles deutete auf einen persischen Sieg hin. Hätten sie ihr eigenes Schlachtfeld wählen können, wäre die Hoffnung, einen großen Teil der persischen Armee vernichten zu können, berechtigt gewesen, aber sie waren nicht in gleich günstiger Lage wie der Feind, der sein Lager in der Ebene von Platää in Böotien aufgeschlagen hatte und dort hinter den Einpfählungen verblieb. Die Griechen brachten Verstärkungen heran, bis die Zahl der Soldaten auf ungefähr 100 000 stieg, schlugen ihr Lager auch in der Ebene auf und errichteten ebenfalls Palisaden. Mißtrauisch beobachteten sich die beiden Armeen. Laut Herodot verharrten sie acht Tage lang in dieser seltsamen Position, bis sie sich schließlich aufeinanderstürzten.

Am achten Tag machten die Perser einen Ausfall zu einem der Pässe des Kithäron und zerstörten einen griechischen Versorgungstrain von fünfhundert Packtieren; Tiere und Menschen wurden vernichtet. Dieser Überfall zeigt deutlich, wie unhaltbar die Lage der Griechen war; ihre Versorgungslinien waren nicht mehr sicher und ein Rückzug über die Pässe des Kithäron konnte jederzeit abgeschnitten werden. Was Mardonios nicht wußte, war, daß die Griechen einen Rückzug gar nicht beabsichtigten und auch von ihren Vorräten nicht mehr abhängig waren. Sie wußten nur zu gut, daß sie in Platää siegen oder sterben würden — auf einem vom Feind gewählten Schlachtfeld.

Zwei Tage dauerten die Scharmützel, da jede Seite die Verteidigung der andern zu erproben suchte. Die griechischen Bogenschützen waren zahlenmäßig weit unterlegen und wurden zurückgetrieben. Die Lebensmittelvorräte wurden immer spärlicher, die Wasservorräte geringer und die Gefahr einer Einkreisung durch die persische Kavallerie immer größer. So beschlossen die Griechen, sich im Schutz der Nacht zurückzuziehen, bis sie die Wände des Kithärongebirges im Rücken hatten. Auf diese Weise würden sie jede Möglichkeit eines Einkreisungsmanövers des Feindes vereiteln und mit etwas Glück die Rückzugsrouten über die Pässe behalten. Der Rückzug ging allerdings recht planlos vor sich, da unter den Anführern heftige Meinungsverschiedenheiten herrschten, und als der Morgen anbrach, waren Spartaner und Athener vollkommen voneinander getrennt, während eine dritte Gruppe, bestehend aus Rekruten von ungefähr zwanzig griechischen Städten, ziellos durch die Ruinen der alten Stadt Platää streifte. Die Griechen hatten offensichtlich keinen koordinierten Plan und zogen die Niederlage förmlich auf sich.

Um die Dinge noch zu verschlimmern, hatten die Spartaner

Opfer dargebracht und die Zeichen befragt. Es war klar: Die Götter hielten nicht viel vom Ausgang der Schlacht für die Griechen. Mit drei getrennten Armeen im Hügelvorland des Kithäron waren die Griechen nicht imstande, sich zu einem erfolgreichen Kampf zu stellen, und es muß den Persern sehr einfach erschienen sein, diese Armeen, eine nach der andern, zu erledigen. Mardonios warf daher das Gros der persischen Armee gegen die Spartaner, die Kavallerie als Vorhut, die Bogenschützen dahinter. Er selbst, auf einem weißen Pferd, kämpfte mit seinen Unsterblichen. Die Spartaner standen in den Hügeln, die Berge im Rücken, ohne zu wanken und baten die Athener um Verstärkung. Glücklicher- oder unglücklicherweise konnten sich die Athener nicht bewegen, da die ganze Macht des persischen rechten Flügels auf sie zukam. Den Spartanern blieb also nichts anderes übrig, als in ihrer unhaltbaren Position zu verbleiben, bis sich die Perser entweder zurückzogen oder sie bis zum letzten Mann töteten.

Einmal mehr machten die Perser den Fehler, die griechische Entschlossenheit zu unterschätzen. »Die Barbaren«, schreibt Herodot, »vermochten die Speere der Griechen zu packen und zu zerbrechen, denn weder an Kühnheit noch an Kampfesmut standen sie den Griechen nach.« Aber mit Ausnahme der Unsterblichen waren es zumeist unerfahrene, ungeschulte Truppen, und ihr Mut war in dieser Schlacht kein Äquivalent für die Disziplin der Spartaner. Welle auf Welle stürmte gegen die Spartaner an und wurde zurückgeschlagen. Auch ein Angriff von Mardonios wurde abgewehrt und bei dieser Attacke fiel Mardonios tödlich getroffen vom Pferd. Der Verlust ihres Kommandanten raubte den Persern jeden Kampfgeist, und bald flohen sie — obwohl an Zahl den Griechen noch immer weit überlegen — vollkommen demoralisiert in Richtung Theben. Ein einziger Spartaner mit Namen Äimnestos hatte, indem er Mardonios tötete, den Lauf der Schlacht geändert und damit die Geschichte Europas entscheidend beeinflußt.

Nachdem sich die Perser nach Theben zurückgezogen hatten, meinte Pausanias, es wäre nur eine Angelegenheit von Tagen, bevor man sie durch einen direkten Angriff erledigen könnte. Aber die Spartaner hatten wenig Erfahrung und noch weniger Übung in der Erstürmung einer Befestigung, und so überließ man diese Aufgabe den Athenern, die keinen Anteil an dem Sieg auf dem Schlachtfeld hatten. Sie durchbrachen die Mauern und räumten in aller Ruhe mit den Verteidigern auf. Mit diesem

Massaker, das Aischylos mit der Opferung eines blutgetränkten Kuchens auf dem Altar eines Gottes vergleicht, war die persische Vormacht auf dem griechischen Festland beendet.

Ungefähr zur gleichen Zeit, als Pausanias seine Kräfte im Vorgebirge des Kithäron sammelte, lag die persische Flotte vor der Insel Samos vor Anker. Hier wurde sie von einer kleinen griechischen Flotte aufgespürt, und die Perser, die eine Revolte der Bewohner von Samos fürchteten, zogen sich zum Kap Mykale auf dem asiatischen Festland zurück, wo sie ihre Schiffe an den Strand zogen und aus Steinen und Baumstämmen einen Schutzwall, umgeben von einem tiefen Graben, errichteten. Die Griechen erkämpften sich Einlaß in die Palisaden, töteten alle Perser, die sie finden konnten, und verbrannten die Schiffe. Wieder hatten die Griechen einen vollkommenen Sieg über die Perser errungen. Nach der Überlieferung geschah der Sieg von Mykale am Abend des gleichen Tages, der den Sieg von Platää gesehen hatte, und auf geheimnisvolle Weise stählte der persische Zusammenbruch auf dem Festland die Kraft der Männer, die in den brennenden Umzäunungen kämpften. Man nimmt den 27. August des Jahres 479 v. Chr. als Datum an.

Mykale war der endgültige Schlag, von dem sich die Perser nicht mehr erholten. Von nun an gehörte die Macht den Griechen, die glaubten, die Götter, welche für sie bei Salamis, Platää und Mykale gekämpft hatten, würden auch weiterhin an ihrer Seite bleiben. Zur Feier ihres Sieges bestimmten sie ein Zehntel der von den Persern erbeuteten Schätze dem Apollotempel in Delphi. Unter den Gaben für Apollo befand sich auch ein goldener Dreifuß auf einer von drei Schlangen gebildeten Säule. Diese Schlangensäule, auf welcher die Namen der elf griechischen Staaten, die am Feldzug teilgenommen hatten, genannt sind, wurde später von Kaiser Konstantin in das Hippodrom von Konstantinopel gebracht, wo sie noch heute zu sehen ist.

Vom delphischen Orakel kam das Wort, der Sieg sei Zeus zu verdanken, und es wurde für ihn ein Altar mit dem Namen »Zeus der Freiheit« errichtet. Man bestimmte, daß jedes fünfte Jahr in Platää die Spiele der Eleutheria, der Freiheit, gefeiert werden sollten, während sich die Einwohner von Platää bereit erklärten, alljährlich am Jahrestag der Schlacht ein Opfer darzubringen – einen schwarzen Bullen, Wein und Milch – im Andenken an die gefallenen Soldaten. Mindestens fünfhundert Jahre lang wurden diese Opfergaben dargebracht, immer von den gleichen Worten begleitet, die das Stadtoberhaupt mit ernster Miene sprach: »Ich trinke auf jene, die ihr Leben für Hellas' Freiheit gaben.«

Freiheit lag in der Luft, so spürbar, daß die Menschen sie zu greifen vermeinten, und sie besangen sie in ihren Liedern ebenso wie sie die Götter besangen. Freiheit machte sie trunken mit ihrer neuen Machtfülle. Die plötzliche Begeisterung ergriff das ganze Mutterland und befeuerte die Phantasie der Ionier. Für immer waren die Tage der Tyrannis vorüber: Die wehrhaften Bürger verlangten ihren Anteil an der Regierung und bestanden wieder auf einer Demokratie mit Archonten, die unter allen Athenern ausgewählt wurden. Aber man tut gut daran, im Gedächtnis zu behalten, daß ein einziges Ereignis die Blüte des Goldenen Zeitalters ermöglicht hat; ein Mann, ein Augenblick veränderten den Lauf der Geschichte. Was wäre geschehen, hätte der Stein des Spartaners Äimnestos Mardonios nicht getroffen?

15 Der tragische Triumph

Vielleicht werden wir niemals erfahren, woher die Griechen kamen, welche Wege sie auf ihren langen Reisen von Asien nahmen und welches Schicksal ihnen bestimmt war, aber fast die ersten Worte der ersten Tragödie, die auf europäischem Boden geschaffen wurde, geben eine Andeutung sowohl der Wege, die sie gewandert, wie des Schicksals, das sie erwartete. »Denn die heilige Heimat verlassend, die an Syria grenzet, sind wir geflohen«, verkündet die Chorführerin der *»Schutzflehenden«*. Es ist dies ein Thema, das in den langen Nachwirkungen der persischen Kriege immer wieder auftaucht. Aischylos, die gewaltige Persönlichkeit, die am Beginn all unserer Dramen steht, war anscheinend von dem Problem des Exils besonders tief ergriffen. In einem gewissen Sinn sind alle seine Dramen Variationen des gleichen Themas: die Tragödie des Menschen, der in der Verbannung von Gott lebt, der gefallene Engel, der sich mit Bitternis seiner einstigen Herrlichkeit entsinnt. Im Vordergrund kämpfen die Helden, weit im Hintergrund erkennen wir sehr verschwommen die Farben des verlorenen Paradieses.

Von diesem Gefühl der Verbannung und dem brennenden Wissen um einstige Größe sind seine Gestalten fast bis zum Ausschluß jeder anderen Emotion besessen. Von dem Augenblick, in dem der Chor der Danaostöchter mit einem angstvollen Gebet an Zeus die Bühne betritt, um den Schutz flehend, der wehrlosen Fremdlingen zusteht, sind wir in einer Welt, in der das Exil kein Ausnahmezustand, sondern ein gewohnter Zustand der menschlichen Geschöpfe ist. Den Verbannten bleiben wenig Waffen. Sie können, wie die Danaïden, mit Selbstmord drohen und damit über die Stadt Unheil bringen, in der sie Zuflucht genommen haben und nicht willkommen sind. Sie können die Götter schmähen, in der Hoffnung, sie würden ihren Irrtum erkennen, nachgeben und sie in ihre Heimat zurücklassen. Sie können sich der Barmherzigkeit der Götter anempfehlen oder, wie Prometheus, einen skrupellosen Handel eingehen. Die Waffen der Verbannten sind List, Einschüchterung und Schrecken; es sind die gleichen Waffen, welche die Götter benützen.

Die düsteren Stücke von Aischylos haben einen merkwürdig

modernen Anstrich und Aischylos selbst scheint eine merkwürdig moderne Persönlichkeit gewesen zu sein. Er war, wie Milton von Spenser sagte, »ein weiser und ernster Dichter«, entschlossen, den Dingen auf den Grund zu gehen und bis zu den letzten Wahrheiten vorzudringen. Longinus, der ihn ob der Kühnheit seiner Phantasie und der heroischen Größe seiner Ideen pries, warf ihm seine manchmal rauhen, ungeschliffenen und ungeschlachten Verse vor, aber es war gerade diese Härte, welche es ihm erlaubte, die Himmel zu stürmen. Nur ein Mensch, in dem sich etwas von Prometheus regte, konnte den *»Gefesselten Prometheus«* schreiben, und nur ein Mann, der die Verbannung an Leib und Seele erlitten, konnte *»Die Schutzflehenden«* schreiben. Er muß ein Mann von geradezu dämonischer Energie gewesen sein, denn aus seinen wie in Stein gehauenen Versen strömt eine ungeheure Kraft, und es nimmt nicht wunder, daß spätere Generationen von Athenern die Rauheit seiner Stücke auf ähnliche Weise abschliffen, wie Dryden die Derbheit mancher Shakespeare-Stücke milderte, um sie leichter akzeptabel zu machen. Aber gerade diese Rauheit, die harten, metallischen Hammerschläge geben seiner Dichtung eine Resonanz und Kraft, die kein Grieche nach ihm mehr erreichte.

Pausanias erzählt eine Geschichte über Aischylos' frühe Berufung zum dichterischen Drama: »Als Junge sollte er im Weinberg Wache halten und schlief ein. Im Traum erschien ihm Dionysos und befahl ihm, sich der Tragödie zuzuwenden. Bei Tagesanbruch wagte er den Versuch und es gelang mit Leichtigkeit.« Es war unter seinen Zeitgenossen eine verbreitete Ansicht, daß er ein Besessener war, trunken von dichterischen Visionen, der aus seinem Unbewußtsein Kraft schöpfte. Sophokles sagte von ihm: »Er tat, was zu tun war, aber er tat es unbewußt«, und Aristophanes ließ Euripides das lapidare Urteil fällen, von Aphrodite habe er sehr wenig – beide Feststellungen haben etwas Wahres an sich. Manche Schriftsteller behaupten, er habe im Zustand der Trunkenheit gedichtet, und schildern ihn als ständigen Säufer, doch ist es wahrscheinlicher, daß er von göttlicher Raserei und nicht vom Weine berauscht war.

Er gehörte der Generation an, die vor den persischen Kriegen aufwuchs. Sein Vater, Euphorion, gehörte einer alten, angesehenen Familie an. Um 525 v. Chr. geboren, war er bereits fünfunddreißig, als er in der Schlacht bei Marathon kämpfte, einige Jahre später bei Artemision, Salamis und Platää. Nach Herodot war sein Bruder Kynegiros einer der Helden der Schlacht, dem bei dem Versuch, das Heck eines persischen Schiffes zu erklettern, die Hand mit einer Axt abgehauen wurde. Bei Marathon zeichneten sich Aischylos und seine beiden Brüder in einer Weise aus, daß man in Athen zur Erinnerung an ihre Heldentaten ein Gemälde verfertigen ließ. Seine militärische Laufbahn erfüllte ihn mit Stolz und als er in Gela auf Sizilien starb, erwähnte die Grabinschrift mit keinem Wort seine Dramen:

Aischylos ruht allhier, des Euphorion Sohn, der Athener,
Welchen der Tod in der kornprangenden Gela bezwang;
Seine, des ruhmvoll Kämpfenden, Kraft nennt Marathons Hain dir,
Nennt dir der Meder, der Dichtlockige, der sie erprobt.[1]

Obwohl uns nur sieben von den neunzig Stücken, die er – wie wir wissen – geschrieben hat, erhalten geblieben sind, kennen wir ihn fast so gut wie Euripides, von welchem dreimal so viele Dramen existieren. Dieser brüske, harte, gequälte Mann beherrscht die griechische Bühne, und manchmal hören wir das Echo seiner rauhen Stimme in den Stücken anderer Dramatiker. Er drückte dem Theater seinen unvergänglichen Stempel auf. Nicht nur war er der große Erneuerer, seine Neuerungen waren solcher Art, daß sie dem Drama eine immerwährende Lebendigkeit schenkten. Er war der erste, der die Furien mit Schlangen in den Haaren darstellte – bei ihrem Anblick sanken die Jungen in Ohnmacht und Frauen erlitten Fehlgeburten – aber das war die unbedeutendste seiner Erfindungen. Er war der erste Dramatiker, der die Aufführung seiner Stücke selbst leitete, die Choreographie schrieb, Kostüme und Masken entwarf und den Kothurn erfand, der es den Darstellern erlaubte, die Zuhörerschaft zu beherrschen. Vor seiner Zeit starben die Schauspieler auf der Bühne. Aischylos richtete es bewußt so ein, daß dies nicht der Fall war, und gab, indem er der Phantasie freien Spielraum ließ, ihrem Tod eine viel furchtbarere Dimension. Aber alle diese Neuerungen verblassen vor seiner größten Erfindung – dem Dialog. Vor Aischylos gab es nur einen Schauspieler, der seine Monologe rezitierte, während der Chor die Entwicklung des Dramas erzählte. Indem er einen zweiten Schauspieler einführte und die Funktion des Chores beschnitt, öffnete er dem Schauspiel, wie

[1] Aischylos, »Die Tragödien und Fragmente«. Von Johann Gustav Droysen

wir es heute kennen, den Weg; dem Schauspiel, in welchem die handelnden Personen in fortwährendem Gespräch stehen und sich ihr Schicksal in dramatischen Konfrontationen vollzieht.

Diese Neuerungen waren ebenso ein Produkt der Zeit wie der fiebernden Vorstellungskraft des Dichters. Vorher hatte es eine Exposition gegeben, die langsame Entfaltung einer Legende, in der sich der Künstler kaum von dem Geschichtenerzähler unterschied. Mit der Einführung des zweiten Schauspielers wird die Geschichte von dem Erzähler losgelöst und es kommt zu einem erregenden Sprung in die Welt der Realität, zu einem Zusammenprall der Willen und der Konflikte. Zum ersten Mal tritt der Held voll gewappnet seinem Gegner entgegen.

Wir wissen nicht genau, wann der zweite Schauspieler auftauchte, aber es muß ungefähr in der Zeit der ersten persischen Invasion gewesen sein. Dies war auch die Zeit, in der sich die darstellende Kunst zu wandeln begann, und sich nicht mehr mit der statischen Darstellung allein befaßte, sondern mit Licht und Schatten, mit der Bewegung, und der fortgesetzten Handlung, mit Porträts, die den Hauch des Lebendigen trugen. Die Handlung war zum neuen Schlüsselwort geworden. Der sinnende Held mit seinem archaischen Lächeln, halb in Fels gebettet, tritt nun frei hervor, um sein Erbe anzutreten. Es war eine Welt, in der die alte Tyrannis vor dem erwachenden Volk in Staub zerfiel. In dieser Welt war kein Platz mehr für die tyrannische Kunst des Geschichtenerzählers. Jetzt brauchte man die Freiheit der Debatte, die Freiheit, sich mit seinem Gegner zu messen. Zum ersten Mal stehen wir einem Helden gegenüber, der Herr seines eigenen Schicksals ist.

Die einzigartige Leistung von Aischylos war es, die individuelle Persönlichkeit erfunden zu haben, und er tat dies sehr einfach, indem er ihr einen Begleiter im Unglück zur Seite stellte. Sophokles führte einen dritten Schauspieler ein, aber er war kaum mehr als ein Schatten des zweiten. Bezeichnenderweise wird Sophokles auch die Idee der weißen Kothurne zugeschrieben, die den gebührenden Respekt vor den edlen Helden vermitteln sollten. Die Erfindung war wahrscheinlich nicht sehr nutzvoll.

Die Entdeckungen und Neuerungen von Aischylos hätten auch von einem unbedeutenderen Dramatiker stammen können, wie Philostratos in »Das Leben des Apollonios von Tyana« anführt. Das Besondere war weniger, daß die Erfindungen gemacht wurden, als viel mehr, daß es einen Mann mit genügend Autorität und praktischer Erfahrung gab, sie anzuwenden und damit eine Tradition zu etablieren. Er war offenbar ein Mann von Temperament und Willensstärke, der auf der wortgetreuen Ausführung seiner Befehle bestand, und da er auch ein Dichter war, der eine ungeheuere Spannweite bildlicher und emotioneller Vorstellungskraft besaß, konnte er das Theater nach seinen Wünschen formen und die Stücke so herausbringen, daß sie dem Gehalt seiner dichterischen Ideen entsprachen.

Sein erstes Drama war wahrscheinlich *»Die Schutzflehenden«* (auch *»Die Hiketiden«* genannt), welches vor der persischen Invasion entstanden sein muß, da es von Argos, das sich weigerte, den Athenern zu Hilfe zu kommen und daher in den folgenden Jahren wenig Sympathien genoß, noch in freundlichen Worten spricht. An die Küste von Argos kommen die fünfzig Töchter des Danaos, um dem Ehebund mit den fünfzig Söhnen des Ägyptos, des Zwillingsbruders von Danaos, zu entgehen. Wie eine an den Strand gespülte, regenbogenfarbene Welle, so tanzen sie den zeremoniellen Tanz der Schutzsuchenden und verlangen das althergebrachte Asylrecht. Aufmerksam hört der König von Argos ihre Bitten an, wissend, daß er gezwungen sein würde, gegen die Ägypter zu kämpfen, gäbe er ihrem Flehen nach. Er kann nichts tun, als die Ereignisse an sich herankommen zu lassen, während die Tänzerinnen ihn umkreisen. Schließlich erscheint ein Bote der Ägypter und droht mit dem Krieg. Der König von Argos trotzt den Ägyptern und gestattet den schutzsuchenden Jungfrauen, innerhalb der Stadtmauern zu leben.

Das ist alles, aber es ist mehr als genug, um Aischylos Gelegenheit zu geben, seine ganze Macht zu entfalten. Vielleicht finden wir es unwahrscheinlich, daß Danaos fünfzig Töchter hatte oder daß sie die gefahrvolle Reise über das Meer unternahmen, aber derartige Zweifel wären den Griechen unverständlich erschienen, denn die Sage war allgemein bekannt. Das Stück setzt sich mit den höchsten moralischen Prinzipien auseinander; mit der Heiligkeit des Asyls, mit der unnatürlichen Ehe und der gerechten Macht des Königs. Der Auseinandersetzung liegt die Beziehung zwischen den göttlichen Gesetzen und den bürgerlichen Tugenden zugrunde. Die Jungfrauen bilden den Chor und beherrschen die Bühne; sie sind in grelle, barbarische Gewänder gekleidet, die dem König auffallen, als er sie zum ersten Mal mit

Angst und Schrecken gewahrt, wider besseres Wissen hoffend, die Erscheinung werde bei der Berührung mit seinem Stab verschwinden. Aber die Erscheinung verschwindet nicht. Als Schutzsuchende haben sie das gesetzliche Recht, zu bleiben, obwohl der König mit Sicherheit weiß, daß ihr Bleiben unausweichlich zu einer Tragödie führen wird. *»Die Schutzflehenden«* waren das erste Stück einer Trilogie; von den beiden anderen Stücken *»Die Ägypter«* und *»Die Töchter des Danaos«* sind nur Fragmente erhalten. Aus ihnen und auch aus anderen Quellen erfahren wir, daß die Jungfrauen schließlich gezwungen werden, ihre Freier zu ehelichen, und jede von ihnen in der Hochzeitsnacht eine lange Nadel mit ins Brautbett nimmt. Nur Hypermnestra weigert sich, ihren Gatten zu töten, weil Aphrodite ihre Liebe zueinander gesegnet hat. Soviel erfahren wir aus dem *»Gefesselten Prometheus«*, und ein Fragment der *»Töchter des Danaos«* scheint Aphrodites Segensworte zu enthalten:

Die Erde zu umfangen sehnt der Himmel sich,
Der reine; der Vermählung Sehnsucht faßt auch sie;
Vom stille ruh'nden Himmel strömt des Regens Guß,
Die Erd' empfänget und gebiert den Sterblichen
Der Lämmer Grasung und Demeters milde Frucht;
Des Waldes blüh'nden Frühling läßt die regnende
Brautnacht erwachen: alles das, es kommt von mir.[2]

Aber während Aphrodite Hypermnestra für sich beansprucht, bemächtigen sich andere Götter und andere Gesetze der mörderischen Jungfrauen, verurteilen sie und verdammen sie in den Hades. Durch das ganze sonnenhelle Stück spürt man – wie ein Donnergrollen bei heiterem Himmel – die düstere Gegenwart von Zeus, dem Herrscher über das All, dem strengen Richter der menschlichen Geschicke.

Ungefähr zwanzig Jahre nach den *»Schutzflehenden«* schrieb Aischylos *»Die Perser«*. Zwei persische Invasionen waren zurückgeschlagen worden und die düstere Stimmung war neuem Mut und einem neuen Lebensgefühl gewichen. Themistokles war verbannt worden, Kimon legte mit seinen Seeoperationen in Ionien das Fundament für das attische Reich und der junge Perikles wurde als Verteidiger einer so liberalen Politik benannt, wie sie

[2] Aischylos, »Die Tragödien und Fragmente«. Von Johann Gustav Droysen

Kimon niemals dulden würde. Es war unvermeidlich, daß Aischylos, der in seinem Stück zu erklären versuchte, was Gott bezweckt hatte, als er den Griechen den Sieg schenkte, in die Tagespolitik verstrickt wurde. Er lud Perikles ein, als *choregos* (Chormeister) zu fungieren und machte damit klar, wo seine Sympathien lagen. Und wie er in den *»Hiketiden«* die Bühne mit den wilden, bunten Kleidern der Schutzsuchenden belebt hatte, so erfüllt er sie jetzt mit den edelsteingeschmückten Gewändern der persischen Höflinge, die in dem großen Palast von Susa auf Nachricht von Xerxes warten, von dem großen König, dessen absolute Macht einmal die ganze Menschheit nach seinem Willen zu lenken vermochte.

Xerxes, kaum sichtbar, beherrscht das Stück. Seine Macht, seine majestätische Gegenwart, seine Armeen, seine Irrtümer und Niederlagen – das sind die Hauptthemen des Stückes. Der Handlungsablauf wird immer durch die Augen der Perser gesehen und Aischylos gelingt das Erstaunliche – die Invasion Griechenlands zu beschreiben, ohne auch nur einen einzigen griechischen Namen zu erwähnen. Eine derartige Nichterwähnung kann nur in einer bestimmten Absicht geschehen sein. Es ist klar, daß es ihm nicht darum ging, mit dem großen Sieg zu prahlen, sondern das Prinzip der göttlichen Planung zu erfassen: für welche Verbrechen, für welche Sünden wider den Geist wurden die Perser von den Göttern bestraft? Aus welchen Anfängen entstand die große Katastrophe?

Es gibt kaum eine Handlung in dem Sinn, wie sie das moderne Bühnenstück kennt. Träume, Vorahnungen, Anzeichen und Warnungen, der Geist eines verstorbenen Königs, die Stimmen der Boten – daraus baut Aischylos ein Stück, das unmittelbar in das Herz des Mysteriums zielt. Kein heroischer Konflikt – nur das lange Warten, das Gefühl drohenden Unheils; betrogene Hoffnungen und vergeudete Menschenleben, als die Ratsherren allmählich erkennen müssen, daß das Reich zugrunde geht. Während die äußere Handlung fast vollkommen fehlt, tobt der innere Sturm ohne Unterlaß. Es ist ein Spiel kühner Hoffnungen und schrecklicher Niederlagen, besonders wirkungsstark, weil es auf eine kleine Menschengruppe am persischen Hof beschränkt ist. Alle beherrschend ist Atossa, die Königin-Mutter, deren Tapferkeit vor der alptraumähnlichen Vision des bevorstehenden Unheils zurückschreckt. Sie erzählt den Ratsherren ihren Traum:

Mir war's, als sähe ich zwei schöngewandige
Jungfraun, die eine reichgeschmückt im Perserkleid,
Die andre in der Dorer Tracht vor meinem Blick,
An Gestalt bei weitem aller Weiber herrlichste,
Fehllos an Schönheit, beide Schwestern eines Stammes;
Als ihre Heimat hatte vordem diese sich
Hellas erloset, jene das Barbarenland.
Die beiden glaubt' ich nun zu sehn, wie Hader sie
Anhuben miteinander; doch mein Sohn gewahrt's,
Er hemmt sie, er beruhigt sie, schirrt beide sich
Vor einen Wagen, legt auf ihren Nacken dann
Sein Joch. Die eine hebt sich stolz in diesem Schmuck,
Und gern dem Zügel folgt der Mund, dem lenkenden;
Die andre bäumt sich, bricht mit beiden Händen jach
Des Königswagens Pracht in Trümmer, zügellos
Schleift sie gewaltsam ihn davon, zerbricht ihr Joch.[3]

Das gewaltsame Ende des königlichen Streitwagens wird geschildert, und mit der Gegenüberstellung dieser beiden herrlich plastischen Figuren ist die klassische Situation bereits gegeben. Griechische Einfachheit und Strenge haben über persischen Luxus und Wohlleben gesiegt. Dies sind die wesentlichsten Elemente des Sieges, aber sie sind nicht alles. Verzweifelt wendet sich die Königin-Mutter an die Vergangenheit und den Geist ihres verstorbenen Gatten, um eine Antwort zu finden. Bezeichnend für Aischylos ist es, daß er ihre Wanderung zum Grab in hellen, sonnigen Farben malt:

Drum bin ich wieder diesen Weg, nicht wie zuvor
Im Glanz der Hoheit, nicht im goldnen Wagensitz,
Zurückgekommen, fromm dem Vater meines Sohns
Aufs Grab zu gießen lindernd frommer Spende Guß,
Milch, frommer Jungkuh schimmernd weißen Lautertrank,
Der Blumenwerkerin sonnengoldnen Honigseim,
Dazu der jungfräulichen Quelle kühles Naß,
Und unvermischt, wie einst der wilden Mutter er
Entsprang, der alten Rebe glühenden Purpursaft;
Dann auch des stillen, ewig blättergrünenden,
Laubdunklen Ölbaums würzig duftende Frucht zugleich
Und Gewind von Blumen, Kindern der alles tragenden Erd'.

[3] Aischylos, »Die Tragödien und Fragmente«. Von Johann Gustav Droysen

O Freunde, singt denn euer feiernd Totenlied
Zu meiner Totenspende, rufet mir empor
Den hehren Geist Dareios, während ich mit Fleiß
Den Unterirdischen gieße meiner Spende Gruß.[4]

Wenn Atossa gehofft hat, an dem Grab einen Trost zu finden, so muß sie bald erfahren, daß auch der Geist eines Königs – denn Dareios steigt aus dem Schattenreich der Toten auf – keinen Trost bringen kann. Dareios weiß um den Fluch, der auf den Persern liegt. »Wer dem Ruin entgegengeht, dem gesellt sich schnell der Gott.« Es ist Aischylos' genialer Einfall, Dareios zum Richter zu machen, der die Ursachen der persischen Niederlage untersucht. Von ihm erfährt Atossa den Namen des Verbrechers; es ist ›*hubris*‹, der verblendete Stolz, der unaufhaltsam ins Verderben führt. Xerxes hat viele Irrtümer begangen, aber der verhängnisvollste war der Bau der Brücke über den Bosporus, um seine Armeen von Asien nach Europa zu schaffen. Es war der Wille der Götter, daß eine Barriere zwischen den beiden Kontinenten sein solle, und Xerxes hat sich gedankenlos darüber hinweggesetzt. Durch die Errichtung der Brücke hat er die heiligen Wasser beschmutzt. Auch andere Verbrechen sind geschehen. Er hat – vergessend, daß alle Tempel heilig sind, auch die des Feindes – die griechischen Tempel niedergebrannt. Er ist zu tollkühn, zu bedenkenlos gewesen. Nachdem er die Verbrechen seines Sohnes aufgezählt und die Ratsherren aufgefordert hat, die kurze, ihnen verbleibende Zeit zu genießen, verschwindet Dareios, und bald darauf erscheint Xerxes auf der Bühne. Der Geist trug die prächtigen Gewänder eines persischen Königs. Xerxes ist in Fetzen gekleidet und so von Gram gebeugt, daß er nur mehr tonlos die Namen seiner gefallenen Generäle murmeln kann. So endet das Stück in Wehklagen, mit einem vom Kummer verwirrten König, der ziellos auf der Bühne umherirrt.

Der Auftritt des erbarmungswürdigen, in Fetzen gehüllten Königs am Schluß des Stückes hat manche Gelehrten erstaunt, da sie fanden, er beeinträchtige die Größe des Themas; in Wahrheit ist gar kein anderes Ende möglich. Aus der Perspektive eines Frühlingstages des Jahres 472 v. Chr. gesehen, als die Erinnerung an Salamis noch frisch und die Akropolis noch in Ruinen war, muß diese plötzliche, lang erwartete Erscheinung etwas von einer *theoria* in sich gehabt haben, einer Heimsuchung durch

[4] Aischylos, »Die Tragödien und Fragmente«. Von Johann Gustav Droysen

einen Gott. Nicht, daß Xerxes gottähnlich gewesen wäre, aber die gottgesandte Demütigung verlieh ihm eine unheimliche und furchtbare Größe. Die Lumpen, die ihn umhüllen, gleichen den leeren Augenhöhlen des Ödipus. Er muß gar nicht sprechen: es genügt, ihn in seiner Qual zu sehen. Die Königin-Mutter besitzt Edelmut und dichterische Gaben, Dareios erscheint als Richter, in Majestät gehüllt, Xerxes aber ist der Held, den seine Verbrechen vernichtet haben. So wie Aischylos es geschrieben hat, kann es keinen Jubel geben, wenn er die Bühne betritt, nur die Stille glühenden Schreckens, ein Augenblick atemlosen Staunens. –

Unter allen Gestalten, die das antike Drama hervorgebracht hat, erreicht keine die gewaltige Größe des Prometheus, wie er in der Felseinsamkeit des nördlichen Skythien an einen Felsen geschmiedet liegt; ein Eisenstab durchbohrt seine Brust; Blut quillt hervor. Es ist das erste Porträt eines Gottes in Todesqualen, still und düster in irgendeiner verlorenen Gegend der Erde. Auch er hat die Sünde des Hochmuts begangen, aber in so unvergleichlich größerem Maße als Xerxes, daß es verschiedene Sünden zu sein scheinen. Er hat das Feuer aus dem Himmel gestohlen und in die Hände der Menschen gegeben; für diesen Verstoß gegen das göttliche Gesetz ersinnt Zeus eine gigantische Strafe. Prometheus ist sich bewußt, daß ihm eine Strafe auferlegt ist, die alle übertrifft, die jemals ein Gott ertragen mußte, da sein Verbrechen alle Verbrechen übertrifft, die jemals begangen wurden. Er prahlt mit seinem Verbrechen, während er sich an das Universum wendet:

O heil'ger Äther! Schnellbeschwingter Winde Hauch!
Ihr Stromesquellen! Und der wogenden Meeresflut
Zahllos Gelächter! Erde, Allgebärerin!
Du allesschauend Sonnenaug', euch ruf' ich an!
Seht her, was ich von Göttern dulden muß, ein Gott,
Schaut her auf mich, wie in Schmach, wie in Qual,
Wie zerbrochen ich hier Jahrtausende lang
Hinmühen mich soll. Und das hat mir
Der Unsterblichen neuer Gebieter erdacht –
Mir Ketten! Mir Schimpf!
Weh! Weh! Um das Jetzt, um der Zukunft Qual
Wehklag' ich umsonst! Wie wird jemals,
Wie der Mühsal Ende mir tagen?

Und doch, was sag' ich? Klar im voraus weiß ich ja
All meine Zukunft; unerwartet kommen wird
Mir keine Trübsal. Mein Verhängnis muß ich denn,
So leicht ich kann, ertragen, wohl erkennend, daß
Unüberwindlich der Notwendigkeit Gewalt.
Und doch beschweigen mein Geschick, beschweigen nicht,
Unmöglich ist mir beides. Weil den Menschen ich
Heil brachte, darum trag' ich eingezwängt dies Joch!
Im Mark des Rohres glimmend holt' ich mir des Feur's
Verstohlne Quelle, das ein Lehrer aller Kunst
Erschien den Menschen, großer Helfer mannigfach;
Für solch Versünd'gen büß ich solche Strafe jetzt,
In Ketten angeschmiedet hoch in freier Luft.
Horch! Ha,
Welch Rauschen, welch Duften weht an mich? Kein Ruf klingt!
Von Göttern? Oder Menschen? Oder beiden zugleich?
Naheten gar zu dem fernen Geklüft
Neugier'ge meines Leides? Oder wozu sonst?
So sehet mich gefesselt, den unsel'gen Gott,
Mich, Zeus' Abscheu, mich verstoßenen Feind
Der unsterblichen Götter zumal, so viel
Eingehn in des Zeus goldleuchtenden Saal,
Weil zuviel Lieb' ich den Menschen gehegt!
Weh mir, aufs neue rauscht's her meinem Ohr
Wie Vogelgeschwirr; und es flüstert die Luft
Von der Fittiche leis hinschwebendem Schlag!
Mir ist jegliches Nahende furchtbar![5]

Dieser unerhörte Monolog ist mehr als ein Schrei der Auflehnung gegen die neuen Götter, welche die Titanen entthront haben, und viel mehr als ein Schrei der Qual. Prometheus gibt damit ein Selbstporträt, deutet die Merkmale seiner göttlichen Humanität an, gibt seinem Leiden Bedeutung, und führt zum ersten Mal einen musikalischen Ton ein, der das ganze Stück hindurch gehört werden wird. Die Musik ist seltsam lyrisch, fast fröhlich. Er freut sich seiner Qualen und ist solz auf sie. Leid und Trotz ist zu spüren, aber auch Ironie, wenn der Usurpator als »Prinz der Unsterblichen« bezeichnet wird, und Fröhlichkeit

[5] Aischylos, »Die Tragödien und Fragmente«. Von Johann Gustav Droysen

in dem Gebet an den Himmel und dem vieltönigen Gelächter der Wellen. Hier ist ein Gott, der in der verständlichen Sprache der Menschen spricht.

Die weichen, rauschenden Töne, die er hört, stammen von den Okeaniden, den Töchtern des Okeanos, welche den Chor bilden und ihn mit ihren leuchtend bunten Flügeln umgaukeln. Auch sie gehören einer älteren Zeit an, denn Homer nennt Okeanos den »Vater aller Götter« und seine Herrschaft fällt in die Epoche, in der Kronos noch nicht die Herrschaft an sich gerissen hatte. Okeanos ist alt mit der Weisheit von Jahrhunderten und, wie der Chor, so empfindet auch er mit dem Gequälten Mitleid. Er mahnt ihn zu fügsamer Demut. Aber Prometheus hat genug von Ermahnungen. »Es war nicht Hochmut, der mich dieses Schicksal erleiden ließ«, erklärt er. Zeus hat ihn nur aus einem einzigen Grund bestraft: weil er den Menschen die Zivilisation brachte.

Glaubt nicht, Behagen oder Hochmut lasse mich
Verstummen; rückwärts denkend nag' ich wund mein Herz,
Daß ich mich selbst muß also weggeworfen sehn.
Und doch, die Götter, diese neuen allzumal,
Wer sonst denn ich hat Ehr' und Amt an sie verteilt?
Doch schweig' ich davon; was ihr selber wisset, würd'
Ich euch erzählen. Aber hört, welche Leiden einst
Die Menschen beugten, Träumer sonst und stumpfen Sinns,
Die geistesmächtig und bewußt ich werden ließ;
Und nicht zum Vorwurf für die Menschen sag' ich es,
Nur um die Wohltat meiner Gabe darzutun.
Denn sonst mit offenen Augen sehend sah'n sie nicht,
Es hörte nichts ihr Hören; ähnlich eines Traums
Gestalten mischten und verwirrten fort und fort
Sie alles blindlings, wußten nichts vom Ziegelbau
Der Häuser, sonnwärts offen, nichts von Zimm'rers Kunst;
Erdeingegraben wohnten sie, den wimmelnden
Ameisen gleich, in Höhlenwinkeln sonnenlos.
Von keinem Merkmal wußten sie für Winters Nahn,
Noch für den blumenduft'gen Frühling, für den Herbst,
Den früchtereifen; sonder Ordnung, sonder Zweck
War, was sie taten; bis ich ihnen deutete
Der Sterne schwer verständlichen Auf- und Niedergang,
Die Zahl, des Geistes kühnsten Griff, fand ich für sie,

Dazu geschrieb'ner Zeichen Fügung, aller Ding'
Gedächtnis, mächtig Werkzeug jeder Musenkunst.
Dann spannt' ins Zugjoch ich zum erstenmal den Ur,
Dem Pflug zu fronden, daß damit dem Menschenleib
Die allzu große Bürde abgenommen sei,
Und schirrt' das zügelkauende Roß dem Wagen vor,
Des überreichen Prunkes Kleinod und Gepräng;
Und auch das flutdurchschweifende, leingeflügelte
Fahrzeug des Meers erfand kein anderer als ich.
Also den Menschen vieles Rats Erfinder, ich,
Jetzt elend selber, finde keinen Kunstgriff aus,
Zu lösen mich aus dieser Qual schmachvollem Los.[6]

Die Liste von Prometheus' Geschenken an die Menschheit ist noch nicht zu Ende: da sind noch die geheimen Künste der Medizin und Weissagung, der Abbau von Kupfer, Eisen, Silber und Gold – all das hat Prometheus tollkühn den Menschen in greifbare Nähe gebracht. Der Chor gibt seine Zustimmung und beklagt Prometheus' Schicksal; er verflucht Zeus für alles Unheil, das er über die Welt der Götter und der Menschen gebracht hat. Als Jo auftritt, eine Jungfrau mit den Hörnern eines Ochsens, die von einer Schmeißfliege zum Wahnsinn getrieben wird, da jubelt Prometheus, wieder in der Gegenwart einer Sterblichen zu sein, einer, die überdies dazu bestimmt ist, die Ahnfrau seines Erlösers zu werden. Sein weit schweifender Geist jagt durch Zeit und Raum, als er die Reisen und Mühsale der Jungfrau weissagt, die wie er unter der Rache des Zeus zu leiden hat. Sie hat sich dem Gott verweigert und die lange Wanderung unternommen, um ihm zu entkommen. Es ist alles umsonst, denn Zeus wird sie erreichen. Sie wird einen Sohn gebären und nach vielen, vielen Jahrhunderten wird Herakles von ihren Nachfahren gezeugt werden. Prometheus ist trotziger denn je, jetzt, da er die Frau vor sich sieht, die den Samen seiner Erlösung in sich tragen wird, denn Herakles wird auserwählt sein, ihn von den Ketten des Tyrannen zu befreien. Dreizehn Generationen werden vergehen müssen, bevor er seine Freiheit wiedererlangt, aber er ist so glücklich, als stünde sie vor der Türe. Als er sich beruhigt hat, erzählt er ihr von den einsamen Reisen, die sie durch legendäre Länder führen werden und schwelgt in seinen Beschreibun-

[6] Aischylos, »Die Tragödien und Fragmente«. Von Johann Gustav Droysen

gen, denn er selbst hat diesen Legenden schon lange Lebewohl gesagt. Er ist der Gott, der den Menschen die Künste gebracht hat; er hat sich von jenen nebelhaften Fernen losgesagt, aber noch verfolgen ihn die Erinnerungen. Die Landkarten sind weggelegt, aber noch murmelt er die Namen alter Plätze:

Hast du der zwei Festlande Grenzstrom überquert,
So wandre der Sonne flammendem Aufgang zugewandt,
Zur Seite dir des Meeres Brandung, bis du kommst
Zu den Gorgonischen Feldern von Kisthene, wo
Die drei Phorkiden wohnen, schwangestaltige,
Vergreiste Jungfraun, angetan mit einem Aug'
Und einem Zahne, die des Helios Strahlenblick
Niemals erreicht hat, noch des Mondes nächtiger Schein,
Und ihre Schwestern, jene drei geflügelten
Gorgonen, schlangenhaarig, menschenhaßgetränkt,
Vor deren Anblick jedem stirbt des Lebens Hauch.
Dies hab' ich so dir ausgeführt, daß du dich wahrst!
Doch höre weiter deine traurige Pilgerschaft!

Sei wohl vor Zeus' scharfzahnigen, stummen Hunden dann,
Den Greifen achtsam und dem roßgewandten Volk
Einäugiger Arimaspen, welche weit hinaus
Am stillen Goldstrom hausen bei Plutos Gestad;
Vermeide sie! Drauf wirst du fern im fernsten Land
Zu einem schwarzen Volke kommen, das am Quell
Der Sonne wohnet, längs dem Aithiopenstrom;
An seinen Ufern schreite fort, bis daß du nahst
Dem Felsendurchbruch, wo von Byblos Bergen her
Der Nil hinabgießt seines Stroms furchtbare Flut;
Der wird den Weg dir weisen in das Dreieckland
Nilotis, wo ein neues Heimatland du fern,
Jo, für dich und deine Kinder finden wirst. —

So träumt Prometheus, und er hat Zeit zum Träumen, wie er selbst sagt. Er hat keine Eile, denn er besitzt die Gabe der Voraussicht und überblickt die ferne Zukunft mit der gleichen Leichtigkeit wie die ferne Vergangenheit. Er weiß, daß Zeus einen Adler schicken wird, um an seiner Leber zu fressen und Herakles — mit dem Einverständnis von Zeus — ihn befreien wird, indem er den Adler mit seinem Bogen erlegt. Er weiß, daß der alte weise Kentaur Chiron durch einen vergifteten Pfeil von dem gleichen Bogen verwundet werden wird und im Hades ewige Qualen erduldet, indem er in Erfüllung der Prophezeiung die Leiden des Prometheus auf sich nimmt. All das weiß er, und berichtet es so, als wären es vollendete Tatsachen und nicht Geschehnisse, die einmal in einer unvorstellbar fernen Zukunft stattfinden werden.

Mit der plötzlichen Ankunft von Hermes, dem schnellen Götterboten und Unglücksengel, erfährt Prometheus, daß die Zeit des Prahlens vorüber ist. Wie König Lear auf der windgepeitschten Heide, so schreit er auf, die Stürme des Himmels anzurufen:

So fahr' auf mich feuermähniger Blitz
Mit Speeres Schärfe herab, und die Luft
Sie zerreiße vom Krachen des Donners, vom Krampf
Des empörten Orkans, und die Tiefen der Erd'
Von den Wurzeln empor aufwühle der Sturm;
Es vermische gepeitscht in verwilderter Wut
Sich die heulende See mit der schweigenden Bahn
Der Gestirne; hinab in die ewige Nacht,
In den Tartaros stürze zerschmettert der Leib
Mit des Schicksals reißendem Strudel hinab —
Und doch nicht wird er mich töten![7]

Aber wenn er nicht getötet werden kann, so kann er doch zur Hölle fahren, um die den schweren Sündern vorbehaltenen Strafen zu erdulden, und das Stück endet mit Feuer und Schwefel, der Felsen mit dem angepfählten Prometheus stürzt in den Abgrund und hinterläßt keine Spur.

»*Der gefesselte Prometheus*« ist der erste Teil einer Trilogie, welche »*Der befreite Prometheus*« und »*Fackelträger Prometheus*« umfaßte. Der Prolog des zweiten Stückes ist uns nur in der lateinischen Übersetzung von Cicero erhalten geblieben und zeigt wenig mehr, als einen ermatteten Prometheus, der sein Schicksal beklagt. Wir wissen, daß Herakles eine der Hauptfiguren des »*Befreiten Prometheus*« ist, aber das Konzept des Dramas ist uns nicht bekannt und keine Inhaltsangabe ist überliefert.

»*Fackelträger Prometheus*« erzählt zweifellos die Abenteuer

[7] Aischylos, »Die Tragödien und Fragmente«. Von Johann Gustav Droysen

des Gottes, als er zu den Menschen herabsteigt, um in ihr chaotisches Leben Ordnung und Klarheit zu bringen. Prometheus hat die Menschen vor der Rache des Zeus bewahrt und sein Lohn ist es, von den Menschen als größter Wohltäter gepriesen zu werden. Alle Künste und Wissenschaften nehmen bei ihm ihren Anfang. Wie Okeanos der Vater der Götter war, so wird Prometheus zum Vater der Menschen.

Nach Prometheus ist *Agamemnon* die eindrucksvollste Figur, die Aischylos geschaffen hat; er folgte zwar den vorhandenen Legenden, formte und gestaltete ihn aber so meisterhaft, daß er zu einer neuen Schöpfung wurde. Agamemnon kehrt siegreich aus dem Trojanischen Krieg zurück, wohl wissend, daß jeder Sieg mit Leiden bezahlt werden muß. Er wird von seinem eigenen Stolz verfolgt, und als Königin Klytaimnestra einen purpurnen Teppich für ihn ausbreiten läßt, sieht er ihn traurig an; nicht weil der Teppich selbst gefährlich ist, sondern weil er einen Triumph symbolisiert, für den er jetzt, da die langen Kriege vorüber sind, nur mehr Verachtung übrig hat. Die Königin sagt ihm, wie sehr sie auf die Wiedervereinigung gewartet hat. Am Fuße der Palasttreppe stehend, blickt sie herausfordernd zu dem Sieger in seinem Streitwagen auf. Kassandra, die Seherin, sitzt neben ihm: Ihr ist die Gabe der Prophezeiung gegeben und der Gram, zu wissen, daß ihren Warnungen kein Glauben geschenkt wird. Noch immer starrt Agamemnon auf den Teppich, der wie die Decke über dem Altar eines Gottes ist. Als Sieger ist er durchaus berechtigt, ihn zu betreten, als Mann weiß er, daß er den Versuchungen des Hochmutes widerstehen muß:

Vor allem aber locke meine Seele nicht
zu Weibereitelkeiten. Ich bin kein Barbar,
vor dem ein plumpes Schmeicheln in den Staub sich wirft.
Und mache meinen Einzug nicht durch Purpurschmuck
zu frevler Überhebung. Solche bunte Pracht
bringt man allein den Göttern dar. Ein Sterblicher
sie zu beschreiten fürcht' ich mich. Berufen ist's
in aller Welt, daß solches Tun nicht gut bekommt.
Das Beste, was uns Gott beschert, ist, unser Herz
vor Hoffart zu bewahren.[8]

[8] Griechische Tragödien. Von Ulrich von Wilamowitz-Moellendorf. Agamemnon

Agamemnon ist ein vorsichtiger Mann, entschlossen, gerecht zu handeln, in dem Bewußtsein, einen Höhepunkt im Leben erreicht zu haben, wo er dem strengen Blick der Götter vor allen andern preisgegeben ist. Mit Absicht erniedrigt er sich, indem er seine Sandalen löst, ehe er den Teppich betritt. Auch wenn er wollte, könnte er seinen Sieg über Troja nicht auslöschen. Er kehrt im Triumph in seinen Palast zurück und weiß, als er barfuß den Teppich betritt, daß ihn ein schreckliches Schicksal erwartet.

Aischylos' Helden haben immer eine Vorahnung ihres Verhängnisses. Sie wissen nicht, wann und wie sie sterben werden, aber sie wissen, daß »die Grauen« an jeder Biegung des Weges auf sie lauern, und doch müssen sie vorwärtsgehen, denn Zurückweichen würde eine noch größere Niederlage bedeuten. »Wenn das Unheil kommen muß«, sagt Eteokles, »laß es ein Unheil ohne Schande sein. Die Ehre eines Mannes ist alles, was ihm nach dem Tode bleibt.« So betritt Agamemnon den Teppich und erleidet seine Strafe, nicht weil er barfuß in den Palast eintritt, sondern weil »die wilden, blut'gen Löwen, die über die Zinnen Trojas sich schwangen«, in einer tödlichen Zeremonie der Sühne an dem Ort bestraft werden müssen, der ihm am teuersten ist, und von der Hand des Menschen, der ihm am nächsten steht. Weniger von ihm zu verlangen, hieße die Götter um einen Teil ihres eigenen Ruhmes betrügen.

Die Ironie von Agamemnons Schicksal wird in dem ganzen Drama unterspielt, denn Aischylos ist sich ebenso wie das Publikum bewußt, daß der Teppich – der sehr grelle Teppich, der wie ein Strom von Blut unbarmherzig auf der Bühne bleibt – das unwichtigste Element in dem sich entrollenden Kampf zwischen dem Menschen und seinem Schicksal ist. Es gab viele zwingende Gründe für seinen Tod und viele Arten, wie er sich vollziehen konnte. Er hätte straucheln und sich das Genick brechen, er hätte sich mit seinem eigenen Schwert töten können; statt dessen gefällt es Aischylos, ihn durch den Teppich sterben zu lassen.

Die Schönheit von »*Agamemnon*« liegt in der behutsamen Ergründung des Todes des Helden. Niemals weicht Aischylos auch nur für einen Augenblick von seinem Anliegen ab: der Verflechtung aller Fäden nachzugehen, die das Schicksal des Helden erklären. Göttliche Entscheidungen prallen aneinander; im Himmel und auf Erden ist Krieg; viele machtvolle Kräfte treiben den

Helden in den Tod und manchmal liegen diese Kräfte miteinander selbst im Streit; aber schließlich wird die letzte Entscheidung in einer Art eröffnet, die ebenso einfach ist, wie die Wahrheit komplex. Klytaimnestra nimmt die Last der Schuld auf sich, obwohl sie kaum mehr ist, als der purpurne Teppich in einer seiner vielen Gestalten:

Hier seht mich stehen, wo ich schlug. Es ist vollbracht.
Hört, wie ich's tat. Dies widerruf' ich nimmermehr.
Ein ungeheures tückisch weites Prachtgewand
gleich eines Fischers Zugnetz werf' ich über ihn,
dem er sich nicht entwinden noch sich wehren kann.
Zwei Streiche führ' ich wider ihn, und zweimal schreit
er auf und bricht zusammen, und den dritten Streich
geb' ich ihm, wie er daliegt, als den Dankeszoll
dem Zeus, der drunten in dem Totenreich regiert.
Stürzend und ächzend haucht er so sein Leben aus.
Und von dem Blutstrom, der dem Munde jäh entquillt,
spritzt mir ein schwarzer Tropfen bis an meine Stirn.
Willkommner ist des Himmels feuchter Segen nicht
Dem Saatfeld, wenn der Keim die Schale sprengen will,
als mir dies mörderische Naß.[9]

Natürlich behauptet Klytaimnestra, die einzig Beteiligte an dem Mord zu sein, aber das ließe die Natur ihres Verbrechens mißverstehen. Nicht sie, sondern die Götter haben die Strafe verhängt, und nicht die Götter allein. Dunkle, unheimliche Kräfte haben sich im Himmel versammelt und noch dunklere Kräfte haben sich im Herzen Agamemmnons zusammengeballt. Das Drama endet mit der Bemerkung Klytaimnestras zu ihrem Liebhaber, jetzt seien alle Rechnungen beglichen und die Zeit gekommen, wieder gute Ordnung in dem Hause einzuführen. Auch die Ironie wird in den Händen von Aischylos zu einer jener dunklen Kräfte, die das Universum beherrschen.

»*Die Grabesspenderinnen*« (auch »*Die Choephoren*« genannt), das zweite Werk der Trilogie, spielen zehn Jahre später. Orestes und Elektra, die Kinder von Agamemnon und Klytaimnestra, planen den Sturz der Mutter, und sie tun dies mit der ruhigen, bewußten Schlauheit von Menschen, die von ihrer

[9] Griechische Tragödien. Übersetzt von Ulrich von Wilamowitz-Moellendorf

Verzweiflung und dem Grauen vor der Tat, die vollbracht werden muß, bis zum Wahnsinn getrieben werden. Auch sie sind nicht — ebensowenig wie Klytaimnestra — die einzigen Beteiligten an dem Verbrechen. Aus den Himmeln, der Erde und der Unterwelt kommen die Boten der Gewalttat:

Erde nähret reißend wilder
Tiere Brut
sonder Zahl.
Tief in Meeres Schlüften wimmeln
Ungeheuer,
Fischers Schrecken.
Droben zieh'n des Himmels Wolken
blitzesschwanger.
Und von dem Wüten der Windsbraut
weiß zu erzählen
was da fleucht und kreucht.[10]

So singt der Chor und wir werden keinen Augenblick über die Gewalttätigkeit dieser Windsbraut im Zweifel gelassen. Über der bedrückenden Landschaft lastet der Schrecken. Dennoch ist das zweite Stück der Trilogie weniger beeindruckend als das erste. Etwas fehlt. Vielleicht ist es der purpurne Teppich, der in der Abstraktion der Farbe auf geheimnisvolle Weise alle dunklen Kräfte darstellt, die den verdammten König bedrängen. Klytaimnestra ist keine Heldin. Sie erklärt, sie sei eine Frau, die sich in ihrer Einsamkeit einen Geliebten genommen habe, und ihre Kinder verachten sie, wie Klytaimnestra Agamemnon niemals verachtet hat. Der große Aufschrei: »Die Toten erschlagen die Lebenden« hallt durch das ganze Stück und wenn Klytaimnestra stirbt, ist sie schon lange tot, da sie zu ihren eigenen Mördern gezählt werden muß, nicht im Augenblick ihres körperlichen Todes, sondern in einer fernen Periode der Vergangenheit.

»Die Eumeniden«, das abschließende Drama der Trilogie, nimmt seinen euphemistischen Titel von den schrecklichen, dämonischen Wesen, den Handlangern der Rache Zeus', welche auch die »Wohlgesinnten« genannt werden. Sie verfolgen Orestes, um seinen Muttermord zu rächen, aber sie werden durch den Kampf der Himmlischen zurückgehalten — Apollo schützt

[10] Griechische Tragödien. Übersetzt von Ulrich von Wilamowitz-Moellendorf

den Tyrannenmord, während Zeus ihn bestrafen muß. Orestes flüchtet nach Athen, wo die Göttin Athene sich seiner erbarmt. Vor dem Gerichtshof dürsten die »Wohlgesinnten« nach Rache, während Apollo das Verbrechen verteidigt, in welches er selbst tief verstrickt ist; auf ihn hinweisend, klagt ihn der Chor öffentlich an. Die »Wohlgesinnten« drohen, die Welt in ein Chaos zu stürzen, wenn der Schuldige nicht bestraft wird. Sie würden jede Gerechtigkeit, jegliches Vertrauen zwischen den Menschen zerstören. Sie würden den Zauber wirken lassen, der die alten Alpträume zurückbrächte. So ergehen sie sich in den fürchterlichsten Drohungen, bis Athene von ihrem Thron herabsteigt und in die Geschicke der Menschen eingreift.

Das Eingreifen von Athene ist kein dramatischer Höhepunkt. Sie beendet den Kampf der Mächte und sie tut es gelassen, fast methodisch. Allein ihre Gegenwart beruhigt die Gemüter, wenn sie den Anbruch einer neuen Gerechtigkeit verkündet, einer neuen Welt, erfüllt von dem Licht des Geistes. Sie besieht die Vergangenheit und findet sie unvollkommen. Die Sturmfluten des Wahnsinns und des Verhängnisses, die wie wütende Löwen durch das Zeitalter der Helden rasen, können sie nicht berühren:

Ich rate meinen Bürgern: hütet ehrfurchtsvoll
vor Zügellosigkeit euch wie vor Sklavensinn,
und tilgt nicht alles aus dem Staat, was Schauder weckt.
Vor nichts mehr scheut sich, wer das Schaudern ganz verlernt.
So wahrt denn meine Stiftung in ehrfürcht'ger Scheu,
dann habt für euer ganzes Land ihr einen Hort,
wie keines Volkes Staat ihn, auch der Dorer nicht,
auch des Hyperboreers Unschuld nicht besitzt.
So sei denn dieser Rat geschaffen. Eigennutz
berührt ihn nicht, Erbarmen kennt er, kennt zugleich
der Ahndung Schärfe. Friedlich schlummern mag das Land,
So lange schützend über ihm sein Auge wacht.[11]

Mit diesen Worten verkündet Athene den Anbruch einer neuen Zeit, einer neuen Gerechtigkeit und einer neuen Menschheit. Die Tragödie des Agamemnon wird in einer Allegorie der Geburt einer neuen Kultur aufgelöst. Nicht der verdammte Held, sondern die *polis* wird zum besonderen Anliegen der Götter. Und

[11] Griechische Tragödien. Übersetzt von Ulrich von Wilamowitz-Moellendorf

indem sie die *polis* segnet, wird Athene zur Feindin jeder Tyrannis, ja sogar der Tyrannei der Mythologie. Von nun an werden die Bürger von Athen die wahren Helden sein.

So beschließt Aischylos seine lange, epische Tragödie, die damit beginnt, daß ein Wächter des Hauses der Atriden das Feuer sieht, welches die Heimkehr von Agamemnon kündet. Die Orestie endet mit der Vision der glänzenden Stadt. Aber Aischylos weiß — wie wir es wissen — daß der Stadt ebenso wie den Helden das Verhängnis nicht erspart bleiben wird.

16 Die Welt ist offen

»Hier hält Herodot von Halikarnassos seine Nachforschungen fest, in der Hoffnung, die Taten der Männer ins Gedächtnis zu hämmern und die herrlichen Heldentaten der Griechen und des asiatischen Volkes vor dem Vergessen zu bewahren; vor allem aber, um zu zeigen, wie es dazu kam, daß die beiden miteinander Krieg führten.«

Auf diese umfassende Weise beginnt Herodot seine Geschichte der Welt, und tatsächlich hält er mehr, als er verspricht. Er war nicht nur Geschichtsschreiber. Sein Interesse galt dem Lebendigen in der Vergangenheit, den Farben und Formen der Dinge, den Stimmen und Sprachen der Menschen, der Art, wie sie sich gaben und ihren intimsten Gedanken. Sein Hauptinteresse war, zu beschreiben, wie es den Griechen gelang, die persische Herrschaft abzuschütteln, aber um dies tun zu können, mußte er Ereignisse studieren, die längst vorher stattgefunden hatten, und er mußte sich mit Völkern beschäftigen, die von den griechischen und persischen Machtzentren so weit entfernt waren, daß sie von diesem Krieg scheinbar unberührt blieben. In seinen Augen hingen alle Ereignisse dieser Welt zusammen. Skythen in Zentralrußland, die über Felle stritten, konnten möglicherweise einen Sandsturm in der Sahara auslösen. Auch der kleinste Splitter in dem großen Mosaik stand in Zusammenhang mit jedem anderen, und er mußte alle Steinchen kennen, um sie auf ihren richtigen Platz innerhalb des Gesamtbildes setzen zu können.

Herodot ist »der Vater der Geschichte«, aber nur in dem Sinn, daß er seine Vorgänger überragte; seine Nachfolger beschämte er durch seine nie versagende Großmut und Humanität. Gibbon sagt, Herodot habe manchmal für Kinder und manchmal für Philosophen geschrieben; doch in Wahrheit schrieb er für alle Menschen, besonders aber für die Menge, die sich um ihn scharte, wenn er öffentlich rezitierte. Für sie waren viele der seltsamen Geschichten bestimmt, für sie fügte er so viele Farben hinzu. Die Kommentatoren zweifeln an der Genauigkeit seiner Schilderungen, vergessen dabei aber, daß die einzig wichtige Genauigkeit die Richtigkeit des Gesamtwerkes ist. Herodot stellt uns dieser Ganzheit gegenüber; er erzählt uns alles, was er weiß, schneidet durch weite Strecken von Zeit und Ort und er geht so weit in legendäre Zeiten zurück, als ein Mensch überhaupt gehen kann; seinem Wundersack läßt er Schurken und Helden entsteigen und er führt sie uns vor, auch die elendesten unter ihnen, damit wir sie bewundern. Seine Charaktere stehen in Überlebensgröße vor uns, im Gegensatz zu den Charakteren des Thukydides, der nur Punkte ohne Schatten malt. Er schwelgt im Leben; fast können wir ihn vor Freude jubeln hören, wenn er unter den tausendfältigen Farben des menschlichen Spektrums eine neue entdeckt.

Über sein Leben wissen wir nahezu nichts. Er wurde ungefähr 485 v. Chr. in Halikarnassos geboren, in einer Atempause zwischen den Perserstürmen, und will man Suidas Glauben schenken, so gehörte seine Familie den höheren Ständen an. Als Lygdamis, der Tyrann von Halikarnassos, an die Macht kam, ging Herodot auf die Insel Samos ins Exil; dort begann er seine Geschichte zu schreiben. Suidas sagt weiter, »nach seiner Rückkehr nach Halikarnassos hat er den Tyrannen vertrieben, doch wurde er später, als er sah, daß er bei seinen Mitbürgern in Ungnade gefallen war, einer der ersten Ansiedler von Thurii, einer athenischen Kolonie, wo er auch starb und auf dem Marktplatz begraben wurde«. Daß der Historiker auch selbst Geschichte gemacht hat, ist nicht erstaunlich und es ist ebensowenig erstaunlich zu hören, daß er als Politiker keinen Erfolg hatte.

Wir wissen nicht, wann er seine Reisen machte, und mit Sicherheit kennen wir überhaupt nur wenige Länder, die er bereiste. Offensichtlich kannte er Samos gut und hatte auch viel Sympathie für diese Insel. Sicher war er in Ägypten, doch wir ahnen nicht, wie lange er dort war und ob er nilaufwärts bis Assuan kam. Er dürfte die Küste des Schwarzen Meeres gekannt haben und in Arabien gewesen sein; die verschiedenen Königreiche und Fürstentümer Kleinasiens waren ihm bekannt. Er berichtet sehr ausführlich über Kyrene, ohne uns jemals wirklich den Eindruck zu vermitteln, daß er diese Stadt mit eigenen Augen gesehen hat. Von Indien, Persien und Skythien spricht er wie ein Fremder, der aus Reiseerzählungen anderer schöpft; auch wenn er von den großen Schlachten, die zwischen Persern und Griechen auf dem griechischen Mutterboden ausgefochten worden waren, erzählt, sind wir nie ganz überzeugt, daß er diese Schlachtfelder wirklich besucht hat. Nichts in seiner »Geschichte« weist darauf hin, daß er viel gereist wäre. Der Großteil seiner Kenntnisse dürfte aus den Geschichten samianischer Seeleute und den Bibliotheken Athens stammen; so ahnen wir kaum, wem er sein Wissen verdankte. Wir sehen nur, daß er all diesen Geschichten, die er sammelte und sichtete, seinen persönlichen Stempel aufdrückte, und daß er über ferne Orte, irgendwo in der Welt, mit unnachahmlicher Grazie und trügerischer Leichtigkeit zu schreiben wußte.

Sein Thema war die Größe des Menschen und die Glorie menschlicher Bestrebungen und er bemühte sich, unparteiisch zu sein; er wog die Griechen gegen die Barbaren und versuchte, ein Gleichgewicht zu finden, da nach seinem Glauben alle Völker unter der Sonne ihre Bedeutung und ihre Vorzüge haben. Seine Methode leitet sich von der homerischen Epik ab: Er bringt seine Geschichte in einer Reihe von Episoden, deren jede ihren Helden und ihre Nebenfiguren hat, doch wo Homer den Fall der Menschen dem Dazwischentreten der Götter zuschreibt, erklärt Herodot ihren Niedergang aus dem Stolz und ihre Irrtümer aus dem Machthunger.

Manchmal scheint Herodot aber von seinem großen Werk abzukommen und wie ein Schwätzer läuft er hinter lächerlichen Nichtigkeiten her. Lange Geschichten werden aus keinem anderen Grund angeführt, als daß er Freude daran hat, sie zu erzählen. Er war bei den Geschichten, die am Marktplatz kreisten, eifriger Zuhörer; er verwob sie miteinander, hauchte ihnen sein eigenes Leben ein und preßte sie einfach dort in seine *Geschichte*, wo sie kein Unglück anrichten konnten. Es lag nicht in seiner Absicht, einen logischen und chronologischen Bericht der Perserkriege zu geben, für ihn war das Unlogische, das Absurde und das Undefinierbare ebenso wert, festgehalten zu werden. Unbefangen wurde eine Decke aus lauter Flickwerk zusammengenäht. Er erzählt seine Geschichten in gemächlicher Ruhe und liebt Pausen, um sich zu erfrischen.

Die Pausen aber sind das Buch; da sind die Fenster sperrangelweit offen, und das pulsierende Leben strömt herein. In diesen Momenten erzählt er, wie die Danubier von Gerüchen trunken werden, die Araber ihre Haare schneiden, die Skythen menschliche Skalpe als Handtücher benützen und die Inder den Spuren von fuchsgroßen Ameisen folgen, wenn sie im Sand wühlen, um Gold zutage zu fördern, und er berichtet mit Wohlbehagen von den verschiedenen Arten von Küssen, die die Perser zu genießen pflegten. Er hat einen ungeheueren Vorrat an Geschichten, die er augenzwinkernd zum Besten gibt und oft läßt er uns im ungewissen, ob er selbst an sie glaubt. Die Gewürze Arabiens faszinieren ihn und er wendet einige Mühe daran, zu entdecken, wie sie gesammelt werden. Er erfuhr, daß Weihrauch besonders schwierig zu erreichen war, da er auf Bäumen wuchs, bewacht von Schwärmen kleiner, fröhlich gefärbter, geflügelter Schlangen. Auch mit der Cassia hatte es seine Schwierigkeiten, denn diese wuchs in flachen Seen, beschützt von grimmigen, fledermausartigen Geschöpfen, die sich mit schrillen Schreien auf jeden stürzten, der versuchte, in den See zu waten, so daß die Cassia-Sucher gezwungen waren, sich mit Ochsen- oder anderen Tierhäuten zu bedecken. Das Erstaunlichste aber ist wohl das Auffinden des Zimtes; da nicht einmal die Araber wußten, woher er kam, nahmen sie an, es müßte Indien sein.

> *Sie sagen, große Vögel tragen trockene Zimtstangen — den Namen haben wir von den Phöniziern übernommen — in ihre Nester, die aus Schlamm auf unzugänglichen Klippen gebaut sind, kein Mensch kann ihnen zu diesen Nestern folgen. Um zu diesen Zimtstangen zu kommen, schneiden die Araber die Kadaver von Ochsen, Eseln oder anderen großen Tieren in Stücke und legen diese an den Fuß der Klippen, während sie sich in eine sichere Entfernung zurückziehen. Bald stürzen sich die Vögel herunter und zerren die Fleischstücke in ihre Nester. Die Nester aber sind einem solchen Gewicht nicht gewachsen und fallen zu Boden. Die Araber aber rennen herbei und reißen die Zimtstangen an sich, die dann in fremde Länder verkauft werden.*
>
> *(Historien, III, 111)*

Wir können nur raten, was Herodot aus dieser Fabel über die Zimtstangen selbst gemacht haben mag. Doch ist es immerhin möglich, daß er an diese Geschichte glaubt, denn Arabien schien ein so seltsames Land, daß dort alles geschehen konnte. Seine Leichtgläubigkeit schwankt mit der Geographie. Die geflügelten Schlangen Arabiens sind nach seiner Beschreibung eine Tatsache, während die heiligen Schlangen, die den Schrein der Athene auf der Akropolis bewachen, äußerst zweifelhaft scheinen. »Die Athener«, schreibt er, »behaupten, eine große Schlange lebe als Wächter der Festung in dem heiligen Schrein, und jeden Monat bringen sie ihr einen Honigkuchen, als existiere sie wirklich.« Das klingt sehr nach Mangel an Ehrfurcht, und man fragt sich, ob er wohl das Ende des Satzes, wenn er den Athenern diese Geschichte erzählte, in etwas gedämpfter Stimme gesprochen hat.

Herodot berichtet noch viele ebenso unglaubwürdige Fabeln, er tischt eine reichlich unwahrscheinliche Geschichte von einigen Phöniziern auf, die durch das Rote Meer und rund um Afrika gesegelt wären. Es dauerte drei Jahre, bis sie durch die Säulen des Herkules und heim nach Ägypten gelangten. Eine langsame Reise, die durch ihre Gewohnheit, jeden Herbst an Land zu gehen und dort zu warten, bis ihr Getreide aufgegangen war, noch verzögert wurde. Herodot selbst hegt bezüglich dieser Geschichte seine Zweifel, doch fügt er ein Detail hinzu, das die Wahrheit der Geschichte beweist: Die Phönizier sagten, sie hätten, als sie Afrika im Westen umsegelten, die Sonne plötzlich zu ihrer Rechten gefunden. Und weil Herodot so oft recht hat, dürfen wir nicht einmal die Geschichte der geflügelten, farbenfrohen Schlangen, die weihrauchtragende Bäume bewachen, einfach als falsch abtun.

Er glaubte, was er glauben wollte. Er lehnte die Existenz bockfüßiger Männer in Zentralasien ab, aber er war bereit, zuzugestehen, daß es in Libyen kopflose Geschöpfe mit Augen in der Brust gäbe. Er erklärte, Poseidon habe in Thessalien eine Schlucht geschaffen, und warum sollte ein Gott, wenn er ein Vergnügen daran fand, nicht eine Schlucht aus dem Boden stampfen? Als ihm aber von den Babyloniern erzählt wurde, ein Gott schlafe in der höchsten Kammer eines hohen Turms, gestattete er sich die Bemerkung, daß er dies einfach nicht als wahr ansehen könne.

In zwei Dritteln seines riesigen Geschichtswerkes befaßt sich Herodot damit, den Hintergrund des Perserkrieges zu zeichnen. Er streift durch die ganze bekannte Welt, um alles richtig in Szene zu setzen. Kleinasien, Griechenland, Ägypten, Skythien werden ausführlich beschrieben, denn sie alle liegen innerhalb des persischen Machtbereiches. Die liebevollste Beschreibung erhält Ägypten, das er schrankenlos bewundert. Vor allem ist er von dem gelassenen Anstand der Ägypter beeindruckt, von ihrer Gewohnheit, vor dem Älteren beiseite zu treten und einander auf der Straße würdevolle Verbeugungen zu machen. Sie behandelten ihre Frauen als gleichwertig, waren immer gewaschen und den religiösen Pflichten gegenüber von großer Gewissenhaftigkeit. Er sah in ihnen die weisesten unter den Sterblichen und, nach den Libyern, die gesündesten. »Nahezu alle Götternamen kamen von Ägypten nach Griechenland«, schreibt er und vertritt die Ansicht, daß alle Götter des griechischen Pantheons, außer Poseidon und Hera, auf ägyptische Vorbilder zurückzuführen wären.

Für die Ägypter fühlt er Zuneigung, für die Perser tiefen Respekt. Offensichtlich sympathisiert er mit der Art, wie sie ihre Religion ausübten. »Bei ihnen ist es nicht Sitte«, schreibt er, »Standbilder, Altäre und Tempel zu errichten, und sie sehen in jenen, die solches tun, Narren; die persischen Götter haben nicht, wie die griechischen, menschliche Gestalt. Um Zeus zu opfern, besteigen sie die Gipfel der höchsten Berge, denn sie glauben ihn im ganzen Himmel gegenwärtig. Sie verehren Sonne, Mond, Erde, Feuer, Wasser und die Winde. Da sie keine Altäre haben, entzünden sie auch keine Feuer; sie kennen keine Brandopfer, keine Flötenspieler, keine Blumengewinde und kein geweihtes Mahl; für alle diese Dinge, die uns so selbstverständlich sind, haben sie keine Verwendung.« Es besteht kein Zweifel, wo seine Neigungen liegen. Wenn er es auch nicht gutheißt, daß sie ihre Toten aussetzen, um sie von den Vögeln fressen zu lassen, so bewundert er doch ihre Bereitschaft, die Sitten anderer Völker anzunehmen. Sie kannten keine Engherzigkeit und nahmen das an, was ihnen gefiel, auch die Päderastie, welche sie von den Griechen gelernt hatten. Und wenn Herodot darangeht, den Krieg zwischen Persien und Griechenland zu beschreiben, so macht er ernsthafte Anstrengungen, ein leidenschaftsloser Beobachter zu sein und seine Sympathien gerecht zu verteilen. Wenn auch die Perser nicht so weise wie die Ägypter und nicht so kühl und unternehmend wie die Griechen seien, so besäßen sie doch ein Maß von Noblesse, Großzügigkeit und Humanität, das man nicht gering schätzen dürfte. In einem Essay mit dem unzweideutigen Titel *De Malignitate Herodoti* nennt ihn Plutarch *philobarbaros,* womit gemeint ist, er hätte die Perser zu sehr geliebt, doch war Herodot niemals gehässig, und wenn er den Persern eine gewisse Größe zubilligt, so gab er doch die Ehre des letzten Triumphes den Griechen.

Klar ist, daß Herodot die Perser kannte, mit ihnen in ihrer Sprache sprechen konnte und ehrliche Zuneigung zu ihnen verspürte. Wenn er das Vorrücken der riesigen Armada gegen Griechenland beschreibt, so scheint er ständig an der Seite von Xerxes zu stehen und ihn in einer Reihe von Großaufnahmen zu sehen. Wenn sich auch seine Geschichten nicht immer genau mit jenen der Hofchroniken decken, so ist doch sicher, daß er seine Informationen von Leuten aus der unmittelbaren Nähe des Königs bezog. Und wenn er z. B. die Geschichte der beiden Spartaner erzählt, die zu Xerxes kamen, um ihm ihr Leben als Sühne für den Mord an zwei persischen Botschaftern anzubieten, und für dieses Angebot ihre Freiheit bekamen, so läßt er Spartanern wie Persern gleichermaßen Gerechtigkeit widerfahren, und doch ist es die Großmut des Xerxes, die uns in Erinnerung bleibt. Und wenn er beschreibt, wie Xerxes bei dem Gedanken weint, daß die an ihm vorüberziehenden Scharen seiner Soldaten in hundert Jahren alle tot sein werden, so weist Herodot nicht auf seine Schwäche, sondern auf seine Humanität hin.

Es ist die Menschlichkeit, der Sinn für die wahre menschliche Geste, die Herodot so lesenswert macht. Er erzählt eine ernsthafte Geschichte mit der Kunst des Romanciers, doch ohne Erfindungen. Strabo, dem ausgezeichneten Geographen, mangelt diese Gabe vollständig. Ihm ist es nicht gegeben, den toten Fakten Leben einzuhauchen. »Herodot hat uns eine Menge Unsinn hinterlassen«, schreibt Strabo. Aber wir finden erstaunlich wenig Unsinn bei Herodot, während in den sorgfältigen Details von Strabo so wenig Licht ist wie in einer Statistik.

Herodot ist sich darüber im klaren, was er wirklich weiß. Und er ist oft erstaunlich vorsichtig, wenn es sich um Dinge handelt, die er nicht weiß. Der einäugige Arimaspi an der chinesischen Grenze, der den wachenden Greifen das Gold stiehlt und mit geißfüßigen Männern und Hyperboreern ans Meer zieht, wird kurzerhand abgetan. Er hat Berichte gehört, daß es in Nordeuropa ein Meer gäbe, doch scheint ihm dies zu unglaublich. Geschichten über die Zinninseln lassen ihn ungerührt, ebenso der Bericht über einen großen Fluß, der sich ins Nordmeer ergießt. Er selbst hatte nichts davon gesehen, kannte niemanden, der dort gewesen war, und die Annahme, daß er nicht existierte, befriedigte ihn vollkommen. Was den Arimaspi anbetrifft, so hatte er recht, nicht jedoch hinsichtlich der Zinninseln und des Flusses. Aber, ob recht oder unrecht, in seinen Urteilen war er immer menschlich.

Eine der indirekten Ursachen des persischen Einfalles in Griechenland war ein Aufstand der Skythen an der Westküste des Schwarzen Meeres. Eine persische Armee wurde gegen sie ausgeschickt, doch scheinen sich die Skythen als Meister des Guerillakrieges erwiesen und die bewaffnete Macht der Perser so gering geachtet zu haben, daß sie sich damit belustigten, verwirrende Botschaften an den Perserkönig zu schicken. Bei einer Gelegenheit sandten sie Dareios einen Vogel, eine Maus, einen Frosch und fünf Pfeile. Richtig gedeutet ergab dies: »Wenn ihr euch nicht in Vögel verwandelt und in die Lüfte erhebt oder in Mäuse und euch durch die Erde wühlt oder in Frösche und in die Gewässer springt, so werdet ihr die Heimat niemals wiedersehen, denn skythische Pfeile werden euer Leben beenden.« Dareios war es unmöglich, sie im offenen Kampf zu stellen, und er befürchtete, seine Nachschublinien könnten abgeschnitten werden. Dessen überdrüssig, sich mit ihnen herumzuärgern, zog er zum Hellespont, ließ jedoch eine größere Militäreinheit in Thrakien zurück, um seine verlorenen Festungen wiederzugewinnen. Da nun eine persische Armee im europäischen Griechenland von der Propontis bis zum Strymon-Fluß stand, war den Griechen klar, daß ein Angriff auf das Mutterland nicht lange auf sich warten lassen würde.

Herodet gibt einen ausführlichen Bericht über die Skythen, und tatsächlich ist er unsere einzige Autorität über ihre Gewohnheiten und Gebräuche. Er kannte sie gut, genauer die seßhaften Skythen an den Küsten des Schwarzen Meeres, die mit den griechischen Kolonien Olbia, Tanais und Pantikapaium Handel trieben. Von ihnen hörte er über die Skythen im Innern des Landes — den kopfjägerischen Tauri, den Neuroi, die sich einmal im Jahr in Wölfe verwandelten, und den Boudini mit ihren hellroten Haaren und den überraschend blauen Augen, die nach Herodot in Holzdörfern wohnten und Läuse aßen. Er wußte alles über ihre Götter und Göttinnen, ihre Art Opfer zu bringen und ihre Bestattungsriten. Erstaunlicherweise erwähnt er niemals ihren so unerhört einflußreichen Beitrag auf künstlerischem Gebiet, eine wilde aber herrlich disziplinierte Art, Tiere in Gold, Elfenbein und Bronze darzustellen. Kein anderes Volk konnte jemals Tiere mit so faszinierender Lebenskraft gestalten. Hirsche, Rentiere, Pferde, Löwen im Kampf miteinander oder im wilden Galopp. Die skythische Kunst beeinflußte chinesische Künstler und hinterließ im fernen Skandinavien ihre unauslöschlichen Spuren, ja, sogar in England und Irland finden sich Motive, deren Ursprung in den asiatischen Steppen zu suchen ist.

Die Kraft der skythischen Kunst übersprang die Grenzen von Zeit und Ort. Die gequälten Tiere, die einem aus den Seiten des *Book of Kells* entgegenstarren, stammen von den Skythen und desgleichen die von den Kapitälen romanischer Kirchen herabblickenden Tiergestalten.

Wenn uns auch Herodot nichts von der skythischen Kunst berichtet, so erzählt er uns in einigen, kurz zusammengefaßten Seiten nahezu alles, was wir über sie wissen wollen. Hier beschreibt er die Beisetzung eines Königs:

Wenn ein König stirbt, graben sie eine quadratische Grube von ziemlicher Größe; ist sie fertig, nehmen sie den Körper, schneiden den Bauch auf, reinigen das Innere und füllen es mit verschiedenen wohlriechenden Ingredienzien, wie gemahlene Zypresse, Weihrauch, Petersiliensamen und Anis, dann wird der Bauch zugenäht und der ganze Körper mit Wachs bedeckt. Sodann legen sie ihn auf einen Wagen und führen ihn zu allen benachbarten Stämmen, und im Laufe dieses Zuges, den königlichen Gebräuchen zur Folge, schneidet jeder Mann ein Stück seines Ohres ab, rasiert sein Haar, führt einen Schnitt rund um seinen Arm, fügt Stirne und Nase tiefe Wunden zu und treibt einen Pfeil in seine linke Hand.

Sind alle Stämme besucht, so macht sich der Begräbniszug endlich auf den Weg in das Land Gerrhi, den nördlichsten und entlegensten unter den skythischen Stämmen. Hier wird der auf einer Matte ruhende Körper ins Grab gelegt; auf jeder Seite werden Speere in den Boden gerammt, die ein auf Ästen liegendes Dach aus Weidenruten tragen. Neben dem König, doch außerhalb des Daches, begraben sie eine seiner Konkubinen, die vorher erdrosselt wurde, seinen Mundschenk, den Koch, den Haushofmeister, einen Höfling, einige seiner Pferde sowie goldene Becher und andere Goldschätze, denn sie verwenden weder Silber noch Bronze. Dann wird ein großer Hügel über dem Grab geschaufelt, leidenschaftlich wetteifern sie miteinander, ihn so hoch wie möglich zu machen.

(Geschichte, IV, 71)

Den Geschichtsschreibern des Mittelalters und selbst den Griechen schienen diese Beschreibungen kaum mehr als barbarische Phantasie. Der Bericht über die grausigen und primitiven Begräbnisriten für die skythischen Könige, mit den Frauen, Dienern und Pferden, die getötet wurden, um sie ins Schattenreich zu begleiten, klingt wie reine Erfindung, doch ist jedes Wort wahr, wie die Archäologen, die Skythengräber in Rußland aufdeckten, bestätigen. Heute wissen wir, durch die Ausgrabungen in Pazyryk im Altai-Gebirge, daß Herodot genau das beschrieben hat, was sich bei dem Begräbnis eines großen Skythenführers zugetragen hat. Im Jahre 1948 wurde ein Häuptling in einem Grabhügel gefunden, welcher nach dem Begräbnis von Wasser überschwemmt worden war, das zu Eis erstarrte. Tausende Jahre gingen dahin, aber alles blieb wie am ersten Tag. Die Farben waren frisch, das Zaumzeug der Pferde lag an seinem Platz, die toten Konkubinen, die Höflinge und Diener ruhten dort, wo sie gestorben waren, und dazu fand man noch einen Teppich auf dem Wagen liegen, dessen Farben scharlachrot glühten. Der Teppich war eindeutig in Persien hergestellt.

Herodot kannte die Skythen beinahe so gut wie die Perser. Er wußte die Namen ihrer Götter und weist freundlich auf die Richtigkeit des skythischen Namens für Zeus: *Pappaeus*. Es ist offensichtlich, daß er eifrig die Karten studierte, welche die Ausbreitung der skythischen Stämme zeigten, denn er beschreibt den Sitz jedes Stammes mit äußerster Genauigkeit. Wenn er hört, daß »in den fernen Gegenden von Skythien Federn durch die Luft wirbeln und das Land daher für Reisende unerträglich ist«, so kommt er äußerst scharfsinnig zu dem Schluß, daß es sich bei diesen Federn um Schnee handelt und die nördlichen Regionen infolge ihrer harten Winter unbewohnbar sind. Nichts ist Unsinn bei ihm. Er will eine Geschichte erzählen, sogar eine sehr lange Geschichte, und zum Schluß gibt er ruhig seine Ansicht über ihren Wahrheitsgehalt.

In seinen Tagen war die Welt weit offen. Ein Grieche konnte ungehindert vom Rhônetal bis zu den fernsten Gegenden Persiens, vom zweiten Nilkatarakt bis zu den Ebenen Zentralasiens reisen, und dies, ohne einen Paß zu benötigen. Plötzlich, wie durch ein Wunder, hatte sich die Welt wie eine Blume, die sich in all ihrer Schönheit darbietet, geöffnet. Herodot freute sich darüber.

Aber natürlich tat er weit mehr, als sich freuen. Wie heiter er auch schreibt, er war sich des ernsten Zweckes bewußt. Sein Thema war so ernst, wie ein Thema nur sein kann, denn es war nicht weniger als das Weiterleben der Freiheit unter einem göttlichen Gesetz. Aristoteles nennt ihn *mythologos*, nicht als Beleidigung, sondern als Kompliment und gleichzeitig als treffsichere Bezeichnung seiner unheimlichen Macht, die Werke der Menschen in Beziehung zu den Werken der Götter zu setzen. Für ihn war der persische Einbruch eine göttliche Heimsuchung, der man nur mit Hilfe der Götter Herr werden konnte. Über seinem gesamten Geschichtswerk ist die Anwesenheit der unsterblichen Götter zu spüren.

Diese Fröhlichkeit und dieser Ernst sind die grundlegenden Charakterzüge des perikleischen Zeitalters. Wenn auch Herodot über die Kriege so berichtet, als wäre er Augenzeuge gewesen, so gehörte er doch der Generation der Söhne jener Männer an, die bei Marathon gekämpft hatten: seine Generation war die seines Freundes Sophokles. Er war der erste, der die Tragödie in Beziehung zur Gesamtheit eines Volkes brachte. Das Schicksal des Prometheus, des Agamemnon und all der anderen Helden ist unbedeutend, vergleicht man es mit dem Schicksal des griechischen Volkes.

Und so beendet er seine Geschichte mit Worten des Triumphes und Worten der Warnung. Er erzählt, wie nach Beendigung des Krieges der athenische Heerführer zum Hellespont segelte und das Seil, das Xerxes zwischen Asien und Europa gespannt hatte, aufrollte, um es nach Athen als Siegestrophäe zu bringen. Der Heerführer war Xanthippos, der Vater des Perikles. Dann blickt Herodot noch einmal zurück und berichtet von einem Ausspruch des Kyros, dem Gründer des Perserreiches. Es ist ein Ausspruch, der auch in unserer Zeit wert ist, in Erinnerung behalten zu werden. »Liebenswürdige Länder«, sagt der König, »bringen liebenswürdige Menschen hervor. Aber niemals findet man auf einem Boden, der üppige Früchte trägt, auch gute Soldaten.«

17 Perikles

Alte Leute, die sich noch des Peisistratos erinnerten, schraken beim Anblick von Perikles zurück, denn der junge Verteidiger der athenischen Demokratie trug die gleichen Züge wie der seit langem tote Tyrann. Beiden waren nicht nur Gesicht, Körperbau und die feierliche Art, mit der sie einherschritten, gemeinsam, sondern auch die leise, wohltönende Stimme, mit der sie die Sätze rasch und genau sprachen, die mit fortschreitender Rede immer schwieriger wurden. Ebenso wie Peisistratos hatte Perikles ein volles, eher weibliches Gesicht mit breiter Stirne, kleinen tiefliegenden Augen, feiner Nase und zarten Lippen, doch war seine Stirne nicht nur breit, sondern auch sehr hoch. Wenn es überhaupt einen Unterschied gab, so scheint er in der höheren Stirne gelegen zu sein, wozu noch eine spitze Kopfform trat, die ihm den Spottnamen »Spitzkopf« eintrug, und die Leute machten ihre Witze, indem sie sagten, die große Stirne werde umkippen und den Rest des Körpers mitreißen.

Perikles wußte um seine Ähnlichkeit mit Peisistratos, die ihn zu einem gezeichneten Mann machte, und er schätzte bereits in einem frühen Stadium seines Lebens die Aussichten, von Regierungskreisen gefördert zu werden, gering ein. Seine Ähnlichkeit mit dem Tyrannen entbehrt nicht einer gewissen Komik, da er mütterlicherseits von Kleisthenes abstammte, dem Revolutionär, der die Peisistratiden gestürzt hatte. Sein Vater Xanthippos war der kommandierende Admiral der Flotte Athens bei Mykale, jener seltsamen Schlacht an der Küste Ioniens, welche im Rahmen der Perserkriege den vielleicht entscheidenden Sieg darstellte. Xanthippos war ein reicher Mann mit gutem Geschmack, ein Freund des Dichters Anakreon und fröhlicher Gast der Könige von Sparta, die in seinem Haus wohnten, wenn sie in Athen weilten. Er war in der Lage, seinem Sohn die bestmögliche Erziehung angedeihen zu lassen. Perikles besuchte die Vorlesungen von Zenon aus Elea, der eine eigene Schule in Athen besaß. Die berühmtesten Lehrer wurden eingeladen, Perikles zu unterrichten. Unter ihnen befand sich Damon, der bekannteste Musiker seiner Zeit – er liebte es, in seinen Diskussionen über Musik philosophische Fragen zu behandeln und wurde schließlich seiner philosophischen Anschauungen wegen verbannt –, und der Philosoph Anaxagoras, der beinahe hingerichtet worden wäre, weil er nach dem Fund eines bei Aigospotamoi niedergegangenen Meteors behauptet hatte, die Sonne müsse ein ebensolcher, wenn auch weißglühender Stein sein. Für die Griechen war die Sonne eine Gottheit und die Behauptung, sie wäre nur ein Stein, galt daher als Gotteslästerung. Der junge und vornehme Anaxagoras, selbst nicht viel älter als Perikles, behielt dauernden Einfluß auf seinen Schüler. Anaxagoras war einer jener geborenen Gelehrten, die den Weg der Wissenschaft beschreiten, wohin immer er sie auch führen mag, und sei es bis zu den gefährlichsten Abgründen. Am Ende trieb ihn die Wissenschaft in den Wahnsinn. In seinen frühen Jahren aber, als Lehrer des Perikles, war er ein brillanter und eigenwilliger Philosoph, der es besonders liebte, die abwegigsten Themen kraftvoll und klar zu diskutieren, wenn er auch gewöhnlich zum Schluß seine Idee vom *Nous* oder »Weltsinn« vortrug, die bei ihm letztlich zur Lösung aller Probleme führte.

Anaxagoras verfügte über eine Kraft und Stärke, die man nicht übersehen konnte. Er war dickköpfig, unnachgiebig und völlig furchtlos. Mochten auch die Kinder in den Straßen *Nous! Nous!* hinter ihm herschreien, mochten Philosophen erklären, sein *Nous* sei nichts anderes als das Feuer Heraklits oder der unter einem anderen Namen hervorgeholte Kampf des Empedokles; er wußte es besser. Er besaß eine klare und erstaunlich überzeugende Vorstellung vom All: ein Universum, in dem nichts zugrunde gehen und nichts neu entstehen kann, in dem alle Dinge ineinander übergehen und alles Leben ein einziges ist. Über dieses All herrscht unangefochten *Nous*, welches das zarteste aller Dinge ist und das reinste, das alle Dinge genau kennt und die größte Macht besitzt, weshalb es auch allen Dingen Leben einflößt, den kleinsten wie den größten. Anaxagoras konnte aber auch mit beiden Beinen auf der Erde stehen, so zum Beispiel, wenn er sagte, der Mensch sei das klügste der Tiere, aber nur, weil er Hände habe. Er soll der erste gewesen sein, der die Sonnenbahn studiert und auch der erste, der die Überschwemmungen des Nils auf die Schneeschmelze in den entfernten Bergen zurückgeführt hat. Nach Plato schuldet ihm Perikles seine geistige Entwicklung und seine wissenschaftliche Denkweise, aber vielleicht verdankte er auch seinen trockenen Humor keinem anderen als Anaxagoras.

Perikles wuchs also in einer wohlhabenden und traditionsgebundenen Atmosphäre auf, in der rastlose geistige Betriebsamkeit herrschte. Er war ein zurückhaltender, lernbegieriger hübscher Mensch, der gerne Lyra spielte und sich in philosophische Debatten einließ; vielleicht wäre er nur einer in der Reihe der jungen Aristokraten Athens geworden, wenn ihm nicht Anaxagoras die Auffassung eingepflanzt hätte, die Welt solle nur durch den Geist beherrscht werden. Von daher stammt seine gelassene Würde, sein Glaube, ein Auserwählter zu sein, und von daher auch der Wunsch, Athen neu zu schaffen, bis es seiner Vision einer göttlichen Stadt entspräche. Wie weit seine Gelassenheit ging, können wir der von Plutarch erzählten Geschichte entnehmen, derzufolge Perikles dringende Geschäfte auf der Agora zu erledigen hatte, als ihn ein lästiger Fragesteller ansprach, um ihn herumtanzte, ihn verfluchte und dies so lange fortsetzte, bis er abends nach Hause ging, immer noch den Kerl an den Fersen, der nicht müde wurde, eine Flut häßlicher Schimpfwörter auszuspeien. Die ganze Zeit über sprach Perikles kein Wort. Sobald er sein Haus erreicht hatte, befahl er einem Diener, eine Fackel zu entzünden und dem Mann sicher heimzuleuchten.

In der Zeit, in der Perikles jung war, gab es noch viele alte Männer, die, in langwallende Tuniken gehüllt, durch die Straßen Athens spazierten, Männer, die ihr langes Haar in einem Bund trugen, der von einer goldenen »Heuschrecke« zusammengehalten wurde. Obwohl also die Eleganz der Tyrannenzeit noch nicht ganz verblichen war und es Damen gab, die reich bestickte Kleider aus dünnstem Gewebe trugen mit dem feinen Faltenwurf, den wir an den Statuen im Akropolis-Museum bewundern können, begann damals bereits die Mode zu wechseln. Frauen fingen an, sich in den strengen *peplos* zu kleiden, der in einfacher Ausführung etwa dem heutigen *sari* der Inderinnen entspricht, während die Männer kurze Tuniken mit einem über die Schultern geworfenen länglichen *himation* bevorzugten. Verzierungen wurden von der Generation, die die Perserkriege durchfochten hatte, abgelehnt. Die Geisteshaltung war ernsthaft, ja selbst streng. Sie entsprach ausgezeichnet dem Temperament des Perikles, der selbst für gewöhnlich ernst war. Als einmal jemand behauptete, seine Würde wäre affektiert und er sei daher nichts anderes als ein Scharlatan, antwortete der Philosoph

Zenon, die Leute sollten nur ruhig seine Affektiertheit nachahmen, vorausgesetzt, sie kopierten auch seine edle Gesinnung.

Zu den Festspielen des Jahres 472 v. Chr. reichte Aischylos vier Theaterstücke ein, von denen nur *Die Perser* erhalten sind. Der junge Perikles wurde gebeten, die Aufgabe des *choregos* zu übernehmen. Er bezahlte die Kosten für Musiker und Sänger des Chors, arbeitete mit ihnen, versorgte sie und überwachte die Proben. Solche Aufgaben wurden nicht leichtgenommen und waren oft sehr kostspielig. Wenn schließlich die Vorstellung stattfand, saß der *choregos* in einem Ehrenstuhl, trug heilige Gewandung aus dem Tempel des Dionysos und nahm, ebenso wie die Schauspieler, den Applaus entgegen. So trug Perikles bei seinem ersten Auftreten in der Geschichte das Gewand eines Gottes und lehnte am Arm des Aischylos.

Er war zwei- oder dreiundzwanzig Jahre alt, als er als *choregos* auftrat. Drei Jahre später wurde er bereits als aufstrebende Macht in der Politik betrachtet, wobei er jeden seiner Schritte wegen der Gefahr des Ostrazismus wohl überlegen und sich auch ständig vor Augen halten mußte, wie sehr seine Ähnlichkeit mit Peisistratos gegen ihn sprach. Nach der Familientradition gehörten die Alkmäoniden der antiaristokratisch eingestellten Partei des Volkes an. Perikles folgte dieser Tradition und arbeitete unter Ephialtes, der »unbestechlich wie das Grün des Meeres« war, ein Mann aus dem Volke, der seinen Aufstieg zu bedeutender Höhe der unbezwingbaren Härte seines Charakters verdankte. Ephialtes hatte von Themistokles die Überzeugung geerbt, daß Sparta eine ständige Bedrohung der athenischen Macht sei und daher auf irgendeine Weise in Schach zu halten war. Ephialtes wetterte unaufhörlich gegen die Aristokratie, die den Spartanern auf Grund ihrer Tradition wohlgesinnt war. Hauptgegenstand seines Hasses war Kimon, der Sohn des Miltiades, dessen großer Reichtum und wachsender Ruhm als Feldherr die Partei des Volkes bedrohte, zumal niemand in Athen populärer und freigebiger war als dieser Mann. Kimon wurde von den Schiffern gefördert, denn er hatte sie zum Sieg in der Schlacht geführt. Er wurde aber auch von den Händlern und Handwerkern unterstützt, die er im Rahmen seines großen Werkes des Wiederaufbaus Athens und der Ausschmückung der Stadt mit prächtigen Bauwerken beschäftigte. Er war ein leutseliger Seemann, groß und stämmig, mit gelocktem Haar, das über seine Schultern fiel; er hatte eine hübsche Singstimme, vertrug einen Schluck so gut wie jeder andere Bürger und liebte es, durch die Straßen Athens in Begleitung von zwei gutgekleideten jungen Gefährten zu streifen. Begegneten sie einem älteren Mann in Lumpen, so bat er einen seiner Begleiter, die Kleider abzulegen und sie dem bedürftigen Mann zu schenken. Man erzählte sich auch, er lasse seine Obstgärten uneingezäunt, damit jeder, der wollte, die Früchte pflücken konnte.

Kimon hatte Macht, Geld und Ruhm und verstand die Volksseele. Er besaß aber auch noch etwas viel Wertvolleres; er wurde selbst zu einer Legende. Ein Orakel hatte den Athenern befohlen, die Reliquien von Theseus, König von Athen, heimzuholen, jenes jungen Heroen, der in der weit zurückliegenden legendären Zeit die Amazonen, die Kentauren und den Minotauros besiegt hatte. In schimmernder Rüstung war er den Athenern in der Schlacht von Marathon erschienen, um ihnen beizustehen. Theseus war zum Nationalheros geworden, zum Inbegriff aller Träume und Hoffnungen der Bevölkerung, wenn sie den Wiederaufbau ihrer Stadt nach den Perserkriegen beobachteten. Er war der Heros von Athen und Athene die Göttin der Stadt; wer immer seine Reliquien fand und nach Athen brachte, hatte Anspruch darauf, selbst in die heroische Legende einzugehen. Als Kimon behauptete, die Überreste während einer Strafexpedition gegen ein Piratennest auf der Insel Skyros gefunden zu haben, sorgte er für besonders festliche und mit Paraden verbundene Feierlichkeiten anläßlich der Überführung der Reliquien, bei denen er die Hauptrolle spielte. Die Reliquienreste wurden im Herzen der Stadt begraben und der Kult des Heroen in aller Förmlichkeit eingeführt.

Ephialtes und Perikles waren in ihrem politischen Kampf gegen Kimon benachteiligt. Kimon war nicht nur Hohepriester des Theseus-Kultes, Sieger in der Schlacht von Eurymedon, wo er die phönizische Flotte zerstört und eine persische Armee geschlagen hatte, und dazu noch der liberalste, großzügigste und schlagfertigste Politiker, sondern seine Persönlichkeit entsprach auch dem Zeitgeist, der nach einer abenteuerlustigen Politik verlangte, die eher den aristokratisch-konservativen Ansichten von Kimon entsprach als der demokratischen Einstellung von Epialtes. Streifzüge nach Übersee wurden unternommen, um die von persischem Militär an der Küste Kleinasiens besetzten Städte niederzubrennen und zu plündern. Naxos erhob sich gegen Athen, aber die Revolte wurde von den Athenern erbarmungslos zerschlagen, die die Befestigungsmauern der Stadt zerstörten, die Flotte beschlagnahmten, den Besiegten einen jährlichen Tribut auferlegten und sie jeglicher Freiheit beraubten. Einige Jahre später wurde eine Erhebung auf der Insel Thasos an der thrakischen Küste auf gleiche Weise niedergeschlagen. Kimon, der sich stark genug fühlte, um Athen von seinen Statthaltern verwalten zu lassen, leitete die Belagerung in eigener Person.

Schritt für Schritt gewann die Volkspartei an Boden, indem Ephialtes eingebürgerte Vorrechte angriff, wobei ihm Perikles zur Seite stand oder als Drahtzieher im Hintergrund arbeitete. Perikles hatte schon jenen Lebensstil entwickelt, den er bis zu seinem Tode beibehalten sollte. Er wahrte immer Abstand und ging niemals in der Art des Kimon spazieren, der seine Späße mit den ihm begegnenden Leuten trieb. Man sah Perikles nur den von seinem Haus direkt zur Agora führenden Weg einschlagen; so schnell wie möglich kehrte er zurück, die Tore wurden geschlossen, und wiederum herrschte Stille. Selbst seiner Familie gegenüber wahrte er diesen Abstand, und es wird erzählt, bei der Hochzeit seines Verwandten Euryptolomeos sei er nur so lange geblieben, bis er auf die Gesundheit von Braut und Bräutigam getrunken hatte, um sich dann in aller Stille davonzumachen und sich nach Hause zu begeben.

Die Art des Perikles erweckte den Eindruck, als ob er untätig wäre, während er in Wahrheit in Athen bereits eine Macht darstellte. In seinem Haus trafen ständig Boten mit Berichten ein und verließen es mit Aufträgen. Politiker begaben sich scharenweise zu ihm. Er war nicht so reich wie Kimon, aber immerhin standen ihm beträchtliche Geldmittel zur Verfügung, die bald noch größer werden sollten. Seine stille und zurückgezogene Art verlieh ihm Ansehen und ließ ihm Zeit, sich weiterzubilden. Warfen ihm manche Stolz vor, so meinten andere, er schone seine Kräfte und gleiche der Salamis-Galeere, dem Staatsschiff, das auch nur bei ernsten und wichtigen Gelegenheiten ausfahre. Er trat für das Volk ein, gehörte ihm aber nicht an und empfand sein Leben lang nur aristokratische Verachtung für das Getümmel am Marktplatz.

Seine Macht verdankte er einem Erdbeben, ihren Verlust einer Seuche.

Das Erdbeben ereignete sich 464 v. Chr. in Sparta. Es war so heftig, daß in der Hauptstadt Sparta nur fünf Häuser stehen blieben und nicht weniger als ein Viertel der Bevölkerung durch Erdstöße verschüttet wurde. Die Heloten ergriffen die Gelegenheit, um sich zu erheben; sie verschanzten sich in den steilen, dicht bewachsenen Berghängen von Ithome. Die Spartaner, die den Aufstand aus eigener Kraft nicht niederschlagen konnten, riefen um Hilfe, worauf aus Ägina, Plataä und Mantinea Truppen herbeieilten. Als Athen um Entsendung eines Truppenkontingents gebeten wurde, setzte sich Kimon für eine Zusage ein, da er den Spartanern in alter Freundschaft verbunden war. »Wollt ihr dabeistehen und zusehen, wie ein Bein Griechenlands lahm wird«, fragte er, »und unsere Stadt einen Bundesgenossen verliert?« Er gewann die Oberhand, und viertausend bewaffnete Männer, ungefähr ein Drittel der Feldarmee Athens, wurden zur Bekämpfung der aufständischen Heloten entsandt.

Ephialtes hatte dagegen protestiert, einem Rivalen militärische Hilfe zu gewähren; es wäre besser, wenn Sparta, ohne Spuren zu hinterlassen, in der Erde versänke! Er ließ durchblicken, daß Kimon offenbar mehr an der Sicherheit Spartas interessiert wäre als an der seines eigenen Landes, und nützte dessen Abwesenheit, in der Ratsversammlung eine Reihe von Gesetzen durchzubringen, welche die Macht der Archonten wirkungsvoll beschnitten und ihnen nur einige Ehrenvorrechte beließen. Die Archonten waren der letzte Rest einer uralten aristokratischen Tradition. Wohl durften sie noch über Mordfälle richten, ihre übrige Tätigkeit aber wurde auf die Aufsicht über die heiligen Olivenbäume und das Vermögen der Gottheiten in Eleusis beschränkt. Als Kimon nach einigen Monaten, die mit unfruchtbaren Scharmützeln in den Bergen von Ithome ausgefüllt waren, zurückkehrte, war der Schaden bereits angerichtet. Es folgte noch Schlimmeres, denn von den heimkehrenden Kriegern erfuhr man, daß die Expedition ein Mißerfolg auf ganzer Linie gewesen war; die Spartaner selbst hatten die Rückkehr der aus Athen gesandten Truppe veranlaßt. »Die Spartaner waren von dem anmaßenden und revolutionären Geist der Athener erschreckt«, schreibt Thukydides, »und fürchteten, diese könnten zum Feind übergehen.« Deshalb schickten sie die Krieger vom Schlachtfeld fort, ohne einen rechten Grund anzugeben. Sie seien nicht mehr vonnöten, das war alles. Zweifellos hatte sich das athenische Fußvolk freimütig über die sozialen und politischen Zustände geäußert, die es in Sparta vorfand, und vielleicht – dies ist wahrscheinlich – war die Armee von Agenten der

Volkspartei durchsetzt. Ephialtes ergriff die Gelegenheit, Kimon des Hochverrats anzuklagen, weil er den Interessen des Königs von Sparta gedient hatte. Kimon kämpfte in dem Prozeß um sein Leben, da die Athener kein Mitleid mit denjenigen kannten, die sie als Verräter ansahen. Gegen Kimon sprach auch der Schimpf, der Athen durch die erzwungene Heimkehr der Truppen angetan worden war. Während Kimon auf die großen, für Athen erfochtenen Siege pochte, wies Ephialtes auf die Gefahr hin, die daraus erwachse, ließe man einen so nahen Freund des Königs von Sparta am Leben. Es wird erzählt, Kimon habe seine Schwester Elpinike zu Perikles gesandt, damit sie für ihres Bruders Leben bitte. Perikles hörte sie an und antwortete: »Elpinike, du bist zu alt, um dich in diese Sache einzumischen.« Doch dann sprach er vor Gericht vorsichtig und gemäßigt, und nach Plutarchs Ansicht war »Perikles unter allen Anklägern derjenige, der Kimon am wenigsten schadete«. Kimon wurde nicht zum Tode verurteilt, sondern auf zehn Jahre verbannt, ein noch nie dagewesener Erfolg für die Volkspartei. Ephialtes aber war es nicht vergönnt, seinen Triumph auszukosten; wenige Wochen später wurde er ermordet. Einige sagten, er wäre von einem angeworbenen böotischen Meuchelmörder im Solde der Partei Kimons getötet worden, andere jedoch meinten, es wären sogar seine eigenen Parteigänger gewesen, die ihn, eifersüchtig auf seinen Ruhm und seine wachsende Macht, ums Leben gebracht hätten. Uns jedenfalls ist nicht bekannt, wer ihn getötet hat.

Mit Perikles gelangte ein Mann an die Macht, der sich sein ganzes Leben hierfür vorbereitet hatte. Er scheint in jedem gegebenen Augenblick gewußt zu haben, was erforderlich war, um Ansehen und Größe Athens zu fördern. Eine seiner ersten Regierungshandlungen bestand in der Anordnung des Baues einer machtvollen Flotte, um Athen die Seeherrschaft zu sichern. Das Bündnis mit Sparta wurde aufgegeben, dafür aber der Abschluß anderer Bündnisse mit Argos und Thessalien zustande gebracht, wohl deshalb, weil beide Bündnispartner eingefleischte Feinde Spartas waren. Er war entschlossen, um jeden Preis die Machtposition zu halten, die Athen in der Ägäis innehatte, und stimmte weiteren Eroberungen erst zu, als er der Überlegenheit der eigenen Streitkräfte sicher war.

Er hielt die Fäden in der Hand, war aber niemals allein verantwortlich, war niemals Diktator. Offiziell übte er nur die einem *strategos* zukommende Gewalt aus, in Wahrheit aber beherrschte er während der nächsten dreißig Jahre Athen, wobei er alles einsetzte, was er besaß: Überredungskunst, Spiel mit den politischen Mächtegruppen und nicht zuletzt jene visionäre Vorstellung, der strahlende Glanz seiner Heimatstadt möge alle Nachbarstaaten übertrumpfen; in einer Rede an die Athener erklärte er mit ruhiger Zuversicht: »Ich bin nur von dem einen Wunsch beseelt, einen Staat zu schaffen, der dem Volk für immer zur Heimat wird.« Er glaubte, was er sagte. In dem Staat, der ihm vorschwebte, sollte es zwischen Göttern und Menschen keinen Unterschied geben: Tod und Leid würden gebannt sein, ewiger Friede herrschen und das Leben sollte nur edlen Zielen dienen.

Es gelang ihm natürlich nicht, einen solchen Staat zu gründen, aber wir dächten gering von der Kraft seines Charakters und der seines Idealbildes, verstünden wir nicht, wie sehr seine Absicht tatsächlich auf die Errichtung eines göttlichen Staates zielte, in welchem die Bürger oberste Herren ihres Schicksals und selbst den Göttern ähnlich leben sollten. Durch ihn gelangte Athen auf eine niemals gekannte und nie wieder erreichte Höhe, und sein Geist arbeitete in all den Jahren, da er an der Macht war, auf zwei verschiedenen Ebenen: er war einerseits der Visionär, der sein Athen zeitlos und im Licht der Ewigkeit gebadet sah, andererseits aber war er ein bedächtiger Gesetzgeber, gewandter Verwalter und vorsichtiger Beobachter der politischen Strömungen, der sich auf große Risiken nur einließ, wenn es ihm unvermeidbar schien; doch pflegte er in diesen Fällen verschiedene Pläne auszuarbeiten, um jedem Mißerfolg begegnen zu können. Sein Handeln war stets wohlüberlegt, aber die Visionen entsprangen den Tiefen seines Inneren, dessen Wurzeln bloßzulegen nicht einmal ihm selbst möglich gewesen wäre.

Die Volkspartei hatte ihn an die Macht gebracht, und er blieb sein Leben lang dieser Partei treu. Das Volk wünschte eine demokratische und repräsentative Regierung, worauf er die Einschränkungen für die Wahl in den Rat der Fünfhundert abschaffen ließ und alle Bürger für wählbar erklärte.

Kleisthenes hatte eine demokratische Regierungsform dadurch erreicht, daß er alle oder nahezu alle Regierungsämter den Bürgern gleichmäßig durch das Los zugänglich machte, wodurch jedermann in die Lage kommen konnte, dem Staat zu dienen, ohne jedoch die Möglichkeit zu haben, eine Machtposition zu erobern. Perikles erkannte die Schwäche des Systems.

Schuhmacher, Schiffslieferanten und Lehrer konnten dem Staat nur dienen, wenn sie vermögend waren oder Vertreter hatten, die während des Staatsdienstes ihre Arbeit übernahmen. Der Reiche konnte es sich leisten, dem Staat zu dienen, der Arme nicht. Perikles verfügte daher die Entlohnung der Staatsdiener aus dem Staatsschatz. Nun konnten die ärmsten Bürger im öffentlichen Dienst stehen, ohne sich vor einem Leben in ehrenvoller Armut fürchten zu müssen. Zuerst wurde eine Besoldung nur für die Mitglieder des Rates der Fünfhundert festgelegt. Dieses System wurde später auf Richter und Geschworene ausgedehnt und schließlich auch beim Militärdienst angewendet. Noch später wurden den ärmeren Mitbürgern Eintrittskarten für das Theater auf Staatskosten zur Verfügung gestellt. Dies geschah jedoch nicht im Geist der *panem et circenses,* also nicht etwa, um für die Unterhaltung der Armen auf Staatskosten zu sorgen, sondern im Hinblick auf den sakralen Charakter der Spiele, der den Ausschluß der wenig Begüterten nicht wünschenswert erscheinen ließ.

Wie wir von Plato hören, war allgemein die Ansicht verbreitet, Perikles habe durch dieses Entlohnungssystem die Athener verdorben, da sie hierdurch »faul, feige, geizig und geschwätzig« geworden seien. Perikles hätte darauf geantwortet, eine wahre Demokratie sei eine kostspielige Angelegenheit, die nur der Staatsschatz bestreiten könne. Er wäre auch bei der reinen Wahrheit geblieben, hätte er hinzugefügt, daß allfällige Mißbräuche lange nicht so bedeutungsvoll seien wie der Mißbrauch, der unter einer Tyrannenherrschaft mit dem ganzen Volk getrieben werde.

Perikles' erste Aufgabe bestand darin, Athen gegen jedes mögliche Bündnis seiner Feinde zu bewahren. Mit Thessalien und Argos als Verbündeten und einem Sparta, das seine Kräfte im Kampf gegen die Heloten in den Bergen verbrauchte, entschloß er sich, Athen den Weg zur Peloponnes zu öffnen, wobei es ihm gelang, Megara, das in einem blutigen Krieg mit Korinth lag, in sein Bündnissystem einzubeziehen. Die reiche und mächtige Insel Ägina, die abgesehen von Athen während der Perserkriege die meisten Schiffe entsendet hatte, war im Augenblick der gefährlichste Gegner. Die Führer von Ägina begriffen nur zu gut, daß der Fall Korinths auch ihren eigenen Untergang auslösen müßte, ebenso wie Athen wußte, daß die Herrschaft über den Golf von Saros nur mit einem Sieg über Ägina zu erkaufen war. Perikles, der sich keinen Illusionen hinsichtlich der Notwendigkeit eines unterjochten Ägina hingab, donnerte, diese Insel sei »der Dorn im Fleische des Piräus« geworden – es ist dies einer der wenigen Aussprüche, die wir ihm mit Sicherheit zuschreiben können – und setzte sich, unbarmherziger als man es von ihm gewohnt war, für die Zerstörung der Insel ein. Ägina ergab sich nach zweijähriger Belagerung, die Befestigungsmauern der Stadt wurden geschleift und die Insel gezwungen, dem zur Förderung des Reiches von Athen gegründeten Delischen Bund beizutreten. Darüber hinaus mußten die Besiegten einen jährlichen Tribut von dreißig Talenten entrichten; der Großgrundbesitz wurde beschlagnahmt und Siedlern aus Athen zugewiesen. Die Familien Platos und Aristophanes' gehörten zu denjenigen, die Land in Ägina erhielten.

Dennoch war nicht allen athenischen Unternehmungen der gleiche Erfolg beschieden. Im Jahre 459 v. Chr. segelte eine Flotte von etwa zweihundert Schiffen unter der Flagge des Seebundes nach Cypern, um die auf der Insel verstreuten phönizischen Städte und Garnisonen zu zerstören. Zur gleichen Zeit zettelte ein lybischer Häuptling namens Inaros in der Gegend des Nildeltas einen Aufstand gegen den persischen König an. Er sandte einen Hilferuf an die vor der Küste Cyperns kreuzenden Schiffe, und bald darauf wurde auf Befehl Athens die ganze Flotte nach dem Nil umgeleitet. Dieses Manöver wurde gegen den ausdrücklichen Wunsch und Willen von Perikles durchgeführt, der sich von einem Abenteuer keinen Nutzen versprach, das die Kräfte Athens weitab von der Heimat, in unbekannten Gewässern und gegen eine Streitmacht zum Einsatz brachte, mit der sie sich noch nie gemessen hatten. Die Flotte segelte nilaufwärts, trat mit Inaros in Verbindung, half ihm bei der Eroberung der nahe dem heutigen Kairo gelegenen Hauptstadt Memphis, und vielleicht wären sie an die Eroberung von ganz Ägypten geschritten, wenn sie nicht auf den ebenso hartnäckigen wie unerwarteten Widerstand der persischen Garnison im sogenannten Weißen Schloß gestoßen wären. Die Belagerung zog sich endlos hin. Indem sie einen Teil der Flotte zum Kampf gegen die phönizische Küste, den anderen zurück nach Athen, wo er dringend benötigt wurde, beorderten, scheinen die Griechen ihre Kräfte zersplittert zu haben. Dies gab den Persern Gelegenheit, in aller Ruhe ein starkes Heer aufzustellen, das Ägypten überrollte; die Griechen wurden aus Memphis vertrieben und im Delta auf der

Insel Prosopotis eingeschlossen. Dort wurden sie achtzehn Monate belagert, und während dieser Zeit arbeiteten Wasserbauingenieure daran, den Kanal abzuleiten, um den Persern die Durchquerung des Flußbettes und den Sturm auf die griechischen Befestigungsanlagen zu ermöglichen. Inaros wurde gefangengenommen und gepfählt. Nur ein geringer Teil der griechischen Besatzung kam mit dem Leben davon und konnte die lange Reise nach Kyrene antreten. Sie hatte sechs Jahre ihre Kräfte in Ägypten verbraucht ohne mit einem Ergebnis nach Hause zu kommen.

Über die Anzahl der Athener, die an dem ägyptischen Feldzug teilgenommen haben, besitzen wir heute keine Unterlagen, doch dürfte es sich um kaum weniger als ein Viertel des stehenden Heeres gehandelt haben. Die Athener lernten zu hohen Kosten, wie gefährlich es ist, an mehreren Fronten gleichzeitig zu kämpfen. Im Jahre 459 errichtete der erechtheische Tribus in Athen ein steinernes Monument mit den einhundertsiebenundsiebzig Namen der Angehörigen des Tribus, die in dem Feldzug gefallen waren. Über den Namen stand zu lesen:

Sie sind aus erechtheischem Geschlecht,
Diejenigen, die da starben, im Krieg in Zypern, Ägypten,
Phönizien, bei Haleis, Ägina, Megara, alle im selben Jahr.

Perikles wünschte Frieden, mußte aber Krieg führen. Fortwährend gab es Scharmützel mit den Korinthern. Auch Theben bildete gerade zu dieser Zeit einen Gefahrenherd, da die Oligarchen dieser Stadt im Verein mit Sparta einen böotischen Bund gründen wollten, der im Norden Athens ein Gegenstück zu der spartanischen Macht im Süden bilden sollte.

Für Athen bestand die Gefahr, zwischen diesen beiden Mühlsteinen zerrieben zu werden. Um ihr zu begegnen, setzte Perikles eine Armee nach Tanagra, der nächstgelegenen böotischen Stadt, in Marsch. Während er mit der Belagerung beschäftigt war, kehrte Kimon heimlich aus dem Exil zurück und bat, als einfacher Soldat in den Reihen seines Tribus kämpfen zu dürfen.

Das Gesuch, das er bereits an den Rat von Athen abgesandt hatte, war von diesem abgelehnt worden, so daß Kimons Leben in Gefahr war. Vor seiner Abreise übermittelte er den Männern seines Tribus eine Botschaft, in der er sie beschwor, tapfer für ihre Stadt zu kämpfen. Dann reiste er wieder ab. Dies wurde zu seinen Gunsten ausgelegt und auch bei der späteren Debatte, ob ihm die Rückkehr zu gestatten sei, nicht vergessen.

Die Schlacht von Tanagra im Sommer 457 v. Chr. brachte ebensowenig eine Entscheidung wie die zahlreichen anderen Schlachten, die in diesem Jahrhundert ausgefochten wurden. Die peloponnesischen Kräfte waren Herren des Tages, vermutlich, weil die thessalische Reiterei zum Feind überlief. Perikles kämpfte tapfer, warf sich in das vorderste Schlachtgetümmel und erwarb sich einen Ruf als kühner Krieger. Bei Einbruch der Dämmerung konnte jedoch für die Führer kein Zweifel mehr an dem unglücklichen Ausgang der Schlacht bestehen, denn eine Mauleselkolonne, die Nachschub bringen sollte, wurde von den nominell auf seiten Athens stehenden Thessaliern abgeschnitten. Trotzdem wurde die Schlacht die Nacht über und auch während des folgenden Tages fortgesetzt, bis sich Perikles entschloß, den allgemeinen Rückzug anzuordnen. Die Spartaner nahmen zwar den Sieg für sich in Anspruch, waren aber zu erschöpft, um in Richtung Athen vorzustoßen. Zur Erinnerung an ihren Sieg brachten sie einen goldenen Schild über dem Giebel des Zeustempels in Olympia an. Schon zwei Monate später entsendeten die Athener eine neue Armee nach Böotien, der mehr Erfolg beschieden war. Ganz Böotien, mit Ausnahme von Theben, geriet unter die Herrschaft Athens, und die Gefahr aus dem Norden war für eine gewisse Zeit gebannt.

Nun schickten sich die Athener an, die große Befestigungsmauer, die Athen mit Piräus verbinden sollte, zu errichten. In Wahrheit handelte es sich nicht nur um eine Mauer, sondern um eine ca. 9 km lange, mit Ziegeln gedeckte Befestigungsanlage, die aus Stein erbaut war und von einem mit Schießscharten versehenen Gang aus Ziegeln gekrönt wurde. Später sollten die Spartaner diese Anlage, welche die Form eines befestigten Tunnels hatte, vergeblich berennen. Es war beabsichtigt, Athen und Phaleron mit einem ähnlichen Wall zu verbinden, doch scheint dieser niemals fertiggestellt worden zu sein.

Mit Böotien, Megara und Argos in seiner Hand, dem zerstörten Ägina und der gesamten äginetischen Flotte in seinem Besitz, konnte Athen im Herbst 457 auf eine Reihe von Schlachten zurückblicken, die berechtigte Hoffnung auf dauerhaften Frieden gaben. Der saronische Golf war fast zu einem Binnenmeer Athens geworden. Da allem Anschein nach nicht Sparta, sondern Korinth der gefährlichste der noch nicht geschlagenen Feinde war, plante Perikles eine Reihe von Blitzfeldzügen gegen korinthische Stützpunkte. So wurde Chalkis besetzt, und bald darauf befehligte Perikles selbst eine Abteilung von athenischen Soldaten in ihrem Einsatz gegen Sikyon, wo er eine ihm entgegentretende Truppe schlug. Sodann setzte er mit einer achäischen Einheit nach Akarnanien über und belagerte dort die Stadt Öniadä, die er allerdings nicht einnehmen konnte; dafür verwüstete er die gesamte Umgebung. In diesen Kämpfen verloren nur wenige Athener ihr Leben, worauf sich das Ansehen von Perikles als militärischer Führer beträchtlich hob, da er sich nicht nur als Schrecken der Feinde Athens, sondern auch als Mann erwiesen hatte, durch dessen vorsichtige Kriegführung vielen Familien der Verlust von Angehörigen erspart geblieben war.

Mehr und mehr trug sich Perikles mit Friedensgedanken; er wollte Frieden mit Sparta, Frieden mit Persien. Um zum Abschluß eines Vertrages mit Sparta zu gelangen, schlug er vor, die Verbannung Kimons aufzuheben, und etwa um dieselbe Zeit dürfte er geheime Sendboten zum persischen König nach Susa geschickt haben. Der Sicherheit des Staates drohte nur mehr bei den Dardanellen Gefahr, da, wer immer die Meerengen beherrschte, die Zufahrt der Kornschiffe vom Schwarzen Meer verhindern konnte, für Athen eine Tatsache größter Bedeutung, weil mit dem Eintreffen ägyptischer Schiffe nicht mehr gerechnet werden konnte. Perikles entsandte daher eine Expedition nach der thrakischen Chersonesos, wo er die griechischen Städte durch Ansiedlung von tausend Einwanderern aus Athen stärkte. Überdies befestigte er die Meerengen gegen Angriffe kriegslustiger Stämme. Ungefähr um dieselbe Zeit gründete er Ansiedlungen in Naxos, Andros, Lemnos und Sinope am Schwarzen Meer. »Auf diese Weise«, schreibt Plutarch, »gelang es ihm, den Staat von vielen müßigen Agitatoren zu befreien, der armen Bevölkerung zu helfen und die Verbündeten zu überwachen, indem er Kolonisten in ihrer Nähe ansiedelte, um das Verhalten der Bundesgenossen zu beobachten.« Gegen zehntausend Athener fanden eine neue Heimat. Sie zeigten Freunden und Feinden Athens, wie sehr das Reich, immer noch von der Mehrheit der Bürger und daher demokratisch regiert, gewillt war, seine weit vorgeschobenen Grenzen zu sichern.

Ungefähr im Jahr 454 – das genaue Datum läßt sich nicht

mehr feststellen – gelang Perikles ein Handstreich, der es ihm ermöglichte, die Alliierten noch mehr als bisher unter die Herrschaft Athens zu bringen. Er schlug nämlich einer Tagung des Seebundes vor, den auf der Insel Delos verwahrten gemeinsamen Schatz nach Athen zu bringen. Er behauptete, Athen habe auf die Aufbewahrung des Schatzes Anspruch, denn die Vertreibung der Piraten aus den umliegenden Küstengewässern sei Athens Verdienst. Und sei nicht Athen unbestrittener Führer des Bundes? Und bliebe der Schatz in Delos, so hieße das, die Aufmerksamkeit der Phönizier darauf zu lenken, die immer noch über eine mächtige Flotte im östlichen Mittelmeer verfügten. Was die tatsächlichen Verhältnisse betrifft, so war der Schatz ohnehin bereits in der Hand Athens, da alle »Aufseher der Griechen«, die für den Schatz verantwortlichen gewählten Beamten, zu Athen gehörten. Es konnte daher der Transport von der dem Apollo geweihten Insel zur Akropolis von Athen von niemandem verhindert werden. Das Herrschaftsgebiet von Athen erstreckte sich nunmehr quer durch die Ägäis, ja sogar noch weiter. »Die besten Erzeugnisse Siziliens und Italiens, Cyperns, Ägyptens und Lydiens, von den Küsten des Schwarzen Meeres und der Peloponnes oder von welch anderem Ort immer man will, werden nach Athen versendet, alles als Folge des Aufstieges der Stadt zur Seegroßmacht.« So schrieb es der »Alte Oligarch« einige Jahre später in seiner *Konstitution der Athener.* Athen stand mit seinen zinnenbewehrten Befestigungsanlagen und seinen Kolonien auf dem Gipfel der Macht. Es verfügte über reichliche Geldmittel, und Kriegsschiffe kontrollierten unter seiner Flagge die Meere, von der Krim bis zum ägyptischen Delta, von Kleinasien bis zu den Küsten Italiens. Nun hatten die Athener Zeit und Muße, sich mit ihrer Stadt zu beschäftigen und sie so wieder aufzubauen, daß sie Ewigkeiten überdauern würde.

Man geht wohl in der Annahme nicht fehl, die häufigsten von Perikles gebrauchten Worte seien »Ewigkeit« und »Freiheit« gewesen. Dieser leidenschaftliche und unbeugsame Demokrat war der tyrannischste Mann, aber tyrannisch nur im Interesse seiner Vaterstadt. Sein Leben blieb im Dunkel, und nur unregelmäßig erschien er auf der Rednertribüne, wo er mit rascher und leiser Stimme sprach und sich nur selten eine Bewegung gestattete, um die Falten seines Gewandes zu raffen. Er vergaß nie, vor Beginn seiner Rede zu den Göttern zu beten, damit ihm kein unziemliches Wort entschlüpfe. Es wird erzählt, daß manchmal, aber nur selten, Blitze aus seinen Augen schossen und seine Stimme donnerte. Und gelegentlich hörte man, wie er zu sich sagte: »Erinnere dich, Perikles, du führst freie Menschen, Griechen, Athener.«

Seine von Kresilas geschaffene Porträtbüste ist uns nur in römischen Kopien erhalten. Mit nacktem Oberkörper, den Helm, unter dem dichte Locken hervorquellen, auf dem Haupt, mit gekräuseltem Bart, so blickt er uns auch heute noch mit einem Ausdruck intellektueller Überlegenheit und ungewöhnlicher Ruhe an. Er zeigt uns das Gesicht eines Mannes, der weiß, wohin er geht, weil er seinen Frieden mit den Göttern gemacht hat. Ein Mann, der niemals zweifelt, den richtigen Weg eingeschlagen zu haben. Aber die üblichen von der Porträtbüste angefertigten Photographien täuschen. Betrachtet man den Kopf von der Seite, so tritt das scharfe Profil und damit ein anderer Wesenszug des Mannes hervor. Die starke Nase und das schwere Kinn heben sich ab und weisen auf eigensinnige Entschlossenheit und unbarmherzigen Mut im Dienst eines Ideals hin. Freilich bemerkt man auch mehr als eine bloße Andeutung von Brutalität.

In seiner Natur hielten sich das philosophisch betrachtende und das handelnde Element die Waage. Nachkomme des »verfluchten« Geschlechtes der Alkmäoniden, konnte er der schweren Last der Verantwortlichkeit niemals entgehen: Das Bemerkenswerte an ihm war, daß er sich durch dreißig Jahre dieser Verantwortung stellte, ohne jemals seine Wachsamkeit zu verlieren. Er wachte über Athen wie eine Mutter, die für ihr Kind sorgt. Seine immerwährenden Bemühungen kreisten um Athen, und das Gedeihen der Stadt bildete seine ständige Belohnung.

»Sein Temperament war so leidenschaftslos und sein Leben so lauter und tadelsfrei, daß man ihn ruhig einen Olympier nennen könnte«, sagte Plutarch, und es war die reine Wahrheit.

18 Das goldene Zeitalter

Im Jahre 452 v. Chr. war Athen eine ärmliche, kleine Stadt zu Füßen der Akropolis, deren schmale Gassen mit den niederen Häusern aus ungebrannten Lehmziegeln eine Art Rad um den großen Felsen bildeten. Die Häuser waren wie Höhlen – dunkel, fensterlos und unhygienisch. Die engen, gewundenen Gäßchen zogen sich an den Felsen heran oder verliefen sich in der umliegenden Ebene. Athen glich einem orientalischen Elendsviertel, schlecht riechend und merkwürdig düster, als ob ein Fluch darauf ruhe. Ein Besucher aus Persien oder aus den ionischen Städten Kleinasiens mußte sich verwundert fragen, wie es möglich war, daß solch schäbige Ansammlung von Häusern einen derartigen Einfluß auf die Welt ausüben konnte.

In diesen Tagen fehlte der Stadt jegliche Anmut ebenso wie jegliche Spur der einstigen Größe unter den Peisistratiden. Die Perser hatten methodisch alle Tempel zerstört und die ganze Stadt in Brand gesetzt. Von den Tempeln und Palästen auf der Akropolis war nichts übriggeblieben als rauchgeschwärzte Trümmer und Säulenstümpfe. Um das *xoanon* der Athene – das hölzerne Abbild der Göttin, das in grauer Vorzeit vom Himmel herabgekommen war – zu beherbergen, war ein provisorischer Tempel errichtet worden, aber sonst gab es kein einziges Gebäude auf dem Hügel. Kimon hatte eine Mauer mit einem kleinen Eingang um die Akropolis errichten lassen, und Themistokles hatte die Stadt mit einer Mauer umgeben: Diese massiven Mauern verliehen der Stadt das Aussehen eines Heerlagers. Und es war auch ein Heerlager, denn die Athener hatten ohne Unterbrechung fast vierzig Jahre lang Krieg geführt.

Fast gab es keine Stadt; eher waren es ein paar Dörfer am Fuße eines Felsens. Es gab keine geschmückten Tore mit bemalten Kacheln wie in Persien, keine von steinernen Bestien bewachten Prozessionsstraßen wie in Memphis, keine Monumente, keine Statuen.

Sogar hundert Jahre später, als Athen, wiederauferstanden aus den Ruinen, zur schönsten Stadt der Welt geworden war, ließ sich wenig Gutes über seine Straßen sagen, die noch immer so wirr und verschlungen waren wie eh und je. Dikäarchos, ein

Schüler Aristoteles', beschrieb die Stadt als »staubig und mit Wasser schlecht versorgt, wegen der Überreste aus alter Zeit miserabel in ihrer Anlage, die Mehrzahl der Häuser ärmlich und nur sehr wenige schön. Ein Fremder wird bei ihrem Anblick zweifeln, daß dies Athen ist.«

Den Athenern, die sich in endlosen Diskussionen über das Wesen der *polis* verloren, gelang es niemals, eine Stadt zu bauen, in der die Menschen bequem leben konnten, und sie legten auch sehr wenig Wert auf Bequemlichkeit. Sie errichteten herrliche Tempel für ihre Götter, aber niemand fiel es im goldenen Zeitalter ein, für sich selbst einen Palast zu bauen.

Die Reichen lebten außerhalb der Mauern auf ihren Besitzungen; die Armen lebten in ihren trostlosen Hütten. Nur ihrer gesunden Konstitution und der kräftigen Sonne war es zu verdanken, daß sie nicht wie die Fliegen starben. Da und dort mündeten die schmalen Gassen in Felder mit Olivenbäumen oder Weideland, wo die Schafe grasten, aber bald dehnte sich die Stadt aus, und die kleinen Landstücke verschwanden immer schneller. Überall sah man Armut, Bettelei und Sklaverei. Halb verwilderte Hunde strichen umher; sie waren nützliche Straßensäuberer, denn der Abfall wurde einfach zum Fenster hinausgeworfen und die Gasse als Latrine benützt. In jedem Hof und manchmal auch in den Häusern selbst waren Schweineverschläge, und der Mist aus diesen Verschlägen ergoß sich in die engen Straßen, in die sich auch die Haustüren öffneten und die so schmal waren, daß zwei Esel kaum nebeneinander gehen konnten. Aus den Malariasümpfen südlich der Stadt kamen die Seuchen, und der heiße Sommerwind brachte Sandstürme, so daß die Menschen nur verschleiert gehen konnten. Die Kranken hinkten auf ihen Krücken einher und waren in blutige Fetzen gehüllt, die Reichen trugen glänzende ionische Gewänder und ritten mit Schabracken bedeckte Pferde.

Was dem Besucher vor allem andern auffiel, war der erstaunliche Lärm, der den ganzen Tag und fast die ganze Nacht herrschte; das fortwährende Gewieher der Pferde und Esel, das Quietschen der Schweine, das Zwitschern der Singvögel, der ohrenbetäubende Chor der Zikaden und schließlich das andauernde schrille Geschrei der Athener selbst. Ununterbrochen riefen oder schrien sie sich etwas zu, fortwährend waren lautstarke Diskussionen im Gang. Sie liebten den Klang ihrer eigenen Stimmen und verachteten die Stille. In diese Töne mischten sich in den Jahren nach den persischen Kriegen die charakteristischen hämmernden Klänge der neuen Gewerbe. Schwert- und Eisenschmiede, Steinmetze, Waffenschmiede, Radmacher, Wagenbauer, Maurer — sie alle trugen das Ihre bei, um den Lärm zu vergrößern.

Alle Berichte stimmen darin überein, daß es einen Platz gab, der an Lärm alles andere übertraf. Es war die *agorá*, wo die Athener täglich bis Mittag ihren Markt abhielten. Vor ihren kleinen Ständen und den aus ein paar Brettern und Flechtwerk gezimmerten Buden wetteiferten die Händler miteinander, wer das größte Lärmvolumen produzieren konnte. Man sagt uns, die Fischhändler seien die lautesten gewesen, die ordinärsten, streitsüchtigsten und die geschicktesten in der Kunst, das Gewicht knapp zu bemessen, aber die Myrtenverkäufer standen ihnen kaum nach. Myrtenzweige wurden in Kränze und Kronen geflochten, auf Gräber und auf Altäre gelegt. Blühende Zweige wurden im Haar getragen oder über die Haustüre gehängt. Die Myrtenverkäuferinnen waren die lautesten übelsten Weiber des ganzen Marktes und für wenig Geld als Flötenspielerinnen oder Prostituierte zu haben. Die Fischhändler und die Myrtenverkäufer noch übertönend aber war die schreckliche Stimme des Herolds, der die Räumung des Marktplatzes anzuordnen pflegte, so daß jedermann der Volksversammlung beiwohnen konnte. Hierauf wurde das lange, in frische rote Farbe getauchte Seil über dem Marktplatz hin- und hergefegt. Jeder, der nun in den Straßen Athens mit einem roten Farbfleck angetroffen wurde, mußte wegen Fernbleibens von der Versammlung eine Geldstrafe auf sich nehmen.

Die gellende Stimme des Herolds war Absicht: Sie sollte eine explosive, fürchterliche Wirkung haben und die Leute davonjagen, damit sie den Rednern zuhörten.[1] Aber den Athenern gefielen ihre eigenen Stimmen am besten. Noch lange, nachdem der Herold seine schrecklichen Rufe ausgestoßen hatte, sah man Menschenansammlungen auf dem Marktplatz, die sich in wilden Debatten heiser schrien. Hier griff die skythische Polizei ein und trieb die Leute mit ihren Stöcken auseinander.

Die Redner der Volksversammlung trainierten ihre Stimmen, um sie laut und durchdringend zu machen und jede Opposition zu übertönen. Obwohl ein Beobachter behauptete, die Leute

[1] Die Athener mußten den Marktplatz räumen, um der Volksversammlung auf der Pnyx beizuwohnen.

»lauschten gebannt mit offenem Mund wie gebratene Fische«, gibt es hinlänglich Beweise, daß die Athener nur selten gebannt waren und meistens murrten, schrien, fluchten und ihrer Zustimmung oder Ablehnung in lauten Rufen Luft machten. Sogar als Sokrates vor Gericht um sein Leben kämpfte und ein letztes Mal um Gerechtigkeit bat, wurde er fortwährend unterbrochen. Die Diskussion wurde von den Athenern als besondere Kunst gepflegt; Zwischenrufe zugunsten der einen oder anderen politischen Partei wurden sorgfältig geplant, und die bezahlte Claque störte nur zu oft die Maschinerie der Demokratie.

Die Athener waren *connaisseurs* von Stimmen, verglichen sie ununterbrochen, hoben ihre Feinheiten hervor, besprachen ihre Resonanz, Flexibilität und Musikalität, so als ob die menschliche Stimme ein eigenes Leben besäße, unabhängig von dem, was sie aussagt. Männer wie Perikles, die »einen Donnerschlag auf der Zunge trugen«, wurden besonders bewundert. Kleon, ein leidenschaftlicher und effektvoller Sprecher, beklagte sich bitter, daß die Athener »dem Genuß der Ohren hilflos ausgeliefert seien und politischen Versammlungen beiwohnten, als besuchten sie eine Vorstellung der Sophisten; in dieser Beziehung seien sie von Beratern des Staates weit entfernt«. Ein humorvoller Dichter nannte die Athener »Ohreneulen, sie allein unter den Griechen«. In der Frage der Stimmen behauptete jeder Athener, ein Experte zu sein.

Als Aristoteles eine Sammlung von Büchern über die Redekunst zusammenstellte, um seine eigene *Rhetorik* zu schreiben, war er teils amüsiert, teils entsetzt, wie viele von ihnen sich mit den speziellen Tricks des Vortrages und der Kunst, die Schwäche des menschlichen Herzens auszunützen, befaßten, und wie wenig sie sich mit der logischen Darlegung einer Sache beschäftigten; sie kodifizierten den Betrug bis ins letzte Detail. Sophistik war nicht die Erfindung der Sophisten, jener Philosophen, die eifrig über das Wesen des Universums debattierten, sondern der Rhetoriker und insbesondere der Lehrer der Rhetorik.

In ihren Reden waren die Athener ausgeprägte Individualisten; in ihrer Religion bildeten sie eine Gemeinschaft.

Sie weihten ihr Leben den Göttern und waren fromme Gläubige. Kaum wußten sie zu sagen, wo das Leben der Götter aufhörte und ihr eigenes begann. Sie verehrten sie leidenschaftlich, mit tiefer Hingebung und Überzeugung, und es konnte auch nicht anders sein, da sie glaubten, die Götter gingen an ihrer

Seite. Die wichtigste Pflicht jedes Bürgers von Athen war die Verehrung der Götter; alle anderen Pflichten – Reden halten, den Lebensunterhalt verdienen, heiraten, Kinder großziehen, Steuern zahlen, in Kriegszeiten als Soldat dienen, der Volksversammlung beiwohnen und Beamte wählen – erhielten ihre Sanktion von den Göttern, und in den Augen der Athener wären sie ohne diese Sanktion bedeutungslos gewesen. Jedes Gesetz begann mit einem Tribut an die Götter, jede öffentliche Versammlung mit einem Gebet.

Nach dem göttlichen Plan kam alle Macht von den Göttern, deren Mysterien wieder und wieder gefeiert wurden. Die Götter hatten ihre Riten und Liturgien, sie verlangten ihre Opfer und belohnten diejenigen, die ihnen dienten. Jeder der olympischen Götter besaß seine eigenen Priester, welche die angemessenen Riten und Gottesdienste zelebrierten, während Akolythen und Tempeldiener ihnen zur Seite standen. Die Kalender waren voll von religiösen Festen.

In Athen wurde Zeus im November als der Gott der Winterstürme verehrt und im Februar, wenn die Stürme vorüber waren, als Gott der sanften Milde. Apollo war der Gott des Frühlings, wenn man ihm bei den Thargelien die ersten Früchte darbrachte, der Gott des Sommers, wenn man ihm im ersten Monat des Jahres hundert weiße Bullen opferte, und der Gott des Herbstes, wenn er die mit roter und weißer Wolle und Herbstfrüchten geschmückten Ölzweige empfing. Das große Fest der Athene war im Juli, im August folgte das *Metageitnion,* ein anderes Fest zu Ehren des Apollos, bei dem man sein Geschick, die Menschen zu gutem Einvernehmen zu bewegen, feierte. Demeter und Persephone wurden im September anläßlich der Eleusinischen Mysterien verehrt, und in dem darauffolgenden Monat wurde Demeter in den *Thesmophorien* gefeiert, einem Fruchtbarkeitskult, bei dem die Frauen nicht nur um Fruchtbarkeit für ihre Felder, sondern auch für sich selbst beteten. In den Wintermonaten kamen die *Lenäen,* die *Anthesterien* und die *Großen Dionysien,* bei denen allen Dionysos mit trunkenen Orgien, Theaterstücken und blumengeschmückten Prozessionen gefeiert wurde. Mit Dionysos waren mehr Feste verbunden als mit irgendeinem anderen Gott, was aber nicht bedeutet, daß er mehr verehrt wurde als die anderen. Es war vielmehr so, daß Dionysos der menschlichste aller Götter war und der, dessen Verehrung am meisten Freude machte. Zeus, Athene oder Apollo zu verehren, war kaum nötig;

sie waren allgegenwärtig und überall, die Luft erfüllend und den Stein, aus dem Athen erbaut war. Sie waren die herrlichen Herrscher, die schon vor langen Zeiten die größtmögliche Macht an sich gerissen hatten.

Alle diese Feste wurden vom Staat organisiert und von staatlichen Beamten überwacht. Die Feste wurden abgehalten, um die »öffentlichen« Götter zu ehren, aber den privaten Göttern des Herdes und des Heimes wurden noch viel mehr Ehren erwiesen. In jedem Haus fanden sich Statuen von Hekate, der Göttin der Nacht, und von Hermes, dem Todesboten. Es gab Götter des Stammes und des Klans, und es gab die fremden Götter, die von weither nach Athen gekommen waren und niemals vollkommen heimisch wurden. Wohin immer ein Mensch seinen Blick wenden mochte, er fand einen Gott, der darauf wartete, ihn zu schützen oder zu verderben.

Die Athener des klassischen Zeitalters waren abergläubisch wie die Bauern. Überall gab es Zauberer und Magier, Wahrsager sangen in den Straßen, Hexen versprachen gegen geringes Entgelt den Mond herabzuholen, und jeder Vorfall wurde zum Omen, das man gläubig bestaunte. Fiel ein Tropfen Regen auf die Volksversammlung, so hielt man dies für ein von Zeus gesandtes Zeichen seines Mißfallens, biß sich eine Maus durch einen Sack oder schrie ein Hahn zu später Stunde, stand ein Unheil bevor. Und wenn sie in den Krieg zogen, wurden sie stets von den Sehern begleitet, die vor der Schlacht die richtigen Opfer darzubringen und die Eingeweide zu untersuchen hatten, in denen geheimnisvolle Botschaften der Götter zu lesen waren.

In Xenophons *Anabasis* gibt es kaum eine Seite, auf der nicht von Opfern die Rede ist, dargebracht, um den Willen der Götter kennenzulernen. Schwer lag die Last des Aberglaubens auf der Stadt, aber nicht schwerer als die Last des Aberglaubens, der zweitausend Jahre später die Zeitgenossen Elisabeths von England bedrückte, und wie diese, so liebten auch die Athener ihre Laster von ganzem Herzen. Die Knabenbordelle an den Hängen des Lykabettos besuchten sie ebenso gerne wie die Hurenviertel des Kerameikos. Sie kannten keine Scham, denn für Menschen, die der Körper entzückte, die fortwährend nackt in den Gymnasien badeten und meinten, alles Böse würde vom Wasser weggewaschen, war körperliche Scham undenkbar. Die Frauen waren dem Manne nicht untertan, sondern nahmen am Leben der Stadt teil, besuchten die Theater und gingen zu allen religiösen Festen.

Sie waren dem Mann überall, außer in der Politik, gleichgestellt, und wenn wir Aristophanes und dem *Menexenos* von Plato, in dem berichtet wird, wie Aspasia die Grabreden von Perikles verfaßte, Glauben schenken dürfen, besaßen sie soviel politischen Einfluß wie sie nur wollten.

So also war dieses Volk geartet — grausam, zart, schön, intelligent, fromm und abergläubisch —, das in der kurzen Zeitspanne von einigen Jahren einen Ruinenhaufen in einen Ort der Herrlichkeiten verwandelte.

DER PARTHENON

Als Perikles um das Jahr 452 v. Chr. begann, den Wiederaufbau der von den Persern zerstörten Tempel zu planen, hatte er die reichen Schätze von Delos, die zwei Jahre vorher nach Athen verbracht worden waren, zur Verfügung, und die größten Bildhauer und Architekten Griechenlands zu seinen Diensten. Aber das war nur der Anfang. Die ganze Bürgerschaft sollte an dem Bau der Tempel teilhaben und so geschah es, daß es kaum einen Menschen in Athen gab, der nicht Anteil an dem Wiedererstehen der Tempel hatte.

Nichts, was dieser absoluten Hingabe an das Göttliche vergleichbar wäre, hatte es je vorher gegeben, und wir werden nichts dergleichen finden, bis wir zum Frankreich des 12. Jhd. kommen, als ganze Städte sich an dem Bau der Kathedralen beteiligten. Während die Bürger darangingen, einen der Athene würdigen Tempel zu errichten und all die anderen Tempel zu bauen, die Athenes göttlichen Segen erhielten, traten alle Beschäftigungen des täglichen Lebens in den Hintergrund. »Die Leute von Chartres spannten sich selbst vor die mit Steinen oder Holz beladenen Karren«, schrieb Robert de Torigny im Jahre 1144. »Eine Stimmung der Reue und Demut herrschte überall, und jeder vergab seinen Feinden. Triumphierend sangen die Menschen unter dem Joch und der Peitsche, lobpreisend die Wunder, welche Gott vor ihren Augen geschehen ließ.« Ein Athener, der die Geburt des Parthenon miterlebte, hätte Ähnliches berichten können.

Jedes Handwerk, jede Wissenschaft und jede Kunst wurde in den Dienst der Tempelbauten gestellt. Jahrhunderte nach ihrer Fertigstellung berichtet Plutarch über die verschiedenen Berufsgruppen, die unmittelbar beteiligt waren. »Die Materialien waren Marmor, Bronze, Elfenbein und Zypressenholz«, schreibt er, »und die Handwerker und Künstler, die sie bearbeiteten, waren die Schmiede, Zimmerleute, Maurer, Kupfer- und Goldschmiede, Maler, Sticker und Drechsler. Ihre Anlieferung auf dem Seeweg beschäftigte Kaufleute, Matrosen und Schiffsherren, auf dem Landweg Fuhrwerker, Pflasterer, Viehzüchter, Seiler, Flachsspinner, Gerber, Eisengießer und Bergleute. Jedes Handwerk wurde von einem Meister beaufsichtigt, unter dem die Gesellen und Lehrlinge ihrem Rang entsprechend dienten. Und da sämtliche Stände vertreten waren, hatten Leute aller Klassen und Berufe teil an dem Wohlstand.«

Perikles war selbst verantwortlich für den allgemeinen Plan, und er bildete mit den Architekten Iktinos und Kallikrates sowie dem Bildhauer Phidias ein Komitee, um seine Durchführung zu organisieren. Phidias hatte bereits die gewaltige Zeusstatue in Olympia geschaffen, und da er nicht nur ein genialer Bildhauer, sondern auch ein Mann von großer Willenskraft und unbezähmbarem Stolz war, nahm er es auf sich, die riesigen Figuren der beiden Giebel zu meißeln, und es ist durchaus möglich, daß er jede einzelne Figur des Frieses selbst entworfen hat. Ein Michelangelo erlaubte niemandem, die Arbeit für ihn zu tun, und Phidias war in dieser Hinsicht nicht anders; Kunstschüler und geringere Bildhauer wurden dazu verwendet, die Lehrlingsarbeiten auszuführen, während er sich den Entwurf und den letzten Schliff jeder Figur selbst vorbehielt. »Alles«, so sagt Plutarch, »stand praktisch unter seiner Kontrolle, denn er beaufsichtigte sämtliche Handwerker, und dies war das Resultat seiner engen Freundschaft mit Perikles.«

Trotz Verschiedenheiten in der Behandlung weisen die Kompositionen von Giebel und Fries genug Gemeinsames auf, um sie einem einzigen Schöpfer zuschreiben zu können. In den Giebelfeldern haben wir eine unerhörte Kühnheit der Konzeption, in dem Fries die sanfte Zartheit einer angehaltenen Bewegung. Die auf den Giebeln dargestellten Götter – auch jene, die ruhen und die Szene betrachten – strahlen eine ungeheure Energie aus. Trotzige Auflehnung ist spürbar, wenn sie den Sieg Athenes und Poseidons verkünden, des Meeresgottes, dessen Anwesenheit durch die Zerstörung der persischen Flotte erklärt werden kann, obwohl es schon lange her war, daß er seinen Wohnsitz auf der Akropolis hatte, im Fels den Abdruck seines Dreizacks hinterlassend und einen Salzquell eröffnend, der die Akropolis auf geheimnisvolle Weise mit dem Meer verband. Trotzdem gehört der Tempel Athene, und nur durch ihre Gunst ist auch Poseidon anwesend.

Wir kennen das ursprüngliche Aussehen der Giebel aus Zeichnungen von Jacques Carrey von Troyes, einem Künstler im Dienste des Marquis de Nointel, dem französischen Gesandten in der Türkei, der Athen 1674 besuchte. Carreys Zeichnung des Westgiebels gibt uns eine fast vollkommene Darstellung der ur-

Abb. 7 Giebel des Athene-Tempels auf der Akropolis, Zeichnung von Carrey

sprünglichen Komposition. Wir sehen Poseidon sich zurücklehnen, um seinen Dreizack gegen einen unsichtbaren Feind Athens zu richten, während Athene in der einen Hand den heiligen Ölzweig trägt, mit der anderen zwei herrliche Pferde im Zaum hält – Symbole der chaotischen Naturkräfte, die von ihrer göttlichen Kraft gebändigt werden. Athene und Poseidon werden im Augenblick heftiger Bewegung dargestellt, und diese Bewegung pflanzt sich in turbulenten Wellen über die ganze Länge des Giebels fort, wie Gischt an den Ecken sich brechend. Das Thema der Bändigung der wilden Pferde wird auf dem Fries wiederholt, aber ohne die explosive Heftigkeit, ruhig, ohne den geordneten Zug der Prozession zu stören.

Die Gegenwart der beiden Götter verbreitet unter den vielen Figuren des Giebels heiligen Schrecken. Alle drängen zusammen, einige lehnen sich angstvoll nach rückwärts, andere starren fiebernd nach vorne – von einem Ereignis betäubt, dessen Bedeutung sie nicht erfassen können. Eine der Jungfrauen schaut in die Ferne, scheinbar unberührt von dem Tumult, während eine andere aufspringt, als wolle sie sich auf die Pferde stürzen. Ihr kraftvoller Torso zählt heute zu den Schätzen des Lord Elgin-Saals im Britischen Museum, ebenso wie der Flußgott, dessen Kopf fehlt. Er ist auf Carreys Zeichnung ganz links zu sehen, wie er sich auf seinem linken Arm erhebt und sich umwendet, um das wunderbare Erscheinen der Götter zu betrachten.

Die Namen aller Figuren zu erraten, ist kaum möglich. Das springende Mädchen mag die Engelsbotin Iris sein, denn ihre Schultern tragen Einkerbungen, die auf Flügel hindeuten, und die geduckten, sich drängenden Figuren mögen die alten Götter und Göttinnen darstellen, die über die Stadt geherrscht hatten, bevor Athene die Macht ergriff. Neben der engelsgleichen Iris steht eine Figur, die über die Schulter nach rückwärts blickt; sie mag Hermes, den Götterboten, verkörpern. Der Flußgott ist vielleicht nach dem *Ilissos* oder dem *Kephissos* – beides durch Athen fließende Flüsse – genannt worden.

Der Ostgiebel, der von dem Besucher zuerst erblickt wird, wenn er den steilen Hügel der Akropolis erklimmt, war bereits zu Carreys Zeiten arg beschädigt, und so konnte er nur die beiden Eckfiguren zeichnen. Pausanias bezeichnet die Darstellungen des Giebels als die Geburt der Athene. Es war eine leichte Geburt, denn sie entsprang in voller Größe dem Haupt des Zeus. Die erhaltenen Skulpturen zeigen die Götter in Ruhe, die Gegenwart der neugeborenen Göttin genießend. Dionysos ruht müßig auf einem Pantherfell neben Demeter und Persephone, die beisammen sitzen, während am anderen Ende des Giebels eine üppige Aphrodite sich in die Arme ihrer Mutter Dione schmiegt. Es ist der Augenblick der Ruhe, der einer Geburt folgt. Die ganze Welt ist neu und frisch, und die sanften Winde bewegen kaum die prächtigen Gewänder.

Obwohl nur Bruchstücke der Giebelfiguren erhalten geblieben sind – ein kleiner Teil ist im Akropolis-Museum, während sich die größeren Arbeiten im Britischen Museum befinden –, sehen wir sie heute vielleicht deutlicher, als sie die Griechen jemals sahen, denn wir sehen sie als Skulpturen, während sie für die Griechen bemalte Puppen waren, geschmückt mit Goldhaar, rosa Gesichtern und grellen roten und grünen Gewändern. Goldene Schilder, goldene Dreizacke, goldene Sandalen und Kronen glänzten überall.

Ebenso verhält es sich mit dem großen Fries, der sich – zwölf

Meter über dem Boden – wie ein Band um den Tempel schlang, von den Säulen halb verborgen. Dieses geschlossene Band von Reliefs, ursprünglich mehr als 150 Meter lang, war den Bürgern von Athen gewidmet, die damit zu dem Rang der Göttin erhoben wurden. Da es nur ungenau gesehen werden konnte, wurden die stärksten Farben benützt, um den einzelnen Figuren Schärfe und Prägnanz zu verleihen, während der Hintergrund in einem leuchtenden Blau gehalten war. Die Westfront, wahrscheinlich als erstes gemeißelt, zeigte die jungen Reiter und ihre Diener bei den Vorbereitungen zur Teilnahme an der Panathenäenprozession. Wir sehen, wie sie ihre Stiefel anziehen, die Pferde striegeln oder einfach in ruhiger Gelassenheit wartend dastehen. Alle sind erstaunlich unbefangen, bewußt der eigenen Schönheit innerhalb der größeren Schönheit der Prozession. Langsam bewegen sie sich fort, die Pferde setzen ihre Hufe im Takt der Musik, bis sie an einer Wegbiegung von einem Festordner aufgehalten werden, der ihrer Ungeduld mit erhobenem Arm Einhalt gebietet – die Geste der Athene auf dem Giebelfeld wiederholend.

Einige Jünglinge tragen Kränze, andere Mäntel, die lose über ihre Schultern fallen; wieder andere haben geschmückte Helme und Lederkürasse über ihren kurzen Tuniken. Manche sind in kostbare Mäntel gekleidet, die wie Tücher hinter ihnen herwehen. Keine Steigbügel, keine Satteldecken; Zaumzeug und Zügel aus gehämmertem Gold sind verschwunden. Die Wirkung ist die einer Schaustellung geballter, jugendlicher Energie und unwiderstehlicher Kraft, gleichzeitig aber einer großen Ruhe. Die Wagen folgen; es sind eigens für die Prozession bestimmte Wagen, denn im klassischen Zeitalter zog kein Athener mehr im Streitwagen in den Krieg. Dann kommen die Älteren, die Flöten- und Leierspieler, die Knaben, welche den Wein tragen, dazu bestimmt, in die Flammen der Opferfeuer geschüttet zu werden, und die weißen Kälber und Schafe, die auf dem Altar Athenes den Opfertod sterben werden. Auf dem Fries der Südfront sehen wir die Reiterscharen nochmals, und wieder werden sie von musizierenden Jünglingen, Gaben bringenden Knaben und zur Opferung bestimmten Tieren begleitet. In der südöstlichen Ecke springt ein junges Kalb auf einen Jüngling zu, der fast zu Boden fällt, und daneben schmiegt sich ein anderes Kälbchen ängstlich an einen Knaben – eine Arbeit von ergreifender Schönheit.

Auf dem östlichen Fries sehen wir Mädchen, welche in Krügen und Schalen die Trankopfer herbeibringen. Auch hier sind Götter anwesend, die den Zeremonien zu Ehren Athenes beiwohnen werden: Poseidon neigt sich flüsternd zu Apollo, Artemis lächelt Aphrodite zu, der lahme Hephaistos, auf seinen Stock gestützt, ist in ein Gespräch mit Athene vertieft, während Zeus zusieht und alle anderen Götter herbeidrängen. Ein Gefühl gespannter Ruhe und Erwartung erfüllt die Szene, wie bei Menschen, die sich an einer Hochzeitstafel niederlassen. Aber es gibt kein Fest, der Höhepunkt des Geschehens ist das Falten des *peplos*, des heiligen Gewandes, welches das Volk von Athen seiner geliebten Göttin darbringt. Es ist die denkbar einfachste Handlung, und doch besitzt sie – wie die Darbietung der Kornähre bei den Eleusinischen Mysterien – die Kraft, das Herz zu erfreuen.

Innerhalb des Parthenons stand die gewaltige Gold- und Elfenbeinfigur der jungfräulichen Göttin Athene in all ihrer Majestät, mit allen Insignien ihrer Herrschaft. Schild, Speer und Gewand waren aus purem Gold und ebenso Sandalen und Helm. So stand sie in der Dunkelheit der *cella*, nur von dem Licht erhellt, das durch die schwere Doppeltüre kam oder vielleicht von dem matten Schein der Sonne, der durch eine Alabasterplatte in dem Holzdach eindrang; gleißend inmitten der Schatten, zu gewaltig und ehrfurchtgebietend, um ganz begriffen zu werden. Ein paar Minuten lang, in der Morgendämmerung, wurde sie zu loderndem Gold, denn der Tempel schaute nach Osten, und die ersten Strahlen der aufsteigenden Sonne fielen auf sie. Den Rest des Tages aber war sie in geheimnisvolles Dunkel gehüllt.

Die Arbeiten am Parthenon wurden 447 v. Chr. begonnen und 432 v. Chr. beendet. Ein derartiges Tempo konnte nur von einer hoch organisierten und disziplinierten Gemeinschaft eingehalten werden. Bei der Ausführung gab es keinerlei Unachtsamkeiten. In neun Jahren erstand der ganze Parthenon mit seinen 58 Säulen und über 500 Figuren. »Es geschieht selten«, bemerkt Plutarch, »daß Ungezwungenheit und Schnelligkeit ein Werk von zeitloser Größe oder vollkommener Harmonie hervorbringen, und aus diesem Grund sind die Arbeiten von Perikles um so wunderbarer, denn sie wurden in einer sehr kurzen Zeit ausgeführt, um eine sehr lange Zeit zu überdauern. Sobald sie errichtet waren, besaßen sie die Ehrwürdigkeit des Alters, und heute, da sie sehr alt sind, besitzen sie die Kraft und die Frische von Gebäuden, die gestern erbaut wurden.«

Kaum war der Parthenon beendet, als man sich entschloß, ein palastartiges Tor zu bauen, als eine Art Auftakt zu dem Tempel. Es sollte viel mehr werden als nur ein Tor. Man plante Empfangsräume und Bildergalerien, aber obwohl die Haupteingangshalle und eine Bildergalerie der Propyläen fertiggestellt wurden, blieb der Rest dieses aufwendigen und teuren Projektes unvollendet, da man die Arbeiten 432 v. Chr. zu Beginn des Peloponnesischen Krieges einstellte.

Elf Jahre später, während einer Ruhepause im Krieg, begann man die Arbeiten an dem Erechtheion, einem seltsamen Bau von erlesener Schönheit, dazu bestimmt, die heiligen Reliquien zu beherbergen; nicht nur das *xoanon* der Athene, sondern auch Abbilder von Erechtheus, dem König mit dem Schlangenleib, der in sagenhafter Vorzeit über Athen geherrscht hatte, und seines Zwillingsbruders Butes, beides Söhne von Poseidon, sowie von Kekrops, eines späteren Königs und seiner Tochter Pandrosos, was »mit Tau bestäubt« bedeutet. Dieser kleine jonische Tempel wurde nahe dem Nordrand der Akropolis errichtet. Es war heiliger Boden, denn hier hatte – nach der Überlieferung – Athene mit Poseidon um den Besitz von Attika gekämpft und hier entsprang der Salzquell Poseidons, der ein leises Murmeln hören ließ, wenn der Wind von Süden blies, und der Abdruck seines Dreizacks war in den Felsen zu sehen. Hier war auch der heilige Ölbaum und irgendwo in der Nähe lebten die heiligen Schlangen.

Das Erechtheion diente vielen Zwecken, und nicht der unwichtigste war es, dem Tempelkomplex, der durch die Gewichtigkeit des Parthenons, der massiven Vorhalle und der dazwischenliegenden Gebäude den Eindruck der Schwere erweckte, Leichtigkeit und Lockerheit zu verleihen. Der zierliche Tempel für Athene Nike, ein größerer Tempel der Artemis Brauronia und eine lange Säulenhalle, die Chalkothek, die als Waffenkammer gedient haben mag, drängten sich südwestlich des Parthenons. Das Erechtheion, ganz in Blau und Weiß, glich Schwingen, die die Gedanken der Menschen über die Schwere der Monumente emporhoben.

Es war Tempel, Grabstätte und Schrein zugleich. Hier wachte Athene über die alten Götter, um sie an einem Wiederauferstehen zu hindern. Hier war sie mit dem heiligen Prachtgewand, dem *peplos*, bekleidet, und eine goldene Lampe stand neben ihr, die niemals erlosch; der Rauch stieg durch einen ausgehöhlten bronzenen Palmbaum ins Freie. Daneben befand sich das Grab des Kekrops, auf das kein Regen fallen durfte, weshalb man es mit einer kleinen Vorhalle umschloß. Es war die Korenhalle (Kore = Mädchen), deren Gebälk nicht von Säulen, sondern von Frauengestalten getragen wurde, den Priesterinnen der Athene, reich gekleidet, mit den heiligen Körben auf dem Kopf. Sie sollten das Grab beschützen, aber auch die Macht der Göttin über die alten Legenden symbolisieren.

Die Korenhalle öffnete sich nach Süden. Im Norden führte der Weg durch eine Vorhalle zu den Kulträumen von Erechtheus, Butes und Poseidon. Auch ein Altar des Hephaistos scheint hier gewesen zu sein, der mit Athene in Verbindung stand, weil er die Axt geschmiedet hatte, die das Haupt des Zeus spaltete und damit ihre Geburt einleitete. Im Westen war eine der Pandrosos geweihte Halle, das Pandroseion.

Alle diese Kulträume umschloß ein Gebäude von seltsam aufgelockerter Anlage, Zartheit und Kraft, wie ein Kreuz geformt und auf verschiedenen Felsebenen erbaut. Athenes Raum war besonders geheiligt; ihm gegenüber stand der Altar des Zeus, auf welchem an ihrem Festtag die weißen Kälber geopfert wurden.

Der Parthenon ist vollkommen männlich, das Erechtheion vollkommen weiblich. Es besitzt die Eigenwilligkeit, die fast unheimliche Anmut und die Freude, sich zu schmücken, die einer wahrhaft schönen Frau eigen ist. Nirgends ist eine Andeutung von Strenge. Hier hat Athene ihre Rüstung abgelegt und trägt ihre weichen Gewänder, hier läßt sie sich zu einer verschwenderischen Häuslichkeit nieder, spielt mit den Schlangen, pflegt ihren Ölbaum und wacht über die toten und die sterbenden Götter der Vergangenheit.

Der gewaltige Gebäudekomplex der Akropolis war nur ein Teil eines reichen und überaus sorgfältig geplanten Programmes. Während dieser ganzen Periode wurden neue Gebäude auf der Agora errichtet. Alle Amtsgebäude wurden erneuert und die zwei großen Säulenhallen mit Geschäften und Ämtern, die Stoa des Attalos und die Stoa Poikile (poikilos = bemalt), boten den Spaziergängern Schutz und Unterhaltung. Auf einem den Marktplatz überschauenden Hügel wurde der Tempel der Athene und des Hephaistos errichtet, der einzige Tempel Athens, der vollkommen erhalten ist. Über den Marktplatz führte die neue Prozessionsstraße zum Parthenon. Dieses gesamte Areal war neu und glänzend, leuchtend mit dem kostbaren pentelischen Marmor. »Ich wünsche«, sagte Perikles, »daß ihr jeden Tag von neuem eure Augen auf die Größe Athens richten und daß ihr es lieben sollt.«

DIE PANATHENÄEN

Es fiel nicht schwer, sich in die Herrlichkeiten Athens zu verlieben. Die Stadt lag gebadet in dem milden Glanz der jugendlichen Göttin. Athene war eine Göttin von eindringlicher Überzeugungskraft und fast dämonischer Energie, aber wenn es ihr gefiel, konnte sie sanft und gütig sein; es war ihre Güte, die von der Akropolis ausströmte, während ihr Donner den Feinden der Stadt vorbehalten war. Die Pracht Athens war ein Spiegelbild ihrer lächelnden Gegenwart.

An ihrem Geburtstag im Sommer wurde eine große Prozession abgehalten, und jedes vierte Jahr gab es eine besonders prächtige Prozession. Mit den großen Panathenäen erwiesen die Athener ihrer Göttin, aber auch sich selbst, die höchsten Ehren. An diesem Tag öffneten sich die Tore der Gefängnisse, und Sklaven durften mit ihren Herren feiern. Aber während überall Fröhlichkeit herrschte, vollzog sich die eigentliche Prozession in einer Atmosphäre tiefen Ernstes, denn in ihrem Innersten war Athene eine strenge Göttin von ungeheurer, unvorstellbarer Macht, weit davon entfernt, nur göttliche Beschützerin Athens zu sein; ihr Bereich erstreckte sich über die ganze griechische Gemeinschaft und die griechischen Kolonien. Niemand vergaß, daß bei ihrer Geburt der Olymp gezittert und die Erde aufgeschrien, daß die Meere getobt und die Sonne in ihrem Lauf innegehalten hatte.

Wie alle Zeremonien, so entwickelten sich auch die Panathenäen nur allmählich. Anfangs wurde der Geburtstag der Göttin mit Pferde- und Wagenrennen gefeiert, und die ursprüngliche Prozession bestand nur aus ihren Priestern und Ministranten sowie jungen Reitern und Wagenlenkern. Solcherart ist die Prozession, die wir auf dem Fries des Parthenon sehen. Peisistratos erweiterte die traditionellen Zeremonien durch athletische Wettkämpfe, und man lud Rhapsoden ein, ihre Gedichte an die Göttin vorzutragen. Die einfachen, schlichten Zeremonien der früheren Tage wurden aufgegeben, denn es war die Absicht Peisistratos', Athene als die Rivalin des olympischen Zeus darzustellen und Athen zu dem geheiligten Ort ihrer Mysterien zu machen. Anstelle des einfachen, wollenen Gewandes, das früher für sie gewoben wurde, gab er ihr ein mit Darstellungen ihrer Kämpfe gegen die Giganten reich besticktes Gewand; mit der Zeit nahm dieses Gewand die Größe eines Schiffssegels an.

Während des perikleischen Zeitalters wurden die Panathenäen mit einer Pracht- und Prunkfülle gefeiert wie niemals vorher. Neun Monate lang webten und stickten Frauen und Jungfrauen aus den angesehenen Familien Athens an dem riesigen, safrangelben Gewand, welches während der Prozession, für jedermann sichtbar, von dem Mast eines auf Rädern rollenden Schiffes hing; das Schiff gab dem heiligen Gewand den Rahmen, aber gleichzeitig symbolisierte es auch die Herrschaft Athens über die Meere.

Bei Tagesanbruch versammelten sich die Feiernden in dem Äußeren Kerameikos, und in der Morgendämmerung begaben sich die neun Archonten auf die Akropolis, um die Ankunft der Prozession zu erwarten. Mit den ersten Sonnenstrahlen bewegte sich der gewaltige Menschenzug langsam und feierlich auf der Heiligen Straße durch die Stadt. Leier- und Flötenspieler machten den Anfang. Dann kamen Fußsoldaten und Reiter, hierauf die Sieger in den Wettkämpfen, gefolgt von den mit goldenen Kronen und Blumenketten geschmückten Priestern; sodann die Opfertiere, Schafe und weiße Rinder, hinter ihnen alte bärtige Männer mit Ölzweigen in der Hand. Es folgte das Schiff der Athene mit gekrönten und geschmückten Priestern und Priesterinnen, flankiert von den vornehmsten Jungfrauen Athens, die sehr langsam im Takt der Musik vorwärtsschritten. Andere Mädchen mit Ölzweigen, Weinkrügen, Weizenkuchen und den langen gekrümmten Messern für die Opferung folgten nach. Dahinter Jünglinge mit Gold- und Silberplatten, Frauen und Mädchen aus den Kolonien mit Wein- und Ölkörben auf dem Kopf, und Fremde, die durch ihre hellen roten Mäntel hervorstachen und zu Ehren von Zeus Xenios, des Beschützers der Fremden, Eichenzweige trugen. Am Ende der Prozession gingen die Gesandten der fremden Länder.

Jedes Detail der Prozession folgte einem komplizierten Protokoll. In gewissen Abständen waren Festordner postiert, um darauf zu achten, daß die Prozession sich ordnungsgemäß und im vorgeschriebenen Tempo vorwärtsbewegte. Von dem Äußeren

Kerameikos zog die Prozession zu dem Eleusinion, umschritt es einmal, und erreichte, an dem Pelargikon und dem Pythion vorbeiziehend, den westlichen Eingang der Akropolis. Bei den Propyläen scheint sich die Prozession geteilt zu haben; während sich die Frauen direkt zum Erechtheion begaben, schritten oder ritten die Jünglinge und Männer um den Parthenon. Die Opfer wurden auf dem Zeusaltar vor dem Erechtheion dargebracht. Zu Ehren Athenes tanzten die Soldaten den pyrrhischen Tanz mit viel Waffengeklirr und Schilderschlagen. Hymnen wurden gesungen und das bestickte Gewand sorgfältig gefaltet, um es der Göttin darzubieten; das geopferte Fleisch verteilte man unter Priester und Feiernde.

So sah die Prozession aus, die sich in einer regenbogenfarbenen Welle durch Athen ergoß, um der Göttin ein Gewand zu bringen; aber fast jede Woche bildeten sich andere Prozessionen, um dem oder jenem geringeren Gott zu huldigen. Nur eine Prozession kam den Panathenäen an Prunk und Herrlichkeit gleich, und diese fand Ende März am ersten Tag der Großen Dionysien statt, wenn der Frühling in der Luft lag und sich die See nach den Winterstürmen beruhigt hatte; dann strömten die Menschenmengen aus dem umliegenden Land in die Stadt. Das war der Tag, an dem das *xoanon* des Dionysos aus seinem Tempel im Sumpfland südlich der Akropolis entfernt und zu einem Schrein außerhalb des Dipylon nicht weit von der Akademie getragen wurde. Auf seinem Fluchtversuch nach Eleutherä wurde Dionysos von einer feierlichen Prozession begleitet, die von Dithyramben singenden Jünglingen, teils in voller Rüstung, teils nackt und alle mit Blumen geschmückt, angeführt wurde. Es folgten die zur Opferung bestimmten Rinder und Schafe, die Priester des Dionysos und die Jungfrauen mit Körben auf dem Kopfe, welche die kultischen Geräte enthielten. Hinter ihnen die ganze Bevölkerung Athens und der umliegenden Dörfer, alle fröhlich gekleidet, mit Blumenkränzen oder Masken angetan, alle wilde Lieder singend, die den neuen Wein priesen. Auf der Agora wurde eine kurze Pause gemacht, während ein Chor vor den Statuen der Götter Gesänge und Tänze aufführte. Dann ging es weiter durch das Dipylontor, tanzend und singend in die offenen Felder.

Bei dem kleinen Schrein des Dionysos wurden weitere Dithyramben gesungen, Rinder und Schafe geopfert und der Wein ausgeschenkt und verteilt. War das Fest vorüber, so legten sich die Teilnehmer auf Efeublättern zur Ruhe oder tranken und feierten weiter. Am Nachmittag wurden Wettkämpfe der Chorsänger veranstaltet, und bei Einbruch der Nacht formierten sich die Feiernden zu einem trunkenen Zug, der sich im Fackelschein tanzend und singend der Stadt zu bewegte. Das war der *komos,* die triumphale Heimkehr des Gottes. Aber der Tempel war nicht mehr sein Heim. Statt dessen stellten blumenbekränzte Jünglinge die Holzfigur auf den Altar des Theaters, wo sie für weitere fünf Tage des Festes verblieb, um auf die zu ihren Ehren aufgeführten Tragödien und Komödien herabzublicken. Während dieser fünf Tage wurde das Theater zum Tempel des Gottes, und die Dramen zu seinen heiligen Mysterien.

19 Sophokles

Es lag in der Natur der Dinge, daß sich die Form der Tragödie nach Aischylos ändern mußte und menschlicher, weicher und lyrischer wurde. Aischylos zeigte die Welt der Götter und der großen Kriegerkönige, furchterregende Gestalten, deren Stimmen wie das Schlagen der Hämmer über die Bühne schallten. Auch Sophokles beschrieb die Götter und die Kriegerkönige, aber er machte sie menschlich und verständlich; er verlieh ihnen Milde. In allen sieben uns erhaltenen Stücken herrscht eine Atmosphäre feierlicher Ruhe. Die furchtbarsten Dinge geschehen — Antigone verhungert in ihrer Grabkammer, Herkules ringt in einem vergifteten Gewand mit dem Tode, Ödipus sticht sich die Augen mit der Spange seiner toten Frau aus, die sich erhängt hat —, und doch, obwohl der Schrecken überall vorherrscht, bleiben Würde und Tapferkeit der Helden viel stärker in unserem Gedächtnis haften. Mit einer geheimnisvollen Ruhe bewegen sie sich ihrem Tod entgegen.

Wie Sophokles die Charaktere seiner Helden und Heldinnen sah, überragten sie die gewöhnlichen Sterblichen nur um Weniges. Sie atmeten die gleiche Luft wie die Menschen auf dem Marktplatz, und man sah sie durch die vertraute, lichterfüllte Landschaft Attikas zwischen den Tempeln und kahlen Felsen einhergehen. Sie unterschieden sich von den gewöhnlichen Sterblichen nur durch ihre größere Kühnheit und ihre verzweifelte Entschlossenheit, dem Schicksal zu trotzen. Nichts Geheimnisvolles oder Geisterhaftes ist um sie.

Das Aussehen, das sie uns zeigen, ähnelt in der Tat Sophokles selbst, der für seine körperliche Schönheit, seine Liebenswürdigkeit und sein Geschick im Tanzen berühmt war. Aristophanes beschreibt ihn als einen Mann, »zufrieden mit der Welt über und unter ihm«, und diese königliche Zufriedenheit, die nichts mit Ergebenheit zu tun hat, ist auch für seine Helden charakteristisch. Aischylos war ein harter Krieger, der bei Marathon gekämpft hatte. Sophokles erlebte nur wenige Kämpfe, aber mit sechzehn Jahren sehen wir ihn bei den Feierlichkeiten nach dem Sieg bei Salamis als Anführer des Knabenzuges, nackt, gekrönt, eine Leier in der Hand.

Er wurde in dem kaum mehr als eine Meile nordwestlich von Athen gelegenen Kolonos als Sohn eines Schwertschmiedes geboren, der während der Perserkriege ein Vermögen gemacht hatte und seinem Sohn alle Vorteile des Reichtums angedeihen lassen konnte. Sophokles gewann Preise im Ringen und in der Musik. Er war siebenundzwanzig Jahre, als er zum Rivalen des alternden Aischylos wurde und den Dichterpreis gewann. Es war das Jahr, in dem Kimon von seiner Expedition nach Skyros zurückkehrte und die Gebeine von Theseus mitbrachte. Die Richter überlegten noch, ob sie den Preis Aischylos oder Sophokles zuerkennen sollten, als Kimon, von seinen Generälen begleitet, einen triumphalen Einzug in das Theater hielt. Da die Richter zu keinem Ergebnis kommen konnten, forderte man Kimon und neun seiner Generäle auf, die Entscheidung zu treffen; einstimmig erklärten sie Sophokles zum Sieger. Nach der Überlieferung wurde Aischylos krank vor Bestürzung und bestieg wutentbrannt ein Schiff, um den Rest seines Lebens in Sizilien zu verbringen.

Die Geschichte mag wahr sein; sie paßt gut zu dem, was wir über Sophokles' glückliche Veranlagung wissen, mit Leichtigkeit und Sicherheit zu erreichen, was immer er erstrebte. Eine Art von Glückseligkeit lag über seinem ganzen Leben. Im Jahre 440 v. Chr. begleitete er Perikles als einer der zehn Strategen nach Samos, um die Revolte der Adeligen zu unterdrücken. Später bekleidete er das Staatsamt eines Schatzmeisters des Attischen Seebundes, und nach der sizilischen Niederlage von 413 v. Chr. wurde er ein Mitglied des Komitees für öffentliche Sicherheit. Tief gläubig, errichtete er einen Schrein für Herakles und wurde zum Priester eines der heiligen Götter. Er war ein Freund von Herodot und dichtete eine Ode zu dessen Lob; als Euripides starb, zeigte er seinen Schmerz, indem er Schauspieler und Chor ungekrönt auftreten ließ. Plutarch sagt von ihm, er habe im Alter mit größter Leichtigkeit und Einfachheit geschrieben, und auch das ist etwas, was wir von einem Mann erwarten können, der seinen Reifungsprozeß mit einer so großen Ausgeglichenheit und Ruhe vollendete. Die Geschichte, daß ihn sein Sohn Iophon als alten Mann vor Gericht brachte und verlangte, zum Verwalter seiner Güter eingesetzt zu werden, da der Vater senil sei, mag eine unerfreuliche Erfindung sein, daß aber Sophokles den Richtern als Beweis seiner vollkommenen Zurechnungsfähigkeit eine Ode aus *Ödipus* auf Kolonos vorgelesen haben soll, wäre eine heitere Bestätigung seines Selbstbewußtseins. Er starb 406 v. Chr., einige Monate später als Euripides, und laut Phrynichos »endete sein Leben ohne jeglichen Mißton«. Zum Zeitpunkt seines Todes war er neunzig Jahre alt und hatte die glorreichste Epoche der griechischen Geschichte miterlebt. Sein Tod kam gerade im richtigen Augenblick. Im folgenden Jahr verlor Athen die letzten Reste seiner Flotte bei Ägostopamoi und war der Gnade seiner Feinde ausgeliefert.

Von dem lebenden und atmenden Sophokles sind uns nur wenige flüchtige Eindrücke überliefert. Plato erzählt in »*Die Republik*«, wie Sophokles im Alter gefragt wurde, ob er noch fähig zur Liebe sei. Seine Antwort: »Ruhe, wenn ich bitten darf! Es bereitet mir das größte Vergnügen, diesen Vergnügen, die wilden, wütenden Herren gleichen, entkommen zu sein.« Ob er nun der Liebe abgeschworen hatte oder nicht, jedenfalls scheint er noch in hohem Alter eine junge Kurtisane namens Archippe in sein Haus genommen zu haben. Ihr früherer Liebhaber Smikrides, befragt, was Archippe denn mache, antwortete darauf: »Sie sitzt dort wie eine Eule zwischen Gräbern.« Auf seine Liebe zu Knaben gibt es viele Anspielungen. Die ausführlichste stammt von dem Dichter Ion, der eine Begegnung mit ihm beschreibt:

Ich traf Sophokles, den Dichter, auf Chios, als er als General nach Lesbos fuhr. Er war vergnügt und schlau. Hermesilaos, einer seiner Freunde und Konsul von Athen, war gerade zu Gaste, als ein hübscher, errötender Knabe vor dem Feuer erschien; es war der Mundschenk. Sicherlich fand Sophokles an dem Knaben Gefallen, denn er sagte: »Möchtest du, daß ich mit Vergnügen trinke?« und als der Knabe erwiderte: »Ja, sicherlich«, meinte er: »Dann sei nicht zu rasch, mir den Kelch zu reichen und wieder zu entziehen.« Im Becher war ein Strohhalm und als der Knabe ihn zu entfernen versuchte, fragte ihn Sophokles, ob er den Halm auch deutlich sehe. Der Junge erklärte, ihn sehr gut wahrnehmen zu können. Hierauf Sophokles: »Dann blase ihn weg — ich möchte nicht, daß deine Finger naß werden.« So brachte der Junge sein Gesicht nahe an den Becher, während Sophokles den Becher solcherart an seine Lippen zog, daß sich die beiden Köpfe immer mehr näherten; und dann, als der Knabe ganz nahe war, schloß ihn Sophokles in die Arme und küßte ihn. Alles klatschte und es gab viel Gelächter und lautes Rufen, weil Sophokles ein so guter Trick gelungen war. Sophokles sagte: »Ihr seht, ich habe Strategie geübt, denn Perikles sagte mir, ich sei kein besonderer General, obwohl ich Gedichte schreiben könne. Meint ihr nicht, daß meine Strategie sehr erfolgreich gewesen ist?«

So also benahm sich gelegentlich ein Mann, dessen Schriften eine so unglaubliche Heiterkeit und Gelassenheit ausstrahlten, daß sie vielleicht nur eine Maske waren für seine fiebernde Feinfühligkeit.

Von den sieben erhaltenen Stücken sind es drei – sie bilden den Ödipuszyklus –, die nach allgemeiner Ansicht seine Meisterwerke darstellen. Es sind dies *König Ödipus*, *Ödipus auf Kolonos* und *Antigone*, und von diesen kann man nicht sagen, daß eines das andere übertreffe, denn alle drei bewegen sich auf höchster Ebene, ohne auch nur einmal herabzusinken, und dies mit einem an das Wunderbare grenzenden Einfühlungsvermögen und Verständnis. Wenn wir ein Stück von Aischylos sehen, so tönt in unseren Ohren das Grollen des Donners, die Stimmen und ihr Echo hallen zwischen den düsteren Felsen, Adler kreisen in den von Blitzen erhellten Himmeln: Die ganze Natur ist in das Verhängis des Helden miteinbezogen. In den Stücken von Sophokles vollziehen sich die Ereignisse im hellen Sonnenlicht, und das Verhängnis der göttlichen Helden entsteht nur durch sie selbst. Fast gleichen die Helden von Aischylos Schlafwandlern, die durch die dunkle Nacht der Seele ziehen. Ödipus und Antigone sind hellwach, und sie wandern über eine uns vertraute Erde.

Obwohl die drei Stücke einen Zyklus bilden, wurden sie nicht nacheinander geschrieben, und zwischen der Aufführung des ersten und des letzten Stückes liegt ein Intervall von vierzig Jahren. *Antigone* wurde um das Jahr 441 v. Chr. geschrieben, als Sophokles bereits über fünfzig Jahre war. *König Ödipus* kam zwanzig Jahre später, und *Ödipus auf Kolonos* wurde erst nach dem Tod des Dichters, im Jahre 401 v. Chr., zum ersten Mal aufgeführt.

In *Antigone* – um bei der Reihenfolge ihrer Entstehung zu bleiben – werden wir mit dem einfachen Konflikt der Treue konfrontiert, der durch den Entschluß Antigones und ihres Gegners, ihre Treue über die Grenzen menschlicher Vernunft hinaus zu erfüllen, zu einem Höhepunkt des Grauens getrieben wird. Auf Befehl König Kreons muß der Leichnam von Polynikes, der bei dem Versuch, die Herrschaft an sich zu reißen, getötet wurde, unbestattet bleiben; das ist die letzte Strafe für Verräter und Usurpatoren, und diejenigen, welche sich diesem Gesetz nicht beugen, müssen gesteinigt werden. Antigone, die Schwester von Polynikes, verstößt gegen das Gesetz, indem sie heimlich Erde auf den Leichnam streut und damit den uralten Brauch der Bestattung vollzieht. Sie wird gefangengenommen, erklärt sich aber für unschuldig: ja, sie habe das königliche Gesetz gebrochen, wofür sie zu sterben bereit sei, aber es gäbe ein mächtigeres Gebot, ein göttliches Gesetz, das Liebe und Mitleid für die Toten fordere, und diesem sei sie gefolgt. Kreon verurteilt sie zum Tode — mit innerlicher Angst, da sein Sohn Hämon sich von ihm lossagt. Am Schluß erhängt sich Antigone, Hämon bedroht seinen Vater mit dem Schwert, um sich dann selbst über der Leiche seiner Braut zu erstechen. Dem Sohn folgt die Gattin Kreons in den Tod. Zuletzt sieht man Kreon allein, inmitten der Zerstörung, die er selbst über sein Haus gebracht hat. »Führt mich hinweg«, schreit er, ». . . es wankt, alles wankt. Was mir zu Händen, was über dem Haupte mir; auf mich brach das Schicksal grauenvoll herein!«

Die langsame Steigerung des Unheils vollzieht sich im hellen Licht des Tages, ruhig, in geordneter Weise. Es gibt keine Rettung; Schritt für Schritt nähern sich die Gestalten ihrem Verhängnis. Kreon ist kein Bösewicht. Er ist nur ein Mann, der das bürgerliche Gesetz vertritt, schwach in allem, außer in seinem Wunsch, den Bürgerfrieden zu erhalten, die Gerechtigkeit mit etwas Milde versüßend, wissend, daß es keine Lösung gibt außer der Vernichtung der Beteiligten. Aber fast bis zum Ende ist er entschlossen, für das Gesetz, wie er es versteht, zu kämpfen. Zu spät wird er weich, denn zu diesem Zeitpunkt ist Antigone bereits tot und sein Sohn ein Rasender. Der Tod der trauernden Königin ist der letzte furchtbare Schlag, der das Stück beendet.

Die Rolle des Chors ist merkwürdig ambivalent, aber nur in dem Sinn, in dem zwei Waagschalen es sind. Seine Aufgabe ist es, das Gleichgewicht zu erhalten, die unvermeidliche Tragödie aufzuschieben und auf die Einhaltung der göttlichen Gesetze zu achten. Der Chor ist daher gleichzeitig beteiligt und zuschauend — eine Verbindung zwischen dem Publikum und dem Geschehen auf der Bühne. Er warnt, bittet, fordert und stellt den Personen ununterbrochen Fragen, während im Geiste des Zuschauers noch mehr Fragen auftauchen. Wiederholt wirft der Chor Antigone vor, »die äußersten Grenzen der Kühnheit zu überschreiten und gegen die festgelegten Gesetze zu verstoßen«. In solchen Momenten scheint er auf der Seite Kreons zu stehen, aber in Wahrheit ist der Chor weder auf der Seite Kreons noch Antigones. Gegen die Warnungen vor dem maßlosen Ungehorsam gegen das Gesetz stehen die Worte des Chores, welche die grenzenlose Macht der menschlichen Liebe preisen:

O Eros, Unbezwinglicher!
Du, der erstürmt, was dir verfallen,
Der heimlich versteckt auf der Jungfrau
Zartblühenden Wangen lauert:
Hin übers Meer schweifst du, besuchst
Ländliche Wohnstätten;
Und kein ewiger Gott kann dir entrinnen,
Kein sterblicher Mensch, des Tages Sohn,
Und ergriffen rast er.
Du lockst auch unschuldigen Sinn
Dahin in Schuld, die ihn verderbet.
Du hast auch eben die Zwietracht
Des Vaters und Sohnes entzündet.
Im Blick der holdseligen Braut
Leuchtet der Sehnsucht Macht.
Siegreich, thronend im Rat hoher Gesetze,
Denn nimmer bezwingbar, übt ihr Spiel
Aphrodites Gottheit.[1]

Der noch berühmtere Chor über die Herrlichkeit des Menschen wird eingeschaltet, nachdem Kreon Befehl zur Festnahme von Antigone gegeben hat, die es gewagt hatte, Erde auf den besudelten Leichnam Polynikes' zu streuen. Im nächsten Augenblick wird sie erscheinen — mit gebeugtem Haupt, aber ohne Reue. Es gibt Stellen in diesem Chor, welche die Kühnheit des Menschen preisen, aber es scheint wichtig, darauf hinzuweisen, daß der Chor Antigones Handlung gutheißt; das Bestreuen des Leichnams mit Erde wird mit dem Bestreuen des Bodens mit Samen verglichen und der Zähmung der Tiere; beides Handlungen, die

[1] Sophokles Antigone, nach der Übertragung von Christian Donner

gegen die natürliche Ordnung der Dinge sind, aber für den Menschen von Wichtigkeit. Der Chor verkündet, der Menschen Ungehorsam habe sie dazu geführt, die Erde zu vergewaltigen und das Königreich der Tiere zu versklaven, aber wer darf behaupten, er habe damit ein Verbrechen begangen? Es ist ein langer Chor, aber er muß zur Gänze zitiert werden, weil er eines der wichtigsten Dokumente des griechischen Ethos darstellt. Hier verkündet Sophokles die Menschenrechte gegenüber den Göttern:

Vieles Gewalt'ge lebt, doch nichts
Ist gewaltiger als der Mensch,
Denn selbst über die düstere
Meerflut zieht er, vom Süd umstürmt,
Hinwandelnd zwischen den Wogen
Die ringsumtoste Bahn.
Die höchste Göttin auch, die Erde,
Zwingt er, die ewige, nie sich erschöpfende,
Während die Pflüge sich wenden von Jahr zu Jahr,
Wühlt sie durch der Rosse Kraft um.
– – –
Flüchtiger Vögel leichte Schar
Und wildschwärmendes Volk im Wald,
Auch die wimmelnde Brut der See
Fängt er, listig umstellend sie
Mit netzgeflochtenen Garnen,
Der vielbegabte Mensch.
Er zwingt mit schlauer Kunst des Landes
Bergdurchwandelndes Wild, und den mähnigen
Nacken umschirrt er dem Roß mit dem Joche rings,
Wie dem freien Stier der Berghöh'n.
– – –
Und das Wort und den luftigen Flug
Des Gedenkens erfand er, ersann
Staatsordnende Satzungen, weiß dem ungastlichen
Frost des Reifes und
Zeus' Regenpfeilen zu entfliehn.
Überall weiß er Rat;
Ratlos trifft ihn nichts
Zukünft'ges; vor dem Tode nur
Späht er kein Entrinnen aus.

Doch für der Seuchen schwerste Not
Fand er Heilung.
– – –
In Erfindung listiger Kunst
Weit über Verhoffen gewandt,
Neigt bald zu Bösem, zu Gutem bald, achtet hoch
Der Heimat Gesetz,
Der Götter schwurheilig Recht,
Hebt die Stadt. Ihr ein Fluch,
Lebt, wer, frech gesellt
Dem Laster, voll Trotz sich bläht.
Mög' er nicht an meinen Herd
Gelangen noch in meinen Rat,
Solch ein Frevler![2]

Obwohl der letzte Vers sich ganz zu Gunsten Kreons, des Vertreters der Staatsgesetze, ausspricht, ist alles Vorhergegangene ein Triumphschrei zu Gunsten der Würde des Menschen. Schon im Klang der ersten Verse schwingt Begeisterung. Die Menschen sind nicht nur wundervoll, sie sind herrlich, fast jenseits jeder Vorstellung; nicht nur können sie wilde Tiere zähmen, die Erde pflügen und sich vor den Elementen schützen, sondern sie besitzen auch unglaubliche Kräfte im Guten wie im Bösen, und es gibt keine Höhen, die sie nicht erreichen, keine Tiefen, in die sie nicht sinken können. Indem er die Würde und die Rechte des Menschen proklamiert, verkündet Sophokles, daß die Götter von den Menschen ebenso abhängig seien, wie die Menschen von den Göttern. Der Mensch ist kein gefallener Engel; der Mensch ist göttlich.

Das einzigartig Herrliche der Griechen ist die Tatsache, daß sie bereit waren, dieses Urteil über den Menschen anzunehmen. Es war kein neues Urteil, denn es ist bereits in dem homerischen Helden und in Pindars Verherrlichung des Athleten zu finden, und wirklich gab es kaum einen Dichter oder Philosophen, der nicht daran glaubte, daß die Menschen in irgendeiner Weise vom Hauch des Göttlichen berührt wären. Plato legt gleiche Worte, die sehr wohl seine eigenen sein könnten, in den Mund von Protagoras. In seiner Beschreibung, wie die Menschen auf die Erde kamen, sagt Protagoras: »Da die Menschen am Gött-

[2] Sophokles Antigone, nach der Übertragung von Christian Donner

lichen teilhaben und in einer besonderen Beziehung zur Gottheit stehen, waren sie die ersten, die an Götter glaubten und ihnen Altäre und Statuen errichteten.« So sprachen die Griechen auch manchmal von außerordentlichen Dichtern und Philosophen als *theoi* und drückten damit aus, sie wären »gottähnlich« oder zumindest »vom Hauch des Göttlichen berührt«.

Aber in *»Antigone«* sind die Götter nicht oft gegenwärtig. Abgesehen von den großen Chören und der mitreißenden Rede, in welcher sich Antigone zu ihrer Schuld bekennt und sich in ihr verherrlicht, ist in der unaufhaltsamen Entwicklung des Dramas zu Ruin und Katastrophe eine gewisse einsame Kälte. Wir sympathisieren mit Antigone, denn sie ist nur allzu menschlich, man darf aber nicht vergessen, daß die alten Griechen auch mit Kreon sympathisierten, der Frau und Sohn verliert, und ohne Klagen seine Niederlagen hinnimmt. Etwas Heroisches ist am Ende um ihn, aber es ist nicht der feurige Heroismus eines großen Mannes; auch er ist nur allzu menschlich.

Mit *»Ödipus«* gelangen wir in eine vollkommen andere Dimension. In diesem Mann, der sowohl gesegnet als auch verflucht ist, der sowohl dem Himmel wie der Erde angehört, brennt ein heroisches Feuer, denn er ist mehr als ein Mensch; er ist ein von göttlichem Wahnsinn umfangener Mann, geheimnisvollen Prophezeiungen ausgeliefert. Ihm steht ein außerordentliches Ende bevor, und der Ort seines Todes wird für immer gesegnet sein.

Zu Beginn des Stückes ist Öpidus der große König, der die Sphinx getötet und Theben gerettet hat. Niemand kann sich im Entziffern der dunklen Geheimnisse der Seele mit ihm vergleichen. Er besitzt den prophetischen Instinkt eines Königs und er trägt sein Gewand wie ein König. Am Ende des Stückes ist er ein Verfemter, ein verfluchter Wanderer und Bettler, allein in einer Welt, die ihm mißtraut und ihn fürchtet.

Was war sein Verbrechen? Der Chor sagt uns ununterbrochen, daß seine Leiden die Folgen seines Hochmutes seien, aber es war nicht sein Verschulden, daß Apollo vor seiner Geburt prophezeit hatte, er werde seinen Vater ermorden und seine Mutter heiraten. Sein wirkliches Verbrechen war seine Größe, seine hohe Intelligenz, seine heroische Natur. Für diesen vollkommen unbewußten Hochmut muß er zerstört und zum Vollzieher seiner eigenen Zerstörung werden.

Sophokles führt einen außerordentlichen Nervenkrieg. Die

unheilvollen Prophezeiungen, die Drohungen und Spannungen sind zeitlich sorgfältig kalkuliert, so daß wir – kaum haben wir unseren Schrecken gemeistert – mit etwas noch Schrecklicherem konfrontiert werden. Es ist die Technik des Kriminalromans zur höchsten Kunst erhoben. Wie in »*Antigone*«, so herrscht auch hier eine Atmosphäre strenger Feierlichkeit, welche den Ablauf der furchtbaren Geschehnisse fast unerträglich macht. Der Schrecken ist nicht nur irdischer Natur; es ist ein metaphysischer Terror, ein plötzlicher Blitz, der das ganze Universum färbt. Viel mehr als das Leben eines Königs steht auf dem Spiel: Die Größe und Würde des Menschenlebens ist in Frage gestellt. Apollo, der Herr des Geistes, der edelste, aber wenigst ehrwürdige der Götter, hält das Geschick des Königs in seinen Händen. Der Blitz schlägt zu, als Ödipus entdeckt, daß sich seine Frau und Mutter erhängt hat. Die Geschichte wird von dem Diener erzählt:

Denn schreiend kam jetzt Ödipus hereingestürzt,
Was uns den Ausgang ihres Leids zu schaun verwehrt':
Auf ihn allein, der wild umherlief, blickten wir.
Denn stürmend bat er um ein Schwert und fragte, wo
Die Gattin, ach! nicht Gattin, wo die Mutter sei,
Aus deren Schoße sein Geschlecht und er entsproß.
Und wie er tobte, zeigt' ein Gott den Weg ihm an:
Kein Mann ja, der ihm nahe stand, vermochte dies.
Mit grausem Heulen sprang er los aufs Doppeltor,
Geführt von unsichtbarer Hand; vom Grunde bog
Er aus der hohlen Schlösser Band und stürzt hinein
Zum Brautgemache, wo wir hängen sahn die Frau,
Geknüpft ans hochgewundne Seil. Doch als er so
Sie sah, der Arme, brüllt er gräßlich auf und läßt
Die Schlinge nieder. Wie die Jammervolle nun
Dalag am Boden, gräßlich war's, was hier geschah,
Denn goldgetriebne Spangen, die vordem zum Schmuck
Ihr dienten, riß er aus der Frau Gewanden los,
Erhob sie, traf der Augen beide Kreise sich
Und rief das Wort: sie sollten, weil sie nicht gesehen,
Was er geduldet Grauses, noch was er getan,
Hinfort in Nacht schaun, die zu schaun ihm Sünde war,
Und die er kennen möchte, nicht erkennen mehr!
Und also fluchend hob er oft, nicht einmal nur,

Die Wimpern hoch und traf sich, und die blutigen
Augäpfel netzten rot die Wang' und sandten nicht
Des Blutes Naß in Tropfen, nein, zugleich ergoß
Ein Regen sich in blutig schwarzem Strom herab.
So brach das Unheil über zwei vereint herein;
Verstrickt in eines Leides Fall ward Mann und Weib.[3]

Das ist natürlich der Höhepunkt der Tragödie und nichts, was nachher kommt, kann das Grauen der Szene auslöschen, wenn Ödipus vor dem Leichnam Jokastes steht, seine Hände, die die goldene Spange halten, hoch erhoben: Bald wird die Nadel herabstoßen wie die Spitze eines Schwertes. Das Furchtbare liegt weniger in dem Blut, das aus seinen Augen strömt »wie ein blutig schwarzer Strom«, als vielmehr in der Gestalt des Helden, der sich selbst zerstören wird. Allein die erhobenen Hände lassen das Blut in den Adern erstarren. Wie wir sehen werden, wiederholt sich diese Geste, allerdings mit einer vollkommen anderen Bedeutung, in der letzten Szene von *»Ödipus auf Kolonos«*, als der König seinem in Mysterien gehüllten Tod entgegengeht.

»König Ödipus« behandelt die Bestrafung, welche Ödipus als Folge des Wirkens uralter Kräfte erleiden muß. Wie in Antigone ist auch hier eine unaufhaltsame Entwicklung zu einem unabwendbaren Verhängnis bestimmend. Das Ende ist Qual; der Körper zerschlagen, der Geist gebrochen. Es herrscht das Gefühl, daß alles gesagt wurde und von der gebrochenen Gestalt des Königs nichts mehr zu erwarten ist. Was bleibt noch zu sagen, wenn das Schicksal seine Rache geübt hat?

Es bleibt noch viel zu sagen, wie die Griechen wohl wußten. In Sophokles' *»Ajax«* tötet sich der Held in der Mitte des Stükkes; es folgt eine lange, komplizierte Debatte über das Schicksal seines Leichnams. Diese Debatte nimmt die Form einer sorgfältigen Untersuchung der Ehre des toten Prinzen an und ein Gerichtshof, der sich aus seinen Gefährten zusammensetzt, spricht das Urteil. Der Tod ist Nebensache, der Urteilsspruch alles. Ebenso beschäftigt sich Sophokles in dem Stück »Ödipus auf Kolonos« mit dem endgültigen Urteil über den König, mit dem letzten Geschick des lebenden Leichnams und der Legende, die sein Leben umgibt. Das Verhängnis des Helden ist nicht genug, denn in einem gewissen Sinn sind alle Helden dem Untergang

[3] Sophokles Antigone, nach der Übertragung von Christian Donner

geweiht — verhängnisgeschwängert ist die Luft, die sie atmen — und jede ihrer Handlungen fordert die Vergeltung der Götter heraus. Worauf es ankommt — und für die Griechen war nichts von größerer Wichtigkeit —, ist das Weiterleben des Helden nach dem Tode. »Ödipus auf Kolonos« erzählt die Erlebnisse von Ödipus in jenem seltsamen Grenzland, welches Coleridge ›Leben-im-Tod‹ nennt.

Zu Beginn des Stückes ist Ödipus weder tot noch lebendig. Er kommt aus dem Nichts, ein blinder, weißhaariger Wanderer, in Fetzen gehüllt, gebeugt unter der Last des Fluches, wissend, daß er einen Teil der Schrecken dieser Welt darstellt. Er weiß nicht, woher er kommt, noch wohin er geht. Nur, daß das Ende nahe ist, denn Apollo hat ihn gewarnt, er werde im Hain der Furchtbaren Göttinnen den Hades betreten, und er fühlt, daß er sich bereits in dem gefürchteten Hain befindet. Auf den Arm seiner Tochter Antigone gestützt, bittet er um Mitleid, um einen Platz, an dem er ausruhen kann, aber die Koloner lehnen seine Bitte ab. Anstatt den Ort zu verlassen, wandert er weiter und weiter in den Hain, in den verzauberten Wald. Er wird ihn nicht eher verlassen, als bis er die Erlaubnis erhält, zu bleiben. Der Chor beschwört ihn, zu gehen, er aber betet zu den Furchtbaren Göttinnen und opfert ihnen Quellwasser, Honig und Olivenzweige. Seine Gebete finden Erhörung und es wird ihm gestattet, zu bleiben — ein alter Mann, der auf sein Ende wartet.

Es genügt nicht, daß er an einem heiligen Ort in Ruhe sterben darf; es muß ein Urteil geben, es muß der Sinn seines Todes aufgedeckt werden. So kommen die Zeugen, einer nach dem anderen, als hätte er sie aus diesem Grunde rufen lassen. Als erste kommt seine Tochter Ismene über das Land geritten und hierauf Theseus, König von Athen, dem Schande und Exil nicht unbekannt sind, und der seinen Schutz anbietet. Theseus verschwindet und an seiner Stelle steht Kreon, der widerrechtlich den Thron an sich gerissen hat und die Rückkehr von Ödipus nach Theben verlangt, auf daß sein körperloser Schatten die Schatten jener austilge, die er getötet hat. Kreon ist nüchtern und praktisch. Er will den Leichnam von Ödipus und ist bereit, alles in seiner Macht Stehende zu tun, um ihn zu bekommen. Polynikes, Ödipus' Sohn, erscheint, um sich an der Debatte zu beteiligen. Auch er lebt im Exil. Noch sprechen sie und versuchen das Mysterium des Ödipus zu ergründen, als ein krachender Donner ertönt; jetzt endlich, da Ödipus in seinen Tod untertaucht, hören wir das Urteil. Es ist sehr einfach: nichts Geringeres als ein Segensspruch der Götter. Aus der Welt des Leidens tritt er in die Welt ewiger Glückseligkeit und wird zu einer Art Schutzengel für Athen, dessen Geschicke er von seiner verborgenen Felskammer aus überwacht.

Die Schlußszene in »*Ödipus auf Kolonos*« mag überhaupt das Letzte gewesen sein, das Sophokles geschrieben hat. Obwohl in hohem Alter verfaßt, besitzt sie eine Größe und Mächtigkeit, die von keinem Dichter übertroffen wurde. Irgendwie gelingt es Sophokles, etwas zu beschreiben, das sich jeder Beschreibung entzieht – wie ein Mensch zu einem Gott wird. Ein Bote schildert die letzten irdischen Augenblicke von Ödipus:

Dies eben ward ihm, ein bewundernwertes Los!
Denn wie er ging von hinnen, weißt du selber wohl
(Du warst zugegen), wie kein Freund ihn leitete
Und er den Pfad uns allen selbst als Führer wies.
Doch als er kam zur Schwelle, die zum Hades führt,
Mit eh'rnen Stufen festgewurzelt auf den Grund;
Dort auf der Kreuzweg' einem hemmt' er seinen Schritt,
Der hohlen Öffnung nahe, wo Peirithoos
Dem Sohn des Ägeus sich vereint zum ew'gen Bund:
Und zwischen dieser und dem Fels von Thorikos,
Dem hohlen Birnbaum und dem Grab von Steine, saß
Er nieder, löste sein Gewand, von Schmutz entstellt,
Rief dann den Töchtern und gebot, der Wasser Bad
Vom Quell heranzubringen und den Opfertrank.
Sie, nach der blonden Demeter weithinschauendem
Erdhügel eilend, richten schnell dem Vater aus,
Wonach er sie gesendet, und beschicken ihn
Mit Bädern und Gewanden, wie der Brauch gebeut.
Doch als er jedes Dienstes nun befriediget,
Und alles, was er fordert', ausgerichtet war,
Da dröhnt' im Erdenschoße Zeus, es bebten scheu
Die Mädchen, wie sie's hörten; lautauf weinten sie,
Zu seinen Knien stürzend, und zerschlugen sich
Die Brust, erhoben laute Klage, in einem fort.
Der Vater, als er kaum gehört den bittern Laut,
Den Arm um beide schlingend, rief: Geliebteste,
Von diesem Tag an habt ihr keinen Vater mehr.
Dahin ist all das Meine, nimmer werdet ihr

Die mühevolle Sorg' um mich mehr haben; sie
War hart, ich weiß es, Kinder; doch ein einzig Wort
Wiegt alles Leid auf, welches ihr um mich ertrugt.
Denn größre Liebe konntet ihr von keinem Mann
Empfangen als vom Vater, ohne den ihr nun
Verlassen eurer Tage Rest hinleben sollt.
So sprach er; alle hielten fest umschlungen sich
Und weinten laut und schluchzten. Als sie nun gelangt
Zum Ziel der Klagen und der Jammerruf verscholl
In tiefem Schweigen: plötzlich traf ein fremder Laut
Sein Ohr, ihn rufend, und sofort erzitterten
Sie all', in Grausen sträubte sich ihr Haar empor.
Denn viel und vielfach rief ihn an des Gottes Mund:
Du dort, o du dort, Ödipus! Was zaudern wir
Zu gehen? Allzulange wird von dir gesäumt.
Und als er fühlte, daß der Gott ihn fordere,
Berief er Theseus, unsres Landes Herrn, zu sich.
Als dieser hertrat, sprach er: O geliebtes Haupt,
Gib meinen Kindern deine Recht' als altes Pfand
(Und, Kinder, ihr dem König) und gelobe, sie
Freiwillig nie zu lassen und wohlmeinend stets
Zu tun an ihnen, was du glaubst, daß ihnen frommt.
Und jener, ohne Klagen, als ein edler Mann
Verhieß dem Gaste, dies zu tun, mit hohem Eid.
Nachdem er das vollendet, faßt der Greis sofort
Mit schwachem Arm die beiden Töchter und beginnt:
Ertragen, Kinder, müßt ihr's mit starkem Sinn,
Aus diesem Raum zu scheiden, dürft Verbotnes nicht
Zu schaun begehren, unserm Wort nicht lauschen hier.
Drum weichet ohne Säumen: Theseus bleib' allein
Zurück, der Herrscher, anzusehn, was hier geschieht.
Nur diese Worte hörten wir aus seinem Mund
Noch alle; samt den Töchtern dann enteilten wir
Und weinten viel und schluchzten. Als wir uns entfernt,
Nach kurzer Weile wandten wir das Haupt zurück
Und sahn den Alten nirgendmehr an jenem Ort,
Und nur den König, vor das Haupt die Hand gestreckt,
Die Augen sich verhüllend, als wär' ihm ein Bild
Des Grauns erschienen, unerträglich seinem Blick.
Nur kurz indessen währt' es noch, so sahen wir
Ihn niederknieen und in einem Laut zugleich

Zum Götterhaus Olympos und zur Erde flehn.
Doch welches Schicksal ihn entrückt, kein Sterblicher
Weiß das zu sagen außer Theseus' Haupt allein.
Denn weder hat ihn Gottes feuertragender
Blitzstrahl hinabgeschmettert, noch ein Sturm entrafft,
Der aus dem Meere sich erhob zu dieser Zeit:
Nein, Götterhand entführt' ihn, oder Hades' Mund,
Der sonnenlose, tat sich ihm wohlwollend auf.
Denn nicht mit Seufzen oder schwer gepeiniget
Durch herbe Krankheit schied der Mann, nein, wunderbar
Wie keiner![4]

Weiter kann kein dramatischer Dichter gehen, denn hier ist Dichtung zur Vision geworden. Der Held stirbt und wird in geheimnisvoller Weise von der Gottheit zu sich berufen. Über dieser Szene liegt — wie über manchen Szenen des Neuen Testaments — der Schein eines milden Feuers.

Diese drei Stücke überragen die übrigen Werke, wie *»Der Gefesselte Prometheus« und »Agamemnon«* die anderen Werke von Aischylos überragen. Sie entfalten sich langsam, begleitet von einer wundervollen Musik wie eine Hymne, und es gibt keinen Augenblick des Stillstandes. Der gleichmäßige Fluß der Vorstellungskraft ist in keinem anderen Stück so stark spürbar. Das Feuer brennt, verlöscht und flammt wieder auf.

In dem Stück *»Die Trachinierinnen«* lodert das Feuer gelegentlich sehr hell. Sophokles beschreibt Deianira, die Frau von Herakles, mit Zartheit und Charme. Ihre Liebe zu dem Helden ist vollkommen unschuldig, und auch als er ihr untreu wird und die schöne Gefangene Jole, um derentwillen er die Stadt plündern läßt, in sein eigenes Haus bringt, zeigt sie nur Mitleid und Verständnis. Sie beobachtet das Mädchen und kommt zu dem Schluß, es könne nicht schwer sein, die Liebe ihres Gatten zurückzugwinnen. Sie erinnert sich, daß der Kentaur Nessos — »ein monstergleiches Wesen von undenklichem Alter« — vor vielen Jahren versucht hat, sie zu belästigen, während er sie über einen Fluß trug. Er wurde von Herakles mit einem vom Blute der Hydra vergifteten Pfeil getötet. Der sterbende Kentaur hatte ihr verraten, wenn sie das Blut aus der Wunde sammle, so werde es zu einem Zaubermittel, das ihren Mann daran hindern könne,

[4] Sophokles, Ödipus auf Kolonos, Christian Donner

irgendeine andere Frau zu lieben. Sie hatte das Blut sorgfältig in einem bronzenen Gefäß aufbewahrt und vor Feuer und Wasser geschützt, denn diese würden, so hatte ihr der Kentaur gesagt, die Kraft des Liebeszaubermittels schwächen.

Ihre Unschuld wird Deianira zum Verhängnis. Merkwürdige Dinge geschehen, als sie den Zaubertrank auf einen von ihr selbst gewebten Mantel gießt. Ein Wollfaden, den sie in die Flüssigkeit taucht, zerfällt zu Staub, als sie ihn wegwirft, und wo er hinfällt, quillt es aus der Erde wie gärender Saft. All dies sieht sie, bevor sie den Mantel an Herakles schicken läßt, der in Euboea geblieben ist, um Dankesopfer für seinen Sieg darzubringen; doch die schreckliche Bedeutung des Staubes und der gärenden Erde dämmert ihr erst, als es bereits zu spät ist. Ihr Sohn erzählt ihr, wie der Vater das mit dem brennenden Gift getränkte Gewand angelegt und in seinem unerträglichen Schmerz den Boten Lichas getötet habe:

Nach deinem Wunsche legte er es an
Und opferte zwölf fehlerlose Stiere,
Die ersten von der Beute, insgesamt
Noch hundert andre Tiere, bunt gemischt.
So stand der Arme da, mit heiterer Miene,
Des Festgewandes froh und betete.
Doch als die heilige Opferflamme hoch
Aufloderte aus Blut und Fichtenharz,
Brach aus den Poren Schweiß, und an den Leib
Schmiegt' eng sich an das Kleid, als hätt's ein Künstler
An jedes Glied geleimt. Dann kam ein Zucken,
Das drang bis auf die Knochen, und wie Gift
Fraß es an ihm von einer bösen Schlange.
Da schrie er laut nach dem unseligen
Lichas, der keine Schuld an deiner Tat hat:
In welcher Arglist er dies Kleid gebracht?
Der Ärmste wußte nichts und sprach, von dir
Allein sei das Geschenk, das er gebracht.
Und jener, dem gerad ein neuer Krampf
die Brust umklammerte, als er das hörte,
Packt' ihn am Fuß, wo sich der Knöchel dreht,
Warf ihn an einen meerumspülten Fels,
Daß ihm der Schädel auseinander barst
Und Blut dem Haar entquoll und weißes Hirn.

Das ganze Volk schrie auf in einem Schrei,
Weil dieser raste, jener lag im Blut.
Doch niemand wagt' sich an den Mann heran.
Bald riß es ihn zu Boden, bald nach oben,
Vom Heulen, Winseln hallten rings die Felsen,
Der Lokrer Berge und Euboias Höhen.
Dann schwanden seine Kräfte, und er wälzte
Sich hin am Boden, verfluchte heulend
Den Ehebund mit dir, du Unglückselige.[5]

Als sie diese Worte vernimmt, geht Deianira ruhig in ihr Haus, um sich zu töten.

Aber das ist nicht das Ende des Stückes, denn die Auflösung des Dramas verlangt, daß Herakles in seiner Qual auf der Bühne erscheint, um die unschuldige Frau, die seinen Tod verursacht hat, zu verfluchen. In seinem Schmerz kann er sich nur erinnern, daß er der Held ist, der mit dem Nemeischen Löwen gerungen, die hundertköpfige Hydra, den dreiköpfigen Höllenhund und den Erymanthischen Eber erschlagen hat und der den Himmel auf seinen Schultern getragen. Als man ihm sagt, Deianira habe Hand an sich gelegt, fährt er ebenso unversöhnlich in seiner Raserei fort. Erst als er erfährt, sie habe eine Gabe des Kentauren Nessos als Liebeszauber verwendet, packt ihn die Angst, denn jetzt weiß er, daß seine Wunden tödlich sind; es war ihm prophezeit worden, er würde durch die Hand eines Menschen sterben, »der die Grenze zwischen Leben und Tod überschritten hat«. Der sterbende Held gebietet seinem Sohn, auf dem Gipfel des dem Zeus geweihten Berg Öta einen Scheiterhaufen für ihn zu errichten und dann gibt er einen letzten Befehl: Sein Sohn muß Jole zur Frau nehmen, die die ganze Familie ins Unheil gestürzt hat. Jetzt sind die Prophezeiungen erfüllt. Die Unschuld hat Grausiges vollbracht und es ist kein Platz für Tränen, denn der Chor singt die letzten Worte des Stückes: »Und nur mehr Zeus ist hier.«

»Die Trachinierinnen« sind ein beunruhigendes Stück, denn der Schwerpunkt wechselt ununterbrochen von der in ihre eigenen unglückseligen Taten verstrickten Unschuldigen zu der blinden Wut des in seinem vergifteten Gewand gefangenen Helden. In seiner Raserei ist Herakles kein angenehmes Schauspiel,

[5] Sophokles, »Die Trachinierinnen«. Übersetzt von Heinrich Weinstock

und er ist es um so weniger, vergleicht man ihn mit Deianira, die alle ihre Arbeiten, sogar die Arbeit, ihn zu vergiften, mit unendlicher Sanftheit ausführt. Sie empfindet keinen Haß für Jole. Sie sagt:

Seh ich doch Jugend, Schönheit dort im Wachsen,
Hier schwinden hin. Erst raubt des Mannes Blick
Die Blüte gern, dann wendet er sich ab.[6]

Dieses Verständnis, diese Einfühlungsgabe sind Sophokles vertraut; es ist die Welt, die er kennt. Herakles, der unheldische Held, gehört einer Welt an, die schon fast außerhalb des Bereiches des Dramas liegt. Er flucht und tobt wie ein *miles gloriosus*, und kaum kümmert es uns, ob er lebt oder stirbt.

In *»Elektra«*, einem Stück, das die gleiche Geschichte – allerdings mit wesentlichen Unterschieden – erzählt wie *»Die Choephoren«*, gibt es wenig Mitgefühl und Erbarmen. Wieder sind wir im Hause des Agamemnon und warten, daß Orest und Elektra Klytaimnestra und Ägisthos ermorden. Die Jahre sind vergangen und Elektra, hohlwangig und gebrochen von einer Ewigkeit des Schmerzes, träumt von dem Tag, da die Strafe über ihre Mutter und den Liebhaber ihrer Mutter hereinbrechen wird. Sie ist ein ungeliebter Gast in dem Haus. Manchmal wird sie von ihrer Mutter besucht und dann kommt es zu bitterem Streit; Klytaimnestra verteidigt sich mit der Behauptung, sie habe nicht mehr getan, als Agamemnon zu bestrafen, da er seine eigene Tochter, Iphigenie, als Opfer dargeboten habe. Elektra behauptet, sie sei nichts anderes als eine gemeine Mörderin. Verkleidet betritt Orestes das Haus, eine Urne tragend, von der er sagt, sie enthalte die Asche von Orestes. Klytaimnestra heißt ihn willkommen, seufzt erleichtert bei der Nachricht von Orestes' Tod auf und wird von ihm erstochen. Hierauf erscheint Ägisthos, der auf dem Marktplatz gehört hat, der Leichnam von Orestes sei nach Hause gebracht worden. Er wird aufgefordert, die Leiche anzusehen, und befiehlt den Dienern, Klytaimnestra herbeizuholen, die sicherlich auch den Leichnam sehen wolle. »Hier liegt sie, neben dir; such' sie nicht anderswo«, sagt der verkleidete Orestes mit furchtbarer Stimme.

Das ist der Augenblick, auf den das ganze Stück hinzielt. In

[6] Sophokles, »Die Trachinierinnen«. Übersetzt von Heinrich Weinstock

33 *Kitharödos singend, Detail von einer Amphora*

34 *Herakles im Kampf mit den Vögeln, Detail von einer Amphora*

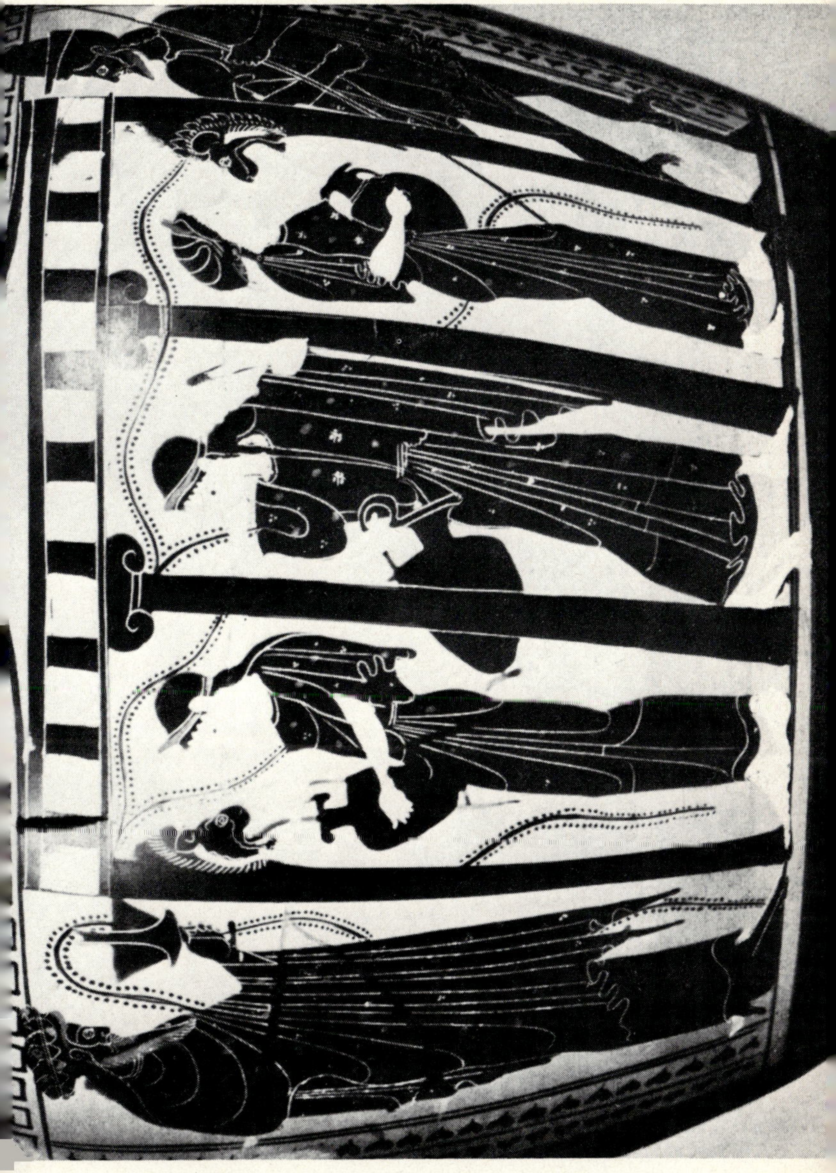

35 *Frauen am Brunnen, zwischen Dionysos und Satyr, Detail von einer Amphora*

36 *Junger Edler zu Pferd, Detail von einer Vase*

37 *Junger Bauer zu Pferd, Detail von einer Vase*

38 *Sich entkleidende Frauen, Attische Kylix von Duris*

39 *Tänzer – Knabe mit Doppelflöte, Mädchen mit Kastagnetten*

40 *Pferdekopf mit Halsschmuck aus Akanthusblättern*

41 *Kopf des Zeus von Phidias, von einer Münze aus Elis*

42 *Kopf des Apollo von Leontini, Tetradrachme*

43 *Kopf des Apollo von Catana, Tetradrachme*

44 *Kopf der Arethusa von Syrakus, Tetradrachme*

45 *Silber-Dekadrachme von Syrakus mit Kopf der Persephone*

46
Spartanischer Soldat
mit korinthischem Helm
Höhe 10 cm

47
Verschleierte Tänzerin von Alexandrien

48 Jockey

diesem Moment kommt es in einem Ausbruch reinsten Entsetzens plötzlich zum Stillstand, während die Luft erzittert und ein Königreich fällt.

Ägisthos hebt das Tuch auf, das den Leichnam bedeckt, und fährt von Grauen gepackt zurück.

»Vor wem erschrickst du? Kennst du sie nicht mehr?« fragt Orestes ruhig.

Das Gesicht ist fremd, fremder als alles, was er bisher gesehen; und es dämmert ihm, daß er selbst sich in tödlicher Gefahr befindet. Als er fragt, in wessen Hände er gefallen sei, antwortet Orestes: »Merkst du nicht, daß hier lebendig steht, den du als tot begrüßt?«

In eine Kammer geschleift, um ermordet zu werden, ruft Ägisthos aus:

Was führst du mich ins Haus? Wenn du mit Recht
Mich tötest, was bedarf's des dunklen Winkels?
Wagst du's hier draußen nicht?«[7]

Mit diesem mutigen Aufschrei tilgt er fast seine Schuld. Diese Liebe zum Licht flutet aus der Tiefe der griechischen Seele empor – niemals intensiver als im Augenblick höchster Gefahr. Für Elektra kann es keine ärgere Bestrafung geben als in ein finsteres Verließ geworfen zu werden und ihr Leben in Dunkelheit und Stille zu verbringen – die Strafe, welche Klytaimnestra ihr in Aussicht gestellt hat. Als sie zum erstenmal auftritt, singt sie ein Klagelied um ihren verlorenen Vater:

Laßt mich! – O heiliges Licht
Und über die Erde
Du schwebend gleichverteilte Luft –
Die ihr so oft mein Klagelied
Und der geschlag'nen, blut'gen Brust
Erstöhnen hörtet,
Sobald die düst're Nacht verging!«[8]

Für Elektra ebenso wie für alle Griechen bestand immer der quälende Zwiespalt zwischen der Helligkeit der Sonne und der Dunkelheit der menschlichen Seele, zwischen der Gleichförmigkeit

[7] Sophokles, »Elektra«. Übertragen von Adolf Wilbrandt
[8] Sophokles, »Elektra«. Übertragen von Adolf Wilbrandt

der sonnenerfüllten Luft und den durch Höhen und Tiefen führenden Wegen menschlicher Leidenschaft. Für sie war nur der Himmel beständig und seine Unbeständigkeit stürzte den Menschen in Unglück und Wahnsinn.

In »*Ajax*« erzählt Sophokles die tragische Geschichte eines Mannes, der zu den größten Helden des Trojanischen Krieges gehört hatte. Ihm bringt sein Hochmut Wahnsinn und Tod, denn als er gegen Troja gekämpft und Athene ihm ihre Hilfe angeboten hatte, hieß er sie nicht ihm, sondern weniger vom Glück Begünstigten zu helfen: »Ruhm und Ehren werd' ich aus eig'ner Kraft gewinnen«, so prahlt er und für diesen überheblichen Stolz straft ihn die Göttin mit einer seltsamen Blindheit und einem noch seltsameren Wahnsinn. Eines Nacht schleicht er sich aus seinem Zelt, treibt alles Vieh und alle Schafe, die er finden kann, zurück zum Zelt und schlachtet sie in dem Glauben, es sei der Feind. Die Geschichte des großen Gemetzels wird viermal erzählt — von Athene, von Odysseus, vom Chor und von Tekmessa, der Frau von Ajax. In den Wiedergaben der Geschichte gibt es feine Unterschiede, aber kein Zweifel besteht, daß Ajax vom Wahnsinn besessen ist. Warum? Niemand weiß es. Die Schiffer von Salamis, treue Gefolgsmänner von Ajax, fragen, ob es geschehen sei, weil man den Göttern nicht genügend Beute geopfert oder eine bestimmte Gabe nicht dargebracht hat. Erst allmählich wird es klar, daß Ajax sein Unglück selbst verschuldet hat. Er war, nach Achilles, der glänzendste Krieger im griechischen Lager; jetzt sitzt er inmitten der geschlachteten Schafe und Rinder und fragt sich, welches Verbrechen er begangen habe, während Tekmessa versucht, ihn wieder zu heilen.

Tekmessa gehört zu den Heldinnen, die nichts sind als Güte und Milde. Sie kann nicht begreifen, warum die Götter den Gatten, der immer gut zu ihr und ihrem Sohn war, bestraft haben. »Liebe ist die ewige Erzeugerin der Liebe«, sagt sie; die Worte entringen sich ihrer Brust in verzweifelter Auflehnung gegen die göttlichen Gesetze. Ihre Aufgabe ist es, die verlorene Herrlichkeit zu beklagen, und obwohl sie in dem Drama nur eine kleine Rolle spielt, so ist sie doch eine zentrale Gestalt. Als Ajax sich in höchster Verzweiflung an einem verlassenen Küstenstrich in sein Schwert stürzt, ist der Konflikt noch immer nicht gelöst; nur das Wissen ist da, daß man dem Himmel gehorchen muß und die Liebe machtlos ist gegen den Zorn der Götter.

Ein anderer verlassener Küstenstrich ist der Schauplatz eines weiteren Stückes von Sophokles, in welchem einer der großen Helden des Trojanischen Krieges gegen seinen Willen gezwungen wird, dem Spruch der Götter zu gehorchen. Sophokles schrieb »*Philoktet*« in seinen letzten Lebensjahren — mit siebenundachtzig —, trotzdem spüren wir auch hier seine geniale Hand. Die Verse fließen in dem gleichen gemäßigten Tempo, und die tragischen Ereignisse folgen einander in der gleichen geordneten Reihenfolge bis zum unabwendbaren Höhepunkt. Nur etwas fehlt — der Schrecken, der den anderen Tragödien innewohnt. Zehn Jahre lang war Philoktet auf der Insel Lemnos verbannt, weil er an einer schwärenden Wunde leidet, seit ihn eine Schlange in den Fuß gebissen hat. Er hatte den Scheiterhaufen für Herakles angezündet und als Belohnung Pfeil und Bogen erhalten, die unfehlbar ihr Ziel erreichen. Jetzt wartet er auf seinen Tod und weiß, daß Männer kommen werden, um ihm die göttliche Waffe zu entreißen, die jedem den Sieg bringt, der sie besitzt. Odysseus und Neoptolemos, der Sohn des toten Achilles, erscheinen auf der Insel und versuchen, ihn nach Troja zu holen, um zu der endgültigen Niederlage der Trojaner beizutragen, aber daran denkend, wie seine Freunde ihn ausgesetzt haben, um auf der Insel zu sterben, fühlt Philoktet kein Verlangen danach.

Nun beschreibt das Drama den Willenskampf zwischen den beiden Männern und einem Todkranken. Alle drei sind listenreich, alle drei sind entschlossen, den Sieg zu erlangen; der Preis ist Troja. Aber merkwürdigerweise haben wir nicht das Gefühl, als sei der Ausgang von besonderer Wichtigkeit. Wir glauben nicht, daß Troja den Pfeilen von Philoktet erliegen wird. Odysseus ist ein schreiender Bulle wie Herakles in den »*Trachinierinnen*«, und wir ertappen uns bei der Frage, ob er sich aus einem anderen Stück eingeschlichen habe. Irgendwo fehlt die Intensität. Longinus verglich Homers »Odyssee« mit der untergehenden Sonne und bemerkte, die Großartigkeit sei geblieben, nicht aber die Intensität. Ebenso verhält es sich mit »Philoktet«.

Vielleicht besaß Sophokles im Alter nicht mehr die gleiche Liebe zu seinen Helden und Göttern. Er verehrte Apollo, aber die anderen Götter scheinen sich auf ihren fernen Olymp zurückgezogen zu haben, während die Helden im Staub der Schlachten verschwinden. Es war kein Versagen des Mutes, vielmehr ein Versagen der Energie. Eine der schönsten Stellen ist die an Apollo, den Gott des ewigen Lichtes, gerichtete Bitte um einen ruhigen Tod:

Schlaf, der Schmerzen vergaß,
Schlaf, der Leiden nicht weiß,
Nahe mit sanftem Hauch,
Labe, labe ihn, Mächtiger!
Banne des Tages Glanz,
Der sein Auge umfängt,
Komm', o komme zu heilen! –[9]

Bezeichnenderweise benützt Sophokles das Wort ›aiglê‹ (Frieden), das Apollo und den Musen heilig ist, denn es bedeutet Herrlichkeit, Ruhm, Tageslicht und den Glanz der sonnenbeschienenen Dinge.

Das Britische Museum besitzt eine Bronzebüste von Sophokles, die ungefähr aus der Zeit stammen dürfte, in der er *»Philoktet«* schrieb. Das Alter hat ihn gezeichnet, aber Spuren seiner jugendlichen Schönheit sind noch vorhanden. Der schüttere Bart ist fein säuberlich gelockt, und um seinen Kopf ist ein Band geschlungen, um sein Haar in Ordnung zu halten. Er ist in Gedanken versunken, und seine Lippen sind leicht geöffnet, als wolle er die Verse sprechen, die sich in seinem Geist formen; um dieses bronzene, vom Alter geschwärzte Haupt weht das Gefühl der Gegenwart eines längst verstorbenen Dichters, dessen Gesang niemals verstummt.

[9] Sophokles, »Philoktet«. Übersetzt von Wilhelm Kuchenmüller

20 Euripides

Aischylos war von der Macht und Herrlichkeit der Götter und der göttergleichen Helden besessen, Sophokles von dem Adel der Menschen; an Euripides aber war es, den menschlichen Schmerz zu verkünden. In einer Hinsicht ist er der größte griechische Dramatiker, denn seine Grenzen sind unvergleichlich weiter gesteckt; sie umschließen das ganze Gebiet des menschlichen Leides. Aischylos führt eine heroische Sprache, Sophokles eine aristokratische, Euripides aber spricht die Sprache des Volkes. Es ist das erste Mal, daß auf einer europäischen Bühne der Schmerz des einfachen Menschen gezeigt wird.

Euripides hat die unter den Griechen seltene Gabe, seine Trauer über die Katastrophen, von denen der einzelne heimgesucht wird, wirklich zu empfinden; manchmal scheint er beim Schreiben von Tränen geblendet. Er weiß sich keine Hilfe gegen die unverständlichen Ratschlüsse des Schicksals. Er schreibt einfach, ohne zu verurteilen und ohne zu entschuldigen, denn er fühlt, daß es für das verwundete menschliche Herz kein Heilmittel, keinen Zauber gegen die täglich begangenen Morde gibt. Bei Sophokles schreiten die Gestalten, selbst wenn das Verhängnis naht, mit großartiger, jugendlicher Unverschämtheit über die Bühne. Die Figuren von Euripides zittern, sie sinken in die Knie und flehen um Mitleid; sie sind Menschen wie wir, ihrem Leiden ist keine Grenze gesetzt. Sein immer wiederkehrendes Thema ist die menschliche Hilflosigkeit gegenüber den unentrinnbaren Entschlüssen des Himmels.

Euripides konnte und vielleicht wollte er auch seine Charaktere nicht idealisieren; sie sind erdgebunden und leben ihr verwirrendes Leben in einer Umgebung, die den Zuhörern vertraut ist. Kein anderer griechischer Dramatiker hatte eine solche Freude an der Szenerie. Ebenso wie im 13. Jhd. die Malereien von Giotto das graduelle Hervortreten eines Gefühles für Raum und *paysage* gleichzeitig mit einem Sinn für die Individualität des Menschen aufweisen, so sehen wir bei Euripides die Gestalten im strahlenden Sonnenlicht vor einer Landschaft stehen, die ein Spiegelbild ihrer selbst ist. Euripides malt eine Szene bis ins Detail, frohlockend über seine Kraft des Erzählens. Seine Chöre überschäumen von den glitzernden Strömen und den sonnenbeschienenen Hügeln seines geliebten Attika.

Die noch erhaltenen Büsten zeigen uns einen Mann mit hoher Stirne, einer Adlernase, gelocktem Bart und einem Ausdruck tiefster Melancholie; es ist das Gesicht eines Mannes, der von Alpträumen verfolgt und vom Leiden seiner Mitmenschen gezeichnet ist. Frauen und Kindern gegenüber empfindet er eine seltsame Zärtlichkeit. Er war Realist, aber manchmal werden seine einsamen Phantasiegebilde und Träume übermächtig. Einmal träumte er von einer marmornen Säule, die langsam aus der Erde emporstieg; aus dem Kapitell sprossen plötzlich lange goldene Haare, die zu ihm sprachen.

Der Überlieferung nach wurde er auf der Insel Salamis am Tage der Schlacht geboren. Sein Vater, Mnesarchides, war ein wohlhabender Mann, der in der Stadt Phlya, ungefähr sechs Meilen nordöstlich von Athen lebte. Seine Mutter Klyto stammte aus vornehmer Familie, wenn auch Aristophanes Gefallen daran fand, zu behaupten, sie habe einen Grünzeugladen besessen und Früchte und Blumen auf der Straße verhökert. Als Knabe nahm er an einem Fest zu Ehren des Delischen Apollo teil und schenkte den Wein für die Tänzer ein; seine Biographen behaupten, er hätte in seiner Jugend einen gewissen Ruhm als Athlet besessen. Der Sitte seiner Zeit entsprechend, genoß er eine gute Schulbildung. Strabo sagt, er sei durch die Schule des Anaxagoras gegangen, und die großen Sophisten Prodikos und Protagoras seien seine Lehrer gewesen. Er war eng mit Sokrates befreundet, und es wird gesagt, daß Sokrates jedes Schauspiel von Euripides besuchte, auch wenn dies eine Wanderung nach Piräus bedeutete.

Obwohl Euripides bereits zu Lebzeiten geehrt und berühmt war, sah er sich doch dauernden Angriffen ausgesetzt. Die Lustspieldichter parodierten seine Werke, und von den aristokratischen Juroren im Theater wurde ihm selten ein Preis zuerkannt. Diesen bekamen vielmehr obskure Kandidaten, deren Namen heute längst vergessen sind. Er hatte kaum ein öffentliches Amt inne, aber es wird berichtet, daß er nach der großen Katastrophe des Jahres 413 v. Chr. als Gesandter nach Syrakus geschickt wurde. Nach Plutarch waren seine Dramen unter den Sizilianern so populär, daß sie diejenigen gefangenen Athener, welche die Verse des Euripides rezitieren konnten, begnadigten und nach Athen entließen.

Euripides verkörperte die Menschlichkeit des griechischen Volkes. Nicht, daß er ein typischer Athener gewesen wäre. Für dieses Volk, das eine erstaunliche Freude an seinen Lustbarkeiten bekundete, war er zu schwermütig. Man sagte von ihm, er wäre »düster, gedankenvoll und streng«, er meide die menschliche Gesellschaft, und der Scherz sei ihm fremd. Die Legende, daß er die menschliche Gesellschaft ablehne, stammt daher, daß er die Gewohnheit hatte, sich von Zeit zu Zeit in eine Höhle auf der Insel Salamis zurückzuziehen. Moderne Autoren, die sich einige Zeit auf ihrem Besitz am Meer gegenüber ihrer Umwelt abschließen, werden deshalb noch lange nicht als Einsiedler bezeichnet.

Über sein privates Leben wissen wir wenig, nur daß er drei Söhne besaß und sich ihres Heranwachsens erfreute. Der älteste Sohn wurde Kaufmann, der mittlere Schauspieler, der jüngste Dramatiker.

Mit dem Alter wuchs wohl die Berühmtheit von Euripides, doch nahmen auch die Angriffe gegen ihn zu. Aristophanes, obwohl mit ihm befreundet, attackierte ihn öffentlich in Versen von ausgesuchter Bosheit. Ein gewisser Hygiänon klagte ihn für den berühmten Ausspruch in *Hippolytos* der Gottlosigkeit an: »Die Zunge nur, der Geist hat nicht geschworen.« Vor Gericht antwortete Euripides, der zuständige Ort für die Richter, wollten sie über diese Frage entscheiden, sei das Theater, und für diese scharfsinnige Entgegnung wurde er mit einem Freispruch belohnt. Nach der erst kürzlich entdeckten Euripides-Biographie von Satyros verließ er schließlich Athen, da ihn die Schmähschriften unbedeutender Dichter unbarmherzig quälten. Er fand Zuflucht am Hofe König Archelaos' von Makedonien, der eine Gruppe von Künstlern, alles athenische Flüchtlinge, um sich versammelt hatte. Der Maler Zeuxis, der Dramatiker Agathon und viele andere lebten unter seinem Schutz.

Im Exil wurde Euripides mit Auszeichnung behandelt und stand mit dem König auf vertrautem Fuß. Plutarch erzählt eine nette Geschichte von einem Höfling, der einen goldenen Becher aus der Hand des Königs erbat. »Ich werde ihn dir nicht geben, denn du bist einer jener Männer, die ihre Wünsche aussprechen«, sagte der König. »Ich werde den Becher Euripides geben, der niemals um etwas bittet.« Aristoteles berichtet eine weniger nette Geschichte von einem Höfling, der eine Bemerkung über den üblen Mundgeruch von Euripides machte und daraufhin sofort festgenommen und dem Dichter zur Auspeitschung übergeben wurde. Beide Geschichten mögen wahr sein, denn die Barbarei der makedonischen Könige kam ihrer Großzügigkeit gleich.

In diesem wilden Land blühten Eifersucht und Intrige, und diejenigen, die sich in unmittelbarer Nähe des Königs befanden, waren oft größeren Gefahren ausgesetzt als der König selbst. Eines Tages wanderte der Dichter allein durch die Wälder in der Nähe des Palastes, als eine Jagdgesellschaft auszog, begleitet von einem Rudel molossischer Jagdhunde. Sie stießen auf Euripides und rissen ihn in Stücke. Man war allgemein der Ansicht, daß es sich um einen gemeinen Mord handelte, wahrscheinlich von dem Sklaven Lysimachos ausgeheckt, dem Führer der Hunde. Der König schnitt sich in seinem Schmerz die Haare ab; einige Zeit darnach erbaten die Athener den Leichnam, um ihn nach Athen zu bringen. Der König lehnte die Bitte ab, vielleicht, weil es keinen Leichnam gab.

So starb Euripides, der mehr als jeder andere ein Begründer des uns heute vertrauten Dramas war, ein Freund Sokrates', und der Verfasser von mehr als hundert Stücken. In einer Zeit, da Aischylos und Sophokles halbvergessen waren, wurden die Stücke von Euripides immer noch aufgeführt. Er schrieb über Götter und Helden, doch stets gestaltete er sie nach der Vorstellung des Volkes von Athen. Er holte das Drama aus himmlischen Höhen herab und stellte es fest auf die Erde.

Lange vor seinem Tode war er bereits in den Ruf gelangt, ein Weiberfeind zu sein. Wie es dazu kam, ist ein Rätsel, denn niemand, auch Shakespeare nicht, hat so zartfühlend über sie geschrieben. Seine Frauengestalten sind viel lebendiger, viel kraftvoller und viel anziehender als seine männlichen Figuren. Von der *Alkestis,* dem ersten uns erhaltenen Drama, bis zur *Iphigenie in Aulis,* an dessen Vollendung ihn der Tod hinderte, werden alle seine Stücke von Frauen beherrscht. Von der stolzen und mörderischen Königin zur bescheidenen Magd, von der Nymphomanin bis zur fanatischen Jungfrau, vom Mannweib zur sanftmütigen Schäferin, kennt er sie alle, zu gut sogar. Seine große Galerie der Frauengestalten wurde niemals übertroffen.

Alkestis stimmt die Melodie an. Als Apollo von Zeus für den Tod der Kyklopen gestraft wurde, mußte er als Schäfer in den Dienst des Königs Admetos treten, welcher ihn so gütig behandelte, daß Apollo ihm als Gegengabe die Unsterblichkeit anbot, vorausgesetzt er fände jemanden, der bereit wäre, für ihn zu sterben. Alkestis, die Frau des Königs, ergreift mit Leidenschaft die Gelegenheit, das Leben für ihren Mann hinzugeben, und wenn das Stück beginnt, liegt sie auf dem Totenbett und hat ihre Kinder um sich versammelt. Sie hat Augenblicke bitterer Reue, und sie denkt an all jene, die doch an ihrer Stelle sterben könnten; sie ist bei dem Gedanken verzweifelt, Admetos werde sich eine andere Frau nehmen. Sie singt von der Sonne, der Helle des Tages, den eilig dahinziehenden Wolken und betet, ihre Kinder mögen noch lange das Licht der Sonne erblicken. Dann stirbt sie und wird von Hades, »dem schwarzhaarigen Gott«, empfangen; Admetos gibt sich seinem Schmerz hin, er gelobt, ihr Bildnis anfertigen zu lassen, welches er auf die Liegestatt stellen und für den Rest seines Lebens verehren will. Noch ist er von Trauer umfangen, als Herakles erscheint und um Asyl bittet. Bereitwillig nimmt ihn der König auf, denn es ist heilige Pflicht, den Gast willkommen zu heißen. »Führt ihn«, spricht der König, »in einen abgelegenen Teil des Hauses, damit er unser Weheklagen nicht höre!« Und Herakles, ahnungslos, wer gestorben ist, belustigt sich damit zu trinken, sein Haupt mit Myrten zu bekränzen und heitere Lieder zu singen.

Schließlich aber begreift Herakles, und weil Admetos sein Freund und gut zu ihm ist, gelobt er, mit dem Tod zu kämpfen und Alkestis ins Leben zurückzubringen. Der König ist noch voll Verzweiflung und Trauer, als Herakles mit einer verschleierten Frau erscheint. »Nimm sie«, sagt er. »Du wirst es nicht bereuen.« Der König tadelt ihn, meinend, er habe genug gelitten, es stehe niemandem an, ihn in seinem Schmerz zu verhöhnen. Herakles sagt, er habe die Frau bei einem Ringkampf gewonnen, irgendwo müsse er sie lassen, der König möge Mitleid mit ihm haben und dem Weibe eine Unterkunft anbieten. »Blicke sie an und sei glücklich«, sagt Herakles, und dann hebt der König den Schleier, um sein Weib vor sich stehen zu sehen. Die Tragödie endet in einem Augenblick höchster Freude.

Diese Töne höchster Freude hören wir wieder in der *Iphigenie auf Aulis,* wenn Iphigenie zu der Heiligen Grotte der Artemis kommt und ihr Leben für eine ruhige See darbietet, denn die Göttin Artemis hat einen Sturm heraufbeschworen, um die Flotte des Agamemnon daran zu hindern, nach Troja zu segeln und ihr, der Iphigenie Opfer, soll die Göttin wieder besänftigen.

Doch jene trat an ihres Vaters Seite nun
Und sprach die Worte: »Vater, sieh, da bin ich schon
Und biete froh zu meines Vaterlandes Wohl,
Für alles Land von Hellas biet ich meinen Leib
Freudvoll zum Opfer am Altar der Artemis
Den Führern, wenn es also will der Gottesspruch.
So viel an mir liegt, fahrt ihr wohl: möget ihr nun auch
Den Sieg erringen und die Heimat wiedersehn!
Darum berühre keiner mich von Argos' Heer:
Ich biete schweigend ohne Furcht den Nacken dar.«
Und also sprach sie; jeder, der das Wort vernahm,
Staunt an der Jungfrau Tapferkeit und Heldensinn.
Talthybios, vortretend, wie sein Amt es war,
Gebot sofort andächtig Schweigen allem Volk.
Der Seher Kalchas legte dann das Opferschwert,
Das scharfe, das er blinkend aus der Scheide zog,
In goldnen Korb und kränzte deiner Tochter Haupt.
Der Sohn des Peleus aber nahm den Korb, zugleich
Das heilige Wasser, und besprengte den Altar.
Er sprach: »O Göttin Artemis, Tiertöterin,
Die klares Licht hinschlängelt durch die dunkle Nacht,
Empfange dieses Opfer, das wir spenden dir,
Achaias Heer und Agamemnon, unser Fürst,
Des schönen Jungfraunackens unentweihtes Blut,
Und gib den Schiffen unversehrte Fahrt und laß
Die Zinnen Trojas untergehn durch unsern Speer!«
Zur Erde blickend standen Atreus' Söhn' und wir;
Da nahm der Priester seinen Stahl und betete
Und spähte nach dem Halse, wohl zu treffen ihn.
Mich überfiel schmerzvolle Wehmut, und ich stand
Nachsinnend; plötzlich bot sich uns ein Wunder dar.
Denn deutlich hörte jeder wohl des Schlages Fall,
Doch schaute niemand, wo hinab das Mädchen schwand.[1]

(Iphigenie in Aulis 1551–1583)

Euripides besitzt jene magische Kraft, die uns Dinge sehen läßt, die sich niemals, weder zu Lande noch zur See abgespielt haben. »Blicke sie an und sei glücklich«, sagt Herakles, und wir verfallen dem Zauber und sehen, was er von uns zu sehen verlangt.

[1] Euripides, »Die Tragödien und Fragmente«. Bearbeitet und eingeleitet von Franz Stoessl

Seine Erzählergabe ist erstaunlich; er bringt Geschichten ebenso kunstvoll wie Herodot oder Plato, die beide Meister des minutiösen Details waren. Er sagt uns nicht, wie lange das Messer im Licht gleißt, noch beschreibt er uns den Gesichtsausdruck des Agamemnon, mit untrüglichem Instinkt erzählt uns Euripides nur eines über den Hergang des Opfers: »Wir hörten den Streich.« Das ist genug. Der Streich kommt wie ein Donnerschlag, und wenn Iphigenie entschwindet und an ihrer Stelle eine liebliche Hirschkuh erscheint, so sind wir darauf vorbereitet, denn nach dem Donnerschlag sind wir auf alles gefaßt.

Immer wieder zeigt uns Euripides die erstaunliche Gabe, eine Geschichte so überzeugend zu bringen, daß wir zu willigen Gefangenen seiner Vorstellungskraft werden.

In *Medea* malt er das Bild einer Frau, beherrscht von unbändiger Rachsucht. Sie hat zuerst ihren Bruder getötet und die Teile seines Körpers über den Weg verstreut, um die Verfolgung von Jason und dem Goldenen Vlies durch ihren Vater hinauszuzögern. Mit einer erschreckenden Macht für das Böse ist sie eine Frau, die vor nichts halt macht. Wie sie erkennt, daß Jason, um eine korinthische Prinzessin zu heiraten, sie und die beiden Söhne, die sie ihm geschenkt hat, verlassen will, ist sie zu allem entschlossen. Sie wird die Prinzessin und ihre eigenen Söhne vernichten. Um ihren Anschlag auf die Nebenbuhlerin durchzuführen, ruft Medea ihre Söhne und übergibt ihnen als Geschenk für die Prinzessin ein gesticktes Gewand und ein goldenes Diadem. Das Gewand ist vergiftet.

Vergiftete Gewänder sind in der griechischen Mythologie geradezu eine Alltäglichkeit, und wir haben bereits gesehen, wie Sophokles sich mit dem von Deianira dem Herakles geschenkten Gewand auseinandersetzt. Herakles schreit und tobt, verliert sein Bewußtsein, erwacht wieder in unnennbarer Pein, krümmt und windet sich, flucht und wünscht alles Böse über das Haupt seiner Frau. Niemals aber sehen wir etwas anderes, als einen Schauspieler, der vorgibt, Herakles zu sein. Wenn Euripides beschreibt, wie die Prinzessin das Gewand überstreift und umhüllt von Gift ihr Leben aushaucht, dann gelingt es ihm, sie uns in einem einzigen Bild lebendig zu machen und bis zum letzten Wort glauben wir ihm alles, was er uns erzählt.

Es ist der Triumph des *Grand Guignol,* aber ebenso ein Triumph der dramatischen Kunst, und Euripides führt uns ganz allmählich mit ausgesuchter List seinem Ziel entgegen. Er erzählt, wie die Kinder zum Palast kommen und voll Freude begrüßt werden, denn alle haben gehört, daß Medea ihre Einwilligung zur Hochzeit gegeben hat. Dann werden sie in das Brautgemach der Prinzessin geführt. Jason befindet sich dort, und zuerst ist die Prinzessin verständlicherweise von der Gegenwart der beiden, mit Geschenken beladenen Knaben beunruhigt, doch es ist Jason selbst, der sie davon überzeugt, daß durch die Annahme der Geschenke nicht nur kein Übel heraufbeschworen, sondern im Gegenteil viel Gutes erwachsen werde. Ihre zitternde Abwehr wandelt sich rasch in Zustimmung, schließlich in jauchzende Freude. Jason und die Knaben werden aus dem Gemach gesandt, während sie das Gewand überstreift.

Nahm sie das bunte Kleid und zog es an,
Flocht sie das goldne Krönchen in die Locken,
Gab, vor dem lichten Spiegel, ihnen Form
Und lächelte dem seelenlosen Bilde;
Erhob sich von dem Sessel dann, durchschritt
Mit weißen Füßchen tänzelnd das Gemach,
Entzückt von dem Geschenk, und prüfte wieder
Und wieder bis zum Saum den Faltenwurf.
Da plötzlich bot sich uns ein Schreckensschauspiel.
Sie wurde blaß. An allen Gliedern zitternd
Ging sie zurück und konnte grad noch
Den Stuhl erreichen, eh sie niederfiel.
Und eine greise Magd, die glauben mochte,
Pan oder sonst ein Gott erschrecke sie,
Schrie gellend, um den Schrecken zu verscheuchen,
Bis sie bemerkte, daß aus ihrem Munde
Ein weißer Schaum quoll, daß die Augen sie
Verdrehte, daß das Blut die Glieder floh.
Statt ihres Heilungsschreies schluchzt' sie da
In lautem Jammer. Gleich zu Kreon liefen
Die einen, andre nach dem Neuvermählten,
Zu melden, was der Braut geschehn. Von Schritten
Der Laufenden erscholl das ganze Haus.
Inzwischen mochte, durch die Rennbahn schreitend,
Ein rüstger Wandrer wohl am Ziele stehn,
Als, stumm bisher und mit geschlossenen Augen,
Laut stöhnend die Unsel'ge zu sich kam.
Denn doppelt war die Qual, die sie bestürmte;

Vom goldnen Krönchen auf dem Haupte ging
Ein Zauberstrom gefräßgen Feuers aus,
Das zarte Festkleid, deiner Kinder Gabe,
Verzehrte der Unsel'gen weiße Glieder.
Sie sprang vom Stuhl, um vor der Glut zu fliehn,
Und schüttelte Haupt und Locken hin und her,
Damit der Kranz abfiele. Doch das Gold
Saß fest im Knoten. Durch das Schütteln wurde
Das Feuer doppelt heftig angefacht.
Sie fiel zu Boden, von der Not bezwungen,
Unkenntlich schon, nur für den Vater nicht.
Der Augen Wohnstatt war nicht kenntlich mehr,
Die holden Züge nicht; nur Blut mit Feuer
Vermischt troff von dem Scheitel ihr herab;
Vom Knochen floß das Fleisch, wie Fichtenzähren,
Durch unsichtbaren Biß des Gifts hinweg.
O grauses Bild! Wir rührten ihre Leiche
Nicht an: wir waren durch Erfahrung klug.

(Medea, 1159–1203)

Keine andere Stelle in *Medea* erreicht diesen Gipfel des Schrekkens und man kann ruhig sagen, daß nirgends in den Werken von Euripides eine solche kristallklare Treffsicherheit wie in dieser visionären Erzählung zu finden ist. Dabei gibt es bei Euripides der Schrecken und Ängste genug. Besser als jeder andere kann er Alpträume erzählen. Da ist zum Beispiel jene Szene im *Herakles,* in welcher dieser dem völligen Wahnsinn verfällt. Er sitzt am Boden und in tödlicher Stille spielt er sich selbst einen Mann vor, der ein gargantuanisches Fest genießt. Nackt, bar aller Kleidung, bekränzt er sich mit einer unsichtbaren Krone, gleichsam als wäre er der Sieger im athletischen Wettbewerb, und dann, ein mörderisches Licht in den Augen, jagt er hinter seinen Kindern her, glaubend, sie wären die Kinder seiner Feinde. Eines ersticht er, dem anderen zertrümmert er mit seiner Keule den Schädel. Um seinem mörderischen Wüten ein Ende zu bereiten, wirft Athene einen Felsen nach ihm; dann wird der alte Mann gefesselt und kann kein weiteres Unheil mehr anrichten. Es ist eine kraftvolle Szene, doch der Herzschlag des Mysteriums ist nicht zu spüren. Aber wenn wir in *Medea* dem Sterben der Prinzessin zusehen, da werden wir magisch im Brennpunkt festgehalten und es gibt kein Zaudern. »Der Augen Wohnstatt war nicht kenntlich mehr ...« Wir wissen, dies ist die Wahrheit, denn er hat uns darauf vorbereitet; und wenn die Prinzessin das Gewand anzieht, leicht über den Teppich eilt und sich bewundert, so hören wir, ihrem »seelenlosen Bild« im Spiegel begegnend, den Wink des Schicksals. Sagt der Dichter: »... entzückt von dem Geschenk, und prüfte wieder und wieder bis zum Saum den Faltenwurf«, so macht er uns zu seinen Gefangenen. Endgültig und meisterhaft legt er seine Falle und wir treten freiwillig hinein. Der wahnsinnige Herakles ist der Schrecken, die sterbende Prinzessin aber die Inkarnation des Grauens.

Nicht immer erreicht Euripides solche Höhen, doch wann immer er von Frauen spricht, werden wir der Tiefe seines Verstehens für sie gewahr. Er kennt ihre Beweggründe, den geheimen Ursprung ihrer Handlungen und was sie in den dunklen Kammern ihrer Seele erblicken; er weiß um ihre Leiden. Hier spricht Medea über das Schicksal der Frau:

Von allem, was da Leben hat und Seele,
Sind doch wir Fraun das traurigste Gewächs.
Erst müssen wir für teures Geld den Gatten
Uns kaufen, dann verfügt er über uns
Als Herr; ist das nicht schlimmer noch als schlimm?
Und davon hängt nun alles für uns ab,
Ob uns ein schlechter oder guter Mann
Beschieden. Scheidung schadet ja dem Ruf
Der Frau. Abweisen kann man nicht den Freier.
In ungewohnte Sitte gilts und Art
Sich einzufühlen. Niemand lehrte uns,
Wie einen Gatten man behandeln muß.
Gelingt uns dies und lebt der Gatte friedlich
Mit uns und trägt der Ehe Joch geduldig –
Das ist das Glück! Wenn nicht, hilft nur der Tod.
Der Mann, wenn ihn die Hausgenossen ärgern,
Geht aus und heilt sein Herz von dem Verdruß;
Verwandte, Jugendfreunde sucht er auf.
Wir hangen ganz nur von dem Einen ab.
Man sagt, wir leben friedlich, ungefährdet
Im Hause, wenn sie gehn zum Lanzenkampf.
Wie töricht! Lieber will ich dreimal stehn
Im Schildgedräng als einmal niederkommen.

(Medea, 231–251)

Hippolytos ist im Vergleich zu *Medea* ein ruhigeres Stück, obwohl sich Phaidra erhängt und der unberührte Hippolytos von den Göttern gestraft wird, weil er seine Keuschheit zu sehr liebt. Phaidra ist krank vor Liebe zu ihrem Stiefsohn, dem Sohn des Theseus und der Amazonenkönigin. Euripides weiß, wie Liebesschmerz sich selbst Nahrung gibt, vergiftete Pfeile aussendet, die, sich drehend, wieder zurückkehren, die Wunden berühren und sie durch neues Gift doppelt schmerzhaft machen. Phaidra ist gut gezeichnet, doch ist es das Bild der Amme, in welchem sich Euripides selbst übertrifft. Beim ersten Geständnis von Phaidra, sie sei in hoffnungsloser Liebe zu Hippolytos, dem sie gleichgültig sei, entbrannt, ist die Amme entsetzt. Das wäre nur ein unseliger Wahn, meint sie, und solche Gedanken dürfte man nicht denken. Doch als sie zu der Erkenntnis kommt, daß sich die Gedanken nicht bannen lassen, verfällt sie in das gegenteilige Extrem und drängt Phaidra, ihren Wünschen nachzugeben. Sie schmeichelt ihr, beschwört sie, wir alle seien Geschöpfe der Aphrodite, und die Göttin zurückweisen, hieße, einen anmaßenden Stolz zu zeigen. Phaidra möge Mut für ihre Liebe haben, schreit sie, die Göttin hätte es so gewollt.

Das ist einer der ganz großen Momente der griechischen Tragödie. In dem Schrei: *Tolma d'erosa!* werden wir dem Geheimnis der tragischen Muse nahegebracht. So hatte Prometheus, hatten Xerxes und Ödipus das Schicksal herausgefordert, alle waren mutig in ihrer Liebe, und alle waren zugrunde gegangen, niemals wirklich wissend, warum sie eine so ungeheuerliche Strafe auf sich gezogen hatten. Die Amme ist dafür, sich kühn aus den Schlingen der Liebe zu befreien und geht auf Suche nach Hippolytos, entgegen jeder besseren Einsicht hoffend, der Jüngling möge die Sehnsucht seiner Stiefmutter stillen, denn dies erscheint ihr als einziger Ausweg, die Herrin vor einer Katastrophe zu bewahren. Hippolytos aber, der keuschen Jägerin Artemis geweiht, weist das Bett seiner Stiefmutter zornerfüllt zurück. Seine Worte sind die Antwort des Mannes auf Medeas Klage über die Sorgen der Frauen:

O Zeus! Warum hast du der Weiber falsches
Geschlecht in diese Sonnenwelt gepflanzt?
Lag dir daran, daß sich die Menschen mehren,
Fürwahr, nicht Weiber brauchtest du dazu.
In deine Tempel könnten ja die Menschen

Gerät aus Eisen, Gold und Kupfer stiften,
Um Kinder sich zu kaufen, jeglicher
Entsprechend seiner Schatzungsklasse: Ledig
Des Weibchens könnte man sein Haus bewohnen.
Des Weibes Schädlichkeit zeigt schon der Brauch,
Daß sein Erzeuger, der es auferzogen,
Die Mitgift draufgibt, um es loszuwerden,
Und wer ins Haus sich nimmt solch Fluchgewächs,
Hat den Genuß, mit Schmuck das garstge Bild
Und prächtgen Kleidern künstlich aufzuputzen,
Wodurch sein Wohlstand untergraben wird.
Der hat's am besten, der ein unbedeutend
Einfältig Weib im Hause sitzen hat.
Schlimm sind die Klugen; meinem Haus wünsch ich
Kein Weib, das klüger, als dem Weibe ziemt.
Denn Frevelmut kann Kypris leichter zeugen
In klugen Fraun. Die ungeschickten Weiber
Schützt vor dem Laster der Gedanken Kürze.

(Hippolytos, 616–644)

In dem kalten Zorn seiner Keuschheit beschwört er sein eigenes Verderben herauf, denn indem er Phaidra in ihrer Qual verhöhnt, verhöhnt er auch Aphrodite, und das ist viel schwerwiegender. Als er mit seinem Streitwagen die Küste entlang fährt, wird er von einer riesenhaften Welle erfaßt und verschlungen. Sein Verbrechen war es nicht, sich der Keuschheit zu weihen, sein Frevel war seine Unnachsichtigkeit gegenüber den Gefühlen seiner Stiefmutter; er stellte sich so hoch über sie, daß er kein Wort der Anteilnahme für sie finden konnte und durch die Übertreibung seiner Keuschheit beschwor er ihr Verderben herauf. Das Stück beschäftigt sich aber nicht nur mit Lust und Keuschheit, jedenfalls nicht mehr als *Medea* mit der Rache der Frau oder *Prometheus* mit dem Diebstahl des himmlischen Feuers. Große und verwirrte Gefühle werden auf der Bühne frei. Scharf zeichnen sich die Charaktere unter der Linse des Vergrößerungsglases ab und zeigen sich verwickelter, als wir je vermuten konnten. Phaidra ist nicht einfach eine der Verzweiflung preisgegebene Frau, immer wieder leuchtet die kalte Logik durch, gibt es Augenblicke der Großzügigkeit und Aufrichtigkeit. Wir sehen sie in drei Dimensionen, in allen ihren Gefühlen. Auch Hippolytos kennt die Zartheit und niemals ist er weicher, als in jenem Moment, da er der Göttin ein Blumengebinde darbringt.

Dir, teure Herrin, bring ich diesen Kranz
Vom Blumenflor der nie berührten Wiese,
Wo nie der Hirte seine Schafe weidet
Und nie die Sichel klang, wo nur die Biene
Durch nie berührte Fluren schwärmt im Lenz.
Die Aidos tränkt sie mit der Flut des Quells.
Nur der, der unbelehrt, aus eignem Triebe
Ein Leben unbedingter Keuschheit wählt,
Darf pflücken hier, den Schlechten ist's verwehrt.
Herrin, als Schmuck für deine goldenen Locken.
Nimm diesen Kranz aus meiner frommen Hand.

(*Hippolytos*, 73–83)

Diese besinnliche Lyrik ist immer wieder in den Werken von Euripides zu finden. Ohne ersichtlichen Grund hält er an, um eine wirkliche oder erträumte Szene über die Schönheit der Natur zu schreiben: Den Flug der Vögel über den Wiesen, die blauen Schatten, die die Berge verhüllen, ein Mädchen, das seine Kleider im Strom wäscht. Dies ist besonders zu Beginn des *Hippolytos* der Fall, wenn der Chor erscheint und ankündigt, er habe von Phaidras Liebeskummer gehört:

Träufelnd von heil'gen Gewässern lässet ein ragender Fels
In die Krüge den Quell sprudeln über die steile Wand.
Meinen Freundinnen eine wusch
Manch Purpurgewand im Quellwasser dort.
Und breitet's dann über den warmen Rücken hin
Sonnenbeschienenen Felsengrunds.
Da erfuhr ich zuerst die Not Phaidras.

Erste Gegenstrophe

Leidend, gestreckt auf das Krankenlager, gefangen im Haus,
Hüllt in feinen Gewebs Tücher ein sie das blonde Haupt.

(*Hippolytos*, 121–134)

Nie wird uns der Name jenes, die roten Gewänder waschenden Mädchens gesagt, nie sehen wir es wieder. Es hat kein Teil an der Entwicklung des Dramas, aber sein Glanz liegt über den ersten Szenen, die in Sonnenlicht getaucht scheinen. Dann erst ballen sich die schwarzen Sturmwolken zusammen.

In den *Troerinnen,* 415 v. Chr., zwischen dem Massaker von Melos und dem Aufbruch der sizilischen Expedition entstanden, gibt es keine Sonne. Es ist ein Stück voll Finsternis und Schrekken, nicht einen Atemzug lang erlaubt es eine Entspannung. Neben den Mauern des zerstörten Troja warten die Töchter aus dem Hause des Priamos auf ihr Schicksal. Die ganze Nacht ist Königin Hekuba auf der nackten Erde gelegen, zu verzweifelt, um sich zu erheben. Jetzt in der aufsteigenden Dämmerung tritt ein Herold auf, um Kassandra zu rufen, die zur Konkubine des Agamemnon bestimmt ist, und erklärt, welches Los den anderen Gefangenen zugedacht ist. Polyxena soll Dienerin am Grab des Achilles werden – später erfahren wir, daß man ihr die Kehle durchschneiden und ihr Blut dem Schatten des Achilles opfern wird. Andromache, die schöne Frau des Hektor, wird dem Sohn des Achilles zum Weibe gegeben, Hekuba selbst, einst Königin von Troja, wird Sklavin des Odysseus werden, jenes Mannes, den sie am meisten von allen Griechen haßt. So fährt der Herold in seiner Botschaft fort und plötzlich wirbelt Kassandra in den weißen Brautschleiern aus der Dunkelheit und schwingt eine Fackel:

Erheb die Fackel, reich sie mir!
Die Flamme her! In heiliger Scheu entflamm ich, sieh,
Die heilige Stätte.
O Herr Hymenaios,
Glücklich der Gemahl,
Glücklich auch ich,
Die nun zu königlichem Bund
Als Braut nach Argos ziehn wird:
Hymen, Gott Hymenaios!
Weil du mit Tränen und Weheruf,
O Mutter, um den hingeschiednen Vater klagst
Und klagst ums teure Vaterland:
Zünd ich zum Hochzeitsfeste mir
Der Flamme Licht an, daß es
Hell schimmre, weit leuchte,
Reichend, o Hymenaios, dir,
Reichend dir, Hekate, das Licht,
Wie's bei der Töchter Vermählung
Die Sitte will!

Die Erscheinung von Kassandra gerade in diesem Augenblick ist ein dramatisches Meisterstück. Sie ist vollkommen wahnsinnig und trunken von Weissagungen. Wenn sie wild den Ruinen Trojas entgegentanzt, ihre Fackel über dem Haupt schwingend und die gramgebeugten Gefangenen beleuchtend, so scheint sie von einem anderen Stern, wo es keinen Schmerz gibt, zu kommen. Sie weiß, daß der Sieg Troja gehört und die Griechen auf ihrer Rückfahrt in die Heimat in ihr Verderben gehen werden. Sie weiß, daß sie dem Agamemnon bestimmt wurde, aber sie weiß, daß er zugrunde gehen wird. Auch sie wird sterben, doch dieses Wissen bereitet ihr keinen Schmerz, sondern erfüllt sie mit jubelnder Freude. So tanzt und singt sie die schaurigen Gesänge vom Sieg des zerstörten Troja und niemand, der diese Szene auf der Bühne gesehen hat, kann das Bild des Mädchens, das leichtherzig zwischen Tod und Sterben dahintanzt, jemals vergessen. Das ist die Inkarnation des Schreckens, vergleichbar dem Grauen der Sterbeszene der Prinzessin in *Medea*.

Kassandra verschwindet, um nicht mehr aufzutauchen, doch bleibt ein Leuchten in der Luft. Bald erfährt Andromache, daß ihr Sohn vom höchsten Turm Trojas herabgestürzt werden soll. Sie kann ihn nicht verstecken; ihr bleibt nur die Klage. Plötzlich erscheint Menelaos und forderte Helena auf, sich zu zeigen. Er ist entschlossen, sie auf der Stelle zu töten, aber als seine Frau, sie, die den Trojanischen Krieg ausgelöst hat, plötzlich erscheint, kann er seine Bewunderung für ihre Schönheit nicht zurückhalten. Gekleidet in ihre prächtigsten Gewänder, betritt sie die Bühne und strahlt etwas von der Kraft der Kassandra aus. Ihre Schönheit gleicht einem in einer Wunde wühlenden Messer. Beinahe fordert sie Menelaos heraus, sie zu töten. Helena lügt das Blaue vom Himmel herunter. Sie erzählt, wie sehr ihr von den Trojanern Unrecht angetan worden wäre und wie oft sie versucht hätte, mit Hilfe eines Seiles über die Mauern von Troja zu entkommen. Niemals überzeugen ihre Worte, immer aber überzeugt ihre Schönheit. Hekuba, die die Vernichtung ihrer Söhne und die Auslieferung ihrer Stadt auf Gnade und Ungnade mitansehen mußte, schmäht sie in bitteren Worten. »Mir gebührt Verzeihung«, sagt Helena. »Die Schuld liegt bei Aphrodite. Ich selbst habe mit all dem nichts zu tun.« Wir wissen, daß sie nicht sterben wird, denn kein Mann kann es über sich bringen, eine solche Schönheit auszulöschen; und dann besteigt sie das Lager von Menelaos.

Der Angelpunkt der *Troerinnen* ist die Dunkelheit, der wogenförmig das Unheil entströmt; Schrecken reiht sich an Schrecken, aber Euripides selbst ist unerschütterlich. Man hat den Eindruck, er habe dieses Stück in einem tiefempfundenen Protest gegen das vor einigen Monaten in Melos angerichtete Massaker geschrieben. Andromache, die ihren neugeborenen Sohn im Arm hält, spricht von einem schmutzigen Ränkespiel der barbarischen Griechen, und in diesen Worten liegt ein scharfer Vorwurf und eine Welle des Hasses gegen die Politiker im Auditorium.

Es geschieht nahezu nichts und doch alles in diesem Spiel. Gelesen erfüllt es mit tiefer Traurigkeit, denn es scheint ohne Form, wie es sich in seinem Schmerz immerwährend um sich selbst dreht, und ein Unheil gleicht dem anderen. Auf der Bühne sieht die Geschichte anders aus. Kassandra, blumengekrönt, singt ihr Hochzeitslied und das Stück ist plötzlich in eine andere Ebene versetzt. Helena tritt auf und das Drama kommt in einen neuen Bereich. Der Sinn ist verändert, noch unbarmherziger als bisher, denn die Schönheit spricht allem Schrecken Hohn. Wenn Andromaches kleiner Sohn auf seines Vaters Schild hereingebracht wird, ein Klumpen blutigen Fleisches, nachdem man ihn vom Turm herabgeworfen hat – ein schimmernder Bronzeschild mit blutendem Rot in seiner Mitte –, dann sind wir Euripides auf Gedeih und Verderben ausgeliefert, denn er läßt die Frauen die Wunden des kleinen Kindes untersuchen.

Geht die Stadt zum Schluß in Flammen auf und werden die Gefangenen zum Meer getrieben, so ist dies bereits die Antiklimax.

Niemals schreibt Euripides mit mehr Überzeugung. Man hat das Gefühl, der ganze Mensch habe sich diesem Stück hingegeben und nichts zurückbehalten. Es ist ein Drama über die Frauen, denn die auftretenden Männer sind nicht mehr als maskengleiche Werkzeuge der Vernichtung. Hier beweist er, wenn überhaupt ein Beweis notwendig war, die Tiefe seiner verzweifelten Liebe zu den Frauen.

In den *Troerinnen* ist Helena der Inbegriff des Bösen. 412, drei Jahre später, schreibt Euripides ein neues Stück, in welchem sie auftritt: Diesmal ist sie sanft, unschuldig und bezaubernd.

Als Dramatiker konnte er sie genau nach seinem Wunsch erschaffen: Man erwartet von ihm keine Konsequenz. In *Helena* wählt er das von Stesichoros übernommene Bild, das uns Helena zeigt, die sich während des Trojanischen Krieges nicht in Troja, sondern im Palast des Protheos am Ufer des Nils aufhält. Wenn die Griechen Troja erreichen, ist von ihr keine Spur zu finden. Sie ist verschwunden, als habe sie niemals existiert.

Menelaos:
Nicht sie: die Götter hatten uns mit Trug getäuscht:
Mein Arm umschloß ein Wolkenbild.
Der Alte:
Was sagst du da?
Um Wolken also kämpften wir umsonst uns ab?

(*Helena*, 704–706)

So schreibt Euripides sein Stück über eine Helena, die weder auf Erden noch im Himmel jemals gesehen wurde, eine imaginäre Helena, die sich in aller Drangsal gleich bleibt, und die den zehnjährigen Krieg als ein fernabliegendes, mit ihrer Person wenig im Zusammenhang stehendes Ereignis betrachtet. Von uns wird nicht erwartet, daß uns die Charaktere glaubhaft erscheinen, ebensowenig, wie die Charaktere im *Sturm*. Auch hier sind schiffbrüchige Seeleute, magische Zaubersprüche, verhexte Landschaften, Handlungen von außerordentlicher Noblesse und von erstaunlicher Vulgarität. Zu Beginn des Stückes steht Helena neben dem Grab des Protheos, trauernd, weil sie der Anlaß für den Trojanischen Krieg ist, obgleich Hermes sie in eine Wolke gehüllt hatte und mit ihr nach Ägypten geflohen war. Theoklymenos, der Sohn des Protheos, hat beschlossen, sie zu heiraten, doch sie kennt nur einen Wunsch, mit Menelaos wieder vereint zu sein. Sieben Jahre sind seit dem Ende des Krieges vergangen und alles, was sie weiß, ist, daß die Griechen ihr zuliebe Troja zerstört haben. Sie betet beim Grab, als Teuker, einer der griechischen Helden, an Land kommt und sagt, er suche die Prophetin Theonoë, die Schwester des Theoklymenos, die ihm sagen werde, wo er eine Kolonie gründen solle. Bald erscheint, als schiffbrüchiger Seemann in Lumpen gehüllt, ihr Gatte Menelaos; Helena tritt ihm in all ihrer Schönheit entgegen:

Helena:
So glaubst du, mich erblickend, nicht dein Weib zu sehen?
Menelaos:
Gleich ist das Aussehen, doch die Meine bist du nicht.

Helena:
Schau! Was bedarf's noch? Kann ein Zeugnis klarer sein?
Menelaos:
Du bist ihr ähnlich, sicher: Das bestreit ich nicht.
Helena:
Wer anders kann dich's lehren als dein eigener Blick?
Menelaos:
Ich habe schon ein anderes Weib, das macht mich irr.
Helena:
Nicht ich, mein Abbild war es, das nach Troja kam.

(*Helena* 576–582)

Natürlich muß dieses liebevolle Geplänkel bald ein Ende finden und so wird das Stück zu einem Kampf zwischen Helena und Menelaos, die gemeinsam aus Ägypten fliehen wollen, einerseits und Theoklymenos, der entschlossen ist, Helena zu heiraten, andererseits. Helena gelingt die Flucht, indem sie mit ihrem Charme den König davon überzeugt, daß Menelaos ein gestrandeter Seemann sei, der ihr die Nachricht gebracht habe, Menelaos wäre im Meer ertrunken; es sei ihre Pflicht, die entsprechenden Totenfeiern für ihren verstorbenen Gemahl über jenem weit im Meer liegenden Platz, wo man annimmt, er wäre ertrunken, abzuhalten. Theoklymenos erklärt sich bereit, ihr ein Schiff, fünfzig Ruderer und einen Opferstier zu geben. Außerdem verspricht er, Menelaos die Führung des Schiffes zu überlassen; eine kleine Zahl gestrandeter Griechen, als Trauernde verkleidet, schließen sich der Fahrt an. Sobald das Schiff die ägyptische Küste verlassen hat, ziehen die Trauernden ihre unter dem Gewand verborgenen Schwerter. Der Stier wird geopfert, die fünfzig Ruderer abgeschlachtet und die Fahrt geht nach Griechenland.

Das Ganze kann kaum als Stück bezeichnet werden. Es ist ebenso freundlich und liebenswürdig wie *Der Sturm* und hat die gleichen unheilvollen Untertöne; und gleich dem *Sturm* ist es mehr eine spielerische Unterhaltung, als ein gut durchdachtes Stück mit ausgereiften Charakteren. Es soll unterhalten und stellenweise erschrecken. Ein sehr hübscher Gesang an Demeter hat nichts mit dem eigentlichen Stück zu tun; der bezaubernde Chor ist wie ein fernes Echo des Chores aus *Hyppolytos*.

Bei der dunkel lauen Quelle
Längs der grünen Hecke weilt ich,
Buntfarbene
Kleider trocknen rings im goldnen
Schein der Sonne um das blühnde Rohr des Schilfes.
Horch: Da schrie's erbärmlich auf und ich vernahm des
Jammers Laut und klagend Lied:
Schluchzend gellte eines Weibes
Mund den Wehruf gleich der Nymphe,
Der Najade,
Welche im Gebirg die Weise
Irrer Flucht in Ängsten jammert
Und in Felsenöden über
Pans Umarmung gellend weint.

(Helena 180—193)

So geht es durch das ganze Stück — der friedliche Sonnenschein eines Sommertages und plötzlich kommt der Wind auf und die Nymphen klagen.

Niemals dichtete jemand wie Euripides, so liebenswürdig, so menschlich, mit so viel Phantasie und einer solchen Gefühlstiefe. Man beschuldigt ihn des Atheismus', weil er seinen Gestalten manchmal gestattet, ihre Fäuste gegen die Götter zu schütteln, doch heißt dies, seine tiefe Menschlichkeit vollkommen falsch zu verstehen. Er glaubte und er glaubte nicht. Es gab Zeiten, da er entsetzt vor der menschlichen Natur zurückwich, und Zeiten, da er so begeistert von ihr war, daß jedes Antlitz, in das er blickte, ihn trunken machte, aber durch seine Zweifel wurde sein Glaube gefestigt. Er hatte Shakespeares Gabe der Tränen und der ausgelassenen Fröhlichkeit, und wahrlich, die beiden könnten Brüder sein.

Als er starb, legten die Athener Trauerkleider an; eine Ehre, die keinem anderen Dichter zuteil wurde.

21 Aristophanes

Noch immer blinzelt der alte Geizhalz voll Bosheit über die Jahrhunderte hinweg, in den tückischen Augen leuchtet wilde Freude. Er schimpft und wütet, und nichts kann ihn zum Schweigen bringen. Er wirft mit allen ihm bekannten unflätigen Ausdrücken herum und um das Maß vollzumachen, erfindet er noch ein gutes Dutzend dazu. Voll Abscheu schreit er beim Anblick eines Mannes, der den Saum seines Gewandes hebt, um es vor Schmutz zu schützen, auf, und bei der Begegnung mit Menschen, die mit dem Ausdruck feierlichen Ernstes ihres Weges schreiten, bekommt er einen Lachanfall. Ihn kümmert weder ein Perikles, noch ein Sokrates oder Euripides; wäre es in seiner Macht gestanden, er hätte ihre Existenz von der Erde hinweggelacht. Er war ein niederträchtiger alter Mann. Manchmal war er voll Gift, dem reinen Gift einer Viper, und manchmal konnte er sich in eine Raserei hineinsteigern, die dem Wahnsinn nahe kam. Und doch hat dieser unverschämte Greis einen gewissen Anspruch auf unsere Zuneigung. Er war der liebenswürdigste Clown, der jemals gelebt hat. In ihm hat die zügellose Komödie Gestalt angenommen und die Welt erobert.

Der höchste Wunsch von Aristophanes war ein Leben der Sinnenlust und eine friedliche Welt; in Wahrheit aber fand er eine dauernd in Kriege verwickelte Stadt, was unvermeidlich dazu führte, daß die Lebensfreude geopfert werden mußte. Mit den Politikern kannte er keine Gnade. Als er einmal ein Stück schrieb, zeichnete er den mächtigsten Politiker Athens so, daß niemand wagte, die Rolle zu übernehmen; schließlich spielte Aristophanes, das Gesicht mit Weinhefe gefärbt, die Figur selbst. Als sich zehn Jahre nach Ausbruch des Peloponnesischen Krieges der aufdämmernde Morgen eines Friedens zeigte und ein leiser Hoffnungsschimmer in der Luft lag, verfaßte er ein Stück mit dem Titel *Frieden:* Auf dem Rücken eines gigantischen Mistkäfers schwingt sich ein alter Bauer zum Himmel auf und triumphierend gelingt es ihm, die Friedensgöttin ihrem Grab zu entreißen; in den letzten Worten läßt er den Chor die Ankunft des Friedens in Worten preisen, die einem Segen gleichkommen:

ERSTER HALBCHOR: O wie schön, o wie schön,
Daß ich los den Helmbusch bin
Und die Zwiebel und den Käs!
Nein, den Krieg, den mag ich nicht!
Aber, o wie selig ist's,
Wein zu nippen, Schluck um Schluck,
Froh gelagert um den Herd
Mit den Freunden, trocknes Holz,
Noch vom letzten Sommer dürr,
Zuzulegen und dabei
Sich die Leber bei den Kohlen
Und das Schwanzstück aufzuwärmen
Und zu schäkern mit der Magd,
Weil die Frau im Bade sitzt!
CHORFÜHRER: Nichts behaglicher als dieses: wenn die Saatzeit ist vorbei
Und der Himmel Regen spendet und ein Nachbar kommt und spricht:
»Hör, was meinst du, Freund, was fangen wir nun an, Komarchides?
Da der Himmel uns so gnädig, denkst du nicht, wir trinken eins?
Also, Weibchen, setz ans Feuer Erbsen heut, drei Mädchen voll,
Nimm auch Kuchenmehl, vom feinsten, spare ja die Feigen nicht!
Schick die Syra, daß sie draußen auf dem Feld den Manes holt!
Denn die Reben abzublatten heute, nein, das geht nicht an;
Sie behacken – nein, auch das nicht, denn der Grund ist gar zu feucht.
Holt bei mir zwei Krammetsvögel, nehmt auch die Kapaunen mit!
Biestmilch hatt' ich auch im Hause, Hasenfleisch vier Stücke noch,
Wenn mir über Nacht die Katze nicht davon gestohlen hat:
Ja, es war im Haus nicht richtig, und es kratzt' und polterte!
Junge, bring uns nur drei Stücke, laß dem alten Vater eins;
Einen Myrrhenzweig mit Beeren fordre beim Aischinades;
Ruf auch im Vorübergehen dem Charinades: er soll
Heute fröhlich mit uns trinken,

Weil der Himmel unsern Fluren
Segen und Gedeihen schenkt!«

(Aristophanes: Der Frieden, 2. Szene)[1]

Das war das Leben, das er sich wünschte, aber im Athen des Peloponnesischen Krieges war wenig davon zu finden: Männer eilten mit Tränen in den Augen in die Schlacht, und rotröckige Hauptleute, drei Federn auf dem Helm, stolzierten wie Kampfhähne einher, bis zu dem Augenblick, in welchem sie das Schlachtfeld erreichten, wo sie es vermutlich nur zu schnell den armen Soldaten überließen, für sich selbst zu sorgen. »Verflucht seien die Hauptmänner!« sagt der Chor und fährt mit dem uralten Ruf fort: »Wartet, bis ich sie in meinen Händen habe . . .«

Aristophanes war, als er diesen Chor schrieb, in niedergedrückter Stimmung. Für gewöhnlich ist er viel heftiger, viel unverschämter, viel unanständiger. Das beschriebene Gastmahl ist schal, verglichen mit den gargantuesken Festen, die er für gewöhnlich schildert und bei welchen schon die Namen der Speisen Meterlänge erreichen. Was er in einem Stück am meisten genießt, ist, zwei possenhafte Charaktere einander gegenüberzustellen und sie in den Wirbelwind einer Radauszene zu stoßen, wo sie sich heiser schreien, ihre Arme wie Dreschflegel schleudern, und doch nichts erreichen; und in dem Moment, in welchem sie von den vielen herumgebrüllten Unflätigkeiten bereits ohne Stimme sind, verschafft er ihnen eine neue Ausrede, einander an die Kehle zu springen. Gleich einem Feuerwerk sind seine Stücke fortlaufende Explosionen. Er hat einen Sinn für das in den menschlichen Adern pulsierende Leben, und er besitzt eine überströmende Liebe für die Gestalten seiner Phantasie, die gleichzeitig das Volk sind, mit dem Erfolg, daß er uns, mehr als jeder andere, die Tore der antiken Welt geöffnet hat. Wir kennen die Gesichter dieser Leute, denn er hat sie uns beschrieben. Wir sehen das Bild vor uns, wir spüren die Gerüche, sind von den Farben geblendet, wir gehen mit dem Volk den Geschäften nach und begleiten es bei seinen Vergnügungen und Liebesabenteuern. Weit reißt er die Tore auf, wie Shakespeare die Tore zum elisabethinischen England geöffnet hat, und solche Taten sind so selten, daß wir bei ihnen verweilen wollen.

In den *Acharnern*, der ersten uns noch erhaltenen seiner Komödien, stellt er einen einfältigen Athener den Schrecken und

[1] Aristophanes, »Komödien«. Gesamtausgabe, übersetzt von Ludwig Seeger

Absurditäten des Peloponnesischen Krieges gegenüber. Dikaiopolis zieht aus und schließt einen Sonderfrieden mit den Spartanern; auf diese Weise macht er Leute wie Perikles oder Euripides lächerlich, die dumm genug sind, den Krieg dem Saufen und Huren vorzuziehen. »Würden euch die Spartaner einen kleinen Hund stehlen, ihr brächt mit dreihundert Kriegsschiffen auf, das Verbrechen zu rächen!« So räumt er der Reihe nach mit den albernen Holzköpfen seiner privaten Feinde auf. Der große Anführer schreitet zur Schlacht und fällt sofort kopfüber in eine Grube. Der Spion der Athener findet sich plötzlich an die Böotier verkauft. Ein jämmerlicher Megarer, fast verhungert durch die Blockade der Stadt, kleidet seine Töchter in Schweinshäute und verkauft sie an Dikaiopolis, der erstaunt ist, die Schweine so hungrig und gesprächig zu sehen. Das Stück endet damit, daß der Held selig am Arm eines Flötenmädchens dahintaumelt, nachdem er sowohl mit Athen wie mit Sparta einen Separatfrieden geschlossen hat.

Aristophanes schrieb *Die Acharner* mit kaum zwanzig Jahren, doch war er bereits ein Meister seiner Kunst. Das Tempo ist erstaunlich, eine Szene folgt der anderen so dicht auf den Fersen, daß sie in Gefahr sind, übereinander zu stolpern. Das Erstaunliche und Interessante daran ist, daß das Stück mitten im Krieg entstand. Aristophanes zeigt nicht die geringste Furcht; für sein Stück wurde ihm sogar der erste Preis zuerkannt, ein Beweis für die freundliche Wesensart der Athener.

Die Ritter, die im folgenden Jahr entstanden, waren im ganzen ein ernsterer Stoff. Kleon, ein Mann, der mit Häuten handelte, war zu einem der wichtigsten Politiker Athens geworden und Aristophanes teilt hinsichtlich Kleons Person die Abneigung von Thukydides. Er erfindet einen Wursthändler, dem vom Orakel empfohlen wird, die Macht zu übernehmen. »Der lange Drachenbluttrinker wird über den Adler mit den gekrümmten Klauen triumphieren«, sagt das Orakel und es bedarf nur einiger Augenblicke, um zu zeigen, daß mit dem »langen Drachenbluttrinker« eine Wurst, mit dem »Adler mit den gekrümmten Klauen« Kleon gemeint ist. Der verwirrte Wursthändler befiehlt Kleon, ihm die Macht zu überantworten. Kleon lehnt ab. In einem alles andere als feinen Kampf, der nahezu durch das ganze Stück geht, zeigen sich die beiden in ihrer ganzen giftigen Bosheit und wilden Komik. Sie geben einander keine Gnade. Sie schreien einander Flüche zu. Sie beschuldigen einander der absurdesten Verbrechen und rufen Athene und ihre Stadt auf, zwischen ihnen als Schiedsrichter zu fungieren:

PAPHLAGONIER (KLENON): Zu Athene fleh' ich, der Herrin der Burg, der Schirmerin unseres Landes:
Wofern ich der Stadt und dem Volk von Athen, für das ich mich immer geopfert,
Der verdienstvolle Mann nach Lysikles bin, nach der Kynna und Salabakcho,
Stets soll mir, wie jetzt, und tu' ich auch nichts, der Tisch der Prytanen gedeckt sein!
Doch hass' ich dich je und werf' ich mich nicht, ich allein, deinen Feinden entgegen,
Dann schinde mich, Demos, zersäge mich, hau mich zu Halfterriemen in Stücke!
WURSTHÄNDLER: Wenn ich dich nicht liebe, vergöttre, o Herr, dann lass' ich mich hacken und kochen
Wie Kaldaunen, und traust du mir so noch nicht, so lass' ich mich hier auf dem Schragen
Zerhacken und reiben wie Käs auf den Brei mit der Raspel, ich lass' an den Hoden
Mit Küchengabeln und Zangen hinaus auf den Kerameikos mich schleppen!

(Aristophanes: Die Ritter, 2. Szene)

Genußvoll, einer den anderen schmähend, diskutieren sie über Athen, bis schließlich der Wursthändler als Sieger hervorgeht.

In *Die Wespen* macht Aristophanes mit der gleichen Freude an der Bosheit das athenische Rechtssystem lächerlich. An diesem System selbst war nichts auszusetzen; Bürger, die als Geschworene auftraten, erhielten entweder drei Obolus pro Tag oder den halben Lohn eines gelernten Handwerkers, doch indem er die Übergriffe herausstreicht und das ganze System zu einer Farce herabwürdigt, bringt es Aristophanes fertig, dessen Sinnlosigkeit und Überlebtheit zu beweisen. Das Stück hat nur zwei große Rollen, Philokleon (Gelobt sei Kleon) und Antikleon (Zur-Hölle-mit-Kleon), dessen Sohn. Philokleon ist ein unermüdlicher Geschworener, sein Sohn ein Gegner dieses Rechtssystems. Beide sind Clowns, beide lieben die Lächerlichkeit. Unter dem Einfluß seines Sohnes erklärt sich Philokleon bereit, zu Hause zu bleiben und Gerichtsverhandlungen in der Abgeschlossenheit seines eigenen Hauses abzuhalten; sogleich geht er daran, den Haushund eines Käsediebstahls anzuklagen. Dieser wird vor Gericht gestellt, Zeugen werden gehört, Argumente vorgebracht und Philokleon spricht den Hund frei, etwas, was er bisher noch nie getan. Als ihm die Absurdität seiner Handlung bewußt wird, fällt er in Ohnmacht.

Bei diesem Punkt angelangt, läßt Aristophanes, der nun genug auf dem Rechtssystem herumgetrampelt ist, den Chor eine seltsame Rede halten, in welcher er »den Männern von Marathon« huldigt und gleichzeitig ihre Nachkommen beschimpft – die sinnlos stechenden Wespen, die dem heiteren Poeten das Leben vergällen. Er beschwört die Erinnerung an Marathon und Salamis und ruft Athene selbst als Zeugin auf, daß er sich um die Stadt Athen Verdienste erworben habe. Aus dem Chor heraus tritt der Dichter selbst auf die Bühne, reißt seine Maske herunter und beschimpft seine Zuhörer mit einer Bitterkeit und Heftigkeit, die uns noch heute nach zweitausendfünfhundert Jahren den Atem anhalten lassen.

Die Wespen sollen stechen, doch nachdem Aristophanes seinen Zuhörern genug Stiche versetzt hat, ist er bereit, sein Benehmen zu bessern. Nach der langen, leidenschaftlichen Rede, in welcher der Pöbel von Athen beschuldigt wird, er habe »des Seehunds Gestank, den Steiß des Kamels und Lamias schmutzige Hoden«, muß sich Aristophanes eine possenhafte Situation einfallen lassen, um zu einem Schluß zu kommen. So führt er Philokleon in die gute Gesellschaft ein, wo dieser den Boden unter den Füßen verliert. Am Ende sehen wir ihn betrunken durch eine Straße Athens wanken, begleitet von einem Flötenmädchen, das eine Fackel trägt, um ihm den Weg zu leuchten. Es folgt eine Szene voll ausgesuchter Zoten, die deshalb hier gebracht werden soll, weil sie Aristophanes ganz in seinem Element zeigt:

PHILOKLEON: Komm nur da rauf, mein lieb Goldkäferchen,
Und halt dich mit der Hand hier, an dem Seilstumpf.
Doch nicht zu fest! Der Stumpf ist morsch und mürb!
Ein bißchen Reiben, nun, das macht ihm nichts! –
Gelt, schlau hab' ich dich doch entführt, wie du
Grad mit den Gästen lesbisch züngeln solltest?
Drum sei erkenntlich gegen den da unten,
Willst du? – Weiß schon, du tust es nicht, du führst
Mich an und lachst mit offnem Maul mich aus:

Bin nicht der erste, dem du's so gemacht!
Doch wenn du artig und gefällig bist,
kauf' ich dich frei, sobald mein Sohn gestorben,
Und nehme dich zum Kebsweib, süßes Schweinchen!
Denn sieh! Ich bin nicht Herr im Haus, ich steh'
Als junger Mensch noch unter strenger Aufsicht.
Mein Söhnchen hütet mich, ein mürrischer Kauz,
Ein schmutziger Pfefferundkümmelspalter;
Er ist besorgt, man könnte mich verderben;
Und bin ich doch einmal sein einziger Vater!
Er kommt: es scheint, er sucht uns, mich und dich.
Da stell dich hin und nimm den Brand zur Hand,
Nur schnell! Ich fopp' ihn, wie die Jugend pflegt,
Wie er einst mich, eh' ich die Weih' empfing.
ANTIKLEON: So, du da, alter, klepperdürrer Sünder?
Ich glaub, du buhlst noch auf dem Totenschragen;
Nein, beim Apoll, das geht dir so nicht hin!
PHILOKLEON: Du, schmeckt dir ein gesalzenes Prozeßchen?
ANTIKLEON: Du willst noch spotten, der du dort den Gästen
Das Flötenmädchen stahlst?
PHILOKLEON: Ein Flötenmädchen?
Du schwatzt, wie aus der Bahr' herausgefallen!
ANTIKLEON: Beim Zeus, da steht sie ja, die Dardanis!
PHILOKLEON: Da? – brennt 'ne Opferfackel auf dem Markt!
ANTIKLEON: 'Ne Fackel das?
PHILOKLEON: 'Ne angebrannte Fackel!
ANTIKLEON: Was ist das Schwarze denn da in der Mitte?
PHILOKLEON: Pech ist's, was denn? Das schwitzt heraus, wenn's brennt.
ANTIKLEON: Und das dahinten ist doch wohl ein Podex?
PHILOKLEON: Ein Knorren ist's im Holze, weiter nichts.

(Aristophanes: Die Wespen, 5. Szene)

Es ist klar, daß Aristophanes sein Vergnügen daran hat; eine fröhliche Eingebung folgt der anderen, doch noch vor Ende des Stückes zeigt er nochmals seine Krallen. Philokleon, der ungeschickt das Flötenmädchen umwirbt, impotent, lächerlich, aber in Erinnerung bleibend, ist der ideale Komödienstoff.

Während des folgenden Jahres, in welchem es mit den Vorbereitungen für den Frieden von Nikias gut vorwärtsging und er seinen Feind Kleon durch dessen Tod losgeworden war, schrieb Aristophanes *Frieden*, um das Ende des Krieges zu feiern, ahnungslos, daß dieser noch weitere siebzehn Jahre fortdauern würde. Es ist ein fröhliches Stück; hier hält er einmal seine Bosheit zurück. Trygaios (der Name bedeutet Winzer) fliegt auf dem Rücken eines Mistkäfers zum Himmel. Hier trifft er Hermes, der dazu herabgesunken ist, die Einrichtung des Olymp zu hüten, da sich die Götter in einen entfernteren Teil des Himmels zurückgezogen und den Kriegsgott im Besitz des Olymps gelassen haben. Hermes erklärt Trygaios, der Kriegsgott habe die Friedensgöttin in eine tiefe Grube vergraben. Trygaios kommt der gute Gedanke, Hermes mit einem goldenen Becher zu bestechen, in der Hoffnung, dieser werde ihm erlauben, die Göttin zu befreien. Bevor er ans Werk geht, bringt er den Göttern in Anwesenheit des Chores, der seine Begeisterung teilt, ein Trankopfer dar:

TRYGAIOS: Kund und zu wissen tun wir euch, ihr Bauern:
Nehmt euer Feldgerät, geht heim aufs Land!
Macht euch auf die Beine, hurtig, ohne Wurfspieß, Lanz' und Schwert,
Weit und breit schon hier im Lande riecht's nach lauter Friedensduft:
Nun, so geht aufs Land an euer Tagewerk, frohlockt und jauchzt!
CHOR: Tag der Freude, sei willkommen jedem Land- und Ehrenmann!
Froher, seit ich dich gesehen, grüß' ich meine Reben nun,
Meine Feigenbäume, die ich als ein kleiner Bub' gepflanzt:
Welche Wonn', euch zu begrüßen nach so manchem langen Jahr!
TRYGAIOS: Nun, ihr Männer, zu der Göttin laßt zuerst uns beten jetzt,
Die uns Helmbüsch' und Gorgonen aus den Augen hat geschafft.
Kauft ein delikates Stückchen Pökelfleisch euch auf den Weg,
Und dann ziehn wir all im Frieden heim auf unsre Meierei'n!

(Aristophanes: Der Frieden, 1. Szene)

Ist die Friedensgöttin schließlich befreit, übertreffen Trygaios, Hermes und der Chor einander in Hymnen zu ihrem Lob. Sie gleiche dem Gleißen der eisernen Axt im sonnenbeschienenen Feld, dem Blöken des Mutterschafes; sie verkörpere alle berauschten Sklavenmädchen, alle überschäumenden Weinkrüge, die Trauben am Stock und die Veilchen, die am Flußufer blühen. Geblendet von ihrem Glück, preisen sie die Göttin und schmähen deren Feinde, in die Aristophanes auch Perikles einbezieht, der durch einen Erlaß den Handel mit Megara verboten hat. Dann zerbrechen sie sich den Kopf, wie sie einen Weg finden könnten, die Göttin zur Erde zu bringen, bis sie entdecken, daß die Friedensgöttin groß genug ist, um vom Himmel bis zur Erde zu reichen und sie klettern einfach an ihr herab.

Über die Wiederkehr des Friedens sind die Waffenhändler begreiflicherweise verärgert, aber Trygaios versichert, daß nichts verloren sei. Brustpanzer können, auf drei Steine gestellt, ohne Schwierigkeit als Nachttöpfe, Helmzier als Staubwedel für die Tische, Helme als Weinkrüge verwendet werden. Trygaios heiratet Opora, eine der Dienerinnen der Göttin, und das Stück schließt mit den Hochzeitsvorbereitungen.

Frieden ist ein freundliches Stück und keine Wespen stechen die Zuhörer in wilder Wut. Aristophanes ist in der Stimmung, Vergangenes vergangen sein zu lassen und er findet sogar ein gutes Wort für Kleon, welcher durch seinen gerade in diesem Jahr in Amphipolis erfolgten Tod eine Popularität erlangt hat, die ihm im Leben niemals beschieden war.

Die Vögel wurden im Jahre 414 vor Christus geschrieben, als in Athen unheilvolle Gerüchte über die sizilische Expedition eintrafen. Doch im Grunde ist nichts Unheilvolles an diesem Stück, das ein heiter unsinniges Abenteuer gegen die Mächte des Himmels darstellt. Zwei athenische Abenteurer, Pisthetairos (der Überzeugende) und Euelpides (der Hoffnungsvolle), des städtischen Lebens überdrüssig, beschließen, die Erde gemeinsam zu verlassen. Sie treffen einen klugen Wiedehopf und weisen darauf hin, daß nun die Zeit für die Vögel, die wahren Beherrscher des Himmels, gekommen sei, ihr Erbe, ein eigenes himmlisches Reich, in Besitz zu nehmen – das Wolkenkuckucksland. Hatten sie nicht lange genug gelitten? Sollte nicht dem schmählichen Tod in der Bratpfanne, übergossen mit einer fettig-süßen Sauce, ein Ende bereitet werden? Daraufhin tritt das Vögel-Parlament zusammen und alle stimmen begeistert der

Errichtung des Wolkenkuckuckslandes zu. In Scharen kommen sie, Tausende jeder Gattung, aus allen Teilen der Welt angeflogen: aus Libyen bringen dreißigtausend Kraniche die Steine für die Fundamente der Stadt, Störche die Ziegel, Schwalben den Mörtel und die Pelikane behauen mit ihren Schnäbeln die Tore zum rechten Winkel. Und ehe man sich's versieht, beginnt die Stadt zu leben. Von der Erde kommt eine jammervolle Prozession der Menschen, um zu schauen und eine Flut lächerlichster Ratschläge zu geben: ein Dichter, ein Aufseher, ein Kaufmann und ein Stadtplaner, mit welchem eindeutig Hippodamos, der Stadtplaner von Piräus, gemeint ist. »Das ist ganz einfach«, sagt er. »Ihr habt nichts anderes zu tun, als einem Kreis ein Quadrat einzuschreiben, in der Mitte liegt der Marktplatz und alle Straßen gehen sternförmig von dort aus.« Prometheus tritt auf: er teilt ihnen mit, die Götter verlören fast den Verstand, seit sie der schmackhaften Opfer entbehren müßten. Drei Gesandte kommen. Es sind Poseidon, Herakles und der arme Triballos, ein thraktischer Gott dubioser Herkunft, der nichts als Unsinn hervorstottert. Die Gestalt des Triballos ist ein Fehler, denn das Stück hat bereits seinen Höhepunkt an Sinnlosigkeit erreicht und kann nichts mehr verkraften. Das Wolkenkuckucksland hat seine Unabhängigkeit erklärt. »Hiermit ist den Göttern verboten, durch die Stadt zu gehen und den Sterblichen wird kundgetan, daß dem Rauch ihrer Opfer ein Durchziehen nicht gestattet ist.« Aber Pisthetairos ist bereit, helfend einzugreifen, vorausgesetzt, die Götter seien bereit, alle Macht in seine Hand zu geben; zuletzt sehen wir ihn im Palast des Zeus, begleitet von seinen geflügelten Kriegsscharen, während Donner und Blitz rund um ihn ihr Spiel treiben. Er hat Basileia, zweifelsohne Athene, als Braut gefordert und zu Ende des Stückes befindet er sich auf dem Weg zum Brautbett.

Die Vögel sind eine einmalige Komödie, denn noch nie zuvor hatte ein athenischer Dramatiker ein so respektloses Spiel mit den Göttern ersonnen, deren Treiben zu einer Farce herabgewürdigt wird und das seine Zwecke mit Heiterkeit und Witz so konsequent verfolgt, daß es die Götterwelt schließlich mit schmetterndem Akkord gänzlich vernichtet. Der Auftritt von Pisthetairos, der sein himmlisches Reich in Besitz nimmt, ist eine *tour de force* von erstaunlicher Großartigkeit

Der trunkene alte Athener, den man zuerst mit einer Krähe auf der Schulter durch ein Ödland ziehen sieht, taumelt schließlich, angetan mit allem Schmuck der Götter, in den Himmel. Tanzend springt er mit Basileia herum. Er wirft sich in die Brust und liebäugelt mit den Zuschauern; mit dröhnender Stimme verlangt er, der Blitz solle für ihn spielen und Donnerkleile seinen Händen entspringen, während sein eigener Himmelsbote ein Willkommenslied anstimmt:

BOTE TRITT AUF

O überschwenglich, unaussprechlich, hoch
Beglücktes, dreimal sel'ges Vögelvolk!
Empfang im Haus des Segens den Gebieter:
Er naht sich leuchtend, überstrahlend selbst
Den Sternenglast der goldumblitzten Burg,
So blendend, herrlich, daß der Sonne Lichtglanz
Vor ihm erblaßt: so naht er an der Seite
Der unaussprechlich schönen Braut und schwingt
Den Blitzstrahl, Zeus' geflügeltes Geschoß.
Ein untrennbarer Duft durchströmt des Weltalls
Urtiefen, und der Weste Hauch umfächelt
Des Weihrauchs krause Wölkchen: Sel'ges Schauspiel!

(Aristophanes: Die Vögel, 6. Szene)

Das Auditorium ist sich natürlich darüber im klaren, daß der »süßeste aller Düfte« viel Weltliches enthält, denn Aristophanes ist Meister im Aufzählen von Gerüchen und er tut dies mit der gleichen Sorgfalt wie er Zuhälter oder Gemüse aufzählt. Er weiß um die Düfte Bescheid und ist nicht im geringsten darüber beschämt. Aber wirklich erstaunlich an dieser Szene ist die geradezu wahnwitzige Respektlosigkeit, eine Respektlosigkeit, so ungeheuerlich und unverschämt, daß sie schon wieder entschuldbar wird. Pisthetairos ist nicht ein Mann, der dem Himmel das Feuer stiehlt; er nimmt einfach den ganzen Himmel in Besitz, verjagt die Götter und geht dann schnurstracks ins Brautbett.

Daß Aristophanes niemals wegen Zersetzung der Jugend eingesperrt und wegen Gotteslästerung angeklagt wurde, gehört zu den kleineren Geheimnissen des athenischen Lebens im fünften Jahrhundert. Die ureigene Funktion des heiteren Poeten ist, so lange an den Säulen der Gesellschaft zu rütteln, bis alles mit dem von der Decke fallenden Mörtel bedeckt ist; es ist nicht Sache des Lustspiels, mit dem Himmel Krieg zu führen. Aber

Aristophanes fühlt keine Notwendigkeit, seiner Phantasie Zügel anzulegen. Es scheint, als sei er nur einmal verhaftet gewesen, und zwar zu Beginn seiner Karriere, als Kleon gegen einen Ausspruch in den *Babyloniern* Einspruch erhob. In den *Archarnern* behauptet er, seine Feinde hätten ihn verleumdet, indem sie ihn anklagten, er hätte Athene und die Athener verspottet, und sie hätten ihn so lange geprügelt, daß er fast gestorben wäre. Seine Wunden heilten schnell und für den Rest seines Lebens fuhr er fort, alles ihm Unterkommende zu verspotten.

In *Lysistrata* verhöhnt er die Frauen, doch seine spitzesten Pfeile sind den Männern vorbehalten. Um den Kriegen ein Ende zu bereiten, treffen sich Lysistrata und die Frauen von Athen in einer feierlichen Versammlung; sie wollen einen Eid ablegen, ihre Liebesgunst so lange zu verweigern, bis die Männer Verstand angenommen und ihre Schilde zur Seite gelegt haben. Sie sind sich ihrer Macht durchaus bewußt und debattieren mit tiefem Ernst über diese Angelegenheit. Der Eid muß, um wirksam zu sein, von entsprechenden Opfern begleitet werden und Lysistrata denkt sofort daran, ein Schaf über einem Schild zu opfern, in der Art der Helden von Aischylos' *»Sieben gegen Theben«*, aber Kalonike meint augenrollend, es wäre besser, etwas zu opfern, »auf dem wir reiten können«, etwa ein weißes Pferd. »Woher«, fragt Lysistrata, »sollen wir ein weißes Pferd bekommen?« Zum Schluß – Aristophanes kennt seine Athenerinnen – wird beschlossen, über einem Becher Wein aus Thasos zu schwören. Es ist ein guter Eid und sie singen ihn mit entsprechender Inbrunst:

LYSISTRATA: Nie soll ein Buhler noch ein Ehemann
Mir nah'n mit steifer Rute – sprich doch nach!
Zu Hause will ich sitzen unberührt
Im gelben Schal, geschminkt und schön geputzt,
Will meinen Mann in helle Flammen setzen
Und nie, so viel an mir, mich ihm ergeben.
Und wenn er mit Gewalt mich zwingen will,
Verderb' ich ihm den Spaß und rühr' mich nicht,
Streck' auch zur Decke nicht die Perserschuh'
Spiel' nicht die »Löwin auf der Käseraspel«.
Halt' ich mein Wort, dann labe mich der Humpen!
Und brech' ich's je – so füll' er sich mit Wasser!

(Aristophanes: Lysistrata, 1. Szene)

So ein Schwur kann nur gehalten werden, wenn sich die Frauen sorgfältig fern der männlichen Gesellschaft halten. Daher führt Lysistrata sie auf die Akropolis, wo sie sich unter dem Schutz von Athene niederlassen. Doch der Schrei der göttlichen Eule und die Anwesenheit der heiligen Schlange lassen sie unter Alpträumen leiden oder zumindest geben sie vor, darunter zu leiden. Die »Männer von Marathon«, die alten Besserwisser, beschließen, die Akropolis im Sturm zu nehmen, aber nur zu bald werden sie von dem »fürchterlichen Weiberregiment« zurückgeschlagen. Eine drohende Gefahr für die Frauen besteht in der Demoralisierung. Kinesias schlüpft in die Festung. Er beteuert seine Liebe zu Myrrhine und versucht mit lauten Klagen über seine Einsamkeit, die Unordnung im Hause und die Qualen des mutterlosen Kindes, seine Frau zur Heimkehr zu bewegen; doch obwohl er das Ziel seiner Sehnsucht schon unmittelbar vor sich sieht, erweist sich Myrrhine als zu stark für ihn. Lachend entschlüpft sie ihm gerade in dem Moment, in welchem er sie in seinen Armen dahingeschmolzen glaubt. Diese Art der weiblichen Kriegsführung bringt die Männer völlig durcheinander und sie sind schließlich zu jedem Opfer bereit, um ihre Frauen zurückzubekommen: sie wollen sogar den Krieg aufgeben.

Lysistrata ist eine politische Abhandlung, verkleidet in eine Komödie, und Aristophanes genießt es, die Folgen der erzwungenen Keuschheit auf Männer und Frauen zu erforschen. Nie läßt die Phantasie aus, nie wird die Wirkung beeinträchtigt, nie wird der Geschichte mehr Bedeutung unterschoben, als ihr zusteht. Lysistrata und ihre Kohorten keuscher Weiber sind durchaus glaubhaft und ihre Abenteuer die natürliche Folge der Annahme, daß die Unnahbarkeit der Frauen die Männer zur Unterwerfung zwingen würde. Niemals war Aristophanes ernster, niemals lag ihm das allgemeine Wohl Athens mehr am Herzen, als bei diesem leichten, fröhlichen Stück. In den beiden folgenden Lustspielen *Thesmophoriazusai* und den *Fröschen* ist die Fröhlichkeit immer noch vorhanden, doch werden schrille Obertöne von Ärger und Ressentiment hörbar. Beide Stücke sind beißende Attacken gegen Euripides.

Zu diesem späten Zeitpunkt ist es unverständlich, warum Aristophanes einen so blindwütigen Haß gegen Euripides empfindet. Zur Zeit der Aufführung von *Thesmophoriazusai* war Euripides noch am Leben; als *Die Frösche* gegeben wurden, war er bereits tot. Aber ob tot oder lebendig, Aristophanes greift ihn mit unverhüllter Bosheit an und hofft, ihn mit Gelächter zu vernichten.

In *Thesmophoriazusai* wird erzählt, wie sich die Frauen von Athen gegen Euripides auflehnen; sie behaupten, Euripides wäre ihnen gegenüber ungerecht und, was viel mehr ins Gewicht falle, er habe sie niemals verstanden. Eine Witwe, die mit fünf Kindern zurückgeblieben ist, klagt, seit er in einem seiner Stücke bewiesen habe, daß es keine Götter gäbe, habe sie kaum einen Myrtenkranz verkauft. Euripides mißbilligt die Heirat junger Mädchen mit wesentlich älteren Männern und Aristophanes beginnt mit dem herausfordernden Ruf: »Sollen Mädchen keine reichen alten Männer heiraten?« Offensichtlich hat Euripides von dem wahren Leben der Frauen keine Ahnung: wie sie ihre Ehemänner zum Narren halten, Liebhaber besitzen und vorgeben, an Geburtswehen zu leiden, während ihnen das Kind, den Mund voll Honig, um am Schreien gehindert zu werden, in einem Kochtopf gebracht wird; dem Ehemann wird der Findling mit dem Ausruf präsentiert: »Sieh den jungen Löwen! Ganz dein Abbild.« Euripides hat die Frauen in seiner grausamen Unkenntnis verleumdet und so gehen sie daran, ihn ins Gefängnis zu werfen, doch statt dessen nehmen sie seinen bartlosen Sekretär, der Weiberkleider anhat, mit sich. Der Sekretär verteidigt Euripides, doch ohne Erfolg. Die Frauen, die eine Verschwörung vermuten, sammeln sich um den einfältigen Sekretär und entkleiden ihn mit Gewalt. Hier überflutet Aristophanes für einen Augenblick die Bühne mit seinen herrlichen Unschicklichkeiten und alle Bitternis ist vergessen.

Ekklesiazusai (Die Frauen im Parlament) und *Reichtum* sind Allegorien des Kommunismus, und es ist möglich, daß sie nach der Lektüre von Platos *Republik* geschrieben wurden, in welcher die Gleichheit der Geschlechter und die Gemeinsamkeit alles Besitzes befürwortet wird.

Eines Nachts verlassen die Frauen von Athen heimlich ihre Häuser und während die Männer auf die lächerlichste Weise in den Schlafräumen nach ihren Frauen suchen, bemächtigen sich die Frauen der Staatsgewalt. Unter den emanzipiertesten ihrer Gesetze ist eines, demnach alte und häßliche Frauen den jungen und schönen gleichzusetzen sind und kein Mann das Recht auf den Besitz eines jungen Mädchens hat, bevor er nicht einem alten Weib seine Gunst geschenkt hat. Aristophanes spielt mit dieser Idee, gleichsam, als wärme er seine Hände an einem fernen Feuer; doch ist es ihm nicht möglich, sich zu überzeugen, daß das Feuer mehr als eine Fata Morgana sei. *Ekklesiazusai* ist ein in tragischer Tonart geschriebenes Lustspiel.

Reichtum ist noch trauriger, denn die Fata Morgana erscheint noch erstrebenswerter. Es berichtet von Chremylos, einem guten und gerechten Mann, dem das Orakel befiehlt, mit dem ersten Menschen, den er beim Verlassen des Tempels treffen werde, Freundschaft zu schließen. Und weil er dem Orakel gehorsam ist, bietet er einem alten blinden Bettler seine Freundschaft an, nicht wissend, daß sich hinter der Verkleidung Plutos, der Gott des Reichtums verbirgt, der nach dem Willen des Zeus sein Augenlicht verlor, damit er unparteiisch Gerechte und Ungerechte gleichermaßen belohne. Seinem Gelübde treu, führt Chremylos den alten Bettler zum Tempel des Asklepios, dem Gott der Medizin, wo er wieder sehend wird und danach nur mehr die Gerechten belohnt. Aristophanes genießt die Vorstellung einer Welt, in der allein die Guten reich sind, nur scheint das Problem zum Scherzen doch zu ernst. Kairo, der Sklave des Chremylos, träumt von Reichtümern, wie ein Menschenalter zuvor eine Gestalt in *Frieden* von Nahrung geträumt hat:

»Wie wunderbar ist es, Freunde, gut zu leben, zumal wenn es nichts kostet! Welch ein Überfluß des Segens fiel auf unser Haus, und das, ohne daß wir auch nur einer Seele ein Unrecht zugefügt haben! Ach, was für eine herrliche und angenehme Sache ist doch der Reichtum. Der Behälter ist voll weißen Mehls, die Fässer gehen über von herrlichem Wein und jedes Gefäß im Haus ist mit Gold und Silber gefüllt, welch erquikkender Anblick. Die Ölkrüge sind bis oben voll, die Tiegel voll Salben und am Dachboden häufen sich die Feigen. Krüge, Töpfe und Pfannen sind aus Bronze, die alten verfaulten Holzeimer für die Fische durch silberne ersetzt und die Senkgrube besteht aus Elfenbein. Die Sklaven unter uns spielen Flohhüpfen mit goldenen Münzen; wir verwenden, wenn wir uns waschen, nicht Steine sondern Knoblauchblätter. Gerade jetzt hat sich mein Herr mit Blumen bekränzt und eilt, ein Schwein, eine Ziege und einen Widder zu opfern; mich aber hat der Rauch, der meine Augen reizt, aus dem Zimmer getrieben.

Der letzte Satz ist bereits ein Fingerzeig, denn der Sklave weiß, er wird aus seinem Traum vom Luxus erwachen und sich wieder einmal in einem der überfüllten athenischen Badehäuser finden, wo sich die Armen im Winter versammeln, auf einer Pritsche, von Flöhen zerstochen, mit einem Stein als Kopfkissen. Es ist nicht anzunehmen, daß Plutos ihn noch einmal bemerken wird. Die Vision schwindet dahin, doch Aristophanes tanzt fröhlich dem Ende entgegen.

Er war der wahre Lustspieldichter, der *filius terrae*, ein Sohn der Erde, der hemmungslos gegen den Tod und die Bürokratie, die Schwester des Todes, losging, voll der Liebe für das Leben und Lachen unter der Sonne. Manchmal schleicht sich Bitterkeit ein und er besitzt die tiefe Melancholie des wahren Komödianten, der nur lacht, weil Lachen eine Linderung der Tränen bedeutet. Er haßt so glühend wie er liebt, am meisten aber liebt er das niedere Volk von Athen. Seine Neigung für das Volk geht bis zum Wahnsinn und lesen wir ihn, lernen wir die Athener am besten kennen.

Er hat keine Nachfolger. Die Welt der Komödie, die er ins Leben rief, starb mit ihm. Andere Lustspieldichter sollten kommen, neue Welten der Komödie entstehen, doch niemals wieder war diese volle ätzende Stimme, die klar durch alle menschliche Dummheit drang, zu hören. Immer noch ist er der beste aller Lustspieldichter.

22 Der Aufstieg Spartas

In der Gesellschaft seiner Zeit war Aristophanes die Verkörperung der Freude, Sorglosigkeit und Menschlichkeit; er liebte die Welt des Lachens, ergötzte sich an der befruchtenden Kraft menschlicher Sehnsucht und niemals kam ihm auch nur für einen Augenblick der Gedanke, es könne die Aufgabe des Menschen sein, dem Staat zu dienen. Niemals hätten seine Stücke in Sparta entstehen können, sie wären auf vollkommene Verständnislosigkeit gestoßen. Die puritanische und intolerante Gesellschaftsordnung, die sich in Sparta entwickelt hatte, war dazu bestimmt, alle Sinnesfreuden zu zerstören und den Menschen selbst zu einer gehorsamen Maschine zu erniedrigen.

Wie es geschehen konnte, daß zwei so nahe verwandte Völker, mit der gleichen Sprache und räumlich kaum voneinander getrennt, zwei so vollkommen verschiedene Kulturen hervorbringen konnten, ist eine Frage, die weder Thukydides noch Aristoteles, die sich beide eingehend mit diesem Problem beschäftigten, zu beantworten imstande waren. Sparta war nicht immer dieser mechanisierte Staat gewesen. Im siebenten und achten Jahrhundert vor Christus genossen die Spartaner den ionischen Luxus. Der Adel lebte in reichem Müßiggang und jeder einzelne hatte die Freiheit, das zu tun, was ihm beliebte. Dichter drängten zum Hof, Bildhauer ehrten die Götter und Töpfer wie andere Handwerker gingen ihren Geschäften nach. Der Dichter Alkman kam aus dem lydischen Sardes, um sich in Sparta niederzulassen, und mit Gold und reichen Stickereien wurde mit Kleinasien eifrig Handel getrieben. Prunkvolle Heiligtümer, darunter eines für Athene, die Schutzpatronin der Stadt, wurden auf der kleinen Akropolis errichtet, während zu deren Füßen, am Ufer des Eurotas, das seltsame Heiligtum der Artemis Orthia – der aufgerichteten Artemis – stand, dessen Altäre mit Menschenblut gefärbt waren. Am großen Marktplatz befanden sich eine Reihe von Tempeln und die Gräber der Heroen; das Grabmal Alkmans, der die Schönheit und Vornehmheit der spartanischen Mädchen gepriesen hatte, wurde besonders geehrt. Die spartanischen Bildhauer meißelten mit höchster Kunstfertigkeit und die spartanischen Lieder waren für ihre Anmut berühmt.

Im frühen sechsten Jahrhundert vor Christus brach eine plötzliche Veränderung über Sparta herein. Feine Lebensart und Luxus wurden in Acht und Bann getan, Fremde vertrieben, Xenophobie wurde ermutigt und künstlich aufgestachelt und die gesamte Bevölkerung gezwungen, sich den eisernen Gesetzen zu unterwerfen, die den Bürgern Rechte und Pflichten für jede Minute ihres Lebens vorschrieben. Rechte gab es wenig, die Pflichten aber waren ohne Zahl, erschöpfend und oft verhängnisvoll. Zu manchen Zeiten scheint die einzige dem Spartaner gewährte Freiheit die Wahl der Art seines Selbstmordes gewesen zu sein; Lykurgos, der strenge spartanische Gesetzgeber, wählte für sich den Hungertod.

In dieser Gesellschaftsordnung war alles dem Krieg untergeordnet. Das einzige Ziel des Staates war, ein Geschlecht unbesiegbarer Krieger heranzuziehen. Wurde ein Kind geboren, kam eine staatliche Kommission, um zu prüfen, ob es den Härten des spartanischen Lebens gewachsen sein würde; war das Kind schwach oder etwa mißgebildet, so wurde es dazu verurteilt, in einer der Schluchten des die Stadt überragenden Taygetos ausgesetzt zu werden. Mit sieben Jahren wurden die Knaben ihren Müttern weggenommen und einer der öffentlichen Institutionen übergeben. Im Alter von zehn Jahren begann ihre Ausbildung zum Soldaten; sie lernten, heimtückisch und hart zu werden und bekamen kaum genug Nahrung, um am Leben zu bleiben. Man ermutigte sie zu stehlen, doch wehe dem, der sich erwischen ließ. Sie kochten ihre Nahrung selbst und schliefen auf Schilf, das sie an den Ufern des Eurotas gesammelt hatten. Die Knaben kannten kein Familienleben. Alle ihre Neigungen konzentrierten sich auf die jungen Männer, die ihre Ausbilder waren und sie für den geringsten Akt der Widersetzlichkeit auf das grausamste bestraften. Einmal im Jahr wurde ihre Widerstandskraft der härtesten Prüfung unterzogen; die Knaben wurden vor dem Altar der Artemis Orthia gepeitscht, während eine Priesterin, ein Bildnis der mit Weidenruten gebundenen Gottheit in den Händen, sie beobachtete und protestierte, wenn die Peitschenschläge nicht mit höchster Kraft niederfielen, denn angeblich würde das Götterbild, solange nicht Blut fließe, immer schwerer und ließe sich kaum tragen. Das Bild kam ursprünglich aus dem taurischen Chersonesos und der Kult der Opferpeitschungen mag vielleicht aus diesem barbarischen Land stammen. Manchmal starben die Knaben unter der Züchtigung.

Der Erfolg einer solchen Erziehung war ein Geschlecht stählerner Soldaten, die älteren Personen mit Ehrfurcht begegneten. Xenophon, der eine kurze Abhandlung über die spartanische Verfassung schrieb, sprach mit Bewunderung von den jungen Spartanern, wie sie, die Hände in den Falten des Gewandes verborgen, durch die Straßen gingen, den Blick starr auf den Boden geheftet. Sie sprachen mit leiser Stimme und waren von ausnehmender Höflichkeit. »Sie besaßen die natürliche Bescheidenheit einer Braut, die das Hochzeitsgemach betritt«, lobte er und ihm gefiel besonders, daß sie ihre Rede auf die notwendigsten Worte beschränkten. Sie gingen barfuß und lachten niemals. Ihre Mahlzeiten nahmen sie zusammen ein und sie schliefen in gemeinsamen Unterkünften.

Die spartanische Lebensform war eine Art Kommunismus. Steril, mechanisiert und seltsam antiquiert: gleichsam als wäre die Welt stehengeblieben und irgendeine asketische Mythologie zum Leben erwacht. Im übrigen Griechenland winkten Blumen- oder Lorbeerkränze für einen Sieg bei den Wettspielen, in Sparta waren es eiserne Sicheln, die dann der Göttin geweiht wurden.

Männer heirateten mit dreißig, Frauen mit zwanzig Jahren. Sie lebten nicht zusammen, denn die Männer verbrachten ihr Dasein in Gemeinschaftsunterkünften. Die Frauen schafften ein Heim für sich selbst und mit der Zeit sammelten sie durch Mitgift und Erbschaft so viel Besitz und Land, daß sie zu den wahren Beherrschern des Landes wurden; der von den Frauen genossene Luxus stand in krassem Gegensatz zu der strengen Zucht, der die Männer unterworfen waren, um absoluten Gehorsam und höchsten Einsatz im Kriege zu gewährleisten.

Die unvermeidliche Folge einer sozialen und politischen Struktur dieser Art war eine kulturelle Sterilität. Eine kleine militärische Elite, die aus kaum mehr als zehntausend Männern, Frauen und Kindern bestanden haben dürfte, wurde von der Arbeit einer vier- oder fünffachen Zahl von Leibeigenen erhalten; diese Leibeigenen hießen, nach der Stadt in der man sie erstmals versklavte, Heloten. Die Heloten, ursprüngliche Besitzer des Landes, wurden durch Terror beherrscht. Eine geheime Polizeimacht, die *krypteia,* die sich aus den in Ausbildung befindlichen jungen Spartanern zusammensetzte, durchzog nachts das Land und stürzte sich auf ahnungslose Heloten, auf die der Verdacht umstürzlerischer Tätigkeit gefallen war. Die Missetäter wurden totgeschlagen und ihre Körper als Warnung auf der

Straße liegengelassen. Aristoteles bemerkt, daß diese Morde als ein Akt der legalen Staatsgewalt anerkannt wurden, und um dieser Aktion jede Spur von Unrecht zu nehmen, erklärten die hohen Staatsbeamten bei ihrem Amtsantritt den Heloten jedes Jahr den Krieg.

Die Spartaner verachteten ihre Nachbarstaaten, sogar Korinth und Megara, die dorischer Abstammung waren. Korinth und Megara trieben Handel, eine Tätigkeit, die die Spartaner als einen Luxus betrachteten, der zu Degeneration und Korruption führe. Mit dem Handel drangen neue Ideen ein und vor neuen Ideen hatten sie Angst. Mit dem Handel kam auch die Kenntnis freier Gesellschaftsordnungen, die gefährliche Krankheit der Freiheit selbst, die mehr als alles andere gefürchtet wurde. Sie verachteten die Athener, aber gleichzeitig zitterten sie vor ihnen, denn die athenische Seemacht war die größte des Mittelmeeres und sie selbst besaßen nur wenige Schiffe. Sie waren Soldaten, keine Seeleute; und sie wußten, beim Kampf gegen die Athener gewännen sie jede Schlacht – bis auf die letzte, die auf dem Meer ausgefochten werden würde.

Sparta und Athen hatten gemeinsam gegen die Perser gekämpft, die Not hatte sie zu Bettgenossen gemacht. Mit dem Frieden und der stetigen Ausdehnung des athenischen Reiches wurde es den Spartanern klar, daß, solange Athen nicht zerstört wurde, ihre Lebensweise dem Untergang geweiht war. Ein Zusammenprall der beiden Welten war unvermeidbar, doch wollte keine Seite diesen Krieg beginnen.

Der Peloponnesische Krieg, der mit Ausnahme eines vierjährigen Waffenstillstandes siebenundzwanzig Jahre dauerte, begann auf eine Weise, die niemand voraussehen konnte, und zwar an einem Ort, der weit entfernt von Athen und Sparta und außerhalb der konfliktgeladenen Interessensphäre war. Die kleine Stadt Epidamnos, das heutige Durazzo, überblickt, an der illyrischen Küste gelegen, die Adria. In dieser Stadt brach ein Aufstand aus, eine Partei wurde von Korinth, einer Verbündeten Spartas, unterstützt, die andere von Kerkyra, das natürlich Athen um Hilfe bat. Die Athener hatten diesen Kampf, den sie sozusagen als Stellvertreter führten, kaum gewonnen, als ein neuer ähnlicher Konflikt ausbrach, diesmal in Poteidaia auf der Chalkidike. Wieder gewann Athen und schlug eine korinthische Armee in die Flucht; die wutentbrannten Korinther baten Sparta um Unterstützung. Eine Versammlung wurde einberufen und die Verbündeten Spartas überlegten, ob die Zeit für einen Vernichtungskrieg gegen Athen gekommen sei. Archidamos, ein Spartaner, mahnte, den Gedanken an einen Krieg aufzugeben. »Hoffet nicht, diesen Krieg bald zu einem Ende zu bringen«, sagte er, »ich fürchte, beginnen wir diesen Kampf, so werden wir den Krieg noch unseren Kindern als Erbe hinterlassen.«

Das stehende Heer der Athener war nicht groß und sie konnten nicht auf eine erfolgreiche Invasion Spartas hoffen. Vor Ausbruch des Krieges hatte Perikles die für die Athener zu verfolgende Strategie bekanntgegeben. »Greift uns der Feind zu Lande an, werden wir ihn zur See angreifen«, erklärte er. »Die Verheerung auch nur eines Teiles der Peloponnesos läßt sich mit der Verheerung von Attika nicht vergleichen. Wollen sie neues Land gewinnen, müssen sie es mit Waffengewalt erobern, während wir als Folge unserer Seemacht sowohl auf den Inseln wie auch auf dem Festland einen Überfluß an Boden besitzen.« (Thukydides I, 143) Dieser Strategie konnten die Spartaner mit zwei erfolgversprechenden Möglichkeiten begegnen: sie konnten eine Flotte bauen oder mit Hilfe ihrer Verbündeten ein so schlagkräftiges Heer aufstellen, daß Athen zur Übergabe gezwungen sein würde.

Im Frühjahr 431 fielen die Spartaner in Attika ein, verwüsteten das Korn und jagten die Bauern hinter die schützenden Mauern von Athen. Perikles beorderte sofort hundert Schiffe zum Angriff auf die spartanische Küste. Für viele Jahre folgte der Krieg genau diesem Schema.

Die Athener erkannten bald den Ernst des Krieges und zeigten, was seinen Ausgang anbetraf, einen vorsichtigen Optimismus. In diesem Licht sollte die Grabrede des Perikles gelesen werden. Er verherrlichte die Glorie Athens und jener, die im ersten Kriegsjahr ihr Leben gelassen hatten, aber er versprach keinen Sieg; und so liegt über seiner Rede, der größten, die jemals gehalten wurde, eine seltsame Ahnung, zwar nicht einer Niederlage, aber doch der Möglichkeit einer solchen; die Ahnung einer erschütternden Tragödie, die zu der Zerstörung einer mit so viel Mut aufgebauten Lebensform führen würde.

Im Verlauf seiner Rede vergleicht Perikles die Lebenskraft der athenischen Freiheit mit der Sterilität der spartanischen Tyrannei. In seiner ganzen Rede ist der Tod gegenwärtig. »Die Welt ist ein Grab tapferer Männer.« Er beweist, daß auch Athen zu einem Grab werden würde, wenn nicht durch ein Wunder der

Mut einiger weniger die Tyrannenmacht einer Vielzahl, deren Waffe nicht in ihrem Mut, sondern in ihrem Zerstörungswillen läge, brechen würde. Nur zwei Themen beherrschen die Rede: Athen und die Toten; manchmal scheint er sie einander gleichzusetzen.

Thukydides dürfte diese Rede mit ungewohnter Genauigkeit aufgezeichnet haben, nur hie und da sind seine eigenen Gedanken eingestreut. Nach Plutarch gab es einen eigenen perikleischen Tonfall, denn er hatte eine sehr typische Art, seine Ideen zu erläutern. Das Fragment einer anderen Grabrede, die Plutarch nach der leidenschaftslosen Schilderung des Historikers Stesimbrotos zitiert, ist erhalten. Perikles spricht über die Toten des samischen Krieges vom Jahre 439: »Sie sind unsterblich geworden, gleich den Göttern, die für uns nicht sichtbar sind. Von den Ehren, die ihnen zuteil werden, und den Wohltaten, die sie uns erweisen, schließen wir auf die Unsterblichkeit der Götter, und das gleiche gilt für jene, die für ihre Heimat sterben.«

In der Rede, die Perikles zu Beginn des Peloponnesischen Krieges hält, werden die Götter nicht erwähnt. Nicht daß Perikles den Göttern keine Ehre erweise, aber der Zweck dieser Rede verlangt, daß er diesmal nur über die auf dem Spiel stehenden menschlichen Werte spricht. Erwähnt Perikles Athen, so ist die Anwesenheit von Athene deutlich spürbar, aber auch dann, wenn er sich mit der Freiheit oder der Erziehung beschäftigt. Beschreibt Perikles die Regierungsform von Athen und die Würde seiner Bürger, so ist er von der über allem liegenden Göttlichkeit so überzeugt, daß er sie keiner Erwähnung für nötig erachtet. Er sagt:

Die Verfassung, die wir haben, richtet sich nach keinen fremden Gesetzen; viel eher sind wir für sonst jemand ein Vorbild als von andern abhängig. Mit Namen heißt sie, weil der Staat nicht auf wenige Bürger, sondern auf eine größere Zahl gestellt ist, Volksherrschaft. Es haben aber nach dem Gesetz in dem, was den Einzelnen angeht, alle gleichen Teil, und der Geltung nach hat im öffentlichen Wesen den Vorzug, wer sich irgendwie Ansehn erworben hat, nicht nach irgendeiner Zugehörigkeit, sondern nach seinem Verdienst; und ebenso wird keiner aus Armut, wenn er für die Stadt etwas leisten könnte, durch die Unscheinbarkeit seines Namens verhindert. Sondern frei leben wir miteinander im Staat und im gegenseitigen Gel-

tenlassen des alltäglichen Treibens, ohne dem lieben Nachbar zu grollen, wenn er einmal seiner Laune lebt, und ohne jenes Ärgernis zu nehmen, das zwar keine Strafe und doch kränkend anzusehen ist. Bei soviel Nachsicht im Umgang von Mensch zu Mensch erlauben wir uns doch im Staat, schon aus Furcht, keine Rechtsverletzung, im Gehorsam gegen die jährlichen Beamten und gegen die Gesetze, vornehmlich die, welche zu Nutz und Frommen der Verfolgten bestehn, und gegen die ungeschriebenen, die nach allgemeinem Urteil Schande bringen.

Wir lieben das Schöne und bleiben schlicht, wir lieben den Geist und werden nicht schlaff. Reichtum dient bei uns dem Augenblick der Tat, nicht der Großsprecherei, und seine Armut einzugestehn ist nie verächtlich, verächtlicher, sie nicht tätig zu überwinden. Wir vereinigten in uns die Sorge um unser Haus zugleich und unsre Stadt, und den verschiedenen Tätigkeiten zugewandt, ist doch auch in staatlichen Dingen keiner ohne Urteil. Denn einzig bei uns heißt einer, der daran gar keinen Teil nimmt, nicht ein stiller Bürger, sondern ein schlechter, und nur wir entscheiden in den Staatsgeschäften selber oder denken sie doch richtig durch. Denn wir sehen nicht im Wort eine Gefahr für Tun, wohl aber darin, sich nicht durch Reden zuerst zu belehren, ehe man zur nötigen Tat schreitet. Denn auch darin sind wir wohl besonders, daß wir am meisten wagen und doch auch, was wir anpacken wollen, erwägen, indes die andern Unverstand verwegen und Vernunft bedenklich macht. Die größte innere Kraft aber wird man denen mit Recht zusprechen, die die Schrecken und Freuden am klarsten erkennen und darum den Gefahren nicht ausweichen. Auch in der Hilfsbereitschaft ist ein Gegensatz zwischen uns und den meisten. Denn nicht mit Bitten und Empfangen, sondern durch Gewähren gewinnen wir uns unsre Freunde. Zuverlässiger ist aber der Wohltäter, da er durch Freundschaft sich den, dem er gab, verpflichtet erhält — der Schuldner ist stumpfer, weiß er doch, er zahlt seine Leistung nicht zu Dank, sondern als Schuld. Und wir sind die einzigen, die nicht so sehr aus Berechnung des Vorteils wie aus sicherer Freiheit furchtlos andern Gutes tun.

Darum habe ich ja auch so ausführlich von der Stadt geredet, und um euch zu zeigen, daß wir nicht für das gleiche kämpfen *wie andere, die all das nicht so haben, und um zugleich den Lobspruch auf die, denen meine Rede gilt, durch Beweise zu erhärten. Ja zum wichtigsten Teil ist er schon gesprochen: denn was ich an unsrer Stadt pries, damit haben diese und solche Vortrefflichen sie geschmückt, und nicht bei vielen Hellenen wird man so wie bei ihnen Lob und Leistung im Gleichgewicht finden. Mich dünkt, den Wert dieser Männer enthüllt als erste Verkündung und als letzte Bekräftigung ihr jetziger Untergang. Denn selbst wenn einige sonst minder taugten, darf man ihren im Krieg für die Heimat bewiesenen Mannesmut höher stellen: Schlimmes durch Gutes tilgend, haben sie gemeinsam mehr geholfen als im einzelnen geschadet. Von ihnen aber hat keiner wegen seines Reichtums, um ihn lieber noch länger zu genießen, sich feig benommen; keiner hat in der Hoffnung der Armut, er könne, wenn gerettet, vielleicht noch reicher werden, Aufschub der Gefahr gesucht; weil ihnen verlockender als all dies als das schönste galt, so erwählten sie dieses und damit Rache an ihnen, Verzicht auf das andere; der Hoffnung überließen sie das Ungewisse des Erfolgs, im Handeln aber für die sichtbare Gegenwart mochten sie auf sich selber trauen, und indem sie hier Sichwehren und Erleiden für schöner hielten als weichend sich zu retten, haben sie schimpflichem Gerede sich entzogen, aber die Tat mit ihrem Leibe bestanden: und in kürzestem Augenblick sind sie, auf der Höhe ihres Geschicks, nicht aus der Furcht so sehr als von ihrem Ruhme geschieden.*

(Geschichte des Peloponnesischen Krieges I, 70) 1

Zu oft wurde die Grabrede als Ausdruck edler Gesinnung angesehen, als Lobeshymne, fern der bitteren Wirklichkeit des athenischen Lebens. Doch betrachtet man sie aus dem Blickwinkel der damaligen Zeit, dann erkennt man die gegen Sparta gerichteten Spitzen, den Ruf der Herausforderung gegen die Barbarei von Dogma und wilder Gewalt und das erschütternde Wissen, daß Athen, »die Schule von Hellas«, vielleicht die Wirren des Krieges nicht überleben wird.

Zur Zeit dieser Rede war Perikles ungefähr sechzig Jahre; nur zwei Jahre waren ihm noch zu leben vergönnt. Im folgenden Jahr brach die Pest aus, welche die Bevölkerung dezimierte und

[1] Thukydides, »Geschichte des Peloponnesischen Krieges«. Eingeleitet und übertragen von Georg Peter Landmann

die Moral der Athener so zerrüttete, daß es einer Generation bedurfte, um sich davon zu erholen. Thukydides, der selbst von der Pest befallen war, gibt einen furchtbaren Bericht der Verheerungen: Die Tempel von Toten und Sterbenden überfüllt, der Rauch der Scheiterhaufen über der Stadt, während die unvermeidliche Gesetzlosigkeit, die Begleiterscheinung aller Seuchen, die Demokratie zu einer Farce herabwürdigte.

Auch Perikles selbst erkrankte und verlor zwei Söhne durch die Pest. Nach seiner Genesung begab er sich nach Epidauros, um über die Bedingungen für die Beendigung des Krieges zu verhandeln, doch die Spartaner dachten nicht daran, jetzt, da die Pest die Athener in die Knie gezwungen hatte, nachgiebig zu sein. So wurde der Krieg weitergeführt, und plötzlich ergoß sich der ganze Haß der Athener auf Perikles. Er wurde vor Gericht gestellt und des Mißbrauches öffentlicher Gelder schuldig befunden. Der Angriff richtete sich auch gegen seine Freunde: Phidias, Anaxagoras und Aspasia, die bezaubernde Geliebte, die ihm einen Sohn geschenkt hatte. Es gelang ihm, die Freunde zu verteidigen und darauf zu achten, daß ihnen nichts geschah, aber seine geringen Kraftreserven waren bald verbraucht. Nachdem es ihn niedergetrampelt hatte, hob ihn das Volk wieder in die Höhe, gab ihm alle Gewalt, legitimierte seinen Sohn und versuchte auf jede Weise, das Unrecht wiedergutzumachen; aber es war zu spät; er starb im Herbst 429 v. Chr. Als er im Sterben lag, scharten sich seine Freunde um sein Lager. Sie sprachen über seine Siege und die großen Taten, die er vollbracht hatte; sie glaubten ihn schlafend oder ohne Bewußtsein, doch er war wach und lauschte ihren Worten. »Seltsam, daß ihr das Beste vergessen habt«, sagte er. »Für keine meiner Handlungen mußte ein Athener Trauerkleider anlegen.«

Führerlos ließ er Athen zurück. Für ein weiteres Vierteljahrhundert schleppte sich der Krieg dahin, unterbrochen von kurzen Intervallen zweifelhaften Friedens. Athen überdauerte die Expedition nach Sizilien, bei der seine besten Soldaten zugrunde gingen. Die Athener ließen sich von der Vision eines westlichen Reiches, das ihnen Hilfe gegen Sparta gewähren sollte, verführen und setzten auf einen schnellen Sieg. Ihre Spekulation schlug fehl, Schiffe und Männer fielen in die Hand des Feindes.

Der letzte Akt des Dramas fand, ebenso wie der erste, fern von Athen statt. In den Engen des Hellespont, bei Aigospotamoi, wurde die athenische Flotte vernichtet. Durch einen seltsamen Zufall beobachtete der aus Athen verbannte Alkibiades von seinem Wohnsitz, einer hoch über der Küste gelegenen Burg, die Tragödie, gleichsam als Zuschauer im Theater, ohne die Macht zu haben, sie zu verhindern.

Seit Monaten hatte die athenische Flotte, die nur mehr aus hundertachtzig Schiffen bestand, versucht, die unter dem Kommando von Lysandros stehende spartanische Seemacht zum Kampf herauszufordern. Schließlich mußten sie entdecken, daß die Spartaner in den Hellespont entwichen waren. Sie verfolgten die Spartaner und gingen am Ende vor der Burg des Alkibiades vor Anker, in der Absicht, den Feind am nächsten Morgen zum Kampf herauszufordern. Obwohl Lysandros' Schiffe voll bemannt und schlachtbereit waren, ignorierten sie die Herausforderung. An vier aufeinanderfolgenden Morgen wurde die Herausforderung wiederholt und jedesmal unbeachtet gelassen. Täglich verließen die Athener ihre Schiffe, um vom Land Proviant herbeizuschaffen, täglich wurden sie sorgloser. Von seiner Burg aus sah Alkibiades die Gefahr und ließ sie warnen. Da sie ihm mißtrauten, hatten sie für seine Botschaft nur Verachtung. Am fünften Morgen, als die Athener wieder ihre Schiffe verlassen hatten, warf Lysandros seine gesamte Flotte gegen sie. Aus dem nun folgenden Gemetzel entkamen nur neun Schiffe, darunter die heilige Galeere *Paralos*.

»Es war Nacht«, schreibt Xenophon, »als die *Paralos* mit ihrer Schreckensnachricht nach Athen kam und bitteres Wehklagen brach aus. Von Piräus, die lange Mauer entlang bis in das Herz der Stadt schwoll die Verzweiflung an, wenn ein Mann dem nächsten die Trauerbotschaft weitergab. In dieser Nacht schlief niemand.« Ein langer Krieg hatte sein Ende gefunden.

23 Thukydides

In Neapel ist eine Doppelbüste von Herodot und Thukydides zu sehen: ein einziges Haupt trägt zwei Gesichter, die in entgegengesetzter Richtung blicken. Herodot hat den freundlichen Ausdruck eines alten Bauern, Thukydides könnte man für den strengen aristokratischen Herrn des Bauern halten. Herodot ist ein Mann aus dem Volk, der Erde nahe, Thukydides blickt nachdenklich und rein, verloren in der Welt des Geistes. Das war die allgemeine Vorstellung dieser beiden Männer, die sich bis in unsere Tage erhalten, doch mit der Wirklichkeit nur wenig zu tun hat. Die beiden Historiker sehen die Geschichte aus verschiedener Sicht, doch bringen beide für ihre Aufgabe eine außergewöhnliche Intelligenz mit.

Von den dreizehn oder vierzehn Historikern des klassischen griechischen Zeitalters haben nur zwei, Herodot und Thukydides, die Jahrhunderte überlebt. Herodot war schon zu Lebzeiten berühmt; seine breit angelegte Geschichte der Perserkriege kam einem Bedürfnis seiner Zeit entgegen. Von Thukydides hören wir viel weniger, niemals wurde er von den Rednern erwähnt, niemals bei Plato oder Aristoteles zitiert. Xenophon unternahm es, Thukydides' Geschichte zu vervollständigen, welche man sichtlich als wichtig genug ansah, fortgesetzt zu werden, doch konnte er dessen Größe nicht erreichen. Nicht nur, daß Thukydides sich mit einer Materie befaßte, die nicht dazu bestimmt war, die Leidenschaft der Athener hervorzurufen, denn seine *Geschichte des Peloponnesischen Krieges* ist eine Studie des Aufstiegs und des Niederganges des athenischen Reiches, so basieren sein Verhalten und seine Stellungnahme zu den Kämpfen auch auf aristokratischen Vorurteilen, die den Griechen im höchsten Maße fremd waren. Er schrieb, wie er sagte, für Jahrhunderte. »Meine Werke sind nicht bestimmt, dem Geschmack des heutigen Publikums entgegenzukommen; sie sollen Ewigkeitswert besitzen.« Tatsächlich war es sein Wunsch, ein unsterbliches Meisterwerk zu schaffen, und die Griechen, die in den unseligen Schlachten dieses tragischen Krieges gefochten hatten, scheinen seinen Motiven von Anfang an mißtraut zu haben.

Thukydides war ein Historiker von überragender Größe, ausgerüstet mit einer nahezu peinlich genauen Philosophie der Geschichte; er wußte um die Bedeutung der Geschichte — oder glaubte sie zu wissen. Mit erstaunlicher Klarheit sah er die Ursachen menschlichen Verhaltens und die Triebfedern menschlicher Handlungen und er besaß einen untrüglichen Instinkt, die verschlungenen Fäden zwischen den gegnerischen Heeren aufzuspüren. Er sah den Krieg als überdimensionales Schachspiel, gespielt mit höchstem Einsatz, und immer wieder vermittelt er den Eindruck eines Menschen, der dem Konflikt so fern steht, daß seine Objektivität als Gleichgültigkeit erscheint. In ihm war etwas Frostiges, Unmenschliches. Sogar die Römer, die ihn für seine Genauigkeit und seine fabelhafte Erzählergabe auf das höchste bewunderten, waren gezwungen zuzugeben, daß ihm irgend etwas fehlte. Er besaß alles, nur keine Menschlichkeit.

Lesen wir Thukydides, so werden wir mit einer Intelligenz konfrontiert, die alle Schwierigkeiten meistert, alle Leidenschaften bloßlegt und eine unheimliche Leichtigkeit zeigt, den Dingen auf den Grund zu gehen. Er hatte alle über die Kämpfe existierenden Schriften gelesen und er hatte jeden, der von Bedeutung war und mitkämpfte, mit eigenen Augen gesehen. Sogar von den unwichtigsten Ereignissen spricht er mit einer Bestimmtheit, die nur durch genauestes Studium und wirkliche Vertiefung in Hintergrund und letzte Ursachen, die zu dem Ereignis geführt hatten, möglich ist. Er ist einer von jenen, die mit Problemen so lange ringen, bis sie ihnen die Lösung abgezwungen haben, doch niemals können wir mit Sicherheit sagen, ob er um das richtige Problem gerungen hat. Er spürt den Einflüssen nach, doch manchmal scheint er die Verworrenheit menschlicher Gefühle und die Vielfalt menschlicher Bestrebungen zu vergessen. Sagt er, ein Mann habe aus diesen und diesen Gründen gehandelt, so fragen wir uns, ob dies wirklich der Fall war. Und manchmal drängt sich uns die Frage auf, ob dieser Historiker, der so standhaft die Wahrheit verfolgt, der so vollkommen über dem Konflikt steht, nicht in Wahrheit zutiefst darin verstrickt ist, so sehr, daß er die furchtbare Tragödie seines eigenen Lebens schreibt.

Wie wir erwarten können, erkennt der englische Philosoph Thomas Hobbes, der selbst ein untrügliches Verständnis für die Wurzeln alles Geschehens besaß, einen Teil der Wahrheit. »Was seine Meinung über die Regierung des Staates anbetrifft«, schreibt Hobbes über Thukydides, »so steht fest, daß ihm die Demokratie am wenigsten zusagte. Ich bin der Ansicht, daß er von königlicher Abstammung war und daher eine Königsherrschaft als die beste Regierungsform betrachtete.« Verwandt mit den regierenden Fürsten von Thrakien, war er tatsächlich königlicher Abkunft. Von der Seite seines Vaters her war er mit der großen athenischen Familie, der Miltiades und Kimon entstammten, verwandt und daher auch mit den meisten athenischen Aristokraten auf freundschaftlichem Fuß. Er besaß Goldminen in Thrakien und war infolgedessen materiell unabhängig. Er lebte in Athen, hatte aber den Vorteil einer vom Fluktuieren athenischer Machtpolitik unabhängigen Einkommensquelle. Es lag in der Natur der Dinge, daß seine Loyalität zwischen Athen und Thrakien geteilt war, gehörte er doch zu beiden, aber auch wieder zu keinem, in diesem seltsamen Niemandsland lebend, das entsteht, wenn die Wurzeln eines Menschen in zwei ganz verschiedenen Ländern liegen, denn Thrakien war im Gegensatz zu Athen ein halbwildes Land. So ein Mensch mag wohl einerseits intensiver Gefühle fähig sein, kennt aber andererseits kein Zugehörigkeitsgefühl, und selbst wenn er von den Tragödien, die sich vor seinen Augen abspielen, tief ergriffen ist, so glaubt er sich doch auf irgendeine Weise abseits stehend, sogar bei Konflikten, in die er persönlich verstrickt ist.

Im Jahre 424 v. Chr. geschah es, daß Thukydides das zweite Kommando über die Flotte bekam, die nach Thrakien gegen den spartanischen General Brasidas ausgeschickt wurde, als dieser daranging, athenisches Hoheitsgebiet im Norden zu erobern. Thukydides war damals ungefähr sechsundvierzig Jahre alt und hatte bereits begonnen, an seiner *Geschichte des Peleponnesischen Krieges* zu schreiben. Er sah einen langen und sinnlosen Krieg voraus, der, gleichgültig mit welchem Ergebnis, die Grundfesten der griechischen Staaten erschüttern würde. Seine Wahl als Kommandant lag auf der Hand, da seine Verbindungen mit Thrakien allgemein bekannt waren, und man hoffte, es werde ihm gelingen, die Thraker gegen die spartanischen Eindringlinge aufzuwiegeln. Der Krieg war gerade zu einem gewissen Stillstand gekommen. Nur im südlichen Thrakien und im benachbarten Makedonien waren die Armeen auf dem Marsch. Brasidas war entschlossen, in eine Gegend nahe den Gütern von Thukydides einzufallen. Man bezeichnete ihn allgemein als den erfahrensten und entschlossensten unter den spartanischen Generälen und war der Ansicht, seine Niederlage könnte das Schicksal des Krieges entscheidend beeinflussen.

Thukydides wußte – er muß es gewußt haben –, daß große und entscheidende Möglichkeiten in seine Hände gegeben waren. Niemand sonst besaß solchen Einfluß auf die thrakischen Stämme und es gab keinen anderen athenischen Befehlshaber mit einer so eingehenden Kenntnis des Landes. Er erreichte die Insel Thasos und hier scheint er plötzlich von Unentschlossenheit befallen worden zu sein, möglicherweise aber wartete er auch nur auf Nachrichten vom Festland. Eukles, der Oberbefehlshaber der athenischen Expedition, hatte bereits Amphipolis erreicht, eine große vom Fluß Strymon fast umschlossene Stadt, deren Bewohner sich aus Stammesgenossen und athenischen Siedlern zusammensetzten. Amphipolis war das Verwaltungszentrum für die athenischen Besitzungen in der nördlichen Ägäis und sein Fall konnte die Stämme des Hinterlandes nur zu leicht dazu bringen, zu den Spartanern überzulaufen. Eukles setzte die Stadt in Verteidigungszustand und wartete auf das Erscheinen Thukydides' und seiner zahlenmäßig geringen, aber sehr gut ausgestatteten Streitmacht. Allein die Anwesenheit von Thukydides in der Stadt, wo jedermann ihn kannte, würde den Verteidigungswillen der Bewohner stärken.

Brasidas unterhielt einen ausgezeichneten Geheimdienst. Er hatte seine Agenten in der Stadt und beobachtete genau alle Bewegungen der vor Thasos liegenden Flotte. Er wußte, daß Thukydides Besitzer der nahe gelegenen Goldminen war und sich des Wohlwollens der Bevölkerung erfreute, also tat schnelles Handeln not. Thukydides verharrte auf seinem Flaggschiff. Das Wetter war abscheulich und vielleicht waren die ausgesandten Botschafter nicht zurückgekehrt, vielleicht aber wartete er nur den Ablauf der Ereignisse ab, unfähig einen Entschluß zu fassen. Brasidas sah seine Chance. Rasch entschlossen entschied er sich für einen Gewaltmarsch gegen Amphipolis. Tag und Nacht jagte er seine Soldaten durch das Schneetreiben; in der eisigen Dämmerung stürmte er die Brücke über den Strymon und forderte die Belagerten zu sofortigen Verhandlungen auf, in denen er ihnen Bedingungen anbot, die keine Ähnlichkeit mit jenen Bedingungen hatten, die Eukles erwartet hatte. Eukles, der jede Hoffnung, Thukydides zu sehen, aufgegeben hatte, erklärte sich zur Übergabe bereit, obwohl er die Stadt ohne Schwierigkeiten noch einige Tage hätte halten können.

Thukydides gab niemals eine Erklärung für sein Zögern. Besser als jeder andere kannte er die Bedeutung von Amphipolis, das Athen mit Fellen, Gold und dem für den Schiffbau notwendigen Holz versorgte. Sobald er hörte, daß sich Brasidas vor den Mauern befand, jagte er seine sieben Schiffe von Thasos nach Eion an der Mündung des Strymon, welches er bei Einbruch der Dämmerung erreichte. In seiner seltsamen Art gratulierte er sich dazu, den Spartanern einen Sieg gestohlen zu haben, die, hätte er die Flußmündung nicht so rasch erreicht, den kleinen Hafen fraglos am nächsten Morgen in Besitz genommen hätten.

Doch das Unglück war geschehen und Thukydides' Schuld für jedermann sichtbar. Die folgenden Tage verbrachte er damit, die Verteidigung des Hafens zu überwachen und wahrscheinlich, obwohl er nichts davon erwähnt, mit dem vergeblichen Versuch, Verbindung mit den thrakischen Stämmen aufzunehmen. Die Thraker, Zeugen des Falles von Amphipolis, hatten die Schlagkraft des spartanischen Heeres mit eigenen Augen gesehen und waren nicht geneigt, auf den Ruf eines zu spät auf der Bildfläche erscheinenden Fürsten gegen ihre neuen Herren zu revoltieren. Thukydides stellt als Tatsache fest, daß die Stämme eilends zu den Spartanern überliefen. Er vermerkt die Namen der Häuptlinge und es scheint, als wären einige von ihnen seine Blutsverwandten gewesen.

Brasidas ruhte in der Zwischenzeit nicht auf seinen Lorbeeren. Er rüstete in Amphipolis Schiffe aus, bereit, flußabwärts zu segeln und Eion zu stürmen. Thukydides hatte die traurige Genugtuung, zwei gezielte Attacken zurückgeschlagen zu haben, eine gegen die Mole, die andere gegen die Stadtmauern, und danach entschwindet er aus seiner eigenen Geschichte. Alles, was er uns erzählt, das heißt, bereit ist zu erzählen, ist: »Nachdem ich den Oberbefehl in Amphipolis innegehabt hatte, lebte ich zwanzig Jahre in Verbannung fern meines Landes.« Diese Feststellung ist etwas seltsam, denn er hatte niemals den Oberbefehl über Amphipolis.

Über sein weiteres Leben wissen wir wenig. Er dürfte nach Athen zurückberufen und vor Gericht gestellt worden sein, bei welchem Kleon, damals auf dem Höhepunkt seiner Macht, Hauptankläger war. Uns ist nicht bekannt, wie Thukydides der Todesstrafe entkam. Er besaß sowohl einflußreiche Freunde wie Vermögen und es kann sein, daß er Richter oder Kerkermeister bestach. Er liebte es, sich »Thukydides der Athener« zu nennen, doch während der zwanzig Jahre durfte er weder in Athen noch in einem unter athenischer Hoheit stehenden Gebiet leben. Einem alten Bericht zufolge soll er auf seinen thrakischen Besitz geflohen sein, doch scheint dieser Besitz bis zu Ende des Krieges in athenischen Händen gewesen zu sein. Er erzählt uns, er sei oft Gast der spartanischen Befehlshaber gewesen, aus deren Berichten er seine »Geschichte« zusammensetzte. Möglicherweise war er Augenzeuge der Schlacht von Mantinea im Jahre 418 v. Chr., die er mit einer ungewohnten Länge an Details beschreibt; sicher befand er sich zur Zeit der fehlgeschlagenen athenischen Invasion in Syrakus, da er von diesem Ereignis mit der Überlegenheit eines Mannes spricht, der es miterlebt hat. Er sagt von sich, er habe im Exil gelebt, doch scheint es vielmehr, als sei er in ewiger Angst vor Gefangenschaft und Ermordung vor der athenischen Gerichtsbarkeit auf der Flucht gewesen. Im Jahre 404 schließlich kehrte er nach Athen zurück, sei es auf Grund einer Begnadigung, sei es auf Grund seiner Verdienste um den athenischen Staat. Er war bereits ein alter Mann und hatte nur mehr wenige Jahre zu leben. Er starb um 396 v. Chr. Das Gerücht, er wäre ermordet worden, verstummte niemals.

Nach allem, was wir über ihn wissen, dürfte er ein Mann gewesen sein, der sich bereitwillig selbst quälte und während der zwanzig Jahre Verbannung schwer an seiner Schuld trug. Weit davon entfernt, der unbeteiligte Beobachter zu sein, der beiden Seiten gleichermaßen Recht widerfahren läßt, war er in Wahrheit von den Kriegsereignissen bis auf den Grund seiner Seele ergriffen; die Greuel des Krieges trafen ihn zutiefst. Nur ein Mann, der Schuld, Schrecken, Angst, Reue und Demütigung kennengelernt hat, konnte mit einer so nervösen Ruhe, mit einer solchen Vorspiegelung eisiger Objektivität geschrieben haben.

In alten Zeiten gab es ein Gesellschaftsspiel, das darin bestand, Herodot mit Thukydides zu vergleichen. Es war ein Spiel, das von Lukian, Plutarch und vielen anderen geschätzt wurde, mit langen gelehrten Abhandlungen und Zitaten, die doch alle zu nichts führten, da die beiden Historiker nicht miteinander zu vergleichen sind. Sie sind ihrer Veranlagung nach verschieden, in ihrem Konzept hinsichtlich der Funktion der Geschichte und ihren Ideen über das Wesen der Geschichte selbst. Der größte Unterschied liegt wohl in ihrem Verstehen der Menschen. Herodot sah die Menschheit in ihrer Gesamtheit, dreidimensional, Familienväter mit Weib und Kindern um sich; er anerkannte und genoß die Vielfältigkeit und Verworrenheit ihrer Bestrebungen. Er interessierte sich für Landschaften und die Art, wie die Menschen dem Boden Nahrung abzwingen; er wollte wissen, was sie essen und wie sie ihre Götter verehren; man hat den Eindruck, er setzte sich mit Vergnügen an ihren Tisch, um ihr Mahl zu teilen und mit ihnen gemeinsam ihren Göttern Opfer zu bringen. Es gab keinen roten Faden, der durch das Labyrinth zur Wahrheit führte; alles was von Interesse war, mußte er verstehen. Unvorstellbar, daß Thukydides sich zu Soldaten oder Bauern gesetzt hätte, doch er war bereit, mit den Befehlshabern einer Truppe oder mit dem Anführer eines Spähtrupps zu speisen. Er war ein einsamer, schwer zu befriedigender Mensch, der sich seiner königlichen und aristokratischen Verwandten nur zu bewußt war. Er sah die Menschen in der Masse und nie hat jemand die Emotionen der Massen mit peinlicherer Genauigkeit studiert. Menschen waren Schlachtlinien, Zahlen, Pünktchen. Er liebte sie nicht und betrachtete die meisten von ihnen als entbehrlich.

Aber wenn es unmöglich ist, für Thukydides eine Freundschaft zu empfinden, wie man sie Herodot unverändert entgegenbringt, so kann man doch nicht die Meisterschaft, mit der er seine Materie beherrscht, die Art, wie er sie in die Form eines Berichts hämmert, um die Gesamtmaschinerie des Krieges aufzudecken, in Abrede stellen. Er hat eine Form der Geschichtsschreibung geschaffen und sein Handwerk bis zur letzten Vollendung beherrscht. Er hat es sich selbst noch schwerer gemacht, da er sich bewußt an den chronologischen Ablauf der Dinge hielt. — »Thukydides von Athen«, schreibt er, »zeichnet die Ereignisse auf, wie sie sich zutrugen, sommers und winters . . .« Der Kalender kann zum Tyrannen werden, dennoch gehorcht er ihm, mit dem Resultat, daß er seinen Bericht über die Schlacht an einer Front stehen läßt, während er sich mit einem Kampf an einer anderen befaßt. Unentwegt sehen wir uns diesem Richtungswechsel gegenüber. Seine Überzeugung, die Geschichte der Völker wiederhole sich immer wieder, weil sich die menschliche Natur gleich bleibt, führt ihn dazu, Parallelen zu suchen, wo keine existieren. Genauigkeit ist ihm alles, und immer wiederholt er, daß er uns zum Nutzen die größten Schwierigkeiten auf sich genommen habe, um die genaue Anzahl der Kämpfer, die genaue Schlachtordnung zu erforschen. Seine Ansicht über die menschliche Natur und seine Bewunderung für die Präzision liegen in seinem aristokratischen Wesen begründet, ebenso wie sein Stil, der auf dem alten Attischen basiert, und für die Athener des vierten vorchristlichen Jahrhunderts sicher ebenso qualvoll zu lesen war, wie für uns heute die Prosa eines Donne.

Aber es ist nicht nur seine meisterhafte Behandlung des Details und seine leidenschaftliche Darstellung der sich verschiebenden Kampflinien, die ihn uns bewundern lassen. Großartig ist sein psychologischer Scharfblick, seine profunde Gabe der Analyse. In gewissen Abständen tauchen in seinen Werken immer wieder Porträts auf, die sein außerordentliches Wissen um das menschliche Triebwerk, das oft mit sich selbst im Widerspruch steht, zeigen. Wie ausgezeichnet und geschickt er das Bild eines ganzen Volkes lebendig machen kann, wird uns schon zu Anfang seiner Bücher klar, wenn er in wenigen Zeilen die Athener charakterisiert.

Zugleich haben wir unsres Bedünkens Grund so gut wie einer, mit Tadel unsre Nächsten zu strafen, zumal die bestehenden Unterschiede sehr groß sind, die ihr, wie es uns vorkommen will, noch gar nicht bemerkt habt. Habt ihr denn je bedacht, wie diese Athener sind, gegen die der Kampf gehen wird, und wie sehr, wie in allem das Gegenteil von euch? Sie sind Neuerer, leidenschaftlich, Pläne auszudenken und Beschlossenes wirklich auszuführen, ihr aber, das Bestehende zu bewahren, ja nichts zu erfinden und im Handeln auch das Notwendige nicht zu erfüllen. Und wiederum sind sie Draufgänger über ihre Macht, waghalsig über jede Vernunft und in Nöten hoffnungsvoll; eure Art aber ist, weniger zu tun, als ihr Macht habt, der Vernunft trotz aller Sicherheit nicht zu trauen und aus Nöten keine Befreiung mehr zu erwarten. Und immer gehn sie frisch ans Werk gegenüber euch Zauderern, sind Weltfahrer gegen euch Nesthocker; die einen glauben eben, in der Ferne etwas zu gewinnen, und ihr, durch Fortgehn noch das Vorhandene zu gefährden. Siegreich, verfolgen sie ihre Feinde bis zum letzten Ende, geschlagen, fallen sie nur kaum zurück. Ihre Leiber verschwenden sie, als wären sie ihnen fremd, für ihre Stadt, aber ihren ganzen Geist nehmen sie zusammen, etwas für sie zu tun. Einen nicht durchgeführten Anschlag empfinden sie, als hätten sie vom Eigentum eingebüßt, aber jede Eroberung, als sei ihnen nur ein erster Anfang gelungen; wenn ihnen gar — selten genug — ein Versuch fehlschlägt, so schließen sie die Lücke schnell durch eine neue Hoffnung – denn bei ihnen allein ist es gleich, ob sie haben oder hoffen, was sie sich vorgenommen, weil sie jeden Beschluß so rasch ins Werk setzen. Und mit all dem plagen sie sich unter Mühen und Gefahren ihr ganzes Leben lang und genießen kaum, was sie haben, weil sie immer nur erwerben, von keinem andern Fest wissen, als das grad Nötige zu tun, und gelassene Muße für kein minderes Unglück halten als die geschäftige Mühsal. Wer also mit einem Wort sagen wollte, sie seien geschaffen, selbst keine Ruhe zu haben und den andern Menschen auch keine zu lassen, der spräche recht.

(Geschichte des Peloponnesischen Krieges I, 70) [1]

Das ist offenbar Thukydides' wohlüberlegtes Urteil über die Athener, und er wird es mit kleinen Variationen bei seinem Bericht über die perikleische Grabrede wiederholen. Charakteristischerweise wird dieses Urteil einem korinthischen Gesandten gegenüber den Spartanern in den Mund gelegt; Korinther und Spartaner waren gleichermaßen Feinde der Athener. So wird dieser Ausspruch als eine dem Thukydides vollkommen fremde Ansicht präsentiert, damit wir nie auf den Gedanken kommen, er könne sie geteilt haben. Aber wir müssen auf der Hut sein. Nur zu bald lernen wir, daß er seine Ideen dort am klarsten ausspricht, wo er sie in einen Kokon historischer Berichte und entsprechender Details einspinnt. Präzis in seinen militärischen Beschreibungen, verzichtet er in der direkten Rede auf jede Genauigkeit. »Meine Methode«, erklärt er in einer berühmten Stelle, »besteht darin, mich so genau wie möglich an den Sinn der tatsächlich gesprochenen Worte zu halten und den Sprechenden das sagen zu lassen, was meiner Ansicht nach die Situation erfordert.« Aber dieses »Was meiner Meinung nach die Situation erfordert« ist durchaus nicht Geschichte. Oft wurde es zu einer Entschuldigung, seine eigenen, sehr eigenwilligen Gedanken, seine Besorgnisse und seine tief verwurzelten Überzeugungen mitzuteilen.

Wie wir manchmal in Platos Werken die authentische Rede des Sokrates hören, so erkennen wir die Stimme von Thukydides, wenn er seine Ansichten anderen in den Mund legt. Es ist eine ernste, mahnende, leise drohende Stimme, die immer wieder seltsame und schreckliche Krisen ankündigt. Er hat seine Höhe-

[1] Thukydides, »Geschichte des Peloponnesischen Krieges.« Eingeleitet und übertragen von Georg Landmann

punkte, wenn er über verzweifelte Situationen anläßlich von Seuchen, Kapitulation oder rettungsloser Niederlage schreibt. Berichtet er über die sizilische Expedition, so werden wir des Verderbens gewahr, das über den griechischen Unternehmungen liegt: Die Athener scheinen sinnlos von einer unbesonnenen und unhaltbaren Stellung zur nächsten zu taumeln, bis der endgültige Zusammenbruch und die Gefangenschaft ihnen und uns Erleichterung bringt. Thukydides' Härte ist erstaunlich. Er ist einer jener Männer, die nur im Toben des Sturmes glücklich sein können.

Er brüstet sich seines klaren kritischen Verstehens aller Geschehnisse, aber wie wir gesehen haben, mangelt es gerade daran bei ihm. Er ist ein Chirurg, der die Wunde sondiert, fasziniert vom Gewirr der Adern und zerrissenen Sehnen, doch nicht gewahr werdend, ob unter seinem Messer der Leib eines Jünglings, Greises, Fisches oder Elefanten zuckt.

Es ist seine Illusionslosigkeit, die ihn mit einer solchen Bestimmtheit zu uns sprechen läßt. Manchmal hält er gleichsam im Fluge an und schafft sich durch starre Apothegmen von unfehlbarer Kraft Erleichterung. Von Zeit zu Zeit sind diese Apothegmen in den Reden seiner Personen begraben, gleichsam als versuche der absichtlich, sie zu verbergen. Man könnte aus diesen Aussprüchen, die immer um Mitternacht geschrieben scheinen, eine kurze Anthologie zusammenstellen:

Im Augenblick des Triumphes, wenn sich das Glück unverhofft dem Mann zugesellt, gerade dann ist der Eroberer in tödlicher Gefahr.

Beim Kriegführen wird häufig am falschen Ende begonnen: man handelt nämlich, bevor man die Lage überlegt hat.

Zugeständnisse an den Feind führen zu Selbstvorwürfen; je strenger man sie vermeidet, desto größer ist die Aussicht zu siegen.

Der Weise sorgt für seine Sicherheit, indem er sich nicht zu sehr auf den Sieg verläßt; erleidet er Mißgeschicke, so kann er ihnen mit Klugheit begegnen.

Große Feindschaften können so lange nicht beendet werden, als eine Seite von Sieg zu Sieg eilt, um am Ende dem besiegten Feind einen Frieden zu fruchtbaren Bedingungen aufzuzwingen. Eine Befriedung kann nur dann eintreten, wenn sich der Sieger, obwohl in der Lage, solche Bedingungen durchzu-

setzen, damit begnügt, ein ehrenhaftes und großzügiges Übereinkommen zu schließen.

Es entspricht der menschlichen Natur, demjenigen bereitwillig gegenüber zu treten, der auch seinerseits freundliches Entgegenkommen zeigt, während man anmaßende Feinde auch bei allergrößtem Risiko bekämpft.

So fährt er in seiner dürren, unfruchtbaren Art fort und vermeidet jede Ausschmückung, außer der Ornamentik seiner verschlungenen Sätze, wenn er von dem Gipfel seiner Hoffnungslosigkeit auf das Kriegsgeschehen blickt. Selten bringt er Bilder, sehr im Gegensatz zu Perikles, der durch häufige Verwendung bildhafter Gleichnisse die Herzen der Athener gewann. So sagt dieser zum Beispiel: sterben Männer in der Schlacht, so ist es, als wäre dem Jahr der Frühling geraubt; streiten die Böotier, so ähneln sie alten Eichen, die ihre Äste gegeneinander schlagen; und er sähe den Krieg, der sich von der Peloponnesos aus ergieße. Solche Aussprüche haften im Gedächtnis, doch was von Thukydides in Erinnerung bleibt, sind nicht zündende Bilder: man behält das Mosaik, die bedächtig und säuberlich zusammengesetzten Katastrophenberichte.

Zwischen Perikles und Thukydides lag eine Welt. Beide waren sowohl ihrem Wesen als ihrer Abstammung nach Aristokraten, doch sahen sie die Welt nicht unter der gleichen Sonne. In einem gewissen Sinn kann man die *Geschichte des Peloponnesischen* Krieges als einen lebenslangen Kampf zwischen Perikles und Thukydides lesen, an dessen Ende die widerwillig gewährte Bewunderung steht, die Thukydides seinem Feind zollt.

24 Sokrates

Manchmal geschieht es, daß ein Zeitalter von einer einzigen, außergewöhnlichen Persönlichkeit repräsentiert wird. Ganz plötzlich und ohne ersichtlichen Grund taucht ein Mann auf, der das Antlitz seines Jahrhunderts trägt, und wollen wir versuchen, ein solches Jahrhundert zu verstehen, müssen wir uns mit unseren Fragen an ihn wenden. Überragende Persönlichkeiten sind selten, die Geschichte der westlichen Welt kennt kaum mehr als acht oder neun.

Einer dieser Männer war Sokrates, der Sohn des Sophronikos, eines Bildhauers, und der Phaenarete, einer Hebamme. Er wurde 469 v. Chr., zehn Jahre nach der Schlacht von Salamis, geboren. Seine Familie lebte in angenehmen Verhältnissen. Sophronikos, ein Freund von Aristides dem Gerechten, ließ seinem Sohn sowohl auf gymnastischem wie auf musikalischem Gebiet eine gute Erziehung angedeihen. Sokrates scheint den Beruf seines Vaters ausgeübt zu haben. Pausanias berichtet, nahe dem Eingang zur Akropolis habe er selbst noch mit eigenen Augen die von Sokrates in Stein gehauenen Statuen der drei Grazien gesehen; er fügt hinzu, vor diesen Statuen hätten geheimnisvolle, der Öffentlichkeit verborgene Mysterien stattgefunden. Nur Statuen von hervorragender Qualität wurden an einem so dominierenden Platz aufgestellt. Es ist durchaus wahrscheinlich, daß Sokrates ein talentierter Bildhauer war, und es ist ebenso wahrscheinlich, daß er die Bildhauerkunst in dem Augenblick mit der viel anspruchsvolleren Philosophie vertauschte, als er seine Grenzen auf künstlerischem Gebiet erkannte. Laut Diogenes Laertius sagte er einmal, es sei das Bestreben des Bildhauers, sein Modell so lebendig wie möglich darzustellen, doch der Schöpfer selbst werde nur zu bald dem Stein ähnlich. Was Sokrates erstrebte und wofür er lebte, war die Vergeistigung. Als sehr junger Mann lernte er Parmenides und Zenon kennen, und er dürfte auch Anaxagoras getroffen haben, dessen Lehren vom Geist ihn so lange fesselten, bis er entdecken mußte, daß Anaxagoras seine Lehre wohl verkündete, nicht aber die Konsequenzen aus ihr zog. Es steht fest, daß sich Sokrates mit den

Lehren seiner Zeit auseinandergesetzt und von Jugend auf in den erlesensten Kreisen Athens verkehrt hat.

Sein Gesicht ist uns vertraut. Dieser feurig unabhängige Geist war in eine unscheinbare, ja häßliche Hülle gebannt, die dennoch nicht der Anziehung entbehrte. Er besaß eine breite Stirne, eine Knollennase, üppige Lippen und einen dicht gelockten Bart, so daß er den in den Theaterstücken verwendeten Satyrmasken ähnelte. Er hatte einen merkwürdigen Gang, den Aristophanes mit dem einer Ente verglich, und die Gewohnheit, ständig die Augen zu rollen. Schnell und abrupt in seinen Bewegungen, verfiel er manchmal in einen Zustand plötzlicher Starrheit und verharrte lange Zeit hindurch vollkommen bewegungslos. Als er eines Sommers an soldatischen Übungen teilnahm, geriet er wieder in jenes Stadium vollkommener Bewegungslosigkeit, welches einen Tag und eine Nacht anhielt; einige Ionier waren derart verblüfft, ihn so gedankenverloren stehen zu sehen, daß sie ihre Decken herausbrachten, um ihn während seiner langen Nachtwache zu beobachten. Als der Morgen dämmerte, grüßte er die Sonne und ging seines Weges. Aber es wäre ein Irrtum, wollte man in ihm einen allein der Philosophie ergebenen Mann sehen; er lebte gerne und gut, und es gab kaum eine Seite des Lebens, die er nicht in vollen Zügen genoß. Alle späteren Generationen sahen in Sokrates nur die Gestalt aus Platos Dialogen, die sich mit seinem Prozeß und seinem Tod befassen; damals war er siebzig Jahre, und seine Kräfte waren im Schwinden, aber den größten Teil seines Lebens war er ein Mann von unbändiger Vitalität, imstande, nahezu unbegrenzte Mühsal klaglos hinzunehmen, mit einem energiegeladenen Verstand, ohne Rast und ohne Ruhe. Obwohl er nicht arm war, ging er meistens barfuß und trug Winter wie Sommer die gleichen Kleider. Es war einfach so, daß ihm Besitz vollkommen gleichgültig war. Als Alkibiades ihm ein großes Stück Land anbot, um ein Haus darauf zu bauen, war seine Antwort: »Brauchte ich Schuhe und du gäbest mir ein riesiges Stück Leder, verlachte man mich nicht, nähme ich es?« Einer seiner Freunde sagte, er sei zum Spott der Schuster geboren. Bewußt entledigte er sich aller Habe, die Menschen im Laufe ihres Lebens ansammeln. Es belustigte ihn, die hochgetürmten Waren auf dem Marktplatz zu betrachten, kaum etwas davon schien ihm für seine Person erstrebenswert. Er wollte um jeden Preis frei sein, um verstehen zu können und alles vermeiden, was sich zwischen ihn und das Verstehen drängen könnte.

Nichts Pedantisches war an ihm. Der merkwürdige, untersetzte, stämmige Mann wanderte durch die Straßen Athens und stellte fortwährend die gleichen verfänglichen Fragen: Was ist Liebe? Was ist Gerechtigkeit? Was ist Tugend? Was ist der Staat? Wie sollen die Menschen ihr Leben leben? Es waren rein praktische Fragen, und er pflegte jeden anzuhalten, der eine Antwort zu wissen glaubte, und unterwarf ihn dem dialektischen Prozeß. Dialektik bedeutet im ursprünglichen Sinn nichts anderes als Gespräche. Das Gespräch als Mittel der philosophischen Auseinandersetzung zu benützen, war nicht im geringsten neu. Neu aber war die disziplinierte Methodik, die Sokrates in der Konversation anwendete, seine erbarmungslose Entschlossenheit, zum Kern des Problems vorzudringen, seine ironische Gelassenheit, seine plötzlichen, verheerenden Einbrüche in die Schwächen der Verteidigung des Gegners. Bei Sokrates wurde aus dem Gespräch ein erbitterter Ringkampf, ein langwieriges Kreuzverhör über das Wesen der Dinge und Begriffe, ein Spiel, ausgeführt von einem Athleten, der die höchsten Ehren begehrte. Alle Worte, alle Begriffe waren suspekt, solange sie nicht selbst bewiesen, solange nicht der Sinn aus ihnen gepreßt wurde. Keine halben Maßnahmen, keine halben Antworten: er war bereit, durch Fleisch und Muskeln zu schneiden, um den Knochen freizulegen.

Als Gesprächspartner besaß er seinen Zeitgenossen gegenüber einige Vorteile. Er brachte einen unwahrscheinlichen Charme, gepaart mit starker Anziehungskraft, mit, die ihre Wirkung vor allem auf die jungen Adeligen nicht verfehlte, die in seiner Konzentration auf das geistige Leben ein aristokratisches Ideal sahen. Er war von Legenden umwoben, die sogar schon in seiner Jugend ein außergewöhnliches Maß annahmen. Einige Zeit vor Ausbruch des Peloponnesischen Krieges machte einer seiner Schüler, der dunkelhäutige Chärophon, eigens eine Reise zum Orakel von Delphi, um dort die Frage zu stellen: »Gibt es unter den Lebenden einen, der weiser ist als Sokrates?« Die Priesterin antwortete mit einem entschiedenen: »Nein.« Sokrates scheint von dem Orakel nicht besonders beeindruckt gewesen zu sein, welches er als Anerkennung der Tatsache hinnahm, daß er zu den wenigen Menschen gehörte, die den Mut haben, ihre eigene Unwissenheit zuzugeben; aber er versuchte Apollo Lügen zu strafen, indem er auf die Suche nach einem Menschen, weiser als er selbst, ging. Laut seiner Aussage im *Gastmahl* fand er nur einen Menschen, der ihn an Weisheit übertraf, und dies war Diotima von Mantinea, eine gelehrte Frau, die einmal mit ihm über das Wesen der Liebe diskutiert hatte. Unwissenheit gehörte zu seinen wirksamsten Waffen, Humor war eine weitere. Philosophen sind selten witzig, aber Sokrates verstand es, Diskussionen und Argumente durch Witz und Humor aufzulockern. Sein Temperament war ebenso liebenswert wie ungebärdig.

Während seine Autorität auf dem Zauber seiner Persönlichkeit, der Schärfe seines Verstandes und den ihn umgebenden Legenden basierte, gab es noch ein anderes Element, welches vielleicht besser seinen außerordentlichen Aufstieg zu erklären vermag. Er besaß visionäre Kräfte. »Göttliche Stimmen« sprachen zu ihm, warnten ihn vor Gefahren und ließen ihn in die Zukunft blicken. Bei seinem Prozeß sprach er über diese Dinge, als wären sie ganz alltäglich und allgemein bekannt. Er war der Gefangene seines *daimon,* dieser seltsamen Macht, die ihn manchmal erfaßte und in eine Welt versetzte, in der die Worte der Götter zu hören waren. Diese überirdischen Stimmen begleiteten ihn seit den Tagen seiner Kindheit, und laut Plato manifestierten sie sich, wenn man sie am wenigsten erwartete, manchmal bei ganz trivialen Anlässen, wenn er gar keine Sehnsucht nach ihnen verspürte. Sie tauchten unangekündigt auf und verschwanden ebenso schnell wie sie gekommen waren. Über ihr Vorhandensein – über das Vorhandensein dieser vollkommen unerklärlichen und plötzlich auftauchenden Stimmen – kann kein Zweifel bestehen. Sokrates war ein Mystiker, dessen Mystizismus von seinem Humor und seinem messerscharfen Verstand in Schach gehalten wurde; er gab sich niemals ganz der Mystik hin, ebensowenig wie er sich ganz dem Verstand verschrieb. Er war von dem *amor mysticus* gejagt, und seine Ekstasen brachten ihm offensichtlich Kraft. Er gehörte zu jenen seltenen Geschöpfen, die in beiden Welten zu Hause sind, wie auch der heilige Paulus und Pascal.

Soweit wir wissen, schrieb Sokrates nie eine Zeile Prosa, und die wenigen angeblich von ihm stammenden Gedichte beweisen nur, daß er nicht zum Dichter geboren war. Unsere Kenntnis über ihn stammt vor allem von der von Plato aufgezeichneten enormen Sammlung sokratischer Dialoge, von den eher langweiligen und phantasielosen *Memorabilia,* welche Xenophon zusammenstellte, und von einigen Seiten sokratischer Diologe des Aischines von Sphettos. Plato, mehr als vierzig Jahre jünger als

Sokrates, berichtet über Gespräche, die er niemals gehört haben kann, da sie zur Zeit seiner Geburt stattfanden. Xenophon und Aischines waren Zeitgenossen von Plato und können Sokrates nur während seiner letzten zehn Lebensjahre gekannt haben. Was also hat Sokrates wirklich gesprochen?

Lange Zeit hindurch war man der Meinung, die von Plato verfaßten sokratischen Dialoge seien geniale Beiträge eines begabten Schülers, ohne Anspruch auf historische Genauigkeit. Man hielt sie für phantasievolle Rekonstruktionen von Gesprächen mit Sokrates, selten, wenn überhaupt, nach wörtlichen Aufzeichnungen. In seiner kurzen Lebensbeschreibung des Plato sagt Diogenes Laertius, Sokrates habe, als er Plato dessen *Lysis* vorlesen hörte, ausgerufen: »O Herkules! wie viele Lügen hat dieser Mann über mich geschrieben.« Die Geschichte mag wahr sein, doch muß sie nicht unbedingt Plato der Lüge anklagen, der vielleicht nur die Konversation ausschmückte oder Sokrates glänzender darstellte, als dieser zu verdienen vermeinte. Möglicherweise hat Sokrates gescherzt. Der Satz kann auf vier oder fünf verschiedene Arten gedeutet werden, und da wir nicht wissen, in welchem Ton er geäußert wurde, ist uns sein wahrer Sinn verborgen. Es bleibt die Wahrscheinlichkeit, daß die sokratischen Dialoge recht genaue Wiedergaben tatsächlich stattgefundener Gespräche sind.

Ebenso wie die Gelehrten manchmal versucht haben, die *Ilias* zehn oder zwanzig mutmaßlichen Dichtern zuzuschreiben, so arbeiteten sie unverdrossen, um zu beweisen, daß der uns vertraute Sokrates im wesentlichen eine Phantasiegestalt Platos gewesen wäre. Aus der Überlieferung wissen wir, daß die alten Griechen über ein phänomenales Gedächtnis verfügten und es keineswegs unüblich war, die gesamte *Ilias* auswendig zu rezitieren. Kurzschrift war gut bekannt und bei den Griechen allgemein verwendet. Es existierten Abschriften der sokratischen Dialoge, denn wir hören, Aischines habe sie von Sokrates' Frau erhalten. Diogenes Laertius sagt uns, Xenophon habe »Zeichen benützt«, um die Gespräche von Sokrates festzuhalten. Es ist wahrscheinlich, daß wortgetreue Texte der Dialoge bereits zu Lebzeiten von Sokrates veröffentlicht waren, und ebenso muß es eine beachtliche Sammlung von ihnen gegeben haben, als Plato daranging, sie in eine endgültige Fassung zu bringen. Vielleicht war Platos Arbeit nicht mehr als die eines begabten Herausgebers – eines Herausgebers mit Genie.

Damit soll nicht gesagt sein, Plato habe nicht häufig die Dialoge ausgeschmückt oder den Abschnitt des einen dem Abschnitt eines anderen gegenübergestellt. Der *Staat*, eine lange Untersuchung über das Wesen der Gerechtigkeit und der Republik, mag aus vielen Dialogen, die zu vollkommen verschiedenen Zeiten und an vollkommen verschiedenen Orten stattgefunden hatten, zusammengesetzt sein. Plato drückte ihnen allen seinen Stempel auf, indem er ihnen die künstlerische Form eigener Wahl gab, Sokrates' ureigene Stimme aber tönt so klar und unverkennbar durch, daß kein Zweifel möglich ist.

So dürfen wir annehmen, die Dialoge seien im großen und ganzen wahrheitsgetreue Wiedergaben von Gesprächen, wie sie Plato in Erinnerung hatte, der an vielen von ihnen teilnahm und die meisten Gesprächspartner kannte. Diejenigen, welche mit Sokrates diskutierten, bildeten eine bunt zusammengewürfelte Gesellschaft, die Millionäre und Sklaven zu den ihren zählte. Da war Kephalos, der begüterte Kaufmann aus Syrakus. Da war der unermeßlich reiche Kallias, der Sohn des Hipponikos. Da war Krito, ein anderer wohlhabender Athener, der nach Demetrius von Phaleron, dem Gelehrten des dritten Jahrhunderts, Sokrates angeblich den Betrag von siebzig Minen schenkte, was einer großen Summe heutigen Geldes entspricht. Am anderen Ende stand der junge Phaidon, ein ehemaliger Sklave, den Sokrates liebte und »zu einem Philosophen machte«. Da war Chärophon, dunkelhäutig, kränklich und halb verhungert, der von Delphi mit der Botschaft zurückkehrte, das Orakel habe Sokrates den weisesten aller Männer genannt. Da war Lysias, der berühmte Verfasser von Reden, der Sohn des Kephallos. Da war Aristippos von Kyrene, der sanfte Hedonist, den der Ruhm des Sokrates nach Athen gezogen hatte und der fast bis zu dessen Todestag an der Seite seines Meisters blieb. Da war Charmides, der schöne Knabe aus dem *Gastmahl*, der zu einem der dreißig Tyrannen werden sollte, mordgierig und rachsüchtig, und Kritias, ebenfalls einer jener Machthaber und vielleicht der verderbteste von allen, der im Kampf für die Tyrannis sein Leben ließ. Sowohl Charmides wie Kritias waren enge Verwandte von Plato, der mit zwanzig Jahren die Laufbahn eines Dichters aufgab, um zu einem der einflußreichsten Schüler des Sokrates zu werden. Da war der junge edle Alkibiades, der sein Leben lang das Auftreten eines korrupten, an Luxus gewöhnten Fürsten hatte, aber durch die Gegenwart von Sokrates gelegentlich zu kindlicher

Demut fand. Das waren die Männer, die sich um Sokrates scharten und zu seinen Begleitern in der Welt der Philosophie wurden, die zuhörten, die widersprachen und die jeden Tag lobten, der in ernstem Gespräch verbracht wurde. Die meisten dieser Männer besaßen einen scharfen Intellekt und zählten zu der Blüte Athens.

Viele von ihnen wurden selbst Philosophen, andere behielten ihren Beruf; einige erreichten einflußreiche Stellungen in der Regierung. Die spätere Laufbahn von Charmides, Kritias und Alkibiades gereichte der sokratischen Methode kaum zur Ehre. Am Ende mußte Sokrates für den politischen Wahnsinn einiger seiner Schüler mit dem Leben zahlen.

Alkibiades war vielleicht der seltsamste seiner Jünger. Dieser hochgewachsene elegante junge Mann, der mit charmantem Lispeln sprach und sowohl Intelligenz wie Reichtum verschwendete, als besäße er unbegrenzten Kredit, wurde manchmal von einem einzigen Wort von Sokrates zu Tränen gerührt. Der schöne Jüngling und der satyrgleiche Philosoph ergänzten einander auf die merkwürdigste Weise; im makedonischen Poteidaia, als die Athener jene Schlacht schlugen, die den Auftakt für den Peloponnesischen Krieg gab, schliefen die beiden in einem Zelt. Während eines scharfen Gefechtes kämpften sie Seite an Seite, und als Alkibiades verwundet wurde, warf sich Sokrates schützend über seinen Freund und vollbrachte damit die kühnste Tat des Tages; als die Generäle Auszeichnungen verteilten, bestand Sokrates darauf, daß die Krone für höchste Tapferkeit ebenso wie eine vollständige Rüstung, die nur denjenigen bestimmt waren, die im Kampf weit mehr als ihre Pflicht getan hatten, dem Alkibiades gegeben wurden. Als die Athener kurz darauf bei Delion in die Flucht geschlagen wurden, rettete Alkibiades seinerseits Sokrates das Leben. Alkibiades war zu Pferd, Sokrates zu Fuß. Eine Gruppe von Infanteristen, den Feind hart auf den Fersen, war in Gefahr, abgeschnitten zu werden, als Alkibiades sie erblickte, sein Pferd herumriß und zur Hilfe eilte. Obwohl viele niedergemetzelt wurden, gelang es Alkibiades, Sokrates zu schützen und in Sicherheit zu bringen.

Alkibiades besaß alle Vorteile einer hohen Geburt, Reichtum, persönlichen Mut und eine Unzahl von Freunden. Er war berühmt für seine Redekunst und großzügig bis zur Verschwendungssucht. Ein wundervoller Tänzer, spielte er Laute und Harfe, und es amüsierte ihn zu behaupten, nur der Dumme spiele Flöte,

»denn die Flöte blockiert den Mund und erstickt die Stimme«. Seine Schönheit hatte nicht die Vergänglichkeit der Jugend, sie blieb ihm ein Leben lang treu; ging er vorbei, so verhielten die Menschen ihren Schritt, um seine göttliche Schönheit zu bestaunen. Er besaß nur einen einzigen Fehler — Stolz. Dieser Fehler sollte ihm zum Verderben werden. Er kam schließlich so weit, jeden nur erdenklichen Akt des Verrates und der Verderbtheit, ja sogar Mord, um des Ruhmes willen zu begehen. In seiner Jugend, als er mit Sokrates am engsten befreundet war, gab es noch wenige Anzeichen jenes Hochmutes, der ihn eines Tages vernichten sollte. »Sokrates«, sagt Plutarch, »erkannte die edlen Eigenschaften und die einzigartige Veranlagung unter der Maske jugendlicher Schönheit, und da er um Alkibiades' Reichtum und hohe Stellung wußte und sah, daß Fremde wie Athener diesen gleichermaßen umschmeichelten, bemühte er sich bewußt, dämpfend einzuwirken, um zu vermeiden, daß die Knospe verdorre, ehe die Blüte eine Frucht getragen.« Aber nicht einmal Sokrates konnte Alkibiades vor dem Verderben bewahren.

Sogar als Alkibiades noch ganz jung war und als Waise im Haus seines Onkels Perikles lebte, gab es bereits Zeichen späterer Verderbtheit. Als er einmal bei einem Ringkampf zu unterliegen glaubte, biß er absichtlich, wider alle Spielregeln, in die Hand seines Gegners. »Alkibiades, du beißt wie ein Weib«, sagte der andere Ringer. »Nein, wie ein Löwe«, entgegnete Alkibiades. Sein Wunsch, einem Löwen zu gleichen, war eine brennende Sehnsucht, die ihn fast zum Wahnsinn trieb. Er besaß den Mut eines Löwen und dessen vollkommene Gleichgültigkeit gegenüber der Gefahr. Aus keinem anderen Grund, nur weil er glaubte, seine Freunde damit zu unterhalten, schlug er einmal den ungeheuer reichen und mächtigen Hipponikos ins Gesicht. Am nächsten Morgen erschien er vollständig nackt im Hause des entsetzten Hipponikos und verlangte, zur Strafe ausgepeitscht zu werden. Der alte Mann verzieh ihm nicht nur, sondern gab ihm sogar seine Tochter Hipparte zur Frau und eine Mitgift von zehn Talenten dazu, eine in diesen Tagen ungeheuere Summe. Nach der Geburt des ersten Kindes erhielt er weitere zehn Talente und verschwendete dieses Geld, wie derartiger Reichtum niemals zuvor verschwendet worden war. Wie ein Fürst ließ er Triëren bauen und schenkte sie dem Staat, er bezahlte die Auslagen des Chores, spendete große Summen für die Kriegskasse und hielt sich eine Vielzahl von Mätressen. In seinem, eines Privatmannes, Auftrag kämpften sieben Streitwagen bei den Olympischen Spielen, ein Aufwand, der sogar die ungeheuer reichen und dem Luxus ergebenen Tyrannen Siziliens an den Bettelstab gebracht haben würde.

In fast jeder Hinsicht waren Sokrates und Alkibiades Gegensätze. Obwohl sie eine tiefe Zuneigung verband, war in den Gefühlen von Alkibiades so etwas wie Haß zu spüren. Bei dem berühmten Gastmahl des Agathon gab er es zu, als er sagte: »Sokrates hat mich so in die Enge getrieben, daß ich mein Leben manchmal kaum ertragen kann, denn nur er allein besitzt die Macht, mir um meiner selbst willen die Schamröte ins Gesicht zu treiben. Ich schlage die Hände über dem Kopf zusammen und fliehe vor ihm, *und es gibt Zeiten, zu denen ich wünschte, er wäre tot!«* Das war keine reine Übertreibung. Die Menschen bewunderten Sokrates' offensichtliche Tugend und wurden sich plötzlich ihrer eigenen Unzulänglichkeit bewußt; sie schlugen die Hände über dem Kopf zusammen und liefen weg, unfähig, seine Sticheleien länger zu ertragen. Sokrates glich einem gefährlichen Insekt, und er scheint schon sehr früh erkannt zu haben, daß er seinen Feinden ein leichtes Spiel ermöglichte.

Während der ersten vierzig Jahre seines Lebens stand Athen auf dem Höhepunkt der Macht, doch die letzten dreißig Jahre fielen mit dem allmählichen Niedergang der Stadt, der Folgeerscheinung des Peloponnesischen Krieges, zusammen. Der große Wendepunkt war die Pest von 430, die er unbeschadet überstand. Er gehörte zu den wenigen Athenern, die keinerlei Vorsichtsmaßnahmen trafen, er verließ sich einfach auf seine erstaunlichen körperlichen Kräfte. Sokrates nahm an den Kriegen teil, er focht bei Delion im Jahre 424 und 422 bei Amphipolis. Ungefähr um diese Zeit scheint er Xanthippe geheiratet zu haben, der man nachsagte, eine böse Sieben zu sein, doch dürfte dieser Ruf wahrscheinlich durch ihre jugendliche Herrschsucht und den Ärger über die Armut ihres Mannes entstanden sein. In Athen war er zu einer bekannten Figur geworden: niemals war seine Herrschaft über den Geist der Menschen größer als während der Jahre, da Alkibiades immer mächtiger wurde. Ständig war er in den Gymnasien zu sehen, und in der Agora hatte er, nahe den Tischen der Geldwechsler, seinen Standplatz. Auf seinen Stock gestützt, pflegte er hier den ganzen Morgen im Gespräch zu verbringen, nachmittags wanderte er mit seinen Begleitern, wohin es ihn gerade gelüstete. Gelegentlich wurde von einer Schule gesprochen, und zweifellos betrachteten sich die um ihn gescharten jungen Männer als seine Schüler, aber er lehnte es immer ab, als Lehrer angesehen zu werden und betonte, er nähme für seine Lehre niemals ein Entgelt. Gab es eine Schule, so war diese sehr seltsam, denn während die meisten seiner Schüler so arm waren, daß sie von der Barmherzigkeit ihrer Mitbürger lebten, so gab es auch häufig Besuche von reichen jungen Aristokraten. Mit der ihm eigenen Großzügigkeit hieß Sokrates jeden in seinem Kreis willkommen, der auf eine klare Frage eine klare Antwort wußte.

Aristophanes war sein Freund — ein zweifelhafter Freund! Im Jahre 423 v. Chr. schrieb er sein Stück *Die Wolken*, in welchem er Sokrates als egozentrischen Unmenschen darstellte, als Hochstapler, Verehrer fremder Götter, Besitzer einer Gedankenfabrik, in der die Schüler in der Erde wühlten, als suchten sie Trüffeln, und die Geheimnisse des Alls mit ihren Nasen zu enträtseln versuchten. Die Karikatur von Sokrates ist unbarmherzig, aber sie besitzt eine beunruhigende Ähnlichkeit mit dem wirklichen Sokrates, dessen persönliche Manierismen mit genügend Treffsicherheit wiedergegeben werden, um keinen Zweifel darüber zu lassen, daß Aristophanes bewußt versucht, seinen Freund durch Gelächter zu vernichten. Wir finden Anspielungen auf seine Armut, Häßlichkit, Trancezustände und Kreuzverhöre und auf die Überzeugung, es sei seine Aufgabe, den Geburtshelfer für die menschlichen Gedanken zu spielen. Alkibiades tritt unter dem Namen Pheidippides auf, ein junger Geck, der in seiner Leidenschaft, die größtmöglichste Anzahl von Pferden in der kürzesten Zeit zu erwerben, sein ganzes Erbe verschleudert. Sein Vater, Strepsiades, bittet Sokrates um Rat, doch dieser spielt mit ihm Katz und Maus. Als Strepsiades bei Zeus schwört, hakt Sokrates sofort ein:

STREPSIADES: Wie? Zeus, der olympische Zeus, der soll kein Gott sein, nicht existieren?
SOKRATES: Nur nicht albern! Was faselst du da mir von Zeus? Es gibt keinen Zeus!
STREPSIADES: Ei, was sagst du?
Und wer regnet denn dann? Das mußt du nun doch mir vor allen Dingen erklären!
SOKRATES: Die Wolken natürlich, sonst niemand! Das will ich dir gleich mit gewichtigen Gründen beweisen!

Du, sag mir einmal, ob du jemals den Zeus hast regnen sehn ohne Wolken?
Bedenk doch: ein Regen aus blauer Luft, und die Wolken sind dann wohl auf Reisen?
STREPSIADES: *Bei Apollon! Das sitzt ja wie angeschweißt: das hast du vortrefflich bewiesen!*
Sonst freilich, da glaubt' ich: wenn Zeus durch ein Sieb sein Wasser abschlage, dann regn' es.
Jetzt sag mir: wer macht denn den Donner? Denn sieh: da fahr ich halt immer zusammen.
SOKRATES: *Sie donnern, wenn übereinandergerollt sie sich wälzen.*
STREPSIADES: *Tollkühner, was sagst du?*
SOKRATES: *Wenn in reichlichem Maße mit Wasser gefüllt sie von innen getrieben dahinziehn,*
Erdwärts durch die Schwere des Regens gedrückt, dann stürzen die wogenden Wasser
Sich übereinander und bersten entzwei und krachen und poltern im Platzen.
STREPSIADES: *Wer treibt sie denn aber? Das ist doch Zeus, der sie nötigt, sich fortzubewegen?*
SOKRATES: *Nein, Mensch! Der ätherische Wirbel ist's!*
STREPSIADES: *Wirr – Wirbel? Ich kenne den Gott nicht!*
Zeus also ist nicht, und an seiner Statt regiert so ein Zeisig – der Wirbel?
Doch immer noch hast du mir eins nicht erklärt, dies Donnern und Krachen und Wetter.
SOKRATES: *Ei, hörst du denn nicht, was ich eben gesagt von den Wolken, den wassergefüllten,*
Wie sie übereinander sich stürzen gebläht und zusammengeworfen zerplatzen?
STREPSIADES: *Wie versteh' ich denn das?*
SOKRATES: *Nun, so merk einmal auf:*
An dir selber mach' ich's dir deutlich.
Ist dir's nie an den Panathenaien passiert, daß dein Magen, mit allerlei Brühen
Überfüllt, dir mit Knurren Molesten gemacht, mit Reißen und Blähn und Rumpumpeln?
STREPSIADES: *Beim Apollon, gar oft; und da währt es nicht lang, und es wurmt mir und fährt durch die Därme.*

So 'ne lumpige Brüh', die verführt einen Lärm und tut akkurat wie der Donner:
Erst halblaut nur: bumbum, bumbum, dann vernehmlicher schon: bubumbum!
Bis donnernd gerade wie die Wolken zuletzt es herausfährt: bubububumbum!

(Aristophanes: Die Wolken, 1. Szene)

Aristophanes' Angriff auf Sokrates entbehrt jedes Feingefühls: in heller Wut schwingt er die Axt, gleich einem Mann, in dessen Herz der Haß seit Jahren geschwelt hat. In jeder einzelnen Szene schlägt er ohne Erbarmen zu und beschuldigt Sokrates genau jener Verbrechen, deretwegen dieser später zu Tode verurteilt werden sollte: Verachtung der Götter und Verführung der Jugend, welche Sokrates ein System von Sophismen lehre, daß er ihr ermögliche, das Gute für schlecht und das Schlechte für gut auszugeben und zu beweisen, daß alle Gesetze, göttliche wie menschliche, straflos gebrochen werden könnten. Am Schluß des Stückes setzt der empörte Strepsiades die Gedankenfabrik in Brand und erklärt, er habe nur eine scharfsinnige Diskussion mit den Balken des Hauses. Wenn das Haus in Flammen aufgeht und Sokrates mit seinen Schülern, vom Rauch fast erstickt, erscheint, ruft ihnen Strepsiades nach: »Verfolgt sie! Schlagt sie! Haut sie nieder! Es gibt Gründe genug dafür, der wesentlichste aber ist, daß sie die Götter beleidigt haben.«

Vierundzwanzig Jahre später erklärte Sokrates anläßlich seines Prozesses, das Stück habe seinem Ruf mehr geschadet als irgend etwas anderes, und ihm den Haß des Großteils der athenischen Bevölkerung zugezogen. Sie sahen ihn mit den Augen des Aristophanes, und der wahre Mensch verschwand hinter der böswilligen Karikatur. Als Sokrates einer Aufführung des Stückes beiwohnte, erhob er sich von seinem Sitz, damit die Zuschauer sein satyrgleiches Aussehen mit der Maske des Schauspielers vergleichen konnten. Das ist die einzig heitere Geschichte im Zusammenhang mit dieser Tragikomödie.

Über den letzten Jahren von Sokrates' Leben lagen die Schatten des Peloponnesischen Krieges und der wilden Aufstände, die der Niederlage folgten. Doch er wurde in diesen Jahren für alle Unbill durch seine jugendlichen Schüler, die ihn bis zur Vergötterung bewunderten, entschädigt. Und was für Schüler das waren! Als der junge Xenophon durch den Wald wanderte, traf er Sokrates, der, in der Absicht, ihm den Weg abzuschneiden, seinen Stock hob und den Jüngling in ein Gespräch über den Einkauf von Waren zog. Als Xenophon eine treffende Antwort gab, fuhr Sokrates fort, ihn zu fragen, wo Güte und Tugend zu finden seien, und schon war es klar, daß Xenophon besser über Waren als über Güte Bescheid wußte. »Dann folge mir und du sollst erfahren, wo Güte zu finden ist«, sagte Sokrates. Es gab den viel jüngeren Plato, reich und aristokratisch, mütterlicherseits von Solon, väterlicherseits von den frühen Königen Athens abstammend. Sein richtiger Name war Aristokles, was »Der Beste und Geehrte« bedeutet. Alle Gaben waren ihm beschert. Er war Mathematiker, Dichter der Liebe, Teilnehmer an den Isthmischen Spielen und ein mutiger Soldat; in der Debatte war er großartig. Plato heißt »breit«, und er erhielt diesen Namen wegen seiner breiten Brauen oder seiner breiten Schultern, vielleicht auch wegen beidem. Man sagte von ihm, er sei merkwürdig ruhig gewesen, habe niemals laut gelacht und oft die Stirne gefurcht, »die Brauen hochgezogen wie eine Schnecke!« Er besaß eine schwache Stimme, sonst aber machte er den Eindruck außerordentlicher Kraft und Energie. Diogenes Laertius erzählt uns, Sokrates träumte eines Nachts, ein junger Schwan ließe sich auf seinen Knien nieder: das Gefieder habe zu wachsen begonnen und mit einem hellen Schrei sei er in die Lüfte gestiegen; am nächsten Tag erhielt er den Besuch von Plato. Sokrates erinnerte sich des Schwanes und erklärte, der Traum habe ihm das Kommen des neuen Schülers angekündigt. Plato war damals zwanzig Jahre alt. Er beabsichtigte, die Laufbahn eines Politikers oder Dramatikers einzuschlagen, wurde aber von den Lehren Sokrates' so überwältigt, daß er seine Stücke verbrannte und seine politischen Ambitionen begrub, um sich ganz der Philosophie zu widmen.

Xenophon und Plato waren beide aus guter Familie und ebenso Kritobulos, der Sohn des Kriton – der so gut aussah, daß seine Beziehungen zu Sokrates Verdacht erregten –, auf der anderen Seite aber war Aischines der Sohn eines Wurstmachers, und auch Antisthenes stammte aus einfachen Verhältnissen und schwelgte in seiner Armut, so daß Sokrates einmal lachend bemerkte: »Ich sehe deine Eitelkeit durch die Löcher deines Gewandes.« Antisthenes ist heute fast vergessen, aber zu seiner Zeit sah man in ihm den begabtesten unter Sokrates' Schülern; er war ein Mann von beißendem Witz und leidenschaftlicher Liebe zur Tugend. Dürfen wir Diogenes Laertius Glauben schenken, so spielte er beim Sturz der Ankläger seines Meisters eine wichtige Rolle, da er — wie ist ungewiß — für die Verbannung des Anytos verantwortlich war und ebenso für den Tod von Meletos, jenes Dichters, dessen Anschuldigungen zu dem Prozeß und schließlich zum Tode Sokrates' führten.

Den größten Teil der stürmischen Jahre des Peloponnesischen Krieges scheint Sokrates in Athen verbracht zu haben. Er liebte diese Stadt und haßte es, sie zu verlassen. Sein Geist war schnell und klar wie immer. Mit dem Alter wurde sein Denken nur noch schärfer, und mit der wachsenden Einsicht kam ein tieferes Verständnis jener Mysterien, die sich der Logik entziehen. Von Anbeginn war ein mystischer Zug in ihm gewesen, und jetzt, während seiner letzten Jahre, wirkte er manchmal wie ein Geschichtenerzähler, lieber die Erlebnisse der Seele schildernd als ihre Bedeutung zergliedernd.

Im *Symposion* beschreibt Plato ein Gastmahl im Hause des Agathon, welches im Jahre 415 v. Chr. stattfand, wenige Wochen, bevor die Flotte ihren unheilvollen Weg nach Sizilien antrat; Oberbefehlshaber der Schiffe war Alkibiades. Dieser war einer der sechs Sprecher bei dem Gastmahl; er kam spät, »berauscht von Hochmut und Wein«, schwankend, so daß er von seinen Begleitern gestützt werden mußte. Etwas früher hatte Sokrates ein außergewöhnliches Bild von der Steigerung der Liebe in ihrem glückvollen Aufstieg zur vollkommenen Schönheit gegeben. Kurz vor Betreten des Festsaales war er von einer jener seltsamen Trancen befallen worden, die ihn sprach- und bewegungslos, vollkommen in sich selbst versunken sein ließen. Als er endlich seine Stimme unter den Festgästen erhob, war es, als spräche er im Traum, die Worte weitergebend, welche er von den Lippen einer Prophetin vernommen zu haben meinte:

Wer den richtigen Weg zu dieser Sache geht, muß in seiner Jugend damit anfangen, daß er den schönen Leibern nachgeht und, wenn sein Führer ihn richtig leitet, zuerst einen Leib lieben und dort schöne Reden erzeugen. Dann aber soll er gewahr werden, daß die Schönheit an irgendeinem einzelnen Leibe mit der an jedem anderen verschwistert ist, und daß es höchste Einsichtslosigkeit wäre — wenn anders man dem Schönen an der äußeren Gestalt nachgehen muß —, die Schönheit an allen Leibern nicht für eine und dieselbe zu hal-

ten. Wer das aber eingesehen hat, muß zum Liebhaber aller schönen Leiber werden, in dieser heftigen Liebe zu jenem einen aber nachlassen, sie gering schätzen und für unwichtig ansehen.

Dann aber wird er die Schönheit in den Seelen für köstlicher halten als die im Leibe, so daß es ihm genügt, wenn einer an seiner Seele wohlgeartet ist, mag er auch nur einen geringen Reiz haben; ihn wird er lieben und Sorge zu ihm tragen und solche Reden zeugen und suchen, wie sie junge Leute besser machen können. Jetzt aber wird er gezwungen, auf das Schöne in den Einrichtungen und Gesetzen zu schauen und dabei inne zu werden, daß alles in sich verwandt ist, damit er dann das Schöne im Bereich des Leibes für etwas geringes hält.

Nah den Einrichtungen muß man ihn zu den Wissenschaften führen, damit er nunmehr auch die Schönheit der Wissenschaften schaut und in einer Sicht, die bereits die Fülle des Schönen umfaßt, nicht mehr in sklavischer Gebundenheit an das Schöne bei einem Einzelnen so niedrig und engherzig bleibt, daß er sich mit der Schönheit eines Knaben oder eines bestimmten Menschen oder einer einzelnen Einrichtung begnügt, sondern sich auf das weite Meer des Schönen wendet und im Betrachten viele schöne und herrliche Reden und Gedanken zeugt in ungemessener Weisheitsliebe, bis er, dort gestärkt und gefördert, dann ein einzigartiges Wissen von solcher Art zu Gesicht bekommt, das sich auf ein Schönes von folgender Art bezieht. Versuche mir nun, so aufmerksam als möglich zu folgen.

Wer bis dahin in der Liebe erzogen ist, indem er die schönen Dinge der Reihe nach richtig betrachtet, der gelangt nunmehr zur Vollendung in der Liebeskunst und erblickt plötzlich ein Schönes von erstaunlicher Natur, eben jenes, Sokrates, um deswillen ja auch alle früheren Mühsale da waren. Es ist erstens ein immer Seiendes, das weder entsteht noch vergeht, weder zunimmt noch abnimmt. Zweitens ist es nicht teilweise schön und teilweise häßlich, auch nicht zuweilen schön, zuweilen nicht, auch nicht im Bezug auf das eine Ding schön, auf das andere dagegen häßlich, auch nicht hier schön, dort aber häßlich, als sei es nur für die einen schön, für die anderen dagegen häßlich. Dieses Schöne zeigt sich ihm auch nicht als große Erscheinung, wie ein Antlitz oder wie Hände oder sonst etwas, woran der Leib teilhat, aber auch nicht als irgendeine Aussage oder ein einzelnes Wissen, noch irgend als ein Seiendes, das sich irgendwo in einem anderen findet, etwa an einem Lebewesen oder an der Erde oder am Himmel oder sonst an etwas, sondern es ist es selbst, an sich selbst, mit sich selbst, eingestaltig und immer seiend. Alles andere Schöne aber hat an jenem Anteil, etwa in der Weise, daß dieses andere entsteht und vergeht, während es selbst weder mehr oder weniger wird noch sonst in irgendeiner Hinsicht etwas erleidet. Wenn also jemand dadurch, daß er auf die rechte Art Knaben liebt, von diesen Dingen aus hinansteigt und jenes Schöne zu schauen beginnt, so wird er wohl nahezu an das Letzte rühren. Denn das bedeutet den rechten Weg zu den Dingen der Liebe gehen oder von einem anderen geführt werden, daß man, mit diesen schönen Dingen hier beginnend, um jenes Schönen willen immer weiter hinaufsteigt, auf Stufen: von einem schönen Leibe zu zweien und von zweien zu allen schönen Leibern, und von den schönen Leibern zu den schönen Einrichtungen und von den Einrichtungen zu den schönen Wissenschaften, bis man dann von den Wissenschaften aus zu jener Wissenschaft gelangt, die die Wissenschaft von nichts anderem als von jenem Schönen selbst ist, und er schließlich das erkennt, was das Schöne selbst ist.

An dieser Stelle im Leben, mein lieber Sokrates, wenn überhaupt irgendwo, ist das Leben für den Menschen lebenswert: wenn er das Schöne selbst schaut. Wenn du es einmal erblickst, so wirst du den Eindruck haben, daß es ganz anders ist als Gold und Gewänder und als die schönen Knaben und Jünglinge, bei deren Anblick du jetzt erschüttert wirst und bereit bist, du genau so wie viele andere, den Geliebten anzusehen, immer mit ihm zusammen zu sein und womöglich weder zu essen noch zu trinken, sondern immer nur zu schauen und beisammen zu sein. Was glauben wir erst, wenn es einem zuteil würde, das Schöne selbst lauter, rein und unvermischt zu sehen, nicht voll von menschlichem Fleisch und von Farben und von all dem anderen sterblichen Flitter, sondern wenn er das göttliche Schöne selbst in seiner Eingestaltigkeit zu sehen vermöchte? Glaubst du, es werde ein Mensch ein schlechtes Leben führen, der dorthin schaut und das anblickt und mit ihm zusammen ist? Oder denkst du dir nicht, daß dort und dort allein, wenn er das Schöne schaut durch das, wodurch es sichtbar wird, ihm das zuteil wird, daß er nicht nur Schattenbilder der Tüchtigkeit zeugt, da er ja auch nicht ein Schattenbild berührt, sondern das Wahre, weil er das Wahre berührt. Und wenn er die wahre Tüchtigkeit erzeugt und aufgezogen hat, ist ihm vergönnt, gottgeliebt zu werden, und dann kann, wenn überhaupt ein Mensch, auch er unsterblich sein.

(Symposion, 210a–212a)[1]

Viel früher einmal hatte er gesagt: »Ich bin ein armes Geschöpf mit nur einem Talent: ich kann sofort den Liebenden und den Geliebten erkennen.« Jetzt, während des Gastmahls, übertrug er Liebenden und Geliebten in die transzendente Welt des Geistes, wo sie aber doch noch erkennbar blieben. Niemals mehr sollte er mit einer solchen Leidenschaft über die Liebe sprechen. Und wenn Alkibiades schließlich, in einem abrupten Übergang zum Trivialen, eine Erzählung zum besten gibt, wie er einmal »unschuldig wie ein Vater oder ein älterer Bruder« mit Sokrates unter der gleichen Decke geschlafen habe, so müssen wir ihm nicht unbedingt Glauben schenken, die Beschreibung dieses Vorfalls klingt jedenfalls seltsam belanglos. Alles verblaßt vor der Vision der vollkommenen Schönheit, die mit so viel ruhiger Gewißheit dargelegt wurde.

Einige Wochen nach dem Bankett erlebte Athen, wo man es mit der Einhaltung religiöser Bräuche sehr genau nahm, eine Reihe schwerwiegender Skandale. Am Vorabend der sizilischen Expedition entdeckten die Athener, daß die aufgerichteten Phallen der Hermen auf den Marktplätzen und vor den Häusern während der Nacht verstümmelt worden waren. Der Verdacht fiel auf Alkibiades, den einzigen Mann, dem man genügend Mut zutraute, einen derartigen Frevel zu begehen. Alkibiades drängte auf eine sofortige Untersuchung, um seine Unschuld zu beweisen, aber da man ihn bei dem sizilischen Unternehmen für unentbehrlich hielt, wurde der Prozeß bis zu seiner Rückkehr vertagt. Die Gerüchte von Gotteslästerung, begangen von ihm und seinen Freunden, wollten nicht verstummen, bis Thessalos, der Sohn des Kimon und erbitterte Feind von Alkibiades, diesen beschuldigte, er habe sich an einer unerhörten Verhöhnung der Eleusinischen Mysterien beteiligt, »wo er die Mysterien der Göttinnen Demeter und Korê nachahmte und diese, angetan mit

[1] Platon, »Meisterdialoge Phaidon – Symposion – Phaidros«. Übertragen von Rudolf Rufener

dem Gewand eines Hierophanten und sich selbst als Hierophant bezeichnend, seinen Freunden zu Hause vorführte«. Das war ein noch größeres Verbrechen, als die Verstümmelung der Hermen; Alkibiades wurde sofort zurückberufen, und diejenigen seiner Freunde, deren man habhaft werden konnte, wie Phaidros und Eryximachos, die beide dem Kreis um Sokrates angehörten, in Gewahrsam genommen. Alkibiades entkam und eilte nach Sparta, wo er zum gefürchteten Feind jener Athener wurde, die ihn einstmals vergöttert und mit den höchsten Stellungen des Landes betraut hatten. Dort verblieb er, stellte seine Fähigkeiten in den Dienst des spartanischen Königs und schmiedete unaufhörlich neue Pläne gegen Athen. Vier Jahre später verschaffte ihm ein Staatsstreich von neuem die Gunst der Athener, und er kehrte 407 v. Chr. im Triumph nach Athen zurück. Aber seine Siegesfreude währte nicht lange, und bald verschwand er in der Dunkelheit, ein Flüchtling an den Höfen unbedeutender Fürsten Kleinasiens und der thrakischen Chersonesos. Als er sich an einem Tag des Jahres 404 an den Hof des Artaxerxes begeben wollte, wurde sein Haus von bewaffneten Männern umstellt und in Brand gesetzt. Er stürzte hinaus und sank, von den Pfeilen der Bogenschützen tödlich getroffen, zu Boden.

Die Verstümmelung der Hermessäulen, die geheimnisvollen, von Alkibiades begangenen Gotteslästerungen sowie sein wankelmütiges Verhalten in der Verbannung – alle diese Dinge warfen ihre Schatten auf Sokrates. Er war niemals an den Verbrechen seines seltsamen Schülers beteiligt, und es ist vollkommen undenkbar, er könnte jemals an der Verspottung der Eleusinischen Mysterien teilgenommen haben, aber seine Verbindung mit Alkibiades war immerhin eng genug gewesen, um ihn selbst in Gefahr zu bringen. Im Herbst 406 brachte er sich, als er allein dem Rat von Athen gegenüberstand und diesen beschuldigte, die Gesetze zu mißachten, in eine noch bedrohlichere Lage.

Im Sommer dieses Jahres errang die athenische Flotte nahe den Arginusen zwischen Lesbos und dem asiatischen Festland einen großen Sieg über die Spartaner. Siebzig spartanische Schiffe wurden versenkt oder gekapert, während die Athener nur fünfundzwanzig Schiffe einbüßten. Ungefähr viertausend Athener ertranken inmitten der Schiffstrümmer; wäre die See ruhiger gewesen oder hätten die Offiziere den Befehl zur Bergung rechtzeitig gegeben, wäre eine Rettung möglich gewesen.

Von den zehn höheren Offizieren kehrten acht nach Athen zurück, unter ihnen Perikles, der Sohn des Perikles. Sie wurden sofort von der Volksmenge der Fahrlässigkeit angeklagt. In diesem Jahr gehörte Sokrates dem Rat der Fünfhundert an. Das Verbrechen war groß: Die Strategen hatten es unterlassen, nach der Schlacht ihre Toten zu suchen und zu bestatten, in den Augen frommer Athener ein *skandalos*, ein Akt solcher Ehrfurchtslosigkeit gegenüber den Toten, daß der Sieg damit verglichen gar nicht ins Gewicht fiel. Nach heftigen Debatten beschloß man, die Angeklagten gemeinsam zu verurteilen, obwohl das Gesetz verlangte, jedem einzelnen den Prozeß zu machen. Sokrates wehrte sich mit aller Macht gegen dieses Vorgehen — so heftig, daß man ihm mit Arrest drohte. Die Menge erklärte, »es sei untragbar, dem Volke die Macht zu nehmen, so zu urteilen, wie es ihm gefiele«. Man verurteilte die Angeklagten zum Tode, und zwar zu dem nur Verrätern bestimmten Tod; sie wurden von den Klippen der Akropolis hinabgestürzt. Einige Wochen später bereuten die Athener ihre Tat, und man ordnete die Festnahme der fünf Männer an, die für den Schuldspruch die größte Verantwortung trugen. Alle wurden eingesperrt, allen gelang die Flucht.

Zwei Jahre später, als die Athener vor dem General der Spartaner, Lysandros, kapitulieren mußten, bewies Sokrates, daß er sich von den Oligarchen, welche die Herrschaft über Athen von den Spartanern übernahmen, ebensowenig einschüchtern ließ wie von dem blutgierigen Mob. Die Oligarchen, als die »Dreißig Tyrannen« bekannt, hofften durch die Festnahme und Hinrichtung aller hervorragenden demokratischen Führer und auch anderer weniger prominenter Männer das ganze Gefüge der demokratischen Regierungsform zu zerstören. Die treibende Kraft unter den Dreißig war Kritias, der Vetter von Platos Mutter, und einer seiner wichtigsten Helfer Charmides, Platos Onkel; beide waren Schüler von Sokrates gewesen. Sokrates hatte vorgeschlagen, Charmides solle die politische Laufbahn einschlagen, nicht ahnend, daß seine Karriere von Massenexekutionen begleitet sein würde. Sokrates blieb in Athen; er kannte die neuen Herrscher zu gut, um sie zu fürchten.

Unbeirrt fuhr er fort, in der ihm gewohnten Weise Gespräche zu führen. Für die neuen Führer hatte er nur Spott: »Ich bin erstaunt, wenn ich einen Hirten finde, der sich damit brüstet, die Anzahl seiner Tiere zu vermindern und ihren Zustand zu verschlechtern. Sollte er nicht zugeben, ein schlechter Hirte zu sein? Ich bin noch erstaunter, wenn ich einen Staatsmann sehe, der sich damit brüstet, die Zahl seiner Untergebenen zu vermindern und ihren Zustand zu verschlechtern. Sollte er nicht zugeben, ein schlechter Staatsmann zu sein?«

Derartige Vorwürfe wurden von den neuen Herrschern nicht auf die leichte Schulter genommen. Sokrates bekam Befehl, vor dem Rat der Dreißig zu erscheinen, und er wurde angewiesen, mit jungen Menschen keine Gespräche mehr zu führen. Auf seine Frage, in welchem Alter ein Mensch nicht mehr als jung betrachtet werden könne, wurde ihm gesagt: »Du darfst zu niemandem unter dreißig Jahren sprechen.«

»Aber wenn ich von einem Jungen etwas kaufen möchte, kann ich dann nach dem Preis fragen?«

»Sicherlich, aber du darfst keine anderen Fragen stellen.«

»Und wenn ein Jüngling fragt, wo Kritias lebt, darf ich dann antworten?«

»Ja, das darfst du wohl. Aber es darf kein Gespräch mit Schustern, Schmieden und Zimmerleuten geben, die deiner Fragereien schon müde sein müssen —«

»Meint ihr damit, daß ich auch auf die Lektionen in Gerechtigkeit und Frömmigkeit verzichten muß, die sie mir erteilen?«

»Ja, und ebenso auf die Lektionen der Hirten!«

Damit war Sokrates entlassen, wohl wissend, daß seine kleine Geschichte von dem Hirten ihre Wirkung nicht verfehlt hatte.

Im Augenblick war Sokrates frei, aber schon einige Wochen später planten die Tyrannen, ihn in ihre Gewaltherrschaft zu verstricken, indem sie ihm und vier anderen befahlen, Leon von Salamis festzunehmen, einen reichen Mann, dessen Tod sie beschlossen hatten, um seine Besitztümer an sich zu bringen. Auf ähnliche Weise belasteten die Dreißig Hunderte oder vielleicht Tausende von Bürgern mit ihren Verbrechen. Sokrates erhielt den Befehl, aber anstatt mit den vier anderen zu gehen, um die Festnahme vorzunehmen, ging er einfach nach Hause, obwohl er die Strafe für Ungehorsam gegenüber den Anordnungen der Tyrannen sehr wohl kannte. Er wäre wohl eingesperrt und hingerichtet worden, wären die Tyrannen nicht kurz darauf gestürzt worden.

Die Herrschaft der Dreißig dauerte acht Monate, vom September des Jahres 404 bis zum Mai 403. Empört über das nicht endenwollende Blutbad, erhoben sich die Athener unter der Führung der Demokraten Thrasybulos und Anytos. Kritias und seine Armee wurden auf dem befestigten Hügel von Munychia nahe Piräus geschlagen; langsam zog wieder Frieden in Athen ein.

Nur für Sokrates gab es keinen Frieden. Die Führer der wieder errichteten Demokratie mißtrauten ihm, und seine allgemein bekannte Freundschaft mit Alkibiades, Kritias und Charmides machte ihn verdächtig. Besonders Anytos schätzte ihn nicht, denn er hatte einmal den Führer der Demokraten mit den Worten getadelt: »Jetzt, da du die höchste Stellung erreicht hast, welche die Stadt zu vergeben hat, steht es dir schlecht an, deinen Sohn Färber werden zu lassen.« Nicht daß Sokrates das Gewerbe des Färbers verachtete, aber er war der Ansicht, der Stadt sei besser gedient, wenn der Knabe sich ein höheres Ziel steckte oder in den Staatsdienst eintrete. Laut Xenophon war Sokrates der Meinung, daß er mit dieser Bemerkung sein Todesurteil besiegelt habe.

Im Februar 399 v. Chr. verfaßte Meletos, ein junger Dichter aus Athen, die formelle Anklage:

Diese Anklage verfaßte und reichte unter Eid ein Meletos, des Meletos Sohn aus dem Demos Pitthos, gegen Sokrates, des Sophroniskos Sohn aus dem Demos Alopeke: Sokrates versündigt sich durch Ableugnung der vom Staate anerkannten Götter, sowie durch Einführung neuer göttlicher Wesen; auch vergeht er sich an der Jugend, indem er sie verführt. Der Antrag geht auf Todesstrafe.[1]

Dieses Dokument blieb fünfhundert Jahre lang im Tempel der Kybele erhalten. Es ist nicht anzunehmen, daß es von Meletos geschrieben wurde. Anytos und der Redner Lykon waren die treibenden Kräfte hinter der Anklage; Meletos scheint nur als Marionette fungiert zu haben. Befragt, was er über Meletos wisse, antwortete Sokrates: »Er ist jung und unbekannt, ich kenne ihn kaum. Ich weiß, daß er langes, glattes Haar besitzt, eine Hakennase und einen schütteren Bart.«

Sokrates mußte nur die Anklage sorgfältig lesen, um zu wissen, daß seine Tage gezählt waren. Man hätte keine vernichtenderen Anschuldigungen finden können: Sie waren sowohl falsch

[1] Diogenes Laertius, »Leben und Meinungen berühmter Philosophen«. II. Buch, Sokrates

wie richtig und enthielten genug Wahres, um das Falsche zu überschatten. Er wußte — daran gab es keinen Zweifel —, daß die Vorwürfe unbeantwortbar waren. Zu vage, um einer logischen Überprüfung unterzogen werden zu können, ließen sie sich auch nicht mit einem Scherz abtun. Der Mann auf der Straße, der unter der Schreckensherrschaft von Sokrates' Schülern gelitten und den alten Philosophen beobachtet hatte, wie er jedes ihm vorgelegte Argument geschickt ad absurdum führte, konnte leicht überzeugt werden, daß Sokrates eine gefährliche und verderbliche Macht besäße. Jahre später sagten die Leute offen, Sokrates sei verurteilt worden, weil er ein Freund von Kritias gewesen war.

Sokrates führte seine Verteidigung nur mit halbem Herzen. Er sprach von seinen Diensten für den Staat, bestritt, fremde Götter zu verehren, und forderte die Ankläger auf, einen einzigen Fall von Korruption zu nennen, für den er verantwortlich wäre; er erklärte, sein Bestreben sei immer dahin gegangen, feststehende Ideen in Frage zu stellen und die Menschen mit sich selbst unzufrieden zu machen, damit sie sich prüften und fänden, was fehle. Er erzählte von Chärophons Reise zu dem Orakel von Delphi, und wie der Jüngling mit der Antwort nach Athen zurückgekommen sei, niemand übertreffe Sokrates an Weisheit. Er behauptete, das Orakel habe recht, denn er allein wisse um seine Unwissenheit, während die Politiker, Dichter und Arbeiter, die er täglich treffe, alle darauf Anspruch erhöben, von Dingen zu wissen, von denen sie in Wahrheit nichts verstünden. Er habe sich Feinde geschaffen, indem er ihre Anmaßungen zerstörte, aber war es ein Verbrechen, sich Feinde zu machen? Er ließ Meletos vortreten, fragte ihn, was mit der vagen Beschuldigung der Gottlosigkeit und Verderbtheit gemeint sei, und widerlegte Punkt für Punkt die Behauptungen des jungen Dichters. Aber kaum entkräftet, tauchten die gleichen Anschuldigungen wieder auf. Meletos mußte nur sagen: »Ich schwöre bei Zeus, daß du an überhaupt nichts glaubst!« und schon schrien die Zuhörer Beifall. Es war das Bild, das sie sich von Sokrates gemacht hatten: Der Verführer der Jugend, der Atheist, der die Götter verspottete, der Sophist, der alle Argumente zunichte machen konnte und nichts an ihre Stelle setzte. Sie fürchteten seine Ironie und seinen Spott, und er tat nichts, ihre Ängste zu zerstreuen, denn jetzt, nahe dem Tode, funkelte sein Witz heller denn je:

»Darum, Ihr Männer von Athen, denke ich jetzt gar nicht mehr daran, wie man es doch für richtig halten sollte, mich zu verteidigen, sondern ich verteidige Euch, damit Ihr nicht durch meine Verurteilung an der Euch von dem Gotte gegebenen Gabe schuldig werdet. Denn wenn Ihr mich tötet, werdet Ihr nicht leicht einen anderen von dieser Art finden, der, so lächerlich das klingen mag, von dem Gotte der Stadt geradezu auf den Nacken gesetzt ist, wie einem schweren und edlen Pferde, das durch seine Schwere ein wenig träge ist und so etwas wie den Stachel einer Bremse braucht, der es wecke. — Geradeso hat mich nämlich, scheint es, der Gott der Stadt als einen Ansporner auf den Nacken gesetzt, der in keiner Stunde des Tages und in keiner Weise müde wird, Euch überall im Nacken zu sitzen und einen nach dem anderen zu wecken, zu überzeugen und zu schelten. Einen anderen dieser Art werdet Ihr so leicht nicht finden, Ihr Männer. Wenn Ihr also meinem Rate folgt, dann werdet Ihr meiner schonen. Vielleicht werdet Ihr Euch aber auch ärgern und wie Menschen, welche schlafen und geweckt werden, nach mir ausschlagen und dem Anytos folgen und mich leichten Herzens töten. Dann werdet Ihr vielleicht Euer ganzes noch verbleibendes Leben im Schlafe verbringen — falls nicht der Gott sich Eurer erbarmt und Euch einen anderen Erwecker sendet.

Daß ich aber wirklich so einer bin, wie er nur durch den Gott Eurer Stadt gegeben sein kann, könnt Ihr aus Folgendem erkennen. Es sieht doch gewißt nicht nach Menschenart aus, wenn ich mein ganzes Hauswesen vollständig vernachlässigt habe und diese Vernachlässigung schon so viele Jahre ertrage, dagegen mich unablässig um Eure Angelegenheiten mühe, indem ich wie ein Vater oder älterer Bruder an jeden Einzelnen herantrete und ihm zurede, sich doch um die Tugend zu bemühen. Wenn mir wenigstens ein Vorteil daraus käme, und ich für diese Ermahnungen einen Lohn empfinge, dann hätte ich so etwas wie einen äußeren Grund zu meinem Tun. Nun seht Ihr aber doch selbst, daß meine Ankläger mich zwar in allen anderen Dingen so schamlos beschuldigt haben, aber doch nicht fähig gewesen sind, der Schamlosigkeit die Krone aufzusetzen, indem sie einen Zeugen aufstellten, der sagen sollte, ich hätte jemals von irgendeinem Lohn erhalten oder gefordert. Und zwar glaube ich einen ausreichenden Zeugen *dafür vorführen zu können, daß ich die Wahrheit sage, und das ist meine Armut.«*[2]

Man hatte den berühmten Redner Lysias gebeten, eine Verteidigung für ihn aufzusetzen. Lysias übergab Sokrates die von ihm verfaßte Rede, worauf ihm Sokrates diese mit den Worten zurückgab: »Das ist die Rede eines Anwaltes, nicht eines Philosophen. Sie paßt ebensowenig zu mir, wie gut gemachte Schuhe oder elegante Kleider.« So bereitete er seine eigene Verteidigung vor und würzte sie mit jener brillanten Ironie, welche auch die Gespräche mit seinen Schülern auszeichnete. Die meisten seiner Beweisführungen müssen für die fünfhundert Richter, die ihn andauernd unterbrachen und Beleidigungen schrien, zu hoch gewesen sein; schließlich mußte er sie an den Respekt erinnern, der einem Mann, der vor Gericht um sein Leben kämpft, zukommt. Im Verlauf der Verhandlung sprang Sokrates einmal auf die Rednerbühne und rief: »Männer von Athen, ich bin der Jüngste von denen, die die Rednerbühne bestiegen haben —« Er kam nicht weiter. Die Richter befahlen ihm, herunterzusteigen, und Sokrates fuhr in seiner Verteidigung fort, die keine Verteidigung war, sondern eine Art Apologia für sein ganzes Leben. Als man zur Abstimmung schritt, wurde er mit einer Mehrheit von ungefähr sechzig Stimmen zum Tode verurteilt, und als er — wie es das Gesetz vorsah — aufgefordert wurde, einen anderen Urteilsspruch vorzuschlagen, erklärte er sich bereit, eine Buße von fünfundzwanzig Drachmen zu zahlen, eine lächerliche Summe, welche die Richter sofort ablehnten. Wieder wurde er aufgefordert, eine alternative Strafe vorzuschlagen — es scheint ziemlich sicher, daß eine hohe Geldbuße oder Verbannung angenommen worden wäre —, aber er war nicht in Stimmung für Kleinigkeiten. Er schlug vor, daß man ihn, anstatt ihn zu bestrafen, wie die Sieger der Olympischen Spiele mit einer lebenslänglichen Rente belohnen sollte. Als die endgültigen Stimmen gezählt wurden, war er mit einer Mehrheit von hundertvierzig Stimmen zum Tode verurteilt — achtzig mehr als die Anzahl, die ihn für schuldig befunden hatte.

Einen Monat später, nach einem mit Meditationen und Gesprächen verbrachten Tag, leerte Sokrates den Schierlingsbecher. Er hätte aus dem Gefängnis fliehen können, weigerte sich aber mit der Begründung, es sei seine Pflicht, den Gesetzen von

[2] Plato, »Die Apologie«. Übersetzt von Julius Deusch, Berlin 1950

Athen zu gehorchen. Wie die Spartaner bei den Thermopylen, so starb auch er wie das Gesetz es befahl.

Bald nach seinem Tode – so erzählt Diogenes Laertius – bereuten die Athener ihre Tat und schlossen zum Zeichen der Trauer das Gymnasion. Einige Jahre später wurde »an dem Ort, wo die heiligen Gefäße aufbewahrt werden«, eine von Lysippos angefertigte Bronzestatue aufgestellt – vielleicht ist mit diesem Ort das Erechtheion gemeint. Sokrates blieb unvergessen. Plato, Xenophon, Aischines, Phaido und ungefähr zwanzig andere schrieben Dialoge, in denen sie die seltsame Eigenart der sokratischen Gespräche festzuhalten versuchten. Die Menschen sahen in ihm, was sie zu sehen wünschten – Xenophon seine eigenen Platitüden, Plato seine eigene Brillanz, aber beide erkannten den wahren Menschen hinter der Maske der Ironie. Wie Jesus war Sokrates ein Spiegel, der die Leidenschaften der Menschen reflektierte, so glänzend, daß er das Auge des einfachen Mannes blendete.

Als Sokrates starb, hinterließ er keine Schule, keine Lehrsätze, keine Aufzeichnungen irgendwelcher Art. Soweit wir wissen, gab es kein Testament, wem er seine spärliche Habe hinterlassen wollte, und wahrscheinlich waren Xanthippe und die Kinder seine einzigen Erben. Der Staat hätte seine Güter beschlagnahmen können, denn ein verurteilter Mann hatte keinen Anspruch auf irgendeinen Besitz und ging aller Bürgerrechte verlustig. Im Tode gehörte er keinem Staat mehr an und hatte nicht einmal das Recht, in Athen begraben zu werden. Er hatte der Stadt eine neue Würde verliehen, als er durch ihre staubigen Straßen wanderte, und jetzt blieb nichts mehr von ihm zurück als ein Häuflein Asche.

Aber auch der tote Sokrates besaß noch eine Macht, mit der man rechnen mußte. Er hatte nicht nur eine neue Art der Lebensbetrachtung begründet, indem er jene Fragen stellte, die Menschen und manchmal sogar leblose Dinge zwangen, ihr Geheimnis preiszugeben, sondern er hatte auch eine neue Art zu sterben gezeigt, und solche Menschen werden schnell zur Legende. Seine Worte blieben im Gedächtnis, noch lange nach seinem Tod ihre Macht ausstrahlend, und ebenso sein Gang, die Art zu sprechen, seine Angewohnheit, die Augen zu rollen und einherzustolzieren wie ein Pfau, die Art wie er den Alkohol vertrug und sein satyrähnliches Aussehen; nicht jenem Satyr gleichend, der durch die Wälder streift und begehrlich den Weibern folgt, sondern einem, der die vollkommene Schönheit sucht und sich mit nichts Geringerem zufriedengibt. Die Erinnerung an ihn blieb in Athen lebendig, wie sie noch heute unter uns lebendig ist.

Nach seinem Tode wagten nur wenige seiner Freunde, in Athen zu bleiben. Plato hielt sich verborgen, er spricht davon, während der letzten Tage von Sokrates krank gewesen zu sein, offenbar handelte es sich um eine diplomatische Krankheit. Bald hören wir von Platos Schüler Hermodoros, daß die Sokrates am nächsten stehende Gruppe glücklich in Megara angelangt war, wo sie sich um den Philosophen Euklid scharte. Hier mag *Phaido* entstanden sein, denn dieser minuziöse Bericht über die letzten Stunden von Sokrates ist zu lebendig, als daß wir glauben könnten, er sei lange aufgeschoben worden. Hier dürften auch die in Kurzschrift festgehaltenen Notizen der Dialoge gesammelt worden sein, welche Plato Jahre später ausschmücken und herausgeben wird. Ungefähr um diese Zeit mag jemand die Statue von Sokrates gemeißelt haben, welche in einer hellenischen Kopie erhalten ist. Es ist eine jener Statuen, die man zur Erinnerung an Tote verfertigte; eine Pose der Ruhe, die Spuren des Alters durch jugendliche Frische ersetzt, das Gewand in ordentliche Falten gelegt. Der Philosoph zeigt einen Ausdruck der Abstraktion und Entrücktheit, als wolle er sich in Luft und Rauch verflüchtigen. Diese heute im Britischen Museum befindliche Statue ist weniger als einen Meter hoch, aber sie ist die lebendigste, die uns erhalten geblieben ist, und die glaubhafteste. Sie stellt nicht den häßlichen, satyrähnlichen Sokrates des *Gastmahles* dar. Das weiße Haar fällt über die Ohren, die Stirne erhebt sich über den tiefliegenden Augen wie der Bug eines Schiffes, während der gelockte Bart, einem Wasserfall gleich, über die muskulöse Brust fällt. Solch ein Porträt konnte nur ein Künstler, der eine tiefe Zuneigung zu ihm gefühlt hatte, zu einer Zeit schaffen, da sein Andenken noch lebendig war. Vielleicht ist es eine Kopie der Bronzestatue von Lysippos, die an jenem Ort stand, an dem die heiligen Gefäße aufbewahrt waren.

Obwohl Sokrates nicht vergessen wurde, war niemals der Wunsch vorhanden, in seinem Namen eine Schule der Philosophie zu gründen. Er hatte angedeutet, er wünsche nichts dergleichen und eine Schule ohne seine physische Gegenwart hätte keinen Sinn. Alles, was den Menschen zu tun übrig blieb, war, auf dem Weg fortzuschreiten, den er gewiesen hatte.

25 Xenophon

Von allen uns bekannten Anhängern von Sokrates ist Xenophon der seltsamste. Geboren im Jahre 430 v. Chr. in der Nähe von Athen als Sohn angesehener Eltern, traf er Sokrates das erste Mal mit ungefähr sechzehn Jahren und blieb mindestens zehn Jahre in engstem Kontakt mit ihm; dennoch hinterließ der Philosoph keine tiefen Spuren in seinem Geist. Pflichtbewußt zeichnete Xenophon die Gespräche von Sokrates auf. Er lauschte aufmerksam und verfaßte eine Geschichte der Philosophie: ein zum Scheitern verurteiltes Unternehmen, denn er besaß für die Philosophie nicht das geringste Talent. Unter den dürren Abfällen seines sokratischen Merkbuches ist kaum ein Zeichen von Leben. Sein Hauptinteresse galt der Tugend und der Kunst des Regierens, und er war geneigt, die sentenzenreichen sokratischen Aussprüche über diese Themen aufzuzeichnen. Manchmal klingt die wirkliche Stimme seines Meisters durch. Einmal wurde dieser gefragt, ob ein Abfallkorb schön sein könne: »Bei Zeus, ja! und ein goldener Schild kann häßlich sein, wenn er nicht seinem eigentlichen Zweck gemäß formvollendet gestaltet ist.« Bei einer anderen Gelegenheit sah Sokrates einen Mann, der seinen Sklaven schlug, und fragte, was der Sklave verbrochen habe. »Ich schlage ihn, weil er dumm, faul und gefräßig ist«, antwortete der Mann, und Sokrates bemerkte sanft: »Hast du je darüber nachgedacht, wem mehr Schläge gebühren, dir oder deinem Sklaven?« Wir werden mit Sokrates' Sympathien und Antipathien vertraut gemacht. Er hatte einen Widerwillen gegen üppige Nahrung, Malereien an öffentlichen Gebäuden, aufgeputzte Kleider, machtgierige Männer und gegen alle kosmologischen Theorien, da es, wie er sagte, die Götter nicht lieben, wenn man versucht, Dinge zu ergründen, die sie verborgen wissen wollen; das sei auch der Grund, warum die Menschen nicht in die Sonne blicken, die Winde nicht sehen und nicht ihre eigene Seele erkennen können. Xenophon berichtet von einer Reihe von Gesprächen mit dem jungen Perikles, dem Sohn des Perikles, der später nach seiner Niederlage bei der Argenusen-Schlacht von den Athenern zum Tode verurteilt wurde, und mit einem gewissen Euthydemos, »dem Stattlichen«, bei dem es sich um Xenophon selbst handeln dürfte. Diese Gespräche lassen oft einen homosexuellen Klang hören und sind augenscheinlich die Abfälle von eines reichen Mannes Tisch.

Unruhig, indolent und ohne Aussicht auf eine Karriere im öffentlichen Leben Athens, beschloß Xenophon sein Glück in der Fremde zu versuchen. Aus Sardes erreichte ihn die Einladung seines jungen Philosophenfreundes Proxenos, an den Hof des Kyros, des persischen Vizekönigs, zu kommen. Xenophon zeigte Sokrates den Brief und bat um Rat. Behutsam schlug Sokrates vor, das delphische Orakel zu befragen, was Xenophon auch tat, allerdings war er auf der Hut, Apollo nicht zu fragen, ob die Reise anzuraten wäre, sondern er erkundigte sich nur, welchen Göttern er während seiner Reise opfern und zu welchen er beten solle. Sokrates war verärgert und erklärte, Xenophon habe doppelzüngig gehandelt. Xenophon ging nach Sardes, wo seine Bescheidenheit, seine Schönheit und Intelligenz Gnade vor den Augen des Vizekönigs fanden, der zu dieser Zeit heimlich einen Aufstand gegen seinen älteren Bruder Artaxerxes II plante.

Kyros erfüllte alle Erwartungen, die Xenophon in einen persischen Prinzen setzte. Mit seiner klassischen Nase sah er mehr griechisch als persisch aus, und er war zu jenen, die sich ihm gegenüber loyal zeigten, großzügig bis zum Exzeß. Er war ein hervorragender Reiter, der kriegerische Unternehmungen liebte und sich gerne im Zweikampf mit wilden Tieren maß; die Narben von Bärentatzen waren in seinem Gesicht zu sehen. Xenophons Neigung für das Königtum kam am Hof von Sardes, wo Proxenos, sein dreißigjähriger böotischer Freund, hoch in der Gunst des Vizekönigs stand, voll auf ihre Rechnung. Als Kyros ein Heer von griechischen Söldnern unter dem Vorwand zusammenstellte, er wolle einen Aufstand der wilden Pisider niederschlagen, wurde Proxenos zum Anführer einer der fünf Kolonnen bestellt und Xenophon eingeladen, die Expedition als Beobachter zu begleiten. So sah der Frühling des Jahres 401 ein Heer von vierzehntausend Griechen, viele von ihnen aus Sparta, durch Kleinasien ziehen.

Nach und nach wurde ihnen klar, daß sie einer List zum Opfer gefallen waren. Die Pisider wurden in Frieden gelassen. Kyros plante nichts Geringeres als einen Angriff auf das fünfzehnhundert Meilen von Sardes entfernte Babylon, das Herz des persischen Reiches. Die Griechen murrten, doch war Kyros nicht bereit, die Söldner aus seinen Diensten zu entlassen, und durch Bitten, Geschenke und das Versprechen auf reiche Kriegsbeute gelang es ihm, sie zusammenzuhalten. Im Frühsommer überwand Kyros die kilikischen Tore, und bald ritten sie das Ufer des Euphrat entlang. Zu Beginn des Septembers erreichten sie das nur sechzig Meilen nördlich von Babylon gelegene Dorf Kunaxa, wo sie sich einer riesigen persischen Streitmacht gegenüber sahen. Die Griechen griffen an, und der Sieg wäre der ihre gewesen, hätte sich nicht Kyros, in der Absicht seinen Bruder zu töten, gegen die königliche Leibwache gewandt und dabei sein Leben gelassen. Wäre er am Leben geblieben, hätte er vielleicht den persischen Thron bestiegen, und möglicherweise hätte er, umgeben von griechischen Söldnern, schon fünfundvierzig Jahre vor der Geburt Alexanders des Großen, eine griechisch-persische Verschmelzung zuwege gebracht. Mit seinem Tod hatte die Expedition jeden Sinn verloren.

Die Griechen standen einer höchst einfachen Alternative gegenüber: Sie konnten sich den Persern ergeben oder ihren Weg zurück nach Griechenland erkämpfen. Als ihre Führer einschließlich Proxenos bei dem Versuch, bezüglich einer Übergabe zu verhandeln, meuchlings ermordet wurden, war ihnen klar, daß für sie nur mehr in Frage kam, ihren Weg nach Hause mit dem Schwert zu erkämpfen. In Richtung Westen lagen Wüsten, im Norden unbekannte Berge, in denen wilde, feindliche Stämme hausten. Sie besaßen keine Landkarte, keine Führer, keine Kenntnis des Landes oder der Sprache, keine Nahrung, keinen Nachschub, und der Winter stand vor der Türe. Sie beschlossen, ihren Weg nordwärts, den Tigris aufwärts, zu nehmen und zu versuchen, das Schwarze Meer zu erreichen. Ihnen hart auf den Fersen waren die Perser mit ungefähr vierhunderttausend Mann. Ihre gefährlichsten Feinde waren Kalte, Hunger, Mißtrauen gegeneinander und das Gefühl, in der weiten Leere eines fremden Landes verloren zu sein. Sie waren Söldner, die keine Gesetze anerkannten, außer jenen, die ihr Marsch erforderte, niemandem verantwortlich als sich selbst, ihre Führer selbst wählend, plündernd, wo immer sie waren. Xenophon wurde zu einem der Anführer und, wie zu erwarten, führte er ein Tagebuch, das er später unter dem Titel *Anabasis* oder »Der Zug der Zehntausend« herausgab.

Die *Anabasis* führt ihre Absicht vollendet aus. Xenophon erzählt die Geschichte flüssig und schlicht, auf eine Weise, daß wir zu der Überzeugung gelangen, sein Bericht müsse den Geschehnissen entsprechen. Ein sehr menschliches und furchterfülltes Heer zieht seinen Weg über die kurdischen und armenischen Berge zum Schwarzen Meer. Sie durchwaten Flüsse, überqueren Berge, stapfen durch meterhohen Schnee und kämpfen ohne Atempause gegen im Hinterhalt liegende, marodierende Stämme. Unentwegt brachten sie Opfer aller Art dar, in der Hoffnung, die Götter würden auf ihrer Seite kämpfen. Es gab Wochen, in denen kein Tag ohne Gefecht dahinging, und Wochen, in denen das Land seltsam entvölkert schien, drohend und schön, ohne Feind in Sicht. Hier berichtet Xenophon von den Abenteuern eines Morgens:

Während Xenophon das Frühstück einnahm, liefen zwei Jünglinge herbei. Alle wußten ja, daß man an ihn beim Frühstück und beim Abendessen herantreten, wenn er schlief, ihn wekken und ansprechen durfte, wenn man etwas zu sagen hatte, was den Krieg betraf. Diese berichteten, sie hätten gerade Reisig für ein Feuer gesammelt, da hätten sie gesehen, wie auf dem jenseitigen Ufer in den Felsen, die an den Fluß hinabreichten, ein Greis, eine Frau und junge Mädchen etwas wie Kleidersäcke in einem hohlen Felsen niedergelegt hätten. Als sie dies sahen, hätten sie geglaubt, hier sei der Übergang ungefährlich; denn nicht einmal den feindlichen Reitern sei es möglich, dort heranzukommen. Sie hätten also die Kleider abgelegt, so erzählten sie, und seien nackt, nur mit Dolchen bewaffnet, hinübergegangen, bereit zu schwimmen. Sie seien aber zu Fuß hinübergekommen, bevor ihre Schamteile benetzt wurden. Sie seien wieder durch den Fluß zurückgekehrt, hätten ihre Kleider genommen und seien nun hier. Sogleich brachte Xenophon selbst ein Trankopfer dar und befahl, auch den Jünglingen einzuschenken und zu den Göttern, die die Furt gezeigt hätten, zu beten, sie mögen auch das weitere glücklich vollenden. Nach dem Opfer führte er die Jünglinge sogleich vor Cheirisophos, dem sie dasselbe berichteten. Als Cheirisophos das vernommen hatte, brachte auch er Opfer dar.

Nach dem Opfer befahlen sie den anderen zu packen, sie selber beriefen die Strategen zusammen und berieten, wie sie am besten hinüberkommen, die Feinde vor sich besiegen und von denen im Rücken unbelästigt bleiben könnten. Sie beschlos-

sen, Cheirisophos solle als erster mit der Hälfte des Heeres übersetzen, die andere Hälfte unter Xenophon solle warten, während die Lasttiere und der Troß zwischen beiden übersetzten. Als das geregelt war, brachen sie auf, den Fluß zur Linken. Voran gingen die beiden Jünglinge als Führer. Der Weg zur Furt betrug ungefähr vier Stadien. Auf dem Marsche folgten ihnen die Reiterabteilungen (auf der gegenüberliegenden Seite) auf gleicher Höhe nach. Als sie bei der Furt und den Uferhöhen des Flusses waren, hielten sie an. Cheirisophos selbst, bekränzt und ohne Obergewand, ergriff als erster die Waffen und befahl es auch allen anderen. Die Lochagen wies er an, ihre Truppen in tiefgegliederten Kolonnen vorzuführen, die einen links, die anderen rechts von ihm. Die Seher schlachteten Opfertiere im Fluß, die Feinde aber schossen mit Pfeilen und Schleudern, erreichten sie aber noch nicht. Da die Opfer günstig ausgefallen waren, sangen alle Soldaten den Paian und erhoben das Kriegsgeschrei; alle Frauen schrien ebenfalls mit; es gab nämlich viele Dirnen im Heere.

(Anabasis IV. 3)[1]

Wir erfahren niemals, warum der alte Mann, die Frau und die Kinder ihre Kleider in dem hohlen Felsen versteckt haben, und das ist richtig, denn Xenophon erzählt einfach, was ihm zufällig und unvorhergesehen begegnet. Es wird kein Versuch gemacht, einen konsequenten Überblick dieser Reise zu geben. Sie entdecken ein verschüttetes Dorf, sie kommen über Stellen geschmolzenen Schnees und hören, daß diese schneefreien Stellen durch heiße Quellen entstehen, und Erfahrung lehrt sie, ihre Augen vor dem Glitzern des Schnees zu schützen. Das und noch vieles andere berichtet Xenophon leichthin, als erzähle er seine Geschichten am Kamin. Er erinnert sich der Frauen, die ihm begegneten, und er zeigt den Krieg als das, was er ist: ein zweckloses Dahinziehen, immer wieder unterbrochen von Augenblicken höchster Angst. Es ist das einzige Mal, daß es uns gestattet ist, das griechische Heer auf einem Marsch zu begleiten, denn nirgends sonst gibt es einen so vollkommenen und wahrheitsgetreuen Bericht, mit sorgfältiger und liebevoller Aufmerksamkeit für das Detail. Als sie zu Beginn des Jahres 400 endlich die Stadt Trapezunt am Schwarzen Meer erreichten, war das Heer,

[1] Xenophon, »Des Kyros Anabasis«. Übersetzung, Einleitung und Anmerkungen von Helmuth Vretska

wenn es auch auf dem Wege fünftausend Mann verloren hatte, vollkommen intakt, und sie konnten sich dazu beglückwünschen, eine in der griechischen Geschichte ohne Beispiel dastehende Leistung vollbracht zu haben. Sie hatten sich ihren Weg durch das Herz des Perserreiches, das noch kein griechisches Heer gesehen hatte, erkämpft und dieses Abenteuer relativ heil überstanden. Sie hatten bewiesen, daß die Perser von einem gut geschulten griechischen Heer auf eigenem Boden geschlagen werden konnten; Alexander der Große zog aus den Erfahrungen des Zuges der Zehntausend seine Lehren.

Xenophon war kein Philosoph, doch brachte er alles für einen großen Romancier mit. Er war ein Meister des überzeugenden Details. Die berühmte Beschreibung, wie die Griechen das Meer erblicken, besitzt genau die richtigen Einzelheiten — rohe Schilde aus Ochsenblut, Silberbecher, persische Gewänder und Ringe —, so daß wir von der Lebendigkeit dieser Szene gepackt werden:

Als das Xenophon und die Nachhut vernahmen, glaubten sie, daß von vorne weitere Feinde angriffen; denn von hinten folgten ihnen Leute aus dem brennenden Lande. Von diesen hatten die Soldaten der Nachhut in einem Hinterhalt einige getötet und einige gefangengenommen und ungefähr zwanzig Schilde aus ungegerbtem, dichtbehaartem Rindsfell erbeutet. Als das Geschrei aber immer lauter wurde und näher rückte und die jeweils Nachrückenden eilig auf die fortwährend Schreienden zuliefen und dann der Lärm noch viel lauter wurde, vermutete Xenophon, es sei doch etwas Bedeutendes vorgefallen. Er schwang sich aufs Pferd, nahm Lykios und die Reiter mit sich und wollte nach vorne zu Hilfe eilen. Aber bald schon hörten sie die Soldaten rufen: »Das Meer, das Meer«, und der Ruf ging durch die Reihen. Da liefen sie nun alle heran, auch die Nachhut, Zugtiere und Pferde wurden herangetrieben. Als alle auf die Berghöhe gekommen waren, da umarmten sie einander unter Tränen, sogar Strategen und Lochagen. Plötzlich trugen die Soldaten Steine herbei — irgend jemand hatte es wohl angeordnet — und errichteten einen großen Hügel. Darauf legten sie eine Menge ungegerbter Häute, Stöcke und die erbeuteten Schilde. Ihr Führer zerschnitt mit eigener Hand die Schilde und forderte auch die anderen dazu auf. Hierauf entließen die Griechen den Führer;

als Geschenke gaben sie ihm aus dem Gemeinbesitz ein Pferd, eine Silberschale, ein persisches Gewand und zehn Dareiken. Er bat aber besonders um ihre Fingerringe und erhielt auch viele von den Soldaten. Er zeigte ihnen noch ein Dorf, wo sie lagern könnten, und den Weg, den sie in das Gebiet der Makronen nehmen sollten. Gegen Abend entfernte er sich, um in der Nacht nach Hause zurückzukehren.

(Anabasis IV. 7)

Xenophons Kunst liegt in seiner Schlichtheit, und manchmal ist es schwierig zu entscheiden, ob es sich um Mangel an Talent oder höchste Meisterschaft handelt. Er besaß ein fotografisches Gedächtnis. Er trifft die Mossynoiki, einen obskuren Stamm, und beschreibt sie so lebendig, als wären sie Perser in voller Kampfausrüstung: ihre weißen Ochsenhaut-Schilde in Form von Efeublättern, ihre bis zum Knie reichenden kurzen Tuniken, die so dick sind wie ein »leinener Kleidersack«, und ihre Lederhelme »mit um die Mitte gewundenen Haarbüscheln, um die Wirkung einer Tiara zu erzielen«. Als ordentlicher Soldat verzeichnet er ihre militärische Ausrüstung: eiserne Streitäxte und über zweieinhalb Meter lange Speere »mit scharfer Spitze an dem einen und dem Holzgriff am anderen Ende«. Er bewundert ihre fetten kleinen Kinder, die mit Kastanien ernährt werden, und berichtet ungerührt von ihrer Sitte, den Feinden die Köpfe abzuschneiden und beim Tanzen und Singen von irgendeiner Melodie mit dieser Art von Trophäen zu paradieren.

Obgleich die Truppe das Meer erreicht hatte, war das Abenteuer damit noch nicht beendet. Vierzehn lange Monate plünderten, raubten und kämpften sie ihren Weg westwärts, selbst als sie bereits in Thrakien waren, niemals wissend, ob sie sich unter Freunden oder Feinden befanden. Eine Zeitlang spielte Xenophon mit dem Gedanken, an der Küste des Schwarzen Meeres eine Kolonie zu gründen, und die Vorstellung von sich als philosophischer König, der über die Geschicke seiner Soldaten bestimmte, amüsierte ihn. Es waren kampferprobte Männer aus allen Gegenden Griechenlands, die auf ihrem Marsch nur eine einzige Loyalität, nämlich die gegenüber der Truppe, gekannt hatten, und selbst diese Loyalität stand auf schwachen Beinen. In Kalchedon waren sie soweit, jedermann, der zu zahlen bereit war, ihre Dienste anzubieten, und sie wären auch geneigt gewesen, sich an die Perser, die die hellespontische Provinz beherrschten, zu verkaufen, hätte nicht Pharnabazos, der lokale Satrape, einen spartanischen Kapitän veranlaßt, sie per Schiff auf das europäische Festland zu transportieren. Dort boten sie sich einem thrakischen Fürsten an, dessen Lebensziel es war, die Männer der thrakischen Bergstämme umzubringen und deren Frauen in die Sklaverei zu verkaufen, um auf diese Weise Geld für Soldaten aufzutreiben, um mit diesen wieder mehr Männer zu ermorden und mehr Dörfer zu zerstören. Xenophon gibt ein unerfreuliches Bild seines Umganges mit diesem Häuptling. Am Rande der völligen Zersetzung wurde die Truppe von den Spartanern angeworben, die sich in Kleinasien sammelten und für einen Krieg gegen die Perser vorbereiteten.

Xenophon hatte seine Kriegstätigkeit nicht beendet, es gab noch einige planlose Feldzüge, aber er war nicht mit dem Herzen dabei. Von Athen verbannt, ließ er sich auf einem Besitz bei Skillus südlich von Olympia nieder, wo er das Leben eines Landedelmannes führte. Während des langen Marsches hatte er Kriegsgefangene verkauft und den Erlös später im Tempel der Artemis von Ephesos hinterlegt; als er das Geld schließlich wieder bekam, errichtete er der Göttin auf seinem Besitz einen Tempel und lud die Stadtbevölkerung ein, an Festen für die Göttin teilzunehmen. Durch sein Land floß der Bach Selinus, und da auch in Ephesos ein Selinus floß, betrachtete er sich als Herr eines neuen Ephesos. Er war ein freundlicher und gewissenhafter Gastgeber und seinen Pächtern ein gütiger Herr. Er liebte seinen Besitz so sehr, daß er in die Mitte der *Anabasis* eine Beschreibung von ihm einfügte:

Fische und Muscheln gibt es in beiden Flüssen. In dem Grundstück bei Skillus kann man auch Jagden veranstalten auf alles nur mögliche jagdbare Wild. Aus dem geweihten Geld errichtete er einen Altar und einen Tempel; von da brachte er immer den Zehnten des Ackerertrages der Göttin als Opfer dar, und alle Bürger und Nachbarn, Männer und Frauen, nahmen an dem Feste teil. Die Göttin bot den Schmausenden Mehl, Brote, Wein, einen Nachtisch und einen Teil der Opfertiere, die von der heiligen Weide herbeigeholt worden waren, und außerdem noch vom Wildbret. Denn beim Fest veranstalteten Xenophons Söhne und die der anderen Bürger eine Jagd; alle, die es wünschten, durften sich daran beteiligen. Ein Teil

wurde im heiligen Bezirk selbst gefangen, ein Teil auf dem Berg Pholoe: Schweine, Rehe und Hirsche.
Der Platz liegt an dem Wege von Lakedaimon nach Olympia, ungefähr zwanzig Stadien vom Heiligtum des Zeus in Olympia entfernt. In dem heiligen Bezirk gibt es eine Wiese und waldbedeckte Berge, mit genügend Nahrung für Schweine, Ziegen, Rinder und Pferde, so daß auch die Zugtiere der Festbesucher Futter finden. Um den Tempel wurde ein Hain von Obstbäumen angelegt, die alle Früchte tragen, die man zum Nachtisch genießen kann. Der Tempel ist, natürlich im kleinen, dem großen in Ephesos nachgebildet, auch das Götterbild gleicht dem in Ephesos, soweit eines aus Zypressenholz einem goldenen gleichen kann.

(Anabasis V. 3)

Der brillante Heerführer ließ sich zu einem Leben auf dem Lande nieder, als wäre er dafür geboren. Zwanzig Jahre bebaute er sein Land und schrieb seine Bücher. Er stand mit dem König von Sparta auf freundschaftlichem Fuß und verfaßte dessen Lebensgeschichte. Er liebte die Gesellschaft von Königen und verherrlichte sie ebenso leidenschaftlich und unpersönlich wie die Höflinge des Zeitalters Elisabeth II. ihre Königin. Sein elisabethinisches Temperament zeigte sich in seinen zeitweiligen Intrigen, aber auch in der Liebe zum Landleben mit Jagdhunden und einer Schar von Dienern.

Er schrieb trocken, bescheiden, nahezu beiläufig. Die *Anabasis* war sein Meisterstück, erfüllt von den Eindrücken eines vibrierenden Lebens, aber kein weiteres folgte. Er setzte Thukydides' griechische Geschichte fort und führte sie bis zur Schlacht von Mantineia, aber unter den dreihundert Seiten sind vielleicht zehn von Leben erfüllt, der Rest ist monotone Langeweile. Er schrieb ein merkwürdiges Werk über »Die Erziehung des Königs«, die *Kyrupaideia*, das die Tugend der Selbstverleugnung von Persern und Spartanern preist: er selbst allerdings versagte sich nichts. Es gibt auch Bücher über die Jagd, die Reitkunst, die Aufgaben eines Kavalleriekommandanten. Eine langatmige Abhandlung befaßt sich mit der Haushaltsführung, und dann existieren seine *Erinnerungen an Sokrates*, die, mit den Augen eines kleinen Geistes gesehen, trocken und ihres wirklichen Wertes beraubt sind.

Die Leidenschaft begann zu vergehen, das Leben dahinzuschwinden. Einst war er schön und talentiert, zugelassen als einer der wenigen Auserwählten zum kleinen Kreis des Sokrates. Er hatte Plato, Chaerophon, Simmias, Kebes, Hermokrates und alle anderen gekannt, die sich um Sokrates geschart und geglaubt hatten, sie wären, indem sie ihn quälten, ihm endlose Fragen stellten und seinen Fußstapfen folgten, selbst Philosophen. Aber in Xenophon ist nicht eine Spur von Philosophie zu finden. Bis zum Ende blieb er der liebenswürdige Kavalier.

49 *Homer*

50 *Perikles*

51 *Sokrates*

52 *Aristoteles*

53 Plato

54 *Euripides*

55 *Sophokles in hohem Alter*

56 *Alexander der Große*

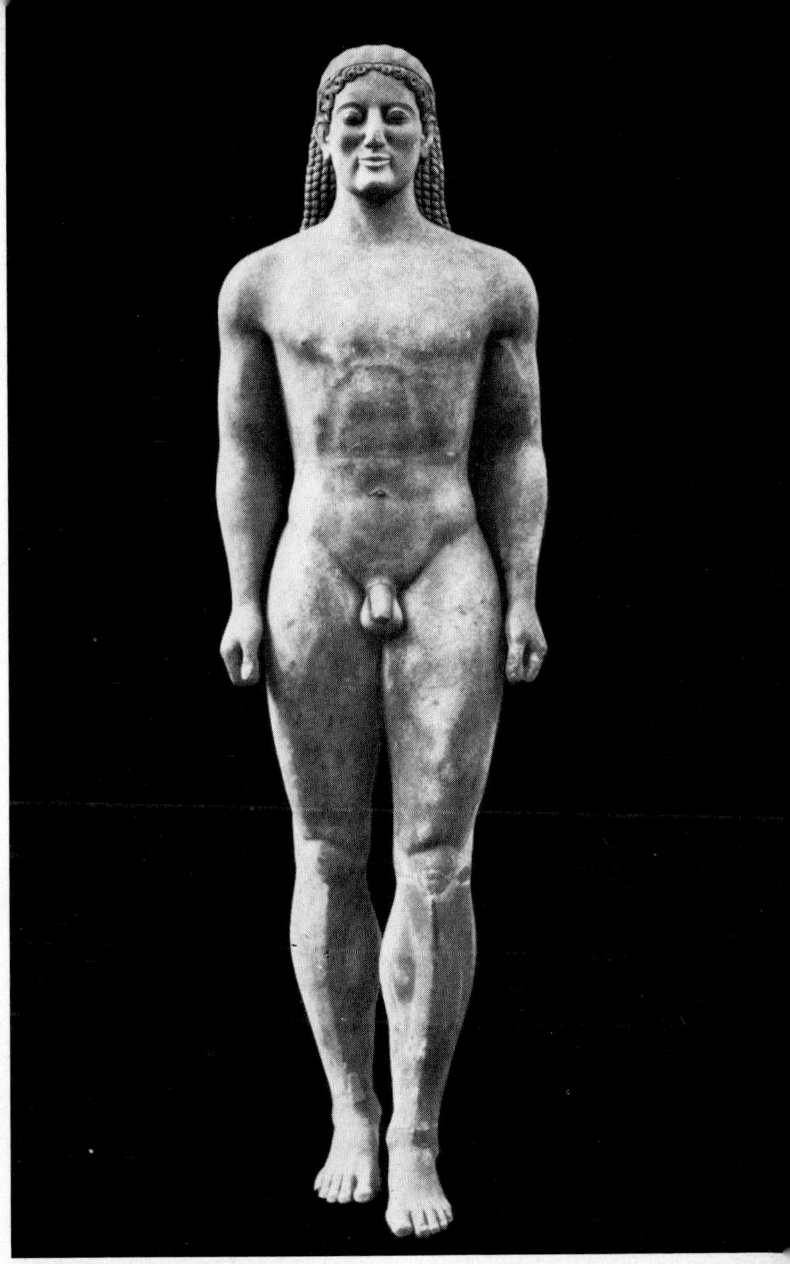

57 *Kouros von Anavysos*

58 *Archaische Kore*

59 *Karyatide des Erechtheion*

60 *Mädchenkopf von Chios, Höhe 32 cm*

61 *Mädchenkopf von Cyprus*

62 *Kopf eines Jünglings von Marathon*

63 *Männerkopf von Delos*

64 *Kopf eines Philosophen, im Meer nahe Antykythera gefunden*

26 Plato

Es gibt Männer wie Perikles, denen es gelingt, mit ihrem Genius in Frieden zu leben. Sie scheinen sich niemals anzustrengen, sondern mit einer verblüffenden Leichtigkeit durch das Leben zu gehen, wie Schwäne, die unberührt durch einen Sturm fliegen. Aischylos donnert; Euripides weint; Sophokles bleibt gelassen, und wie Perikles, so schreitet auch er mit einer seltsamen Sicherheit durch das Treiben des Marktplatzes. Man kann sich nicht vorstellen, daß sie jemals Angst empfunden hätten. Ebenso verhält es sich mit Sokrates, der die Welt mit einer ironischen Gelassenheit studierte und immer gemächlichen Schrittes einherging, während in seinem Kopf Dämonen rasten und sein Geist mit der Schnelligkeit eines Blitzes arbeitete. Wir nennen solche Menschen apollinisch, denn ihnen ist eine göttliche Ruhe eigen.

Auch Plato gehörte zu dieser Art von Menschen, der junge Aristokrat, der die Dichtkunst gegen die Philosophie vertauschte, als er zum Schüler von Sokrates wurde. Von Geburt an war er reich mit Gaben bedacht; gut gewachsen, schön, hervorragend intelligent. Er malte, schrieb Gedichte und Tragödien, nahm an den Isthmischen Spielen teil, erwarb eine große Bibliothek und studierte nacheinander alle damals bekannten Wissenszweige. Sein Geist war forschend und gleichzeitig dichterisch. Im Gegensatz zu Aristoteles, der manchmal niederträchtig schlecht schrieb, besaß Plato einen hinreißenden Stil.

Nach Sokrates' Tod wurde er zehn oder elf Jahre zum Wanderer. Er reiste durch Ägypten und Libyen und besuchte Italien. Über die Griechen in Italien schreibt er: »Sie suchen ihr Glück in fortwährenden Festen, mästen sich zweimal am Tage und schlafen niemals allein. Von den anderen Praktiken, die zu ihrer Lebensweise gehören, will ich gar nicht sprechen. Kein Mensch auf Erden kann, wenn er derartige Dinge von Jugend an betreibt und sich an sie gewöhnt, zur Weisheit gelangen.« In Tarent traf er Archytas, den reichen Begründer der Pythagoreischen Schule, einen Mann von vielseitigen Talenten, der zu verschiedenen Zeiten General, Staatsmann und Mathematiklehrer gewesen war. Als Dionysios I., Tyrann von Syrakus, von Platos Aufenthalt in Tarent hörte, beorderte er ihn nach Sizilien, und dieser willigte ein, mehr, wie es scheint, um den Ätna zu besuchen als um des Vergnügens willen, den Ausführungen des Tyrannen über die Dichtkunst zu lauschen; Dionysios war nämlich von seinen eigenen poetischen Tragödien sehr eingenommen und ließ sie sogar in Griechenland aufführen.

Dionysios war hübsch, begabt und überaus arrogant. Er hatte ganz Süditalien verwüstet und erfolgreich gegen die Karthager gekämpft, er hatte Syrakus zur größten Macht im zentralen Mittelmeer gemacht und war fest entschlossen, seine Machtposition zu erhalten. Als Plato, die Gelegenheit wahrnehmend, einen Tyrannen die Tugend zu lehren, über Gerechtigkeit sprach und über die Notwendigkeit, dem Volk ein gewisses Maß an Zufriedenheit zu gewähren, bekam Dionysios, der niemandem gestattete, seine Herrschaft zu kritisieren, einen Wutanfall und schrie: »Du sprichst wie ein alter Narr!«, worauf Plato erwiderte: »Du sprichst wie ein Tyrann!« Laut Diogenes Laertius hätte Dionysios Plato getötet, wäre ihm nicht ein besserer Einfall gekommen. Pollis, der spartanische Gesandte, kehrte gerade nach Griechenland zurück, und es amüsierte den Tyrannen, dem Gesandten den Philosophen als Sklaven anzubieten. So wurde Plato in Ketten auf das spartanische Schiff gebracht, und als es in Ägina vor Anker ging, führte ihn Pollis an Land, wohl wissend, daß die Ägineter jeden Athener töteten, der ihre Küsten betrat. Plato wartete gefaßt auf seinen Tod, als die Ägineter plötzlich beschlossen, es sei vorteilhafter, ihn zu verkaufen, und ihn zur öffentlichen Versteigerung schleppten. Für 20 Minen (1 Mine = 100 Drachmen = ca. 2000 DM) wurde er an Annikeris von Kyrene verkauft. Dieser ließ Plato nach Athen zurückkehren und erhielt kurz darauf die zwanzig Minen von Platos Freunden zurückerstattet. Er wies das Geld mit der Begründung ab, auch er hätte ein Recht, seiner hohen Meinung von Plato Ausdruck zu verleihen. Eine nette Geschichte erzählt, für das von Annikeris abgelehnte Geld sei der Hain der Akademie inmitten der Pinienwälder des Äußeren Kerameikos erstanden worden.

Nach einer Weile erfuhr Dionysios, was geschehen war, und schrieb Plato einen Entschuldigungsbrief mit der Bitte, ihm nichts Böses nachzusagen. Plato antwortete mit der ihm eigenen Offenherzigkeit, er habe gar keine Zeit, an Dionysios zu denken.

Während der nächsten zwanzig Jahre lebte Plato für die von ihm gegründete Schule. Es war keine einfache Schule, um Studenten in Wissenschaft und Kunst zu unterrichten, vielmehr eine Akademie für die Ausbildung von Staatsmännern, an der die grundlegenden Prinzipien der Regierungsformen diskutiert wurden. Die meisten oder vielleicht alle Studenten waren junge Männer von hoher Geburt, die eine Karriere im Dienste des Staates erwarten durften. Plato glaubte ebenso wie Sokrates, daß eine gute Regierung nur auf guten Gesetzen beruhen könne und daß die besten Hüter dieser Gesetze junge Menschen mit klarem Verstand und einer Liebe zur Wahrheit und Schönheit seien; waren sie außerdem gut gewachsen und reich, so konnte dies nicht von Nachteil sein. Sie waren echte Philosophen, denn sie lebten in der Welt und waren dennoch von ihr getrennt — »Zuschauer aller Zeiten und aller Existenzen«. »Tapferkeit, Großartigkeit, Geist, Gedächtnis«[1] waren ihre natürlichen Gaben, und in dieser Reihenfolge sah Plato die Wichtigkeit der Tugenden für den Staatsmann. Sokrates hätte sich wahrscheinlich in der Akademie nicht wohl gefühlt; sie war zu bewußt darauf abgestimmt, gnädige Tyrannen hervorzubringen.

Es gab eine Halle, in der Lehrer und Studenten gemeinsam ihre Mahlzeiten einnahmen, und in den umliegenden Wäldern hatte man kleine Holzhäuser errichtet, so daß sie sich in stille Meditationen vertiefen konnten. Das nahe gelegene Gymnasion diente den sportlichen Übungen, denn Plato bestand ebenso auf der Ertüchtigung des Körpers wie auf der Schulung des Geistes. Die meisten Studenten wohnten wahrscheinlich auf dem Gelände der Akademie, und manche mögen die kurze Wanderung durch das Dipylon und entlang der Gräberstraße zu dem berühmten Olivenhain gemacht haben, wo die heiligen Oliven gepflückt wurden; hinter diesem lag die Schule, welche die Form einer *thiasos* hatte, einer religiösen Gemeinschaft, anscheinend gegründet, um dem Schutzgott Akademos zu huldigen, dessen Altar in dem Hain stand. Auch ein Altar der Musen befand sich irgendwo in der Nähe der Bibliothek. Akademos, obwohl schon lange tot, wurde als rechtlicher Besitzer der Akademie angesehen, und sie wurde daher auch unter seinem Namen verwaltet.

Schüler aus der ganzen Welt strömten in die Akademie. Wir kennen einige ihrer Namen und einige ihrer Leistungen. Endoxos von Knidos, ein früherer Schüler von Archytas, studierte

[1] In den deutschen Übersetzungen von Platos Werken werden »Weisheit, Tapferkeit, Besonnenheit, Gerechtigkeit« als die vier Tugenden eines Staatsmannes genannt. Anm. des Übersetzers

hier: er gehörte einer älteren Generation an und hatte bereits die Theorie der Proportionen entdeckt. Theätetos von Sunion, der später in den Korinthischen Kriegen fallen sollte, setzte hier seine Studien der Geometrie fort, und der junge Spensippas, der Sohn von Platos Schwester, arbeitete an der Bestimmung und Klassifikation von Pflanzen und Tieren. Das Hauptanliegen der Schule war allerdings das Studium des Verfassungsrechtes, während die Gesetze der Biologie und Mathematik den zweiten Platz einnahmen. Unter den Studenten des Rechtes finden wir Phormio von Elis, Menedemos von Pyrrha, Euphräos von Oreus und Delios von Ephesos; diese alle wurden später zu Gesetzgebern und Beratern von Tyrannen und Königen. Euphräos zum Beispiel ging an den Hof von König Perdikkas III von Makedonien und erhielt eine einflußreiche Stellung, während Delios zum vertrauten Berater König Philipps und später seines Sohnes Alexander wurde. Auch Aristoteles und Demosthenes zählten zu den Schülern.

Wenn wir den Lustspieldichtern Glauben schenken dürfen, so regierte Plato mit tiefem Ernst über die Schule, nur mit seinen hehren Zielen beschäftigt. Er war der »düstere Plato«, der von einer frugalen Kost von Oliven lebte und ruhelos auf- und abschritt, während er über Tugend und Gerechtigkeit dozierte. Stolz und anspruchsvoll, war er für leichte Konversation nicht zu haben. Einmal sah er Leute beim Würfelspiel und machte ihnen Vorhaltungen. »Es ist doch nur eine Nebensächlichkeit«, meinten sie. »Aber die Gewohnheit ist keine Nebensächlichkeit«, war seine Antwort. Er trank selten und schlief so wenig als möglich, denn in seinem Werk *Die Gesetze* bemerkt er: »Solange jemand schläft, ist er zu nichts gut.«

Er hatte bereits zwanzig Jahre gelehrt und Dialoge geschrieben, als er abermals nach Sizilien gerufen wurde. Dionysios I war gestorben – man nahm an, er wäre von seinem Arzt vergiftet worden –, und sein Sohn Dionysios II war ihm auf den Thron gefolgt. Dieser war ein freundlicher, schwacher Jüngling, und Dion, sein Onkel und erster Minister, war der Ansicht, es könne nur von Vorteil sein, ihn eine Weile in die Obhut von Plato zu geben. Dion hatte Plato während dessen erstem Aufenthalt in Sizilien getroffen und war von ihm tief beeindruckt; eine dauernde Korrespondenz ließ ihre Freundschaft auch in den folgenden Jahren nicht einschlafen. Der junge Dionysios hatte sein ganzes Leben innerhalb der Palastmauern verbracht und durfte mit niemandem außer den Bediensteten seines Vaters zusammentreffen; er vertrieb sich die Zeit mit Tischlerarbeiten und »machte kleine Modellwagen, Lampenschirme, hölzerne Sessel und Tische«. Dion schrieb einen leidenschaftlichen Brief an Plato und teilte ihm mit, eine von Gott gesandte Gelegenheit, den idealen Staat zu verwirklichen, habe sich ergeben, da der junge Herrscher das Zeug zu einem Philosophen-König in sich habe.

Plato hatte mit der Impulsivität der Jugend einige Erfahrungen und beeilte sich nicht, Athen gegen Syrakus zu vertauschen. Weitere Briefe wurden gewechselt, und schließlich erklärte sich der junge Dionysios bereit, Plato vollkommen zu Diensten zu stehen. Plato nahm den jungen Xenokrates von Chalkedon, der dazu bestimmt war, sein Nachfolger als Präsident der Akademie zu werden, als Begleiter mit und machte sich endlich auf den Weg nach Syrakus, wo er im Frühjahr des Jahres 367 eintraf. Er wurde mit den Ehren empfangen, die sonst nur Königen vorbehalten waren. »Einer der königlichen Wagen kam, um ihn von dem Schiff abzuholen«, sagte Plutarch, »und Dionysios opferte den Göttern zum Dank für den großen Segen, den sie ihm zuteil werden ließen. Die Hoffnungen der Bürger auf eine Reform der Tyrannis waren hochgespannt, als sie die Bescheidenheit der Gastmähler, die Sitten am Hofe und das milde, humane Verhalten des Tyrannen in allen Angelegenheiten, die man ihm unterbreitete, wahrnahmen.«

Anfangs erwies sich Dionysios beim Unterricht in Recht und Mathematik als gelehriger Schüler. Plutarch erzählt, der ganze Fußboden des Palastes sei mit feinem Sand bedeckt gewesen, um den Höflingen zu erlauben, mathematische und geometrische Probleme zu studieren. Allmählich aber ließ das Interesse von Dionysios nach. Er gab Philosophie, Gesetzentwürfe und Mathematik zugunsten von gigantischen Gastmählern auf — ein Bankett unter seinem Vorsitz soll angeblich ohne Unterbrechung neunzig Tage gedauert haben. Plötzlich wurde Dion verhaftet und über Plato ein Hausarrest verhängt, der wahrscheinlich kein Ende genommen hätte, wäre nicht der Krieg ausgebrochen. Nach einigen turbulenten Monaten in Syrakus wurde ihm erlaubt, nach Athen zurückzukehren und Dion mit sich zu nehmen. Sechs Jahre später unternahm er seine dritte und letzte Reise nach Syrakus, da Dionysios neuerlich gelobt hatte, sich der Philosophie zu widmen. Plato zählte jetzt ungefähr fünfundsechzig

Jahre, und er war hauptsächlich darauf bedacht, Dion, mit dem ihn eine dreißigjährige Freundschaft verband, die Thronfolge zu sichern. Auch Archytas war der Meinung, daß Platos Besuch nur von Vorteil sein könne. Plato selbst machte sich wenig Hoffnungen, sein Ziel zu erreichen; er fürchtete die Wankelmütigkeit des Tyrannen und noch mehr die Intrigen des Hofes. »Ich hatte Angst und war voll der bösen Ahnungen«, schreibt Plato, und er erwähnt einen Anschlag auf sein Leben, der von Dionysios vereitelt wurde. Dieser bedachte ihn mit königlichen Ehren und erwies sich zum erstenmal als echter Jünger der Philosophie, obwohl die Art seines Wissens Plato verwirrte. Dionysios beherrschte zwar die richtigen Ausdrücke, aber es schien keineswegs sicher, daß er ihre Bedeutung kannte oder wirklich begriff, was er sagte. Plato stellte ihn auf die Probe. Es war eine sehr einfache Probe, die nur in einer eingehenden Prüfung bestand, ob Dionysios wirklich bereit sei, sich vollkommen der Philosophie hinzugeben, jeden Augenblick seines Lebens den hohen moralischen Prinzipien zu widmen und den Staat so zu regieren, daß jede Handlung der Philosophie entsprach. »Sonst sind seine edlen Prinzipien nicht mehr als die braune Hauttönung, die den Körper eines Sonnenbadenden färbt.«

Dionysios bestand die Probe nicht. Er wußte die richtigen Worte und sagte sie in der richtigen Reihenfolge, aber die Überzeugung fehlte. Traurig kam Plato zu dem Schluß, daß sich Überzeugung nicht lehren ließ: Sie könnte sich nur nach einer langen und leidenschaftlichen Beschäftigung mit der Philosophie einstellen — dann würde sie plötzlich »aufflammen, wie von einem umherfliegenden Funken entzündet«. In der Seele von Dionysios ließ sich keine derartige Flamme entzünden. Plato sah ein, daß alle Mühe vergeblich war; er wurde wieder zu einem mißmutigen Gefangenen am Hofe des Königs, bis ihn Archytas schließlich befreite, der von Tarent eine Galeere schickte. Plato schlich sich an Bord und entkam glücklich nach Athen.

Soweit wir wissen, kam Plato niemals wieder so eng mit der Macht in Berührung. Sogar als Dion eine Expedition gegen Syrakus aussandte und es ihm gelang, Dionysios die Macht zu entreißen, wies Plato alle Anerbieten zurück, ihm zu folgen. Er liebte den Mann bis zur Vergötterung, aber er fürchtete den Herrscher. Obwohl Dion viele Jahre an der Akademie verbracht hatte und die »Überzeugung eines philosophischen Denkers« zu besitzen schien, erwies er sich als schlimmerer Tyrann als Dionysios; arrogant und selbstgefällig herrschte er durch nackte Gewalt und vermutete andauernd, seine Höflinge hätten sich gegen ihn verschworen. Er wurde von einigen zakynthischen Soldaten ermordet, die in der Absicht, ihn mit bloßen Händen in Stücke zu reißen, waffenlos sein Zimmer betraten. Da ihnen dies nicht gelang, riefen sie nach einem Schwert, das ihnen durch ein Fenster gereicht wurde, und schnitten ihm die Kehle durch. Dionysios erging es besser. Er wurde von dem großen korinthischen General Timoleon gefangengenommen, der ihm erlaubte, den Rest seiner Tage im Exil in Korinth zu verbringen; dort trieb er sich auf dem Fischmarkt herum und unterhielt sich mit den Chormädchen über ihren Gesang. Als ihn nach Jahren jemand fragte, ob ihm die Gesellschaft der Philosophen von Nutzen gewesen wäre, meinte er: »Sicherlich, denn durch sie habe ich die Weisheit erworben, mein jetziges Schicksal zu ertragen.«

Für Plato war die Gesellschaft der Tyrannen nicht von Nutzen gewesen, ja er hatte durch seine Beteiligung an den Affären von Syrakus viel von seinem Prestige verloren. Sein langer *Siebenter Brief* — der einzige der erhaltenen Briefe, dessen Echtheit bewiesen ist — erzählt mit ermüdenden Einzelheiten, wie erfolglos er war und ist in einem peinlichen Ton der Entschuldigung geschrieben. Er war zu ehrlich, zu stolz und zu selbstbewußt für einen Diplomaten. Für die Launen eines Tyrannen hatte er keine Geduld, und von den praktischen Problemen der Regierung verstand er zu wenig, vielleicht weil er von der Vorstellung der idealen Herrschaft des Philosophenkönigs besessen war.

Seine letzten Jahre verbrachte er in Athen und beaufsichtigte die Akademie.

Hier schrieb er, hochbetagt, *Die Gesetze,* die längste und didaktischste seiner Arbeiten. In ihr ist der verhaltene Ärger über die Torheiten der Menschen und ihrer Regierungen spürbar, vor allem, wenn er sich der in Syrakus erlittenen Enttäuschungen erinnert und diese so in seine Arbeit verflicht, daß wir ununterbrochen an Dion und Dionysios zu denken gezwungen sind. Wieder und wieder donnert er gegen »die ungeheueren Sakrilege, die von jenen begangen werden, die aus einfachen Anfängen zu großen Machtstellungen gelangt sind«. Wieder und wieder preist er, entgegen seinen tatsächlichen Erfahrungen, den schöpferischen jungen Tyrannen, der die Gabe der Intelligenz besitzt und »die Überzeugung der Philosophie« erworben hat. Gott wird ihm beistehen, Gerechtigkeit wird ihn leiten und er wird über ein gehorsames, loyales Volk herrschen, welches davon durchdrungen ist, daß Loyalität und Gehorsam zu seinem eigenen Besten sind; wenn möglich ein kleines Volk, 5040 Seelen zählend, denn diese Zahl ist durch alle ganzen Zahlen zwischen eins und zehn teilbar, so daß es nach den mathematischen Überlegungen des Tyrannen am leichtesten in Gruppen eingeteilt werden kann. In diesem Staat wird es keine Ringkämpfe geben, keine Dichtkunst, keine Unzucht. Niemand wird Gold oder Silber besitzen noch prunkvolle Kleider tragen. Das ganze Verhalten der Bevölkerung, beaufsichtigt von siebenunddreißig Gesetzeshütern, wird ehrerbietig und bescheiden sein und niemand wird einen Vorteil vor seinem Nachbarn haben. Nach der Befriedigung der alltäglichen Wünsche und Bedürfnisse der großen Masse der Menschheit sucht man vergeblich in dem Werk. Plato scheint gegen sein besseres Wissen zu schreiben, ohne Hoffnung, in dem Bewußtsein, daß es keine Rettung für die Menschheit gibt und die Tyrannen niemals seinen mathematischen Gesetzen folgen werden. *Die Gesetze* schildern die zweite der von ihm entworfenen Verfassungen, *der Staat,* eine viel brillantere Arbeit, die erste. Er dachte daran, eine dritte auszuarbeiten, lebte aber nicht lange genug, um mehr als eine kurze Einführung zu skizzieren, die unter dem Titel *Epinomis* oder *Jenseits der Gesetze* erhalten ist. Er starb 347 im Alter von achtzig Jahren und überlebte damit Sokrates um fünfzig Jahre. Mehr als hundertzwanzig Jahre liegen zwischen der Geburt von Sokrates und Platos Tod.

Plato hinterließ ein Testament, in welchem er über einen Silberkelch, einen Ohrring, einen goldenen Ring, ein paar Möbelstücke und zwei kleine Grundstücke verfügte. Artemis, seiner Sklavin, wurde die Freiheit geschenkt, aber vier andere Sklaven blieben weiterhin in Knechtschaft. Es ist das Testament eines Mannes, der reich geboren wurde und am Ende seiner Tage nicht mehr besitzt als ein armer Bauer.

Doch wenn Plato auch wenig an materiellen Gütern hinterließ, so stellen seine Dialoge, welche das Leben und die Gedanken von Sokrates über eine lange Zeitspanne wiedergeben, einen gewaltigen Schatz dar. Ohne Plato wüßten wir von Sokrates nur durch die zweidimensionalen Schilderungen von Xenophon, Aischines von Sphettos, Diogenes Laertius und einigen wenigen anderen. Plato läßt uns Sokrates deutlich erkennen. Wir sehen ihn lebendig vor uns, sehen seinen hellen Geist und seinen Charakter, der außerordentliche Strenge mit fast femininer Subtilität vereint. Das Porträt atmet Wahrhaftigkeit. Wie ein Maler versucht, in einem einzigen Bild viele Stimmungen festzuhalten und unweigerlich etwas von sich selbst in das Gemälde hineinlegt, so ist auch Plato bemüht, nicht den Bericht eines Stenographen zu geben (obwohl er solche oft benützt), sondern eine dichterische Interpretation. Manchmal hören wir die authentischen Worte von Sokrates, ein andermal sind die Worte so lange in Platos Gedächtnis haften geblieben, daß etwas von seinen eigenen Gedanken und den Gedanken anderer hinzugefügt wurde. Aber das dominierende Bild, das Gesicht, die Stimme, die Bewegungen, die Art, wie die Sätze gebildet werden, sind immer richtig.

Nehmen wir zum Beispiel den Dialog, der immer an den Anfang der Dialoge gestellt wird, in der Annahme, er sei von Plato als erster geschrieben worden. *Euthyphron* ist eine Diskussion über die Frömmigkeit, welche in den Wochen, als Sokrates der Gottlosigkeit angeklagt, aber noch nicht vor Gericht gebracht worden war, stattgefunden haben soll. Auch Euthyphron steht wegen seiner Gottlosigkeit unter einer Art von Anklage, obwohl er davon keine Ahnung hat. Er erzählt Sokrates, er sei von der Insel Naxos gekommen, um gegen seinen Vater Klage zu führen, der einen Landarbeiter getötet hatte, weil dieser seinen Diener ermordet hatte. Von dem Vater in eine Grube geworfen, war der Mörder an Hunger und Kälte gestorben. Nun behauptet Euthyphron, es sei ein Akt der Frömmigkeit, einen Mörder anzuklagen, selbst wenn es der eigene Vater ist, und eine derartige Handlung habe das Wohlgefallen der Götter. Sokrates beginnt zu fragen: Was ist Frömmigkeit? Was ist an der Verurteilung des eigenen Vaters besonders gottgefällig? Ist es für einen Sohn eine fromme Handlung, seinen Vater anzuklagen? Bald beginnt sich Euthyphron zu beschweren, alle seine Gewißheiten brächen zusammen, denn Sokrates besäße die Kraft, das scheinbar Feststehende in ungewisse Fernen verschwinden zu lassen:

Sokrates

Auf unseren Vorfahren Daidalos scheint mir das zuzutreffen, was Du sagst, Euthyphron. Wenn ich es wäre, der solche Dinge sagt und aufstellt, könntest Du wohl mit Recht spotten, meiner Verwandtschaft mit jenem gemäß liefen auch mir die Wortgebilde weg und wollten nicht dort bleiben, wo man sie hinstellt. Nun stammen aber die Behauptungen, welche diese Verwirrung angerichtet haben, von Dir, und so muß der Spott anderswohin gehen. Denn Du bist es, bei dem sie nicht bleiben wollen, wie Du es ja selbst empfindest.

Euthyphron

Mir scheint, Sokrates, was gesagt wurde, verdient schon wirklich den Spott, wie ich ihn meinte; denn dieses Im-Kreise-Herumgehen und Nicht-am-Ort-Beharren bringe nicht ich in unsere Sätze, sondern Du scheinst mir der Daidalos zu sein. Soweit es an mir liegt, würden sie bleiben, wo sie sind.

Sokrates

Da muß ich ja, mein Freund, noch tüchtiger in der Kunst sein als jener Mann; denn er machte nur seine eigenen Werke so, daß sie nicht auf ihrem Platz verharrten; ich aber scheine solches nicht nur bei meinen eigenen Werken, sondern auch bei denen anderer zu bewirken. Das freilich ist wohl das Seltsamste an meiner Kunst, daß ich gegen meinen Willen in ihr so geschickt bin. Denn mir wäre es viel lieber, die Worte blieben auf ihrem Platze und wären unbeweglich gegründet, als daß ich zur Kunst des Daidalos die Schätze des Tantalos hinzugewönne.[2]

Plato, Euthyphron (11 b–d)

Hier sind schon fast alle Merkmale des sokratischen Dialoges vorhanden. Wir sehen die Art, in der Sokrates Ideen betrachtet, sie an das Licht hält, von den verschiedensten Seiten beleuchtet und untersucht, als wäre er ein Juwelier, der früher oder später feststellen muß, ob er es mit Diamanten oder Glassplittern zu tun hat; und immer ist eine Andeutung von Spott vorhanden, das reine Vergnügen, die Argumente des Gegners ad absurdum zu führen. Das Bemerkenswerteste aber ist, daß er all dies zuwege bringt, ohne beleidigend zu sein, mit einer Heiterkeit, die das deutlichste Zeichen seiner Großzügigkeit und Menschlichkeit ist. Sokrates brachte Freude in die Philosophie; meistens vergessen die späteren Philosophen, daß er vor allem mit dieser Tat unsere Herzen gewonnen hat.

In Stellen, wie der folgenden, hören wir die authentische

[2] Plato, Sämtliche Werke. Übersetzt von Wilhelm Wiegand

Stimme von Sokrates, der an die Macht der Stimme glaubte und dem geschriebenen Wort mißtraute, denn er sagt:

Denn dieses Schlimme hat doch die Schrift, Phaidros, und ist darin ganz eigentlich der Malerei ähnlich; denn auch diese stellt ihre Ausgeburten hin als lebend, wenn man sie aber etwas fragt, so schweigen sie gar ehrwürdig still. Ebenso auch die Schriften. Du könntest glauben, sie sprächen, als verstünden sie etwas, fragst du sie aber lernbegierig über das Gesagte, so enthalten sie doch nur ein und dasselbe stets. Ist sie aber einmal geschrieben, so schweift auch überall jede Rede gleichermaßen unter denen umher, die sie verstehen, und unter denen, für die sie nicht gehört, und versteht nicht, zu wem sie reden soll und zu wem nicht. Und wird sie beleidigt oder unverdienterweise beschimpft, so bedarf sie immer ihres Vaters Hilfe; denn selbst ist sie weder sich zu schützen noch zu helfen imstande.[3]

Natürlich dürfen wir nicht glauben, daß es Sokrates damit völlig ernst war. Er wirft dem geschriebenen Wort vor allem vor, daß es bedachtsam zusammengefügt sei und sowohl der Spontaneität als auch des Feuers des gesprochenen Wortes ermangle. Er konnte und wollte nicht glauben, daß das geschriebene Wort die Seele belehren könne; nur die Stimme des Lehrers sei imstande, Tugend und Edelmut in den Herzen der jungen Menschen zu erwecken, so meint er. *Phaidros* ist eine herrliche Verteidigung der Möglichkeiten des Gespräches, bis zu den letzten Wahrheiten vorzudringen, allerdings nur dann, wenn es mit dem leidenschaftlichen Wunsch nach Wahrheit geführt und von einem göttlichen Funken inspiriert ist.

Von Heraklit wird die Geschichte erzählt, daß einige Besucher, die ihn allein in seiner Hütte am Ofen sitzend antrafen, sich zurückzogen, um ihn nicht in seiner Meditation zu stören. Heraklit lächelte und winkte sie heran: »Auch die Götter sind hier anwesend.« Sokrates hätte gesagt, die Götter seien überall dort zugegen, wo Menschen versuchen, die letzten Wahrheiten zu ergründen. Er war wie ein Aquarellmaler, der keine Farbe ändern kann, wenn er sie einmal auf das Papier gebracht hat; die Wahl mußte beim ersten Mal richtig sein. Plato hingegen war ein

[3] Platon, »Phaidros«. Übertragen von Friedrich Schleiermacher

Künstler, der immer wieder ausbesserte und sich nicht zufriedengab, bevor er die perfekte Formulierung gefunden hatte.

Es ist daher fast als ein Wunder zu bezeichnen, daß soviel von der lebendigen Stimme Sokrates' durch diese mühevoll und über eine lange Zeitspanne niedergeschriebenen Dialoge hindurchklingt. In der *Apologie, Kriton* und *Phaidon,* den drei Dialogen, die sich mit dem Prozeß und der Verurteilung von Sokrates befassen, sehen wir Sokrates gelassen, aber mit erstaunlicher Intensität leben; er sieht seinem Tod mit Ruhe entgegen und genießt bis zum Ende sein Talent zur Diskussion. Als sein Wärter während der letzten Stunden meint, er solle nicht so viel sprechen, da die Erregung die Wirkung des Schierlings beeinträchtigen könne, erwidert Sokrates: »Sagt ihm, er möge sich um seine eigenen Angelegenheiten kümmern«, und fährt fröhlich zu reden fort. In *Die Frösche* behauptet Aristophanes, das Reden sei ein Gott gewesen. War es auch nicht sein Gott, so ist es zumindest das Glück seines Lebens gewesen.

Und was für Reden waren das! Wie Plato sie festhält, kamen sie in großen Sprudeln oder wie plötzlich aufschäumende Springbrunnen – einem Tanz gleich. Zu Beginn rein logisch, scheinen sie auf einmal Flügel zu bekommen und sich in regenbogenfarbene Wolken von Mythen und Legenden zu erheben, dort zu verweilen, um die Welt mit verzauberten Augen zu betrachten und wieder auf die Erde hinabzustürzen und ein Netz der Logik über die Beute zu werfen. Es waren Gespräche, die nur der Musik vergleichbar sind, ebensowenig systematisch wie eine Symphonie von Mozart, das heißt, Systematik war wohl in ihnen vorhanden, aber sorgsam verborgen hinter einer mühelosen Schaustellung der Virtuosität. Die geduldigen Aufzählungen von Aristoteles waren nichts für ihn, ebensowenig wie die Ausschmückungen in Platos Arbeit *Die Gesetze.* Seine Waffen waren die plötzliche Erleuchtung und der Blitzstrahl; er schwang den Degen, nicht das Schwert.

Trotzdem waren seine Absichten immer ernst, verzweifelt ernst sogar. Bis zu seinem Ende war er in das moralische Gesetz verliebt. Daß er wegen Verführung der Jugend zum Tode verurteilt wurde, war die letzte Ironie eines Lebens, das nur der Tugend gewidmet war. Er sah in den Menschen die Träger des moralischen Gesetzes, und sie waren besonders heroisch, weil die Moral schwer auf ihren Schultern lastete.

Warum Plato die Dialoge niederschrieb, wird im *Siebenten*

Brief erklärt, in welchem er berichtet, wie »sein bejahrter Freund Sokrates« vor Gericht zitiert und eine so empörend unsinnige Anklage gegen ihn erhoben wird, daß er an dem Staat und seinen Gesetzen verzweifelte. Von diesem Augenblick an widmete sich Plato nicht dem Staat wie er war, sondern dem Staat, wie er sein sollte – einem Staat, in dem derartige Verbrechen unmöglich wären. Alle Dialoge münden daher in sein Werk *Der Staat*, der ausführlichen, detaillierten Darstellung einer auf dem moralischen Gesetz fundierten Regierungsform.

Der Staat ist ein außerordentliches Dokument, in dem so viele Gedankengänge verflochten sind, so viele Argumentationen untersucht und so viele Eigenheiten von Sokrates und Plato gezeigt werden, daß der Leser von dieser Vielschichtigkeit fast überwältigt wird. Der sokratische Dialog leuchtet hier in allen Farben des Gedankenspektrums. Nichts wird zurückgehalten; alles muß gesagt, alle Erlebnisse müssen untersucht und alle Variationen und Kombinationen des moralischen Gesetzes aufgezeigt werden. Um frei schreiben zu können und der Szene einen Anstrich von Authentizität zu geben, benützt Plato Kunstgriffe, die niemals vorher verwendet wurden. Wie in allen vorhergehenden Dialogen ist Sokrates der Hauptsprecher, aber in *Der Staat* erscheint er zum ersten und letzten Mal auch als Verfasser des Werkes und erzählt die Gespräche in der ersten Person. Es ist ein geschickter Trick, dazu bestimmt, Sokrates in den Vordergrund zu bringen. Plato selbst tritt nicht in Erscheinung, aber seine beiden Brüder Adimantes und Glaukon sind da, um die Fragen zu stellen, die Plato auf dem Herzen liegen. Indem er sich quasi in seine Brüder teilt, betont Plato – obwohl er unsichtbar bleibt – seine eigene Rolle in der Komposition dieses gewaltigen und profilierten Streitgespräches.

Das Merkwürdige an *Der Staat* ist die Tatsache, daß Sokrates als ein Mensch gezeigt wird, der im tiefsten nicht wirklich an dem Staatswesen interessiert ist. Sokrates, oder besser gesagt Plato, der gelegentlich die Maske des Meisters trägt, erscheint so angewidert von dem Treiben der Menschen, daß er seinen Zorn kaum beherrschen kann. Es gibt Momente, in denen der beobachtende Verstand verzweifelt angesichts der menschlichen Roheit, der menschlichen Dummheit und der abgründigen Schlechtigkeit der menschlichen Art. Warum, so scheint er zu fragen, warum für solche Kanaillen einen Staat gründen? Dieser Klage wird gegen Ende des Buches wortreich Ausdruck gegeben:

»Diejenigen also, welche im Reich des Gedankens und der geistigen Stärkung Fremdlinge, bei Schmausereien aber und dergleichen Freuden des Fleisches immer zu Hause sind, die bewegen sich also nach unserer Sprache nur nach Unten, von da wiederum nach der Mitte und fahren in dieser Region ihr ganzes Leben lang herum; über diese hinaus zu dem wahrhaft Oben haben sie weder je aufgesehen und darauf einmal losgesteuert, haben niemals sich mit dem höheren wesenhaften Sein wirklich angefüllt, nie ein unvergängliches und reines Vergnügen gekostet: sondern nach Art der Rinder immer mit dem Blick nach Unten gerichtet, zur Erde und zur Krippe gebückt, liegen sie nur auf den Weideplätzen, indem sie sonst nichts tun als sich den Magen anfüllen, sich bespringen, wegen des gegenseitigen Wegschnappens dieser Genüsse mit eisernen Hörnern und Hufen sich stoßen, treten und infolge der Unersättlichkeit ihrer Begierden sich den Tod antun, eben weil sie mit den Dingen besseren Seins nicht sich, nicht das bessere Sein ihres Selbst, nicht den das wahrhafte Sein festhaltenden Teil ihrer Seele angefüllt haben.«

»Ganz wie durch poetische Eingebung«, antwortete Glaukon, schilderst du, Sokrates, das Leben des großen Sündenhaufens!«[4]

Es besteht kein Zweifel, daß Plato genau das meinte, was er sagte, es ist allerdings nicht sicher, ob, was er sagte, auch die Gedanken von Sokrates waren. Seine eigenen Meinungen werden in die Äußerungen von Sokrates hineinverwoben, und manchmal legt er seine Befürchtungen in den Mund eines Mannes, der die Furcht nicht kannte.

Eines der Hauptthemen des *Staates* ist die bodenlose Unwissenheit der Menschen, ihre vollkommene Hilflosigkeit, wenn sie nicht imstande sind, irgendeine Verbindung zu den göttlichen Kräften herzustellen, die das Universum bewegen. Die Menschheit weiß nicht, was sie ist, noch wo sie ist, noch was sie tut. Sie ist steuerlos, ohne Wegweiser, ohne eine Küste in Sicht. Stesichoros erzählt, daß die zehn Jahre dauernde Belagerung von Troja nichts anderes als reinste Barbarei gewesen wäre, vollkommen sinnlos: Es gab keine Helena zu retten, nur ein Phantom, einen Geist, ein ›Etwas‹, das der wirklichen Helena ähnlich sah,

[4] Platon, »Sämtliche Werke II, Der Staat IX«. Übersetzt von Wilhelm Wiegand

die diese Jahre ruhig in Ägypten verbrachte und auf Menelaos wartete. Auf die gleiche Weise verbringen die Menschen – laut Plato – ihr Leben in der verzweifelten Sehnsucht nach dem Unerreichbaren, nach einem Ziele strebend, das sich immer weiter von ihnen entfernt.

In der berühmten Parabel von der Höhle malt Plato ein düsteres, fast hoffnungsloses Bild von unserer Welt; aber es ist nicht so sehr die Qual der Höhlenbewohner, die uns berührt, als die weit größere Qual derjenigen, die versuchen, aus der Höhle hinaus in die reale Welt zu entkommen:

Stelle dir nämlich Menschen in einer höhlenartigen Wohnung vor unter der Erde, die einen nach dem Licht zu geöffneten und längs der ganzen Höhle hingehenden Eingang haben, Menschen, die von Jugend auf an Schenkeln und Hälsen in Fesseln eingeschmiedet sind, so daß sie dort unbeweglich sitzen bleiben und nur vorwärts schauen, aber links und rechts die Köpfe wegen der Fesselung nicht umzudrehen vermögen: das Licht für sie scheine von oben und von der Ferne von einem Feuer hinter ihnen; zwischen dem Feuer und den Gefesselten sei oben ein Querweg; längs diesem denke dir eine kleine Mauer gebaut, wie sie die Gaukler vor dem Publikum haben, über die sie ihre Künste zeigen.

So stelle dir nun weiter vor, längs dieser Mauer trügen Leute allerhand über diese hinausragende Geräte, auch Menschenstatuen und Bilder von anderen lebenden Wesen, aus Holz, Stein und allerlei sonstigen Stoffen, während, wie natürlich, einige der Vorübertragenden ihre Stimme hören lassen, andere schweigen.

– – – –

Wenn der Kerker auch einen Widerhall von der gegenüberstehenden Wand darböte, sooft jemand der Vorübergehenden sich hören ließe – glaubst du wohl, sie würden den Laut etwas anderem zuschieben als den vorüberschwebenden Schatten?

– – – –

Wenn einer entfesselt und genötigt würde, plötzlich aufzustehen, den Hals umzudrehen, herumzugehen, in das Licht zu sehen, und wenn er bei all diesen Handlungen Schmerz empfände und wegen des Glanzgeflimmers vor seinen Augen nicht jene Dinge anschauen könnte, deren Schatten er vorhin zu sehen pflegte: was würde er wohl dann sagen, wenn ihm jemand erklärte, daß er vorhin nur ein unwirkliches Schattenspiel gesehen, daß er jetzt aber dem wahren Sein schon näher sei und sich zu schon wirklichen Gegenständen gewandt habe und daher nunmehr auch schon richtiger sehe? Und wenn man dann auf jeden der vorüberwandernden wirklichen Gegenstände zeigen und ihn durch Fragen zur Antwort nötigen wollte, was er sei — glaubst du nicht, daß er ganz in Verwirrung geraten — die Meinung haben würde, die vorhin geschauten Schattengestalten hätten mehr Realität als die, welche er jetzt gezeigt bekomme?

————

Wenn aber jemand ihn aus dieser Höhle mit Gewalt den rauhen und steilen Aufgang hinauf zöge und ihn nicht losließe, bis er ihn an das Licht der Sonne herausgebracht hätte — würde er da wohl nicht Schmerzen empfunden haben, über dieses Hinaufziehen aufgebracht werden und, nachdem er an das Sonnenlicht gekommen, die Augen voll Blendung haben und also gar nichts von den Dingen sehen können, die jetzt als wirkliche ausgegeben werden?

————

Er würde nun erstlich die Schatten am leichtesten anschauen können und die im Wasser von den Menschen und den übrigen Wesen sich abspiegelnden Bilder, sodann erst die wirklichen Gegenstände selbst. Nach diesen zwei Stufen würde er die Gegenstände am Himmel und den Himmel selbst erst des Nachts, durch Gewöhnung seines Blickes an das Sternen- und Mondlicht, leichter schauen als am Tage die Sonne und das Sonnenlicht.

————

Und endlich auf der vierten Stufe, denke ich, vermag er natürlich die Sonne, das heißt nicht ihre Abspiegelung auf dem Wasser . . . sondern sie selbst in ihrer Reinheit und in ihrer eigenen Region anzublicken, sowie ihr eigentliches Wesen zu beschauen.[5]

Plato meint es nicht gut mit der Menschheit. Er läßt die Höhle so tief sein, daß kein Sonnenstrahl jemals eindringen kann, und um ganz sicherzugehen, daß die Gefangenen das Vorhandensein der

[5] Platon, »Sämtliche Werke II, Der Staat«. Übersetzt von Wilhelm Wiegand

Sonne niemals auch nur ahnen können, befindet sich zwischen ihnen und dem Höhlenausgang ein Feuer und eine Wand. Die Gefangenen können nur die Rückwand der Höhle betrachten und nicht einmal zurücktreten, um sich das Schattenspiel genauer zu betrachten. Platos Höhle ist ein Folterinstrument, um die Menschheit zu quälen.

Die Erfindung der Höhle ist bezeichnend für Plato, nicht für Sokrates. Sie ist glänzend entworfen, um die schmerzvollen Stadien des Erwachens zur Wirklichkeit zu illustrieren. Das Lösen der Ketten, die steife Drehung des Kopfes, das Erkennen des Marionettenspieles, das ungeheuere, das Licht der Sonne verdekkende Feuer, und dann der mühevolle Aufstieg in eine Welt, deren Helligkeit so blendend ist, daß sie zuerst nur bei Nacht ertragen werden kann – all dies entspricht den verschiedenen Stadien der Erkenntnis der Realität. Jedes Stadium wird von heftigen Schmerzen begleitet und von einer Art zunehmender Verwirrung, denn jedes Stadium birgt unerwartete Schrecken. Bis zum allerletzten Augenblick, wenn der Initiant im Strahlenglanz der Sonne badet, gibt es keine Erlösung von der Qual, ein Mensch zu sein.

Mit diesem Bild der Menschheit entfernt sich Plato vollkommen von Sokrates. In *Phaidros* läßt er Sokrates sagen, die Erkenntnis der letzten Wahrheit sei von Schmerz begleitet, doch ist es dort kein unerträglicher Schmerz. Beim Anblick der vollkommenen Schönheit erwachsen dem Menschen Flügel, »die von allen körperlichen Dingen dem Göttlichen am nächsten verwandt sind«, und obwohl dieses Gefieder, aus der Seele erwachsend, unsichtbar ist, wird sein Wachstum doch von Schmerzen begleitet, »ein Gefühl demjenigen eines zahnenden Kindes ähnlich; hierbei also gärt alles an ihr (der Seele) und sprudelt auf, und was die Zahnenden an ihren Zähnen empfinden, wenn sie oben ausbrechen, Jucken und Reiz im Zahnfleisch, eben das empfindet auch die Seele dessen, dem das Gefieder hervorzubrechen anfängt«.[6] Es ist vielleicht ein Maß für den Unterschied zwischen Plato und Sokrates, daß sich der eine die Annäherung an das Göttliche verhältnismäßig schmerzlos vorstellt, während sie sich der andere so qual- und leidvoll ausmalt, daß es kaum die Mühe lohnt. Ruhig auf dem Grund der Höhle sitzen zu bleiben und sich an dem Schattenspiel zu erfreuen, scheint etwas für sich zu haben.

[6] Platon, »Phaidros«. Übertragen von Friedrich Schleiermacher

Alles, was wir von Sokrates wissen, weist darauf hin, daß er die beglückende Parabel des Gefieders erfand, während alles, was wir von Plato wissen, darauf schließen läßt, daß er der Autor der freudlosen Parabel von der Höhle war.

Nicht, daß Plato selbst freudlos gewesen wäre; aber tief in seinem Inneren lebte das Wissen um die dunklen Kräfte der menschlichen Seele, und dieses Wissen schien Sokrates, dessen Heiterkeit sprichwörtlich war, weitgehend gefehlt zu haben. Man kann sich nicht vorstellen, daß Plato gesagt hätte:

». . . dafür aber wollte ich mir Freunde erwerben, ja, Freunde und immer wieder Freunde. Einen guten Freund würde ich unter allen Umständen der besten Wachtel oder dem besten Hahne auf der Welt vorgezogen haben, ja, bei Gott, auch einem schönen Pferde oder einem schönen Hunde. Doch was sage ich da! Ich glaube, ich hätte mir lieber einen guten Freund gewinnen wollen als das ganze Gold des Dareios, lieber, sage ich, als Dareios selbst, den großen König in eigener Person.«[7]

Es klingt wahr, und wir spüren, daß Plato die Worte von Sokrates in dem Dialog über die Freundschaft namens *Lysis* richtig festgehalten hat. Und wenn Sokrates fortfährt: »Ich bin ein alter Mann geworden, doch habe ich eine Gabe; auf den ersten Blick erkenne ich den Liebenden und den Geliebten«, so klingt auch das wahr, und wir spüren, daß er etwas sagt, das für seine Lebensphilosophie ausschlaggebend ist. Platos Anliegen waren von einer ganz anderen Größenordnung. In einem gewissen Sinn war er ein ernsterer und tiefschürfenderer Philosoph als sein Lehrer.

Es ist wichtig, Plato von Sokrates zu trennen, denn obwohl sie zusammengehören und manchmal wie eine einzige Person erscheinen, gibt es Augenblicke, in denen sie meilenweit voneinander entfernt sind. Plato beschäftigte sich, mit gutem Grund, mit der Natur der Tyrannis, und fast alle Abhandlungen über die Tyrannenherrschaft dürften aus seiner Feder stammen. Es ist Plato, nicht Sokrates, der von den »schrecklichen, wilden, gesetzlosen Wünschen« spricht, die in jedem Menschen vorhanden sind, und der den erwachenden Tyrannen mit einem vom Wein

[7] Platon, »Lysis«. Übertragen von Rudolf Kassner

aufgedunsenen Schläfer vergleicht, der davon träumt, »mit seiner eigenen Mutter oder mit irgendeinem Wesen, sei es Gott oder Bestie« zu schlafen, weil er in seinen wüsten Träumen keinen Grund sieht, solche schrecklichen Verbrechen nicht zu begehen.

So entdecken wir in den Dialogen da und dort rein platonische Elemente und andere, die rein sokratisch sind. Zum Beispiel ist es Plato und nicht Sokrates, der die Geschichte von Gyges und seinem Ring erzählt, und er bringt sie mit einer derartigen Meisterschaft, daß wir Dionysios von Halikarnassos wohl glauben können, der berichtet, daß man nach Platos Tod unter seiner Habe viele Tafeln fand, die zeigten, wie oft er die ersten Sätze von *Der Staat* überarbeitet hat, bis sie schließlich zu den einfachen, fließenden Sätzen wurden, welche die Begegnung von Sokrates und Glaukon bei den Festspielen in Piräus schildern. Die Geschichte von Gyges und seinem Ring berichtet, wie sich während eines Gewitters die Erde auftut und ein Hirte in den Abgrund steigt, wo er ein bronzenes Pferd findet, in dessen Inneres eine Türe führt; durch die Türe kann er einen überlebensgroßen Leichnam sehen. Der Schäfer schlüpft in das Innere, nimmt von der Leiche einen goldenen Ring und schleicht wieder fort. Einmal im Monat muß der Schäfer seinem König über den Stand der Herden berichten, und während er mit seinen Begleitern auf den König wartet, dreht er das Siegel des Ringes gedankenverloren nach innen; es ist ein Zauberring, und er wird im gleichen Augenblick unsichtbar. Dreht er das Siegel nach außen, wird er wieder sichtbar. Eine unerhörte Macht ist ihm gegeben. Er wartet, bis er vor dem König steht, um noch einmal unsichtbar zu werden. Er weiß, daß er jedes Verbrechen ungestraft begehen kann, so verführt er die Königin, ermordet mit ihrer Hilfe den König und besteigt den Thron.

Es ist dies eine der vielen Parabeln über die Natur des Tyrannen, und wir erkennen die gleiche Handschrift wie in der Parabel von der Höhle; sie gehört Plato, der Höhlen liebte und sie wo immer möglich einflocht. Es gibt noch mehr Höhlen in seiner Geschichte von Er, dem pamphylischen Soldaten, der in der Schlacht den Tod findet und dessen Leichnam zehn Tage später auf den Scheiterhaufen gelegt wird, als er plötzlich zum Leben erwacht und berichtet, was er in der anderen Welt gesehen hat. Er sagt, er sei gemeinsam mit vielen anderen zu einem seltsamen Ort gewandert, wo sich zwei gewaltige Höhlen in den Himmel und zwei weitere in die Erde geöffnet hätten. Es war der Gerichtsplatz; die Guten wurden in die Höhle gesandt, die sich zum Himmel öffnete, während die Bösen ohne Erbarmen gerichtet wurden. Ardiäos der Große, Tyrann von Pamphilien, mit dem vielleicht Dionysios gemeint ist, wurde zur Strafe an Händen, Füßen und Hals gebunden, sodann gepeitscht und auf Dornen gespießt. Nachdem man die Seelen gestraft oder belohnt hatte, wurden sie vor eine große Lichtsäule gebracht, und hier durften sie ihr nächstes Leben wählen. Sie waren frei zu wählen, was immer sie wollten, ja, wenn sie es wünschten, konnten sie zu Tyrannen werden, doch kaum hatten sie dieses Schicksal gewählt, erfuhren sie die Strafe – auf Befehl des Richters mußten sie ihre eigenen Kinder essen. Sie konnten zu Vögeln oder zu Tieren werden, und so wurde Orpheus ein Schwan, Ajax ein Löwe, Agamemnon ein Adler, Thersites ein Pavian und Odysseus das, was es ihn immer zu sein verlangt hatte, ein gewöhnlicher Mensch. Nach vollzogener Wahl wurden sie an den Fluß des Vergessens geführt, um daraus zu trinken. Ein Erdbeben, gefolgt von einem Donnerschlag, erweckte sie um Mitternacht, und plötzlich wurden alle »wie Sternschnuppen« in ihr neues Leben geworfen.

Der Parabel zufolge war Er aus irgendeinem Grund von der Legion der Toten ausgeschlossen, und es war ihm nicht erlaubt, aus dem Fluß des Vergessens zu trinken. Als er die Augen öffnet, graut der Morgen, und er liegt auf dem Scheiterhaufen.

Plato erzählt das Schicksal, welches die Menschen nach ihrem Tode erwartet, aber am Schluß hören wir die Stimme von Sokrates:

»So müssen wir die Seele als unsterblich ansehen, imstande, Gutes wie Böses zu ertragen, und uns stets an den nach oben führenden Weg halten und auf jede Weise nach Gerechtigkeit und Weisheit streben. So werden wir mit Gott in Frieden sein und mit uns selbst, sowohl hier wie auch dann, wenn wir, wie die Sieger in den Spielen, die ihre Belohnung erhalten, den uns zugedachten Preis bekommen; und so kommt es, daß in diesem Leben und in der tausendjährigen Wanderung der Seele alles zum Besten bestellt ist.«

27 Die Geburt der Naturwissenschaften

Ungefähr um das Jahr 550 v. Chr. begannen die Griechen zu ahnen, daß das Universum nicht irrational und von den Launen der Götter abhängig sei, sondern einem Gesetz folgte, dem *logos*, welchem alle Dinge untergeordnet sind. Die Götter blieben, denn es war ihre Aufgabe, zu bleiben, ebenso wie es ihre Aufgabe war, Form und Charakter zu verändern und fortwährend Einflüsse aus der Fremde aufzunehmen; aber hoch über ihnen – unsichtbar und unverständlich – thronte in einsamer Größe der *logos*. Der *logos* besaß nicht das bärtige Gesicht eines Zeus, und keine Eichenblätter schmückten sein Haupt. Er war weder im Gewittergrollen noch in Träumen oder Prophezeiungen zu hören. Aus dem Innern des *logos* strömte eine Kraft, die das ganze Universum bewegte. Von ihm kamen die Winde; die Gezeiten hoben und senkten sich nach seinem Befehl; Zeit und Raum strömten aus ihm.

Vorerst beschrieben die Griechen den *logos* nur zögernd, da sie erkannten, daß er sich jeder Beschreibung entzieht. Xenophanes spricht von »einem Gott, dem größten unter Göttern und Menschen, in keiner Weise den Sterblichen ähnlich, weder im Körper noch im Geist«. Er lehnte die gesamten Werke von Homer und Hesiod mit der Behauptung ab, sie wären ein Vorwurf gegen die Menschheit, da sie die Götter stehlend, sich betrügend und Unzucht treibend schilderten. Der *logos* betreibt keine Unzucht, er stiehlt nicht, er betrügt nicht. Er ist weiter von den menschlichen Leidenschaften entfernt als der fernste Stern – rein, gefühllos, ohne jegliche Begierde. Pythagoras dachte, er ließe sich durch die vollkommene Zahl oder durch eine musikalische Tonfolge darstellen. »Die Pythagoreer glauben«, schreibt Aristoteles, »die Elemente der Zahlen seien die Urelemente aller Dinge und das ganze Universum eine Tonfolge und eine Zahl.« Parmenides spricht von dem »Einen«, das vielleicht nur die Dekade des Pythagoras unter einem anderen Namen war. So bewegten sich die Griechen fröhlich inmitten von Abstraktionen, kamen von einer auf die andere, bis sie erkannten, daß die Struktur des Universums logisch und geordnet sein müsse, wie eine Maschine *(mechanê)*, ein Schiff oder ein menschlicher Körper – ungezählte Teile, die sich in einem großen Zusammenspiel vereinen.

So geschah es, daß die Griechen die ersten waren, die nach den Gesetzlichkeiten des Alls fragten und Methoden entwickelten, durch welche diese Gesetze erforscht werden konnten. Die Methoden betrafen niemals oder nur selten das Experiment allein, denn für sie war das empirische Wissen nur ein kleiner Teil des erfaßbaren Wissens von dem Bauplan des Universums; den theoretischen Überlegungen der Menschen kam eine ebenso große Bedeutung zu wie den Entdeckungen der Forscher in ihren Laboratorien oder jenen der Anatomen beim Sezieren eines Tierkörpers.

Um das Jahr 500 v. Chr. hören wir von erstaunlichen Fortschritten in den Naturwissenschaften und der bewußten Anwendung mathematischer Erkenntnisse, um technische Probleme zu lösen. Alkmäon von Kroton, ein pythagoreischer Arzt, beginnt mit der Sektion von Tieren. Neue Navigationsinstrumente kommen in den Gebrauch. Hekatäos studiert die Geschichte der Länder um das Mittelmeer und reist bis nach Genua und an die spanische Küste, Xenophanes beobachtet vom Land her das Phänomen der Ablagerungen von Muscheln und Meeresfossilien an den Küsten, Alkmäon entdeckt den Sehnerv und die Eustachische Röhre. Plötzlich wird der Blick schärfer, die Hand ruhiger. Der mit mythologischen Figuren bedeckte Vorhang hebt sich, um eine Bühne freizugeben, auf der alles noch immer geheimnisvoll, noch immer vom göttlichen Licht erleuchtet, aber nicht mehr verschwommen ist; die Konturen der Dinge sind scharf umrissen, strahlend und herrlicher als jemals zuvor, da sie erkennbar sind.

Besonders auf der Insel Samos ereignete sich viel. Hier konstruierte Eupalinos von Megara einen Kanal, um die Stadt mit Wasser zu versorgen, indem er einen fast eine Meile langen, zwei Meter breiten und ebenso hohen Tunnel bohrte. Die Bauleute fingen auf beiden Seiten des Hügels mit den Bohrungen an, und Archäologen, die 1878 den Tunnel freilegten, stellten fest, daß sie sich beim Zusammentreffen um kaum einen Meter geirrt hatten. Das ist nur eine der technischen Leistungen, die Herodot von den Bewohnern von Samos berichtet. Sie bauten auch den größten aller bekannten Tempel und einen künstlichen Hafen, umgeben von einem Wellenbrecher, der zwanzig Faden tief im Wasser stand. Alle diese Konstruktionen basierten auf mathematischem Wissen und genauen Berechnungen. Herodot war von den Samianern fast eingeschüchtert und erklärt, er erzähle ihre Geschichte besonders ausführlich, weil er von ihren technischen Errungenschaften so beeindruckt gewesen sei.

Die Welt der Wissenschaft wurde zur gleichen Zeit geboren wie die Demokratie; sie erschienen Hand in Hand, denn die gleiche Ursache erlaubte ihre Entwicklung. Tyrannis ist immer der Ausdruck einer Mythologie, und sie mußte jetzt vor den strengen Augen der Vernunft in die Dunkelheit zurückweichen. Demokratie bedeutet laut Aristoteles »zu lenken und gelenkt zu werden«. Sie ist eine experimentelle Wissenschaft und wie viele Experimente nicht unfehlbar. Tyrannis bedeutet Gesetzlosigkeit, und einer Generation, die annahm, das Universum werden von dem Gesetz des *logos* gesteuert, bewiesen Irrationalität und Planlosigkeit der Tyrannis, daß sie von allen Möglichkeiten dem Glück der Menschheit am wenigsten förderlich sei.

Im Laufe eines Jahrhunderts erschlossen die griechischen Wissenschaftler vollkommen neue Gebiete, die noch nie erforscht worden waren. Mathematiker wiesen die Richtung; die strenge pythagoreische Lehre trug Früchte in den erstaunlichen Leistungen von Hippokrates von Chios, der zeigte, daß die Summe der beiden, durch Halbkreise über den Seiten eines rechtwinkeligen Dreiecks begrenzten ›Monde‹ flächengleich sind dem Dreieck (»Hippokratisches Möndchen«). Damit wurde zum ersten Mal eine von Kreissegmenten eingeschlossene Fläche einer von Geraden eingeschlossenen Fläche gleichgesetzt. Er hatte die Quadratur des Kreises nicht gelöst, aber er hatte eine Beziehung zwischen Quadraten und Kreisen gefunden, die darauf hindeutete, daß sich alle von Kurven begrenzten Flächen in der Natur genau berechnen ließen; das Blatt, die Wellen des Wassers, der Faltenwurf eines Frauengewandes, all dies war meßbar und dem Gesetz des *logos* unterworfen.

Nach den Mathematikern kamen die Geographen, die Kartographen, Biologen, Physiker und Ärzte. Kaum gibt es irgendein Gebiet der menschlichen Erkenntnis, auf dem die Griechen keine erstaunlichen Entdeckungen gemacht hätten. Nach allgemeiner Übereinstimmung waren es zwei griechische Forscher, die alle übrigen in den Schatten stellten; der eine begründete die Medizin, der andere – ursprünglich zum Meeresbiologen ausgebildet – bemächtigte sich fast aller anderen Wissenszweige.

Von Hippokrates wissen wir kaum etwas, außer daß er um

460 v. Chr. geboren wurde und ein unruhiges Wanderleben führte, das ihn nach Thrakien, auf die Insel Delos und Thasos, nach Athen und Abdera führte; immer wieder aber kehrte er zu seiner Geburtsstätte auf der Insel Kos zurück, wo er über das mit dem Tempel des Asklepios verbundene Spital wachte. Er stammte aus einem Ärztegeschlecht und seine Söhne wählten den gleichen Beruf. 377 starb er hochbetagt in Larissa. Von seinem Aussehen können wir annehmen, daß es mit den von späteren Generationen verfertigten Büsten eine gewisse Ähnlichkeit hatte. Diese Büsten zeigen ihn als einen alten Mann mit hoher, gefurchter Stirne, einem von tiefen Linien durchzogenen, schmalen Gesicht und einem säuberlich gestutzten Bart; das idealisierte Porträt eines von Sorgen und Ängsten bedrückten Arztes.

Aber ist auch die Persönlichkeit des Menschen für uns schwer erkennbar, so spricht doch sein Geist klar aus seinen Schriften zu uns, die ernst und düster sind, von einer gewissen harten Endgültigkeit, wie von einem Menschen, der lange gegrübelt, bitteres Leid beobachtet und viele Menschen sterben gesehen hat, aber am Ende zu einigen unumstößlichen Schlußfolgerungen gekommen ist. Vielleicht kann man ihm nicht mehr als sechs Bücher aus der seinen Namen tragenden Schriftensammlung mit Sicherheit zuschreiben – *Alte Medizin* (ein Frühwerk), *Über die Heilige Krankheit, Buch der Prognosen, Behandlung von Akuten Krankheiten, Über den Einfluß der Umwelt auf die Gesundheit* (über Luft, Wasser, Orte) und die *Aphorismen*, welch letzteres die Natur des Menschen am deutlichsten beschreibt.

Den Eid des Hippokrates verfaßte er nicht ganz so, wie er uns überliefert ist, denn aus gewissen Stellen muß man schließen, daß er zu einem späteren Zeitpunkt neu formuliert wurde, aber der ursprüngliche Eid muß zumindest sehr ähnlich gewesen sein und die Essenz stammt zweifellos aus seiner Feder:

Ich schwöre bei Apollon, dem Arzte, und Asklepios und Hygieia und Panakeia und allen Göttern und Göttinnen als Zeugen, daß ich nach meinem besten Vermögen und Urteil diesen Eid und diese Verpflichtungen erfüllen werde:

Den, der mich diese Kunst lehrte, gleich zu achten meinen Eltern, insbesondere mit ihm den Lebensunterhalt zu teilen und ihn mitzuversorgen, falls er Not leidet; seine Nachkommen gleichzuachten meinen männlichen Geschwistern, insbesondere, wenn sie es wünschen, sie diese Kunst zu lehren ohne Entgelt und vertragliche Verpflichtung, und so Ratschlag und Vorlesung und alle sonstigen Belehrungen zu erteilen meinen und meines Lehrers Söhnen wie auch den Schülern, die durch den Vertrag gebunden und vereidigt sind nach ärztlichem Brauch, sonst aber niemandem.

Meine Verordnungen werde ich treffen zu Nutz und Frommen der Kranken nach meinem besten Vermögen und Urteil, sie schützen vor allem, was ihnen schaden und Unrecht zufügen könnte.

Nie werde ich, auch nicht auf eine Bitte hin, ein tödlich wirkendes Gift verabreichen oder auch nur einen Rat dazu erteilen; gleicherweise werde ich niemals einer Frau ein fruchtabtreibendes Zäpfchen geben.

Heilig und rein werde ich mein Leben bewahren und meine Kunst. In welche Häuser ich eintrete, stets will ich eintreten zu Nutz und Frommen der Kranken, mich fernhaltend vom willkürlichen Unrecht und jeder anderen Schädigung, insbesondere von Werken der Wollust an den Leibern von Frauen und Männern, Freien und Sklaven. Was ich auch bei der Behandlung sehe oder höre oder außerhalb der Behandlung im Leben der Menschen, soweit man es nicht ausplaudern darf, werde ich darüber schweigen, in der Überzeugung, daß hier Schweigen heilige Pflicht ist.

Wenn ich nun diesen meinen Eidspruch erfülle und nicht verletze, möge mir im Leben und in der Kunst Erfolg beschieden sein, Ruhm und Ansehen bei allen Menschen bis in ewige Zeiten; wenn ich ihn übertrete und meineidig werde, dessen Gegenteil.

Der Hippokratische Eid, von Karl Deichgräber

Dieser außergewöhnliche Eid muß mit der Begräbnisrede von Perikles und Platos *Phaidro* zu den ganz großen Dokumenten der griechischen Literatur gerechnet werden. Eine apollonische Ruhe liegt über ihm, ein Hauch des Göttlichen; Sanftheit und eine stille Verpflichtung gegenüber Menschen und Göttern. Der Arzt verlangt von sich die gleiche rigorose Disziplin, die von einem vorzüglichen Athleten erwartet wird.

Hippokrates war stets bemüht, seine Patienten sorgfältig zu beobachten und alle Veränderungen während des Krankheitsverlaufes festzuhalten, um so das Bild einer Krankheit skizzieren zu können. Er war der Auffassung, daß jedes Leiden physische

Ursachen habe und keine Heimsuchung der Götter sei. Da die Menschen nicht weit von den Göttern entfernt seien, wäre es um so wichtiger, sie von ihren Gebrechen zu befreien. Er ist an allem interessiert, was mit seinen Patienten vorgeht — wie sie atmen, wie sie gehen und stehen, wie sie sprechen und lächeln, was ihre Gedanken und ihre Träume sind. Es genügt nicht, die Temperaturen zu messen und Stuhl, Harn und Sputum zu untersuchen, alles äußere Anzeichen der Krankheit. Der ganze Mensch muß erfaßt und verstanden werden; und dann, nach einer gründlichen Untersuchung und der richtigen Interpretation von hundert verschiedenen Symptomen, kann man zu einigen grundlegenden Schlußfolgerungen kommen. »Die Untersuchung des Körpers«, so schreibt er, »ist eine ernste Angelegenheit, die gute Augen und gute Ohren ebenso verlangt wie Geruchsunterscheidung, Tastsinn und Verstand.«

Die große Leistung von Hippokrates liegt darin, daß er es zuwege brachte, mit den Legenden aufzuräumen und den Menschen als ein unendlich komplexes System darzustellen, dessen Teile in ihrer Gesamtheit einem Gesetz gehorchen. Er hatte keine Angst vor der Anatomie, und es gibt eine Geschichte, daß er dem Tempel des Apollo in Delphi ein vollkommenes Skelett aus Gold schenkte. Als Plato die Großen seiner Zeit verglich, stellte er Hippokrates auf eine Stufe mit den Bildhauern Polykleitos und Phidias, denn formte nicht auch Hippokrates die Züge des Menschen?

Unter den Juwelen der hippokratischen Schriftensammlung sind zweiundvierzig Krankengeschichten, einige kurz, andere recht ausführlich, aber alle legen Zeugnis ab von einer sorgfältigen, genauen Beobachtung. Wir müssen zweitausend Jahre warten, bevor Krankengeschichten wie diese zur Routine werden:

In Thasos wurde die Frau von Delearkes, der in der Ebene lebt, nach einem großen Kummer von einem Fieber, begleitet von Schüttelfrost, befallen. Von Anbeginn blieb sie, fest in Decken gehüllt, schweigend liegen. Sie kratzte, fuhr mit den Händen umher, weinte und lachte. Sie konnte keinen Schlaf finden. Sie hatte keinen Stuhlgang, obwohl es sie danach verlangte. Wenn man sie aufforderte, trank sie ein wenig. Ihr Urin war dünn und selten, die Haut fiebrig, Hände und Füße kalt.

Neunter Tag. Viel unzusammenhängendes Gefasel, dann Stille.
Vierzehnter Tag. Atmung unregelmäßig und schwer, dann wieder stoßweise.
Siebzehnter Tag. Entleerung teilweise schlecht verdauter Substanzen, was immer sie trinkt, tritt unverändert wieder aus; nichts koaguliert. Die Patientin ist vollkommen gefühllos, die Haut trocken und brüchig.
Zwanzigster Tag. Unzusammenhängende Reden, dann wieder Ruhe; hastiges Atmen.
Einundzwanzigster Tag. Tod.
Die ganze Zeit war die Atmung der Patientin stoßweise und schwer; sie war vollkommen teilnahmslos; in ihre Bettdecken gehüllt, sprach sie entweder Worte ohne Sinn oder war vollkommen still.[1]

(Epidemion, XV)

Der unbekannte Arzt, der diese Krankengeschichte niederschrieb; hat einen präzisen Bericht über einen Patienten geschrieben, der an Typhus erkrankt ist. Mit der »seltenen und stoßweisen Atmung« ist augenscheinlich der unter dem Namen »Cheyne-Stokes-Atmung« bekannte, bei Sterbenden sehr häufige Respirationstypus gemeint. Von einer Behandlung wird nichts erwähnt; vielleicht gab es keine. Es ist nur der Bericht vorhanden, der mit ähnlichen Krankengeschichten verglichen werden kann, bis sich die Norm der Krankheit herauskristallisiert hat, so daß man ihre Symptome in den verschiedenartigsten Fällen kennt.

Wieder und wieder treffen wir in den Schriften der Hippokratiker auf die Dringlichkeit sorgfältiger Beobachtung. Die *Aphorismen* beschreiben die Symptome vieler Krankheiten, wie man sie aus zahllosen Beobachtungen festgestellt hatte, und wenn uns einige rudimentär erscheinen, so waren sie das im fünften Jahrhundert v. Chr. keineswegs.

Schwindsucht tritt meistens im Alter von achtzehn bis fünfunddreißig Jahren auf.

Wenn der Schlaf ein Delirium beendet, so ist dies ein gutes Zeichen.

[1] »Hippokrates«. Übersetzt von Richard Kapfer

Alte Menschen ertragen das Fasten leichter als Menschen in mittleren Jahren, Junge ertragen das Fasten schlecht und am schlechtesten Kinder, vor allem diejenigen, die sehr lebhaft sind.

Wenn ein Rekonvaleszent fleißig ißt, dabei aber nicht zunimmt, so ist dies ein schlechtes Zeichen.

Die Alten klagen im allgemeinen weniger über Beschwerden als die Jungen, aber wenn sie chronische Leiden haben, so enden diese zumeist tödlich.

Alle Krankheiten treten zu allen Jahreszeiten auf, aber einige treten besonders häufig oder besonders stark zu bestimmten Jahreszeiten auf.

Ein Starrkrampf nach einer Verwundung ist tödlich. Wenn nach schweren Wunden keine Schwellung auftritt, so ist das sehr ernst.

Störe keinen Patienten während oder kurz nach der Krise, und versuche keine Experimente mit Reinigungen und Spülungen.

Für extreme Fälle eine extreme Behandlung.

Wir müssen das Aussehen des Auges von unten gesehen während des Schlafes beobachten: Wenn das Weiße der Augen zwischen den Augenlidern gesehen werden kann und wenn dies nicht die Folge einer Diarrhea oder einer starken Purganz ist, dann ist es ein schlechtes, letales Zeichen.

So studierten die Ärzte der Antike mit Geduld, Klugheit und zunehmender Übung im Diagnostizieren von Symptomen ihre Patienten und begannen ein System der Arzneimittelbehandlung und Therapie zu entwerfen, das zum besten ihrer Zeit wurde. Sie glaubten, der menschliche Körper sei aus vier Substanzen — Blut, Schleim, gelber Gallenfluß und schwarzer Auswurf — zusammengesetzt, und sie entwarfen herrlich komplexe Theorien, um die Prädominanz des einen Stoffes über den andern zu erklären. Aber im Großen gesehen triumphierte die wissenschaftliche Methode.

»Das Leben ist kurz und die Kunst ist lang«, schreibt Hippokrates und fügt bekümmert hinzu: »die Gelegenheit flüchtig, die Erfahrung unsicher, das Urteil schwierig.«[2]

[2] »Hippokrates«. Übersetzt von Richard Kapfer

28 Aristoteles

»Allen Menschen wurde von der Natur der Wissensdrang gegeben«, schreibt Aristoteles zu Beginn seiner *Metaphysik*, und mit dieser Feststellung, die zwar in bezug auf Aristoteles richtig, in bezug auf die übrige Menschheit aber zweifelhaft erscheint, gibt er ein so treffendes Bild von sich, wie ein Mann dies in einem einzigen Satz nur geben kann. Er war, wie Dante sagt, der Meister der Wissenden — *il maestro di color che sanno.* Das von ihm erwählte Gebiet war nicht weniger als eine Gesamtkenntnis des Universums, und er zweifelte nicht daran, daß ein gewissenhafter Philosoph imstande sein müsse, dieses Wissen in klaren Erkenntnissen auszudrücken. Es gibt keine Wunder, für die sich nicht eine Erklärung finden ließe, keine Geheimnisse, denen nicht ihre Lösung abgerungen werden könnte. Er hielt die griechische Sprache mit ihrem außerordentlichen Wortschatz und der Flexibilität ihres Aufbaues für das beste Instrument, alle dem Menschen bekannten Künste, Wissenschaften und Fertigkeiten zu beschreiben. Die Tiefe des Meeres und die Höhe des Himmels würden sich dem Genius der Sprache ergeben, und zum Schluß würde alles Wissen im Netz der Worte gefangen sein.

Das Ziel des Aristoteles war also das Wissen und dessen säuberliche Ordnung. Jedes Ding mußte geprüft, definiert, verglichen und seiner Natur entsprechend in ein geordnetes Universum gestellt werden. Seiner Ansicht nach hatte der menschliche Geist zu lange unter einer mystischen Hingabe an die Dichtkunst gelitten: diese hatte gemeint, den Himmel im Sturm erobern zu können, während der einzig mögliche Weg in der sorgfältigen Beobachtung winziger Schwächen der himmlischen Verteidigungslinien lag. Selbst der Himmel könnte, studierte man ihn genau, in einem Netz von Worten weggetragen werden. So kommt es, daß fast alle noch erhaltenen Werke des Aristoteles einen zumindest angedeuteten Tadel gegen Plato enthalten, welcher das Staatsgefüge ändern wollte, ohne dessen Mechanismus zu verstehen, und der einen Himmel voraussetzte, voll von Begriffen, die sich niemals einer wissenschaftlichen Analyse unterziehen ließen, da sie eine Sache des Glaubens waren. Aristoteles hatte zu diesem Gedankenreich keine Beziehung, wenn er ihm auch von Zeit zu Zeit flüchtigen Tribut zollte. Woran er mit aufrichtiger Leidenschaft glaubte, war die Verständlichkeit des Universums.

Können wir den heute noch erhaltenen Werken, die hauptsächlich Mitschriften sein dürften, Glauben schenken, so hatte er sichtlich kein Talent für Stil und keinen Sinn für die im Universum schwingende Musik. Er stand mit beiden Füßen auf dem Boden, war vorsichtig und voller Liebe für Tatsachen; kunstvoll konstruierte Theorien sagten ihm nichts, bevor er die Tatsachen nicht in ein Ordnungssystem gebracht hatte, doch ist das gewählte System seinen Theorien merkwürdig gut angepaßt. Mythologie und Poesie betrachtete er mit Vorsicht, und es ist charakteristisch für ihn, daß er bei der Diskussion über die Natur der dichterischen Tragödie ebenso simple wie eiserne Regeln aufstellte, welchen alle Tragödien seiner Meinung nach folgen sollten, obwohl sich in Wirklichkeit, mit Ausnahme von *Ödipus Rex,* keines der vorhandenen Stücke an seine Vorschriften hielt. Manchmal wird sein Wortnetz zu einer Zwangsjacke.

Nahezu zweitausend Jahre hatte Aristoteles im europäischen Geistesleben einen überragenden Platz inne. Er war »der Philosoph«, so als gäbe es keinen anderen. Er drückte seinen Stempel zahllosen Studentengenerationen auf, die sich auf seine Autorität in gleicher Weise beriefen wie die Griechen auf die Autorität des delphischen Orakels.

Er kam in Stageiros, einer ionischen Kolonie in Thrakien, zur Welt; sein Vater war der Leibarzt des Königs Amyntas von Makedonien. Er beanspruchte, vom großen Asklepios abzustammen, dessen beide Söhne, laut Homer, den Griechen bei Troja halfen, und da Asklepios einmütig als der Sohn Apollos angesehen wurde, konnte Aristoteles behaupten, von Apollo abzustammen. Er wuchs am Hof von König Amyntas auf und scheint mit dessen Sohn Philipp auf freundschaftlichem Fuß gestanden zu sein. Mit ungefähr achtzehn Jahren verließ er das nördliche Griechenland, um an Platos Akademie zu studieren, wo er, wie die Überlieferung erzählt, zuerst als Student und später als Lehrer zwanzig Jahre blieb und, infolge seiner Leidenschaft, Manuskripte zu lesen und sich anzueignen, »der Student« hieß.

Er blieb ungefähr bis zu Platos Tod in Athen, und es besteht berechtigter Grund anzunehmen, daß er hoffte, Präsident der Akademie zu werden. Als aber die Präsidentschaft an Platos Neffen Spensippos fiel, verließ Aristoteles Athen und begab sich auf eine zwölfjährige Wanderschaft. Zuerst verbrachte er einige Zeit am Hofe von Hermeias, dem Tyrannen des nahe von Troja gelegenen Assos, wo er seine politischen und biologischen Studien fortsetzte und die Nichte des Tyrannen heiratete. Dann ging er nach Mytilene, wo er unterrichtete und in den Ruf eines Patrioten gelangte, dessen höchstes Ziel die Zerstörung der immer größer werdenden persischen Macht zu sein schien; schließlich kam er nach Pella, der makedonischen Hauptstadt, und wurde der Lehrer von Alexander, dem Sohn Philipps von Makedonien. Zwischen dem Prinzen und dem Philosophen entstand eine dauernde Freundschaft. Gab es auch Zeiten der Entfremdung, so vergaß Alexander während seines Triumphzuges durch Asien doch nicht, seinem alten Lehrer biologische Proben zu senden.

Ungefähr 335 v. Chr. kehrte er nach Athen zurück und gründete in dem Apollo Lykeios und den Musen geweihten Hain eine Schule; der Platz dürfte sich nahe den Ufern des Ilissos, am Fuß des Lykabettos befunden haben. Es gab verschiedene Unterrichtsräume, eine Bibliothek, ein Kartenzimmer, einen Altar und ein »Tempel der Musen« genanntes Gebäude. Eine großzügige Gabe von Alexander dem Großen ermöglichte den Kauf von Büchern und Karten. Aristoteles pflegte in einem Wandelgang, dem *peripatos*, zu unterrichten; von diesem Wandelgang stammt der Name *peripatetische Schule*. Am Morgen unterrichtete er eine ausgewählte Gruppe von Schülern in Logik und den Grundprinzipien, der Nachmittag war allgemeinen Vorlesungen über Rhetorik, Politik, Ethik und alle anderen Wissensgebiete vorbehalten. Im Gegensatz zur Akademie glich das Lykeion mit seinem komplexen Ablauf und dem Programm für Absolventen einer modernen Universität.

Zwölf Jahre unterrichtete Aristoteles am Lykeion, doch nach dem 323 v. Chr. erfolgten Tod Alexanders des Großen versiegte die Hilfe, die ihm von seiten des makedonischen Regenten Antipatros gewährt worden war, und mit dem Aufkommen antimakedonischer Strömungen in Athen floh er nach Chalkis, »damit nicht«, wie er angeblich gesagt haben soll, »die Athener zweimal gegen die Philosophie sündigen«. Im folgenden Jahr starb er im Alter von zweiundsechzig Jahren an einem Magenleiden, das er sich durch Überarbeitung zugezogen hatte. Platos Testament war kurz, und er hinterließ wenig weltliche Güter. Aristoteles' Letzter Wille, der erhalten geblieben ist, war lang und führt beachtliche Reichtümer an. Antipatros wurde zum Vollstrecker dieser Verfügungen bestimmt. Aristoteles wünschte, daß in Nemea eine Statue für seine Mutter aufgestellt werde, ebenso einige Steintiere in Stageiros, »zu Ehren von Zeus, dem Retter, und Athene, der Retterin«, in Erinnerung eines Gelübdes, das er gemeinsam mit Nikanor, dem künftigen Mann seiner Tochter, abgelegt hatte. Für seine Geliebte Herpyllis forderte er Versorgung, und außerdem sollte ihr ein Ehemann gefunden werden; sie sollte ein Silbertalent bekommen, vier Mägde und einen Sklavenjungen. Sie konnte entweder seines Vaters Haus in Stageiros bewohnen oder in dem Haus in Chalkis bleiben, wie es ihr beliebte. Außerdem verlangte er, die Gebeine seiner Frau Pythias, der Nichte von Hermeias, sollten exhumiert und neben ihm beigesetzt werden. Das Testament ist mit größter Sorgfalt verfaßt und läßt an der Liebe zu Frau, Geliebter und Tochter keinen Zweifel.

Von Aristoteles' äußerer Erscheinung wissen wir kaum etwas. Diogenes Laertius sagt, er habe schütteres, aber sehr sorgfältig gepflegtes Haar, kleine Augen, dünne Beine und einen Sprachfehler gehabt; er liebte es, sich reich zu kleiden und Ringe zu tragen, die Eleganz seiner Erscheinung ließ den Ionier erkennen. Er scheint einen trockenen Humor besessen zu haben, und man erzählt von ihm einige amüsante Anekdoten. Als er einmal gefragt wurde, warum schöne Menschen so umworben werden, antwortete er: »Das ist eine Frage, die man einem Blinden stellen müßte.« Bei einer anderen Gelegenheit sollte er sagen, welche Vorteile ihm das Studium der Philosophie gebracht habe; er meinte: »Ich tue ohne Zwang das, was andere aus Furcht vor dem Gesetz tun.« Über die Erziehung bemerkte er: »Die Wurzeln sind bitter, doch die Früchte süß.« Als er hörte, es habe ihn jemand geschmäht, lachte er: »In meiner Abwesenheit kann er mich, wenn es ihm beliebt, auch schlagen.«

Aristoteles schrieb über zweihundert Bücher: Ihre Titel sind in drei uns erhaltenen Listen verzeichnet, doch einige der interessantesten Titel sind verloren. Er verfaßte Werke wie: *Über das Verheiratetwerden, Über die göttliche Glückseligkeit, Über die Melancholie, Über das Entkräften von Zaubersprüchen, Über die Trunkenheit, Über den Schwindelanfall und die plötzliche Getrübtheit des Blickes, Über die Schmeichelei, Über die Begeisterung, Über das Lob der Götter* und *Über Alexander.* Keines davon ist bis zu uns gekommen. Er sammelte und veröffentlichte

Kurzauszüge von hundertachtundfünfzig politischen Verfassungen als Vorbereitung für seine *Politik;* alle diese Arbeiten sind verloren, bis auf ein Fragment der *Verfassung von Athen,* das im Jahre 1890 aus dem ägyptischen Sand gegraben wurde. Er schrieb zwei Bände Dichtungen, und sein Gesamtwerk umfaßte, nach Diogenes Laertius, der sie anscheinend gezählt hatte, vierhundertfünfundvierzigtausend und zweihundertsiebzig Zeilen. Ungefähr ein Zwanzigstel davon hat die Zeiten überdauert.

Aristoteles ist am besten durch seine Vorfahren zu verstehen, diese lange Reihe von Ärzten, die von Asklepios und Apollo abstammten. Er ging an die Dinge mit den Augen eines Arztes heran und besaß dessen Sehnsucht, die Funktion alles Lebendigen zu erfassen; die konkrete Einzelform besser erkennend als die allumfassende Ordnung; die Dinge hinnehmend, wie sie sind, nicht wie er sie haben wollte. Ungefähr ein Viertel seines noch erhaltenen Werkes befaßt sich mit Naturgeschichte, basierend auf Beobachtungen und Experimenten. Sein besonderes Interesse galt dem Ursprung der Dinge. Es war vor allem die Fortpflanzung selbst, die ihn interessierte, denn er sah in der Paarung zweier Tiere, mochten sie auch noch so klein sein, nicht die Einzelhandlung, sondern einen das ganze Universum betreffenden Vorgang, eine Tat göttlicher Planung, ausgeführt durch diese, dem Verderben bestimmten Kreaturen. Unendlichkeit liegt bereits im Embryo; weit öffnet die Ewigkeit ihre Pforten, das Küken zu empfangen. Schreibt er über die Geburt der Tiere, so gibt er nur vor, der kühle Beobachter zu sein, denn die Erregung in seiner Stimme ist nicht zu überhören. Hier beschreibt er das zur Welt kommende Küken:

Um den zwanzigsten Tag piept es und bewegt sich innen schon, wenn man das Ei anfaßt, um es zu zerbrechen, und es ist schon dicht befiedert, sobald dann nach dem zwanzigsten Tag die Eischale durchbrochen wird. Den Kopf hält es über dem rechten Schenkel an der Weiche, den Flügel über den Kopf. In dieser Zeit erkennt man deutlich die eingeweideartige Haut unter der Eischale, in die zuäußerst die eine Nabelschnur führte und in die das ganze Küken gebettet war, und auch die andere Haut von gleicher Art, die um das Eigelb, in die die zweite Nabelschnur ging. Beide begannen sie im Herzen und in der großen Ader. Jetzt aber löst sich die zum Rande führende Nabelschnur von den Tierchen ab und fällt bei, während die in das Gelbe reichende mit dem Tierchen am Dünndarm zusammenhängt, und auch im Innern des Kükens befindet sich bereits viel von dem Eigelb, sogar im Magen ist ein gelblicher Rückschlag. Ja es läßt um diese Zeit auch nach außen schon Abscheidungen und hat solche auch im Darm. Die äußere wie die innere Abscheidung sind weiß. Schließlich wird das Eigelb, das immer weniger geworden ist, wenn es hervorkommt, ganz aufgebraucht und in das Küken aufgesogen, so daß, wenn man das Ei am zehnten Tage zerschlägt und das Küken öffnet, manchmal nur noch wenig Eigelb im Darm übriggeblieben ist und es sich von der Nabelschnur schon gelöst hat. Es bleibt davon nichts übrig in dem Zwischenraum, sondern ist gänzlich aufgebraucht. — In der früher behandelten Zeit schläft das Küken zwar, wacht jedoch auf, wenn es bewegt wird, blickt um sich und piept. Und das Herz schwillt mit dem Nabel an, als atme es.

(Tierkunde, VI) [1]

Nicht immer ist Aristoteles so genau und so poetisch wie hier; manchmal ersetzen Dichtung und Altweibermärchen die Wissenschaft. Er behauptet, der weibliche Reiher schreie während des Liebesspieles, Blut träte aus seinen Augen, und das Legen der Eier geschähe auf eine so unbeholfene Weise, als ob es mit großen Schmerzen verbunden sei. Die *Tierkunde* ist eine Schatzkammer, in der Widersinnigkeiten, Fabeln und wissenschaftliche Ergebnisse dicht nebeneinander liegen. Er glaubte, daß die Ziegen durch die Ohren atmeten und die Geier durch den Wind befruchtet würden. Seiner Ansicht nach sterben die Mäuse, wenn sie im Sommer trinken, lassen sich Hirsche mit Musik fangen und vermehren sich Aale durch Urzeugung. Er hatte die durch das Feuer wandernden Salamander gern und schrieb gelehrt über Einhörner und andere gehörnte Fabelwesen, ohne sie jemals gesehen oder jemanden gekannt zu haben, der ihnen begegnet wäre. Befaßt er sich aber mit Dingen, die er weiß, so ist er von einmaliger Genauigkeit. Er ist der erste Wissenschaftler und ein herrlicher Märchenerzähler.

Aristoteles war also ein empirischer Wissenschaftler, aber er war noch eine ganze Menge anderes. Er war ein überragender Logiker. In seinen Abhandlungen über Logik zeigte er eine erstaunliche Gabe zur Haarspalterei auf jede nur erdenkliche

[1] Aristoteles, »Tierkunde«. Die Lehrschriften, herausgegeben, übertragen und in ihrer Entstehung erläutert von Dr. Paul Gohlke

Weise und fuhr damit noch fort, wenn nichts mehr zum Spalten da war. Seine logischen Ausführungen waren das besondere Vergnügen der mittelalterlichen Scholastiker, welche die gleiche Liebe zu der bis ins letzte durchgeführten Haarspalterei verspürten. Aber sein Interesse an der Logik zu sehr zu betonen, hieße seine essentielle Humanität zu unterschätzen.

Er glaubte, jedes Ding der Schöpfung sei zu einem bestimmten Zweck geschaffen worden, und dieser Glaube an ein zweckbestimmtes Universum gab ihm Erkenntnisse, die er auf anderem Weg nie erreicht hätte. Jedes Ding glich einem Pfeil: alle waren auf ein geheimnisvolles unsichtbares Ziel jenseits des Horizontes gerichtet. Was die Natur dieses Zieles anbetraf, konnte er nur raten. War es Gott? War es die Schönheit? War es das Beste? Er wußte es nicht, aber manchmal pflegte er, während er die Teile eines Tieres, Zeugung und Verfall des Lebendigen studierte, seine Ausführungen mit erstaunlichen Erklärungen über die Natur des Universums zu unterbrechen. So finden wir in *De Partibus Animalium:* »Alle Bereiche der Natur sind wunderbar. In der Natur sind überall Zweck und Ausführung im höchsten Maß zu finden, und der letzte Schluß ihres Waltens und Werdens ist eine Form des Schönen.« Und in *De Generatione et Corruptione* erklärt er: »Gott schuf die Vollendung des Universums durch die Schöpfung eines unaufhörlichen Werdens, denn dieses kommt dem ewigen Sein am nächsten.«

Das sind keine logischen Feststellungen, sie erwuchsen aus seinem Studium über das Leben der Tiere, aus seiner Liebe und seinem Verständnis der lebendigen Kreatur. Und es ist charakteristisch für ihn, daß er manchmal spricht, als wäre die Natur Gott, das nächstemal aber: »Die Natur arbeitet immer wie ein kluger Handwerker.«

Schreibt Aristoteles uber die Natur des Menschen oder über Politik, so hat er den gleichen menschlichen Standpunkt. Er befaßt sich nicht so sehr mit dem Idealmenschen oder dem Idealstaat, als vielmehr mit der unendlichen Verschiedenheit der Menschen und den unzähligen Spielarten der Staatsformen. Er hat Freude am Exzentrischen, am Ungewöhnlichen, am Seltsamen. Hier zum Beispiel ist eine kurze Beschreibung von Hippodamos, dem ersten Stadtplaner:

Hippodamos, Sohn des Euryphon aus Milet, der als erster die Kunst der Stadtplanung erfand und für die Anlage von

Piraeus verantwortlich war, war ein seltsamer Mensch, dessen Verlangen nach Ruhm ihn zu exzentrischem Verhalten verführte. Einige nannten ihn affektiert, denn er trug das Haar lang bis auf die Schultern und bedeckte sich mit kostbaren Schmuckstücken, obgleich er Sommer wie Winter nur billige Kleidung trug. Aber er achtete darauf, daß diese Kleidungsstücke sehr warm waren. Er wollte die Geheimnisse der Natur aufdecken und war der erste Nicht-Staatsmann, der etwas über die beste Form der Herrschaft zu ergründen versuchte.

(Politik, II. 8)

Wenn er in der *Nikomachischen Ethik* über die verschiedenen Charaktere, aus denen sich die menschliche Gesellschaft zusammensetzt, schreibt, indem er einen nach dem anderen beleuchtet, den Mäßigen, den Mutigen, den Neidischen, den Freigiebigen, den Geizigen und viele andere, so wendet er die Geschicklichkeit des Romanschriftstellers an, um jene Charakterseiten, die er herausstellen will, zu betonen. Aristoteles' Porträt des *megalopsychos,* des »Hochgemuten«, ist mit Recht berühmt. Der *megalopsychos* ist ein Mensch, der es wagt, allein mit sich im weiten Land seiner Seele zu leben. »Der Mensch, der allein lebt«, schreibt Plato, »hat entweder etwas von einem Gott oder einem Tier an sich.« Aristoteles unternimmt es, zu beweisen, daß auf jenen keines von beiden zutrifft und daß seine Sehnsüchte, anstatt leicht zu befriedigen oder vollkommene Verzweiflung hervorzurufen, tatsächlich unersättlich sind. Traurig bemerkt Aischylos in den *Persern:* »Hast du allein gelebt, so weißt du, wie ärmlich das Mobiliar ist.« Der *megalopsychos* des Aristoteles antwortet schlicht, im Inneren der Seele bestehe kaum die Notwendigkeit eines Mobiliars. Es ist eine Stimme von außerordentlicher Sanftmut und kultivierter Langweile, und das Porträt ist mit so viel Feingefühl entworfen, daß uns der Verdacht kommt, Aristoteles habe hier ein spöttisches Bild seiner selbst gegeben, obwohl Hegel unverständlicherweise andeutet, Aristoteles hätte damit die Züge Alexander des Großen zeichnen wollen. Das fertige Porträt zeigt auch das verborgenste Fältchen im Antlitz des Modells:

Der Hochgemute stellt also in seiner Seelengröße eine Spitzenleistung dar, in seinem Verhalten einen mittleren Zustand, weil er seinen Anspruch dem Werte entsprechen läßt, wäh-

rend die andern übertreiben oder nicht genug tun. Wenn er also Großes beansprucht, mit vollem Recht, vor allem auch das Höchste, dann wird es sich besonders um Eines handeln, wobei der Wert an den äußeren Gütern gemessen wird. Dieses Höchste müßten wir wohl als das ansehen, was wir den Göttern zuordnen, wonach die Angesehenen am meisten verlangen und was im edelsten Kampf als Preis gilt. Das ist die Ehre, sie nämlich ist das Höchste unter den äußeren Gütern. Um Ehre also und Ehrlosigkeit geht es dem Hochgemuten. Auch abgesehen von großen Überlegungen erkennt man, daß es dem Hochgemuten um Ehre zu tun ist. Denn die Großen verlangen für sich in erster Linie Ehre, und zwar nach Würdigkeit, der Kleinmütige dagegen ist darin zu zaghaft, gemessen an seinem Wert und dem Anspruch des Hochgemuten. Der Aufgeblasene übertreibt an sich selbst gemessen, nicht freilich am Hochgemuten. Und wenn der Hochgemute des Höchsten wert ist, so muß er der Allerbeste sein, da mit dem Wert der Anspruch wächst und somit den höchsten Anspruch der Beste hat. Der wahrhaft Hochgemute muß also gut sein, und es scheint demnach so, als zeichne sich der Hochgemute in jeder Tugend aus. Es würde gewiß nicht einem Hochgemuten ziemen, die Flucht zu ergreifen, wenn jemand mit den Fäusten droht, noch zu betrügen. Denn wozu sollte er, dem nichts groß genug ist, Häßliches tun? Und in jedem Falle würde der Hochgemute sich lächerlich machen, wenn er sich nicht als gut erweist. Denn als schlechter Mensch wäre er der Ehre ja gar nicht würdig, da Ehre der Tugend Preis ist und nur den Guten zuteil wird. So erscheint Seelengröße als Bund aller Tugenden: sie macht sie größer und entsteht nicht ohne sie. Daher ist es schwer, wahrhafte Seelengröße zu haben, weil sie nicht möglich ist ohne Edelmut.

8. Jedoch auch die Glücksgüter scheinen beizutragen zur Seelengröße, weil die Adligen, Mächtigen und Reichen auf Ehre Anspruch machen. Denn sie haben die höchsten Güter, und je höher ein Gut, desto ehrenvoller ist es. Daher machen sie die Seele noch hochgemuter, weil man darum von manchem geehrt wird. In Wahrheit freilich verdient nur der Gute Ehre, aber wer beides hat, ist noch ehrenwerter. Wer dagegen ohne Tugend jene Güter besitzt, hat nicht das Recht, hohe Ansprüche zu stellen und kann nicht hochgemut genannt werden.

Denn ohne Tugend hat dies alles keinen Bestand und werden die Inhaber solcher Güter nur Verächter und rücksichtslos, weil man ohne Tugend Glücksfälle nicht leicht erträgt. Wenn man sie aber nicht ertragen kann und mehr zu sein glaubt als die andern, wird man jene verachten und selber tun, was einem einfällt. Sie werden nämlich den Hochgemuten nachahmen, ohne ihm gleich zu sein, und das tun sie, worin sie es vermögen: Tugendhandlungen kennen sie nicht, bleiben also die Verachtung der andern. Der Hochgemute hat ein Recht dazu, da sein Ruf der Wahrheit entspricht, aber die Masse tut es auf eigene Faust. Er sucht auch nicht die kleineren Gefahren und liebt sie nicht, da er sie überhaupt weniger achtet, aber er sucht die große Gefahr, und wenn er darin ist, schont er nicht sein Leben, weil er sich sagt, daß man nicht unter allen Umständen leben müsse.

Als einer, der wohltun will, schämt er sich, Wohltaten zu empfangen, da das erste dem Überragenden gebührt, das andere dem Unterlegenen. Und er vergilt mit Größerem, weil er so wieder den andern verpflichtet und zum Empfangenden macht. Die Leute merken sich auch, so scheint es, nur die, denen sie Wohltaten erwiesen haben, nicht die, von denen sie solche empfangen haben, da der Empfangende der Unterlegene ist und man immer überlegen sein will. Auch hört man das eine gern, das andere ungern. Daher hat Thetis dem Zeus auch nicht seine Wohltaten vorgerechnet, und haben auch die Spartaner nicht die Wohltaten der Athener aufgezählt, sondern nur die, die sie empfangen hätten. Seelengröße verrät es auch, niemanden zu bitten oder nur im Notfall, dagegen bereitwillig zu helfen, und groß zu sein mit den in Ansehen und Glück Stehenden, menschlich mit den Mittelmäßigen. Denn die ersten zu überragen ist schwer und der Mühe wert, die andern dagegen leicht, und bei jenen lohnt es sich, seine Würde zu wahren, unter niedrig Gestellten ist es gemein, wie wenn man unter Schwachen seine Stärke zeigt. Auch ziemt sich für sie ein Wettbewerb nur da, wo andere an erster Stelle stehen, und untätig zu bleiben und abzuwarten, wo es sich nicht um hohe Ehre oder ein großes Werk handelt, auch nicht viel zu treiben, sondern nur Großes, das ihnen einen Namen gibt. Sie müssen offen hassen und lieben, da Heimlichkeiten Furcht anzeigen. An Wahrheit muß ihnen immer mehr liegen als an Schein, ihr Reden und Handeln muß offen sein. Der Hochgemute ist freimütig, weil er sich aus nichts etwas macht, und daher auch ehrlich, es sei denn im Spott, und spöttisch steht er der Masse gegenüber.

(Nikomachische Ethik, 1124) [2]

Man sollte nicht vergessen, daß diesem hervorragenden Porträt des fremd anmutenden *megalopsychos* schärfste Beobachtung zugrunde liegt. Die Teile passen ineinander. Aristoteles ist hier der Wissenschaftler, der diese seltene Abart der menschlichen Rasse genau beobachtet, analysiert, nach den Quellen ihres Lebensunterhaltes forscht, ihre Funktionen und ihre Rolle innerhalb der Schöpfung definiert, und der die einzelnen Teile in Beziehung zueinander bringt.

In sehr ähnlicher Weise, nach Gründen, Charakteristika und Prinzipien suchend, verfährt er auch mit dem Wesen der Tragödie oder der Natur des demokratischen Staates. In seinen Beschreibungen liegt eine Ganzheit und weit mehr Kunst, als man ihm gemeiniglich zubilligt. Im folgenden z. B. stellt er den Tyrannen dar, der sich in einer nur allzu bekannten Weise an seine Macht klammert:

Es ist dies das schon lange genannte Rettungsmittel einer Herrschaft, nach Möglichkeit die Hervorragenden abzuhauen und die Gedankenfreiheit zu nehmen, weder Tischgemeinschaften noch Genossenschaften zuzulassen, weder Bildung noch sonst dergleichen, sondern vor allem sich in acht zu nehmen, was zweierlei bewirken könnte: Denken und Vertrauen, auch weder Freizeit zu gestatten noch Versammlungen zur Ausfüllung der Muße, sondern jedes Mittel anzuwenden, was die Leute einander möglichst entfremdet, da ein Verstehen eher zum gegenseitigen Vertrauen führt. Wer im Lande ist, muß sich möglichst öffentlich zeigen und auf den Straßen sich umtreiben, weil so am ehesten Heimlichkeiten vermieden und der kleine Gesichtskreis einer Knechtsseele erzeugt wird. Dazu andere Gepflogenheiten persischer und barbarischer Regierungsweise, alles läuft auf dasselbe hinaus. Auch muß man versuchen, alles herauszubringen, was die Untertanen reden und tun, muß Spitzel halten, wie in Syrakus die sogenannten Waschweiber und die Horchposten, die Hieron ausschickte,

[2] Aristoteles, »Nikomachische Ethik«. Die Lehrschriften, herausgegeben, übertragen und in ihrer Entstehung erläutert von Dr. Paul Gohlke

wo immer eine Zusammenkunft oder Versammlung war. Man wagt nämlich nicht ein so freies Wort, wenn man dies zu fürchten hat, und tut man es doch, bleibt es weniger verborgen. Man muß die Leute einander verleumden, Freunde gegen Freunde aufhetzen, das Volk gegen die Vornehmen, und die Reichen gegeneinander. Arm muß man die Untertanen einer Gewaltherrschaft machen, damit man seine Wache bezahlen kann und sie bei der Arbeit für das tägliche Brot keine Zeit haben, Ränke zu schmieden.

(*Politik* V. 11)

Die Lektüre von Aristoteles' *Politik* kann zu einem aufrüttelnden Erlebnis werden, denn er befaßt sich mit den Formen der Tyrannei, wie sie auch heute noch allzu verbreitet sind, und uns kommt zu Bewußtsein, wie wenig wir uns in all den Jahrhunderten vorwärts bewegt haben. Der einzige Brosamen, den er uns zum Trost bietet, ist, daß den meisten ihm bekannten Gewaltherrschaften nur eine Lebensdauer von zwei Generationen, vielen sogar eine kürzere, beschieden war. Er vermerkt, daß die Peisistratiden fünfunddreißig Jahre herrschten und die Tyrannis von Hieron und Gelon in Syrakus siebzehn Jahre währte.

Über die Demokratie spricht er objektiv und ein wenig neiderfüllt, denn er hat viele Jahre seines Lebens unter der Herrschaft von Tyrannen verbracht; niemand hat je eine bessere Definition der Demokratie gegeben: für Aristoteles heißt Demokratie »zu lenken und gelenkt zu werden«. Er wußte um die vielen Gefahren dieser Staatsform, aber auch, wie man ihnen begegnen konnte: indem man dem Volk die größtmögliche Freiheit gibt, ungerechte Strafen, die Mißmut und Haß zur Folge haben, vermeidet und die Amtsdauer der hohen Beamten auf ein Minimum beschränkt — ihm erschien eine sechs Monate währende Amtsdauer für alle Würdenträger ausreichend. Plato schrieb, »es ist den Massen unmöglich, philosophisch zu sein« und daher fand er es unerträglich, daß diese Massen die Regierung des Staates bilden sollten. Aristoteles, mit größerer Weisheit, erkannte, daß für den Idealstaat überhaupt keine Regierung notwendig sei, da es diesen Idealstaat aber nicht gebe, die Demokratie immer noch die beste Lösung sei, da sie dem Volk gestatte, »zu lenken und gelenkt zu werden«, und er sah in der Tyrannis keinen Vorteil, es sei denn, es wäre ein Tyrann, dessen einziges Bestreben darin läge, dem Volke zu dienen.

»Der Meister des Wissens« warf sein Netz über alle Wissenschaften seiner Zeit. Er war von dem Wunsch zu wissen so besessen, daß er nichts unberührt ließ, und alles was er berührte, erhellte er. Zwei Jahrtausende galt er als der erste Wissenschaftler, der intellektuelle Held der westlichen Welt, der anerkannte Mentor durch die Welt der Materie und des Geistes. Der heilige Thomas von Aquino stellte die Philosophie des Aristoteles in den Dienst christlicher Dogmatik, während Atheisten in seinem durchdringenden Rationalismus eine Stütze fanden. Unsere philosophischen Konzepte, unsere Religionen und unsere Wissenschaft sind immer noch von ihm beeinflußt. Von allen Griechen warf er den weitesten Schatten.

29 Der Aufstieg Philipps

Wenn Aristoteles in der *Politik* das Wesen der Tyrannis beschreibt, so fügt er hinzu, es gäbe keine Niedertracht, der sich ein Tyrann nicht bediene, um seine Macht aufrechtzuerhalten. Jedes erdenkliche Mittel zur Einschüchterung und Unterdrükkung wird als gesetzlich erlaubt angesehen, solange es ihm gestattet, das Volk mit eiserner Faust niederzuhalten und zu unterwerfen. »Die gesamte Politik des Tyrannen«, schreibt er, »erschöpft sich in drei Stufen. Als erstes sät er Mißtrauen zwischen seine Untertanen; dann entmachtet er sie, um sie schließlich vollends zu erniedrigen.«

Das klassische Beispiel einer Tyrannis – aus naheliegenden Gründen befaßte sich Aristoteles mit dieser nicht – war das im Norden liegende makedonische Königreich; ein Land, bewohnt von halbwilden illyrischen Stämmen, mit Einsprengungen von Thessalern, beherrscht von einer Königsdynastie, die für sich die Abstammung von Göttern und legendären Helden beanspruchte. Das Machtmittel der makedonischen Könige war die Furcht und nichts sonst. Das geistige Erwachen von Ionien, Athen und den griechischen Kolonien in Sizilien wie Italien ließ sie unberührt. Die Griechen begnügten sich, sie als Barbaren zu betrachten, seltsame Eindringlinge aus einer Welt der Wälder und Sümpfe. Nie wäre ihnen der Gedanke gekommen, daß gerade aus Makedonien ein hochkultivierter Mann erscheinen und die Welt erobern würde.

Als Philipp II im Jahre 359 v. Chr. den makedonischen Thron bestieg, waren seine Chancen zu überleben sehr gering. Sein Bruder Alexander war nur einige Monate an der Macht, als er von einem Adeligen, Ptolemaios von Aloros, der sich des Thrones bemächtigte, ermordet wurde. Drei Jahre später wurde Ptolemaios von Alexanders jüngerem Bruder Perdikkas umgebracht. Nach wiederum sechs Jahren überschwemmte ein Heer illyrischer Stämme Makedonien, und Perdikkas wurde erschlagen. Sein unmündiger Sohn Amyntas folgte ihm auf den Thron, doch wurde auch er bald darauf, von Alexanders jüngstem Bruder, ermordet. In einem Zeitraum von vierzehn Jahren hatten vier Könige über Makedonien geherrscht, und es bestand kein

Grund, anzunehmen, Philipp werde länger als einige Monate regieren. Tatsache aber ist, daß er dreiundzwanzig Jahre die Macht in Händen hatte und im Laufe einer Reihe von ebenso genialen wie schrecklichen Überfällen ganz Griechenland eroberte. Die Griechen, die die Perser geschlagen hatten, wurden die Beute der verachteten Barbaren des Nordens.

Philipp war drei- oder vierundzwanzig Jahre, als er den Thron bestieg. Er war ein kräftig gebauter Mann, der das Lachen, den Wein und die Knaben, manchmal auch die Frauen liebte; am meisten aber liebte er den Ruhm. »Ich lebe in Frieden mit jenen, die bereit sind, mir zu gehorchen«, schrieb er einmal, und das entsprach den Tatsachen. Als Fünfzehnjähriger kam er als Geisel nach Theben, wo er drei Jahre blieb und unter Epaminondas, dem großen General, der Böotien in ein Heerlager verwandelt hatte, an der thebanischen Militärakademie studierte. Philipp, niemals glücklicher als bei militärischen Übungen, war mit Leib und Seele Soldat. Von Epaminondas lernte er Manneszucht und die Anwendung der Phalanx, seinen halbwilden illyrischen Ahnen verdankte er den Mut und die Grausamkeit des Raubtieres. Seine diplomatischen Fähigkeiten waren gering, doch hatte er auch wenig Verwendung für sie.

Die ursprüngliche Phalanx bestand aus einer Linearaufstellung von acht Mann Tiefe, jeder der Männer war mit einem über fünf Meter langen Spieß bewaffnet. Philipp verlängerte den Spieß zum Langspieß (6,3 Meter) und dehnte die Formation auf sechzehn Mann beziehungsweise auf jede beliebige Tiefe aus, so daß zu manchen Zeiten die Phalanx zu einer hundertsechzig Mann gliedrigen Schlachtordnung wurde. Diese Kampfformation hatte die Wirkung eines Panzers: Was auf ihrem Weg war, konnte niedergemetzelt und zerstört werden. Die makedonische Phalanx war unbesiegbar bis zu ihrem Zusammentreffen mit der römischen Legion mehr als ein Jahrhundert später.

Als Philipp an die Macht kam, war sein Land von allen Seiten bedroht. Illyrische und päonische Stämme drängten immer noch nach Süden, die Thraker brachen von Osten ein, die Thessaler im Süden waren in Aufruhr und unter den Bergstämmen des Westens gab es Aufstände. Die Päoner scheinen die wenigst gefährlichen und leichtest bestechlichen gewesen zu sein. Er hielt sie bis zu Beginn des harten nordischen Winters mit Versprechungen hin, und für einige Monate kamen alle Kampfhandlungen zum Stillstand. Während dieser Wintermonate bildete er seine Stämme eifrig aus und lehrte sie die Kunst, Phalangen zu bilden. Die Wintermanöver wurden zum Grundstein seiner Macht, denn sobald der Frühling kam, griff er seine Feinde einen nach dem anderen an und besiegte sie. In einem Kampf gegen die Illyrer hatte er selbst kaum Verluste zu verzeichnen, während siebentausend Feinde auf dem Schlachtfeld blieben. Dann jagte er gegen die Thraker und verschob seine östliche Grenze über den Berg Pangaion hinaus, wo es reichhaltige Goldbergwerke gab. Mit einem nahezu unversiegbaren Strom an Gold und einem kleinen Heer kampfgestählter Soldaten wandte er seine Aufmerksamkeit der Eroberung Griechenlands zu.

Philipp ging an die Unterwerfung Griechenlands mit der Verschlagenheit des Fuchses heran. Dann und wann sandte er an Städte, die sich in Gefahr glaubten, diplomatische Noten, mit dem Versprechen, es werde ihnen kein Leid widerfahren; sobald sie sich vollkommen in Sicherheit wiegten, erschien er vor ihren Toren. Dem beachtlichen Reiteraufgebot und der eisernen Phalanx konnte niemand lange Widerstand leisten. Manchmal ergaben sich die Städte aus Furcht, selbst wenn seine Streitkräfte nicht in der Nähe waren. Er nahm Amphipolis, Pydna, Poteidaia und Methone in Besitz, vernichtete die phokische Armee, und während seines Marsches durch Griechenland wurde er nur bei den Thermopylen aufgehalten. Seine Macht war so furchterregend, daß man ihn einlud, den Vorsitz bei den 346 v. Chr. in Delphi abgehaltenen Pythischen Spielen zu übernehmen. Das war ein einmaliger politischer Sieg, und er zögerte nicht, die Athener von diesem letzten Triumph in Kenntnis zu setzen; die Botschaft war einem Ultimatum gleich.

Die Führung der attischen Politik lag in Händen des nüchternen, allen Extravaganzen abholden Eubulos, der mehr für seine Geschicklichkeit mit den Finanzen als für seine Sehnsucht, Soldaten in den Kampf zu schicken, berühmt war, obgleich er Philipp bei den Thermopylen Einhalt geboten hatte. Wie viele Athener sah er in Philipp einen Abenteurer, von dem zu hoffen war, er würde sich selbst vernichten. Philipp verkündete lautstark, er wünsche Frieden mit Athen, und fuhr fort, den athenischen Demagogen große Summen zufließen zu lassen; diese letzteren mögen seinen Versicherungen vielleicht geglaubt haben. Aber es gab einen jungen Rechtsanwalt, der kein Wort glaubte. Sein Name war Demosthenes, und er hatte schon sehr früh erkannt, daß Philipp ein Mann war, der nur durch eine überlegene Streitmacht zum Stillstand gebracht werden konnte; als die Athener 351 davon sprachen, ihm ein kleines Heer entgegenzustellen, antwortete er in einer als die I. Philippika bekannten Rede, daß mit einer leeren Geste nichts zu gewinnen sei:

»Eines ist sicher: Er wird nicht zum Stillstand kommen, es sei denn, es halte ihn jemand auf. Sollen wir auf ihn warten? Glaubt ihr, sorglos dahinleben zu dürfen, weil ihr einige Schiffe, unbemannt zwar, dafür aber beladen mit trügerischen Hoffnungen des einen oder anderen Demagogen, abgeschickt habt? Sollen wir uns nicht endlich selbst auf die Schiffe begeben? Sollen wir nicht, bevor es zu spät ist, wenigstens mit einem Teil unserer nationalen Streitkräfte ausrücken? Weshalb nicht an einer von ihm beherrschten Küste landen? Aber einige werden fragen: Wo sollen wir landen? Die Antwort, ihr Männer von Athen, wird der Krieg selbst geben, der uns schwache Stellen in seinem Machtbereich zeigen wird, vorausgesetzt natürlich, daß wir diesen Krieg führen werden. Freilich, bleiben wir zu Hause und hören wir uns die gegenseitigen Anschuldigungen und Lästerungen der Redner an, wird niemals geschehen, was geschehen sollte.«

Demosthenes fuhr weiter fort, Philipp mit allen Waffen seiner Rednerkunst zu bekämpfen. Es war ein ungleicher Kampf, denn Philipps Waffen waren Hinterlist und Terror sowie die bestausgerüstete und größte Armee in Griechenland. Der eine war der Held der griechischen Freiheit, der andere verkörperte die Unterdrückung.

Sie hatten nichts gemeinsam, es sei denn, daß sie beide Menschen waren. Philipp war roh, brutal, stattlich, im Besitz schier unerschöpflicher körperlicher Kräfte; er konnte die ganze Nacht durchzechen und am Morgen seine Soldaten in die Schlacht führen. Demosthenes war blaß, kränklich, häßlich, klein, mager. Philipp war am glücklichsten unter Menschen, Demosthenes, von Natur zurückhaltend und ruhig, fühlte sich nur allein wohl.

Sein Vater war ein reicher Waffenschmied, der starb, als Demosthenes sieben Jahre alt war, und der den Knaben in den Händen unredlicher Vormünder zurückließ, die sein Erbe veruntreuten — ein Vermögen von ungefähr fünfzehn Talenten. Er wuchs zu einem reizlosen Jüngling heran, in dem die Leidenschaft brannte, seine Vormünder zu strafen, die ihn und seine

Angehörigen zu erzwungener Armut verdammt hatten. Oft war er krank und mußte der Schule fernbleiben; dort hatte er, nach einem weibischen Flötenspieler der damaligen Zeit, den Spottnamen Battalos. Einsamkeit und Armut verliehen ihm einen raschen Witz und eine scharfe Zunge, was ihm noch einen anderen Spottnamen, nämlich Argas, die Giftschlange, eintrug. Schon in jungen Jahren beschloß er, Anwalt zu werden, um seine Vormünder vor Gericht bringen zu können. Es mangelte ihm allerdings an den für diesen Beruf notwendigen Rednergaben, und zudem war er noch ein ausgesprochener Stotterer. Er bekämpfte seinen Sprachfehler, indem er, den Mund voller Kiesel, lange Reden hielt und er stärkte seine schwache Stimme, indem er beim Bergauflaufen Verse deklamierte. Er hatte eine linkische Haltung und versuchte, sie durch dauerndes Beobachten im Spiegel zu verbessern. Er hatte keinerlei Stilgefühl, und so vergrub er sich im Keller und kopierte mit unendlichem Fleiß Stellen aus der Geschichte des *Peloponnesischen Krieges.* Er wurde zum größten aller griechischen Redner, vielleicht sogar zum größten aller Zeiten, aber es waren nicht angeborene Talente, die ihn dazu machten, sondern der Triumph des Willens.

Erst mit zwanzig Jahren sah er sich imstande, Klage gegen seine Vormünder zu erheben. Drei dieser frühen Reden sind erhalten: Sie sind zwar heftig, aber kaum überzeugend. Die Vormünder bezichtigten seinen Großvater, ein Verräter Athens gewesen zu sein, der zum Bosporus flüchtete, nachdem er dem Feind einen Hafen auf der Chersonesos in die Hände gespielt hatte; sein Großvater habe dann eine reiche skytische Frau geheiratet. Demosthenes wies darauf hin, daß er nicht der Sünden seiner Väter angeklagt sei, und tatsächlich war er überhaupt nicht angeklagt. Er erhob Klage gegen die Männer, die sein Erbe veruntreut hatten, ihn bei jeder Gelegenheit beleidigten und so handelten, als gälte es auch den letzten Pfennig und die letzte Habe aus dem Familienbesitz herauszupressen. Demosthenes gewann den Prozeß, und ihm wurden zehn Talente zuerkannt, doch die Vormünder flohen aus dem Land, und es ist sehr zweifelhaft, ob es ihm jemals gelang, zu seinem Geld zu kommen.

Um sein Leben zu fristen, verfaßte er Reden und arbeitete Schriftsätze für Rechtsanwälte und Private aus, die eine Anklage erheben wollten. Sein Onkel Demo war Bankier, der durch Ausleihen von Geldern an Schiffseigentümer und Getreidehändler gute Geschäfte machte. Ein gewisser Protos, ein Athener, lieh von Demo Geld auf eine Getreidesendung, die er auf einem dem Hegestratos gehörenden Schiff aus Sizilien einführen wollte. Das Schiff segelte nach Syrakus, und das Getreide wurde in den Laderaum verfrachtet. Daraufhin wandten sich Hegestratos und sein Teilhaber Zenothemis an die Geldverleiher von Syrakus und nahmen unter der Vorspiegelung, es wäre die ihre, Geld auf die Getreideladung auf und brachten den erhaltenen Betrag nach Massilia (Marseille) in Sicherheit. Dann hißten sie die Segel gegen Athen. Nachdem sie einige Tage auf dem Meer waren und sich in der Nähe von Kephallenia befanden, schlich Hegestratos in einer dunklen Nacht mit einer Säge in den Laderaum und schnitt ein Loch in den Schiffsboden. Es muß sich um eine rostige Säge gehandelt haben oder er hatte die Arbeit sehr ungeschickt angepackt, jedenfalls hörten die Passagiere den Lärm unter Deck und beeilten sich, nachzusehen. Hegestratos, auf frischer Tat ertappt, verlor den Kopf, eilte an Deck und sprang über Bord, in der Hoffnung, das rückwärts vertäute Beiboot zu erreichen, doch versank er in den Fluten, »auf diese Weise«, wie Demosthenes bemerkte, »sein wohlverdientes Ende erhaltend«. Zenothemis, der auch an dem Komplott beteiligt war, behielt ruhiges Blut. Blitzschnell überlegend, lief er über das Deck und schrie, das Schiff sei im Sinken und alle Passagiere sollten sich in das Beiboot retten. Protos blieb besonnen. Er versprach der Mannschaft eine große Belohnung, könnte sie das Schiff sicher in den Hafen bringen, aber sogar als sie Kephallenia erreichten, setzte Zenothemis alle Hebel in Bewegung, um das Schiff daran zu hindern, nach Athen zu gelangen. Er behauptete, der Schiffseigentümer und das Darlehen, welches die Kosten für das Getreide decke, gehörten nach Massilia, daher müsse das Schiff wenden und seinen Weg ins westliche Mittelmeer nehmen. Der Streitfall wurde vor Gericht gebracht, und der Richter entschied, das Schiff habe seine Fahrt nach Athen fortzusetzen. Doch selbst da gab sich Zenothemis nicht geschlagen, denn in Piräus erklärte er nachdrücklich, er wäre auf seinem eigenen Schiff und mit seinem eigenen Getreide gesegelt und Protos sei ein Betrüger.

So lautete die Geschichte, die Demosthenes bei Gericht vorbrachte oder niederschrieb, damit sein Onkel sie vortragen konnte. Der Bericht war geschickt, mit einem Blick für wirkungsvolle Details aufgebaut, doch hat man das Gefühl, Demosthenes betrachtete ihn nur als Vorübung. Langsam kam er in den Ruf, ein guter, wenn auch kein sehr talentierter Redner zu sein, dessen Ironie vor Gericht überzeugen konnte. Es wurde ihm auch nachgesagt, er werfe sein Geld zum Fenster hinaus und sei bestechlich, doch ist beides unwahrscheinlich. Er war immer ehrgeizig und begann frühzeitig, Reden über öffentliche Angelegenheiten in den Volksversammlungen zu halten. Im Alter von dreißig Jahren klingt ein neuer Ton in seinen Reden auf; anstelle der Sanftheit dringt das Rollen des Donners an unser Ohr. Bis zu dieser Zeit war er ein Anwalt, der leidenschaftslos die alltäglichen, auf Märkten üblichen Verfehlungen behandelt hatte: Diebstahl, Unterschlagung, mißbräuchliche Verwendung von Vorräten. Plötzlich, vom inneren Feuer erfüllt, sind seine Reden dem Geschick der Völker gewidmet.

Im Jahre 354 v. Chr. entstanden in Athen Gerüchte, die Perser bereiteten eine Invasion Griechenlands vor. Sofort forderten Hitzköpfe Mobilmachung und Kriegserklärung, doch Demosthenes trat in einer *An Bord der Flotte* genannten Rede dafür ein, kaltes Blut zu bewahren. Weshalb einen unnötigen Krieg heraufbeschwören? Athen habe schon viel zu viel Feinde, um sich neue leisten zu können. Abgesehen davon sei Athen für einen Krieg schlecht gerüstet. Gerüchte besagten, der persische König rücke mit zwölfhundert Kamelladungen Gold gegen Griechenland vor. Demosthenes erkor dieses Gerücht zur Zielscheibe seines Spottes und empfahl, lieber die Flotte auf den Stand von dreihundert einsatzbereiten Kriegsschiffen zu bringen, als von Kamelladungen mit Gold zu faseln, die schwerlich die lange Reise überdauern würden. Sollte Geld benötigt werden, es ließe sich im Falle eines Angriffes bestimmt auftreiben, ebenso wie in einem solchen Moment, aber nicht früher, Bundesgenossen zu finden sein würden. Die Parole hieße kraftvolle Vorsicht. Ruhig und knapp trat Demosthenes, nachdem er lang zurückliegende Schlachten ins Gedächtnis gerufen hatte, für einen Frieden der Stärke ein; im übrigen empfahl er, die Ereignisse abzuwarten. Es gäbe Gefahren, die viel näher lägen als die Perser, und auch gegen diese müßte Athen gewappnet sein.

Die größte Bedrohung für das athenische Bündnissystem stellte der Aufstieg Makedoniens unter Philipp zu einer Macht ersten Ranges dar. Die Griechen waren vom plötzlichen Triumph dieses Mannes überrascht worden, der die Goldminen des Pangaion besaß, Reichtümer aus allen von ihm eroberten Häfen bezog und von jenen geehrt und bewundert wurde, die seine hochfliegenden Pläne nicht erkannten, nämlich zuerst sie selbst und sodann die ganze bekannte Welt zu unterjochen. Und er besaß die Mittel, seine Pläne auszuführen.

In der I. Philippika hatte Demosthenes hilflos gegen die Inaktivität der Athener gewettert. Er hatte gehofft, es werde eine starke Streitmacht unter fähigen Heerführern nach Thrakien entsendet werden, doch wurden die Offiziere in Athen in Reserve gehalten. »Ihr sucht eure Hauptleute nicht zum Kämpfen, sondern als Puppen zur Schaustellung auf den Märkten aus«, rief Demosthenes erbittert. Dies war nur zum Teil richtig. Eubulos war sich wie jeder andere der Gefahr bewußt, die das Erstarken der Macht Philipps mit sich brachte, weshalb er in aller Stille die militärische Kraft Athens durch den Ausbau eines Waffenlagers und neuer Flotteneinheiten zu fördern suchte. Athen war noch immer die vorherrschende Seemacht in der Ägäis und sehr wohl imstande, seine Handelsinteressen zu schützen.

Im folgenden Jahr bedrohte Philipp die auf der Chalkidike gelegene Stadt Olynthos, die mit Athen verbündet war. Neuerlich verlangte Demosthenes die sofortige Aufstellung einer Bürgerarmee, die dem Bundesgenossen zu Hilfe eilen sollte. Er fragte, weshalb nichts geschähe und alle solche Furcht vor der Militärmacht Philipps empfänden. In der Rede, die als *Zweite Olynthische* bekannt geworden ist, sagte er:

Ihr Männer Athens, glaubt doch nicht, Philipp und das von ihm beherrschte Volk hätten die gleichen Ziele. Er strebt nach Ruhm, dem seine leidenschaftliche Liebe gilt, und er zieht jedes Abenteuer und jede Gefahr einem Leben in Sicherheit vor, wenn ihm die Ehre zuteil wird, dasjenige zu vollbringen, was noch niemals ein makedonischer König vollbracht hat. Das Volk hingegen teilt den Ruhm nicht, sondern muß erschöpft die langen Märsche kreuz und quer durch das Land mitmachen, ständig unter den ihm auferlegten Lasten seufzend. Seinen Leuten wird kein Urlaub für ihre eigene Arbeit oder private Zwecke gegönnt, und nicht einmal ihr schwererworbenes Geld können sie ausgeben, da alle Märkte des Landes infolge der Kriegswirren geschlossen sind.

Ihr seht daraus, wie die Makedonen selbst über ihren König denken. Sie sagen, seine Söldner und Leibwachen seien wun-

derbare, vorzüglich ausgebildete Krieger, aber, und dies habe ich von einem Mann, der in Makedonien war und völlig vertrauenswürdig ist, auch nicht besser als andere Soldaten. Sobald sich ein Kampfgefährte in Gefechten oder Schlachten auszeichnet, schickt ihn Philipp aus Eifersucht fort — so berichtet mein Gewährsmann —, weil er den Ruhm für sich allein beansprucht, wie überhaupt Eifersucht unter seinen vielen Fehlern einer der größten ist. Falls sich in seiner Umgebung ehrenwerte und tapfere Männer finden, die nicht bereit sind, seine tägliche Unmäßigkeit, Trunksucht und Liederlichkeit zu ertragen, so werden sie ganz einfach zur Seite geschoben und in untergeordnete Stellungen gedrängt. Die übrigen Männer um ihn sind Verbrecher und Schmarotzer, die sich betrinken und Tänze vor ihm aufführen, die ich aus Schamgefühl vor euch nicht zu nennen wage.

In der *Zweiten Olynthischen Rede* erklärte Demosthenes König Philipp einen persönlichen Krieg, wohl wissend, welchen Preis er zu zahlen hätte, fiele er jemals in des Königs Hand. Demosthenes hatte gehofft, es werde eine starke Streitmacht zum Einsatz von Olynthos entsendet werden, doch statt dessen schickten die Athener nur völlig unzureichende Hilfe, worauf die Stadt fiel, was für den athenischen Machtbereich im Norden verheerende Folgen nach sich zog.

Während Philipps Macht täglich wuchs, wurde die Athens von Tag zu Tag schwächer. Zwei Jahre nach der Eroberung von Olynthos streckten die Athener Friedensfühler aus. Demosthenes gehörte der Gesandtschaft an, die den König in seiner in den Bergen gelegenen Residenz aufsuchte. Philipp begegnete seinem öffentlich erklärten Feind mit gefährlicher Herzlichkeit, doch hatte Demosthenes Gelegenheit, den König aus nächster Nähe zu studieren. Er fand seine Annahme bestätigt; der König war hart, skrupellos und zu jeder Falschheit fähig, aber auch so mächtig, daß seine Forderungen erfüllt werden mußten. Philipp erklärte freundlich, er wolle einem Frieden auf der Grundlage der tatsächlichen territorialen Besitzverhältnisse Makedoniens und Athens zum Zeitpunkt des Vertragsabschlusses zustimmen; in privaten Gesprächen sicherte er der Gesandtschaft zu, Phokis nicht anzugreifen, doch wurde dieses Versprechen in den eigentlichen Vertrag nicht aufgenommen.

Die Gesandtschaft kehrte nach Athen zurück, überzeugt,

einen dauerhaften Frieden erreicht zu haben; sie glaubte auch an den heilsamen Respekt König Philipps vor der Seemacht Athens. Tatsächlich dauerte der Friede nur einige Wochen, denn Philipp fürchtete nichts und niemand. »Jeder König und Tyrann ist ein Feind der Freiheit und bekämpft die Gesetze«, sagte Demosthenes in der *Zweiten Philippika*, womit er nur die volle Wahrheit aussprach. Philipp vergaß die Zusage, Phokis nicht anzugreifen, warf seine Truppen gegen die Stadt, zerstörte sie bis auf den Grund, verteilte die Bevölkerung auf die umliegenden Dörfer, verlangte einen jährlichen Tribut von sechzig Talenten und legte Besatzungen in das Land, um die Bezahlung zu sichern. Demosthenes erblickte in diesem Verhalten nur den Beweis für einen Verrat, den er erwartet hatte. »An dem Tag, an dem er Phokis angriff, begannen die eigentlichen Feindseligkeiten«, erklärte er, und so war es auch. Von diesem Zeitpunkt an war Philipp entschlossen, Athen zu unterwerfen.

Philipp ging langsam und vorsichtig zu Werk, sandte eine nicht endenwollende Kette von Spionen nach Athen und bemühte sich, wo immer es möglich war, Politiker und Redner zu kaufen. Er verwandelte Thrakien nach Entthronung der einheimischen Könige in einen Satellitenstaat, wodurch er die Macht Makedoniens fast bis zur Chersonesos ausdehnte. Gerade noch rechtzeitig eilte Demosthenes nach Byzanz, wo es ihm gelang, die Bürger vom Abschluß eines Bündnisvertrages mit Philipp abzuhalten. Der König geriet in Zorn, sandte Truppen gegen die Stadt und erwartete, sie blitzschnell überrennen zu können, aber zwei Flottengeschwader aus Athen kreuzten auf, und der Angriff wurde abgeschlagen. Philipp mußte zu seinem Leidwesen Athens Übermacht zur See anerkennen.

Besaß aber Athen Macht über das Meer, so erstreckte sich Philipps Herrschaftsbereich über das Land. Er zog eine Armee zusammen, entschlossen, ein für alle Male jeden Widerstand in Griechenland zu brechen, wo immer sich ein solcher zeigen sollte. Er hatte im Kampf ein Auge verloren, ein Schlüsselbein war gebrochen, ein Arm zerfleischt und ein Bein von Wunden entstellt, aber immer noch war er fähig, eine Armee zu führen. Er wandte sich südlich zum Thermopylenpaß und nahm Elateia, von wo er eine Gesandtschaft nach Theben schickte, um die Haltung der Thebaner zu erkunden. In Athen löste diese Nachricht Bestürzung aus. Es war nur zu wahrscheinlich, daß sich Theben mit Makedonien zu einem Generalangriff gegen Athen verbünden würde. So kam eine Zeit, in der Schrecken und Verwirrung herrschte. Niemand schien zu wissen, wie der tödliche Angriff abgewehrt werden sollte. Einige Jahre später schilderte Demosthenes die Ereignisse in außergewöhnlicher Weise:

Es war Abend. Ein Mann brachte den Ältesten die Nachricht vom Fall Elateias. Diese stürzten vom Abendessen fort, veranlaßten das Volk, die Marktstände preiszugeben und zündeten die geflochtenen Umfriedungen der Stände an.[1] *Andere sandten nach den Heerführern und suchten den Signalbläser, wie überhaupt die Stadt in heftige Bewegung geriet. Am nächsten Tag beriefen die Ältesten bei Morgengrauen den Rat in die Versammlungshalle, und ihr kamt in die Versammlung, aber bevor ihr noch Fragen vorbereiten oder stellen konntet, war schon das ganze Volk auf seinen Plätzen. Sobald der Rat eingetroffen war und die Ältesten die Nachricht bekanntgegeben und den Boten vorgestellt hatten, der seine Kunde vorbrachte, fragte der Sprecher: »Wer meldet sich zu Wort?« Aber niemand trat vor. Der Sprecher wiederholte die Frage, aber immer noch meldete sich niemand, obwohl sie alle anwesend waren, die Heerführer und die Redner, und obwohl das ganze Land in einem gemeinsamen Schrei nach jemandem verlangte, der zu ihm reden und es retten sollte — denn erhob der Sprecher seine Stimme, wie das Gesetz es befahl, so war in seinen Worten der gemeinsame Schrei aller Bürger Athens zu hören ...*

Gut also, ich war an diesem Tag der Mann, nach dem man rief. Ich trat vor und sprach zu euch. Ich sagte, diejenigen, die da glaubten, Philipp habe die Thebaner auf seiner Seite, beurteilten die Lage nicht richtig. Wäre es nämlich so, hätte Philipp seine Truppen längst über Elateia hinaus an unsere Grenzen geführt. Nein, er hat die Thebaner erst dazu aufgefordert, an seine Seite zu treten. »So«, sagte ich, »so sehe ich die Lage. Diejenigen Thebaner, die er bestechen oder täuschen konnte, stehen längst schon unter seinem Kommando, aber über die anderen, die seinen Bestrebungen von allem Anfang an widerstanden haben, über die konnte er nicht die Oberhand gewinnen. Wie sind also seine Pläne und weshalb hat er Elateia erobert? Er beabsichtigt, seine Freunde zu stärken und zu ermu-

[1] Man nimmt an, daß die geflochtenen Rahmen der Stände auf dem Markt als Feuersignal angezündet wurden, um die Landbevölkerung in die Stadt zu rufen.

tigen, seine Feinde aber in Furcht zu versetzen, um sie zu veranlassen, aus Angst zu tun, was sie jetzt verweigern, oder aber sie werden gezwungen, sich ihm zu unterwerfen; all das erreicht er damit, daß er Truppen in ihre nächste Nähe bringt und ein Heer aufmarschieren läßt. Wenn wir uns nun«, sagte ich, »bei dieser Gelegenheit an alles, was uns die Thebaner angetan haben, erinnern und sie mißtrauisch als Feinde betrachten, so tun wir genau das, was Philipp wünscht. Alle Thebaner, die heute noch Philipp hassen, würden daraufhin ihre Kräfte mit den seinen vereinen und mit ihm gemeinsam gegen Athen marschieren. Wenn ihr aber auf mich hören und meinen Worten Glauben schenken wollt, so hoffe ich mit eurer Zustimmung die Gefahr bannen zu können, die über uns allen schwebt. Ich rate euch, vergeßt eure Ängste. Fürchtet für die Thebaner — für sie ist die Gefahr viel näher als für uns — denn sie sind von allen Seiten von Vernichtung bedroht. So fordere ich alle kriegstauglichen Fußtruppen und alle Reiter auf, nach Eleusis zu eilen, damit euch die Welt in Waffen sieht. Dies wird unsere Anhänger in Theben ermutigen, auch ihrerseits für eine gute Sache einzutreten.«

Wohl kein Athener konnte je den Morgen vergessen, an dem Demosthenes das Schicksal der Stadt in seiner Hand hielt. Die Bürger stimmten seinen Vorschlägen zu, und noch am gleichen Tag schickte Athen Gesandte nach Theben. Demosthenes erzielte seinen größten diplomatischen Erfolg, denn es gelang ihm, die Thebaner für ein Bündnis mit den Athenern zu gewinnen. Als Philipp einige Tage später mit seinen Truppen vom Westen her in Böotien einrückte, sah er sich der ihn erwartenden Armee der Bundesgenossen gegenüber. Er gebot über dreißigtausend Mann Fußvolk und zweitausend Reiter, die Verbündeten waren etwa gleich stark.

Die Schlacht, die bei Chaironeia stattfand, war rasch beendet. Die Makedonen waren kraftvoller, gewandter und besser ausgebildet als ihre Gegner und hatten die besseren Führer. Die griechischen Hauptleute versäumten, einen Anfangserfolg der Athener auf dem linken Flügel auszunützen. Sie rückten rasch vor — zu rasch — und die Makedonen warfen sich in die entstandene Bresche. Die »Heilige Schar von Theben« kämpfte bis zum letzten Mann. Zu den Athenern, denen die Flucht gelang, gehörte Demosthenes, der als Hoplite in der Truppe mitgekämpft hatte.

Nun war Philipp Herr über Griechenland; Athen war nur mehr eine makedonische Provinz.

Das mühsam aufgebaute Werk von Demosthenes war zusammengebrochen, aber selbst in der Niederlage blieb er der anerkannte Führer, dessen Empfehlungen ohne eine einzige Gegenstimme angenommen wurden. In den Herzen der Athener hatte er den Platz, den einst Perikles eingenommen hatte. So wurde er ausersehen, die Grabrede für die toten Helden von Chaironeia zu halten, und ihm übertrug man die Leitung der Kommission für die Instandsetzung der Verteidigungsanlagen der Stadt. Philipp hatte Athen überraschend schonungsvoll behandelt, vielleicht, weil er immer noch hoffte, die Flotte der Stadt für die Eroberung Persiens verwenden zu können. Er verwüstete Sparta, legte nach Theben, Korinth und Chalkis eine Besatzung, den Boden Athens aber ließ er seine Truppen niemals betreten.

Acht Monate nach Chaironeia mahnte ein gewisser Ktesiphon, die Zeit sei gekommen, Demosthenes für die dem Staat geleisteten Dienste den goldenen Kranz anzubieten. Der Redner Aischines, ein heimtückischer Aufschneider, kündigte daraufhin an, er werde Ktesiphon für die ungesetzliche Art seines Vorschlages verfolgen, und sieben Jahre lang wurde die Krone zurückgehalten. Der große Rednerkampf wurde 330 v. Chr. ausgetragen, als Aischines eine außergewöhnlich lange Schmährede losließ, in welcher er Demosthenes des Verrates, des Eidbruches und der Veruntreuung beschuldigte; damit nicht genug, fuhr er fort, ihm alle Arten von Laster in seinem privaten Leben vorzuwerfen. Demosthenes antwortete mit der größten Rede, die er jemals gehalten hatte, bekannt als die *Kranzrede,* in welcher er die Beschuldigungen ins Lächerliche zog und sein politisches Leben rechtfertigte. Er war heftig angegriffen worden, und er schlug heftig zurück. Er riß Aischines in Stücke, verspottete seine Art zu reden, seine Herkunft, seine Erziehung, alles an diesem, der, wie er versicherte, keine Würde, nur Unverschämtheit sein eigen nenne, und dann stürzte er sich leidenschaftlich auf die Rechtfertigung seiner eigenen Handlungen, soweit sie die Verteidigung der griechischen Freiheit betrafen. Es war eine lange Rede, doch vom Anfang bis zum Ende loderte sie in hellsten Flammen. Philipp war tot, nun regierte Alexander von Asien aus die Welt. Demosthenes tobte gegen beide, denn beide hatten die Freiheit vergewaltigt. Philipp und Alexander hatten sich zu den Herren Griechenlands gemacht, die Athener aber wurden in ihrer Freiheit bestärkt, denn er, Demosthenes, hatte sie geschützt:

Ich darf es aussprechen, ihr Mitbürger, dank meiner Ratschläge hat die ganze Menschheit Athen freigesprochen, wie ihr es mit mir getan habt. Und wenn du mich fragst, Aischines, wofür ich den Kranz verdiene, so antworte ich dir dieses: Wenn, allen voran Aischines, alle Staatsmänner Griechenlands zuerst von Philipp und dann von Alexander bestochen wurden, so geriet ich niemals in Versuchung und verspürte niemals das Verlangen, zu verraten, was ich als gerecht und nützlich für mein Vaterland erkannt hatte. Nicht Zweckmäßigkeit, nicht schöne Worte oder Hoffnungen, keine Furcht oder was es sonst noch in der weiten Welt geben mag, nichts brachte mich vom Pfad der Pflicht ab. Niemals schlug ich mich auf die Seite, wo Profit winkte. Alles, was ich tat, entsprang aufrechter, ehrenhafter und unbestechlicher Haltung. Das Vertrauen meiner Mitbürger übertrug mir bedeutendere Aufgaben als irgendeinem anderen Zeitgenossen. Ich habe diese Aufgaben anständig und gottesfürchtig ausgeführt. Deshalb beanspruche ich, geehrt zu werden.

Hätte ein anderer Mann die gleichen Worte verwendet, Gelächter hätte ihn aus dem Gericht vertrieben; Demosthenes aber sprach mit eherner Autorität, und was er sagte, war wahr. Die jubelnden Athener reichten ihm den Kranz.

Er überlebte Philipp, und er überlebte Alexander. Im Dienste des Staates war er alt und müde geworden, doch von seiner rednerischen Kraft hatte er nichts eingebüßt, und als Alexander im Jahre 323 v. Chr. starb, war Demosthenes unter jenen, die die Griechen aufriefen, das makedonische Joch abzuschütteln. In ganz Griechenland flackerten Revolten auf, die unbarmherzig niedergeschlagen wurden. Antipatros, Vizekönig von Makedonien, verlangte die Auslieferung der athenischen Redner, doch entwichen diese nach Ägina. Seine Freunde verlassend, segelte Demosthenes zu der Insel Kalauria und suchte im Tempel des Poseidon Schutz. Hier fanden ihn die Häscher des Antipatros. Bevor man ihn festnehmen konnte, schluckte er Gift, das er in seiner Feder verborgen hatte.

30 Die Eroberung der Welt

Wer ihn jemals gesehen hatte, war von seiner außerordentlichen Anmut und Schönheit betroffen. Er besaß eine zarte, weiße Haut, die sich rötete, wenn er getrunken hatte oder in Aufregung geriet, und er pflegte seinen Kopf etwas nach links gebeugt zu halten, als litte er unter einem steifen Genick. Seine Augen waren leuchtend blau, sein Blick durchdringend, obwohl er auch sanft und schmelzend werden konnte; seine außergewöhnlich großen Augen richtete er meist gegen den Himmel und nicht auf die Person, mit der er gerade sprach. Sein Haar war rötlich und oft etwas wirr, in seiner Jugend trug er es bis auf die Schultern herabhängend. Nicht groß, aber gut proportioniert, besaß er kameengleich gemeißelte Züge, eine hohe, glatte Stirne, einen stark ausgeprägten Mund und ein festes Kinn. Bis zu seinem Ende – als er bereits den Großteil der bekannten Welt erobert hatte – blieb ein Hauch von Jugend um ihn.

Wir kennen ihn als Alexander den Großen. Für seine Soldaten war er einfach *basileos*, der König, denn er vernichtete so viele Könige, daß kaum einer übrig blieb, der auf diesen Titel Anspruch erheben konnte, und kein einziger besaß seine überragende Größe. Nach seinem Tode im Alter von zweiunddreißig Jahren bemächtigte sich seiner die Legende. Man erzählte, wie er in die Unterwelt hinabgestiegen sei, wie er die in einer Höhle des Kaukasusgebirges verborgenen Geheimnisse des Weltalls enträtselt habe, wie er zu den mitternächtlichen Sternen geflogen und mit dem Licht des Himmels zurückgekehrt sei. Aber eigentlich waren keine Legenden nötig. Der junge Held mit dem rotgoldenen Haar und dem seltsamen Lächeln war schon legendär, als er noch über die Erde schritt.

Er wurde 356 v. Chr. als Sohn von Philipp II von Makedonien und der Prinzessin Olympias geboren, die ihren künftigen Gemahl bei den Mysterienfeierlichkeiten von Samothrake kennengelernt hatte. Weder sein Vater noch seine Mutter waren rein griechischer Abstammung, ja Olympias mag keinen Tropfen griechischen Blutes besessen haben. Sie war eine stolze und leidenschaftliche Frau, rücksichtslos entschlossen, ihre Macht zu sichern, und allgemein gefürchtet, weil man sie für eine Hexe hielt. Philipp war allerdings so veranlagt, daß ihm nichts auf der Welt Furcht einflößte, nicht einmal seine Frau. Der junge Alexander wurde an einem Hof erzogen, der von diesen beiden machthungrigen Persönlichkeiten beherrscht war, und es ist ein Wunder, daß er seine Vernunft behielt. Er fühlte sich Olympias enger verbunden als seinem Vater, und sein ganzes Leben lang gehörte ihm ihre Liebe.

Plutarch erzählt, an ein und demselben Tag habe Philipp bei Potidäa eine Schlacht gewonnen und die Nachricht erhalten, daß sein General Parmenion die illyrischen Stammesfürsten besiegt und sein Rennpferd bei den Olympischen Spielen den ersten Preis erhalten habe; und schließlich wurde ihm gemeldet, Olympias habe einen Sohn geboren — Alexander. Begreiflich, daß die Wahrsager verkündeten, ein Kind, das an einem solchen Tag geboren wurde, könne nicht umhin, unbesiegbar zu werden.

Alexander wuchs im Palast von Pella unter der strengen Zucht auf, die man für makedonische Prinzen unerläßlich hielt; als er dreizehn Jahre war, gab ihm sein Vater Aristoteles als Erzieher. Während der folgenden drei Jahre saß Alexander zu Füßen seines Lehrers und studierte Staatswissenschaft, Ethik und die Geographie von Asien; vielleicht erhielt er auch Zutritt zu den Laboratorien, in denen Aristoteles seinen Studien über Pflanzen, Vögel und Tiere nachging. Für ihn schrieb Aristoteles eine Abhandlung über die Kunst des Regierens und eine andere, genannt *Alexander oder ein Essay über die Kolonisation,* die wahrscheinlich einer späteren Periode angehört. Geographie war für Alexander ein besonders faszinierendes Thema, und als einige persische Gesandte bei Hof erschienen und in Abwesenheit seines Vaters von ihm empfangen wurden, unterhielt er diese mit Fragen nach dem Zustand der Straßen in Asien und die von den königlichen Kurieren zurückgelegten Distanzen. Mit Ausnahme der Jagd hatte er für Sport wenig übrig. Weil er ein schneller Läufer war, schlug jemand vor, er solle sich an den Olympischen Spielen beteiligen. Seine Antwort war, er würde gerne teilnehmen, wenn auch alle übrigen Läufer Prinzen wären.

Mit sechzehn Jahren herrschte er als Regent über Makedonien, während sein Vater gegen die Byzantiner Krieg führte. Einige Monate später brach unter den Thrakern eine Revolte aus. Alexander sammelte ein Heer, nahm ihre Städte im Sturm, vertrieb die Einwohner und brachte Siedler in eine neugegründete Stadt, die er Alexandropolis nannte — die erste von vielen

Städten und Metropolen, die seinen Namen tragen sollten. Bezeichnend ist, daß sich die Siedler, wie uns Plutarch berichtet, »aus vielen Völkern zusammensetzten«. Schon in einer sehr frühen Periode seines Lebens unternahm Alexander den bewußten Versuch, nationale Gefühle zu beseitigen.

Bei der Schlacht von Chaironeia im Jahre 338 v. Chr. zeichnete sich Alexander, der Philipps Linke kommandierte, durch einen Angriff gegen die »Heilige Schar von Theben« aus. Fünfhundert Jahre später noch wiesen die Leute auf eine alte Eiche nahe dem Fluß Kephisos, die sie »Alexanders Eiche« nannten, weil er in ihrem Schatten sein Zelt aufgeschlagen hatte. Aber obwohl Alexander mit achtzehn Jahren für seinen Vater den Sieg errungen hatte, brachen kurz darauf Familienzwistigkeiten aus. Philipp hatte beschlossen, sich von Olympias zu trennen, um an ihrer Statt Kleopatra, die Nichte seines Generals Attalos, zur Frau zu nehmen. Alexander wohnte dem Hochzeitsfest bei und alles wäre gutgegangen, hätte nicht Attalos, nachdem er zu tief in den Becher geschaut, die Götter um einen Enkel gebeten, der den Thron erben sollte. Alexander warf einen Weinpokal nach dem General und schrie: »Du Schurke! Bin ich ein Bastard?« Wutentbrannt zog Philipp sein Schwert und hätte Alexander auf der Stelle getötet, wäre er nicht zwischen zwei Sesseln ausgeglitten und zu Fall gekommen. Alexander behielt das letzte Wort. Den auf der Erde liegenden berauschten König ansehend, rief er aus: »Seht, hier ist der Mann, der glaubte, er werde durch ganz Asien ziehen, aber er kann nicht von einem Sessel zum andern gehen!« Solche Bemerkungen waren lebensgefährlich; eilig verließ Alexander den Saal, suchte seine Mutter und floh mit ihr nach Illyrien. Seine Freunde, die Spielgefährten seiner Jugendtage, wurden nach diesem Zwischenfall in die Verbannung geschickt.

Diese Freunde sollten in Alexanders Laufbahn eine bedeutende Rolle spielen. Unter ihnen war Ptolemaios, ein kluger, hakennasiger Halbbruder, der Sohn von Philipp und einer Konkubine namens Arsinoë. Gerüchte behaupteten, er sei gar nicht Philipps Sohn, sondern ein obskurer Makedone namens Lagos sei sein Vater gewesen, aber er trug den Titel eines Prinzen und wurde vom König behandelt, wie es einem solchen zukommt. Obwohl er nur ein Jahr älter war als Alexander, überlebte er ihn um fünfzig Jahre. Dann war da Nearchos, ein junger Kreter, dessen Familie sich in Amphipolis niedergelassen hatte, ein geborener Reiter, der ein berühmter Admiral werden sollte; Harpalos, Fürst von Elimyotis, mit Klumpfuß und tiefernster Miene, schwach und kränklich, von Alexander ob seiner Bildung bewundert. Er sollte zum Schatzkanzler des Reiches werden und sich eines Tages mit allen Schätzen, deren er habhaft werden konnte, aus dem Staube machen. Am beeindruckendsten von allen Begleitern aber war Hephaistion, der mit seiner Anmut, seiner unbeschwerten Kühnheit und seinem Flötenspiel Alexander glich, nur daß er robuster und größer war. Sie teilten ein Zelt, tranken aus dem gleichen Becher und kämpften Seite an Seite; hätte er überlebt, wäre er der Erbe des Reiches geworden.

Die Freunde Alexanders blieben nicht lange verbannt. Ein gewisser Demaratos von Korinth unternahm es, Philipp vorzuhalten, wie töricht es sei, in seiner eigenen Familie Zwistigkeiten zuzulassen, während er für Griechenland so große Pläne hege. Philipp ließ sich von den Worten Demaratos' überzeugen und rief die Verbannten zurück. Einige Monate lang herrschte zwischen Alexander und Philipp, der zu einer Invasion Persiens rüstete, ein unruhiger Frieden. Während eines Hochzeitsfestes anläßlich der Vermählung seiner Tochter mit Alexandros, König von Epeiros, wurde Philipp von einem jungen Edelmann namens Pausanias ermordet. Olympias scheint an dem Komplott beteiligt gewesen zu sein, und auch die Perser mögen ihre Hand im Spiel gehabt haben. Alexander war zum Zeitpunkt der Tat nicht in der Nähe und wußte nichts von den Ereignissen, bis er durch einen Boten Nachricht erhielt. Er eilte in die Hauptstadt und fand den Hof in zahllose Intrigen verstrickt. Die Wahl eines neuen Königs oblag der Armee. Diese, unter der Führung von Antipatros und Parmenion, erklärte sich für Alexander, und von diesem Augenblick an war es klar, daß er den Thron erben würde. Alle diejenigen, von denen angenommen werden konnte, sie hätten etwas mit dem Komplott zu tun gehabt, wurden hingerichtet. Nach einem kurzen, heftigen Blutbad, in dem die anderen Aspiranten den Tod fanden, bestieg Alexander den Thron.

Philipp hatte sich zum Führer der Griechen gemacht, aber nur die Makedonen fanden an seiner Herrschaft Gefallen. In ganz Griechenland feierte man seinen Tod durch große Feste und öffentliche Gebete zu Ehren seiner Mörder; die Stämme des Nordens feierten die Befreiung von der makedonischen Herrschaft durch eine offene Revolte. Alexander erbte ein Reich, das einem Trümmerhaufen glich. Seine tatsächliche Herrschaft erstreckte sich über ein paar Quadratkilometer rund um die Hauptstadt. Wäre er vorsichtig gewesen, hätte er gegen die aufrührerischen Stämme eine Expedition geschickt und sodann mit Bestechungen und diplomatischem Geschick versucht, die Hegemonie seines Vaters im Süden wiederherzustellen. Aber es war nicht seine Art, vorsichtig zu sein. Im Spätsommer des Jahres 336, nur wenige Wochen nach seiner Thronbesteigung, führte er die Armee nach Süden und ließ die Befriedung der Stammesfürsten für einen späteren Zeitpunkt. Bald gewann er wieder die Herrschaft über Thessalien, zwang Theben zur Unterwerfung, empfing eine Abordnung aus Athen, die ihre Loyalität beteuerte, und erschien in Korinth an Stelle seines Vaters als Hegemon des Korinthischen Bundes. Als er über Delphi nach Makedonien zurückkehrte, vernahm er, ohne irgendein Zeichen des Erstaunens zu zeigen, daß er von Apollo gesegnet sei.

Nachdem er die Griechen mit diesem Blitzfeldzug besiegt hatte, wandte Alexander seine Aufmerksamkeit den wilden Stämmen des Nordens zu. Wieder operierte er mit seiner Taktik der schnellen Vorstöße in bis dahin für undurchdringlich gehaltene Gebiete, stellte unerwartete Hinterhalte und bevorzugte nächtliche Gewaltmärsche. Er erreichte die Donau, verbündete sich mit den Kelten und vernichtete viele Stämme in einem so langen Zeitraum, daß die Griechen meinten, er habe in den Grenzländern den Tod gefunden; zum zweitenmal jubelten die Athener, und die Thebaner feierten den Tod des makedonischen Königs. Alexander befand sich im Peliongebirge des östlichen Thrakiens, als er von dem Aufstand der Thebaner hörte. Vierzehn Tage später erreichte er die Stadtmauern Thebens und verlangte die Auslieferung der Führer der Revolte. Die Thebaner ihrerseits verlangten die Auslieferung der beiden Generale Antipatros und Philotas und erklärten Alexander im Namen aller freiheitsliebenden Griechen den Krieg. Alexander beschloß, den Griechen eine Lehre zu erteilen, die sie niemals vergessen würden; er befahl die Zerstörung Thebens, ließ die gesamte Bevölkerung in die Sklaverei verkaufen und alle Häuser dem Erdboden gleichmachen. Ein einziges Haus wurde verschont: Es war das Haus, welches Pindar bewohnt hatte.

Ebenso wäre es Athen ergangen; Alexander hätte den Parthenon zerstört, hätten die Athener sich nicht beeilt, ihre Unterwerfung anzubieten. Denn er kannte kein Erbarmen. Den Abgesandten Athens bot er ein Schauspiel großzügiger Verzeihung, und Plutarch berichtet, er habe die Athener aufgefordert, den Gang der Ereignisse aufmerksam zu verfolgen, denn würden seine Pläne mißlingen, könnten sie sehr wohl zu den Schiedsrichtern Griechenlands werden. Seine Pläne waren bekannt. Das Ziel war nichts Geringeres als die Unterwerfung ganz Kleinasiens als Rache für die vor hundertfünfzig Jahren stattgehabte Invasion der Perser. Noch hatte er nicht die Absicht, das persische Mutterland anzugreifen.

Im Frühling des folgenden Jahres überquerte er an der Spitze einer Armee von 30 000 Fußsoldaten und 5000 Reitern den Hellespont. Nur 12 000 waren Makedonen, ungefähr 12 000 Griechen und die übrigen Thraker, kretische Bogenschützen und agrianische Speerwerfer. Auf halbem Weg über den Hellespont opferte er Poseidon einen Stier und goß aus einem goldenen Pokal ein Trankopfer in das Meer. Man sagt, er sei der erste der Armee gewesen, der die Küste Asiens betreten habe. Er sollte Griechenland niemals wiedersehen.

Allein, nur von einer kleinen Schar von Getreuen begleitet, zog er nach Troja, brachte am Grab seines Ahnherrn Achilles ein Trankopfer dar und lief – eine weitere Huldigung – einmal nackt um den Grabhügel. Hephaistion vollzog die gleichen Riten am Grab von Patroklos. Sie opferten im Tempel der Athene und nahmen den heiligen Schild von der Wand, der sie auf allen Reisen begleiten sollte. Hierauf befahl er die Trojaner zu sich, erklärte ihre Stadt zu einer freien Demokratie und schaffte den Tribut ab, den sie den Persern regelmäßig gezahlt hatten.

Der kleine Heerzug marschierte nach Süden zum Granikos, wo eine Armee von 20 000 asiatischen Reitern und 20 000 griechischen Söldnern unter der Führung von Memnon, dem Rhodier, auf dem südlichen Steilufer des Flusses wartete. Es war Frühsommer, und obwohl die Strömung stark war, konnte man den Fluß durchwaten. Alexander warf seine Reiterscharen hinüber, und irgendwie gelang es ihm, auf dem gegenüberliegenden Ufer Fuß zu fassen. Er selbst war stets, wo die Schlacht am heftigsten tobte – weithin sichtbar in seiner schimmernden Rüstung und einem mit weißen Federn geschmückten Helm. Der Abhang war schlüpfrig – anscheinend hatte es stark geregnet – und im Laufe des wilden Kampfes wäre er fast durch einen Hieb von der Streitaxt des Persers Spithridates getötet worden; die Axt durchdrang seinen Helm und hätte seinen Kopf gespalten, wäre sie um einige Zentimeter tiefer gedrungen. Endlich wichen die Perser zurück, und es gelang, die griechischen Söldner einzuschließen. Nur zweitausend von ihnen überlebten, alle anderen wurden getötet. Am Abend war die Schlacht gewonnen. Es war der erste seiner vier großen Siege und der einzige, bei dem die Chancen gegen ihn standen. Zur Feier seines Sieges sandte er dreihundert persische Rüstungen nach Athen, die auf der Akropolis als Weihgabe für Athene aufgehängt werden sollten. Die Inschrift lautete: »Alexander, Philipps Sohn, und die Griechen, mit Ausnahme der Spartaner, weihen diese Gabe, welche den asiatischen Barbaren genommen wurde.« Alle Goldplatten und purpurnen Gewänder, die sich auf dem Schlachtfeld fanden, sandte er an Olympias.

Granikos war der Keil, der allmählich ganz Persien auseinandertrieb. Entlang der kleinasiatischen Küste erhoben sich die griechischen Städte gegen die persischen Satrapen und erklärten sich für Alexander. Das ganze hellespontinische Phrygien ergab sich ihm, Sardis kapitulierte und kurz darauf Ephesos. Milet, von einer starken persischen Garnison besetzt, hielt bis Juli aus, dann ergab sich auch diese Stadt. Es blieb nur mehr Halikarnassos, das hartnäckig Widerstand leistete. Er brauchte diese wichtige Hafenstadt, denn seine geniale Strategie plante die Zerstörung der persischen Flotte durch die Zerstörung ihrer Stützpunkte; er würde sie lahmlegen, indem er ihre Versorgungslinien abschnitt. So große Bedeutung maß er Halikarnassos zu, daß er Ptolemaios mit dreitausend Soldaten und zweihundert Reitern zurückließ, um es zu belagern, während er selbst, sein Heer in zwei Kolonnen geteilt, nach Gordion marschierte. Die eine Kolonne zog unter Permenion nach Lydien, die andere marschierte unter seiner Führung die lykische Küste entlang. Er war froh, Halikarnassos zu verlassen, denn während er dort sein Lager aufgeschlagen hatte, war eine Schwalbe in sein Zelt geflogen und hatte ihn laut zwitschernd umkreist, als wolle sie ihn vor einer drohenden Gefahr warnen. Sie war auf sein Bett geflogen und er hatte im Halbschlaf versucht, sie vorsichtig zu verscheuchen. Schließlich hatte sich der Vogel auf seinem Kopf niedergelassen.

Wie alle Griechen sah auch Alexander in den Vögeln Boten der Götter. Er befragte die Wahrsager, und diese erklärten übereinstimmend, die beharrliche Schwalbe sei gekommen, ihn vor dem Verrat eines Freundes zu warnen; die Verschwörung aber würde scheitern, denn Schwalben seien zahme, geschwätzige

Vögel, und die Warnung war offenbar rechtzeitig erfolgt. Alexander entschied, der Verräter müsse ein gewisser Alexandros von Lynkestis sein, einer seiner Begleiter, dem er den Oberbefehl über die Thessalische Ritterschaft übertragen hatte. Ein junger Mann von großer Kühnheit, hatte er Alexander nach Philipps Ermordung in den Palast begleitet und diesem an die Macht verholfen, obwohl seine eigenen Brüder in das Verbrechen verstrickt waren. Es gingen Gerüchte — und vielleicht waren es mehr als Gerüchte —, der persische König habe Alexandros von Lynkestis den Thron von Makedonien und ein Geschenk von hundert Goldtalenten angeboten, wenn er Alexander tötete. Alexander gab sofort Befehl, den Lynkestier festzunehmen.

Die Schwalbe in seinem Zelt war nur eines von vielen Omen, die ihn auf seinem Weg begleiteten. Die Luft war erfüllt von dem Stimmengewirr der Götter, welches nur Wahrsager und Magier zu deuten vermochten. Ungefähr um diese Zeit spülte ein Quell nahe von Xanthos in Lykien eine Kupferplatte ans Ufer, auf der Worte in einer altertümlichen Schrift zu lesen waren, die zu besagen schienen, die Zeit, in der die Griechen das Perserreich stürzen würden, sei nahe. Als die Stunde der Entscheidung näherrückte, wurden die Omen immer zahlreicher. Alexander war der klarblickende Schüler Aristoteles', aber auch ein gläubiger Jünger der Wunderlehren, und seine Gedanken bewegten sich beglückt in jenen Regionen, in denen Vögeln, Donnerschlägen und in der Erde begrabenen Kupferplatten prophetische Bedeutung zukam.

In Gordion löste er einen aus dem Bast der Kornelkirsche hergestellten Knoten, der Deichsel und Joch des Wagens von Midas zusammenhielt, des Gründers der gordischen Dynastie. Welcher Art dieser Knoten war und wie er ihn löste, sind Rätsel, die vielleicht niemals eine Aufklärung finden werden. Viele Leute glaubten, daß derjenige, dem es gelänge, ihn zu lösen, zum Beherrscher der Welt werden würde. Daher *mußte* ihn Alexander lösen. Die Geschichte, daß er den Knoten mit seinem Schwert durchschlug, ist sicherlich unwahr; eine so primitive Lösung des Problems hätte ihm keine Ehren eingebracht. Wahrscheinlicher ist es, daß es ihm, wie Aristobolos glaubte, gelang, den Wagen von dem Joch zu trennen, indem er den Holzstift herauszog, der die Deichsel mit dem Joch verband, um hierauf das Joch von unten wegzuziehen; auf diese Weise mag sich der verkrustete Knoten, dessen Enden unten verborgen waren, gelockert haben, so daß er ihn in Muße entwirren konnte. »In dieser Nacht«, sagt Arrian in seinem *Leben Alexanders,* »gab es Blitz und Donnerschlag — ein weiteres Zeichen des Himmels, und am nächsten Tag opferte Alexander den Göttern, die das Zeichen gesandt hatten, und verkündete die Lösung des Knotens.«

Delphi hatte ihn einmal *aniketos,* den »Unbesiegbaren« genannt, Gordion machte ihn zum Weltbeherrscher. Hunderte Omen hatten seine bevorstehenden Siege angekündigt. Als er jetzt durch Galatien und Kappadokien marschierte, begann er das Unvermeidliche eines Konfliktes mit Persien zu begreifen, nicht nur mit den persischen Satrapien und Garnisonen in Kleinasien, sondern mit dem Großkönig selbst, der im gleichen Jahr wie Alexander den Thron bestiegen hatte. Dareios III (Daryavush) war ein würdiger Gegner für den jungen König, der nicht nur Griechenland besiegt hatte, sondern auch im Begriffe stand, ganz Kleinasien zu unterwerfen. Auch er hatte das Gehaben eines Eroberers und war wohl bewandert im Intrigenspiel. Er war von hohem Wuchs, elegant, mit großen Augen, einer edel geformten Nase und einem kurzen, harten Bart; mehr als einen Mann hatte er mit seinen bloßen Händen umgebracht.

Tag für Tag brachten seine Kuriere alarmierende Nachrichten von Alexanders Siegen in den Palast von Susa. Schließlich führte Dareios seine Armee in der Absicht nach Syrien, Alexander zu vernichten, sobald dieser durch die Syrische Pforte zog. Alexander befand sich in Tarsos. Er hatte die Stadt gerade rechtzeitig erreicht, um zu verhüten, daß sie von den Persern in Brand gesteckt würde. Einige Tage später hatte er in den eisigen Fluten des Kydnos gebadet und sich eine so schwere Erkältung zugezogen, daß sein Leben in Gefahr schwebte. Die Ärzte waren verzweifelt; zeigte ihre Behandlung keinen Erfolg, so würden sie von den makedonischen Soldaten mit Sicherheit in Stücke gerissen werden. Endlich nahm Philippos, der Leibarzt des Königs, allen Mut zusammen und beschloß, ihm ein starkes Purganzmittel zu geben. Er war gerade damit beschäftigt, die Arznei zuzubereiten, als ein Brief von Parmenion eintraf. Alexander las den Brief und legte ihn ruhig unter sein Kopfkissen, bis Philippos die Arznei brachte. Während Alexander den Becher an die Lippen setzte, zeigte er dem Arzt das Schreiben, welches folgende Worte enthielt: »Hüte dich vor Philippos. Mir wurde gesagt, er wäre von Dareios bestochen worden, dich zu vergiften.« Der

Arzt war noch mit dem Lesen der Botschaft beschäftigt, da hatte Alexander den Becher bereits geleert. Niemals kam Alexander auf den Inhalt des Briefes zurück. Unter der Pflege von Philippos kam er allmählich wieder zu Kräften und übernahm bald das Kommando über seine Armee.

Dareios hatte seine Soldaten nach Sochi in Syrien gebracht — zwei Tagemärsche von Amanos entfernt —, und als er hörte, Alexander befände sich jenseits des Hügels, beschloß er, sofort anzugreifen. Aber während Dareios seine Streitmacht über den Paß führte, marschierte Alexander, jetzt vollkommen genesen, über einen einige Meilen südwärts gelegenen Paß. Der Nachrichtendienst beider Könige hatte versagt. Sobald Alexander bemerkte, daß Dareios Sochi verlassen hatte, kehrte er um, denn wenn es ihm jetzt nicht gelänge, die persische Streitmacht sofort zu zerstören, würde er von seinen Versorgungsbasen abgeschnitten werden und durch die ganze Ausdehnung Kleinasiens von Griechenland getrennt sein. In der Falle gefangen, hatte er keine Alternative, als sich seinen Weg aus der Falle zu erkämpfen.

Als Alexander in der Morgendämmerung die kleine Ebene von Issos erreichte und auf die persische Armee traf, die zwischen den Bergen und dem Meer am Pinarosfluß Aufstellung genommen hatte, da stand er der größten Streitmacht gegenüber, die er jemals gesehen hatte: 30 000 persische Reiter am Meeresufer, die gleiche Anzahl griechischer Söldner im Zentrum und die leicht bewaffneten Truppen entlang der Vorgebirge. Dareios hatte ungefähr 90 000 Soldaten, Alexander verfügte über weniger als ein Drittel dieser Zahl. Während die Perser warteten, verbrachte Alexander den Morgen damit, die letzten Anordnungen zu treffen. Als die Schlacht am Nachmittag begann, war sein Entschluß gefaßt, die stärksten Kräfte gegen das Zentrum zu werfen, wo sich Dareios und die königliche Garde befanden. Die Schlacht war eine verwirrende Angelegenheit; die Reiter Parmenions zogen sich entlang der Meeresküste zurück, die griechischen Söldner kämpften ohne besondere Begeisterung im Zentrum. Alexander und seine Kampfgenossen warfen sich auf Dareios und die enge Formation der königlichen Garde. Sie brachen durch den äußeren Ring, und es scheint einen Augenblick gegeben zu haben, während dem sich Alexander und Dareios im Kampf gegenüberstanden. Hierauf schloß sich der Ring wieder, und Dareios wurde nicht mehr gesehen. Gegen Abend verließ er, von Panik ergriffen, das Schlachtfeld, obwohl seine Truppen zu diesem Zeitpunkt noch die Oberhand gehabt zu haben scheinen, und lenkte seinen Streitwagen in das Vorgebirge, wo er ihn liegenließ.

In dem Augenblick, in welchem Dareios das Schlachtfeld verließ, war das Schicksal des persischen Reiches besiegelt. Alexanders Ruhm war ihm vorangeeilt, und seine bisherigen Siege waren überall bekannt; seine erbarmungslose Entschlossenheit, die Invasion von Xerxes zu rächen, machte ihn zu einem gefürchteteren Feldherrn, als er es verdiente. Allein die Tatsache, daß *er* der König war, der auf dem Schlachtfeld blieb, brachte ihm den Sieg: Die Reste der persischen Armee flohen in die Berge und verschwanden in der Nacht.

Alexander verbrachte die Nacht in Dareios' goldenem Zelt inmitten aller Schätze, welche persische Könige auf ihren Reisen mit sich zu nehmen pflegten. Plutarch erzählt, wie Alexander seine Rüstung mit den Worten ablegte: »Laßt uns gehen und in Dareios' Bad den Schweiß der Schlacht abwaschen.« »Nein«, meinte einer seiner Begleiter, »lieber in dem Alexanders.« Als Alexander all die goldglänzenden, seltsam verzierten Wannen, Krüge und Schalen sah, die umherstanden, wo Dareios sie in dem geräumigen, nach Wohlgerüchen und Kräutern duftenden Zelt zurückgelassen hatte, da wandte er sich an seine Begleiter und sprach: »Jetzt weiß ich, was es heißt, ein König zu sein!«

Später, während des Abendmahles, hörte er das Wehklagen von Frauen und erfuhr, daß Dareios' Mutter, dessen Frau und zwei unverheiratete Töchter des Königs Tod beweinten. Man hatte Dareios' Streitwagen sowie seinen Schild, Speer und den königlichen Mantel in den Hügeln gefunden, aber es gab keinen Grund zu der Annahme, daß er tot wäre. So ließ Alexander ihnen sagen, Dareios sei seines Wissens am Leben, und sie selbst hätten nichts zu fürchten. Sie würden mit dem ihrem Rang zukommenden Respekt behandelt werden. Man sagte allgemein, Dareios' Gattin wäre die schönste Frau in Asien; Alexander weigerte sich, sie zu sehen und verbot in seiner Gegenwart jede Erwähnung ihrer Schönheit. Er liebte die Frauen nicht, und seine ganze Zuneigung gehörte Hephaistion, dem Gefährten seiner Jugend.

Am nächsten Tag statteten Alexander und Hephaistion der Mutter von Dareios einen Besuch ab. In der Annahme, der größere der beiden sei der König, warf sich die Königin-Mutter sofort vor dem zurückweichenden Hephaistion zu Boden. Als einer der Diener auf Alexander wies und ihr bedeutete, dieser sei der König, wollte sie sich bestürzt zurückziehen. Alexander aber meinte lächelnd: »Auch dieser ist Alexander.« Im Laufe der Zeit scheint er die alte Frau in sein Herz geschlossen zu haben, und als sie ihn einmal bat, eine persische Adelige zu verschonen, erfüllte er ihr diesen Wunsch. Es ist nicht bekannt, daß er jemals sonst einer ähnlichen Bitte stattgab.

Trotz der gewonnenen Schlacht und der Flucht der persischen Armee war Alexander noch weit davon entfernt, das Reich erobert zu haben. Das Perserreich war so groß und seine Schätze um so viel reicher als die jedes anderen Landes, daß es noch zwanzig Schlachten wie jene bei Issos überdauern konnte, ohne wesentlichen Schaden zu nehmen. Auf einem Marsch durch Persien konnte sich Alexanders Armee in Hunderten kleinen Gefechten vollkommen erschöpfen. Alexander war sich dessen bewußt, und er beschloß daher, die persische Heimatflotte mit der Basis in Tyros zu vernichten, um vorerst seine Flanke gegen das Mittelmeer abzusichern. Tyros war eine phönikische Inselstadt. Die Schiffe waren mit phönikischen Seeleuten bemannt, doch lag das Kommando in den Händen der Perser. Nach der Zerstörung von Tyros, der mächtigsten Flottenbasis des Mittelmeeres, konnte er die Küsten Palästinas erobern, ohne fürchten zu müssen, daß die Landung einer Armee seinen Vormarsch aufhalten könnte. Sein Blick war auf Ägypten gerichtet und sein Ziel, den westlichen Halbmond des Perserreiches zu erobern.

Ein und ein halbes Jahr blieb er nahe der Küste. Noch war er nicht bereit, sich in die Steppen Asiens zu wagen.

Die Tyrener erwiesen sich hartnäckiger, als erwartet. Mit den Karthagern verbündet, waren sie reich und mächtig. Die kleine Armee Alexanders erfüllte sie mit einer solchen Verachtung, daß sie die Gesandten ermordeten, welche kamen, um die Unterwerfung der Inselstadt zu verlangen. Sieben lange Monate dauerte die Belagerung von Tyros. Als die Stadt im Juli 332 v. Chr. endlich fiel, massakrierten die verzweifelten, erschöpften Makedonen einfach die ganze männliche Bevölkerung und verkauften Frauen und Kinder in die Sklaverei. Es war nicht das erste Mal, daß Alexander schreckliche Rache übte.

Sein nächstes Ziel war Ägypten. Außer in Gaza fand er auf seinem Marsch nach Süden keinen Widerstand; Ägypten ergab sich kampflos. Die vier oder fünf Monate in Ägypten wurden zu einem königlichen Triumphzug. Nicht ein einziges Mal kam es zu einem Gefecht. Danach sollte es bis zu seinem Tod kaum einen Tag ohne Kämpfe geben.

Alexandria wurde gegründet. Laut Arrian, dem Historiker des zweiten Jahrhunderts nach Christus, der sich auf zahlreiche zeitgenössische Berichte stützen konnte, umschritt Alexander den Platz, während ein ihm folgender Soldat aus einer Soldatenration Grütze verstreute. Innerhalb weniger Tage begannen Mauern zu erstehen, wo die Grütze hingefallen war. Für sein ägyptisches Königreich brauchte Alexander eine Hauptstadt, und um eine Verbindung mit Griechenland zu ermöglichen, mußte sie an der Küste gelegen sein. Er dachte noch immer maritim und war von der Idee, die Seeherrschaft über das Mittelmeer auszuüben, besessen.

Zunächst zog er nach der Oase Siwah in der Libyschen Wüste zum Orakel des Zeus Ammon, welchem die Griechen fast die gleiche Bedeutung zumaßen wie dem Orakel des Apollo in Delphi. Die gefährliche Reise durch die Wüste diente noch einem anderen Zweck: der Notwendigkeit, seine Nachschublinien zu sichern, denn über die Verhältnisse in der Libyschen Wüste war kaum etwas bekannt, und er mußte wissen, ob sich die libyschen Stämme, welche das Pharaonenreich tausend Jahre lang geplagt hatten, gegen ihn erheben würden. Die Frage wurde dem Gott vorgelegt, und Alexander erhielt die erhoffte Antwort. Von nun an fühlte er sich als von Zeus Ammon besonders gesegnet. Niemand kennt die genauen Worte, welche zwischen dem jungen König und dem ehrwürdigen Orakel gewechselt wurden. In einem Brief an seine Mutter in Makedonien schreibt er, er habe eine Botschaft erhalten, die geheim bleiben müsse, bis er sie ihr selbst erzählen könne. Er kehrte nie mehr nach Makedonien zurück, und nie erfuhr Olympias den Inhalt der geheimen Botschaft.

Seine Freude an der Philosophie hatte Alexander nicht verloren, und jetzt, da er Muße hatte, suchte er die ägyptischen Philosophen auf. Besonderen Eindruck machten ihm die Lehren des Philosophen Psammon, der von dem Königreich Gottes sprach, das alle Menschenrassen umfaßte, eine Doktrin, die sich tausend Jahre zurück in die Zeit des häretischen Königs Echnaton verfolgen läßt. Plutarch berichtet, Alexanders Formulierung der Doktrin sei noch philosophischer gewesen, denn er sagte: »Gott ist der gemeinsame Vater der Menschheit und das Beste in den Menschen ist sein Eigen.« Diese Lehre sollte in der Vision der *homonoia* Früchte tragen, der Versöhnung aller Rassen unter einem Vater.

Aber noch war die Zeit für die Homonoia nicht gekommen. Noch galt es, Schlachten zu schlagen und eine Welt zu besiegen. Im Juli 331, ein Jahr nach dem Massaker von Tyros, führte er sein Heer über den Tigris, um die Armee des Dareios aufzuspüren, welche er in Gaugamela, unweit der Ruinen von Ninive, antraf. Eine gewaltige, ungeordnete Armee mit Elefanten und Sichelwagen lagerte in der Ebene, so weit das Auge reichte. Wir kennen die Befehle für die verschiedenen Einheiten, weil die Aufzeichnungen erbeutet und aufbewahrt wurden, aber über den eigentlichen Schlachtverlauf wissen wir sehr wenig. Weder die Elefanten noch die mit Sicheln bestückten Streitwagen konnten die Makedonen in Schrecken versetzen. Indem er seinen Angriff auf Dareios und die königliche Garde richtete, wiederholte Alexander seine Taktik von Issos; wieder floh Dareios, von Panik ergriffen, als seine Armee gerade an Boden gewann. Seine unerklärliche Flucht bewies den Persern, daß er das Recht, ein Herrscher zu sein, verwirkt hatte. Anstatt Dareios weiter zu verfolgen, marschierte Alexander gegen Susa und Babylon. Beide Städte ergaben sich bei seinem Herannahen. Hierauf zog er nach Persepolis, der Heiligen Stadt der persischen Herrscher mit ihren herrlichen Palästen im Schatten der Hügel, die den Achämeniden-Königen als Grabstätte dienten.

Es gibt eine merkwürdige Geschichte, die berichtet, Thaïs, eine Kurtisane aus Athen, habe während eines Festes um Erlaubnis gebeten, den Palast in Brand stecken zu dürfen. »Das ist die Entschädigung für alle Mühsal, die ich auf dem Heerzug durch ganz Asien erlitten habe«, sagte sie. »Nichts würde mich mehr erfreuen, als diese Tat vor den Augen des Königs zu vollbringen, denn dann würde die Nachwelt wissen, daß die Frauen, die Alexander begleiteten, sich an den Persern für die Griechenland zugefügten Wunden unbarmherziger rächten als alle berühmten Heerführer zu Land und zur See.« Plutarch erzählt diese Geschichte in allen Einzelheiten. Er gibt eine dramatische Schilderung der betrunkenen Menge, die den Vorschlag der Kurtisane mit jubelndem Geschrei begrüßte, und berichtet, wie der mit Blumen bekränzte König den Mob anführte und alles Erreichbare in Brand steckte, nur um es kurz darauf zu bereuen und die Löschung der Feuer zu befehlen.

Die Einnahme von Persepolis war die Krönung von Alexanders Laufbahn als Eroberer. Weitere Siege hatte er nicht nötig, denn durch die Inbesitznahme der Heiligen Stadt wurde er zum Machthaber des ganzen persischen Reiches. Bis zu der Zeit Cäsars besaß niemand mehr so viel Macht über so viele Menschen wie der Mann, der der König der Könige war, König der Makedonen, Pharao von Ägypten, und der sich schlicht »Herr von Asien« nannte. Er war fünfundzwanzig Jahre alt.

Weil er so jung und von der schrecklichen Rastlosigkeit der Griechen, zu wissen und zu forschen, besessen war, verließ er im Frühjahr 330 Persepolis und verbrachte die ihm verbleibenden sieben Jahre seines Lebens mit einer Reihe von Blitzfeldzügen. Er verfolgte Dareios bis zu den Küsten des Kaspischen Meeres und mußte feststellen, daß der Herrscher wenige Minuten vor seiner Ankunft erstochen worden war. Der Mörder war Bessos, Dareios' Vetter, der gehofft haben mochte, sich mit dieser Tat die Gunst Alexanders zu erwerben. Statt dessen wurde er gefangengenommen und in Ekbatana mit abgeschnittener Nase und Ohrläppchen — als Zeichen seiner Schmach — hingerichtet.

Rastlos schritt Alexander zu jenen weiteren Eroberungen, die erst mit seinem Tod ein Ende finden sollten. Er wandte sich nach Norden gegen Baktrien und Sogdiana, um jeden Widerstand dieser Stämme, die seine Macht niemals ernstlich bedroht hatten, zu brechen, bis er nahe an die Grenze Chinas gelangte. Er gründete vielleicht hundert Städte und Ortschaften — Meilensteine seines Vormarsches. Von diesen überdauerten vier oder fünf und wurden zu griechischen Einflußzentren in Zentralasien. Er hatte eine vage Vorstellung, irgendwo in Asien würde er auf die Nilquellen stoßen, und er war sicher, den großen »Strom des Ozeans« anzutreffen, welcher die bewohnbare Erde umfloß. Seinen Soldaten sagte er, er könne nicht ruhen, bevor er nicht ganz Asien erobert habe; dann würde er sie mit mehr Schätzen nach Hause schicken, als sie jemals erträumt hätten. Aber er fand niemals den großen Strom des Ozeans, und die Strapazen des Feldzuges führten zu Meutereien. Nun war er nicht mehr einfach »Herr von Asien«. In seiner Person verkörperte sich ein gewaltiger revolutionärer Prozeß — das Eindringen griechischer Kultur in den Osten; und es liegt in der Natur von Revolutionen, ihre Kinder zu verschlingen. Philotas, Parmenion, Kleitos, Kallisthenes, einer nach dem andern seiner Berater und Freunde wurde zum Opfer seines Wütens. Er befand sich auf einem gefährlichen Gipfel, wo Meutereien in der Luft liegen und Verrat zur

Alltäglichkeit wird. Ohne Erbarmen trieb er seine Leute weiter nach Indien und hätte den ganzen Subkontinent erobert, hätten seine Soldaten nicht mit einem Aufstand gedroht. Er führte sie durch das wüste Belutschistan zurück nach Persepolis und seiner Hauptstadt Babylon. Mit diesen endlosen Feldzügen an den Grenzen des Reiches waren fünf Jahre vergangen.

In Ägypten setzte er ägyptische Statthalter ein; in Persien vergab er die hohen Ämter an Perser. Immer mehr fühlte er sich als ein Herrscher, der über den Vorurteilen des Nationalismus stand und nicht *einem* Volk, sondern allen Völkern gehörte. Aus den Lehren des Aristoteles, aus den Gedankengängen des ägyptischen Philosophen Psammon und aus seinen eigenen Ideen formte sich die Vision eines Universalstaates, eines Commonwealth, in dem alle Partner und nicht Untertanen sind. Schon sah er sich als den Ersten der Perser, wie er sich früher als den Ersten der Griechen angesehen hatte. Er übernahm das persische Hofzeremoniell und wurde auf allen Feldzügen sowohl von persischen Magiern wie von griechischen Sehern begleitet, welche die Opferhandlungen vorzunehmen und die Zeichen zu deuten hatten. Allmählich entstand eine makedonisch-persische Kultur. Die Friedenspläne wurden von Makedonen und Persern gemeinsam entworfen, und selbst wenn es in der Absicht Alexanders gelegen wäre, hätte er die Verschmelzung der beiden Kulturkreise nicht verhindern können.

Dieser Verschmelzungsprozeß ging lautlos, fast automatisch vor sich, bis ein merkwürdiger Vorfall ihn an das helle Tageslicht rückte. Alexander beorderte seine makedonischen Truppen nach Opis, einige Meilen nördlich von Babylon, und verkündete seine Absicht, alte und untaugliche Soldaten zu entlassen und mit entsprechenden Geschenken und Belohnungen für ihre Dienste zurück nach Griechenland zu schicken. Er scheint keine andere Absicht gehabt zu haben, als seinen Soldaten mit den Geschenken und der Kriegsbeute eine Freude zu machen. Zu seinem Erstaunen empfing die Armee die Nachricht mit einem wilden Ausbruch der Empörung; alle aufgestaute Erbitterung, alle Erinnerungen an erlittene Wunden und endlose Gewaltmärsche machten sich Luft, als Alexander das Wort »Entlassung« aussprach. »Entlaß' uns nur alle! Schick' uns fort! Unternimm den nächsten Feldzug mit deinem Vater!« schrien die Männer. Wahrscheinlich meinten sie – wie Arian, den Vorfall beschreibend, andeutet –, er solle mit Zeus Ammon in die Schlacht ziehen, der ihn, wie es allgemein hieß, in der Stille seines Schreins in der Libyschen Wüste als Sohn angesprochen hatte. Aber ebensogut ist es möglich, daß sie seinen leiblichen Vater Philipp meinten, der bereits tot war.

Das war Meuterei, und Alexander hatte schon einige Erfahrung, wie man mit derartigem fertig wird. Er sprang von der Rednertribüne, deutete auf dreizehn Rädelsführer und befahl seinen Offizieren, dieselben zur Hinrichtung zu führen. Dann bestieg er wieder das Podium und hielt eine lange Rede, in welcher er die Makedonen abwechselnd pries und schmähte, um sich schließlich bereitzuerklären, ihren Wünschen zu entsprechen. Wenn sie alle die Entlassung wollten, würde er nicht im Wege stehen. Er habe ebensoviel Wunden empfangen wie sie, er habe ihre Schulden bezahlt, ihren Hochzeiten beigewohnt, sie zu Vizekönigen, Generalen und Kapitänen gemacht, und jetzt, nachdem er ihnen goldene Kronen geschenkt und sie bis ans Ende der Welt geführt, nachdem er von den Schätzen ungezählter Städte für sich nur den Purpur und die Krone behalten habe, jetzt sei er bereit, sie ziehen zu lassen. »Geht ihr alle, und wenn ihr nach Hause kommt, so erzählt, wie ihr euren König, der euch durch die ganze Welt von Sieg zu Sieg geführt hat, schnöde verlassen habt, inmitten der besiegten Barbaren! Ohne Zweifel werdet ihr mit euren Worten das Wohlgefallen der Menschen und den Lohn des Himmels ernten. Geht!«

Zwei Tage lang schloß sich Alexander in seinem Zelt ein, während sich die Truppen mißmutig in ihr Lager zurückzogen. Die persischen Offiziere wurden in sein Zelt befohlen und ihnen gesagt, daß die Armee fürderhin ausschließlich von Persern befehligt werden würde. Als die Makedonen davon Kenntnis erhielten, eilten sie zu Alexander und baten um Gnade. Die Tränen kamen Alexander, als er sie wie Bettler vor sich im Staube liegen sah, und ein Kavallerieoffizier namens Kallines sagte: »Mein Herr, daß du die Perser zu deinen Nächsten gemacht hast, das ist es, was die Makedonen am meisten schmerzt. Sie küssen dich, doch keinem Makedonen ist dies erlaubt.«

»Nein«, antwortete Alexander, »ihr alle seid meine Nächsten, und so will ich euch nennen!«

Hierauf brach alles in laute Jubelrufe aus, und die Soldaten kehrten fröhlich singend in ihre Zelte zurück.

Der Freundschaftsbund zwischen Alexander und seinen Makedonen wurde erneuert und ebenso der Bund mit den Persern. Um den Pakt zu besiegeln, wurde ein großes Bankett abgehalten, bei welchem Makedonen und Perser friedlich vereint aus dem gleichen Mischbecher tranken, einem gewaltigen silbernen *kratér*, der einmal das Eigentum von Dareios gewesen war; die Trompeten erschallten, und den Göttern Griechenlands und Persiens wurden Trankopfer dargebracht. Arrian berichtet, daß neuntausend Gäste an dem Mahl teilgenommen hätten. Alexander habe in einem feierlichen Gebet zu Gott gefleht, Perser und Griechen mögen fortan in Eintracht und Frieden gemeinsam herrschen. In diesem Gebet verkündete er den Anbruch einer neuen Zeit, das Ende der Kriege und den Beginn der Einigkeit unter den Menschen.

Das »Gebet von Opis« war die Krönung seines Lebens. Nichts, was er bisher getan hatte, nichts, was er in den wenigen ihm verbleibenden Monaten tun würde, reichte an den Augenblick heran, in dem er voll des Feuers und der Überzeugung von der Pflicht der Menschen sprach, sich gleichsam wie in einem Freundschaftsbecher zu vermischen. In dem gleichen Ton sprach später Paulus von einer Zeit, in der es »weder Griechen noch Juden, weder Barbaren noch Skythen, weder Sklaven noch Freie geben würde«.

Alexander starb, und die Vision verblaßte, denn es liegt im Wesen der Visionen, zu verblassen. Ein seltsamer junger Herrscher war in die Welt getreten, behauptend, der Sohn von Zeus Ammon und der Abkömmling von Herakles zu sein; in Wahrheit stammte er über Plato und Aristoteles von Sokrates ab. Weder Zeus noch Herakles ähnlich, glich er in seiner Weisheit wie in seinem Wüten viel mehr Apollo. Und so, dem Apollo ähnlich, formten ihn auch die Bildhauer, und durch einen jener merkwürdigen Zufälle der Geschichte wurde er zum Vorbild der Buddhastatuen, zuerst in Gandhara und später in ganz Indien und dem Fernen Osten, so daß alle Darstellungen Buddhas bis auf den heutigen Tag eine Andeutung der Züge Alexanders tragen. In den Tempeln von Malaya, Burma, Siam, Java und Japan sehen wir den Heroen Alexander in Meditation versunken. Buddha, der nur an den Frieden der Seele glaubte, trägt die Züge des großen Versöhners, der betete, alle Menschen mögen sich wie in einem Liebesbecher vereinen, alle Völker der Welt in Frieden unter der Vaterschaft Gottes leben.

*

Die Griechen schenkten der Welt ihre Weisheit und Grazie, ihre Unbeschwertheit und Lebensfreude, ihre physische Schönheit und das Feuer ihres Geistes, das Gefühl für die Würde des Menschen — aber sie gaben noch mehr. Sie erfanden einen Lebensstil, den wir weitgehend übernommen haben, oft ohne uns bewußt zu sein, in ihre Fußstapfen zu treten. Sie waren die großartigen Baumeister einer Kultur, die so lange angedauert hat, daß wir Gefahr laufen, zu vergessen, wer ihre Schöpfer waren. Sie dachten die Gedanken, die uns heute noch bewegen, sie träumten die Träume, die auch die unsern sind. Sie werfen ihre langen Schatten über uns, und zu unserem Erstaunen entdecken wir, daß diese Schatten aus den Strahlen hellsten Lichtes bestehen; denn die Griechen kamen in der Morgendämmerung, und der Mittag ist auch heute noch ferne.

TAFELÜBERSICHT UND QUELLENANGABE

Zwischen den Seiten

TAFELN 1–16 . . . . 96/97

1 Der Olymp (National Tourist Organization Athen)
2 Inneres des Erechtheion mit Blick nach Osten (Robert McCabe)
3 Die Löwen von Delos (Robert McCabe)
4 Hadriantempel des Zeus in Athen
5 Das Erechtheion (National Tourist Organization Athen)
6 Der Parthenon
7 Ägina, Aphaiatempel (Königlich Griechische Botschaft, London)
8 Tempel der Athene auf Lindos (Nick Stournaras)
9 Kopf eines Greifs. In Kladeos bei Olympia gefunden. (Sammlung von Walter C. Baker, Metropolitan Museum of Art, New York)
10 Das Löwentor in Mykene (Robert McCabe)
11 Gräberrund in Mykene (Robert McCabe)
12 Hofdamen, Fresko, Palast von Knossos (Archäologisches Institut, Heraklion)
13 Elfenbeingruppe – Die zwei Göttinnen mit dem Kind. Bezeichnung nach Malraux »Universum der Kunst« (Hirmer Fotoarchiv, München)
14 Statuette der Schlangengöttin in Elfenbein und Gold (Museum of Fine Arts, Boston)
15 Bronze-Statuette des Apollo von Theben (Museum of Fine Arts, Boston)
16 Goldmaske von Mykene (Königlich Griechische Botschaft, London)

TAFELN 17–32 . . . . 192/193

17 Demeter von Knidos (The Trustees of the British Museum)
18 Nike von Paionios, Olympia
19 Nike von Samothrake (Louvre)
20 Aphrodite dem Meer entsteigend (Alinari)
21 Aphrodite von Kyrene (Richter)
22 Athene aus dem Aphaiatempel, Ägina (Staatliche Antikensammlung, München)
23 Athene von Piräus
24 Athene Parthenos (Alexander Artemakis)
25 »Chatworth«-Apollo, von Tamassos auf Zypern (Trustees of the British Museum)

Zwischen den Seiten

26 Poseidon, im Meer nahe Artemision gefunden (Alexander Artemakis)
27 Apollo vom Westgiebel des Zeustempels in Olympia
28 Zeus und Ganymedes, Olympia (Königlich Griechische Botschaft, New York)
29 Herakles vom Ostgiebel des Aphaiatempels, Ägina (Staatliche Antikensammlung, München)
30 Apollo von Piombino (Louvre)
31 Ares von Alkamenes, Römische Kopie (Louvre)
32 Apollo von Piräus (Hirmer Fotoarchiv, München)

Tafeln 33–48 . . . . 304/305

33 Kitharödos singend, Detail von einer Amphora (Metropolitan Museum, New York)
34 Herakles im Kampf mit den Vögeln, Detail von einer Amphora (Trustees of the British Museum)
35 Frauen am Brunnen, zwischen Dionysos und Satyr, Detail von einer Amphora (Trustees of the British Museum)
36 Junger Edler zu Pferd, Detail von einer Vase (Trustees of the British Museum)
37 Junger Bauer zu Pferd, Detail von einer Vase (Trustees of the British Museum)
38 Sich entkleidende Frauen. Attische Kylix von Duris (Metropolitan Museum, New York)
39 Tänzer – Knabe mit Doppelflöte, Mädchen mit Kastagnetten (Trustees of the British Museum)
40 Pferdekopf mit Halsschmuck aus Akanthusblättern (Roger-Viollet)
41 Kopf des Zeus von Phidias, von einer Münze aus Elis (Burton Y. Berry Collection)
42 Kopf des Apollo von Leontini, Tetradrachme (Museum of Fine Arts, Boston)
43 Kopf des Apollo von Catana, Tetradrachme (Trustees of the British Museum)
44 Kopf der Arethusa von Syrakus, Tetradrachme (Museum of Fine Arts, Boston)
45 Silber-Dekadrachme von Syrakus mit Kopf der Persephone (Museum of Fine Arts, Boston)
46 Spartanischer Soldat mit korinthischem Helm, Höhe 10 cm (Wadsworth Atheneum)
47 Verschleierte Tänzerin von Alexandrien (Walter C. Baker Sammlung, Metropolitan Museum, New York)
48 Jockey (Königlich Griechische Botschaft, New York)

Zwischen den Seiten

TAFELN 49–64 . . . . 400/401

49 Homer (Museum of Fine Arts, Boston)
50 Perikles (Trustees of the British Museum)
51 Sokrates (Trustees of the British Museum)
52 Aristoteles (Königlich Griechische Botschaft, London)
53 Plato (Der Katalog des Britischen Museums gibt an »Büste des Euripides?«; die erstaunliche Ähnlichkeit mit dem Plato im Nationalmuseum Stockholm scheint nicht bemerkt worden zu sein. Es ist sicherlich keine Büste von Euripides, könnte aber durchaus ein Porträt von Plato in hohem Alter sein.) (Trustees of the British Museum)
54 Euripides (Museum Neapel)
55 Sophokles in hohem Alter (Trustees of the British Museum)
56 Alexander der Große (Louvre)
57 Kouros von Anavysos (Nationalmuseum Athen)
58 Archaische Kore (Akropolis Museum Athen)
59 Karyatide des Erechtheion (Sammlung Parthenon: Die Akropolis)
60 Mädchenkopf von Chios, Höhe 32 cm (British Museum)
61 Mädchenkopf von Cyprus (British Museum)
62 Kopf eines Jünglings von Marathon (Alexander Artemakis)
63 Männerkopf von Delos (Alexander Artemakis)
64 Kopf eines Philosophen, im Meer nahe Antykythera gefunden (Alexander Artemakis)

TEXTILLUSTRATIONEN

1 Der Hagia-Triada-Sarkophag (aus *Documents in Mycenaean Greek* von Ventris und Chadwick, Cambridge University Press New York) 24
2 Goldener Siegelring aus Mykene, die Große Mutter und ihre Dienerinnen darstellend 36
3 Kriegervase, von Schliemann ausgegraben 40
4 Athene mit den Flügeln der Eule 51
5 Die Geburt der Tragödie mit Opferaltar, von Satyren gehütete Ziege, Schauspieler in Eselkarren 70
6 Die griechische Eroberung des Westens nahm ihren Ausgang von den Küsten Asiens 101
7 Giebel des Athene-Tempels auf der Akropolis, Zeichnung von Carrey 277

NAMEN- UND SACHREGISTER

Abanten: 102
Achäer: 48, 56, 111
Achaia: 43
Achilles: 56, 59, 74, 77, 81 ff., 90 f.
siehe auch Homer, Ilias
Äimnestos: 218, 220
Äneas: 62
Äolien: 101
Ätna, Ausbruch des 155
Agamemnon: 78
Schliemanns Entdeckung des Grabes von: 34
Agathon: 311
Agesilaos: 121
Aigikoreis: 199
Aigospotamoi: 254, 289, 352
Aischines: 368 f., 378, 398, 408, 453
Aischylos: 59, 132, 146, 162, 219, 221–241, 287 f., 290, 309, 381
Werke: Die Ägypter: 226; Agamemnon: 236–239, 301; Die Eumeniden: 239; Die Grabesspenderinnen (auch »Die Cheophoren« genannt): 238, 304; Die Perser: 213 f., 226, 256, 436; Der befreite Prometheus: 235; Der Fackelträger Prometheus: 235; Der gefesselte Prometheus: 222, 226, 235, 301; Die Schutzflehenden (auch »Die Hiketiden« genannt): 221 f., 225 ff.; Sieben gegen Theben: 339; Die Töchter des Danaos: 226
Ajax: 13
Akademie, platonische: 402 ff.
Akademos: 403
Akropolis: 63, 67; gesamte Anlage der: 262 ff.; Museum: 188, 255, 278
Alexander der Große: 76, 102, 197, 432, 456–472; Belagerung Halikarnassos': 462; Belagerung Thyros': 467; Einfluß makedonisch-persischer Kultur: 471; Eroberung von Ägypten: 467 f.; Erziehung durch Aristoteles: 430 f., 453;
Feldzüge: 460 f., 470 f., Feldzug gegen Dareios: 461 f.; zweiter Feldzug gegen Dareios: 469 f.; Flucht: 458; Geburt und Jugendzeit: 457 f.; Gefährten: 458 f., 466; der Gordische Knoten: 463; Gründung Alexandrias: 468; Tod: 473; Überquerung des Hellespont: 461
Alexander, König von Makedonien: 216, 442
Alexander, König von Epeiros: 459
Alexander von Lynkestis: 463
Alkäus: 124, 126 ff., 132
Alkamenes: 139, 141
Alkibiades: 353, 355, 371–374, 378, 385; in Verbindung mit Sparta: 382; Verhöhnung der Eleusinischen Mysterien: 381
Alkinoos: 87 f.
Alkmäon von Kroton: 422
Alkmäoniden: 194, 197, 256, 268
Alkman: 120–123, 132, 344
Amasis, König: 165
Amphion: 117
Amyntas, König von Makedonien: 430, 442
Anacharsis: 185
Anakreon: 124, 129–132, 190, 253
Anakreonteia: 129
Anaxagoras: 352, 365
Anaximander: 107 f., 163 f.

Anaximenes: 107 f., 163 f.
Anchises: 62
Andromache: 80 f.
Annikeris von Kyrene: 392
Antenor: 42
Antipater von Thessalonike: 120
Antipatros: 431 f., 455, 459
Antipolis (Antibes), gegründet von den Phokäern: 104
Antisthenes: 378
Anytos: 378, 385 f.
Aphrodite: 45, 60–64, 71, 77; Namen für: 64
Aphrodite von Athen: 16
Aphrodite der Gärten: 64, 142
Apollo: 45 f., 50, 55–60, 70 f., 76
Apollon von Leontini: 60
Apollon von Piombino: 60
Archidamos: 348
Archilochos: 118 ff., 129
Archytas: 401, 403, 406
Ardiäos der Große, Tyrann von Pamphilien: 419
Ares: 45
Argadeis: 199
Argolis: 35
Ariadne, Prinzessin von Kreta: 19 f.
Aristagoras, Tyrann von Milet: 108
Aristarche: 103
Aristides: 216
Aristippos: 115, 371
Aristogeiton: 191 ff.
Aristophanes: 53, 164, 222, 263, 274, 328–343; greift Euripides an: 340 f.; greift Kleon an: 331; im Vergleich mit Shakespeare: 330; verspottet Sokrates: 374 ff.; über Sophokles: 287;
Werke:
Die Acharner: 330 ff., 339; Die Babylonier: 339; Ekklesiazusai (Die Frauen im Parlament): 341 ff.; Der Frieden: 328 f., 335 f.; Die Frösche: 53, 340, 412; Lysistrata: 195, 340 f.; Reichtum: 341 f.; Die Ritter: 331; Thesmophoriazusai: 341; Die Vögel: 336 f.; Die Wespen: 333 f.; Die Wolken 374 f.
Aristoteles: 164, 178, 189, 312, 344, 347, 401, 403, 412, 421, 429–441, 471, 473,
wird Lehrer von Alexander: 431, 453; über Demokratie: 423, 440; Geburt und Jugendzeit: 429; über Herodot: 251 f.; peripatetische Schule: 431; im Vergleich zu Plato: 429 f.; Tod und Vermächtnis: 431 f.; über die Natur der dichterischen Tragödie: 430; über die Tyrannis: 442;
Werke:
Alexander oder ein Essay über die Kolonisation: 457; Metaphysik: 429; Nikomachische Ethik: 439; De Partibus Animalium: 435; Politik: 436, 440; Rhetorik: 272; Tierkunde: 433; Verfassung von Athen: 184
Aristoteles von Thera: 114
Arkadien: 43, 102
Arkesilaus IV. von Kyrene: 114
Arrhakion von Phygalia: 136
Arrian, Leben Alexander des Großen: 102, 464, 468
Artaxerxes: 382
Artaxerxes II.: 391
Artemis: 45
Artemis (Große Mutter): 28, 45
Artemon: 129
Ashtoreth: 76
Asklepios: 44, 430
Askra: 91
Asoka, König von Indien: 114
Aspasia: 352
Athen, und Alexander der Große: 460;
verspottet von Aristophanes: 330 f.;